殯葬文化學

Science of Funeral Culture

死亡文化的全方位解讀

作者＝王夫子

自 序

　　諸君厭惡死亡，並力圖迴避它，可是誰也迴避不了死亡。死神的陰影總是在人們的身邊徘徊，它半眯著那雙邪惡的眼睛時刻窺視著您，一有機會便會毫不留情地將生命一把攫去，從不問該生命的偉大或渺小，高尚或卑鄙。生命是那麼的短暫，生活是那麼的美好，以致「戀世」成了人類集體無意識的一種情結。

　　這一矛盾開始了人類對死亡的認知和向死亡的抗爭，以便征服死亡，使生命進入「永恆」的狀態。這是人類對於自我、人生、生命的最早反思，死亡文化得以產生，它的觀念形態，即死亡哲學最早是以「靈魂不死」學說為其表現的。死亡文化的誕生，標誌著人類的自我意識不僅已將自己和自然界區分開來，而且還將自己的生存狀態和死亡狀態區分開來，人類由此從精神上提升到了「人」的境界，成為真正意義上的「人」。

　　本書是從如下思路理解死亡文化的。人們的每一活動都包含著一類文化（觀點），而全部的社會活動無非是兩大類，即生存活動和死亡活動：前者是圍繞生存而展開的活動，如嬰兒出世、優生、祝壽、學習、工作、交友等；後者是圍繞死亡事件而展開的活動，如死亡觀、殯葬、墓、碑、祭祀等；它們都各自形成一種文化。

　　死亡文化就是一個社會圍繞死亡事件而建立的文化（認知）體系，它分為三類形態，即死亡的觀念形態、操作形態和實物形態。死亡的觀念形態是指對於死亡的看法，亦即所謂「死亡哲學」，其意義在於幫助人們理解死亡，死亡究竟是怎麼一回事，給人們的生存提供一個賴以無窮歡樂的精神支點和面對死亡時的安詳，所謂生得其益，死得其所。死亡的操作形態即辦喪事、祭祀等活動。實物形態則是喪事和祭祀中所產生的各類物品，如棺槨、墓、碑銘、紙錢、祖廟等。實物形態和操作形態統稱為

「殯葬」，這一過程所形成的文化稱為「殯葬文化」。顯然，殯葬文化是死亡文化更感性的部分，並受死亡觀念形態，即死亡哲學的影響和支配。

至此，我對本書名做如下說明：本書原名為《死亡文化學》。但在1997年6月作者赴北京參加全國第三次殯葬工作會議時，猛然發現中國殯葬行業的同仁均難以接受該書名，而他們又構成本書的第一讀者群，故只好改名為《殯葬文化學》。此時，全書已寫完，欲改動思路已無可能，因而又給此書加了一個副標題，曰「死亡文化的全方位解讀」。

關於本書的結構，上卷為「死亡文化概論」，即是對歷史上有重大影響的死亡哲學（觀）以及決定各民族各時代殯葬基本樣態的諸社會原因做一般理論探討。它又分為五部分。

首先討論「文化」，其中有關「死亡文化」的討論，指出死亡文化是整個社會文化的一個有機部分，而殯葬文化又構成死亡文化的一部分。為此，從哲學上追溯到人類思維的邏輯結構及其展開，並透過原始社會的殯葬情況說明了殯葬和社會生存的關聯。這一延伸性討論為全書建立了一個理論出發點（第一、二、三章）。

其次，討論了各時代有代表性的生死觀，透過不同時期那些思想家的精闢論述，我們感受到了人類思想的閃光。本人尤贊成儒家極具陽剛之氣的「入世主義」的人生觀，故著重討論了儒家的生死觀（第四、五、六、七章）。

再次，回顧了20世紀「人類文化學」認真研究死亡問題以來的成果和現狀，提出了自己對「個體死亡的意義」和「死亡文化的本質」的理解，並指出，一切死亡文化的「本質」在於「超越死亡」（第八章）。

又次，討論了影響殯葬的「六大社會要素」，它大體上可以使我們「讀懂」殯葬活動為什麼會辦成你看到的那個樣態，並給我們「欣賞」殯葬活動時提供一些觀察點（第九章）。

最後，將對死亡文化及殯葬文化的觀察提升到一個更高的思維俯視

點，即從文明的高度和統一的社會文化的觀點看待殯葬，並比較了中、西方死亡文化之差別（第十章）。第二、九、十章尤為作者獨立地深思熟慮之結果，為全書的精華所在。

下卷為「死亡文化專論」，它以中國歷史為主要對象，對傳統的殯葬操作程序及殯葬實物做專題性討論，也就是將上卷的理論結論用於此做個別的文化說明。下卷對中國古代的經、史和雜記小說做了大量的引證，夾敘夾議，多一家之言，旨在「觀今鑑古」。透過這一討論發掘優秀的中國傳統文化，尤其是儒家文化，以鼓舞中華民族的陽剛之氣，以飽滿的熱情走向21世紀。第二十三章第五節「關於中國殯葬改革的設想」中，作者提出應當重建子女為父母「居喪」的制度，並以國家法令或禮制的形式固定下來。所謂弘揚儒家文化已由口號提倡進入實際操作。從梁漱溟先生倡導「復興」儒學以來已近八十年了，沒有實際操作，一切口號都將成為空談。

死亡文化是生者依照自己對生命、死亡的理解所建立，因而，死亡文化實際上是一種特殊形態的生存文化。圍繞死亡事件而展開的活動涉及到生者社會生活的各個方面，諸如經濟、政治、意識形態、社會心理、民風民俗、人情世故和禮尚往來等，因而死亡文化不僅是一個大體系，而且殯葬在中國古代被視為國家進行社會治理的一個重要槓桿。

本書著重探討了中國古代社會何以形成「隆喪厚葬」傳統的諸社會原因，以及中國古代殯葬文化的特徵和社會治理的關係。自然，本書絕非囿於討論死亡及殯葬，廣義上更旨在透過殯葬這一社會風俗的重要方面，以說明人性、人們的生存和社會治理等問題。所謂「經世致用」之學，斯之謂也。殯葬歷來是社會的一個窗口、一面鏡子，透過它，我們可以感受到一個時代的脈搏在跳動，窺視到一個社會、一個民族、一個文明的興衰榮辱。

本書對中國少數民族的殯葬習俗未做專門介紹，是因為這方面的資料尤為繁雜，過多的引述會使本書淪為民俗學資料彙編，失去「文化學」的

本來意義，而這些資料的真實性又難以確證。

　　本書也未能討論國外的殯葬情況，最好還是留給專門的著作去討論。

　　自殺是一種文明病，也未進入本書的討論範圍。自殺更多地屬於「死亡學」的範疇，這方面社會學界已有專著。

　　本人治學素稱求實嚴謹，厭飄浮之言，所言務求有所本所思，此書堪為本人治學多年的扛鼎之作。吾不敏，雖殫精竭慮，仍難免掛一漏萬，多一孔之見，誠望大方之家指正焉。

　　本書上卷由劉伏海教授、下卷由楊金鑫教授分別審稿，並提出了許多寶貴意見，他們分別是我在大學時歐洲哲學史和中國哲學史的老師。對此亦謹表謝意！若書中有誤，仍當由作者本人負責。

　　是為序。

王夫子 謹識

1998年2月

目　錄

第一章

緒論：文化和死亡文化

　　人們的社會活動形態萬千，其內容和形式各具特點，歸納起來不外兩大類：一類是圍繞生活而展開的活動，曰「生存活動」，諸如嬰兒出生（或受孕）、飲食、生長、娛樂、讀書、交友、生產、祝壽、過節、婚姻等；另一類是圍繞死亡事件而展開的活動，曰「死亡活動」，諸如準備壽衣、壽被、壽器、臨終關懷、辦喪事、做墓立碑、祭祀、弔唁、清明掃墓等（大抵相當於「殯葬」、「祭祀」活動）。人類的每一類活動都受一定文化的支配，或者說都產生一類相應的文化，因而，全部文化就可分為兩類，即生存文化和死亡文化。前者如優生文化、祝壽文化、茶文化、酒文化、服飾文化、娛樂文化、科技文化、商業文化等；後者有死亡觀、殯葬文化、祭祀文化、墓文化、碑銘文化、諡文化等。當然，死亡活動是生者所從事的，其文化也是生者所創立，因而，死亡文化實質上是生存文化的一種特殊形態。

　　迄今，人們對生的文化研究已相當深入，其文章和專著汗牛充棟；而對於死的文化研究卻顯得很薄弱，極不相稱。本書從「文化」角度討論死亡問題，故曰「死亡文化」。

　　要認知一個事物，僅關注於它本身是遠遠不夠的，容易陷於片面性。正確的方法應該是：找出該事物的全部「背景」，即它賴以存在和發展的諸多條件及其相互關係。當然，我們難以全部做到這一點，但應最大限度的朝這一方面努力則是毫無疑義的。所以，在討論死亡文化前，將逐次對與此相關的其他問題先行說明。

第一節　文化的界定

一、「文化」一詞的由來

　　「文化」一詞，在英文和法文中均為culture，在德文中是cultur，都

源於拉丁文cultura。拉丁文cultura原意指耕作，又含有居住、培養、練習、留心，或注意、敬神等意思。其後，這一術語變為專指改造和完善人的內心世界，使人具有理想素質的過程。之後，該詞的含義繼續擴大，具有了教育、發展、尊重的意義，用於表示人們的生活和活動達到了一定的發展水準。大體上，18世紀以前的「文化」概念，在人與自然的關係上，是指人對自然有目的的影響和改造；在人自身的塑造上，則是指人對自身精神和機體的培養，即人類為了完善自己的本性而增補的知識。它明顯留下了古代農業經濟對人塑造的痕跡。於是，「文化」一詞逐漸由耕種轉向對人類心靈、知識、情操、風尚培育上，即由物質領域引向精神領域，並被西歐思想界廣泛使用，成為啟蒙思想家反封建的思想武器。19世紀下半葉之後，對文化的研究迅速而全面的展開，「文化學」也逐步建立起來❶。

在理論上，一門學科或一個概念的成立，首先有賴於對它的準確定義，指出其內涵和外延。因此，我們必須定義：文化是什麼？最先把文化作為專門術語來使用的是英國「人類學之父」泰勒（E. B. Tylor, 1832-1917），他在其經典性著作《原始文化》（1871年）一書中曾指出：「文化……就其在民族志中的廣義而論，是個複合的整體，它包括知識、信仰、藝術、道德、法律、習俗和個人作為社會成員所獲得的其他能力及習慣。」該定義為後來的社會學家、人類學家、文化學家所廣泛接受，成為文化學理論研究的一個源頭。

一百多年來，學者們對「文化」的性質、內容、結構、功能、價值及文化形態的多層次等方面不斷深入的探討，為我們留下了很深刻的思想。但是，文化學是一門綜合性極強的新學科，它涉及到社會學、哲

---

❶ 英文culture 一詞的含義分別為：(1)教養、修養、磨練；(2)文化、（精神）文明；(3)人工培養、養殖、培養菌、培養組織；(4)耕作、栽培、造林。這裡，「耕作」的原始含義被排在最後，如果從後面往前看，似乎就可以看到「文化」一詞含義的演進過程。

學、歷史、民俗學、經濟學、地理學、藝術、法律，乃至人種學等一系列學科，而且迄今也只有一個多世紀的歷史。因而，在對文化的認知不斷深化的同時，人們對「文化」定義的認同變得愈來愈複雜。據統計，至今對「文化」的定義竟多達兩百五十多種，這就是當今文化學領域中著名的「文化概念的模糊性」問題。正如一些學者所指出的，這一概念的多義性源於對象的複雜性、多樣性，也是每一新學科所不可避免的。而且這還有助於我們擴大思維活動的視野，增強思考力。

　　定義雖然繁多，它們的共同性卻是毋庸置疑的，否則這門學科就不復存在。根據對有代表性的定義進行對比、歸納，大體可分為兩類：一類是從精神角度予以定義，如《法國大百科全書》（1981年）就認為：「文化是一個社會群體所特有的文明現象的總和。」「文化是一個複合體，它包括知識、信仰、藝術、道德、法律、習俗，以及作為社會成員的個人所具有的一切規範和習慣。」西方的文化學者多持此類觀點。事實上，泰勒的文化概念就是這樣定義的。另一類是從物質和精神二分法的雙重角度定義，如《蘇聯大百科全書》（1973年）中說：廣義的文化「是社會和個人在歷史上一定的發展水準，它表現為人們進行生活和活動的種種類型和形式，以及人們所創造的物質和精神財富。」狹義的文化則「僅指人們的精神生活領域」。這一定義對東歐前「社會主義」國家的影響較大。儘管他們區分了所謂的廣義和狹義，但實際上大體是從「物質文化」和「精神文化」兩個角度去理解和運用「文化」概念的。國內的學者多傾向於此❷。

　　自然，這兩類定義並無根本衝突，可以統合起來理解。

---

❷「文化」一詞用於考古學，指不同歷史時期的遺址和遺物的總和。同一發展水準的遺址和遺物歸於同一文化，如舊石器文化、新石器文化、青銅器文化等。此前有關「文化」概念的討論，參見曹維源主編，《當代社會科學概要》，中國廣播電視出版社，1991年版。上海古籍出版社編，《中國文化史三百題》，1987年版。此外，可參見1986年6月17日《文匯報》劉志琴發表的文章。

二、「文化」的三類形態

　　作為西方學者所理解的「狹義的」文化，是一整套的知識、習俗、規範、價值觀念和思維方式，它們通常被稱為「傳統」。任何時候，人們的一切言行總是自覺或不自覺地受著某一文化傳統的制約，這是從「純觀念」形態來談論文化概念的。但純粹的觀念文化畢竟只是一種抽象，也只存在我們的腦海中，而現實的文化總是滲入了我們的生活和創造，體現在人類的某種「狀態」中，即活動狀態或實物狀態。換言之，我們的每一生活（行為）和創造（物）之中都隱藏著、體現著某種觀念或某種原則，即文化。比如說，尿尿、流鼻涕、進食等均屬於人的生理行為，但父母教導小孩蹲下來尿尿、用手帕擤鼻涕、用筷子吃飯就屬於一類「文化的行為」；同時，竹子只是一種植物，中國人將它製作成筷子（進食工具），就屬於一類「文化的實物」，如此等等。

　　根據這一思路，便可將文化分為三類存在形態：

(一)觀念形態

　　即人們的知識、習俗、規範、價值觀念和思維方式等，即西方學者所理解的狹義的文化。它作為所謂「傳統」儲存在各民族的腦海裡，沉積在人們的潛意識中，成為人們日常行為是否具有合理性的「裁判長」。

(二)操作形態

　　即人們在衣食住行、婚喪慶典、工作學習、日常交往等活動中所表現出來的行為方式、態度、程序等等，是「觀念」在行為中的定型，通常它又被理解為「行為模式」，如使用筷子、旅遊、禮貌等。它們是一類文化性的外在表現。

(三)實物形態

　　即人們根據一定的觀念和一定的操作創造出來的實物。它體現了一定

的文化觀念，透過這些物體，我們便可以看到各種文化之間的差異性和共同性，以及發展變化，如筷子、書籍、服飾等。它們是文化的載體。

這樣，我們不再將文化簡單地二分為「物質文化」（物質財富）和「精神文化」（精神財富），而是將觀念—操作—實物三者聯繫起來做完整的理解，即：文化是體現在人們活動和創造物中的一整套知識、習俗、規範、情感、語言、信仰、藝術、法律、價值觀念、思維方式等觀念的凝結，其核心是價值觀念和思維方式。分而言之，則可以單指某文化，就像我們常說的美學文化、孝文化、飲食文化、服飾文化、婚喪文化、居室文化、娛樂文化、家庭文化、政治文化等，其中的每一類都包含著一定的觀念凝結，尤其是一定的價值觀念和思維方式。我們研究文化，就是要透過這些活動和創造物去發掘包含於其中的那些精神的（即文化的）規定，這才是文化學所要追求的內容。

三、中國古代「文化」一詞的含義

「文化」一詞在中國古代另有一番含義。「文」，本意指彩色交錯，或文理、花紋。《說文》：「文，錯畫也。」《易經·繫辭下》：「物相雜，故曰文。」《禮記·樂記》：「五色成文而不亂。」孫星衍解釋說，倉頡根據鳥獸之跡造字，依類象形，故謂之文。這樣，「文」引伸為文字、文辭的含義。文字、文辭是用來宣傳聖王天地之道的，於是，「文」又被儒家進一步界定為堯、舜、禹、湯、周文王武王制定並一脈相傳的禮樂、典章制度及倫理、價值觀念體系。孔子就是以這一「文」的繼承宣揚者自居的。《論語·子罕》中孔子說：「文王既沒，文不在茲乎？」（即文王武王那些聖人已經去世了，這「文」的傳遞不就靠我了嗎？）至於「文」的其他引伸含義，這裡就不一一列舉了。「化」歷來就是指變化、改變、教化等義。

在古代，「文化」一詞的含義就非常清楚，它指的是「文治教化」，

即用一整套的禮樂典章制度和人文學說去教化人、改變人，從而達到社會治理的目的。它屬於國家施政的一種手段、方式，即所謂「文治」。在中國古代政治學說中，文治與武功相對應，兩手交替使用，達到社會治理的目的，即所謂「文武之道」。《禮記‧祭法》中說：「文王以文治，武王以武功。」漢‧劉向《說苑‧指武》說：「凡武之興，為不服也；文化不改，然後加誅。」漢‧荀悅《申鑑‧政體》說：「宣文教以彰其化，立武備以秉其威。」晉‧束廣微《補亡詩》說：「文化內輯，武功外悠。」都是指這個意思（今日「文化教育」一詞便由此而來）。

從上述比較可知，文化一詞，中國傳統的含義和西方的含義根本上是相近的，即都是用一些精神規範去教化人、規定人、改變人、陶冶人。當然，精神規範的內容各不相同。如此看來，近代的翻譯家將英文的culture翻譯成中文的「文化」，應該說是深通中、西文化之內涵，用心甚妙，譯得非常準確。

四、文化的基本特徵

凡是系統的文化，它們都具有一些共同的基本特徵。正因為如此，它們才能「化」人。

(一)社會性

文化都產生於一定的社會條件，它是一個社會全部的歷史活動和現實活動的觀念產物。同時，每一文化一經形成就對每一個人發生著各種影響，使之成為一個被「文化」的個人，社會學稱個人的這一改變過程為「個人的社會化」。文化都是社會的文化、民族的文化，乃至人類的文化，從未有過純粹個人的文化。諸如，中國儒家文化、歐洲古代基督教文化和近代以來西方文化等均是如此。當然，社會的分層或地域等差異會產生相應的分層文化和地域文化，但它們只是社會總文化的一些具體形

態，在基本精神上不會和社會總文化發生衝突。所以，作為一種文化又具有統一性、整體性和系統性。這就是文化的社會性。

文化是群體生活的必然產物，並且是這一群體繼續生存所不可缺少的，人們總是自覺或不自覺地受到所處的社會文化的影響、制約，企圖超越文化的想法只能是夢囈之談。正是在這一意義上，社會學家們稱文化為人們的「第二自然界」。哥倫布航海以來，隨著全球海上交通的開闢，世界各民族之間的聯繫和交流日益頻繁；現代，各民族的生存條件正在日漸趨同，世界各民族的文化之間也在發生愈多的碰撞和交流，鬥爭和融合，世界性的文化綜合過程正在悄然展開。隨著這一過程的推移，一種世界性的人類統一的文化形態必將產生出來。

(二)規範性

即文化具有一定的導向規範性，如言行導向、價值導向、思維導向等。文化涉及面雖廣，社會生活中無處不在，但在「導向性」上卻表現出驚人的一致性。在一個社會中，人們想什麼、做什麼、追求什麼、如何思維等都受該社會文化規範的引導，因而表現出行為的一致性。如中國傳統的儒家文化，其基本概念是一個「仁」字，即如何協調人際關係，提倡容忍謙讓等美德，這些基本規範在家庭、朋友、師生、上下級等一切人際關係場合都被大力提倡。無疑，這一倡導反過來又進一步鞏固了該文化的社會規範性。

(三)可操作性

文化似乎有點玄，其實我們每天都在同文化打交道，例如人們每天的日常生活、工作、學習、迎送客人、追求事業等活動，都在遵循著一定的準則行事，或者說，人們每天的行為都體現了一定的文化原則，此即文化的可操作性。比如我們說：「文天祥的行為是一類（社會）美。」這一命題就體現了中國儒家傳統文化所崇尚的英雄主義的美學文化，它給塑造人

（操作自己的人生）提供了一類崇高的楷模。

(四)穩定性

文化作為一個社會、民族的觀念體系是在較長的歷史時期中逐步形成的，它一旦形成，就具有了超強的穩定性，此即社會學的「傳統的穩定性」。所謂傳統，無非就是一種文化觀念在一個民族的心理和行為模式上所造成的定型。即使社會的經濟、政治等發生了很大的變化，文化觀念也不會立即改變，仍然會對人們有巨大的潛意識作用。不管是它的積極方面，或消極方面，都是如此，如中國傳統的儒家文化。

(五)繼承性

文化作為一個相對獨立的觀念體系將代代傳遞，其內涵會沉澱於一個民族的心理結構之中，形成一套較為固定的傾向、偏好，即所謂「傳統心理」。也就是說，同一個民族的成員大體會具有相同的心理特質、行為模式、價值觀念和思維方式。有時，一些傳統又被稱為「民族無意識」或「民族本能」，如中國人所偏好的中庸、愛面子等心理。文化傳統是一個民族區別於另一民族的精神根據。

五、文化的社會功能

文化既然是社會的產物，又為社會所必需，那麼，它必定具有相應的社會功能。歸納起來，大體在於：

(一)教育功能

在歷史上，文化對人的教育不僅在生產技能上，更重要的還在於社會教育上，諸如道德情操、公益心和愛國心、相互謙讓、尊老愛幼、樂於助人等等美德，它使人們多能、向善。因而，文化的教育功能也就是在為社會培養合格的下一代。

(二)審美功能

這是指從美學觀點上提高人的素質，使人們從諸如小說、詩歌、散文、電影、繪畫、服飾、談吐，以及一種行為、一些自然對象中發現「美」，從而使人的精神得到一種昇華，一種陶冶，一種快感。比如欣賞一件藝術品、服飾或瞻仰某種英雄行為等；又如所謂「書畫藝術」、「服飾文化」、「悲劇（或喜劇）的意義」之類，都是在談論審美問題。文化的審美功能常常是與教育功能相聯繫，因為醜惡的東西不能起到教育人的作用。

(三)娛樂功能

文化的娛樂功能大量的表現於人們所追求的一切文化性活動中，諸如文學、藝術活動和民俗活動。人們的神經不能長時期地繃得太緊，於是就在生產之餘去看戲、聽說書、閱讀小說詩歌之類的藝術欣賞；或遊戲、聚會、聊天、觀看比賽、節假日的張羅、祝壽、婚喪等。前者是所謂「高雅文化」或高雅娛樂，多為一些「有教養」階層所樂為；後者是「民俗文化」或民俗娛樂，幾乎為所有的人所接受，其社會意義尤為重大，素為民俗學所注目。但不管是前者或後者，這類娛樂都具有「休閒」性質，因而是一類「文化」了的休閒或休閒文化。

每一個民族都創立了大量的節日，逢年過節熱鬧一番，使一年的日子過得有波動感，不致乏味。如中國古代的春社（春天祭地神）就是一次藉祭神而進行的村社聚會活動。舊時鄉村一般還要搭臺唱戲，熱鬧非凡，遠近幾十里的人都跑來玩；又如過年，迄今仍是中國人一個傳統的大節日，故民俗學上有「節日文化」一詞。此外，如「侃大山」也是一類民俗文化，舊時人們喜坐在茶館裡，沏一壺茶，天南地北地神侃，故又有「茶館文化」之說。

(四)協調人際關係

這主要是指民風民俗中的人際交往原則。它大量地表現為習俗、習慣，如俗語云「人情如鋸，你來我去」，「客來主不顧，應恐是癡人」。每一個社會，在人們的日常生活、婚喪嫁娶等交往中，都有一整套約定俗成的規則，它也表現為一類民俗文化，旨在協調人際關係。

正是由於上述作用，文化被稱為「人的第二自然」，它也被人們理解為一個社會群體生存的一類「工具」。任何時候，人們都不可能脫離文化（的制約），人類與動物相區別的根據也在於此。因此可以說，一個社會群體如果沒有一個共同的文化，人類將倒退到動物世界去。一個優秀的文化則有助於造成人與人之間、人與自然之間的良性循環。

 ## 第二節　死亡文化的界定

死亡活動是圍繞死亡事件而展開的活動；而死亡文化則是圍繞死亡事件而建立的文化。

從生理學看，人是一個有機體，心臟（或大腦）停止了跳動便是死亡。誠如民間所常說的「人死如燈滅」。但從社會學或文化學的眼光看，人們已經不是一類單純的自然物，而是按照一定的社會關係結合起來並一代一代相傳遞的社會人。人們的生生死死、死死生生，不僅是自然行為，更重要的，還屬於社會性行為，須以社會性方式對待之。「人死了」並非一切都是無，而是意味著另一類活動的開始。於是，在對待死亡問題上便產生了關於死亡的認知（或觀念），對死者的安葬活動以及給死者奉送某些殯葬實物。其中，處處都體現著各民族各時代的文化規定。

因此，我們也可將死亡文化分為三類形態，即死亡的觀念形態、操作形態、實物形態。

一、死亡的觀念形態

　　即人們對死亡的看法。由於「死」和「生」是一體的兩面，對死亡的認知總和對生存的認知相聯繫，因而該命題又可合稱為「生死觀」。生死觀決定人們對待人生的態度，即：我應當如何生活？如何面對死亡？應當給後人留下點什麼？等等。這是人生的第一命題。一個人的生死觀決定一個人的人生軌跡，一個社會的人生觀則決定一個時代的文明軌跡。幾千年來，各時代各民族留下了豐富的各具特色的生死觀，那些哲人乃至凡夫俗子，他們關於人生的各種見解至今還在影響著我們的日常生活，其中不乏充滿朝氣、閃耀著智慧之光的真知灼見，但也有散發著感官肉慾主義的庸俗之論。死亡文化學首先要討論的就是歷史上的各類死亡觀，尤其是要整理那些積極向上、有益於人類精神健康的死亡觀，它才是人類在這方面真正的遺產。

二、死亡的操作形態

　　即人們對於死者的弔唁、安葬活動，即所謂「殯葬」（或喪葬），以及延伸而來的祭祀等活動。殯，《說文》說：「死在棺，將遷葬柩，賓遇之。」即置死者於棺中，待以賓客之禮。原指人死亡，從屍體入殮後到埋葬前的停柩。由於人死後並非立即一埋了之，而是要進行一系列的社會性活動和相應的禮儀，諸如：表彰死者的德行、功績，讓親友故舊前來弔念、祭奠等儀式，以此表達人們對於死者的看法和對死者的感情。所以要停柩一段時間，即殯。在中國古代，這類活動和禮儀很早就達到了非常複雜、繁瑣的程度，最早見諸文獻的有《周禮》中的「喪禮」。葬，原意指土葬，後世引伸為處理屍體的方式，如土葬、火葬、水葬、懸棺葬等等。所以，殯葬就引伸為喪事活動及其禮儀規範。此外，對死者的祭祀也屬操作形態範疇，如清明上墳祭祖，後世祭掃烈士陵園等。由於中國人對

於殯葬及祭祀非常認真、關注，耗費了極大的熱情和財力，因而古代中國人獲得了「世界上最為死者操心的民族」的名聲。

三、死亡的實物形態

即指安置和祭祀死者的各類物品，諸如壽衣壽被、棺木、墳墓、碑銘、廟、紙錢等。它們是根據各時代對死亡的理解並透過一定的操作行為製造出來的，因而，其中就暗含著該時代的各類資訊，包括政治、經濟、社會心理、意識形態、民風民俗等，考古學正是透過它們去譯讀古代社會。同樣，我們也以此來理解我們今天所處的社會風俗。

如此一來，我們可以給死亡文化下個定義。所謂死亡文化，就是人們對於死亡的認知以及由此體現於死亡的操作形態和實物形態之中的一整套價值觀念、思維方式及其習俗、規範之總和。正如死亡活動是社會總活動的一部分，死亡文化則是社會總文化的一部分、一個分支。它反映並受制於社會總文化，比如中國古代死亡文化就受制於儒家文化為主流的中國傳統文化。同時，死亡文化的三類形態都可以分別構成一類文化，如死亡觀（或人生觀）文化、殯葬（或喪葬）文化、陵墓文化、寺廟文化等等。

本書關於死亡文化的觀念形態、操作形態和實物形態的討論，基本上是以中國為對象的。在這方面，中國古代是最發達的，用心也尤為良苦，因而懂得中國古代那些形態的內涵，對古代世界其他民族這方面的行為，也就大體能理解了。

第三節　地質年代的劃分和早期的人類

歷史活動是兩大因素互相作用的結果：一是人，二是自然界。人是活動者，是主體；自然界則是人賴以活動的舞臺，是客體。死亡文化是人

類獨有的，為了對死亡文化的理解有一個足夠的時、空背景，我們在討論前，有必要將視線推得更遠些，先行討論一下人類居住的自然界的歷史。

一、地質年代的劃分

現代地質學家認為，地球有四十六億年的歷史了，這對於人類無疑是十分漫長的。人們在日常生活中通常用年、月、日以至分、秒作為計時單位。顯然，這一計時單位於自然的演化史就遠遠不夠用了。於是，地質學家就根據地殼不同岩石的先後形成順序，以及與這些變化相對應的自然界不同物種的變化，將地質史劃分成一系列的地質年代；每一地質年代所持續的時間是以百萬年、千萬年乃至億年來計算的。現在在國際上通行的地質年代單位是宙、代、紀、世（參見**表1-1**）。

隱生宙指沒有生命即原始地球時期。距今大約三十億年前後，地球上開始出現了原始生命，此後便被稱為顯生宙，即顯出生命的時期。生命最早誕生於海洋中。原始海洋是一個巨大的淡水湖，早期生命在這裡度過了一段漫長的歲月，隨後就獲得了迅速的發展，並向岸上挺進。早期生命的一支發展為植物，另一支發展為動物。又經過了漫長的演化，到新生代第四紀的「更新世」（距今約兩百五十萬年前後），原始人類從猿類中逐步分立出來，並迅速發展起來。

二、人類的進化

自然界的生命運動，從此開啟了嶄新的一頁，即人類的歷史。人類是自然界的寵兒，人類的意識是自然界最絢麗多彩的花朵。從猿類到人類經歷了一個逐步的進化過程。古人類學家根據原始人類身體形態的變化，以及使用、製造工具的差別，將人類的這一進化分為三個階段：猿人、直立人、智人。

表1-1　地質年代的劃分

宙	代	紀	世	同位素年齡 單位100萬年		開始繁榮的物種	
				開始時間	持續時間	植物	動物
顯生宙	新生代	第四紀	全新世	0.01		被子植物	人類
			更新世	2.5	2.5		
		新第三紀	上新世	12	12		
			中新世	25	15		
		老第三紀	漸新世	40	20		哺乳類
			始新世	60	7		
			古新世	67	64.5		
	中生代	白堊紀		137	70	裸子植物	爬行類
		侏羅紀		195	58		
		三疊紀		230	35		
	古生代	二疊紀		285	55	蕨類	兩棲類
		石炭紀		350	65		
		泥盆紀		400	50	裸類	魚類
		志留紀		440	40		
		奧陶紀		500	60	真核藻類	無脊椎動物
		寒武紀		570	70		
	元古代	沒有國際性的劃分方案		2400	1830	細菌和藍藻	
隱生宙	太古代	沒有國際性的劃分方案		4500	2100		

注：本表取材自劉後一等著，《生物是怎麼進化的？》，第65頁，中國青
　　年出版社，1982年版。

(一)猿人

又譯作南猿（南方的古猿），因最早於1924年在南非發現而得名，以後在東非、東亞和巴勒斯坦都發現了他們的化石。南猿生存於距今三百萬至一百萬年之間，有些也可以追溯到五百萬年前，而有的又可以延續到距今一百萬年之後。南猿中的原始類型（又叫纖細南猿）似乎還不能製造工具，但既已直立行走，看來是使用石頭、樹枝等「天然的」工具。南猿中的進步類型（又叫粗壯南猿）已能製造石器工具，在他們的遺址中發現了大量的打製石器。他們直立行走，已是真正的人類了。所以，早期猿人、或猿人，是指南猿中的進步類型。古人類學家將他們作為人類進化中的第一階段。

1960年以後，在東非坦尚尼亞陸續發現了一些同南猿時代相當的、但更為進化的早期人類化石，被稱為「能人」。他們直立行走，也製造石器工具，平均腦容量637毫升，有的達680毫升，而同時期南猿非洲種的平均腦容量為442毫升（增大了三分之一）。有些古人類學家則認為，只有「能人」才是人類的正統祖先，而南猿只是偏離人類進化軌道的一個旁支，故要將南猿從早期人類的行列中排除出去。

(二)直立人

直立人是古人類學上有特定含義的一個分類學名稱，並非指這時人類才直立行走。人類早在南猿時，甚至更早，兩足行走的姿勢就已確立了，像爪哇人、毛里坦人（北非）、海德堡人（德國）；在中國則有藍田人、北京人，均屬直立人階段。直立人化石在歐、亞、非三洲都有發現；但到目前為止，在南北美洲、大洋洲尚未見到。一般認為，直立人的生存年代約距今一百萬年至十萬年前。但是，現已陸續發現了一些更早的直立人化石，如1965年在中國雲南省發現的元謀人牙齒化石，研究者將它歸於直立人類型，但其年代測定為距今一百七十萬年。1975年在東非肯亞的特卡納湖以東發現的一具頭骨化石，形態上和北京人很接近，屬直立

人，但年代在距今一百六十萬年至一百三十萬年之間。

距今五十萬年的北京人其體質形態已有明顯的進步，他們的身體基本上已和現代人一樣：腦容量最大的達1,225毫升，已發現的六具頭骨平均腦容量為1,059毫升，已進入了現代人腦容量的變異範圍（現代人的腦容量平均為1,400毫升，但從1,000至2,000毫升均屬正常變異範圍。看來，早期人類進化的速度是極不平衡的）。不過，決定人類智慧的大腦特徵不僅在大腦的容量，而且還取決於大腦的形狀，如溝回（海馬回）。

國際間對直立人階段的體質形態、物質文化、工具及生產活動、生活環境和社會形態的瞭解，目前主要來自對北京周口店的北京猿人遺址，那裡是世界上迄今已發現的材料最豐富的直立人遺址。最值得一提的是，北京人已大量用火，其他地點發現的直立人遺址中也發現了用火的遺跡。從現有的資料判斷，人類對火的利用大體上經歷了三個階段：最初是不知道用火，是「無火時期」；爾後學會了利用和保存天然火，是「用火時期」；更後才進入了「造火時期」，即知道怎樣生火。看來，直立人還只知道使用天然火，造火是下一階段即早期智人創造的。

(三)智人

距今大約十萬年前開始，它又可分為早期智人（或古人、尼安德塔人）和晚期智人（新人）。廣義上，智人還包括現代人，因此，有的人類學家稱現在的人為「現代智人」。

1.早期智人：化石已在亞、非、歐的許多地區大量發現，由於最早是1856年在德國迪塞爾多夫城附近的尼安德塔河谷中發現，故稱為「尼安德塔人」（簡稱尼人）。中國發現的大荔人（陝西）、許家窯人（山西）、馬壩人（廣東）、長陽人（湖北）、丁村人（山西）等均屬於早期智人。

1908年在法國南部的一個山洞裡發現了一具比較完整的男性老年尼人骨架化石，身長約160公分，腦容量初測定為1,600毫升，後測定為1,575毫

升，這與現代人已完全一致。尼人比直立人更聰明，理解能力更強，他們製造更為精緻的各種類型打製石器，主要的有厚尖狀器、砍砸器、刮削器和石球等；能用獸皮當作粗陋的衣服，不再像從前那樣赤身裸體；不僅會使用火，也可能學會了取火，因而能適應各種氣候。更值得注意的是，尼人開始有了埋葬死者的習俗。也就是說，就目前的資料看，人類的殯葬行為是從尼人時代開始的。

2.晚期智人：生活於距今四萬年至一萬年前，他們的體質結構和外貌都與現代人基本相同，可以說體質上已是「現代化」了的人，是現今世界各色人種的直接祖先。由於其化石最早是1868年在法國的克羅馬農鎮發現，故舊時又稱「克羅馬農人」。克羅馬農人身材高大，達180公分，前額突出，大腿長；頭腦很發達，有相當高的智慧，會製造複雜的石器、骨器和角器，會摩擦生火，他們是能幹的獵人。中國發現的河套人（內蒙）、柳江人（廣西）、山頂洞人（北京）、資陽人（四川）、建平人（遼寧）、左鎮人（臺灣）等都屬於晚期智人，尤以柳江人和山頂洞人的化石極為完整和豐富。這一時期發現的化石比從前更多了。現代的各色人種就是這一階段開始分化的。

在新人階段，除了石器比古人加工更精細外，還有不少骨器和角器；他們還將石、骨製的矛頭加在木棒上，製成長矛或標槍等複合工具；還修建簡單的房子。這時還出現了原始藝術，在他們的洞穴遺址中發現過不少壁畫，內容大都與狩獵活動有關；洞中還有許多立體女人塑像，大概與當時的女性崇拜有關。他們也埋葬死者，並經常使用陪葬品，如山頂洞人在這方面就留下了遺物。

大體上，新人和現代人在身體結構上已沒有什麼差別了。爾後，人類的發展主要表現在社會生活本身的內容上，即經驗的累積和文化的發展。

〈最早的帶柄工具〉一文，頗能說明四萬年前人類的智慧水準，全文摘錄如下：

科學家們發現有證據表明，早在四萬年前人類就占據了太平洋

的新幾內亞島。這一證據是由莫爾茲比港巴布亞新幾內亞大學的考古學家發現的。這些考古學家發現了一百多把石斧。這些石頭兩頭寬，中間細。許多石頭上的劃痕表明可能曾有棍棒縛於其上當作斧柄。考古學家說，這是世界上發現的最早有柄工具的證據。

　　這些新幾內亞斧是在一度曾被水覆蓋的河岸上發現的。這些古代工具有些是在三層火山物質之下。考古學家檢查了火山物質中的石英礦物粒子。他們測算了放射性鉀在石英中的擊穿情況，以斷定其年代。這種技術叫作熱發光年代測定法。他們發現這些火山層大約有四萬年之久。但是，考古學家說，殘遺石斧的年代可能會更早。

　　使用這些石斧的古人可能先在澳大利亞定居。然後，他們通過當時連接這兩個地方的陸橋遷至新幾內亞島。考古學家認為這些古代民族來自東南亞和印尼。

　　——摘自胡斌編譯，《最新美國科普短文選》（英漢對照），中國國際廣播出版社，1988年版。

第四節　人類殯葬的起源

　　某些動物（猴子、大象）對死亡已有了朦朧的意識：在一個有關猴群社會的電視節目中，老猴王被新崛起的猴王打敗，四處亂竄，眾猴便群起攻擊，終將老猴王逼下湖水中淹死。此時，眾猴都向新猴王「效忠」表示臣服，唯老猴王的「妃子」非常傷心，獨自將老猴王的屍體從水中拉上來，望著發呆，其狀異常可憐。大象們則將死去同伴的牙齒捲起來放到某一個集中的地方去，這似乎是牠們的「公墓區」，而碩大的象牙則是大象生命的某種象徵物。如果這些報導屬實，沒有為商業利益而故意虛構之成分，則人類那自高自大、唯我獨尊的「傲慢心理」無疑要受到極大的傷害。不過，儘管如此，我們尚未見到動物有真正埋葬同伴屍體的行為，它

們大多是棄屍於荒野。

一、動物是否存在「殯葬」

由於不可能找到文字記載，我們對於人類早期的死亡文化，主要是根據文獻學和考古學的資料，其中更多地又是從殯葬角度認識的。此外，就是透過民俗學（包括神話）所提供的資料進行一些類比的推測。本節就是從文獻學和考古學資料透過「人類殯葬的起源」，來考察人類早期的死亡文化，因為對於動物是否存在「殯葬」，我們還是抱持謹慎態度較好。

人類源於動物，其早期行為和動物並無本質區別。先民對待死者，就像動物對待同類的死亡一樣，棄之荒野，聽其腐爛或任由食肉動物吞噬。《孟子·滕文公上》云：「蓋上也有不葬其親者，其親死則委之於壑。他日過之，狐狸食之，蠅蚋嘬之。」

二、人類早期的殯葬意識

隨人類思維的不斷發展，自我意識能力和理解能力的增長，原始人開始變得關注起自己以及同類的屍體來，並由此產生了早期的殯葬行為，即有意識地處理遺體的行為。當然，人類的殯葬有一個發展過程。早期的殯葬是簡陋的，殯葬意識還可能有些模糊不清。《易經·繫辭下》載：「古之葬者，厚衣之以薪，葬之中野，不封不樹，喪期無數。」即以柴草裹屍，置於荒野，不積土做墳，不豎木做標記，喪期也沒有規定。儘管這一方式比從前是有了一點進步，但從後世觀點看，這與其說是一種葬式，所謂「野葬」，毋寧說更像在「棄屍」。《說文》「弔」字段玉裁注：「古者人民樸質，饑食鳥獸，渴飲霧露，死則裹以白茅，投於中野。」這類裹以柴草、樹葉而葬的方式，在距今五千年前後的仰韶文化墓葬中多有發現；大約距今三千年前後，中原的周邊落後地區那些「蠻

夷」仍以這一方式處理屍體，故被中原知識界記載下來，用以解釋遠古殯葬的起源。

　　這一原始葬式，從字源學上，我們大約也能受到某種啟示。《說文》：「死，� 。」右邊是一個人，左邊是𣦵（即剮，剔肉）。「𣦵，剮人肉，置其骨也。」「死從剮，人所離也。」段玉裁解釋為「形體與鬼魂相分離」。肉被剮了，骨與肉也分離了，自然表示人死了。葬，寫成𦸉。「葬，藏也。從死，在茻中。一其中，所以薦之。」即是說，葬，就是將屍體藏起來（不再讓狐狸吃、蚊蟲叮了）。造字取上面是草（艸），下面也是草（艸），中間是屍體（�），「一」橫表示「所以薦」屍體的木板、草席之類的東西。也就是將屍體盛在一塊草席或木板上，藏在野地的某個地方，再蓋以柴草之類。這可視為人類早期有意識地處理屍體，即殯葬行為的一種萌芽。遺憾的是，我們根據文獻所推測的這一「過渡式」的埋葬形態不會留下任何遺跡，因為屍體不是被野獸吃了，就是腐爛了。因而，我們無法得知其確切的起源年代。

　　「葬（藏）之中野」，屍體終究會被野獸找到，人們這才挖坑埋葬。「葬也者，藏也。欲人之弗得見也。」（《禮記·檀弓上》）當然，開始埋得不很深，對墓坑也不講究，並不做墳堆，墓與地面平。《禮記·檀弓上》：「古也，墓而不墳。」即「凡墓而不墳，不封不樹者，謂之葬」。墳，指墓上的封堆土。直到西周，墓上仍是不做墳堆、不做標記的。同時，在葬具上，「後世聖人易之以棺槨」（《易經·繫辭》），並且喪禮等規定也隨之陸續出現，人類的喪葬行為才變得日益規範和複雜起來。這些有很多是文明時代的事了。從這裡，我們看到了人類殯葬的進步。

三、借助考古學資料認識殯葬起源

　　要準確地知道人類的殯葬起源於何時，必須借助考古學資料。但要說明，這裡的「殯葬行為」是指埋葬行為。因為只有這樣，屍體沒有徹底腐

爛，一些遠古殯葬的化石遺物被保存下來，據此，我們才得以尋找到人類殯葬的源頭，並理解先民在處理死者時的意識及其行為過程。當然，人們會追問：原始殯葬是否有諸如火葬、水葬、天葬（讓鳥獸吃盡屍體）乃至腹葬（氏族人分食屍體）呢？對此，我們只能存而不論。因為即使有過，也不會留下任何痕跡。所以，嚴格地說，我們只是在尋找土葬的源頭。

早期智人中的尼安德塔人，生活在距今十萬年至四萬年之間，屬舊石器時代的中期。此時，產生了關心並處理屍體的習俗。人們將死者埋在不深的墓穴裡，並以工具或裝飾品陪葬，還在屍體周圍撒上一些紅色的粉末。前蘇聯考古學家在特什克一塔什發現的一個尼人男孩的顱骨周圍，還擺放了一圈野山羊角[3]。此外，在法國穆斯特累的山洞中發現的一個尼人男青年骨骸，表明「他是被慎重地埋葬下去的，他被放成睡眠的姿勢，頭枕在右前臂上。頭和臂安放在一些整齊地堆成枕頭樣子的燧石上。一個大型手斧放在他頭邊，圍繞著他的還有許多燒焦和劈碎了的牛骨頭，好像是舉行過一次葬禮宴會」[4]。尼人的遺骸，其位置常常是頭東腳西。這是我們迄今所知道人類最早的殯葬行為。中國的早期智人，諸如大荔人、許家窯人……由於只發現一些零星的骨骸，未找到較完整的生活遺址，故迄今未發現殯葬遺跡。但既屬於同一文化層次的人種，也應該在此前後有了殯葬意識及其行為。

晚期智人生活於距今四萬年至一萬年之間，其智力水準已遠高出於早期智人，他們對於死者也給予更多更穩定的關注。如克羅馬農人就比尼人更關心死者的遺體，他們將屍體染色，把死者的雙臂交疊在胸前；在墓裡

---

[3]（美）伯恩斯·拉爾夫著，《世界文明史》，第1卷，第13-15頁，羅經國等譯，商務印書館，1987年版。（蘇）烏格里維諾奇著，《藝術與宗教》，第23-29頁，王先睿譯，三聯出版，1987年版。崔仲聯主編，《世界史·古代史》，第46頁，人民出版社，1983年版。

[4]（英）韋爾斯著，《世界史綱》，第86頁，吳文藻譯，人民出版社，1982年版。

陪葬垂飾、項飾和雕刻得很講究的武器和工具（同❸）。這一時期中國的山頂洞人（距今一萬八千年）也有了埋葬死者的行為，他們在死者的周圍撒以紅色的赤鐵礦粉粒，並有石器和裝飾物陪葬❺。在山頂洞人遺址的下室，埋葬了可以辨認的三具屍骨，一具是老年男性，一具是中年婦女，一具是青年婦女，這幾具遺骨上和他們周圍都撒有紅色的赤鐵礦粉粒，陪葬的有燧石製作的生產工具，還有石珠和穿孔的獸牙等裝飾品，而且這些裝飾品也用赤鐵礦粉末塗成了紅色❻。這種有意識地將氏族的男女老少埋在一起，反映了氏族人對血緣關係的認同，不僅生在一起，死也葬在一起，可視為公共墓地的起源。紅色則被認為代表鮮血，是生命的來源、象徵著靈魂的寄生處。

這就是我們透過考古資料所知道人類最早的殯葬。這一切發生在距今十萬年至一萬年之間。那時，我們的祖先尚處於舊石器時代，從事著原始的漁獵、採集活動。儘管當時的物質生活還十分貧乏，但人們還是虔誠地替死者安排來世生活。一切都是按照原始人對於生活所做的理解而進行的，諸如尼安德塔人、克羅馬農人和山頂洞人按照一定的姿勢和方向埋葬死者、放置陪葬物品、將屍體染成紅色以及公共墓地等等，便構成了最原始的死亡文化及其殯葬操作。

 第五節　研究死亡文化的意義和方法

死和生一樣，是人類社會生活中永恆的主題，它們相互關聯著，迫使和引誘人類的智慧對它予以正視，並做出回答。已如前述，死亡活動構成社會總活動的一部分，而相應的死亡文化則構成社會總文化的一類分

---

❺ 吳汝康著，《人類的起源和發展》，第99頁，科學出版社，1980年版。
❻ 賈蘭坡著，《山頂洞人》，龍門聯合書局，1950年版。

支，因而我們應當將它提升到社會的、文化的高度來認知。

一、死亡文化的意義

(一)有助於建立正確的人生觀、倫理觀

　　死亡觀是人生觀的一部分，任何人都無法迴避死亡，但只有生活中的強者、勇者才敢於以積極的態度面對死亡。古今中外歷史上，許多哲學家、仁人義士都認真地思考過死亡，並以凜然的態度處理之，留下了極為豐富寶貴的精神遺產。如南宋文天祥的「人生自古誰無死，留取丹心照汗青」的詩句就曾激勵了多少後來者。

　　不僅是個人應有正確的死亡觀，一個社會也應有正確的死亡觀．只有這樣，才可能造成一個積極向上的社會氣氛。現在，西方一些國家已經建立了「死亡學」，旨在對人們進行正確的死亡教育，並構成人生教育的一部分；與此相應的還有「安樂死」等問題。這些也是我們所應當予以認真研究和吸收的。

(二)有助於我們正確地認識殯葬活動

　　一個社會經常發生死亡事件，並舉行不同規模和類型的喪事，俗話說：「外行看熱鬧，內行看門道。」我們只有從理性上深刻地認識死亡文化，即它賴以產生的諸社會條件、含義和社會功能，才可能正確地認識民間的殯葬活動。

(三)有助於移風易俗

　　建立與現代社會相適應的新的死亡文化，以及適合21世紀的喪葬禮儀，以進行正確的殯葬活動導向。隨著現代工商業的發展，城市的擴大，人口的增長，現代社會的土地、空間、水源、森林等生存資源變得日益緊張，而中國傳統的土葬、厚葬習俗已變得與現代社會愈益格格不入

了，而目前這一土葬和厚葬之風在許多地方還在升溫。儘管各級政府一再
發布命令，但民間相當多的地方仍在遵從舊傳統，屢禁不止，不僅消耗大
量的社會財富和自然資源，還侵占著正在減少的土地，乃至於耕地。

　　但是，我們也應當看到，中、外傳統的死亡文化及殯葬習俗中也有很
多優秀的成分，需要重新予以認識。

　　我們不要斬斷歷史！

　　我們應當繼承、發揚中國傳統的和西方現代的死亡文化及殯葬活動中
有價值的部分，建立起適應於現今社會的死亡文化學，以推進中國的殯葬
改革。

(四)有助於我們認識一個民族、一個社會

　　在任何一個社會中，生存和死亡兩類活動、兩類文化總是相互影響、
相互制約，一個民族、一個社會如何對待死亡（死亡觀）總是它如何對待
生活、生命（生存觀）的一個理論前提。因此，我們知道了一個民族、一
個社會的死亡觀，將大大地有助於認識它們的處世哲學和行為方式。可以
說，歷史上，一個民族的衰退、一個社會的崩潰，首先總是透過它們的人
生哲學、死亡觀的頹廢開始的。具體地說，就是個人主義和及時行樂主義
的氾濫，社會整體意識的分裂。

二、研究死亡文化的方法

　　死亡文化學迄今還是個涉足甚少的領域，需要探討之處甚多。這裡，
對於應當如何研究死亡文化僅提出幾點以供參考：

(一)死亡文化學是一門邊緣學科，應注意諸多相關學科的影響

　　在此，與死亡文化學關聯最緊密的有：社會學、社會心理學、行為
學、哲學、歷史學、經濟學、民俗學、人口學、倫理學等；在中國，則還

與經濟地理學相關，因為我們的殯葬改革主要是從中國現有的自然資源（土地、水源、森林等）相當缺乏著眼。

(二)靜態和動態兩種最基本的研究方法

所謂靜態的方法，是假定對象處於靜止狀態，從空間橫切面上考察對象的方法。這裡是指較全面地考察一個社會之所以產生某一類死亡文化及其殯葬類型的那些社會條件，這是建立死亡文化學的理論前提。所謂動態的方法，是從縱的方向去考察對象的方法，這也是歷史比較的方法。它要求我們從時間中考察一個社會的殯葬活動以及包含於其中的文化其演變過程，看看在殯葬領域中各朝代對於古代傳統有哪些「因」（繼承）、「革」（廢除）、「損」（減少）、「益」（增加）的變化。這兩種方法又被稱為「論、史結合」的方法。當然，它們從來不是截然分離的，而且常常是「論中有史」和「史中有論」。

(三)中、西方比較的方法

毫無疑問，「中國古代的死亡文化及其殯葬」與「西方的死亡文化及其殯葬」中都有其精華，也有其糟粕。對此，要進行比較研究，不僅是找出產生這些差異的社會歷史條件，更重要的還在於要吸收、融合、發揚兩者之長，拋棄兩者之短，真正做到「古為今用，洋為中用」。

(四)理論和實踐的方法

我們不應只停留在理論研究上，還應多參與社會調查和實踐（如殯葬實踐），不斷地修正並豐富既有的理論。只有這樣，才能將理論作用於社會，以利於改革舊的不合當今時宜的殯葬習俗，推動現代社會的精神文明建設。

第二章

原始思維與原始崇拜

人是一切社會性活動的主體。就像建築師在建造橋梁、大廈時要對鋼材等建築材料的諸性能（如耐壓性、彈性等）做先行測定一樣。同理，我們在考察人所從事的一切社會活動前也需要對人（性）的諸主體規定性做一些探討，比如說人類的心理、嗜好、思維方式等特徵。原始殯葬產生於原始時代，那麼，不僅貧乏的物質條件在制約著這一活動，而且更重要的，原始人的那些主體規定性也在指導或規範著這一活動。對它們做一些討論是非常必要的。

本章聯繫死亡及其殯葬這一主題探討原始思維的一些特徵，以及所產生的一些行為模式。否則，我們將講不清楚原始人何以取某一思維方式和某一行為方式而不是其他。人類的思維是發展的，它的每一步發展都會在對死亡的認知及其殯葬的操作中留下一定的痕跡。

 ## 第一節　人類思維的三個環節

人類思維的三個環節，這裡是指人類思維在「思維的內容指向」時的三步遞進。由於它具有世界普遍性，因而提出來討論。

人（類）高於動物的關鍵即在他內含著更複雜的智力結構，這一結構的展開給人帶來了一種「智慧」，即對事物更為高深的理解能力。所以，即便一個嬰兒當下的表現不如一隻成熟的動物，但嬰兒具有更豐富的潛在內容，他的展開將使人很快地超出動物。該智力結構是在距今三百萬年前後的漫長歲月中，人類作為一個「類」而逐步獲得的；但這一智慧「結構」作為爾後時代的每一「個體」則具有先天性（遺傳）。當然，個人智力結構的展開，即智慧能力的現實獲得必須透過實踐活動，即外部的反覆刺激才能完成。這兩者是統一的。前者是可能性，後者是現實性。倘若根本不具備這一潛在之物，任何實踐和教導都將無濟於事，就像我們不能教會豬過人的生活一樣。

人類所認知的對象（「客體」）雖然千差萬別，紛紜複雜，但按它們和人（「主體」）的關係則可以劃分為三類：外部對象、自我對象、兩者之間的關係對象。三者在人的認知過程中依次展開，由此構成人類認知活動發展的最一般形式（或模式），即認知的三個環節。

第一個環節是直接的外部對象，即呈現於我們眼前的他物或他人。

第二個環節是自我，即透過對象反思到自己（的存在、價值等）。

第三個環節是外部對象和自我的關係，即將兩者綜合起來，理解到自己和對象的關係，並能從對象中找到自己或從自己本身發現對象，以此實現自我（願望、價值等）。

這三個環節，可稱之為認知的對象過程、反思過程和綜合過程，它們分別產生人的對象意識、反思意識和綜合意識。這一認知形式（模式）對於一個人、一個民族乃至人類均具有普遍性；也就是說，凡認知活動在形式上無不沿著這三個環節反覆展開，改變的只是認知過程中的具體內容、規模等。

由於幼兒的認知活動被認為是從零開始的，且受到最少社會因素的干擾。我們就以此為對象說明之。

一、對象認知

幼兒認知過程的第一個環節從出世就開始了。他們很早就對鮮豔的顏色和晃動的物體產生敏感、好奇，表現出追蹤注視；三個月左右大體能識別自己的母親；爾後能簡單地理解父母對自己的態度，如此等等。半歲左右是幼兒一個較大變化的開始，他們的肌肉、脊椎、神經系統，尤其是大腦迅速發達起來，開始長出牙齒，由此形成了一系列的條件反射及簡單的主動性行為，從而使適應能力大為增長。諸如，見到餵食時會手舞足蹈，主動要求大人抱和愛撫，能分別親疏次序（先是母親，其次父親，然後其他人）。

此時幼兒並未清楚認知到自己的存在。就像兒童心理學所指出的，幼兒通常是將自己身體的某部分當成異己物看待，他們有時咬自己的手指，直到咬痛、出血，然後大哭。他並不知道這手指就是自己身體的一部分。

二、反思認知

幼兒認知的第二個環節是認知的反思過程，即人從對象中發現自己的過程。作為能促成自我認知得以實現的對象物，我們稱之為「對象鏡」，它分為物鏡和人鏡，前者為物體，後者為他人。

1.物鏡：指幼兒周圍的一切物體，諸如玩具、物品、小動物和太陽、月亮、星星等。在全部物鏡中，最具典型意義的莫過於鏡子了。作者曾多次長時間地觀察半歲到兩歲的幼兒照鏡子的情形：他們開始是端詳著鏡子，對著它發呆；後來衝著它笑，做怪樣子，或對著它反覆張嘴和閉嘴，把頭向兩邊晃動；有時則對著鏡子大聲叫喊，拍打鏡面，有時與鏡面親嘴，反覆踮腳，表現出焦躁不安。這一切行為都在表明：幼兒力圖弄清楚鏡中的人物是誰？和自己是什麼關係？直到兩歲左右大致上才終於明白，「這就是我！」幼兒能準確地使用「我」這一單詞也是在這時候完成的。這標誌著幼兒在人生中第一次完成了對自我的「發現」，自我意識隨之初步建立，人開始將自己從周圍的環境中獨立出來❶。

---

❶ 英國著名的動物行為學家珍妮・古道爾在1960年代曾做過一個有趣的野外實驗：她在黑猩猩居住地放置了一面大鏡子，想看看黑猩猩的反應，以此測定其智力水準。結果，絕大多數黑猩猩對鏡子毫無反應，走過時並無關顧之意；有幾隻看上一眼就走了。只有一隻在鏡前仔細端詳了好大一會並以「手」摸了一下鏡面，大概沒有摸到牠正看見的那隻黑猩猩，便繞到後面去看，依然未發現什麼；牠轉過來再看了一下鏡面，然後懶洋洋地走了。牠始終未能解開這個謎。這一實驗表明：即便是這一群黑猩猩中的智力超群者，也未能理解到自我的存在，牠的智力水準（主要指理解能力方面）已落後於兩歲左右的人類兒童了。
此外，成人們通常將自己的自我認知稱為「反省」、「反思」等。

　　幼兒從半歲左右在鏡中朦朧地感受到自己，到兩歲左右較清晰地完成對自我存在的發現，歷時約一年半。當然這一認知過程通常得到了大人的幫助。這裡的「鏡子」只是作為物鏡的典型代表物，在沒有鏡子的家庭，諸如青石板、水面、光滑的桌面等反光物體亦可以起到鏡子的作用。當然，非反光性物體也是一種物鏡，如小孩捏一個泥團，將小狗打得哇哇叫等，都可以幫助他從中發現自己的存在。不過，這一認知過程的完成很可能會慢一些。

　　2.人鏡：指幼兒與之發生關係的一切人，首先自然是他的父母。幼兒的一舉一動多在父母的監督之中，他們會向幼兒做出各種示範和解釋，並對其各類行為做出貶褒的反應；幼兒則為獲得父母的褒揚並避免受到責罵，多「看臉色」行事。也就是說，透過父母的傳遞作用而加快了兒童對社會意識（或文化）的認知、領悟過程。此時，父母在幼兒的心目中通常是萬能的。這些都促成了幼兒從人鏡對象中發現自己的存在、地位和價值，以此形成自我意識。

三、綜合認知

　　幼兒認知過程的第三個環節是綜合過程，即人理解自己和外部對象的關係的認知活動，進而產生綜合意識。綜合意識是隨反思意識建立的同時發展起來的，就是說，反思意識建立到何一（自覺）程度，綜合意識及其指導下的行為便發展到何一（主動）程度，兩者之間呈正比例。

　　綜合意識及其行為的本質在於「揚棄」，即根據對象重新塑造自己和根據自己重新塑造對象。如我們常看到的：幼兒透過哭、撒賴迫使大人就範；在幼稚園中則有幼兒之間互相交換玩具、食物和感情，以此結成某種人際關係；幼兒變得可以「教化」了，愛清潔了，如此等等。幼兒豐富的想像力、有目的的創造性行為就是隨著這一意識的形成而逐步建立起來的。前者諸如將月亮想像成也需要穿花衣服、吃糖、具有生命之類；後者

有如疊手帕、捏泥團，它們都可視為綜合意識之下的行為產物。這種綜合意識不僅使人成為具有反應靈活、能認知複雜事物能力的「聰明」動物，而且使人成為自由的、具有創造性的高尚的真正的人。

　　對象認知、反思認知和綜合認知是人類認知形式的三個基本環節，三者構成一個完整的認知週期形式，幼兒在兩歲時便已大體建立起來了。在人的一生中，這三環節將被無數次地展開，當然，每一次的展開都會注入不同的內容，表現出不同的規模。

　　在三個環節中，自我意識即「自我的發現」，是關鍵的一環，它不僅是對象意識過渡到綜合意識的橋梁，而且成為綜合意識的基礎，即自我意識的清晰度決定綜合意識的深刻性和全面性，以致哲學家將自我意識直接等同於人的意識，將人定義為「具有自我意識的高級動物」。相反，動物的進化程度愈低，自我意識就愈模糊、膚淺。換言之，動物始終沒有清楚地意識到自己是誰？（否則，牠就會以自己的形象、能力、好惡等規定性創造出神話、宗教，並造出金字塔來。）因而，動物即便是智力較高的靈長類，牠們的思維也只能停留在「行為」層次上，而不能上升到抽象的「純粹的」思維領域。人類正是擁有了這一優勢，因而統治了世界。

　　古生物學、進化論已經證明，個體的歷史是「種」的歷史的一個縮影。原始時代是人類的幼兒時期，透過對幼兒認知形式三個環節的理解，以及對幼兒行為的觀察，將有助於我們認識原始人的思維特徵及其活動。

第二節　原始人的自然崇拜

　　崇拜，是人們敬畏並崇尚一類對象的心理狀態，自然它也導致一類相應的行為，曰崇拜活動。

　　人類似乎從來就離不開崇拜。崇拜某自然物，或某一個人，或某一團

體，或某一神，或某一思想，或乾脆崇拜自己等，以此給自己提供精神支柱。原始時期有原始崇拜，農業時代有農業崇拜，現代則有「主義」或「思想」的崇拜，而人類歷來都有英雄崇拜，如此等等。在某種意義上，人類的一部崇拜史就反映了人類的文明史。

所謂原始崇拜，即以原始方式進行的崇拜。也就是說，這一崇拜沒有系統的思想論證和大量的文字闡述，而是以質樸的、麻木的、狂熱的，乃至粗野的方式認定並實施著崇拜。就像我們看到幼兒對他們的父母那種崇拜一樣，在他們眼中，父母總是萬能的。

一、原始崇拜是從崇拜自然物開始

大自然是人類的母親，它以甘甜的乳汁哺育了人類，而人類則將深沉的愛傾注給了大自然。不過，人類並非從一開始就能正確認識自己的母親，而是在一種混沌未分的意識中度過了漫長歲月。當原始人手持棍棒和石器步履蹣跚地登上活動舞臺時，他們面對著自然，更多的是恐懼心理，進而則是崇拜。

原始人既面對著自然，同時又在自然之中；既享受著自然的各種恩賜，又時常須和自然做鬥爭。最先映入眼簾的是與日常生活密切相關的那些自然對象，諸如日月星辰、山川湖海、風雨雷電、動物植物等。逐漸地，原始人發現了這些自然物的「功能」：如太陽給人以溫暖，食物能充饑等。對此，原始人傾之以「愛」（親近）的感情。相反，另一些對象使人感到恐懼，如江河氾濫、電閃雷鳴、海嘯山崩、毒蛇猛獸等。對此，原始人投之以「恨」（恐懼）的感情。當然，對同一對象也可以既愛又恨，如對給人以光明和溫暖的太陽就愛，而對使萬物焦枯的炎炎赤日又產生恐懼和恨。

原始人認為，在各種自然物後面或之中都隱藏著一個威力無比，具有喜、怒、哀、樂情感的神靈，是它們在操縱著這些自然對象。當自己

要求幫助的一些自然對象，如太陽，或要求迴避的一些自然對象，如洪水時，只能先與這些對象後面的神靈打交道。原始人以這種「萬物有靈論」的觀點來解釋自然萬物的多樣性、變化性。他們幾乎對什麼都崇拜，並深信，在他們的周圍充滿了各種各樣的神靈，它們主宰著一切。面對這些對象，原始人顯得那麼渺小，無能為力，因而對之誠惶誠恐，頂禮膜拜，這就產生了原始的自然崇拜。它是原始宗教的最古老形式。當然，他們不會意識到自己的「無知」，很可能還有些自鳴得意，因為當時不會有人比他們更有知了。這就是原始人的思維方式及其宇宙觀，其起源的具體時間則不可考。

文化學對原始宗教的研究多半借助於古代神話和文獻，以及民俗學、民族學資料。比如我們現在所知的諸如雷公、電母、雲伯、雨師、火神、山神、地神、河神、龍王、門神、路神、財神、玉帝、閻王、月下老人等，都可視為原始的自然崇拜（萬物有靈論、拜物教）的產物。當然，不同的生活條件會使各民族的自然崇拜各有側重，如農業民族側重對天地的崇拜；狩獵民族偏重山神；航海民族則多崇拜海神等。原始人的自然崇拜是出於對自然物強大而神祕的屬性的依賴感、恐懼感，從而向它們臣服、求助、討好，而眾多的祭神儀式就是一種討好和賄賂鬼神的行為。

二、原始崇拜的基本特徵

隨著人類智力及其社會生活的進步，原始的自然崇拜也在不斷的變化。其基本特徵是：

其一，一些威力不夠的自然物被逐漸淘汰出受崇拜的行列，比如雞、兔、狗、狼，或一條小河、一片樹林之類。也就是說，原始人變得有些不怕它們了。隨著這一淘汰過程的展開，剩下來的崇拜對象愈益是一些可望而不可即、威力巨大，或難以捉摸的對象，諸如天、地、四時、大川高山等。原始人既仰仗它們，又怕它們發威而危害自己。

其二，原始人逐步對自然神靈排列等級次序，使之系統化，太陽（或「天」）通常成為最高的自然神；愈是具體的神，如某山神、某河神，就愈是級別低的神。

其三，原始人按照自己的感情將神靈區分為「善神」和「惡神」，雖然都予以崇拜，但顯然是懷著不同的感情。

在所有的自然崇拜對象中，人類對太陽的崇拜源遠流長，最具有普世性。如古埃及的最高神「阿蒙」就是太陽神，它是國家的最高神；《史記．樂記》就記載漢武帝組織過大規模的祭祀太一神（即太陽神），以及歷朝歷代的祭天；日本的開國大神「天照大神」即被認為是太陽的化身；古希臘和古羅馬都曾建有大規模的太陽神殿，太陽神被稱為阿波羅神等，都是這一崇拜在文明社會的遺跡。直到西班牙人登上美洲大陸時，祕魯的印第安人還相信他們的首長是太陽之子，墨西哥的印第安部族中還有殺人祭日的遺俗。一些印第安部族中則殘留有頌日和祈日的活動，當太陽升起時，他們對著太陽大唱頌歌，感謝太陽神給他們帶來的一切；太陽西沉，漆黑的夜晚即將降臨，他們遙望西邊無限留戀地唱著，祈禱明天的太陽重新升起。

原始人的自然崇拜相當於人類崇拜意識過程的「對象崇拜階段」，即他們崇拜直接的外部的自然物體。

第三節　原始人的自我崇拜

直接的自然崇拜發展到一定程度，原始人的崇拜目標會移回到自身，即「自我崇拜」。這不僅標誌著原始人發現了自己，而且他們在以某種方式認可自己的偉大。從邏輯上，自我崇拜有一個發展過程，也遵循著從個別到一般、從具體到抽象的上升過程。

殯葬文化學
──死亡文化的全方位解讀

一、血崇拜

最初大約是「血崇拜」。原始人赤身裸體四處奔跑，捕魚狩獵，經常要和野獸搏鬥，乃至和其他氏族作戰，軀體受傷流血在所難免。當他們看到自己殷紅的血涓涓流出，並忍受著創痛；鮮血乾涸後變為暗紅色的硬塊，「它們原來是自己身體的一部分」；一旦流血過多，人就會死去；伴隨著嬰兒的降臨，母親體內要流出大量的鮮血。當他們殺死猛獸，看到牠們血如泉湧，自己則會感到一種莫大的快感等。諸如此類的經驗，都會刺激原始人對血產生一種迷惘、惶惑的心情。他們以為，在血中必定有一種「生命力」之類的因子存在，有的原始人則以為靈魂就包含在血液之中（他們認為靈魂隨流血而逃逸了）。血是那麼的鮮豔而神祕，原始人對血持有一種神聖的感情。血崇拜隨之產生了。

原始人認為，同一氏族成員的血是相同的，而流血被認為是一件很重要的事情。人們歃血為盟（將血塗在嘴唇上），表示絕不反悔。祭祀神靈或祖先，少不了要殺牲畜乃至活人。進入文明時代後，出征得勝歸來，多要在祖廟（或神廟）中殺俘祭祀祖先神靈和戰死者的亡靈，稱為「血食」；倘若亡國或絕嗣，則「先人不得血食」，在中國古代被認為是大不孝。後雖廢除人祭，但仍以殺牲代之。原始人普遍有飲血的嗜好，他們不僅大飲動物血，也飲自己身上淌出來的血（他們認為吸吮進去後又會化為血）；如果飲敵人的血更會使他們興奮不已。若說原始人曾是一群嗜血之徒、血狂熱分子，恐怕一點也不過分。血崇拜引伸為紅色崇拜，山頂洞人以紅色的礦石粉撒在死者身上及周圍，就是這一類崇拜的考古學證據。原始時代，參加「血親復仇」是每一個氏族成員的神聖義務，所謂「以血報血，以牙還牙」就是原始時代血崇拜的殘留語言。

即便是現代人，血仍然是神聖的。如現代農村的許多地方仍有殺雄雞以其血祭墳、祭祖的習俗，「血濃於水」的格言亦是遠古血崇拜的遺存意識。

二、性崇拜

當血崇拜發展到一定程度的時候，隨人類的性意識開始成熟，原始人將崇拜的視線指向了人體本身，這導致了性崇拜，或生殖器崇拜。

性崇拜首先是女性崇拜。亙古以來，婦女在生育，但原始人並未意識到「婦女在生育」。換言之，在漫長的歲月中，原始人是以本能的方式完成種的繁衍。隨著原始人智力的成長，他們逐步理解了這一事實：隨著孕婦的肚皮一天天隆起，到時候伴隨著鮮血和劇痛，一個新的生命便降生了，「原來我們所有的人都是從那裡面鑽出來的！」原始人終於以朦朧的理性之光完成了這一認知。自然，他們對女性的生殖器官感到有些神祕。原始人可能圍著新生命狂歡亂舞，通宵達旦，並對嬰兒的母親致以敬意，後世給滿月的嬰兒大辦筵席就是這一遠古歡慶活動的遺存。嬰兒的成長也是神祕莫測，經過母親的哺乳，小生命一天天的長大，直到成為氏族的成員。

與這一崇拜相應的是母系氏族社會，即氏族內部成員的關係以母親（或外祖母）的血緣關係為紐帶而建立。自然，女性獲得了比後來文明社會高得多的社會地位。人口的成長增強了氏族的力量，使氏族社會更能應付外部的威脅。而性活動給人帶來快感，這又進一步強化了原始人對性器官的神祕感。性崇拜就是在這一系列的認知和體驗中建立起來的。

距今三萬年至一萬年前留下了大量的女性崇拜的雕刻作品，它們對女性的生殖部位、乳房和四肢予以誇大、變形的處理。史前文化學家主要就是依據這些考古資料，去論述歷史上曾出現過的這一性崇拜文化的。同時，由於女性的生育與豐產的觀念相聯繫，因而早期的神多是女性（如女媧），此即文獻學上的證據。在生產工具上，這一時期大約下迄於舊石器時代的晚期。

大約在新石器時代，逐步過渡到男性崇拜。這不僅與男子在社會生產、戰爭中的重要性日益提升相關，更重要的是，原始人終於發現了男人

在生殖中的作用，這引起了男性無比的驕傲和自豪。與此同時，社會逐步過渡到父系氏族制，它直接演進為文明時代的以男子為核心的一夫一妻制家庭（家族）制度的出現。文化史家認為，文明時代的圓柱型（如華表）一類裝飾物，就是原始時代男性生殖器崇拜的痕跡。

有了血崇拜和性崇拜，原始人便獲得了一種強化血緣關係的意識，這促進了氏族組織形式的鞏固和發展。

三、鬼魂崇拜

最令原始人困惑的恐怕莫過於形、神問題了。當原始人開始關注整體的自我時，兩種現象便長期困擾著他們：一是睡眠和做夢；二是生病和死亡。人睡著時，如同死去，一旦醒來，又威武如初；人時常做夢，夢見活著的人或死去的人。人生病時，只能躺在地上有氣無力地呻吟，接受他人的照顧；痊癒後，重新生機勃勃。考古學證明，原始人的壽命很短，據對歐洲和非洲挖掘的西元前8000年以前的三百多具成年人（十五歲及十五歲以上）骨骼的研究，他們的平均死亡年齡為三十歲上下，其中成年男人為三十三歲，成年婦女為二十八歲。又據對挖掘的一百八十七具史前時期原始人的骨骼研究，當時的平均壽命只有二十歲左右，活到四十歲以上的寥寥無幾。又據對北京猿人洞內二十二具猿人殘骸的研究，推斷當時的平均死亡年齡也不超過二十歲。據估計，人口年死亡率大約高達5%[2]。氏族的存在是靠高出生率來維持的。小孩的夭折亦是常事，高死亡率使原始人經常見到死亡。人一旦死去，就永遠不再醒來……；諸如此類的事實都使原始人感到困惑。

久之，原始人終於將人形、神二重化，得出了人的另一類存在，即

---

[2] 潘紀一、朱國宏，《世界人口通論》，第29、30頁，中國人口出版社，1991年版。

現在，中國社會的年死亡率大約為0.66%。

靈魂。他們深信，在人的軀體之中還有一個決定人之所以為人的東西，它被稱為「身體內的小人」或「永生者」。法國拉法格《思想起源論》（1905年）第五章「靈魂觀念的起源和發展」中說道：原始人是為了解釋睡眠和做夢發明了靈魂，它被認為是「面貌相同的人」；澳洲土人認為，人睡著時靈魂離去了，靈魂不回，軀體不會醒；印度某些地區的法律認為，改變了睡眠者的外貌等於犯了殺人罪，因為靈魂回來時將找不到自己的軀體，等等。文化史學家麥克斯·繆勒透過字源學考證，說：「幾乎所有用來稱呼『靈魂』的詞，最初都是用來稱呼從嘴裡吐納的、可見的和可嗅的氣流或呼吸的詞。後來它脫去了物質的外殼，而逐漸地指謂我們身體之中的某種生命氣息，或生命的根據。」❸原始人以為：當靈魂駐於身體之內時，人就活著；當它永遠離去時，人便死了；暫時離去時便是睡眠；靈魂與軀體不能吻合就是生病（後也引伸為鬼魂、邪氣附體之類）等。個人有生也有死，但靈魂則是永存的。這就是人類最早的形神觀。

《說文》：「鬼」作鬼，「人所歸為鬼。從儿，象鬼頭，鬼陰氣賊害人，故從厶（讀作私）。」許慎引《釋言》說：「鬼之為言是歸也……古者謂死人為歸人。」並說「神陽鬼陰」，陰者在暗（私）處，常害人。就是說，人死後，靈魂變成了鬼，躲在暗處；鬼害人，靈魂並不害人。因而，嚴格地說，原始人崇拜的是鬼魂，而不是靈魂。

氏族中歷年死去的人，累計起來是相當可觀的。原始人深信，這些鬼魂就在自己周圍遊蕩，注視著他們，並參與他們的生活。原始人看不見它們，因而對之無可奈何。尤其是夜幕降臨時，原始人以為那些鬼魂已全部出動了，或正四處漫遊，或正挨著並盯著自己；尤其是當寒風呼嘯，或磷火飄忽，這更像是鬼魂在臨近、在發威。文獻學、民族學的許多資料均表明，當原始人形成了鬼魂觀念後，他們曾經歷了一個對於鬼魂漫長的恐懼

---

❸ 麥克斯·繆勒，《人是否不朽？》。轉引自呂大吉主編，《宗教學通論》，第97頁，中國社會科學出版社，1989年版。

時期。

正是靈魂觀念和鬼魂崇拜產生了原始的殯葬行為。順著這條思路，透過考古學，我們就能大致確定人類的靈魂觀念所產生的年代，它大約就在原始殯葬產生以前的不太久遠的年代。

四、祖先崇拜

祖先崇拜是對祖先的鬼魂及其人格的崇拜。「人格」在這裡指勇敢、公正、智慧、仁慈等品行特點。它是血崇拜、生殖崇拜和鬼魂崇拜相結合的崇拜形式，或說是鬼魂崇拜的直接發展。

祖先的鬼魂——無論是女系祖先或男系祖先，無疑被認為是保護自己的子孫。因而，隨著血崇拜、生殖崇拜和鬼魂崇拜的發展，祖先崇拜自然而然就建立起來了；與此同時，其他許多的自然崇拜對象被放棄了。當然，留傳迄今的更多是男性祖先崇拜。如果說鬼魂崇拜導致了殯葬的產生，那麼，祖先崇拜則推動了殯葬的發展和完善。因為，人們一般只安葬自己的親人並崇拜自己先人的鬼魂，所謂「非其鬼神，不祭」。為獲得這一庇蔭，人們變得日趨系統乃至繁瑣地安葬並祭祀先人，尤其是文明社會的出現，更是推動了這一類活動的發展。

必須指出的是，史前時期的祖先崇拜和文明時期的祖先崇拜，其內涵大有區別。前者往往帶有更濃厚的純崇拜色彩，氏族人將自己的祖先（或酋長）予以神化，奉為神靈（在中國文化中，神高於鬼），作為本氏族的偶像，因而發揮了一種內聚力的作用。比較而言，後者則帶有更多「政治宣傳」的色彩，即出於某種政治或社會需要，將自己的祖先說成是源於某高貴神靈的血統，蓄意給自己及其家族塗上一層神聖的光環。當然，這也是某種凝聚力。

靈魂觀念的誕生無疑是原始世界觀的一次重大革命，它構成原始人全

部世界觀的樞紐。原始人以「人具有靈魂」的觀念去修正、完善從前流行了許多年並多少有些朦朧的自然崇拜觀念，使之系統化、等級化，同時也賦予自然崇拜物以靈魂。於是，諸如日月星辰、山川湖海、風雨雷電等，便統統具有了喜怒哀樂等人的感情、智慧。在現代較閉塞的農村，以及殘存的土著人那裡，還可以大量地搜集到這類觀念。

應指出，從自然崇拜到自我崇拜，上述一系列具體形態先後關係的排列只具有邏輯意義，並非前者完全成熟了，後者才出現。至於它們分別產生的年代，則有些不可考。現在，世界上有一些停滯了的人種，其崇拜還停留在自然物崇拜的低級水準上，如太平洋玻里尼西亞島上的土著部落中，就只有對自然對象的崇拜（被想像為精靈），他們還沒有發展出鬼魂崇拜和祖先崇拜（參見朱天順，《原始宗教》，第14頁）。

第四節　原始人的綜合崇拜：原始人與鬼神既聯合又鬥爭的關係

原始人有了眾多的神靈崇拜對象，自然的、自身的。原始人是帶著某種感情（愛或恨）對待它們的，並以此做出了善、惡的性質區分：那些可愛的、友善的諸如天神、地祇、山神、門神、祖先神之類；另一些則須加以迴避，諸如孤魂、野鬼、山鬼、閻王、瘟神（中國民間傳說是姜子牙之妻）之類。當然，相當一部分的鬼神是中性的，如龍王、河神等。而不管是哪一類鬼神，它們對待人的態度還是取決於人們對它們的態度。

於是，原始人便和神靈開始建立關係。這一關係是雙重的，即聯合和鬥爭。作為前者，指對那些「善意」的神靈予以崇敬、祈禱、求助一類的交往關係；作為後者，指對那些令人恐懼的、有害的鬼神則採取迴避、驅除或消滅的交往關係。它們由一系列的儀式、規範和行為所構成，即原始人對待神靈鬼怪的一些「手段」，諸如禁忌和巫術、獻祭和祈禱、圖騰崇

拜等，而殯葬也是形式之一。原始人深信，這些神祕的方式對於按照自己的需要去支配鬼神是很靈驗的，也是人神交往的唯一通道。

原始人對於自己所創造的賴以溝通神靈世界的儀式、規範和行為的崇拜，被稱為「行為崇拜」。這相當於人類原始崇拜時期的綜合意識階段，即原始人開始採取一些行為主動去協調人神關係，力圖「駕馭」它們。同時，從中產生的各項行為規範也約束了原始人的全部日常生活，這便是早期的原始道德。

須指出，綜合的行為崇拜是與自我意識（自我崇拜）相伴隨發展起來的，即自我意識發展到什麼程度，原始人調節人、神關係的「能力」就達到什麼水準。

一、禁忌和巫術

禁忌是人們為避免觸怒鬼神而給自己制定的否定性行為規範，諸如語言禁忌、行為禁忌、飲食禁忌等。它告誡人們什麼情況下不能做什麼事，比如，沒有一個原始人給自己取死者的名字，那個名字已被埋葬掉了；它也不能被呼喚，否則死者的鬼魂會跑來。假如死者的名字同時是一個物品或一類動物，那就必須給它們改變名稱，如傳教士多勃里曹佛（Dobrizhofer）就說，他在巴拉圭的亞皮蓬族（Abipones）居留七年中，人們把豹的名字換了三次[4]。氏族人平時嚴禁殺害或食用本氏族的圖騰動物，只有在重大節日或儀式中才被允許這樣做，他們以為這樣就可以分得牠的勇猛和力量。

原始人為避免觸怒鬼神，發展出許許多多在現代人看來有些不可理喻的禁忌規範，進入文明時代，變得更系統化，諸如沐浴、齋戒，婦女則多

---

[4] 薛爾曼，《人的由來》，鄭紹文譯，上海文藝出版社，1990年版。據1936年版影印，第24頁。

被視為有污於神的「不潔者」而被排除出祭祀神靈活動之外，如古希臘奧林匹克運動會婦女不許觀看，違者處死，等等。在民間，則大量地表現為民俗。據劉雅《宗教與民俗》載，雲南基諾族人在祭祀最高的山神時，以麂頭獻祭，要等到婦女睡後才進行；完祭後男子三天內禁止與妻子同房，極為莊嚴神祕。貴州的彝族人在請巫師驅鬼時不能說「鬼」字，此時要用其他的字代替，以免鬼聽見了前來加害。此外，漢族民俗中，駕船者姓陳要改呼姓「浮」（陳、沉諧音），過年不能打破碗等物品，不能談論死亡，有喪須初三或初五後才能發訃告，等等。現代人中的此類禁忌，我們到處還可以發現。舊時吳地，船家忌諱「住、翻」，故稱箸為「筷兒」，幡布為「抹布」；又諱「離、散」，稱梨為「圓果」，稱傘為「豎笠」等。

如果說禁忌具有消極性，那麼，巫術則更多地是一類積極的通靈術。巫術是原始人用以溝通並操縱鬼神的一類象徵性的神祕模擬表演及其儀式。「巫」，甲骨文作田或𢀖。這類十字狀符曾大量出現於原始社會的遺物和圖畫中，它象徵著太陽的紋飾。由於太陽的變化而影響到晝夜、季節、氣候以及萬物的生長，因而「占日」就成為原始巫術的最早形式，且是原始巫術的重要內容之一。《說文》寫作靈，解釋為「女能事無形，以舞降神者也」。

從事人神溝通工作的人稱為巫師。《國語·楚語》載：「在男曰覡，在女曰巫。」注曰：「覡，見鬼者也。」先秦、兩漢時又稱占星卜筮之人為「日者」，《史記》中就闢有〈日者列傳〉，這大約是當時南、北方稱謂上的差異。不過，後世均稱「巫」，而不再稱「日者」。

巫術的目的，一是禳災，二是求福。原始人以為，他們所從事的一切活動都被鬼神控制著，諸如狩獵、捕魚、春種、夏收、求雨、戰爭以及日常活動等，沒有它們的首肯或幫助，自己將一事無成。而鬼神又被理解為具有人的情感和慾求，那麼透過一定的方式就可以和它們交往（聯絡感情），使它們按照自己的要求行事，操縱鬼神以滿足自己的意願。

　　原始人真誠地相信，透過巫師那一套怪誕的、含糊不清的咒語和怪叫，瘋瘋癲癲的跳躍，象徵性的行為，相應的儀式，人可以影響鬼神。托列斯（Torres）海峽附近的人們出海捕魚時要攜帶一些類似海龜或魚等形狀的東西，他們以為這些東西具有群體魚類的靈性，能使他們豐收（參見朱天順，《原始宗教》，第67頁）。昆士蘭的土人每年要在他們的茅舍周圍鞭撻空氣一次，藉以驅逐死者的鬼魂，勿使其危害生者。北美印第安人在他們的住房之前張布牽網，勿使在四周飄浮的鬼魂走近他們的房子。原始人將死者的物品連同工具一起埋掉，藉以讓死者的靈魂留在墳墓中，不再與生者接近。原始人還相信，若將敵人的頭髮、指甲、衣服之類的東西施以某種法術，諸如埋入地下，敵人就會由此遭災或死去。因而他們也小心翼翼地保護自己的這些東西，勿使落入敵人之手，以防他們用同樣的手段來陷害自己（參見呂大吉主編，《宗教學通論》，第385頁）。

　　巫術在漢代時還十分活躍。如漢武帝大臣江充為陷害衛太子，就曾以衛太子在家行「巫蠱之術」（就是造一個皇帝的木偶像，對之施以咒死的法術）欲咒死皇帝的罪名，最終逼太子自殺。

　　現代社會仍可找到巫術的痕跡。如過年時不慎打破一個碗、花瓶之類，人們總要說一句「打發打發」（發即發財）、「碎碎平安」（碎和歲諧音）；出殯時，喪主打破一只碗，以示打發出門。有趣的是，擁有了登月航太等科學技術的現代人，仍免不了要被一些數字所困擾，如中國人迷信「8」，現在一些城市的電信局堂而皇之地以高價出售諸如138（一生發）、148（一世發）、168（一路發）、338（生生發）、448（事事發）、668（路路發）、998（久久發）之類的「吉祥號碼」；西方人則不喜歡13，因為它是耶穌和十二個門徒的人數，其中一人是猶大，由於他的叛賣使耶穌喪了命。這是現代社會的「數字巫術」。

二、獻祭和祈禱

　　原始人既然有求於神靈，就應該向它有所表示。因為按照人的理解方式，神靈也不會無緣無故地幫助人，這就產生了獻祭和祈禱儀式。獻祭是用供品供奉神靈以換取神靈的諒解、恩賜和幫助，如用牛、羊、豬（舊稱「太牢」）祭祀祖先神靈。祈禱則是以溢美阿諛之詞歌頌神靈。獻祭和祈禱時均伴以舞蹈或卑下的動作（如磕頭），以取悅於神靈。如鄂倫春人向山神祈禱時，就一邊磕頭，一邊說：「尊敬的山神啊！給我們帶來幸福吧，保護我們的子孫吧……」山神的牌位是用稍經修飾的大樹來充當。當然，獻祭和祈禱更多時候是同時進行的。

　　原始人虔誠於神靈，他們總是將自己的智慧、技藝和勞作的收穫視為神靈的恩賜，甚至自己的智慧本身也是神靈所賜，如後世基督徒祈禱時所云：「主啊，給我智慧和力量吧！」他們對神靈充滿感激之情。同時，勞作時衝撞神靈有時在所難免，如打獵時的喧嘩，耕作時的驚擾等。因而，對神靈的致謝是理所當然的。倘若原始人的狩獵或其他活動失敗了，他們多半會歸咎於自己不敬神靈，因而神靈不肯相助。農業民族則祭祀天、地，向之獻祭並祈禱，請求並感謝它們使自己五穀豐登，六畜興旺。他們的豐收可能破壞了土地的肥力，使本來很肥沃的土地變得貧瘠不毛，原始人通常是挪一個地方，並向土地神靈致以歉意，而不像後來真正的農業民族那樣認真去改良土地。自然，沒有人敢在神靈面前傲慢無禮。在物質上予以補償、賄賂，在感情上予以聯絡、拉攏，言辭極盡謙卑，在動作上予以娛樂、快慰。一句話，就是極力討好，使之滿意，求其幫助，這就是獻祭、祈禱的本質。因而，它也可視為原始人企圖收買並操縱鬼神的一類「詭計」。

　　獻祭的物品，最初是羊、牛、豬、狗之類的動物，稱牲祭；或五穀以及一些簡單的手工藝品（石、骨製成品），稱物祭；後來發展出以活人為祭品，稱人祭。人祭和血崇拜有文化的關聯性。考古學、民俗學都證

明，人祭的野蠻行為曾普遍流行於世界各地的早期民族中。當西班牙人15
世紀登上美洲大陸時，那裡的印第安人還殘存著人祭和食人遺風。中國殷
商是文明時代人祭的鼎盛時期，東周春秋時期還頗盛。《左傳》中多有人
祭、人殉記載，如宋襄公殺曾子於次睢之社（「社」為祭地神之所），華
元殺楚使以其血釁鼓。這些被殺者還頗有社會地位。顯然，不乾淨的血祖
宗是不喜歡的。

三、圖騰崇拜

圖騰（totem）一詞源於印第安鄂吉瓦人的方言，意為「他的親
族」。其含義是，每個氏族都認為自己起源於某一動物或植物（也有
某自然現象的，如太陽）。這些動物或植物便被視為本氏族的親屬（祖
先），不准殺食；也有的原始人將圖騰視為保護神。現在，澳洲土人、美
洲印第安人的圖騰崇拜遺存仍相當豐富（參見朱天順，《原始宗教》，第
50頁）。

原始氏族都有自己的圖騰，以動物居多。澳洲土著有袋鼠、鴯鶓
等；印第安人有狼、熊、龜、海狸等。《史記》載，黃帝部落為「有熊
氏」；殷商人的祖先是「玄鳥」。《詩經·商頌》說：「天命玄鳥，降
而生商。」據考證，都是部落圖騰。《山海經》關於圖騰的記載十分
豐富，包括龍、鳥、蛇、馬、羊、豬、魚、虎、狼、熊、鷹、狗、蜂、
電、星、雲、虹等圖騰名稱以及儀式活動等。古羅馬以狼、馬、野豬、
鷹和牛頭人身為標誌的五種軍旗，被認為源於古代的圖騰崇拜。現在中
國東北、西南、東南等地區一些少數民族中還有圖騰崇拜的遺風，如納
西族、傈僳族的虎圖騰、彝族的竹圖騰和葫蘆圖騰、鄂溫克等族的熊圖
騰、貴州苗族的龍圖騰等（參見呂大吉主編，《宗教學通論》，第356
頁）。現代印度人對牛的崇拜亦是古代牛圖騰崇拜的遺俗。

原始人的圖騰物，是指該物體的全體，而非指個體，如熊圖騰，就是

指所有的熊。此時的原始人是以「類」為崇拜對象。圖騰對象應是有威力的、靈活的，或變幻莫測的，這樣才能滿足原始人對安全感、神祕感的需求。文化史家認為，圖騰崇拜是自然物崇拜和祖先神靈崇拜相結合的產物。圖騰對象是一類自然物，但又不是一般的自然物，而是和本氏族有著共同的血緣關係、共同的靈魂、共同的祖先（或直接就是祖先）的一類氏族保護神。原始人既是在尋找保護神，又像是在追尋自己的起源。儘管在現代人看來有些荒謬，但它卻是人類早期確定自己在自然界中位置的一次有益嘗試。

圖騰動物在平時是嚴禁殺害和食用的，如東非班圖族的羚羊氏族成員就不得殺食羚羊，違者要敲掉牙齒（參見呂大吉主編，《宗教學通論》，第356頁）。只有在重大的祭祀等場合才可食用，這被認為透過食用圖騰肉而獲得了牠的靈性和力量。在這類儀式場合中常常包含著巫術。

圖騰崇拜給原始人提供了一種精神上的歸宿感，增強了氏族成員的信心，這無異於後世人在說：「哼！我的家族是很優秀的。」它也是原始人精神力量的一個源泉。澳洲土人和美洲印第安人將本氏族的圖騰標誌紋在身體上，意在使本圖騰的精靈常附於身，受其保護，獲得力量，這和後世的基督徒跪在「主」的神像前祈禱，求主給自己以力量和勇氣是同一道理。圖騰的符號還成為統一氏族成員並增強內聚力的一類精神象徵物，如美洲印第安人在每一村落的入口處都豎立有高達30餘尺的圖柱，柱上雕刻著圖騰形象，每一家則畫有圖騰標記或放置圖騰標記物。哥倫比亞的土著會把圖騰雕刻在屋內梁上（參見朱天順，《原始宗教》，第51頁），這可視為後世國旗的起源。

原始人和鬼神交往的形式還有很多，諸如卜筮、建廟、請神、捉鬼等。此外，殯葬也是修好鬼神關係的重要形式之一。

原始時期是人類的幼年時代，人類的幼稚無知和軟弱決定了他們幾乎

對什麼都崇拜。隨著人類的成長，思維的展開，人類的能力在增長，崇拜對象也隨之發生變化，由自然物、自身到自己的精神創造物，這些構成了原始宗教的展開軌跡。

這一過程，既是人類思維的成長史，同時又是原始人不斷爭取掌握自己命運的歷史。據此，我們來討論體現在原始宗教中的原始思維有些什麼特點。

 ## 第五節　原始宗教和原始思維

簡言之，宗教就是對神靈存在的信仰。按照宗教學家的意見，一個完整的宗教必須具有以下四個要素：

1.宗教的觀念或思想。
2.宗教的感情或體驗。
3.宗教的組織和制度。
4.宗教的行為和活動（包括儀式）。

前兩者為內在要素，後兩者為外在要素。

宗教本身有一個發展過程。宗教學家根據宗教的完備性和適應範圍將其劃分為：原始宗教—國家（民族）宗教—世界宗教。還有其他一些劃分方式，茲不贅述。

一、原始宗教及其根源

原始宗教的「原始性」，不僅在於它流行於原始時代，更在於它的內容和形式均是不完備的、樸素的、非系統的。此外，「原始宗教」一詞還指近代以來仍殘留於各地不開化的土著居民中的宗教形態，如上述澳洲和

印第安土著中的各類崇拜。它們是研究宗教起源和演化史的活的人文化石。事實上，我們透過一些古代文獻對原始宗教的認知，以及文化史學家對一些土著居民中尚存的原始宗教的研究，能確定我們的史前時代曾有過原始宗教時期。

上文我們討論的那些原始崇拜的諸內容，它們同時就是原始宗教的內容。因為，原始人是將那些崇拜對象當作神靈來看待的。

原始宗教起源於主、客體兩大因素：主體因素指人類的自身特性；客體因素指人賴以生活的全部外在條件。

人類自身具有一種軟弱性，這是理解宗教問題的主體先決條件。因為，人類作為有限的存在乃是一個被創造物，這意味著人的不完整，它必須依賴並透過他物以達到自身的完整，達成獨立的自存。這不僅是人類肌體對物質的依賴（諸如食物、陽光、空氣、水等），而且還突出地表現為原始人在精神方面的軟弱性。人類的精神軟弱性在原始時代集中體現為「恐懼」（而在文明日益發達的社會則更多地表現為「空虛」或「無聊」）。相當多的史前文化學著作都精闢地論述過原始人的恐懼心理，它是智慧初開的人類經常性的心理狀態。「有一位年老的愛斯基摩巫醫對探險家努德·拉斯馬森說過：『我們不是相信，主要是害怕。』每一個陌生的東西都充滿了危險，原始時代的人不僅害怕疾病和死亡，而且畏懼饑饉、旱災、風暴、死者的靈魂和他打死的野獸。」「一個愛斯基摩人打死了一隻白熊，他必須將工具和武器獻給它，以此向它討好；如果這是母熊，就獻以女人的刀和針盒。這種贈獻禮物的做法是由於認為必須平息白熊靈魂的憤怒並防止它進行報復性破壞。」「在西非，打死河馬的獵人要把河馬除去內臟，自己脫光衣服，爬入河馬軀體內，並用河馬血洗全身。在整個過程中，他一直向河馬的靈魂祈禱，求它不要因為打死了它而對他產生了惡意，不要煽動其他的河馬前來報復而衝擊他的獨木舟。」此外，原始人誰也不敢游過一條河流，除非事先進行祈禱或念咒以爭取它的

恩典❺。在原始時代，恐懼充斥著一切領域，生存是原始人最高的或幾乎是唯一的目標。

由不完整、無知、極度的軟弱性導致恐懼，再由恐懼導致崇拜是很符合邏輯的。崇拜乃是一種精神上的「投降」，原始人以此獲得的則是秩序感和一種精神力量，並由此達成精神上的完滿。這一種「精神力量」在現代人看來似乎是虛擬的，但在原始人那裡，卻是實實在在的。

當然，人類也有強大性的一面。它驅使著原始人一有機會就力圖戰勝自然，主宰自己的命運，做自己的主人。這在原始宗教中體現為原始人對神靈的溝通和駕馭，巫術（如驅鬼）就是其中的主要形式。此外，則是直接向自然開戰。

總之，原始人所具有的軟弱性和強大性的矛盾是原始人對神靈世界既信仰、依賴，又與之頑強抗爭的主體原因。它直接產生了原始宗教。原始宗教的諸規範一經形成，就具有無上的法律意義，每一氏族成員須無條件地遵從，沒有討論的餘地，違者將被處死或驅逐。史前文化學家認為，原始時代的氏族中是沒有思想自由的。

原始宗教的客體條件在於惡劣的自然環境、簡陋的生產工具和低下的物質生活，以及各氏族、部落之間的競爭乃至戰爭。但是，這些只是規定了原始宗教的具體內容，比如狩獵民族崇拜並祭祀山神、農業民族崇拜並祭祀天地和穀神，生存競爭極端緊張的地方易崇拜戰神，等等。正是這些生活使原始宗教得以具體化，因而，我們透過這些內容便可以窺見到原始人的社會生活。

---

❺ 呂西安・萊維布魯爾，《原始與超自然力量》，第22頁。《土人是怎樣思考的》，第238頁。轉引自（美）愛德華・麥克諾爾・伯恩斯等著，《世界文明史》，第1卷，第23頁。

二、原始思維及其特徵

所謂原始思維，即原始人所遵循的思維方式，以及所達到的思維水準。當然，我們只能透過他們製造的物質產品（如生產和生活用具、墓葬物、藝術品）或精神產品（如原始宗教）以及他們的親屬制度和婚姻規則來發現他們的思維方式和思維水準。透過這些「產品」，我們可以大致知道原始人思維的特徵，其思維已達到了什麼程度。我們根據前述的原始宗教，討論包含於其中的原始思維。

我們看到，原始思維是膚淺的，貧乏的，缺乏深度和廣度，具有以下一些比較明顯的特徵：

(一)原始思維以形象思維為主

根據發展心理學，人類思維分為三個層次：行為思維、形象思維和邏輯思維。行為思維是透過一些具體的行為或活動表現出來的思維，在一些較高等的動物（如狗、狐、猩猩）那裡非常典型，牠們在尋食、求偶、避敵、撫育後代等行為中明顯地表現出一些思維活動。形象思維是透過具體的形象表現出來的思維，如人們的模仿行為，藝術活動主要就是透過形象思維進行的。邏輯思維則是透過抽象的概念推理（概念、判斷、推理）表現出來的思維，如三段論、歸納和演繹、證明、反駁。科學研究主要是依賴邏輯思維。發展心理學對思維成長過程的研究發現，兒童的思維能力是依次形成的：自出生至兩三歲時是行為思維階段（又稱「感覺動作思維階段」）；三至六七歲是形象思維階段（又稱「具體形象或表象思維階段」）；六七至十四五歲是邏輯思維階段（「又稱抽象邏輯思維階段」）。

原始人已從動物中獨立出來了，但畢竟是人類的幼兒期，他們在原始宗教中大量表現為形象思維，重類比（或比附）、模擬、聯想、頓悟，尤其是「擬人化觀念」盛行，少邏輯推理。例如，將人類的情感比附給萬

物，萬物就全成了精靈；將人呼出的氣息、人的影子、流出的血和人的生命相聯繫，於是產生了靈魂觀念；將鬼魂想像得很可怕，於是在行巫術時就將身體塗得古里古怪，像想像中的鬼魂，或想像見到鬼後會感到害怕等。這些都是形象思維的表現，就像現代的兒童仍然愛將太陽說成「太陽公公」，當他們想嚇唬大人時，通常是兩手將嘴唇向兩邊拉開，眼睛瞇成一條線，然後說：「呀，鬼來了！」原始宗教的雜亂無章不僅在於原始人的經驗貧乏，更在於他們的思維本身就是不嚴謹的。

13世紀基督教神學家、經院哲學家湯瑪斯・阿奎那有關上帝存在的「和諧論證明」：整個宇宙、自然界、人類社會以及人自身都表現得那麼和諧，秩序井然；那麼，這個「秩序又是誰安置的呢？」如果沒有一個最高的智慧者，試問誰又能辦得到呢？他的這一證明具有很強的形式邏輯思維的特徵，比粗鄙武斷的「神就是存在」的論斷更具有說服力，已遠遠超出了原始宗教中的原始思維水準。

(二)以類比、模擬的行為方式為主要表現

這集中反映在原始宗教的巫術、祭祀、祈禱等活動之中。如巫術的跳神、降鬼驅魔，用各種媚態進行舞蹈以討好鬼神，又如巫術中企圖透過施以咒語而加害於某人；再如將生者的情感、嗜好（如喜聽好話、喜賄賂）理解為鬼神也是如此，等等。這些行為方式均源於模擬、類比的認知方式，即「將人比神」，原始人想像這些方式可以通神。現代的「數字巫術」（以8為「發」財）也是基於這一認知方式的行為產物。

原始思維的模擬、類比行為方式由原始的認知方式所決定，而原始的認知方式則由原始人的形象思維所決定。這樣，原始人便將「神」、「人」統一起來了，而神是人的無限延伸。

(三)以崇拜為主要傾向

整個原始宗教中貫穿著一條基本線索，那就是「崇拜」，而崇拜的心

理基礎主要是軟弱及恐懼。可以說，這是人類獲得智慧後的「報應」。心理學表明，癡人是不知道恐懼的，如俗語云「聾子不怕雷」。

透過崇拜，原始人在精神上變得強大了。他們認定，只要自己遵循神的「意旨」，就可以獲得庇佑，獲得力量，就像基督教徒的祈禱詞：「主啊，給我力量吧！」人類時常有軟弱的時候，也就經常需要透過某些方式重新獲得力量，人類的崇拜便是獲得力量的一類精神方式。原始崇拜便是原始人的這一最早嘗試。同時，透過對神的崇拜或禁忌等，原始人還找到了使自己和自然保持一致的途徑，比如，原始人不濫殺一些野獸、不無故互相殘殺，在中國古代有「天人合一」等。

須區別的是，「一般崇拜」和「具體的崇拜」：作為前者，即崇拜本身，人類任何時候都不能缺少崇拜，它給人類提供精神支柱；後者則是崇拜的具體形式，如原始人崇拜神靈，基督教徒崇拜上帝，中國兩漢以來崇拜孔子儒學，15世紀以來崇拜某思想、主義等。人類改變的只是崇拜的具體對象，而不能消滅崇拜本身，否則人類在精神上會遇到麻煩。

原始人崇拜一切，從自然對象、自身到自己所創造的通神術，均源於為求生存而企圖戰勝「恐懼」的理性衝動，以克服自己的不足，並於其中建立起生存的希望。在這裡，恐懼和希望並存。有恐懼就有發展，所謂「生於憂患，死於安樂」。

隨著原始思維的增長，原始宗教的發展，雜亂的精靈和鬼神不斷地被淘汰，逐漸系統化；原始思維由此從感覺直觀到象徵喻意、從具體到抽象而不斷昇華，這是人類智慧成長的軌跡。

隨文明時代的到來，國家的出現，原始宗教逐步演變為國家或民族宗教（多神教進展到一神教），進而演變為世界宗教，即愈益完備了宗教的上述四個條件。不過，這已經超出本章的討論範圍了。

三、原始宗教的文化意義

原始宗教是原始時代的意識形態，是原始人價值觀念、思維方式最集中的體現，因而是原始人一切行為的理論出發點。根據考古學提供的資料，它在原始時代流行了幾萬年甚至更長的時間，對維繫人類早期社會的存在並推動其發展起了巨大的歷史作用，並且是後世文明社會一切文化之源。

對原始宗教的文化意義，我們可做如下理解：

(一)給原始人提供了「世界具有秩序性」的認識論根據

當原始人發現了自然事物之間的聯繫而又無法解釋時，原始人對世界的許多事物是無法理解的，這使原始人的心靈「不安」。為避免惶惑而將一切事物的「原因」歸之於神靈，看來這是最好的辦法。於是，原始人找到了自然萬物何以具有秩序的「根源」，「我什麼都懂了，再沒有我所不知道的東西了。」原始人可以如此驕傲地說。這給原始人提供了一種精神支柱，保持了心理平衡，從而使他們能「心安理得」地去從事其他的活動。

對殯葬的起源影響最深遠的莫過於原始宗教。可以說，不理解宗教就不可能理解死亡文化，當然也就談不上對殯葬的理解。因此，原始宗教又是我們理解殯葬起源的一個理論前提。

(二)幫助原始人初步確定了生活的價值、生存的意義

原始人將自己行為的價值、生命的意義、人生的終極目標等等，統統和神靈聯繫起來，這就是他們的全部「真理」。這是原始人的精神「立腳點」，他們從此有了明確的努力方向，並保持高昂的熱情，也不再感到孤獨、焦慮和無聊。這樣，我們便看到了一個十分有趣的文化現象：原始人創造了神靈世界，又煞有介事地與之建立聯繫，其實是透過一個自己所創

造的精神媒介——「神靈」，在和自己的軟弱做鬥爭。

　　社會功能學派人類學家馬林諾夫斯基在討論巫術時，曾指出：巫術的整個文化功能，乃在於填補在極重要的事務上未被人類理解而產生的心理缺陷與漏洞。為了達到這一目的，巫術給原始人以一種堅定的信念，堅信自己有成功的力量；又給他們當作精神上的實用技術，用於普通的方法不中用的時候。巫術就是這樣使人在進行最重要的事務時具有自信心，使人在困難情況下能保持心理上的平衡與完整。要是沒有巫術的幫助，他們便會被失望與焦慮、恐怖與怨怒、無從達到目的的愛戀和無可奈何的仇恨等等，弄得一蹶不振❻。這一見解對於整個原始宗教都是適用的。

　　原始宗教給人類提供了第一個精神「立腳點」，也使人類第一次建立起生命哲學。從此以後，人類就愈益表現為一類精神動物，而永遠不會僅滿足於物質的享受。

(三)原始宗教的內容同時又是原始人的道德準則

　　原始宗教中的諸禁忌可對人類發揮抑制縱慾等作用。如昂湯—爪哇群島（Ontong Java）的居民認為，犯有下列行為者必定受到神靈的懲罰，或生病或死亡：(1)不履行對家族應盡的義務，如夫對妻、父母對子女的義務；(2)看不起窮困的親戚，不予照顧者；(3)對血族內成員有暴行者，如殺害、姦淫、更替正當繼承人等；(4)犯有近親相姦者；(5)破壞禁忌或不履行宗教儀式者。在美洲印第安人、非洲和澳洲的一些土著中，對於越軌者的干預都是在神靈的名義下進行的（參見朱天順，《原始宗教》，第77頁）。

(四)給人們提供了美德的楷模

　　尤其是盛行祖先崇拜的地方，那些勇敢、機智、公正、敢於犧牲，並

---

❻ 梁釗韜，《中國古代巫術——宗教的起源和發展》，第85頁。

為本氏族有過重大貢獻的人，會被尊奉為神靈或偶像崇拜的對象，這就給氏族社會提供了一個完美的人格楷模。

(五)給人們提供了相互認同的標誌

原始宗教加強了氏族內部的社會凝聚力，當圖騰崇拜、血崇拜和祖先崇拜產生以後尤其如此。原始人毫無例外地都是一些「氏族（部落）中心主義者」，他們相信自己的神靈是最靈驗的、最有力量的，本氏族則是最優秀的，並以此凝聚起來。

因此可以說，沒有原始宗教，人類社會將邁不出第一步。

但是，宗教及其鬼神觀念的發展很快又給人類戴上了一副精神枷鎖，使人們變得「不自由」，瞻前顧後，缺乏創造性，乃至麻木不仁（如魯迅筆下的祥林嫂）。這堪為（原始）宗教走向反面，所謂「一陰一陽之謂道」，故後世又屢有反對宗教或宗教改革之舉。人們一個時期飽含著虔誠建立宗教，另一時期則又充滿著熱情反對並摧毀宗教，又建立新的宗教，這構成人類數千年乃至更久遠年代以來宗教史的基本脈絡。

從原始殯葬
看人類早期的死亡文化

　　原始人的殯葬行為已如前述，起源於他們的靈魂（鬼魂）觀念、發展於（血緣）祖先崇拜。其中，靈魂觀念、血緣觀念產生於原始時代，但血緣觀念發展為祖先偶像崇拜並對殯葬產生深遠的影響，則更多是文明時代的事情。

　　誠然，殯葬是一項綜合性的社會行為。諸如，心理的、血緣的、意識形態的、經濟的、社會等級的、政治的、國家的等等因素都在參與作用。但是，我們不能將它們混在一起研究。對於殯葬的理論考察，我們應分清楚：哪些是原始意義上的因素，哪些又是文明時代逐步「加入」進來發生作用的因素，尤其是文明社會後逐次加進來的因素更多，這樣，一層一層地剝開蒙在殯葬行為上的文化沉積，還其本來面目。

　　討論原始殯葬具有非常重要的理論意義：我們不僅是瞭解原始人的鬼神意識形態、生產和生活狀況，以及他們的社會組織情況；此外，在死亡文化學的角度上還在於，原始人的殯葬可以給我們提供一個有關死亡文化及殯葬行為最單純的或最原始的「模型」，它對於認知爾後的複雜形態有借鑑作用。

第一節　原始時代的文化遺址

　　我們已討論過早期人類進化的幾個階段，即猿人、直立人和智人。須指出的是，人類的早期進化，不僅是身體結構的發展，同時也是文化的發展。古人類學家、文化史學家均認為，距今五萬年至一萬年前的晚期智人（新人）階段，人類作為「種」，在身體結構上和現代人基本已無區別，以後人類的發展就愈益表現為文化的發展，即工具製造和思維認知上的累積。

一、舊石器時代的文化遺址

考古學區分各時代發展水準的主要標誌是人們使用的工具。

在金屬未被發現以前，人類曾在漫長的歲月中使用石頭（包括一些樹枝、蚌殼等）作為工具，根據石頭加工程度的不同又分為舊石器和新石器。所謂舊石器，又稱打製石器，是將較大的石塊打碎，然後選取其中鋒利者當作工具。其種類有砍砸器、刮削器、尖狀器等。如北京猿人就經常使用脈石英作為工具。其製作方法如下：先將一塊較大的脈石英放在一塊石砧上，然後以另一礫石作為錘，不斷地垂直砸擊，脈石英就會剝落出許多長而薄、兩端有鋒利刃口的鑿狀小石片來，它就是工具。藍田人也用脈石英加工工具，不過，製作方法及效率遠遠落後於北京人。

使用打製石器的時代在考古學上被稱為「舊石器時代」，它從猿人開始，至少延續了兩三百萬年，下限一直到距今一萬年前後。這類石器加工的行為，反映了此時原始人的理解能力，以及由此產生的行為能力，迄今還未發現有任何動物能加工石頭以製造石器工具。原始人就是憑藉著這些簡陋的工具奔走於山林溪澗，從事採集、狩獵、捕魚等，爭得了人類的地位。在中國，保存較完整、較著名的舊石器時代遺址有藍田人遺址、北京人遺址、山頂洞人遺址等。這裡的「遺址」，指保存了較多較好的原始人生活遺存物的場所，因而它們在考古學上有更高的價值。

如前所述，人類的殯葬起源於距今約十萬年至四萬年前的舊石器時代。也就是說，原始人類是經歷了漫長的進化，思維認知達到相當高度以後才產生殯葬行為。在中國，舊石器時代早、中期的元謀人、藍田人、北京人、丁村人、許家窯人等，至今尚未找到有埋葬死者的考古證據；最早的殯葬發現是距今一萬八千年舊石器時代晚期的山頂洞人。

舊石器時代的原始人基本上是依賴自然界的現存物而生存，這一經濟形態和動物幾乎沒有什麼差別。這決定了此時的原始人具有較大的流動性，就像後世的遊牧民族一樣。同時，原始人的物質條件極為匱乏，

這樣，他們的殯葬行為也必然是簡單的，有時還帶有很大的隨意性。比如，他們住在何處，便將死者埋葬在那裡，遷徙時也不可能將屍體一塊遷走。殯葬方式及禮儀也是貧乏的，比如葬式、染色、簡單的隨葬品等，它們反映了原始人的死亡觀。正是它們，構成了後世繁複殯葬禮儀的源頭。

從早期的尼安德塔人到晚期智人的山頂洞人，其間大約有五六萬年，或三四萬年，原始人的殯葬行為大體相沿如故，似乎沒有很大的改變。原始殯葬的初步大發展、殯葬禮儀的初步系統化是在新石器時代。此時，原始的定居農業已經出現了，並成為人們主要的生存方式。

二、新石器時代的文化遺址

距今一萬年前後是人類歷史中一個極其重要的時期。那時，地球上的氣候變得溫暖起來，原始人走出山洞，來到大河－平原地區從事原始農業，並逐步定居下來；生產工具也過渡到新石器，即磨製石器。所謂磨製石器，就是在打製石器基礎上再予以研磨加工（如蘸水而磨）而成的一類石器工具。它們更精細、更鋒利，因而能帶來更高的效率。使用磨製石器的時代在考古學上被稱為新石器時代。

磨製石器的出現意味著原始人具有更深入的理解能力，並由此帶來更高的生產效率。藉此，原始人發明了定居農業及飼養業，並由此從食物採集者逐漸轉為穩定的食物生產者，人們從此也有了更可靠更豐富的食物來源。他們還用木材和曬乾的土坯建造房屋，開始了真正意義上的定居生活（不再住在山洞裡）。人類文明的曙光首先在那裡升起，即我們從歷史教科書上讀到的古埃及、古印度、美索不達米亞、古中國等人類四大文明發源地（到西元前3500年左右，人類開始建立國家）。

黃河中、下游地區新石器時代的遺跡非常豐富，主要代表有仰韶文化、龍山文化。現已發掘有大量保存完好的遺址，略介紹如下。

(一)仰韶文化及半坡遺址

仰韶文化是我國新石器時代中期的一種文化，1921年首次發現於河南省澠池縣仰韶村而得名。生產工具以磨製石器為主，常見的有刀、斧、錛、鑿等，打製石器仍占一定的數量。骨器相當精緻。經濟生活以農業為主，漁獵為輔，並飼養豬、狗等家畜，過定居生活。日用陶器以細泥紅陶和夾砂紅褐陶為主，細泥紅陶上常有彩繪的幾何形圖案或動物形花紋。社會組織被認為是母系氏族的繁榮時期。

仰韶文化的分布，大體以黃河中下游的河南、山西和陝西為中心，西端直到甘肅境內的渭河上游，有少數遺址還到達洮河流域，南端沿漢水進入湖北，北端到達河北中部，陝北、晉北，內蒙古南部也有分布。據碳14法測定，整個中原地區的仰韶文化，包括不同時代的各種類型，約為西元前5000至前3000年。仰韶文化迄今以西安市半坡村遺址最為完整，挖掘的遺物最為豐富，因而在海內外享有盛譽。

西安半坡遺址在西安市東郊半坡村，1954年開始挖掘，共挖掘了五次。遺址總面積約5萬平方公尺（一說是10萬平方公尺），已挖掘出來的有1萬平方公尺。這是一個原始氏族時期的部落，約為西元前4800至前4300年。

遺址分為三個部分：主要部分是居住區，居住區的東面是製陶區，北面是公共墓地。半坡人基本上是農業居民，並飼養牲畜，如豬、狗，但是漁獵以及採集業仍很發達。發現有比較完整的房屋遺址四十多處，儲藏物品的窖穴一百多個，生產工具和生活用具將近萬件之多；窯址六座，有許多獸骨、果核和腐爛了的糧食；在墓區共挖掘出墓葬兩百五十座。

此外，遺址中還發現了束髮用的簪子七百一十五件。這說明，半坡人已經把頭髮綰成髮髻，不再披頭散髮。這一點還可從陶器上的人面紋形狀得到說明。《論語‧憲問》中孔子云：「微管仲，吾其被（披）髮左衽矣。」野蠻人是披頭散髮的，文明人則將頭髮梳得有條有理，斯斯文文，似乎結紮髮髻總是和較高水準的文明相聯繫著。

(二)龍山文化遺址

龍山文化是我國新石器晚期的一種文化，1928年首先發現於山東省章丘縣龍山鎮的城子崖，故得名。1931年，考古工作者在河南安陽的後崗發掘了一個上下重疊三層的文化遺址：下面一層是仰韶文化，上面一層是商朝後期的小屯文化（因首次發現於安陽市小屯村，故名），中間一層和城子崖發掘出來的文化遺址相似。據此，考古工作者確定了河南仰韶文化和山東龍山文化的前後繼承關係，即仰韶文化、龍山文化、然後是殷商文化。1949年後，又陸續發掘了幾百處屬於龍山文化的遺址，這使我們對龍山文化的面貌有了更進一步的瞭解。

龍山文化的分布極廣，東起山東的黃海沿岸，西到陝西的渭河中游，北抵遼東半島渤海灣沿岸，南達湖北、安徽、江蘇三省的北部，主要分布範圍是黃河中下游地區。考古學家根據龍山文化的地理分布和文化性質的差別，將龍山文化分為「山東龍山文化」、「河南龍山文化」、「陝西龍山文化」等，其間又有早、中、晚期之分。

據碳14法測定，河南地區龍山文化的年代約為西元前2800至前2300年。由於這一地區就是夏、商朝的國土範圍，再加上年代上的銜接，以及和安陽小屯文化的地層疊壓關係，所以，考古工作者認為：「龍山文化同夏、商的出現有著密切關係。」❶

龍山文化被認為是新石器時代磨製技術的頂峰，它製作了種類眾多而又非常精美的石器工具❷。農業已成為主要的經濟部門，漁獵經濟的比重

---

❶ 本章有關仰韶文化、龍山文化所引，未另注出處的，則見於《中國大百科全書‧考古學》（1986年）、《中國歷史的童年》（【中國歷史小叢書‧合訂本】）的「龍山文化」部分，中華書局，1984年版。

❷ 一般認為龍山文化屬新石器時代。但在河南臨汝煤山等中原龍山文化遺址中發現了銅器或銅器遺址，見《考古學報》，1982年第4期。因而又有人認為，龍山文化已開始了金石並用的時代。

比仰韶文化已顯著下降。根據對二十五個龍山文化遺址的實物統計，在出土的四十四種工具當中，農業生產工具占62.9%，漁獵工具只占22.85%，還有百分之十幾是捻線等工具。在龍山文化遺址中，還發現了一些為仰韶文化所沒有的新型農具。例如，半月形的雙孔石刀，有柄的石鐮、蚌鐮，以及雙齒木耒等。這些都說明，龍山文化的農業生產技術比仰韶文化時期有了很大的進步。與此同時，飼養業也有了顯著的提高，除大量地發現豬、狗骨骼外，還發現有不少的牛、山羊的骨骼。

龍山人過著定居生活。他們的房屋大都是一種半穴居式的，即一半在地下，一半在地上的房子，或方形或長形。

更重要的是，龍山人學會了打井。如河北邯鄲澗溝龍山文化遺址上，發現了兩口水井，直徑約為2公尺，深7公尺。其中一口水井的底部還發現有五十多件大體完整的陶瓶、陶壺、陶罐，和近百件殘破的陶器，這很像是當時人們用這些東西汲水時不慎失落或撞碎後掉下去的。打井是一項極重要的創造，它是廣泛而穩定的定居生活所必不可少的，極大地擴大了人們的定居範圍，即便是離河很遠的地方也可以居住了。

龍山文化遺址中發現有紡輪、骨梭、骨針，並發現有麻布的遺跡。從布紋看，每平方公分有七至八根經、緯線，由此可見，當時紡織手工業的發展水準。

龍山文化遺址中還發現許多用來占卜的卜骨，它們是牛、羊或鹿的肩胛骨。

龍山文化的墓葬已相當發達。我們透過墓葬內陪葬品多寡的懸殊，得知此時已大量出現了私有制，貧富分化已達到了相當的程度。據此，考古學家還認為，龍山文化是華夏進入國家時期的前夜，龍山人已踏在國家的門檻上了。

河南地區的龍山文化發展水準最高，大約在西元前21世紀時進入了夏國家；而陝西地區的龍山文化結束較晚，直到西元前1000多年時才過渡到西周國家（而且還受到商文化的影響）。

要說明的是，當黃河中原文化蓬勃發展時，諸如江淮文化、巴蜀文化相對也在獨立發展著，但一般都落後於中原文化。

第二節　仰韶文化的殯葬

中原地區自一萬八千年前山頂洞人留下迄今所發現最早的墓葬遺存外，歲月又悄無聲息地過了一萬年。考古資料表明，距今六七千年前後的仰韶文化的新石器時期，是中國原始殯葬的大發展時期。

仰韶文化分布得非常廣泛，現已發掘的屬於仰韶文化的墓葬就有兩千多座，諸如：西安半坡遺址共發掘了兩百五十座，臨潼姜寨遺址發掘六百座，寶雞百首嶺遺址發掘四百座，其他各地的報導則各在幾十座左右。眾多的實物資料使我們對這一時期的墓葬情況有了較詳細的瞭解。它們是中國迄今最早且最完備的原始墓葬群，對於我們理解中國整個殯葬都有極重要的借鑑意義。

現以較有代表性的西安半坡為例說明之。

半坡墓葬遺址共發掘墓葬兩百五十座，其中成人墓一百七十四座（保存較完好的有一百一十八座），絕大部分埋在居民區北面的公共墓地裡，也有少數埋在公共墓地之外，而有兩座屈肢葬竟埋在居住區的窖穴中。這些被認為是受到了「特殊的」對待。

在半坡，公共墓地已相當發達。其中，成年死者的墓坑排列得相當整齊，特別是墓地的西部，更是縱橫成行，呈一條條直線，間距在 1 公尺左右；東部和南部的墓葬行列較亂。

在保存較好的一百一十八座成年人墓葬中，有隨葬物的七十一座，共出土隨葬品三百零八件：其中主要是陶製的生活用具，共兩百七十七件，裝飾品二十八件。隨葬生產工具是很個別的現象，這表明，生產工具在當時尚屬比較重要的物品，不輕易用於陪葬。

　　這裡值得注意的還有，隨葬的陶器（如尖底瓶）與遺址中出土的日常用同類陶器相比要小些，特別是M76還隨葬了一件未加燒製的陶缽泥坯。這顯示，半坡人已經開始專門製作隨葬品了，這是後世「明器」的起源。

　　男女是分葬的，沒有發現男女合葬墓。這表明，當時尚未形成一夫一妻制的家庭制度。基本上是單身葬，但有兩座同性合葬墓：M38是四個女性合葬墓，M39是兩個男性合葬墓，年紀都很輕，約十四五歲。

　　半坡人的墓壙基本上都是長方形的土坑，沒有葬具（棺槨之類）。

　　葬式似有精心的講究：死者的頭絕大部分朝向西方，但其中有七座朝南，九座朝北，一座朝東。最多的是仰身直肢葬，有十五座墓是俯身葬；五座是二次葬，四座屈肢葬。從整個情況來看，死者頭朝西、仰身直肢葬似乎是當時通行的葬式，而且凡有隨葬品的墓都是仰身直肢葬。俯身葬的頭朝北的較多，都沒有隨葬品。這些反常的葬式也被認為是受到了「特殊的」對待。

　　仰身直肢葬具有世界普遍性，其合理性大約可以從下文受到啟示。《左傳·僖公二十八年》（西元前632年），晉文公率軍與楚軍交戰，爭奪中原霸權。交戰前夜，晉文公夢見與楚成王空手搏鬥，晉文公被楚成王按在地上，並吸食其腦子，晉文公感到十分恐懼。子犯為其圓夢，說：「吉。我得天，楚伏其罪，吾且柔之矣。」杜預注：「晉侯上向，故得天；楚子下向地，故伏其罪。腦所以柔物。」即，向上者得天，向下者失天，俯地請罪；且我們將以柔道（先退後攻）取勝。晉文公遂喜，次日大破楚軍。此外，人們在睡覺時也多取仰身姿式。

　　四座屈肢葬引起了研究者的注意。其中的M83兩腿向左側屈，右腿缺少一根大腿骨；M250的屍骨例外地埋在灰坑中，側身，下肢彎曲，上肢屈於面前，似為自然的睡眠狀態；M251也是埋在灰坑中，頭向北，左腿下屈而後折，狀似掙扎後死去；M105兩腿亦微向北彎曲，似非故意屈肢。研究者傾向於認為：屈肢葬者受到了某種「非人的」殯葬待遇，甚至

生前就已受了某種處罰或折磨。

在仰韶文化的墓葬中，埋葬方向、葬式和隨葬品之間有著緊密的聯繫，它們具有特定的社會含義，似乎表明著死者生前的社會地位、遭遇等等。

在半坡人那裡，小孩墓葬是另行處理的。小孩墓共發現七十六座，占總發現墓葬兩百五十座的30%稍強，於此可見當時小孩的夭折率極高。其中七十三座為甕棺葬，就是將屍體置入陶甕中，年齡稍大的用兩個陶甕對合起來，幼小者用一個陶甕，上面蓋一個陶盆或陶缽，在盆蓋的底部中央，鑿一個小洞，被認為是供死者靈魂出入的。小孩的靈魂大約也是柔弱無力的，不鑿洞則無法出入。有兩座無（陶甕）葬具。這些小孩的甕棺一般成群地埋葬在居住區內，每一群甕棺有幾個到幾十個，有的豎著，也有稍微朝向西，一般無隨葬品。成人們大約是捨不得或不放心小孩幼小的靈魂孤獨地置於公共墓地的荒野中，於是就將它們葬在居住區內了，這樣可以長相廝守。

M152是一位五六歲（一說只有三四歲）小女孩的墓葬，它受到格外的優待，這引起了研究者極大的興趣。她是被當作成年人的葬俗處理的，頭向西，仰身直葬；隨葬品也出奇的多，有各種物品七十九件，其中陶器六件，青白色玉石耳墜一件，石球三個，石珠六十九個。在隨葬的陶器中還有盛粟的陶缽。此外，它還是半坡墓地中唯一發現用「棺」的：用長方形的木板做成，屍體兩端的木板豎立，兩側的木板橫置，象徵性地圍繞在屍體的周圍。這是中原地區也是中國迄今所發現的最原始「木棺」。這無疑是氏族中的一位特殊人物，但其真實身分仍難斷定，是否跟祭神有關，亦說不清楚。類似這一特殊的「反常」現象，在仰韶文化的其他遺址中也有發現。

大體上，半坡人的階級分化尚不嚴重，絕大多數氏族成員之間的隨葬品區別仍不十分懸殊。

第三節 龍山文化的殯葬

龍山文化是仰韶文化的發展，它的殯葬也具有明顯的繼承性。由於龍山文化處於原始時期更高的社會發展水準，又緊靠著文明社會，它也變得愈益注重人們的身後生活，留下了眾多的墓葬。

例如，考古工作者在清理山西襄汾陶寺龍山文化遺址時，已發現的陶寺墓地面積達3萬多平方公尺，發掘了其中的3,600平方公尺，就發現了九百多座墓葬。若全部挖掘，則在一萬座左右。這裡正是司馬遷《史記‧夏本紀》描述的夏禹活動的區域，因而考古工作者大都認為它就是夏文化的前身，或至少有著密切的聯繫。

與過去相比，龍山文化的墓葬大致有以下特徵：

一、異性（即夫妻）合葬墓取代同性合葬墓

這表明，小家庭關係在社會中已成為普遍現象。

二、排列有序的氏族公共墓地消失了

除了早期的陝縣廟底溝遺址有發現外，各地龍山文化中、晚期的墓葬從整體上都不構成意義上的公共墓地，只有一個大致劃定的墓區，其中，墓葬排列很不規則，交叉紊亂現象嚴重。這表明，人們在埋葬死者時，是以家庭、家族為單位各自獨立所為，過去由氏族中某種權威力量統一規劃墓地、墓坑的方式消失了。

三、使用棺木已較普遍

這在仰韶文化的墓葬中還是未曾有的，那裡，只有小孩才使用陶甕葬

具。這不僅表明人們對身後極為關注，而且還顯示當時對木材的加工能力已達到了相當高的程度。

四、社會的階級分化日趨嚴重

這可從墓葬的形制、葬具和隨葬品都有明顯的等級差別看出來。現以陶寺墓葬遺址為例說明（參見《考古》，1983年第1期）。

考古工作者將發掘的七百座墓分為三型八種：

1.大型墓：只發現了九座，在七百座墓中占1.3%弱。大型墓的墓坑寬大，近方形，長3公尺，寬2公尺多；葬具講究，使用木棺，棺底鋪墊朱砂；隨葬品豐富而精美，有彩繪蟠龍的陶盤，成套的彩繪木器，玉、石禮器，工具，武器，裝飾品，以及整豬等一兩百件。墓主均為男性。大型墓居於墓區中部，在眾多墓葬中獨具一格。如M3015中竟有兩百多件隨葬品。這類墓葬中有鼉鼓、特磬、陶異形器（疑為土鼓），區分為甲、乙兩種，這些在商周時均為王室重器，作為祭禮之用。《左傳·定公二十八年》：「國之大事，在祀與戎。」這可證明，此類墓主起碼是執掌祭祀和軍事大權的部落頭面人物。

2.中型墓：約八十座，占11.4%略強。此類墓坑長方形，尺寸比大型墓略小。可分為四種：

甲種：分布在大型墓附近，使用木棺，有的棺內鋪撒朱砂；隨葬成組的陶器（包括彩繪陶器一兩件），少量的彩繪木器及玉、石禮器、裝飾品等一二十件，或有豬下頜骨數副、數十副不等。墓主均為男性。

乙種：緊靠大墓左、右兩側呈對稱分布，用彩繪木棺，佩戴玉石鑲嵌的頭飾和臂飾，隨葬彩繪陶瓶。隨葬品不多，但很精美。墓主均為女性。

丙種：使用木棺，隨葬石鉞、石瑗、骨笄等數件，或有豬下頜骨半副或一副，惟不見陶器、木器。

丁種：多數有木棺，隨葬品為骨笄或石瑗、石鉞，豬下頜骨中的一兩件。

3.小型墓：約六百一十多座，占87%以上，墓坑長條形，大小僅能容屍，瘞埋極淺，以致骨架被後來的地層破壞殆盡。多數無木質葬具，有的是用簾箔捲屍。依有無隨葬品分為兩種：甲種有骨笄等小件物品一兩件；大多數為乙種，基本上無任何東西。

五、墓葬布局具有等級次序

大型墓和中型的甲、乙種墓集中於墓區的中部；墓區北部的墓位最密集，但小墓、窮墓最多。在大型墓的左、右兩側，往往各有一座中型乙種墓，其中埋葬著裝飾華麗的女性死者。從墓位上判斷，當是大墓主的妻、妾。這種一夫多妻的併穴埋葬方式，在整個墓地中極為特殊。

從墓制、葬具、隨葬品的有無多寡、種類、質地、規格等，到墓位的排列，龍山文化都比仰韶文化有著極其明顯的等級差別。尤其是依墓制大小的遞減而隨葬品也相應的減少，似乎都表明在這方面有著某種「規定」存在。在這裡，我們看到了夏、商、周三代「禮」的影子。

六、出現了祭祀埋葬坑

龍山文化遺址中多有與祭祀有關的埋葬人、獸的圓葬坑和叢葬坑，以及用作房屋奠基的遺跡，這些祭祀坑一般都在人們住地的周圍。例如，臨汝煤山等處，這種埋葬人和豬、羊的圓葬坑比比皆是；在河南湯陰、登封等處龍山文化的房基或建築下都發現有奠基的埋葬坑；在河北邯鄲澗溝遺址的一個房址下面，還發現了四顆被砍下來的頭骨，亦是用作房屋奠基的。

這些被殺者的身分如何，是本族人或異族俘虜，尚難斷定。但這些事實向我們表達了一個訊息：原始人已開始一段曠日持久的嗜血時期。他們對血：自己的、敵人的或動物的血，都有著濃烈的興趣，為之欣喜若狂、激動萬分；並想像鬼神也與自己一樣，因而用鮮血——人的血和動物

的血去討好鬼神，或鎮住那些邪惡的鬼神。這一現象延續到人類進入文明社會，如人祭、人殉在商朝仍十分興盛，商王及貴族一次可殺數百人以及牲畜為自己殉葬或祭祀祖先，安陽殷墟給我們留下了大量的實物證據。到周朝，尤其是東周，人祭、人殉才逐漸消失，而殺牲祭祀卻一直延續下來，直到今天。

第四節　原始葬式與靈魂認知的關係

　　人類殯葬的起源，一是指時間上的，如前所述，它起源於距今十萬年至四萬年前的舊石器時代中晚期。在這裡，專指認識論上（或理論上）的起源，即它起源於靈魂觀念；其次，對原始殯葬影響最大的是血緣觀念。具有世界普遍意義且源遠流長的「靈魂不死」觀念導致了殯葬的產生，原始血緣關係則決定了原始殯葬的基本形態。合起來，它們給人類的殯葬定了一個基調，不論後世文明社會如何發展，這兩大因素一直深遠地影響著人類的殯葬行為。

　　仰韶文化、龍山文化是原始社會依次遞進的兩個發達時期，透過對殯葬的討論，我們對原始人的死亡文化有了更多的認識。但須指出，我們迄今所討論的仍然是原始人的土葬。從邏輯上，我們沒有足夠的理由否認原始人可能還存在其他的葬式，如火葬、水葬。因為我們不能斷定，這些葬式就一定是文明社會的產物；退一步而言，即便它們出現得較晚，但它們仍然是依據一定的靈魂認知而產生的行為。因此，透過它們對於深入研究不同的死亡文化就很有必要了。

一、靈魂觀念與葬式的關係

　　原始人的靈魂觀念產生了原始殯葬行為。

　　原始人無一例外地都深信：靈魂只是暫時寄居於軀體之中，死亡則是軀體和靈魂的分離；靈魂是不死的，人死後，靈魂去了另一個地方。但是，原始人對靈魂的「歸宿」或「運行」的看法可能有所不同，由此產生的殯葬方式也就各不相同。大體上，由此產生的殯葬方式其差異可以分為兩大類，即保存屍體和消滅屍體。

　　保存屍體的殯葬方式，大體有土葬、懸棺葬、塔葬，以及製成木乃伊（即脫水後的乾屍）。

　　消滅屍體的殯葬方式，大體有火葬、水葬、天葬等。一些民俗書上有「腹葬」，即原始人食盡屍體，以示自己分得了死者的勇敢、公正、智慧等美德。但此俗未見確鑿的史料，故存而不論。

(一)保存屍體的殯葬方式

　　這一差異在人類殯葬的早期大約就形成了。當原始人視死亡是靈魂漫遊去了另一世界，將來還會回來，還需要再進入自己的軀體，諸如做暫時休憩，就像鳥兒要回巢一樣，或重新投胎作為進入我們社會的一個前提等，這便導致了保存屍體的殯葬方式。如古埃及人相信，只要屍體三千年不腐爛，死者就可以重新活過來，因而他們將法老（國王）製成木乃伊，葬入金字塔中（金字塔係古埃及法老的陵墓，是一個上尖下方的大型石砌建築，像漢字的「金」字，故曰金字塔）。

　　在半坡仰韶文化小孩的甕缸葬中，甕蓋上留有小孩靈魂出入的小孔、小孩被葬在住宅周圍而不是葬在公共墓地，因為小孩的靈魂同樣需要大人的照顧等等。這些表明：仰韶居民認為，死者的靈魂是四處漫遊的，但它仍「依戀」著本氏族的塵世生活。此時，軀體對於死者的「再生」是極其重要的，而墓穴則是生者給死者提供的一個「住宅」。這一原始觀念一直影響到我們今天，如中國人在墓地石碑上刻著「某氏佳城」，即美好的住宅。此外，用於保存屍體的墓穴也包含著人們的另一個想法，即人們也不希望死者的鬼魂進入自己的生活圈來攪擾自己的生活。原始人盡心盡力給死者

營建墓穴，大約也是希望以此「美宅」留住死者的靈魂，不讓它到處亂竄。這樣既滿足死者，同時也滿足生者的需求，原始人可謂煞費苦心。

(二)消滅屍體的殯葬方式

當原始人認為死亡為擺脫肉體的羈絆而升入極樂世界，此時，靈魂的升天與軀體的存在與否並無關係，甚至軀體的存在乃是累贅、多餘之物，這便導致消滅屍體的殯葬方式，如火葬、天葬。在這類葬式的奉行者看來，彼岸世界似乎比此岸世界更誘惑人，因而消滅屍體愈徹底，將愈有助於死者的靈魂進入那一美好世界。

在所有鄙視肉體的學說中，尤以佛教最甚，因而佛教徒歷來盛行消滅屍體的葬式。此外，西藏傳統的天葬也極具典型。藏民將死者撒餵鷹鷲，謂死者靈魂已「升天」了，以食盡為吉利，其操作程序備極隆重莊嚴，並延請喇嘛念經超渡。這一類消滅屍體的葬式多少是建立在鄙視肉體、感官而重靈魂的認知基礎上。

不論是保存屍體或消滅屍體，原始人都是以某種方式與鬼神打交道，因而在「殯」和「葬」中充斥了祈禱、獻祭和巫術等「通神術」，並於其中抒發自己對生死的情感和認知。

二、 氏族血緣關係對原始殯葬的影響

原始的血緣關係對於殯葬的影響，最主要是產生了公共墓地。

原始人對於血緣關係的極度重視，血緣感情的狂熱，很可能超出了我們文明人的想像，如「血親復仇」在氏族中被無條件地遵守；而公共墓地則是原始人對氏族成員之間血緣認同的表現：生在一起，死葬一起。此時，氏族墓地是作為整個社會的公共墓地而存在的。不言而喻，某人死後若不准進入氏族公共墓地，可能比要他的命還嚴重，因為這意味著他的靈

魂被驅逐出本社會，從而喪失了獲得「永恆」的權利，諸如來世再成為人，或與同社會的靈魂一起遨遊並到某一個「天堂」去。原始人對孤獨、焦慮等感受的心理承受能力可能遠比現代人脆弱，比如現代人可以泡在電視機前整日地打發時間，或許帶上幾件簡陋的工具，也能在荒野勉強生存下去。原始人則沒有這些休閒處所，並且一旦離開氏族這一狹小的社會圈子，他們就將不得生存、不得安寧。法國拉法格所著《思想起源論》中說道，對原始人最大的處罰常常不是處死，而是將他們趕出氏族。因為單個的原始人不是被野獸吃掉，就有可能被其他氏族的人當作獵物殺死或吃掉。將生者或死者趕出氏族社會可說是最大的懲罰。這樣，公共墓地就成了原始人鞏固氏族組織強而有力的社會槓桿，並且也是道德槓桿。

隨著社會的發展，社會逐漸分裂為眾多的家族（家庭）集團，氏族最高機構（或酋長）更多是透過這些家族去管理個人。家族、家庭更多地成為直接的生活、生產單位，於是，作為整個社會的公共墓地不再存在，取而代之的是家族墓地。家族墓地對個人的作用，與氏族公共墓地對個人的作用相類似。在中國古代，若本族人死後被禁止葬入家族墓地，就有開除死者「族籍」的意思。當然，它仍然沒有氏族公共墓地不准氏族成員死後葬入的威脅來得大。

各文明時代，社會的墓區一般還是存在的，因為任何一個社會都不會允許人們隨意埋葬屍體。但是，過去氏族的公共墓地和後來的家族（家庭）墓地已不是一回事：前者是一個社會的人葬在一起；後者是各自以本家族（家庭）為依歸，該社會的經濟、政治、意識形態、等級等諸多社會因素便以殯葬作為盡情表現和肆虐的場所。

第五節　原始的死亡文化及其殯葬特徵

殯葬從什麼時候開始，其相應的文化就從什麼時候開始。沒有一種社

會性行為是不受一定文化制約的。

殯葬是社會的一面鏡子。原始社會，尤其進入新石器時代，工藝的提高、財富的增長、社會的分化，以及人們的心理感受、認知水準的發展等等，都在支持著殯葬，使之豐富化，並時常表現出原始時代的「隆喪厚葬」。這些都給我們認識史前時代提供了有力的實物證據。

不過，嚴格地說，本章所討論的原始殯葬更多還只是「葬文化」，即在諸多墓葬遺物中所包含的社會文化，它們是關於遠古社會的訊息。至於先民們在籌備操持喪事時那種熱鬧而神祕、淒涼而悲壯的場面，驚恐而又眷戀的複雜心情，以及服飾、語言、祭祀、禮儀、禁忌等一系列規範，即所謂「殯文化」，則有些不可追溯了。也就是說，我們是透過「葬」方面去瞭解原始時代的死亡文化。當然，我們可以根據現代民俗學的資料展開想像，諸如先民們通宵達旦圍繞著死者唱歌、跳舞、祈禱，施以巫術，狂呼亂叫，然後大吃大喝等，就像現在許多農村地區操辦喪事時那樣。但是，這畢竟只是猜測。

這裡，我們根據前述討論歸納出原始死亡文化的一些共同特徵：

一、原始殯葬都由靈魂（鬼魂）觀念支配著

在原始人那裡，殯葬（包括祭祀）是一類非常認真的鬼神交接術，或安撫、或討好，並送鬼魂平安地去另一世界。原始人深信，靈魂是不死的，死亡只是靈魂去過另一種生活，死者和自己仍然發生某種聯繫等。基於這一認知，就需要建造墳墓、裝飾死者、埋葬死者，並給它們以隨葬品，以保證它們在那裡仍能像生前一樣過著安穩、舒適的生活。同時，也奢望死者的靈魂能回報恩惠於自己。這一認知構成整個原始殯葬的認識論基礎，並一直延續到今日。

二、氏族社會都有公共墓地

　　公共墓地一般在居住區附近的特定區域內，墓葬集中，連成一片或數片。即便是龍山文化晚期，貧富分化嚴重，公共墓地仍然存在，只是各家族的墓葬於其中所居的位置不同。公共墓地是原始人賴以相凝聚的重要紐帶，它表明了氏族人有強烈的血緣認同觀念，生在一起，死葬一起，所謂「生死與共」。當然也有少數葬在公共墓地以外的成年人墓，如半坡。這些死者被認為大約是外氏族的加入者、被收養者，死後便葬在公共墓地外不遠的地方。也有人認為，這是一些凶死者。這是根據民俗學資料所做的解釋，如雲南永寧納西族就仍然如此，凶死者不能入公共墓地。

三、原始墓葬都有一個基本方向

　　仰韶文化的半坡居民將公共墓地建在居住區的北面，死者的頭基本是朝向西方，相差不超過20度，只有少數方向有異，這表明原始的死亡文化中對鬼魂去向的認知。這是原始人宇宙觀的一部分，他們已經對不同方位的空間賦予了不同的文化含義。

　　對原始殯葬中的方向問題，研究者提出三種解釋：(1)認為可能與氏族遷徙來的方向有關，將死者的頭朝向那一方向，是為了使其靈魂更順利地回到老家去。據說蘇丹的東尼爾蘭人和新幾內亞人就是這樣。(2)原始人認為某一方是一個特殊的鬼蜮世界，人死後，其鬼魂必須到那裡去生活，因而死者的頭就向著那一方。這一信仰在亞洲的南部、西部、北部的各民族中曾廣泛流行，如印尼、婆羅洲、馬來半島的一些土著就認為西方是鬼魂所居。16世紀當西方殖民者登上這些島嶼時，當地的土著看著這些披頭散髮、衣衫襤褸、行為古怪的白人，還以為是鬼魂回來了，一個個嚇得半死。中國古代則認為北方為鬼魂所居，所謂「北為幽冥處所」。(3)認為與太陽的東升西落有關，人死如日落，故頭朝向西方。如中國的佤族人就認為日落西方，埋葬死者的頭向也必須是朝西，否則對家人不利。

四、原始殯葬都有一個基本葬式

在大多數情況下，仰身直肢葬是處理正常成人屍體的通行方式，其他不合群的葬式則屬非正常，如仰韶文化半坡墓葬中的俯身葬就是對待少數人的一種非正常葬式，這些死者一般不能入公共墓地，不准用正常的頭向埋葬，不准隨葬生活用具，甚至捆綁雙腳或雙手而埋葬。這種俯身葬，從仰韶文化到龍山文化，再到商、周國家時代，各地都有發現，特別是進入階級社會後，俯身葬更是明顯打上了階級壓迫的烙印。西伯利亞的楚克奇族人對於非正常的死亡者，也採取俯身葬的處理辦法。在流行仰身直肢葬的地區，屈肢葬、割體葬（割下死者的手指、腳趾之類，另以陶罐盛著，附葬墓中）等也屬於非正常的葬式。

葬式對原始人無疑也是十分重要的，因為這會「影響」到死者的靈魂能否順利過渡到另一世界，以及在那裡的「生活」幸福與否。

五、延續厚葬之風

由於將死亡理解為另一種生活的延續，因而著意地裝飾死者，從尼安德塔人、克羅馬農人、山頂洞人給屍體染色，極簡陋的隨葬品，礫石「棺」等，到仰韶人、龍山人愈益講究的墓室，愈益精美而豐富的隨葬品、棺槨，以及給死者穿上衣服等，這些都是原始人在盡力精心操辦，總不想讓死者去另一個世界時太寒磣了。可見，「厚葬之風」確是源遠流長。當然，龍山文化的墓葬中有很多墓中是一無所有。但這些人並非不想厚葬，只是財力辦不到罷了。

大體上，公共墓地、埋葬方向、葬式是原始時代殯葬的三大基本特徵。它們直接源於原始人的鬼魂、血緣一體、祖先崇拜，以及「社會秩序不可動搖」等等觀念。

第四章

中國古代哲學的生死觀

　　死亡永遠伴隨著人類，並終於引起人類理性的注意。當原始人按照一定的觀點、原則看待並處理死亡時，死亡文化就開始了。由於死亡恆與生存相聯繫，因而死亡觀和生存觀變得不可分割。所謂生死觀，它集中體現在如下一些命題上：生命的意義何在？人生的目標何在？什麼是人生的幸福？人應該如何對待死亡？等等。

　　當人類思維發展到一定階段，哲學便從原始宗教中分離出來，形成了自己的歷史；而原始宗教的另一支則形成文明系統的宗教學說。宗教所推崇的是「信仰」，而哲學所推崇的是「思維」；儘管如此，它們所關注的根本問題則是同一的，即世界和人。前者指世界的由來、運動方式；後者即人如何對待自己的生命。人的問題構成一切問題的基礎和最高目的，宗教是在「神」的名義下進行的哲學思考，所謂「宗教哲學」。

　　按照宗教文化學的觀點，死亡意識是宗教觀念的根本問題。死亡與宗教信仰密切相關，或乾脆說，宗教就是為了回答對死亡的疑惑、恐懼而建立的。而哲學家不可避免地也要涉及到死亡問題，其中包括死亡觀，否則就算不上是一個完整的哲學體系。宗教和哲學都是為了解決人的需求。任何時候，人總是問題的核心。

　　「你是什麼人，你就選擇什麼哲學。」（費希特）同理，你選擇什麼哲學，也就選擇了什麼樣的死亡觀。例如：「士者，殺身成仁」是以天下為己任的積極死亡觀；「生當為豪傑，死亦為鬼雄」是壯士的死亡觀；「士為知己者死」是俠膽義士的死亡觀；「千古艱難為一死」是文人學士企圖逃避死亡的遁辭；「未知生，焉知死」是孔子迴避談論死亡的託辭；不一而足。在歷史上，不同的死亡觀造成了不同的人格形象，並對殯葬產生了深遠影響。

　　現在來回顧那些在人類思想史上有過重要影響的哲學生死觀，這將有助於我們對死亡文化的理解。

第一節　原始宗教的生死觀

一切宗教（或哲學）的核心問題都是同一的，即生命。其目的在於超越有限、超越死亡，即所謂「生命永恆」。在原始宗教那裡，這一命題就已經表現得淋漓盡致了，它是在「靈魂不死」的認知下進行的。文獻學和民俗學的資料均表明，靈魂觀念在原始時代具有普世性，因而這裡所討論的可視為全人類早期的生死觀。

當原始人的自我意識逐步走向清晰，達到一定的程度，他終於能理解「生存」和「死亡」了。這既是一個使人感到振奮、又是一個非常可怕的嚴酷事實：這麼多血肉之軀的生命是從哪裡來的？他們死後又到哪裡去了？這使原始人感到迷惑不解。於是，原始人遭遇到了兩個「麻煩」：其一，對生命本質的解釋，即生命的由來和去向；其二，如何面對死亡。不能解釋前者使原始人產生了焦慮，不可抗拒的死亡威脅則導致了恐懼。這一百思不得其解的焦慮和對死亡的高度恐懼的時期，可能達幾百年或幾千年，甚至更長。尤其是原始人害怕死亡、拒絕死亡，卻無法逃避死亡，這使得高貴的精神倍感羞辱而又無可奈何。

靈魂觀念產生了！原始人用它解釋人的生、老、病、死，生命運動的生生不息，並以此指導自己的全部活動。原始人認為，靈魂這種「小人」和其主人的身體完全相似，即靈魂因人的高矮胖瘦而分別具有高矮胖瘦的特徵；人死後，靈魂變為鬼魂去了另一世界。直到現代，倘若某人糊塗，人們仍咒之為「丟了魂」。小孩子的靈魂被認為是軟弱無力的，這就是半坡人何以在盛小孩屍體的甕棺上要鑿一個小洞，並葬在居住區內的原因。烏蘇里江的赫哲人不埋葬小孩的屍體，他們擔心小孩的靈魂會出不來，妨礙其投胎轉世，因而他們將小孩的屍體用樺樹皮包裹起來掛在樹上，是謂「樹葬」。

從此，原始人變得坦然。他們對一切問題都有了一個「圓滿」的答

案：對他們來說，真正的死亡是不存在的，死亡不過是到另一世界去生活，好像只是換了一個生活環境。如西非的黑人就相信，人死後只是擺脫了形體，改變了住址而已，其餘的一切如故。托列斯海峽的土人認為，人死後，其靈魂很快就會到基布（Kibu）這個地方去。他一到那裡，就會有一個早死的朋友的鬼魂接待他。在那裡，他可以重新結婚，還可以捕魚打獵。原始民族大都產生了輪迴轉世的觀念，這顯然可以滿足人們希望死後還能重返人間的願望，它是超越死亡的更具體形態。同時，這也幫助解釋了愈來愈多的鬼魂最後究竟都到哪裡去了，而新生人口的靈魂又是從何而來，就像自然界的水供我們循環使用，永不枯竭一樣。這些思想與原始的自然觀一起，給原始人提供「世界有序性」的一整套解釋。

正像人也會發怒，具有各種情感一樣，鬼魂也被設想為可能因一丁點兒事情而發怒，並可能由於孤獨而來尋找活人作伴，從而危害活人；它們看不見，摸不著，這更增加了恐懼感。如喀麥隆的班納人認為，不管死者在生前多麼善良，只要一斷氣，他的鬼魂便只想做壞事。澳大利亞的土著相信，人的鬼魂，特別是新死者的鬼魂是十分可憐而可怕的，它們常懷著敵意，經常處於憤怒狀態，隨時準備以最小的藉口向活人發洩自己的憤怒。北美的印第安塔拉胡馬爾人則認為，死者的鬼魂很孤獨，渴望找自己的親屬做伴侶。於是，它會來找親屬，讓他們也趕快死掉，好做自己的伴侶。諸如此類的認知，又使原始人極端恐懼鬼魂，害怕它們將疾病、死亡降臨到自己頭上，危害自己的家庭。於是，殯葬、祭祀、巫術等就成了安撫、討好或驅趕鬼魂的重要方式，並進而促進了死亡文化的發展。

許多有關原始人靈魂觀念的通俗書籍上，總是以不經意的態度談到原始人無知，不能正確地理解精神和軀體的關係，因而產生了靈魂觀念，云云，好像他們比原始人懂得更多。可是，他們恰恰忘記了在靈魂觀念上最重要的東西：靈魂觀念乃是人類第一個系統的世界觀，第一個哲學形態，也正是靈魂觀念給人類提供了第一條通往超越死亡之路，並為後世一切死亡哲學準備了一個基本命題：「生命永恆」。

死亡文化的「實用性」從一開始就被原始人正確地把握住了。

第二節　孔子及其儒家學派的生死觀

西元前771年周平王遷都於洛陽，史稱東周。此後，周室日趨衰微，諸侯爭雄，天下分崩離析，征戰愈益頻仍，史稱「春秋戰國」。直到西元前221年秦始皇統一中國，才大體結束了混亂的局面。

西元前6世紀以後，中國的思想界開始活躍起來，到秦始皇統一前的四百餘年間，是中國歷史上著名的「諸子百家」思想爭鳴時期。其間，人才輩出，各種學說紛紛出籠，互相競爭，為中國思想史留下了寶貴的精神遺產。當時，影響最大的學派（又稱「顯學」）有儒、道、墨三家。

其中，儒、道再加上佛家，對中國古代文化的影響最為深遠，而墨家學派的影響從秦漢後便大體銷聲匿跡了。

孔子（西元前551-479年），名丘，字仲尼。其先祖是殷商的貴族，周滅商，受封於宋國，世居宋。到孔子的曾祖父孔防叔時，宋內亂，避亂，遷魯。到孔子時，家道已敗落。魯國是周公旦（周武王的四弟）的封地，號稱「禮儀之邦」，古代的典章、文獻極為豐富；而孔氏家族又具有殷商的文化傳統，這些對於孔子成為一代思想家無疑受益匪淺。

孔子是一位偉大的入世主義者，他對人間的苦難充滿了同情，以澄清天下為己任，對社會治理傾注了飽滿的熱情。他一生奔波，不畏艱辛，希望找到心目中的「明君」（所謂「聖王」），以實現他的理想社會。但屢屢受挫，鬱鬱不得志，晚年歸隱，潛心整理古代文獻，以圖影響後世。孔子一生弟子眾多，相傳「弟子三千，賢人七十有二」。他死後，弟子、再傳弟子將其言論編為《論語》一書，並一代一代沿襲發展了他的學說，其中成就最大者當推孟子和荀子，終於形成了一個龐大的且對後世影響深遠的儒家學派。孔子在中國思想史上不僅開創了一個學派，而且給後世留下

一個具有陽剛之氣的崇高人格形象。

孔子以周文化（「周禮」）的繼承者自居。儒家最基本的概念是「仁」。《說文》：「仁，親也，從二人。」即是說，「仁」就是協調兩個人之間親密關係的一種境界，或一類行為準則。在「仁」的旗幟下，孔子學說的邏輯如此展開：一是個人的道德修養，儒家的理想人格是「聖人」；二是參與社會活動，實現理想社會，儒家的理想社會是「聖王之治」。對此，《禮記‧大學》概括為：誠意、正心、修身、齊家、治國、平天下。後人亦稱之為「修、齊、治、平」工夫，或「內聖外王」之學。修、齊為「內聖」，誠意、正心亦為修身的組成部分，治、平為「外王」。其中，「內聖」是為了「外王」，「內聖」是「外王」的基礎，而這兩者的最完美境界都達到了「仁」。後來，《孟子》云：「窮則獨善其身，達則兼濟天下。」便是具體展開了孔子「內聖外王」的思想。正因為如此，儒學被稱為「仁學」、「人學」，近世亦有人稱孔子為「偉大的人道主義者」。

孔子儒學的最高目標是安定天下，治理社會。這一強烈的入世精神使他的人生觀積極向上，他將「生」與「死」都與這一目標聯繫起來，而將生命價值的砝碼放在「生」上，強調「君子自強不息」。《論語》中頗多此類記載，如「志士仁人，無求生以害仁，有殺身以成仁」、「見義不為，無勇也」、「不義而富且貴，於我如浮雲」、「任重道遠」、「死而後已」等。就是說，生和死都要達到「仁」的境界，甚至「朝聞道，夕死可矣」，君子絕不苟活於世。後來，孟子概括為「富貴不能淫，貧賤不能移，威武不能屈，此之謂大丈夫」（《孟子‧滕文公上》）。並提出君子養「浩然之氣」，亦是發展和豐富了孔子的仁學思想。

後世有一種誤解，以為孔子是主張「君子固窮」一類的人物，鼓吹「飯疏食飲水，曲肱而枕之，樂亦在其中矣」，給人一種滿足於窮困的自傲君子形象，乃至於將魯迅先生《孔乙己》中孔乙己的形象加之於孔子。其實，孔子是熱中於世俗追求的，只是對於「不義」的富貴「於我

如浮雲」；而「富而可求也，雖執鞭之士，吾亦為之。如不可求，從吾所好」，即不能遂己所願，則退而修身，絕不為富貴而求富貴。子貢問他，有一塊美玉，是藏起來呢，還是找一位識貨者賣掉呢？孔子答：賣掉！賣掉！我正在等待識貨者呢！（子曰：「沽之哉！沽之哉！我待賈者也。」）渴望從政的急迫心情呼之欲出。

五十四歲前，孔子居住在自己的祖國，希望能在政治上有所成就，並做過一任司寇（司法部長），但終不得志。魯定公14年（西元前496年），孔子五十四歲，因政見不合，鬱鬱不得志，於是帶著弟子們離開魯國；這個士人團體在外周遊十四年，歷經衛、鄭、宋、陳、楚等國，想找到理想中的「聖王」以實現他心中的理想。然歷盡艱辛，終無所獲，最後於魯哀公12年（西元前483年）返回魯國，此時孔子已六十八歲，垂垂老矣（各書所載時間略有異，此依《史記·孔子世家》）。他似乎知道自己從政已無可能，於是發憤整理古代典籍，希望以此影響後世。

孔子的晚年是在悲憤中度過的。魯哀公14年（西元前481年）春，魯人在郊外打獵獲麒麟。孔子視之，曰「吾已矣夫！」認為這喻示自己快完了。適逢得意弟子顏淵死，孔子大為傷感，痛呼：「天喪予！」聯想到捕獲的麒麟，喟嘆「吾道窮矣！」「莫知我夫！」「知我者其天夫！」次年，得意弟子子路又死於衛。孔子自知時間不多了，加快了文化典籍的整理工作，並哀嘆：「君子疾沒世而名不稱焉（君子痛恨死後不能留下響亮的名聲）。吾道不行矣，吾何以自見於後世哉？」後來，孔子病重，子貢來看望他。「孔子方負杖逍遙於門，曰：『賜，汝來何其晚也？』孔子因嘆，歌曰：『太山（泰山）壞乎！梁柱摧乎！哲人萎乎！』因以涕下。謂子貢曰：『天下無道久矣，莫能宗予。夏人殯於東階，周人於西階，殷人兩柱間。昨暮予夢坐奠兩柱之間，予始殷人也。』後七日而卒。」（《史記·孔子世家》）孔子死於魯哀公17年（西元前478年），享年七十三歲。

孔子儒學是透過積極的建功立業來超越生命有限性的，因而對生前、

死後的榮譽都特別珍重。孔子說：「君子疾沒世而名不稱焉。」儒家的
這一積極超越態度集中表現在「三不朽」信條上。《左傳·襄公二十四
年》載，晉國范宣子問穆叔：古人有句話說「死而不朽」，這是什麼意
思？穆叔答曰：「太上有立德，其次有立功，其次有立言。雖久不廢，此
之謂不朽。」就是說，最崇高的是像伏羲、炎、黃、堯、舜那樣為天下建
立偉大的道德，開創一個時代，奠定人類社會的行為準則，使萬民世世大
得其惠，故為立德（德，得也）。「德，國家之基也。」其次是為天下
及後世建立功業，如大禹治水患，立夏國，使天下人受其恩澤，有功於
當世和後人，故為「立功」。再其次是像孔子、老子那樣建立學說，使
後人受其教化，是為「立言」。這樣，人雖亡歿，但名聲永存，從而達
到不朽。至於保守祿位、家產，使之世代相傳，不絕於祀，這至多只能叫
「世祿」。「祿之大者，不可謂不朽。」

　　這是儒家積極而獨特的超越死亡的態度，對後世影響極大。著名史學
家司馬遷在《史記·自序》中寫道：「古之富貴而名摩（磨）滅者不可勝
記，而唯有倜儻之人稱焉。」並歷述了周文王、孔子、屈原、孫武等人所
建立的偉大業績，他們的聲名也隨其偉業而永存，光照後世（亦見〈報任
安書〉）。他於《史記·孔子世家》中評論道：「天下君王至於賢人眾
矣，當時則榮，沒則已焉。孔子布衣，傳十餘世，學者宗之。自天子王
侯，中國言六藝者折中於夫子，可謂至聖矣。」「人固有一死，或重於
泰山，或輕於鴻毛。」（〈報任安書〉）它們均直接源於儒家的「三不
朽」思想。宋末愛國詩人文天祥「人生自古誰無死，留取丹心照汗青」的
千古絕唱，則為這一超越做了一個最好的注解。

　　孔子生死觀中一個非常有趣的現象是，他迴避談論鬼神和死亡問
題。子路問他怎樣事奉鬼神，他迴避了這一問題：「未能事人，焉能事
鬼？」子路又問死是怎麼一回事，他又以同樣的方式回答道：「未知
生，焉知死？」他一生拒絕談論死亡及鬼神，而教導學生專注於人事，
「敬鬼神而遠之」。殷商以來，鬼神觀念非常盛行，至西周仍然如此。孔

子認為敬鬼神達不到社會治理的目的，因而迴避之，但他究竟如何看待這些問題，我們終不得而知。應該說，孔子迴避死亡的態度對後世中國人產生了相當深的影響。

大體上，儒家是從入世精神、仁學推衍出它的生死觀，並服務於它的人格修養和社會治理。具體地說，儒家透過積極的人生實踐，建立功勳和學說，造福於社會並揚名於後世，以此超越死亡，達成生命永恆。儒家的基本邏輯是：入世主義精神、仁學、人格修養、社會治理，它的生死觀集中體現在「三不朽」信條中。因而儒家的人生觀是積極的、蓬勃向上的。

 ## 第三節　老、莊及其道家學派的生死觀

一、老子道家的生死觀

老子，名聃，楚國人，生卒年不詳，大約與孔子同時代而長於孔子。老子曾做過周王室的史官，孔子年輕時遊洛陽，曾向老子請教過「道」。老子是中國文化史上一位影響深遠的人物，一部五千言的《道德經》，蘊含深奧，令歷代學者歎服不已，後世累代有注釋者。

《老子》一書有兩大基本內容：道的本體論；道的方法論。如果說孔子哲學的主要特點在於濟世救民的話，那麼，老子哲學的主要特點則在於思辨尋理。老子和孔子對中國文化史的深遠影響相得益彰，實難分伯仲。道家是先秦哲學中反對儒家的主要派別之一，也因為如此，有研究者認為道家是與儒家同時或稍後的學派，《老子》一書大約是孔子同時代或稍後的學者假託老子之名所作。

在道的本體論中，老子多少表現為一位神祕主義者。老子的思維起點很高，他撇開人生、社會、萬物等具體事物形態，而追究萬物存在的原始

根據，即「道」（又稱「天道」）。他用了大量的詞彙描述這個本體的道，諸如，不可見，不可言，不生不滅，不盈不虛，道是無、是虛空，云云。由於說得玄乎、抽象，以致兩千年來「道究竟是何物」，人們一直莫衷一是。就像中醫的模糊理論一樣，老子的道也是模糊的❶。所以，有智慧的哲學家聲稱，對於「道」只能意會，不可言傳，因為它太大了。

作為道的方法論，老子則更像一位歷盡人間滄桑、諳於世故、學識淵博的老智者。他從萬物的正反或陰陽的恆轉換中去說明「無物常駐」的道理，對此他歸結為「反者道之動」。事物經過成長壯大後就會死亡，「物壯則老，是謂不道，不道早亡。」「不道」即失去道的合理性。

到孟子時代，儒家學說中大量吸取了道家成分，如儒家經典《易經》的「十翼」（又稱「十傳」）中有不少就是按老子辯證法精神寫成的，諸如其中〈繫辭上〉的「一陰一陽之謂道」、「反者道之動」，均為道家方法論之精髓，亦是中國兩千年哲學方法論之精髓。

老子從這裡推出他的人生觀、社會觀，卻得出了與儒家相反的結論。在他看來，儒家企圖透過「禮制」建立道德仁義的學說，只會使道德仁義愈加喪失，所謂「失道而後德，失德而後仁，失仁而後義，失義而後禮。夫禮者，忠信之薄，而亂之首」（《老子·三十八章》）。因而，儒家的那套積極入世的價值觀是多餘的，只會使人變得愈來愈虛偽，汲汲要譽；挽救世風的最好辦法是拋棄智慧和技巧，使人民重新歸於樸實淳厚，以此塑造理想人格，「小國寡民」，過一種恬淡的不求名利的互不干擾的自然經濟生活，所謂「鄰國相望，雞犬之聲相聞，民至老死不相往來」（《老子·八十章》）。這一烏托邦式的理想生活模式，後來在陶淵明的〈桃花源記〉中得到了繪聲繪色的描述。應該說，老子是最早看出儒

---

❶ 古代中國哲人對付一些難以言狀的命題時，通常是取模糊理論的態度。此外，諸如「天命」、「陰陽」等學說亦然。西方人遇到這類棘手的命題時，就推到上帝那裡去了，所謂「上帝知道」，「上帝安排的秩序」云云。

家學說一旦用於治理國家有可能走向反面的哲學家，事實上，後來兩漢儒家學說走向反面就印證了他的這一說法，並因而導致了魏晉時代反對儒家的「玄學」之風。

對於死亡，老子採取一種自然主義的豁達態度。「飄風不終期，驟雨不終日。孰為此者？天地。天地尚不能久，而況於人乎？」（《老子・二十三章》）萬物生於天地之間，復歸於天地之間，死亡是必然的歸宿，這是自然而然的，也沒有什麼不好，所謂「有生必有死」，「盛極而衰」，「物壯則老，老則死」。後世中國人將老人的自然死亡稱為「善終」，稱人死了為「老了」，並將喪事當成「白喜事」辦，就是深受老子死亡哲學的影響。

老子哲學的人生觀、社會觀是中性而略具消極色彩。《老子》五千言並未過多地談到死亡、殯葬問題，但它卻為道家後起者奠定了基調。正是莊子，將這一消極色彩做了極端的發揮，使之大具灰色之調，並推出了他自己獨特的頗有些玩世不恭的殯葬觀。

二、莊子道家的生死觀

在所有的先秦生命哲學中，莊子道家的生命觀也是最為飄逸瀟灑的。莊子追求一種落拓不羈的人格，淡泊名利，隨遇而安，所謂「不事王侯，高尚其志」（生存觀）；藐視死亡（死亡觀）；鄙視殯葬（殯葬觀）。死亡，在莊子那裡似乎並未構成威懾力量，也未產生焦慮、煩躁的心理壓力，稱得上是最精緻的超脫死亡的哲學思維，代表了「死亡美學」的一派。

莊子（約西元前369-286年），名周，與孟子同時或稍後，宋人（今河南商丘）。莊子淡泊名利，終生不仕，曾謝絕了楚威王聘其為國相的請求。他或四方遊歷，或隱居著書，生活曾一度極為清苦，然自得其樂。現存《莊子》一書，共三十三篇，其中〈內篇〉的七篇被認為是莊子原

作,其他〈外篇〉和〈雜篇〉共二十六篇則多後起道家的託名之作,但基本上都反映了他的思想。莊子哲學皆假託寓言而闡明道家思想,想像力豐富,文風奇特、詭譎,清初文學評論家金聖嘆譽為「天下第一才子書」。對莊子書,要從嬉笑怒罵、諷刺調侃中去領悟其旨蘊,故歷代稱難讀。這裡,只概述其死亡觀。

莊子持「元氣論」的物質觀。他認為,人由「元氣」聚合而成,氣散則死,生生死死無休止地轉換著,如四時之運行。可是,人們卻將「其所美者為神奇,其所惡者為臭腐」。其實兩者是一回事,因為它們都是由氣構成的,故曰「通天下一氣耳」,「故萬物一也」(一,即齊一,一回事)。生命,不過是身外的塵垢「假借」而成,生死就像晝夜一樣無窮地交替,「生之來而不能卻,其去不能止。」

莊子一生不入仕途,大體脫離了世俗生活,專作冥思苦想,以窮天下之「大道」。《莊子・內篇・逍遙遊》為全書首篇,為全書提綱挈領之作,於其中,他認為一個人應當看破並擺脫功、名、利、祿、權、勢等世俗束縛,而使自己的精神臻於優游自在、無牽無掛的所謂「逍遙」境地;並針對儒家「三不朽」信條而提出「至人無己,神人無功,聖人無名」。「至人無己」即心目中要忘掉自己,既然如此,則無須「立德」;「神人無功」,當然就不要「立功」,儒家所謂「其次立功」為虛妄之言;「聖人無名」,就不必去強「立言」而為天下法,也不必去求萬世之名。它被稱為莊子道家「三無」信條:道家有所謂「得意忘形」之說(即要忘掉自己的形體、軀體存在方能體悟「道」之真諦)。

總之,在莊子看來,一切聽其自然,順應自然,儒家的入世主義純屬多餘,只會將天下愈搞愈糟。這裡,「至人」、「神人」和「聖人」均屬同一意思,意指莊子心目中「無所求」、「無所待」、「獨行不羈」,乃至於不食五穀、御風而行的圓滿理想人格(簡直類似於神仙了)。他以這一「理想人格」的學說激烈地反對儒家,對儒家學說極盡調侃、挖苦和抨擊,將老子以來對儒家的反對推向了極端。

　　據《史記‧老子韓非列傳》載：楚威王聽說莊子賢能，於是派使者攜厚禮去聘請莊子，許為宰相。莊子笑著對使者說：你們難道沒有見過祭祀神靈的牛嗎？人們將牠打扮得那麼美麗，餵養得那麼周到，但總有一天，會將牠牽到太廟之中，宰了牠，供到祭臺上去。這時候，那牛要想做一頭荒野之中的孤犢也不可能了。我寧願做一頭孤犢，也不願被擺到祭臺上去。請回吧！《莊子‧秋水》載：莊子在濮水邊釣魚，楚王派了兩個大夫去請莊子，欲委以國政。莊子手持釣竿，頭也不回，說：我聽說楚國有隻神龜，死了三千年，國王將它盛在竹盒裡，用布包著，藏於廟堂之上。請問這隻龜，寧可死了留下一把骨頭讓人尊貴呢？還是願意活著拖著尾巴在泥裡爬呢？兩位大夫說：寧願活著拖著尾巴在泥裡爬。莊子說：那麼就請回吧！我還是希望拖著尾巴在泥裡爬算了。這兩則故事似指同一事情，它可反映出莊子的生存觀。

　　在莊子看來，死亡不過是回歸自然而已，生存倒像是出去走了一遭。莊子妻死，莊子非但無悲痛戚容，反而「鼓盆箕踞而歌」，惠子指責他「太過分了」。他於是大談「生死轉換」、「死生同一」的理論來，說死亡是生命返璞歸真、回歸自然的最佳狀態，並說天地就像一個「巨室」，現在我老婆終於能安安靜靜地躺在其中休憩了，而我卻跟在後面嗚嗚咽咽地哭泣，這真是太不懂生命的真諦了（《莊子‧外篇‧至樂》）。這裡似乎已完全擺脫了對死亡的焦慮。所謂「視死如歸」源出於道家，即視死亡為回歸大自然。

　　莊子的殯葬觀也是獨特的。既然生死只是「氣」的循環聚散，死亡是回歸自然這個「巨室」，那麼，殯葬就是多餘的。莊子將死，弟子欲厚葬他，他反對，因為這不符合他的生命哲學。他說：「吾以天地為棺槨，以日月為連璧（並聯的兩塊璧），星辰為珠璣，萬物為齎送（此指隨葬品）。吾葬具豈不備邪？何以加此？」（《莊子‧雜篇‧列禦寇》）以天地為棺槨，以日月、星辰、萬物為隨葬品，這是最完備的「隆喪厚葬」！這無疑極富想像力，也最符合道家「道法自然」的殯葬方式。不過

有些像遠古的「野葬」（棄屍），因而他似乎是在對當時社會上繁文縟節的喪葬，表達一種嘲諷。弟子們說：「那烏鴉和老鷹會把您吃掉的。」他卻說：「放在地上給烏鴉、老鷹吃，埋入地下就給螻蟻吃。反正是要被吃掉，給誰吃不都一樣嗎（軀體是自然之物，烏鴉、老鷹、螻蟻也是自然之物）？又何必要厚此薄彼呢？」（《莊子‧雜篇‧列禦寇》）在莊子那裡，一切差別，包括生、死及各種殯葬方式都被他那宏大的宇宙觀消融了。

與此同時，莊子對人生取相對主義，近乎到了虛無主義的地步。不僅生、死無異，就是夢與醒也難以確定。莊子夢見了一隻蝴蝶，翩翩起舞，四處遨遊。醒後，他大發宏論：竟不知是莊子夢見了蝴蝶，還是蝴蝶夢中變成了莊周。一切都是相對的，可能的，強予分辨、區別實在是沒有必要，他似乎是在諷刺儒家那股入世主義的「明知不可而為之」的執拗勁。

既然「萬物皆一」，生與死、夢與醒亦無本質區別，人生也就不必執著於功名利祿，甚至生命的追求了。所謂「生而不悅，死而不禍」，反正都差不多。莊子對生、死之間採取一種常人難以理喻的灑脫態度，他在〈達生〉、〈山木〉等篇中反覆指出：人生不要為「外物」所累，應拋棄諸如功名、利祿、財富、美色、音樂，乃至生死給自己心靈帶來的勞累和煩惱，要心神純正而平靜，無心於萬物，甚至看上去還有些愚妄無知，渾渾噩噩；無求於人，人不求我，使自己心神合一，進而與天地合一，這才是最自然的生活模式。

在〈盜跖〉篇中，莊子假託「和骷髏的對話」表述了一個命題：生不如死。一個骷髏說：我死了以後，上無君（的管束），下無臣（供我役使），無一年四季的勞累（耕作、納糧、勞役等），從容自在地與天地共存，即使當一國的君主也沒有我這麼快活哩！在莊子看來，人生應以避禍、保全、養生、求壽為上，也就是說，要活得自由自在，隨心所欲；若處處要受外物引誘，束縛，活得不自在，即便有豐富的物質財富，仍會

活得很累，還是不如死了的好。在這一意義上，莊子鼓吹的是「生不如死」。照今天的眼光看，莊子是一位力圖獨立於社會關係之外，極端自由主義的個性論者。從他身上，我們彷彿看到了一位古代的嬉皮士。

至於後世道教追求長生不老，升天成仙，企望肉體不死，與天地共存，並為此而煉丹養氣、尋靈芝草等，這裡就不討論了。

老、莊道家以曠達著稱。生死觀、殯葬觀都很曠達，對他人之死、自己之死，一概曠達，「順其自然」，「隨遇而安」，表現了他生命哲學的一致性和連續性。老、莊道家是透過感受到宇宙的無限廣袤和生命的渺小而得出上述結論的，所謂「滄海之一粟」。道家不像儒家那樣透過積極入世、建立功業來超越死亡，而是用一種宏大的思維空間去極力抹殺有限和無限、生與死的矛盾，使之「同一」，以道家的方式達到「生命永恆」、「生命不朽」的境界。

但是，莊子將道家哲學發展到出世主義的極端程度，以致放棄了自己的任何社會責任，帶有濃厚的消極色彩。這樣一來，社會勢必解體。因而，到戰國末期，一些諸侯國君主便提出「士不為王者用，可殺」。如《戰國策・趙威后問齊使》中，趙威后問齊國使者：「於陵子仲尚存乎？是其為人也，上不臣於王，下不治其家，中不索交諸侯。此率民而出於無用者，何為至今不殺乎？」

 ## 第四節　墨子及其墨家學派的生死觀

墨子，名翟，魯國人，生卒年不詳。據考證，在孔子之後，孟子之前。《淮南子・要略》說，墨子原係儒門弟子，因不滿儒家學說而另創一個對立的學派，「墨子學儒者之業，受孔子之術。以為其禮煩擾而不說（悅），厚葬靡財而貧民，（久）服傷生而害事，故背周道而用夏

政。」「周道」即周禮，儒家以周禮的復興者自居；「夏政」即夏禮，夏禮「尚忠」，而不過於注重形式。

墨子也是一位積極的入世主義者。他對當時天下紛爭、戰亂頻仍的社會局面極為憂慮，對人民的痛苦深表同情。一生四處奔走，多方遊說，並身體力行，力圖澄清天下，建立起一個美好的人間社會。墨子弟子眾多，逐步形成了一個陣營強大的墨家學派，在儒學之後異軍突起，並稱「顯學」。墨家有《墨子》一書傳世。

墨子提出了一整套社會學說和政治方案，對此可概括為：「兼愛」，人們要普遍地相互愛護，不分親疏；「尚賢」，推舉賢才；「尚同」，上下同心；「節儉」，節約儉樸；「非攻」，反對諸侯各國之間的戰爭；「非樂」，反對沉醉於音樂享受等。

這裡介紹墨子的生死觀及殯葬觀，它可歸結為：明鬼、非命、節葬。它們是構成墨家「非儒」（反對儒學）理論體系的重要組成部分。

1.明鬼：墨子公開認為鬼神是存在的，它時刻在監視著人們的行動，而且能對人間的善惡予以賞罰。這是墨學中的一個重要理論。《墨子·明鬼》就是專門討論鬼神問題。他認為，天下之所以大亂，就是因為人們不信鬼神了。「今若使天下之人，皆信鬼神之能賞賢而罰暴也，則夫天下豈亂哉！」他大量列舉了古代聖王重視祭祀的傳聞，以及古籍的有關記載，以證明鬼神的存在和靈驗。在今天看來，這一論證是荒謬的，因為那些傳聞和記載的真實性本身都是需要證明的。不過，墨子的鬼神學說不是為殯葬服務的，而是他社會、政治學說的一個理論前提，他企圖借助超人間的鬼神權威來限制統治者的殘暴和人們的放縱。

此外，墨子的「天志」學說也具有同一意義。他說，天是有意志的，其具體內容就是要「愛民利民」，人們應根據「天」的意思建立一個「暖衣飽食，便寧無憂」的社會。後世有「為人莫做虧心事，舉頭三尺有神明」，便是源於這一思想。

2.非命：墨子主張鬼神論，但又反對命定論，即「非命」。在《墨

子‧非命》中，針對當時流行的「命富則富，命貧則貧；命眾則眾，命寡則寡；命治則治，命亂則亂；命壽則壽，命夭則夭；力雖強勁，何益哉？」他提出，這一「命定論」只會使人們對自己的行為不負責任，變懶。只有盡了人事，鬼神才會保佑他。

3.**節葬**：墨子的整個學說充滿了功利主義精神，在殯葬問題上亦是如此。他強烈反對當時「王公大夫」及民間盛行的「久喪厚葬」之風。他說：「王公大夫有喪者，曰棺槨必重，葬埋必厚，衣衾必多，文秀必繁，丘隴必巨。存乎諸侯死者，虛庫府，然後金玉珠璣比乎身……匹夫賤人死者，殆竭家室乎！曰天子殺殉，眾者數百，寡者數十；將軍大夫殺殉，眾者數十，寡者數人。」他也反對「久喪」，說：「君死，喪之三年；父母死，喪之三年；妻與后子（嫡長子）死者，又皆喪之三年。」以下伯叔、兄弟、舅姑等眾多親戚的死也要服喪。服喪的生活那麼清苦，等到喪畢時，弄得人「必扶而能起，杖而能行」，這樣無益於身體健康、國計民生，且「非聖賢之道」，理應禁止。

最後，墨子提出了殯葬改革方案：「曰：棺三寸，足以朽骨；衣三領，足以朽肉。掘地之深，下無菹漏，氣無發洩於上，壟足以期（識別）其所，則止矣。哭往哭來，反從事乎衣食之財，俾（助，給）乎祭祀，以致孝於親。故曰：子墨子之法，不失為死生之利者，此也。」（《墨子‧節葬下》）墨子是迄今我們所知中國最早主張「薄葬」的殯葬改革家。

墨子很重視祭祀鬼神。關於殯葬及其祭祀的社會意義他也是實用主義者。「今吾為祭祀也，非直注之污壑而棄之也，上以交鬼神之福，下以合歡聚眾，取親乎鄉里。若神有，則是得吾父母弟兄而食之也，則此豈非天下利事也哉！」（《墨子‧明鬼下》）這就是說，祭祀並未浪費財物，而是上邀鬼神之福，求其助佑，下以集合民眾歡會、聚食，聯絡一鄉一里的感情，還有娛樂的意義。這裡是否有鬼神，似乎已變得不重要了。

大體上，墨子從直接的社會功利主義出發看待死亡文化，即所有的殯

葬、祭祀活動都要有利於人們的生產、生活，並由此提出了「節葬」的主張。關於祭祀的社會聯誼、娛樂等功能，無疑又是他對於死亡文化上的一大理論貢獻。

 ## 第五節　佛教的生死觀

佛教產生於西元前6世紀的古印度。創始人釋迦牟尼，意為「釋迦族的聖人」，出生於迦毗羅衛（今尼泊爾南部），其原名為喬答摩‧悉達多。生卒年代約為西元前564至前485年，和孔子同時代人，略長於孔子。其父為迦毗羅衛國的國王，他立為太子，從小受過良好的教育，過著優裕的生活，準備將來繼承王位。當時印度分裂，各地經濟發展很不平衡，恆河流域是全國最發達的地區。迦毗羅衛甚小，東西60餘公里，南北80公里，但土地肥沃，河流縱橫，農業極為發達。

釋迦牟尼長大後，看到生、老、病、死等現象，感到生命短暫，悲傷良多。為尋找世界的真理，解脫人生的苦難，他二十九歲時離家出走，四處尋訪名師大家，歷多年均無結果。最後據說三十五歲那年在菩提樹下苦苦思索，終於覺悟成佛（「佛」意為覺悟者）。爾後傳教四十五年，足跡遍於恆河流域的許多國家和地區，大受歡迎，有弟子五百人，有名的「大弟子」（賢人）十人。這和孔子的「弟子三千，賢人七十有二」的盛況頗可媲美。佛教在印度流傳了一千五百多年，西元12世紀在印度本土消失，取而代之的是印度教的興起。

佛教在西元1世紀東漢初傳入中國。佛教的原始教義是教人們斬斷一切塵緣，包括對血緣關係淡薄、不事官府等。這與中國以家族（家庭）為核心的國家——宗法社會組織結構以及「以孝治天下」的文化傳統大相悖離，故一開始就遭到冷遇。同時，此時中國民間的世俗精神還非常強烈，因而佛教在當時未能傳播開來。2世紀末以後，中國陷於戰亂，天下

分崩，生靈塗炭，佛教於4至5世紀的南北朝獲得了大發展，並逐步傳入日本、朝鮮以及東南亞一帶。佛教今天仍然是世界三大宗教之一（1982年統計，約有三億信徒）。

佛教是一種出世主義（和儒家積極的入世主義正相反）。它從純個人的角度尋找人生苦難的根源，並提供解脫個人苦難、尋求生命永恆的道路。佛教以「苦」為哲學出發點，指出人生有「八苦」：一曰「生苦」，如嬰兒出世時的第一聲就是哭，其聲音即為「苦哇，苦哇」；二曰「老苦」；三曰「病苦」；四曰「死苦」；五曰「怨憎會苦」，即不得不與所憎惡的人在一起；六曰「愛別離苦」，即不得不與所喜愛的人相分離；七曰「求不得苦」，即慾望得不到滿足；八曰「五陰盛苦」，或五盛陰苦。五陰即「五蘊」，佛教稱眾生是由色、受、想、行、識五種因素組成，其中盛滿著各種身心痛苦，於此實際是指上述各類苦的集合體。《大涅槃經》第十二：「何等名為五盛陰苦？……生苦、老苦、病苦、死苦、愛別離苦、怨憎會苦、求不得苦。」在佛教看來，人生就是一個「苦海」，所謂「苦海無邊」（後語為「回頭是岸」，意指放棄慾望便離開了苦海）。

苦難的原因是「三毒」：「貪」（貪婪）、「嗔」（怒）、「癡」（愚昧）。

一切宗教的核心問題是「生命問題」，佛教也不例外。佛教的最高理想或人生的歸宿或解脫是：「涅槃」（即成佛）。佛教從未給「涅槃」下個定義，只是用一些語言描述它（大約像道家的「道」一樣，凡至大無外的真理就屬於無法描述的對象），其大意是擺脫了「生死輪迴」後所獲得的一種（精神）生命的永恆狀態，在那裡，一切痛苦和煩惱已徹底的斷滅了（因而佛教典籍中，通常用「涅槃」喻指僧人的死亡）。按照道家的思維方式，「涅槃」就相當於無我、無慾、無識、無是非，因而無煩惱無痛苦的最高精神狀態，所謂「出神入化」。魏晉南北朝時期，士大夫統而稱之「佛、老」或「釋、道」，就因為兩者的基本精神大體是相通的。

為達到這一狀態，佛教有一整套修行工夫，如民間所熟知的「六根清淨」就是主要的方式之一。「六根」為眼、耳、鼻、舌、身、意（意念），即人們的五大感覺官能和意識，佛教認為，正是它們給人惹來了無窮的煩惱和痛苦。「六根清淨」就是勸導人們節制慾望，不要有過多非分的奢望；而「坐禪」則被視為達成這一清淨的主要修行方法（又叫「入禪」、「入定」）。

佛教焚化屍體就源於對肉體、感官的鄙視乃至厭惡，因為它們是妨礙人們過一種清淨無慾的空寂淡泊生活——精神的「涅槃」境界——的障礙。但高僧經焚燒後的骨頭稱為「舍利子」會被保存下來，供信徒們瞻仰。

佛教的生命觀代表了一種典型的宗教死亡哲學，它將生命、生存的砝碼放在「死」上。這樣，一切的「生」都只是為「死」做準備、做功課；生只是暫時的，死才是永恆的；但死又不是純粹的死，而是一種「永恆的生」。

大體上，佛教是古印度社會分裂、人們生存痛苦的苦難時期的宗教。人們希望擺脫痛苦而又無能為力，所謂「無力回天」，於是轉向純心靈的「自我解放」道路。

儒家和佛教最根本的區別在於：儒家是建立在對生命熱愛的基礎上，因而產生了一種積極的生活態度，強烈的使命感。也由於熱愛生活，父母對子女有養育之恩，子女對父母也就有了「孝」即報恩的義務。佛教則建立在人生苦難、厭倦生命的基礎上，因而採取了一種消極的生活態度，社會責任感極其淡漠。既然生存充滿著苦難，「苦海無邊」，那麼，對生育自己成人的父母也無須承擔「孝」之類的義務了。明清的法律規定，僧人必須拜父母，祭祀祖先，為父母服三年喪，否則，杖一百，令還俗。這就是不承認出家人有放棄對父母此類義務的權利。

按照古希臘哲學家的意見，真理在各家各派之中。自然，佛教中不乏精深的人生哲理和高尚的情操，如從心理上指出人產生痛苦的原因，勸導

人放棄多餘的慾望，勸人容忍等等。但這種從心靈純自我的個人道路尋求對痛苦的精神解脫，即「出世主義」，又會導致人們普遍地失去生存興趣、失去社會責任感，進而使整個社會失去陽剛之氣。因而，從這一意義上，似乎也可以說，謬誤也在各家各派之中。歷來，有與無，實與空，總是交替出現，相輔相成，佛教著重突出了「無」、「空」一面，並以此為最高存在，號召信徒去追求它，因而徹底否定了生命的世俗意義。事實上，佛教在中國傳播的初期，由於過度宣講「苦」的教義，使許多信徒失去生活的信心和情趣，紛紛走上自殺之路。因而南北朝的佛、道爭執中，道教徒就曾嚴辭攻擊佛教為「學死之術」。即便現在民眾心理不少有關悲苦厭世的觀念，也不同程度的與佛教相關聯。如果一個社會普遍放棄了一切慾望，人類就將不復存在了。

　　佛教能在中國得到傳播，與它自身受到一定的「改造」是分不開的。首先是受到儒家「忠」、「孝」的影響，其次是與中國傳統的偶像崇拜、民間迷信相結合，逐步成為「中國化」的佛教。例如：孝道進入佛教教義，許多寺廟中也寫上「孝」、「義」之類的訓誡；中國民間不知什麼時候給佛教建立了一個龐大的偶像系統，如釋迦牟尼被塑造成如來佛，此外有觀音菩薩、阿難和迦葉、四大金剛、十八羅漢、五百羅漢等天神系統，再加上閻王、判官等陰間人物系統，廟裡均塑了形象，似乎有誰真見過它們，使佛教幾乎成了一個偶像宗教。唐、宋以後，僧人大量參與民間喪事，念經超渡亡靈，筆記小說中多有這方面的描寫。佛教在中國的傳播過程就是一個佛教自身不斷被改造的過程。佛教在西藏、內蒙古的傳播稱為喇嘛教。總之，「中國式佛教」已與原始佛教不完全是一回事了。

第五章

西歐古代哲學的生死觀

　　思想家很早就開始在兩個不同的文明之間進行文化比較，比如，史馬遷在《史記》中就對華夏和夷狄之間的風俗進行過比較，修昔的底斯在《歷史》中也對希臘和非希臘諸民族之間的風俗進行過比較。不過文化比較學卻是近一百年的事，20世紀下半期以來又日趨興盛。進行文化比較不能離開雙方的地理、人口、歷史、政治、經濟、哲學等諸多因素。當然，這裡不可能進行深入的文化比較，但緊接著中國古代哲學的生死觀之後便介紹「西歐古代哲學的生死觀」，顯然不可能不涉及到文化比較問題。

　　以中國古代文化為代表的「東方文化」和以西歐為代表的「西方文化」，產生了不同的哲學體系，其中包括不同的生死觀。對之進行比較無疑是一件非常有益的事情。

　　中國歷史自夏、商、周以來，一脈相承。比如，20世紀的中國人要是敘起「祖譜」來，很容易將自己家族的血緣關係一直上溯到一兩千年以前。西歐則不然，兩千餘年間數度發生劇烈變化，民族遷徙、「蠻族」入侵，如現在的西歐、北美人儘管自認是繼承了古希臘、古羅馬文化，但他們與古希臘人和古羅馬人在血緣上幾乎毫無關係，而在一千五百年前，他們的祖先還被古羅馬帝國稱為「蠻族」人。據此，西方歷史學家將西歐歷史劃分為：古希臘、古羅馬時期；「中世紀」基督教時期；近代「文藝復興」以來的人文主義時期。在這些時期中，社會變遷劇烈，思想領域也大起大落，發生了幾次重大的嬗變。而在這兩千餘年間中國哲學（包括生死觀）則基本上無變化。

　　西歐古代哲學傳統更多地偏重於個體性（個性），而中國哲學更多地偏重於整體性，如儒家的「仁」的人格化即是強調社會人格。於是，西歐古代哲學顯得更細膩、更嚴密，並精於推導；而中國古代哲學則顯得更宏大，俯視點更高，並於宏大中包藏著精深。這一差別在古希臘時期和春秋戰國時期就已大體形成了。

　　這些差別對比，對於理解中、西方之間的生死觀大有幫助。

第一節　古希臘蘇格拉底哲學的生死觀

　　古希臘哲學指西元前7至3世紀流行於古代希臘世界的哲學思想，相當於中國的春秋戰國時期。這一時期，希臘誕生了眾多的思想鉅子，他們那些深邃的思想對後世產生了深遠的影響。黑格爾在《哲學史講演錄》中談到古希臘哲學時，曾說：我們一談到古希臘就有一種家園之感。由此可見古希臘在西歐思想史上的地位，它是後世西歐全部文化的源頭。

　　人生哲學歷來是哲學的一個重要內容，這一傳統在西歐源頭的古希臘哲學那裡就已經確立，以蘇格拉底和伊比鳩魯最具代表性。大體上，蘇格拉底的生死觀是自詡為對時代負有神聖責任感的高尚「菁英分子」的層級；而伊比鳩魯的生死觀則反映了有教養的市民階層其認知水準。

　　古羅馬人是一個尚武的民族，它的哲學大體上繼承了古希臘人，並始終未能超過古希臘哲學。

　　蘇格拉底（西元前469-399年），雅典人，古希臘哲學家。他生活的年代正值古希臘文明盛極而衰的轉折關頭，而雅典又首當其衝。雅典曾是古希臘世界的領袖城邦，西元前5世紀後半期與斯巴達交戰失敗，世界領袖地位頓失；國內道德淪喪，人心不古，政爭頻繁，黨派之間形同水火。值此國家內憂、外患之際，蘇格拉底立志於拯救雅典的人心，他從教導人們過一種道德的生活著手，並自詡是神派來叮在雅典人身上的一隻「牛虻」（以免雅典人沉溺於奢侈而酣睡不醒）。他語言尖刻，批評起執政者來毫不留情；弟子門生眾多，影響甚廣，因而得罪了一些國內權貴，引起了他們的忌恨，終於在七十高齡時被雅典政府以「不信雅典人的神」和「教唆青年」的罪名被判處死刑。這是古希臘世界最著名的由於「思想犯罪」而被判處死刑的案例。蘇格拉底是世界思想史上負有盛名的哲學家，因而後世有人指出，此事乃是古希臘世界的一椿恥辱。

　　蘇格拉底首次將哲學研究的對象指向「人」，將「認識你自己」作為

自己哲學的最高命題，因而，被譽為西歐哲學史上「人學」的開創者。他的學識和人格對後世哲學影響深遠，在西歐哲學史上的地位和中國的孔子大體相同，如一些西方思想史家在向自己的同胞介紹中國的孔子時所說：「孔子是一位蘇格拉底式的人物。」那麼，我們也可以說：蘇格拉底是一位孔子式的人物。

對於人生，蘇格拉底持一種積極的入世主義態度，亦大有「以拯濟天下蒼生為己任」的高尚氣概。他認為，高尚的人對於感官享受，諸如食品、酒類、性生活以及裝飾品等，只是為了維持生命，而對於超出這個限度的享受便視若無睹。因為，過度的享受或縱慾都會阻礙人去探索真理、追求知識，從而妨礙人過一種「道德的」生活。他推崇精神（靈魂），貶抑肉體，將靈魂描述為被肉體銬上了鐐銬，被感覺蒙上了眼睛，淪為自己慾望的奴隸；主張人們要和自己的慾望、感情做鬥爭，防止它們放縱而失去控制。這是以一種哲學語言在反對當時頗為盛行的肉慾主義。

他身體力行自己所倡導的道德。蘇格拉底素以能吃苦耐勞、生活儉樸著稱，吃著「粗陋的飲食」，穿得「襤褸不堪」，「沒冬沒夏都是一樣」，「一直是既無鞋襪又無長衫」，寒冬臘月，他也穿著單衣單褲，赤足行走。這種生活，當時甚至連奴隸都難以忍耐，可是他卻自得其樂。儘管他弟子甚眾，其中也不乏鉅富者（如柏拉圖），但蘇格拉底從不收取學費，也不接受他們的饋贈。他的行為給後世留下了一個立志救世的「苦行僧」式的崇高道德楷模形象。

他過著清苦的生活，但他認為這是一種最完滿的生活。在他看來，「愈是能夠欣賞食物的人就愈不需要調味品，愈是能夠欣賞飲料的人就愈不忙於尋求他沒有的飲料。」幸福不在於「奢華宴樂」，一個人若「能夠一無所求才是像神仙一樣，所需求的愈少也就愈接近神；神性就是完善，愈接近於神性也就是愈接近於完善」。這一生活態度頗類似於莊子心目中「無所待」的「神人」、「至人」、「聖人」境界。原來大思想家的心靈是相通的。

　　蘇格拉底對於死亡的灑脫和從容為他贏得了大大的名聲。由於蘇格拉底四處傳播他的觀點，揭露執政者的錯誤，多次冒犯了權貴，結果在七十歲時被雅典政府以「莫須有」的罪名判處死刑。當時的法庭聲稱，只要蘇格拉底公開「認罪」，並接受罰款，就可以免死。大約執政者更大的心願是要使蘇格拉底當眾出醜，他拒絕了。他認為自己沒有錯，沒有必要為了保全性命而去損害自己的「清白」。他的弟子們以金錢賄賂了獄卒，要安排他越獄逃往他鄉，他也拒絕了。這時他說了一段對於生命的精闢之見：「真正重要的事情不是活著，而是好好地活著……而好好地活著意味著活得高尚抑或正直。」並認為，如果不贊成自己祖國的政治和法律制度，我就會自動地離開這個國度；而我既已生活在這裡，就表明這些制度本身是好的，只是現在的執行者發生了錯誤。我一生都教導人們要遵從國家的法律，過一種高尚的生活。而現在自己死到臨頭，卻怯懦地逃避死亡，「那麼人們會認為他一向所奢談的正直無私、崇尚法律等等都是偽善的欺人之談。」並認為，自己若這樣做就將破壞法律的神聖性，影響到後人對祖國的忠誠。

　　蘇格拉底願以自己的冤死來維護國家政治、法律制度的神聖，同時維護自己言行的一貫性，自己的人格形象。他將自己塑造成一位殉道者，大有儒家「殺身成仁」的英雄氣概。孟子云：「魚，我所欲也，熊掌，亦我所欲也；兩者不可得兼，捨魚而取熊掌者也。生亦我所欲也，義亦我所欲也；兩者不可得兼，捨生而取義也。生亦我所欲，所欲有甚於生者，故不為苟得也；死亦我所惡，所惡有甚於死者，故患有所不避也。」（《孟子·告子上》）蘇格拉底的生死觀和孟子所言的正相吻合。

　　執行死刑判決的那一天，蘇格拉底做了一場有關人生價值、死亡的精采演說，它是哲學史上有關人生、死亡問題不可多得的佳作，被傳誦千古。柏拉圖在《申辯篇》中詳細記述了這篇演說詞以及這一次判決的情形。

　　他認定自己終生所追求的是善、知識、正義，自己是忠誠地在為自己

的祖國服務，因而不應當計較個人得失，其中包括死亡。談到死亡時，他是這樣表述的：真正難以逃避的並不是一死，而是罪惡，「因為罪惡追人比死快。」至於死亡究竟是怎麼一回事呢？他說，其實並無人真正清楚，即無人能真正知道死亡就一定是一件極壞的事情。「但人們都畏懼死亡，好像他們確知死亡是最大的不幸。這種無知，即以不知為知，是最糟糕的無知。尊敬的陪審員，如果我宣稱我比周圍的人明智，那是因為我自覺意識到我不具備陰間的任何知識。我所具備的這一點就是我高於眾人的本質所在。」

接著，他以討論哲學問題時慣用的方式開始討論死亡問題。他說，死亡大約是兩種情形：其一是肉體與靈魂俱滅，如同無夢的睡眠一般。其二，如世俗所言，是靈魂由此地移居彼地。若是前者，死亡不過是永恆地休憩罷了，而死後的整個時間並不比一夜更長；無任何擾攪，也沒有夢的糾纏，那麼，「死就一定是一個奇妙的境界。」「我把它稱為福氣。人的一生中不會有幾個日夜過得比他沉睡於無夢的夜晚更美好、更幸福了。」即使是波斯王也是如此。也就是說，人生在世為各類慾望和焦慮所折磨，苦不堪言，即便晚上睡著了也不得安寧，時常做惡夢。如果死亡是無夢的永恆睡眠，那豈不永遠地解脫了？蘇格拉底所使用的邏輯是，將生存說成很痛苦，人們活得很累，因而完全用不著害怕死亡。此時，死亡成了人生苦難的徹底解脫，成為人生無休止苦役以後的最好休息。

如果死亡是後者，是靈魂移居到另一個世界去，所有的亡靈都聚集在一起，「哪還有比到那裡去更幸福的事嗎？」那裡有諸如阿卡琉斯、荷馬一類眾多的英雄、偉人的亡靈，我可以和他們隨心所欲地交談，探討和爭論一切問題，這「難道不是最大的幸福嗎？為此，一個人還有什麼不能奉獻的呢？我想，在那裡，他們不會因為我的這種行為（指言論自由）而置我於死地」。那裡也沒有偽裝的審判官，等等。這是一種反襯法：將那一世界假設得自由自在，到那裡去和英雄、偉人的靈魂相聚，那裡沒有現世這些令人生厭的醜惡嘴臉，那該多好呵！如此的死亡還有什麼可怕的

呢？所以，蘇格拉底認定，總之，兩種假定不論是哪一者，「死亡都有理由被看作是好的結果。」

他甚至勸導，「尊敬的陪審員們，你們也應該滿懷信心地期待死亡」；並表示對那些指控和投票贊成處死自己的人「不懷任何怨恨。」最後，他說：「現在我該走了，我去赴死；你們繼續去活。誰的去路好，唯有神知道。」

蘇格拉底是以哲學思辨方式討論死亡的第一人。他的整個演講充滿了智者對人生價值的真知灼見，以及對死亡的從容和灑脫的態度。他的生存觀是「生不害義」，死亡觀是「殺身成仁」，與儒家「以天下為己任」的入世主義生死觀是相通的。同時，在看待死亡上，他極力地擴充思維空間以模糊死亡這一事實，諸如永恆地休息、與英雄偉人的亡靈相聚等，從而達到對死亡的超脫，有「視死如歸」的道家之風。在死亡面前，他沒有一些烈士們通常有的慷慨激昂，更沒有懦夫那樣乞求生存，而是像對待落在身上的一絲灰塵一樣，輕輕地抹去。

對待鬼神，他似乎和孔子一樣持存疑態度。但他更傾向於認定有一個靈魂的彼岸世界的存在，並以此作為他輕肉體、重靈魂的理論前提。

當雅典人普遍地沉溺於縱情奢侈、玩世不恭時，蘇格拉底卻還在那裡「頑固地」呼籲著「正義」、「道德」、「知識」，頗有些孔子式的「明知不可而為之」的犟勁。蘇格拉底在雅典城也似乎並不太受一般民眾的愛戴，而且一般民眾也沒有理由去愛戴一個不合時宜的饒舌且自命清高的古怪老頭。這就像聖經上耶穌所言：「沒有一個先知在他的家鄉是被悅納的。」

當一位偉大的導師即將死去，他的弟子和朋友為此而悲痛欲絕時，蘇格拉底卻還在那裡侃侃而談，死亡將是發生在別人身上，充分表現了一位穿透人生的智者對於生命的洞澈。當克貝斯問及蘇格拉底如何安葬時，他仍忘不了幽默：「悉聽尊便，只要你們能逮住我。」

古希臘哲學只在精神（靈魂）方面追求對死亡的超越和人生的永恆，

這一傳統後來也為基督教所繼承，它導致了「簡喪薄葬」，並成為西歐殯葬傳統的一個基本特徵。

 ## 第二節　古希臘伊比鳩魯哲學的生死觀

　　伊比鳩魯（西元前341-270年），古希臘哲學家。在伊比鳩魯的時代，古希臘世界的衰落已充分表面化，諸城邦內部各階級之間以及各城邦之間的矛盾日漸激化，頹廢之風盛行。伊比鳩魯哲學的核心問題是倫理問題，這是蘇格拉底「人學」傳統的繼續，也是當時的哲學家普遍關注的問題。西元前307年他在雅典創辦了一所學校，稱為「花園」，收徒講學，宣傳其哲學思想，主要是教導人們如何找到通向「幸福」的精神道路，也頗有些「救世」的味道。

　　伊比鳩魯持一種理性的快樂主義人生觀。他認為，人有三類需求：(1)靈魂的平靜而無紛擾；(2)身體的健康而舒適；(3)生活本身的物質需求。他對物質享受也持輕視或鄙視態度，他認為，口腹之樂以保證身體健康和維持生命的必需為限度，而放縱則會損傷身體，並帶來更多的痛苦和煩惱。因此，他認為口腹之樂不是人生最高的快樂，它僅是獲得高級快樂的必要條件；感官的快樂總是瞬息即逝的，而精神的快樂則是持久的。他說：「當我們說快樂是最終目的時，我們不是指放蕩者的快樂或肉體享受的快樂……而是指身體上無痛苦和靈魂上無紛擾。」「肉體的健康和靈魂的平靜乃是幸福生活的目的。」

　　伊比鳩魯和他的門徒都身體力行，以麵包和清水度日，過一種清貧自守的生活，並認為，渴望財富和榮譽都是徒勞無益的，這些東西只會使一個本來可以容易滿足的心靈不能安靜下來，終日為之煩惱。近世西方哲學史家因而認為伊比鳩魯的哲學「是一種基於自然世界觀的心理健康術」。當然，我們由此也可以看出，當時雅典及整個希臘社會中自蘇格拉

底以來就開始氾濫的肉慾主義的一般傾向。

　　在人的行為選擇上，伊比鳩魯提出了快樂主義的「行為動力說」。他認為：「趨樂避苦」是引起我們行動的唯一原因，作為人生目的的幸福是由快樂構成的；而這一快樂與否又是以感覺為基礎。但是，他又認為，並非每一種快樂都值得選擇，因為有的快樂（如縱慾）會伴隨更大的痛苦，我們就應當放棄它；同時，並非每種痛苦都應當逃避，因為有的痛苦之後會有更大的快樂隨之而來，我們就應當忍受它。這些需要靠我們的理性去判斷，即是說，要和自己的放縱本能做鬥爭，予以有效的節制。因此，最高的快樂（「善」）並非瞬息之間的快樂，而是整個人生的快樂；理性是獲得最大快樂的保證。伊比鳩魯理性主義的人生觀充滿了清純的有教養的市民氣息。

　　對於死亡，他做出了唯物主義的解釋。

　　他說，人和世界萬物一樣都是由原子構成的，人的靈魂和感覺則是一些平滑而精巧的原子，「死亡不過是感覺的喪失」，是構成人的原子的消散。據此他認為，對死亡的恐懼和對神的恐懼一樣都是沒有道理的（他說神也是原子構成的，並不管人世間的事）。「死亡這個惡中最令人畏懼的東西，對於我們是無足輕重的，因為當我們存在時，死亡對於我們還沒有來；而當死亡來臨時，我們已經不存在了。因此死亡對於生者和死者都不相干，因為前者還沒有死，後者則對於死亡無所謂。」他由此得出一個著名的結論：「死並非死者的不幸，而是生者的不幸。」這一命題曾被馬克斯一生中多次引述，並深表贊許。伊比鳩魯極力將死亡論證為與當事者毫無關係：死亡未來時，害怕它是多餘的；死亡一經來臨，我已經不存在了。因而，根本不需要去考慮死亡問題。他以此引導人們去戰勝死亡焦慮，這類似於迴避死亡。

　　伊比鳩魯認為，關於死亡的「這種認知並不是給人生增加無盡的時間，而是把我們從對於不死的渴望中解放出來」。聰明的人並不祈求延長生存時間，「正如人們對於食物不單單選擇多，而是選擇最精美的

一樣，他們度量時間也不單單度量它是否最長久，而是度量它是否最合意。」這樣，伊比鳩魯就涉及後世「安樂死」的理論根據，即生命的「品質問題」：活著並不是至高無上的，生活的品質比數量更重要。當然，從這些言論中，我們可以看出當時雅典及整個希臘社會比較濃厚的畏懼死亡心理。而只有無所事事的社會，人們才會加倍地或全副精力地去注視死亡問題。

伊比鳩魯用唯物主義原子論解釋生命、死亡以及人應持的態度。他教導人們不要奢望於不朽，而應對死亡採取「無所謂」的態度，提高生存品質，過一種寧靜幸福的生活。這種對待生命和死亡的人生哲學充滿了一種清新、恬淡的市民味，既沒有孔子、蘇格拉底那種拯濟天下的生命激情，追求精神不朽的深邃和高尚；也沒有縱情聲色犬馬、及時行樂、玩世不恭的粗鄙氣息，而是一種以「清新」和「恬淡」為基本特徵，以及「知足常樂」的胸懷，活得愉快（生存觀），死得安詳（死亡觀）。按現在小市民的話說，就是生和死都不要背包袱，不要太累了。可以說，在蘇格拉底的演說中所反映的還只是古希臘人對於生存的熱愛和對於死亡的厭惡；而從伊比鳩魯這裡，則清楚看到了當時希臘人對於死亡普遍存在的一種焦慮心情，以及由此產生的縱慾主義「及時行樂」的人生傾向。伊比鳩魯正是為了克服人們這一不良心理而建立自己的人生哲學。

第三節　基督教哲學的生死觀

一、基督教的由來

基督教和佛教、伊斯蘭教並稱為當今世界三大宗教，但基督教對世界歷史的影響無疑超過了後兩者。

基督教產生於西元1世紀時的古羅馬帝國，它由猶太教蛻變而來，並

迅速在社會下層得到廣泛傳播，同時也遭到羅馬帝國政府的殘酷迫害。但這並未能消滅基督教，反倒使其門徒愈眾，四處蔓延。帝國終於發現，迫害不能消滅基督教，況且這一宗教對於安撫民心極有作用。於是，轉而採取利用政策：西元313年帝國發布「米蘭敕令」，宣布停止迫害基督徒。西元325年在小亞細亞（今土耳其）的尼西亞宗教會議上，君士坦丁大帝親臨致詞，基督教獲得了「國教」的地位。西元392年帝國宣布禁止一切異教活動的法律，基督教又獲得了「一統天下」的地位。不過，古羅馬帝國已是日薄西山了。

西元5世紀，連續的蠻族入侵終於摧毀了古羅馬帝國，帝國的地盤內分裂出眾多的「蠻族人」封建國家，這就是現代西歐國家的前身。期間，基督教的地位並未動搖，而且蒸蒸日上，成為各封建國家至高無上的宗教。5世紀以後，西歐進入基督教「定於一尊」的所謂「中世紀」時期❶。這一地位直到15世紀前後的「文藝復興」時期，才被人文主義運動逐漸打破。

所謂基督教哲學，就是基督教神學中所包含的一類哲學思想，它主要體現在基督教的經典聖經以及一些有代表性的神學家著作之中。大體上，它是一種關於「生存痛苦」的哲學認知。

聖經分為「舊約」和「新約」兩部分❷。「約」即人神之間的契約。「舊約」是猶太人的經典，用古猶太人的希伯來文寫成。它形成於西元前6世紀至西元前1世紀的五百年間，記載了自西元前12世紀以來猶太人的有

---

❶ 「中世紀」一詞源於15至16世紀的人文主義歷史學家。他們將古希臘、古羅馬稱為「古代」，自己所處的時代為「近代」，其中的時代則被稱為「中世紀」，即中間的世紀。

順便指出：這一劃分法在西歐歷史學上是無可指責的。問題是，後來「中世紀」概念竟引入並流行於中國歷史學領域，將中國古代史也強行劃一段所謂「中世紀史」，並貼上「封建社會」的標籤，以求符合西歐的歷史模式，這就實在有些不知所云了。這是「西歐中心論」在歷史學領域的表現。

❷ 聖經英文為BOOK，即「書」，因為它具有不可動搖的「經典」地位，故按中國習慣譯為「聖經」。

關法律、歷史、宗教、傳說、神話、詩歌、小說等情況的文獻和傳說。「新約」是基督教自己的經典，產生於西元1、2世紀，用拉丁文寫成。由於基督教承認並吸收了猶太教的經典，故將從前的稱為「舊約」，後出者稱為「新約」。

基督教最著名的理論家或神學家有奧古斯丁（354-430年）、湯瑪斯・阿奎那（1225-1274年），他們先後著書立說，以論證基督教哲學。

宗教和哲學所關注的最高問題是同一的，即世界和人生，其中又都以「人生」問題為核心。宗教以「人格神」為其最高存在物（大前提），基督教唯一的人格神則是「上帝」；人們在它的名義下獲得生存和死亡的根據，獲得道德的規範等等。哲學則以一些高度抽象的概念，諸如「物質」、「精神」等作為大前提，然後進行理論推導，得出世界和人生問題的諸多結論來，如儒學就是以「仁」作為基本概念（大前提）的。

因而，宗教和哲學最根本的差別在於對「超越」的理解不同：其一是對於世界的超越。我們總是生活在一個有限的自然環境（有限的空間和時間）之中，但人類總想超越這一有限而進入無限的空間和時間。顯然，人們在感官上永遠無法辦到這一點，於是就借助理論思維──哲學或宗教──使自己在思維上馳騁於無限之中，諸如「無限性」、「創世紀」等，以此超越人類的有限性，滿足對於無限的奢望。其二是對於人格理想、死亡的超越，人類給自己設定完美的人格形象、崇高的道德楷模，以及對於未來美好社會的憧憬，以此規範自己的行為，調整自己努力的方向。

總之，人類渴望超越，渴望永恆、無限、不朽，尤其是渴望超越死亡，宗教是在「神」的名義下，而哲學則是在諸如「理想」的名義下進行上述追求的。由於理論的出發點不同，哲學和宗教在自然觀、生存觀、死亡觀上自然會有不同的結論和信條。但我們迄今對宗教卻多少有過於簡單化的理解。

二、基督教哲學的生死觀

關於人在世界中的地位，基督教認為，人是上帝所創造萬物中的一類，而且是上帝按照自己的形象創造的，因而人高於萬物。

在生存觀上，基督教持「原罪說」、「贖罪說」和「生存痛苦說」。即人類的祖先亞當和夏娃在伊甸園（天堂）違背了上帝旨意，受蛇的誘惑，偷吃了智慧之樹上的智慧之果，因而「有罪」，被逐出了伊甸園。由於是人類始祖所犯之罪，故為「原罪」。從此，他們的子子孫孫注定要遭受塵世的各種苦難，並要過一種道德的、清貧的、行善的生活，即所謂「生存痛苦」，為人類始祖所犯下的罪過「贖罪」。一切痛苦既是對人類的「懲罰」，又是對人類的「考驗」，基督教的「禁慾主義」即由此而來。

那麼，人們所獲得的報償又是什麼呢？這就是「末日審判」的威儼和「永生」的許諾。基督教教義說，每個人在上帝那裡都有一個「約櫃」，人的每一善行或惡行都會記載於其中。上帝無所不知，「我是那察著人肺腑心腸的，並要照著你們的行為報答你們各人。」基督教所倡導的「美德」和其他民族所倡導的大體相同，諸如不偷盜、不殺人、不撒謊、不姦淫、勤勞、忍耐、信心、誠實……等。聖經以及各時期的神學家著作中都反覆討論過這些美德。人死後，其靈魂都要回到上帝那裡接受「末日審判」。它分為「小末日審判」和「大末日審判」：前者是對單個人靈魂的審判；後者指對全人類靈魂的審判。屆時，上帝將按照各人在約櫃中的善、惡記載逐一核對，最後決定其靈魂的去向。善人的靈魂將留在天堂，與上帝同在，他的靈魂就可以超脫死亡，獲得永生，被稱為「上帝的選民」。善人「在主的面前死的人有福了」，「凡得勝的，我必將神樂園中生命之樹的果子賜給他吃」，「並使他和上帝在天上同席而坐」；惡人的靈魂將被趕入地獄，永遭詛咒和苦難，被稱為「上帝的棄民」（《新約·啟示錄》等章節）。

基督教認為，個人的生命是有限的，死亡是不可避免的，只有上帝是

不死的。使人活著的是「靈」，肉體是沒有用的；肉體因罪而死，靈憑藉著神將可以復活，進入天國。為此，個人的生存就是為了「贖罪」，要以自己的「善行」、「德行」皈依上帝，取得上帝的認可。這樣，他的靈魂才可以透過上帝而超越肉體的有限性，「與上帝同在」，「活到永永遠遠」。因而，基督徒視死亡為「苦難的最後解脫」。這樣，基督教將人們對於永恆的渴望和社會道德結合起來，以此促進社會治理。

基督教中，個人與上帝的媒介是教會、牧師；反對偶像崇拜，認為它是最大的罪惡，即便是對祖先偶像崇拜也是不允許的。因而，西歐社會中家族組織不發達，宗法勢力遠不如中國強大。

歸納起來，基督教關於生命（life）的學說，可以概括為：

1.**上帝是生命之源**：人和萬物的生命都是上帝賜予的，生命雖然孕育於母體，但賦予和收取的權利卻在於上帝。存活都有一定的期限（「大限」），到時就將死亡，唯有上帝是不死的。

2.**上帝是生命的庇佑者**：使人活著的是「靈」，肉體是沒有用的；肉體將因罪而死，靈憑著基督復活，進入天國，獲得永生。

3.**愛上帝**：聽祂的話，追求「至公至義」，行善積德，即皈依「主」，就能死後「復活」，是獲得永生的具體道路。

總括起來，聖經中的生命學說，其主旨就是生命源於上帝；生存時敬畏上帝、信守律法、行善積德，以此遠離罪惡；死後求得恩賜，從復活中獲得永生。

正由於這一系列的認知，基督徒面對死亡時有更多的安詳。據作者的感受，虔誠的基督徒真正達到大徹大悟的死亡「安詳美」的高度，實令人嘆為觀止。

在殯葬觀上，基督教由於重靈魂、輕肉體，視軀體為靈魂的暫時寄存場所，乃至視為「罪惡的根源」，因而從羅馬帝國以來的基督徒就不是很重視殯葬。《舊約》載猶太古葬俗，為防止屍體腐爛，死後當速葬；往屍體裡灌芬芳的膏油，以布帶裹纏手足，以方巾掩面，然後送殯埋葬；且不

用火葬，火葬是對人的一種懲罰（但古羅馬人傳統流行火葬）。中世紀時各國大體流行土葬。基督教嚴禁遺棄屍體，《舊約・申命記》指出，暴露屍體將污染土地，並要受到詛咒，即使犯死罪者也必須埋葬。

基督教也行祭祀，且禮儀繁多，但祭祀的對象是上帝。上帝是唯一的神，至高無上的神。基督教嚴禁祭祀偶像，視之為「異端」，不可饒恕的罪惡，即便是祖先的偶像也不行。因而基督教的神靈系統單一，不似中國的鬼神系統雜亂。

大體上，凡重靈魂、輕肉體的宗教民族，民間一般都不很注重殯葬，即便土葬也多從簡。西歐中世紀的一千餘年間，迄今未發現有君王、公侯的大型墓葬。

明末，基督教在中國得到傳播。清康熙年間一時大盛，據記載有信徒幾十萬，雍正、乾隆之後被禁止。鴉片戰爭後，朝廷又允許其存在，但勢力非常有限。基督教注定不能成為中國民間信仰的主流，因為中國人有自己非常深厚的民族文化傳統。

 ## 第四節　中、西方古代哲學生死觀之比較

中國古代哲學生死觀，這裡以儒家為「正統」代表，因為它對中國古代兩千餘年的影響最為持久而深入。西方古代哲學的生死觀則依次有古希臘哲學和基督教，這裡僅將「生死觀」做簡略比較。

蘇格拉底和伊比鳩魯是古希臘最為深入探討死亡的哲學家，大體上奠定了西方嚴肅的哲學死亡觀的基礎。

在面對死亡時，蘇格拉底表現出一類「安詳美」。臨死前，儘管自己拯救世風的「理想」並未實現，但他仍很安詳地去死。在他看來，自己應該做的、即他賴以達成圓滿人格的事情，他都已經做了。或者說，他自己的「人格」已十分的「圓滿」了，因而可以心安理得地去死。伊比鳩魯面對死亡

所表現的是一類「淡泊美」，他的一生幾乎脫離於國家政治生活之外，一介溫情脈脈的小市民，讀他關於死亡的論述，就像喝一杯低度的醇酒。

孔子面對死亡表現的則是對於天下紛亂日久而不得治理的憂患情懷和「天下莫能宗予」的悲憤意識，即一類「悲憤美」。他覺得自己的事業尚未完成，有「於心不甘」之嘆，入世主義的生死觀在這裡表現得最為充分，淋漓盡致。對於孔子臨終前的憂患和悲憤，司馬遷描述得出神入化，惟妙惟肖，讀起來常使人掩卷嘆息，慷慨激昂。

這反映出：古希臘哲學更多地追求自己個性（人格）的淨化和圓滿，以此為最崇高境界，在這裡，個人是獨立的。中國儒家哲學則以「治國、平天下」為最崇高境界，在這裡，個人無自身的獨立性，它必須最大限度地融入社會才能達到最崇高的境界，並以未達此目的而飲恨九泉。

儒家生死觀和基督教生死觀最根本的差別在於：對生活的態度。儒家是熱愛生活的，對生存滿懷熱情和信心，因而抱持入世主義人生觀，以天下為己任；即便天下暫時黑暗，也認為「道路是曲折的，前途是光明的」。可以說，這一生活態度在孔子身上已達於至善至美境地，其陽剛之美、百折不撓的精神是後世兩千餘年間被世人敬為楷模的人格原因。

西方基督教則建立在「生存痛苦」認知上，視生存為苦難，乃至生不如死，要到死後才能「解脫」。因此，基督徒對塵世的苦難多持逆來順受之態度。這樣的人生當然是少了味道的。應該說，西方哲學中的「苦難意識」至少在蘇格拉底那裡就已經形成了，到基督教達到極完備之形態。

由於中國人重視生命，熱愛生活，對宗教少有基督徒的虔誠，因而面臨意外的死亡威脅時，「君子重名節」而赴死，人們為戰勝對生存的渴望和對死亡的恐懼，往往採取激昂的態度，並極力使自己激昂起來，以鼓勵自己勇敢地走向死亡，如「人生自古誰無死，留取丹心照汗青」，或「二十年又一條好漢」，「砍了腦袋，碗大的疤」云云。

中、西方的人生哲學在生死觀上從一開始就是有差異的，它們對後世都產生了深遠的影響。

第六章

15世紀以來
西方人文哲學的生死觀

15世紀前後，西歐社會發生了兩件大事，它們都深遠地影響了人類爾後的五百年，並且其影響還將一直延伸下去。

由於「四大發明」——指南針、火藥、印刷術和造紙術——的普遍使用，推動了西歐社會海外貿易的蓬勃發展，終於導致了15世紀末哥倫布對美洲「新大陸」的發現，並隨之引發了麥哲倫繞地球航行一周，與此前後則還有眾多的航海冒險家對海外領土的尋找。這就是著名的「地理大發現」狂潮，它開闢了人類從此連為一體的新時代。

同時，義大利的思想家開始了「復興」古代文化的運動，它帶來了一種嶄新的世俗文化，人類逐步從舊式的宗教、迷信中解脫出來，人類的科學、文化事業由此獲得了世界性的廣泛興起。

城市居民的生活從此變得熱鬧起來，西歐人重新發現了兩個東西：世界和人。前者推動了自然科學的發展，後者則推動了人文科學的發展。一切都發生了改變，燈紅酒綠的20世紀以及21世紀便是這一改變的直接產物。

但是，毋庸諱言，這一過程同時也帶來負面影響，其影響所及包括政治、經濟、意識、自然環境、科學技術等等各個方面。

這裡，我們僅限於討論人們生死觀方面的那些重要變化。

第一節　「文藝復興」時期開創的人文主義思潮

14世紀前後，義大利北部的一些城市（如佛羅倫斯、威尼斯、熱那亞等）其工商業經濟已相當繁榮。由於海運業的興起，東、西方之間長距離的海上貿易航運愈益發達起來。義大利北部諸城市正好占據著東方（即西亞、印度、東南亞等地）到西方（即西歐以及整個歐洲）之間的中轉位置，因而逐步壟斷了地中海東、西之間的轉運貿易，大量的世界財富滾滾流向這裡，義大利北部諸城市一時成了西歐的中心。

　　這裡的市民生活也隨之熱鬧起來，人們對束縛、壓抑人的基督教變得愈來愈不滿。於是，在這裡誕生了一大批思想巨人，「文藝復興」的人文主義運動就在此地展開，揭開了其後五百年西方資本主義文化的序幕。

　　「人文主義」一詞源於拉丁文humanus（人的）或humanitas（人性），又稱為「人道主義」，原指和基督教神學相對立的一類世俗思潮。它在義大利歷時兩個多世紀，形成了一個時代潮流，早期最著名的代表有但丁（1265-1321年）、佩脫拉克（1304-1374年）、薄伽丘（1313-1375年）等人。由於這一思潮是打著「復興」古代希臘羅馬的文學、藝術的旗幟為發端，在他們看來，那時的文學、藝術是非神學的、真正世俗的，因而最體現人性，亟須予以復興，故被後世稱為「文藝復興」。自然，在「文藝復興」的旗號下，他們大量塞入自己時代的新東西，即「人」的東西，並以此作為反對基督教神學的武器。

　　已如前述，基督教理論建立在兩個世界基礎上，即神居的「天國世界」和人居的「世俗世界」，它要求人們輕視人世的物質生活，仰望精神性的天國世界。這一學說在歐洲流行了一千年，極大地壓抑了人們對感官世俗生活的渴望。現在，人們變得有些不耐煩了，不願再受這一壓抑了。滾滾的財富湧入這些城市，為他們的這一世俗願望提供了物質保證。

　　「個人主義」是人文主義世界觀的基礎。這裡的「個人主義」非指我們現在所講的自私自利的「個人主義」，而是一個專有名詞，指以「個人」為本位（而不是以「神」為本位）的一類思維方式、一類人文思想、一種人生哲學。人文主義的思想家毫無例外地批判了基督教會的「禁慾主義」和「來世主義」，指責其為對「人性」的壓抑、「非人道」，是在公然號召人們追求死亡。他們將目光從天國移向人世，和神學相對立地提出了自己一整套新的世俗主義人生哲學，即提倡人性、反對神性；提倡人道、反對神道；提倡人權、反對神權。他們認為，個人結成社會也是為了使「個人」生活得更舒適，要求將人們生活的重心從「天

上」移到「地上」，從「來世」移到「現世」；主張享受的合理性、個人
利益的正當性；並認為「快樂是人生的目的」，「幸福就在今世」，並且
「道德也是給人帶來快樂的」等等。一句話，人文主義者反對基督教禁
慾主義對人性追求物質享受的壓抑，極力宣揚「自由人格」的發展和完
善，個人高於社會。

總之，人文主義者所開創的生死觀同基督教禁慾主義的死亡觀相對
立，它不再是表現為順從和修來世，而是鼓吹：個人本位主義、「合理
的」利己主義、快樂主義，即追求「現世的」個人生活的愉悅，對「來
世」、「靈魂的永恆」逐漸不再感興趣。從這裡，我們可以看到伊比鳩魯
快樂主義哲學的深刻影響，他們確實「復活」了古希臘人文哲學的生死
觀。如後來荷蘭哲學家史賓諾莎（1632-1677年）云：「一個自由的人很
少考慮死，他的英明就在於不考慮死而考慮生。」（轉引自科恩《自我
論》）也就是說，一個人只應考慮他現世的事業、成就和榮譽等等，而死
後無須做過多的考慮。這是在用哲學語言反對宗教的來世主義和禁慾主
義。

「人文主義運動」被後來的思想史家正確地評價為：「人性的重新
發現」、「人性的覺醒」。這一思潮後來傳播到西歐大陸，如荷蘭、英
國、法國、德國等，引起了16至17世紀的「啟蒙運動」，並直接發展為18
至19世紀的革命思想。正是這一連串的「思想解放」為西方各國的科學發
展、工業革命、政治革命等社會變革準備了「人」的條件。

18世紀下半葉，美國革命、法國革命將這些人的學說歸結為「自由、
平等、博愛」三原則，並大規模地訴諸於社會政治實踐。「不自由，毋寧
死」（"Give me liberty, or give me death."）），可視為那一時期以來革命
精神的最高概括。

1848年的歐洲革命繼續深化了這些原則，引發了普遍的向舊的封建制
度宣戰的革命運動，著名的匈牙利詩人裴多菲有詩曰：「生命誠可貴，
愛情價更高。若為自由故，兩者皆可拋。」裴多菲將自由的價值列為第

一，愛情第二，生命居末，他是從精神的座標區分價值輕重的：為愛情可以犧牲生命，為自由可以犧牲愛情和生命，頗有一番孟子「熊掌和魚」價值取捨的氣概。這一「公式」反映了15世紀以來西歐人的理想和時代追求，亦為19世紀的普遍情緒。它不僅激勵著歐洲爭取自由的人們，而且影響了世界各地，例如20世紀爭取自由、解放的中國人。

今天，人文主義的上述原則仍然構成西方各國的主導思想，並影響了世界各國的社會政治生活。

 ## 第二節　極端主義哲學的生死觀

前面，我們大體在和平狀態下討論歷史上出現過的「社會性個人」的生死觀，它們更多地具有溫情脈脈的市民味道。但是，自古以來，人類的心靈深處就潛藏著一種為了追求榮譽、或報恩、或避免恥辱、或獻身「理想」的生命衝動。在這一極端衝動的驅使下，人們視生命為「手段」乃至草芥，視榮譽、名節高於一切，不驚世駭俗誓不罷休，達到了常人或常態下難以理喻的程度，此即為「極端主義哲學的生死觀」。極端主義者沉醉於極端的行為，將流血、死亡及其殘忍、殺戮當作一類「美」予以欣賞，並為之興奮不已。

極端主義哲學的生死觀乃是特殊的生存狀態及其特殊的認知心態的產物。它分為個人形態和民族形態。

一、個人形態的極端主義生死觀

古代各民族均產生過個人形態的生死觀。例如日本古代「武士」的剖腹自殺；西歐中世紀的「騎士」風度，貴族們因個人或家族的榮譽被冒犯而相互「決鬥」，19世紀俄國著名的詩人普希金就是因其美麗多情的妻子

與人有染，才與情敵決鬥而死。

　　不過，我們還是以《史記》中所記載人物為對象，說明個人這一極端的生死觀。

(一)豫讓

　　晉人豫讓，曾為范氏、中行氏臣，無名聲，遂離去，投為智伯臣，屢受其厚恩。後智伯為趙襄子所滅，豫讓曰：「士為知己者死」，為求報仇，他毀壞自己的身體、面容，以接近仇家。但為趙襄子所擒，「左右欲誅之」，趙襄子以其為「義人」、「賢人」而放了他。他繼續毀壞身體，以漆塗身變黑，吞炭使聲音變啞，「使形狀不可知，行乞於市」，仍孜孜以求報仇，其妻不識。見其友，友勸他：以你的才幹，投靠趙襄子，必得重用；若非要報仇，那時你在他身邊，不是很容易嗎？他回答：我既投靠趙襄子，又去暗殺他，是懷有「二心以事其君」；我現在所為雖然難以達到目的，但我這樣做，是要讓後世「懷二心」事其君者感到「慚愧」哩！就是說，此時他主要是為了樹立一個「光輝」的榜樣，目的倒在其次了。他打聽到趙襄子將出行，便伏到橋下去行刺，又被擒獲。趙襄子指責他：你從前當過范氏、中行氏的臣，他們被智伯氏消滅了，你不為他們報仇；智伯氏被我消滅了，你為何三番五次地要找我報仇呢？豫讓說：范氏、中行氏以「眾人遇我，我故眾人報之。至於智伯，國士遇我，我故國士報之」。趙襄子「喟然嘆息而泣」，說：你為智伯效忠，「名既成矣」，我放你也夠意思了，這次我可不再準備放你了。豫讓表示感謝趙襄子前番不殺之恩，並說自己也不準備再活了，只是請趙襄子將衣服送給他砍幾刀，以示替智伯報了仇，這樣死而無恨了。趙襄子「大義之」，倒也爽快，脫下衣服叫人送過去，「豫讓拔劍三躍而擊之，曰：『吾可以下報智伯矣！』遂伏劍自殺。死之日，趙國之士聞之，皆為涕泣。」這是一樁在現代人看來很古怪的生死觀，當事的雙方都認同「殺身以報知遇之恩」這一價值觀，並且各自做得都很有分寸，一個殺身成

「名節」，一個釋義士有「賢名」。

(二)聶政

在「名節重於生命」的戰國時代，聶政的事蹟同樣有代表性。聶政以「老母在，政身未敢以許人也」，拒絕了人家請他刺殺韓國相的請求。後「母死。既已葬，除服」，便替人報仇，獨自刺殺了韓國相，並擊殺衛士數十人。為不連累其姊，竟以刀自劃面皮、剜割雙眼，然後剖腹自殺。韓王懸賞千金，要查凶手的身分，久無所獲。其姊聶榮知此事後，想，這可能是我的弟弟。前往察看，果然。於是，伏屍痛哭。旁觀者勸她趕快離開，她竟大談己弟聶政的壯士行為，「士為知己者死」的道理，並說：「妾其奈何畏歿身之誅，終滅賢弟之名！」遂死於聶政之旁。此外，人們所熟知的荊軻刺秦王也極具悲壯色彩。吾讀此書，未嘗不嘆息，以為今之人不如古之人遠甚。

(三)田橫

秦末漢初，齊國田橫戰敗，與五百壯士逃到一個海島上。劉邦召降他，說：「田橫來，大則王，小則乃侯耳；不來，且舉兵加誅焉。」田橫只好帶了兩位門客（即「士」）隨使者一道前來洛陽見劉邦。行至離洛陽30里處，田橫謂門客曰：當初我與劉邦一同比肩稱王，現在卻要去向他臣服，「其恥固已甚矣」；田橫因誤會曾烹殺過劉邦的招降使者酈食其，其弟酈商現在朝中為將，「且吾烹人之兄，與其弟並肩而事其主，縱彼畏天子之詔，不敢動我，我獨不愧於心乎？」「且陛下欲見我者，不過欲一見吾面貌耳。今陛下在洛陽，今斬吾頭，馳三十里間，形容尚未能敗，猶可觀也。」遂自殺，令客奉其頭去見劉邦。劉邦「為之流涕，而拜其二客為都尉，發卒二千人，以王者禮葬田橫」。「既葬，二客穿其塚旁孔，皆自剄，下從之。高帝聞之，乃大驚，以田橫之客皆賢。聞其餘客五百人在海中，使使召之。至則聞田橫死，亦皆自殺。於是乃知田橫兄弟能得士

也。」（《史記‧田儋傳》）後人繪有「田橫五百壯士圖」，繪得眉目傳神，盡悲歌慷慨之色。田橫重的是「恥、愧」，五百壯士重的是「殺身以報」，行為者皆不以得失、生死為懷，或求一逞匹夫之志於天地間，或殺身以報「知遇之恩」，皆行為反常而壯烈，驚世駭俗，故曰「極端主義的」生死觀。

(四)項羽

項羽兵敗垓下，隻身單騎逃至烏江。烏江亭長正駕船等候，勸他渡江，說江東「地方千里，眾數十萬人，亦足王也」。他答曰：「天之亡我，我何渡為！且（項）籍與江東子弟八千人渡江而西，今無一人而還，縱江東父兄憐而王我，我何面目見之？縱彼不言，（項）籍獨不愧於心乎？」於是，返身而鬥，力殺數百人，身創十餘處，乃力竭自殺（《史記‧項羽本紀》）。這裡重的也是「我何面目」、「獨不愧於心乎」。北宋末南宋初女詞人李清照有詩曰：「生當作豪傑，死亦為鬼雄。至今思項羽，不肯過江東。」這位才思過人的女詞人遭逢天下傾覆，半生飄泊，歷盡艱辛，有感於民風嬌柔、少陽剛之氣，故發此豪傑之呼。李氏詩詞平素纖麗婉轉，有「婉約派」之稱，唯此詩豪氣直貫斗牛，大有「豪放派」之雄風，後世豪放派多不及。

這一類極端主義生死觀及其衝動反映了人性「動」的一面，即富於衝動，敢於面對死亡、敢於見血，既敢於流他人的血，也敢於流自己的血，而且重禮義、知廉恥。如魯迅先生云：「真正的勇士，敢於直面慘澹的人生，正視淋漓的鮮血。」這些「義士」是將流血和死亡當作一類「美」來欣賞的。這一「壯烈」行為，恰與人類另一好「靜」的屬性——溫情主義，如伊比鳩魯的「市民」生死觀，甚至「好死不如賴活著」的卑劣生死觀，成為具有強烈反差的對立面，因而最能激起人們的豪情壯志、熱血沸騰，經不住要摩拳擦掌，躍躍欲試。事實上，司馬遷就是懷著

一種崇敬的心情描述他們的。

　　當然，他們主觀上所追求的只是自己人格的「圓滿」。尤其是刺客、游俠一類，他們所遵循的做人原則是「士為知己者死」。至於自己的悲壯行為對社會的影響則很少考慮。顯然，這類行為是一柄雙刃劍，有時可以扶危濟困、除暴安良，主持社會公道；但更多時候又由於「睚眥殺人」，草菅人命，逞一己一時之憤而擾亂社會秩序。因而，韓非子在〈五蠹〉中將游俠列入「五蠹」之列，說他們「以武犯禁」，應予剷除。秦、漢以後的歷朝政府均禁止此類「俠義」行為，儘管他們從孤立的個人行為看似非常壯烈，乃至崇高❶。15世紀以後，西歐各國也禁止民間的決鬥行為，這一民間「私了」行為終於被逐步禁止。

　　刺客、游俠的極端主義生死觀是社會價值體系（其中包括道德觀、生死觀等）相分裂的產物，即國家所倡導的一整套價值體系不為相當一部分「士人」所接受、所遵從，或說那些極具活動能量敢於殺身的士人不能為當時的國家所接納、所使用，而他們則鄙視國家所提倡的價值體系，於是他們游離成更具獨立性的純個人。他們的社會地位低下，不為人尊敬，但他們渴望榮譽和活動機會，時刻希望表現自己，得到世人的承認。一旦他們被人賞識，「以國士待之」，便會以百倍的熱情去報答自己的主人。至於田橫、項羽一類人則是重廉恥及重人格的偉丈夫，是歷史上失敗了的英雄典範，身雖死而後世敬仰之。故後世有語曰：「有斷頭將軍，豈有降將軍哉？」

　　個人形態的極端主義生死觀，一旦進入社會普遍性，即為了社會的目標而發，就上升到了儒家「仁」的範疇。因為，儒家是主張個人人格的圓滿與社會的治理相吻合，以天下為己任的。

---

❶　如《史記‧游俠列傳》：「郭解，軹人也，字翁伯……（郭）解父以任俠，孝文時誅死。」後郭解亦任俠，名震天下，「（郭）解入關，關中賢豪知與不知，聞其聲，爭交歡（郭）解。」後被西漢第一任儒生宰相公孫弘滅族。

二、民族形態的極端主義生死觀（法西斯主義）

民族形態的極端主義生死觀即整個民族達到了「不近常情」的嗜血、殘忍、好鬥、敢於犧牲的狂暴生命衝動。此時，「個人」不見了，直觀即見的是眾多互相對立的民族（當進入到階級形態時，則表現為階級形態的極端主義生死觀，茲不論）。它是一類放大了的極端主義生死觀，在社會學上又稱為「集團」形態。

集團形態的極端主義生死觀要求個人無條件地服從「本集團」利益，他們是將流血、死亡和殘忍、殺戮當作「美」來欣賞的一個龐大群體。自然，它所導致的鬥爭會更加殘酷。不過，這裡只討論民族形態。

古希臘的斯巴達人曾將一種極端的生死觀推廣到民族形態。古希臘半島三面臨海，境內多山，可耕地非常有限，但氣候宜人。西元前7世紀左右，隨北方蠻族的大量遷入，這裡的人口急遽增長，各民族之間為了生存權、霸權而展開了愈益激烈的爭奪，在將近一千年的時間中，這裡的戰爭非常頻繁。許多民族為此對自己的社會成員提出了嚴酷的要求，斯巴達人就是最為典型者。他們要求：嬰兒出生後，須經長老檢查，健壯者撫養，體弱或殘疾者丟棄；男童自七歲起便集體接受嚴酷的軍事訓練，以期養成好鬥、強悍、凶狠、嗜血的作風；二十歲成為正式軍人；三十歲始結婚，一生中大部分時間在軍營中度過，直到六十五歲退伍。女子也要從事體育鍛鍊，以便生育出更多健壯的後代。斯巴達的男子生來就是戰士，戰鬥是最高的使命，為此而生，為此而死，戰死沙場是最大的光榮，如後世所言「軍人戰死沙場乃是本分」。

由此，斯巴達人在古代世界贏得了英勇善戰的美名，在「希波戰爭」抗擊波斯入侵中起了陸軍主力作用，並從雅典人手中奪得了希臘世界的霸主地位。

後來，古羅馬人將這一民族狂熱和殘忍推到了更高水準。

20世紀上半期民族形態的極端主義生死觀以「法西斯主義」為代表。

法西斯，源於拉丁文「束棒」（fases），原指中間插著一把斧頭的一束棍棒，外以紅繩緊繫，表示眾人團結一致，服從一個意志和權力，象徵著國家的權威。古代羅馬的獨裁官、執政官和大法官出巡時，分別由二十四名、十二名和六名扈從跟隨，這些扈從每個人都舉著一個「法西斯」束棒，表示有權行使制裁。

20世紀世界法西斯主義的浪潮有其深厚的歷史根源。自15世紀哥倫布「航海時代」以來，資本殖民主義就開始了對世界市場和原料產地的爭奪；18世紀「工業革命」以後，經歷了蒸汽機時代、電力時代，西方資本主義國家的工業獲得了突飛猛進的發展，它們需要更廣闊的市場和原料產地，這使世界頓時變得狹小起來。當後起的資本主義國家（如德、義、日）登上世界舞臺時，世界殖民地已被先起的老牌資本主義國家（如英、法、美）瓜分完畢了。於是，要求重新瓜分世界的挑戰開始了，這直接導致了第一次世界大戰。戰爭沒有達到希望的目的，爭奪繼續進行著。第一次世界大戰剛結束，義大利墨索里尼、德國希特勒先後在西歐掀起一場「法西斯主義」（Fasesism）運動，他們公開打出崇尚暴力的旗號，要建立一個強權國家，爭奪世界霸權。接著，日本也掀起了軍國主義浪潮。這又引發了第二次世界大戰，到處是一片廢墟，到1945年8月戰爭結束，這一浪潮才被遏止。同時，奧地利、匈牙利、羅馬尼亞、西班牙以及南美等一些國家也出現了法西斯主義運動，但未形成全國性氣候。此後，「法西斯主義」就成了象徵一切罪惡的貶義詞。

法西斯主義公開主張一種進攻性的民族主義，實行「民族剿滅」政策，以此爭得本民族的所謂「生存空間」，建立本民族的伊甸園，它要求本民族成員為這一最高目標而生、而死，捨此人生再無意義。它和孔子儒家「殺身成仁」精神的差別在於：儒家主張的是一種民族自我保護主義，即為本民族免遭侵略或挽救天下危亡等「正義事業」而殺身；而法西斯主義則是要從根本上剝奪他民族的生存權利。

法西斯主義的基本理論大體在於：民族主義、天才個人和生存鬥爭。

　　法西斯主義認定自己的民族是「最優秀」的民族，理應統治世界，其他民族都是劣等民族，要麼消滅（如猶太人），要麼作為勞動力為其提供財富，接受其統治。法西斯主義認為，18世紀以來的「自由、平等、博愛」精神是一堆垃圾，民主政治只是無休止的、不負責任的爭吵，新的世界只能在「天才個人」（又叫「超人」）的領導下，由優秀民族來建立，任何人都要無條件地服從他，他是「絕對的責任和絕對的權威」的統一。如義大利法西斯主義者提出「信仰、服從、戰鬥」，德國法西斯主義者提出「一個民族、一個國家、一個領袖」，日本則有傳統的「效忠天皇陛下」。這一原則又稱為「菁英人物統治」論。

　　法西斯主義以19世紀末以來的「社會達爾文主義」解釋國際關係，說世界從來就是一個「弱肉強食，適者生存」的「村落」，當這個村落太擁擠時，就要消滅掉那些繁殖得太快而又低能的「過剩人口」。1930年代，德、義、日先後對周圍國家發動了毫不留情的民族征服戰爭，以奪取民族「生存空間」和做世界的「主人」為號召，並認為這是在拯救「人類文明」。他們預計，先奪取地區霸權，然後爭奪世界霸權，如義大利法西斯欲重建「古羅馬帝國」，德國法西斯欲建立「大日耳曼帝國」，日本則以「大東亞共榮圈」為目標。為此，使用暴力是「合理的」，如希特勒法西斯在集中營毒氣室殺害了六百多萬猶太人以及其他民族，日本法西斯攻入南京後也屠殺了三十萬中國人。這令溫情脈脈者聽起來禁不住要毛骨悚然。

　　法西斯主義為應付所謂「生存鬥爭」、做世界「主人」的民族需求，在更大程度上復活了古代斯巴達人、羅馬人極端形態的生死哲學觀。在他們看來，個人是沒有獨立價值的，他只能在民族中才能獲得價值；同時，個人的思維方式也必須和民族的利益保持一致，具體地說，就是與領袖保持一致。個人放棄思想的權利，全國只需要一個人思想，那就是「天才的個人」、「領袖」。墨索里尼在《法西斯主義》一書中寫道：「在法西斯主義者看來，一切都存在於國家之中，在國家之外不存在任何有人性或精神的東西」，「從這個意義上來說，法西斯主義是極權主

義的。」❷希特勒則聲稱：在今天這個世界上，看一個男子漢，沒有別的標準，一是看他娶一個什麼樣的老婆，二是看他怎麼個死法（夏伊勒，《第三帝國的興亡》）。

由民族主義到國家主義，再到集權主義，消滅溫情脈脈的、腐敗的個人主義，個人無條件地為民族而生存、而死亡，一切歸於國家，歸於民族。正是這一極端的生死哲學對靈魂的浸透，使得法西斯主義者表現得冷酷無情、六親不認、凶殘嗜血、有迫害狂傾向，同時也極具熱情，特別能戰鬥，並富有創造性。如我們看到的第二次世界大戰中，以坦克集群突擊阿登山區、閃擊戰、突破一點，然後機械化部隊大迂迴包抄等，都是德國軍隊的傑作，也是對人類軍事藝術寶庫的貢獻。日軍戰鬥失利時，其軍官多有切腹自殺者；當美軍逼近日本本土時，日軍中產生了自殺性的「神風敢死隊」；美國攻上塞班島，軍人多戰死，很多老人、婦女帶著兒童從懸崖上投海自殺，或用手榴彈自殺，美軍的隨軍記者給我們留下了許多此類歷史鏡頭；1945年8月15日，日本接受無條件投降後，軍人、右翼強硬分子（包括一些女性）在皇宮前廣場舉行淒慘的集體剖腹自殺，血染廣場，試圖證明敢於以自己的鮮血澆自己雙手的失敗者，仍然是強者。從狂熱的法西斯主義者那裡，我們多少看到了斯巴達人、古羅馬人作為一個民族所曾表現過的戰鬥風格。

極端主義生死觀是集團的絕望情緒及其極端仇視情緒的產物。當民族之間的生存條件尚足夠相容時，人類表現得格外溫情脈脈，多情善感，一派詩情畫意。一旦這些條件極度緊張，以及人們的認知發生極端化，人類獸性的一面就會充分暴露出來，民族之間互相仇視，互相征服，乃至大加殺戮，狂熱的「極端主義生死觀」就找到了市場。這印證了古希臘哲人的一句名言：「人的一半是天使，一半是野獸。」

---

❷ 參見《義大利百科全書》，第14卷。載《世界史研究動態》，第9、10期。轉引自朱庭光主編，《法西斯新論》「序論」，四川重慶出版社，1991年版。

當人類遇到嚴重挑戰時，會產生兩種相反的態度：一是軟弱消極地接受命運的安排，如基督教的產生就是一類消極反抗情緒的體現，教徒們等待「主」的降臨，等待「千年王國」的到來，以解救人世的「苦難」。佛教更是如此，乾脆放棄一切塵世慾念。二是奮起戰鬥，乃至瘋狂，古代和近代各民族中都留下了很多這方面的記載。法西斯主義就是世界列強爭奪世界霸權時，德、義、日民族對自己當前的世界地位感到嚴重「不滿足」，對前途感到嚴重「絕望」，而形成的一種瘋狂的全民衝動，他們希望以此來消除自己前進道路上的「障礙」，達成自己的民族目標。

極端主義哲學及其運動以急遽方式消耗社會能量，因而，這一方式一般是一種短期行為。它會帶來負面效應，直到整個過程走向反面。

 ## 第三節　20世紀西方世界生死觀的危機

現代人最引以自豪的是擁有了多少物質享受，諸如小汽車、住房、電視機、立體音響、電冰箱、金銀首飾等。言外之意，我們多幸福！

但是，西方人並沒有人們想像的那麼幸福，他們的自豪感也與他們擁有的物質財富不成比例。我們可以從毒品、離婚率和自殺等問題看出，自20世紀起西方即日益瀰漫著頹廢主義的人生觀。

一、毒品氾濫

美國學者柏忠言編著的《西方社會病》是這方面比較詳盡的一部書❸。在第一部分討論西方社會的毒品氾濫時，是將它與「嬉皮」頹廢派運動聯繫起來考察的。「嬉皮」運動是西方青年透過一種怪誕的行為方式表

---

❸（美）柏忠言編著，張蕙蘭助編，《西方社會病》，生活・讀書・新知三聯書店，1985年第二版。

達自己的「個性」或對社會不滿的風潮，如留長頭髮、穿奇裝異服、四處流浪、故意放棄漂亮的住宅而住到簡陋的棚子裡或貧民區等等。它在美國產生於1960年代中期（其淵源還可追溯到早幾年以前），短短的四五年間就迅速蔓延到西歐、北歐、澳大利亞、紐西蘭、東南亞、日本、菲律賓，甚至遠達非洲和南美洲，幾乎成為一種世界性風潮。這使人想起了古希臘晚期的犬儒學派。

很快，「嬉皮」所代表的頹廢情緒就與吸毒相聯繫了，諸如大麻、海洛因、古柯鹼，先是吸食，後有更具刺激性的注射方式。如美國，根據1977年和1979年先後的兩次調查，在美國兩億兩千三百萬人口中，「試用過非法毒品的美國公民有一億人，有三千萬到四千萬人經常使用一種或多種毒品。每年花在非法毒品上的金錢估計達五百億美元」。可以說，毒品是困擾西方社會最令人頭痛的問題之一，它會毀掉一個民族的機體和靈魂。人們所熟知的東南亞金三角就曾是著名的毒品種植區。這使我們想起了林則徐為倡禁鴉片給道光皇帝的奏摺：「……是使數十年後，中原幾無可以禦敵之兵，且無可以充餉之銀。」

毒品的直接原因在於19世紀以來傳統價值觀念的失效以及嚴重的虛幻意識，與所謂「美國夢」的破滅相關。「我們的祖先世世代代做牛做馬，目的在於改善他們的生活。他們需要漂亮的房子、新汽車和各式各樣的現代化設備；那時他們沒有這些東西，這些對他們是一個很大的刺激。因此，他們辛勤勞動，拚命爭取他們所想要的東西，一心以為有了這些東西就會快樂幸福。但是，當我和我的朋友十六七歲的時候，我們不需要勞動，就已經能夠得到所有這些東西。我們住在漂亮的洋房裡，穿著精美的衣服，口袋裡有錢看電影或做我們想做的任何事情。我們許多人也擁有自己的汽車，寢室裡也有立體音響設備和電視機。我說經歷了『美國夢』就是這個意思。」也就是說，這些東西並沒有帶來原先以為的那種幸福感，更不能成為生活具有「意義」的精神支柱。於是，就有了尋求強烈刺激並能產生醉生夢死感受的吸毒。

二、高離婚率

毒品之外，是愈益頻繁的離婚率。「離婚是一個一貫充滿醜聞意味的詞兒。九十年前（指1900年。引者注），離婚和結婚的比例是1：16，那時離婚是『高尚』的人士所不屑做的事情。但是，在20世紀的美國，離婚的影響和人們對離婚的態度都發生了很大的變化，特別是1970年代以來尤其如此。」人們的生存觀發生了巨大的改變，離婚在法律上也變得非常容易了，於是1960年代以後有所謂「離婚浪潮」。「如今，每兩對夫婦中就有一對離婚。」高離婚率無疑是一類社會「吸毒」。

該書（499頁）列有美國1890至1978年結婚和離婚的比較，如**表6-1**所示，它是用比較某年離婚和結婚數字的方法得出的結論。

表6-1　美國離婚和結婚的比較

年份	離婚數／結婚數	百分比
1890	1/16	6.25
1910	1/11	9.1
1920	1/6	16.5
1940	1/5	20.0
1946	1/3	33.3
1950	1/4.3	23.3
1955	1/4.1	24.4
1960	1/3.9	25.6
1965	1/3.3	26.3
1970	1/3.1	32.2
1975	1/2.1	47.6
1978	1/2.0	50.0

1978年美國的離婚數為一百一十三萬宗。此外，美國還有大量的同居現象，據統計，1978年為一百一十萬人。不過，這類統計數字很難確定。他們聚散的自由度更大，若再將他們加進來，離婚率就會更高。同

時，西方「性自由」也在嚴重瓦解著傳統的家庭。

有人以為中國人太保守，對婚姻看得太重，以為離婚率高就不得了，其實這沒什麼，西方人習慣了，所謂「和平離婚」，要具有現代意識云云。事實上，和平離婚的「理想」狀態難以達到，而即使雙方均極有「修養」，確實做到了這一點，但由於離婚愈容易、愈多，也就愈不可能找到合意的配偶。人太自由了，反而會感到太不自由；太容易找到享樂機會，反而更難感到快樂。

然而最關鍵的是，高離婚率會給社會造成許多問題。

人們縱情於感官享樂，認為是純個人行為，「我並沒有侵犯他人啊」，因而合乎15世紀以來人道主義「解放人」之傳統，是天經地義。既然沒有了「天堂」，也無須為登向彼岸世界而行禁慾主義，最好的就是在有生之年盡情地享受一番。殊不知，他們在危害社會這個整體，這些看似純個人的行為每時每刻都在給社會製造垃圾，使他們所處的文明社會成為一個「大垃圾桶」。比如，高離婚率給渴望獲得愛撫的孩子的心靈產生了巨大衝擊。「許多項研究已經證明了這一點：在各種家庭陷於破裂的孩子當中，離婚家庭的孩子少年犯罪率是特別高的。統計數字表明，青少年犯罪者中大約有75%，各種感化教養機構所收容的年輕人中有50%，都是來自破裂的家庭。」

三、自殺風潮

另一惡果是引發少年兒童的自殺行為。自殺是個古老問題，它最集中體現了人們的生死觀。當人們從內心感到「生不如死」，而不是口頭上隨便說說而已，認為生存是一種難以忍受的痛苦，自殺就會發生。但自殺在西方成為人們嚴重關注的社會問題則是近一百年的事，故被稱為「現代社會病」。最早對自殺進行社會學研究的是法國社會學家埃米爾·迪爾凱姆（1858-1917年），1894年他出版了《自殺論》，被認為是建立自殺學體

系的最早著作。迄今這方面的研究已成為社會學的重要領域。

　　以美國為例，1977年自殺者達28,681人，占死因的第九位；該年殺人案受害死亡者是19,968人。研究者認為，自殺事件的實際數字遠高於官方宣布的三至五倍，因為自殺者的家屬通常在醫生的合作下，掩飾這件事，把它說成是死於其他原因。美國20世紀自殺率最高的是1932年，每十萬人口中有17.4人自殺，1977年為每十萬人口中有13.3人自殺。此外，「每年有五萬人在車禍中喪生。很顯然，這些人中故意撞毀自己車輛的究竟有多少，這個數字肯定無從得知。但是，絕大多數的自殺問題研究專家都會同意這一點，公路自殺是人們了此殘生極其普遍流行的方法。」

　　自殺有很複雜的社會原因，在這方面有相當的專著和論文，在此不贅述。但通常離不開失落感、破滅感、缺乏愛、生活空虛乏味等。如在美國，白人自殺率高於黑人；少年自殺率在逐步增長；喪偶或離婚以及一直找不到配偶的獨身者，其自殺率都高於已婚者。而其中，十八歲以下少年、兒童的自殺是最令人震驚的。

　　作者引用了許多十八歲以下青少年自殺的描述，以及他本人對這一問題的看法，如：

　　　「伊利諾州有一所小規模的中學，一位女教師辛勞了幾個鐘頭以後，突然發現她的一個學生朱莉伏在書桌上死了，她腳邊地板上倒著一個裝安眠藥的空瓶子。她的父母剛離婚，她想與之結婚的男朋友又搬到別的城市去住。在朱莉的眼睛裡，她的世界已經垮了，她已經看不到有任何生活的目的。」

　　　「加利福尼亞的六歲小男孩，用父親的剃刀割傷自己，用繩子繞著脖子捆好，然後爬出二樓的窗子，想弔死自己。幸好人們及時發現了他。當人們問他為何要死，他回答說：『因為沒有人愛我。』」

　　美國國家心理衛生研究所（The National Institute of Mantal Health）弗

列德立克認為：「一般比例是：一個年輕人自殺身死，那麼，企圖自殺的年輕人就更多。我相信，在年輕人中，企圖自殺者和實際自殺而死的比例是50：1。」如此，則每年約有二十萬名年輕人企圖自殺未遂。

「當人們詢問專家我國年輕人自殺率上升的原因何在，大部分專家都直接或間接地把手指向美國的生活方式。許多年輕受害者的家庭關係是破裂的，或者父母都忙著追求『美國之夢』——為推進或維持他們享樂主義的生活方式而苦戰，以至於沒有時間給他們的孩子以所需的關懷愛護。孩子們在感情上多少被拋棄了，只有自己照顧自己。和家庭關係相聯繫的是凡事都強調『自己幹，各管各』。」

「美國人的家庭有一種船沉馬翻的狀態，這種分崩離析的家庭正是造成自殺問題日益嚴重的主要因素。今天的父母為了追求自己的生活方式和事業，忙得不可開交，以致他們中許多人根本沒有時間來盡其為人父母之責。自然而然，他們子女心中就滋長了灰心失望、孤獨無依、憤世嫉俗等感情，而這些感情本身又觸發了自尋短見之念。」

「有些少年所感受到的痛苦和挫折失望是這樣的強烈，以致他們得出如下結論：活著沒有意思。去年（1979年）大約有五千名十八歲以下的年輕人（應為少年、兒童——引者注）自殺了。」

「對於第三世界國家的某些人來說，簡直不可想像一個人會物質富裕而仍然感到不幸福。當第三世界的這些人聽說這樣的故事：在西方，有人擁有自己的房屋、汽車、立體音響設備、電視機等等，還會為了逃避他們的不幸遭遇而吸毒或者自殺，他們會對此感到惶惑不解。他們就是無法相信——理解就更難了：一個人怎麼能在擁有一切之後仍然感到不滿足。但是，事實仍然是事實：許許多多『擁有一切』的美國人和其他西方人的確是痛苦

的。他們的確是如此痛苦，以致要透過自殺或吸毒來結束或者忘掉自己的存在。」

要知道，人類是具有極強求生慾望的動物。在饑荒年、嚴重的勞累、戰爭中，乃至在集中營裡，人們的自殺率都相當低。為什麼經過了「工業革命」，尤其是20世紀的技術革命，人類擁有了如此巨大的生產能力，因而能過一種更美好的物質生活以後——它是人類千百年來的夢想，人們反而更樂於接受自殺（以及吸毒）的人生選擇呢？這不能不說是現代文明的一大悲劇！「本來是可以過得更舒適的呵！」

我們以為，西方社會進入20世紀以來在生死觀上遭遇到嚴重的危機，15世紀以來的人文主義、個性原則，在現代物質條件下已走向反面，並導向了普遍的頹廢和縱慾，帶來的不再是逐步增加的幸福感，而是其反面，即痛苦。同時，我們應該看到，它也是「人類的」危機，因為這一趨勢在許多追求現代化的所謂「開發中」國家中，都不同程度地顯現出來了。

人們會說，西方社會也沒有你說的那麼可怕呀！它不還是好好的存在著嗎？

民風頹廢是社會的致命傷。歷史上一個民族、一個社會或一個文明的衰落，首先都是從生死觀上開始的，即人們變得愈益只關顧自己，盡情追求感官享受，到處是醉生夢死，及時行樂，就像伊比鳩魯時代古希臘晚期的社會風氣一樣。因而整個社會也就愈少陽剛之氣，離心力日長，衰落便悄無聲息的開始了。感官主義的享樂絕不會帶來更多更持久的幸福感，它在短暫的興奮感之後，隨之而來的就是空虛和無聊。當然，西方社會確實還存在那裡，甚至還為我們許多人所羨慕。但一百年、兩百年以後呢？從長遠看，人——文明活動的主體——的精神一旦開始頹廢，物質的暫時豐富也就變得逐漸失去意義。無論從古希臘、古羅馬，或是中國歷代王朝的興衰過程，都可以證明這一點。

　　此外，對西方生死觀發生重大影響的還有工業社會運轉頻率愈益加快的問題。技術的不斷發明打破了舊農業時代那種田園詩般悠閒的慢節奏生活，對人的壓力也就愈來愈大，從而使人愈益感到緊張、焦慮；人愈來愈成為「物的」附屬品，被動且應付似地「活著」，感到「很累」。可以說，這也是一個具有普世性的文明走向反面的問題。

　　人類進入21世紀，科學家正忙於太空旅行。但是，在科學技術日益發達的現代社會，我們的生死觀（或人生觀）已發生了問題，這是人類賴以立足的價值基礎。否則，我們將頭重腳輕地翻一個大跟頭。

第七章

19世紀以來
中國人生死觀的轉變

　　中國是一個有著悠久的「中央帝國」傳統的古老國家，夏商周「三代」的文化傳統和漢、唐泱泱大國的輝煌歷史，都足以引起中國人無上的自豪感，中國人歷來具有做「世界大國」的傳統心理。因此，在中國歷史上，一旦國家分裂或受到外敵威脅，就會激發起一批又一批的熱血者奮起，力挽狂瀾，重整山河。

　　但是，有一個不可否認的事實是：漢人自宋以後，民風開始積弱，社會趨向奢靡不振，這也是北宋、南宋、明屢屢亡於北方遊牧民族的原因。儘管每一次面臨此類危機都有一批志士奮起拚搏，如北宋末的宗澤、岳飛、韓世忠，南宋末的文天祥，明末的熊廷弼、袁崇煥、盧象昇、鄭成功等人，但他們或戰死，或冤死，或無能為力，「亡國」慘禍還是一次又一次的發生。滿清入關後，他們深知漢人的「柔弱」、「奢靡」之性，並認為與士大夫的習文有關，故至康熙帝時仍嚴禁其子弟與漢族士大夫們以詩歌相唱和。但八旗子弟仍然眼睜睜地看著一步步地腐敗了，最終不能保守其國。

　　19世紀初，中國的外部威脅自海上來了，即擁有「船堅砲利」物質優勢的西方資本帝國主義。尤其是到19世紀末葉中日「甲午戰爭」中國戰敗、1898年的「瓜分狂潮」、1900年的「八國聯軍」進攻，中國危機深重已達「亡國絕種」的最後關頭。「寧死不當亡國奴」是這一時代的最強音，抵禦外侮以爭取民族獨立成為中國人民最大的社會任務。同時，由於受到西方人文學說的影響，中國人開始追求個性「自由」、「解放」等目標，渴望能按自己的理解方式塑造「自我」，設計人生，上升到國家領域則是「政治民主」。

　　是故，爭取「獨立」、「自由」是理解19世紀中葉以來中國人生死觀的基本線索。但是，由於民族「獨立」之使命更重於人性「自由」之目標，因而，前者更多表現出了中國人的壯烈行為。中國一代一代的優秀分子，他們以自己滿腔的愛國熱情、智慧、英勇行為和鮮血不斷地喚醒自己的同胞，終於使沉淪日久的中國民氣日漸強勁，民族愈具陽剛之氣，最終

贏得了1949年的解放。而爭取「自由」的目標則伴隨著前一活動時沉時浮。

 ## 第一節 創建中華民國的志士們的生死觀

一、「戊戌變法」中譚嗣同的「臨難毋苟免」

一位中國近代史學者曾說，由於滿清政府不能有效地抵禦列強的侵略，不斷地喪權辱國，革命黨人對它徹底失望，因而便奮起推翻它，以求建立更強有力的政府，挽救危亡。也就是說，兩百多年來，漢族人已大體接受了滿清王朝的統治，只是在它面臨西方列強而愈益顯示其昏庸無能時，人們才決心推翻它。

正如我們看到的，最先走上舞臺的是「保皇黨」人康有為、梁啟超、譚嗣同等社會改革先行者。他們扶助光緒皇帝，推行變法，以圖使中國進入世界先進國家行列，這就是著名的1898年「戊戌變法」。

6月11日光緒帝宣布在全國正式開始變法，宣布廢八股、倡實學和裁冗員。雖然這兩件事確實非辦不可，但它觸動了相當一批既得利益者，使數百翰林、數千進士、數萬舉人、數百萬童生覺得升官發財的前途頓時一團漆黑，被裁撤的官員更是咬牙切齒，無怪乎都要罵康有為等人為「洋奴」、「漢奸」。頑固派聚集在慈禧太后周圍，發動反撲，光緒帝被囚，康、梁逃亡海外，譚嗣同等六人被殺，變法維持了一百零三天便告失敗，故史稱「百日維新」。由於這年是舊曆戊戌年，故又稱「戊戌變法」。

譚嗣同（1865-1898年），湖南瀏陽人，積極參加變法，被授予四品卿銜，擔任軍機章京，具體籌劃變法事宜。變法失敗後，慈禧太后大肆搜捕維新黨人，有人勸譚速逃，他慷慨道：「各國變法，無不從流血而

成，今中國未有因變法而流血者，此國之所以不昌也。有之，請自嗣同始。」從容被捕。9月28日，譚嗣同、楊銳、林旭、劉光第、康廣仁、楊深秀共六人被殺於北京宣武門外菜市口，史稱「戊戌六君子」。臨刑前，譚嗣同神色自若，大呼：「有心殺賊，無力回天，死得其所，快哉快哉！」

「維新變法」雖然失敗，但譚嗣同「臨難毋苟免」的死亡觀以及六君子的鮮血，為中國近代挽救危亡的民族革命運動，樹立了一個敢於流血、敢於面對死亡的崇高人格典範。「我的生命屬於我所追求的事業，事業存則吾存、事業亡則吾亡；若吾死亡有益於事業，則吾絕不迴避死亡。」這是中國近代以來無數志士所表現出來的英雄氣概，亦是儒家的「殺身成仁」精神。

二、孫、黃革命時代的英烈們

孫中山、黃興領導的革命運動開創了一個朝氣蓬勃的時代。中、日「甲午戰爭」後，孫中山曾赴天津給李鴻章上書獻國策，但他很快就明白無用，決心以武力推翻清政府。他在1895年組織了第一次武裝起義，起義失敗，陸皓東被捕犧牲，孫後來稱陸是為國民革命犧牲的「第一人」。「戊戌變法」宣告了立憲派的失敗，改良之路走不通，這使孫、黃為代表的革命黨人影響日增，逐步壓倒了改良派。中國革命黨人所表現的英勇氣概也愈益感天地、泣鬼神。

1905年12月8日，旅居日本的陳天華，少年才子，曾著有〈革命軍〉一文轟動海內外，他痛感留學生中的沉淪、奢靡，日本政府又將全部驅逐留日學生，憤而投海自殺，欲以此激勵同仁，時年二十歲。

1907年，秋瑾女士於浙江紹興組織起義，為叛徒出賣而被捕。刑堂上，手書「秋風秋雨愁煞人……」，遂擲筆而無下文。此前不久，她最為欽敬的黨人徐錫麟起義失敗，被捕慘死，她已深受打擊。值此中華支離破

碎，外有列強虎視眈眈，內有貪官昏庸賣國，而自己惟一腔熱血外頗感束手，大有「無力回天」之憂憤，「悲秋」之感傷。事實上，當時是陰曆5月底6月初，並非悲秋季節。悲歌慷慨之人，天氣也隨之變色。秋瑾女士於6月初6（7月15日）被害。其人勇冠男兒，面對鬼頭大砍刀而無懼色，從容就刑。友人葬之於杭州西湖之畔，後孫中山題其碑云「巾幗英雄秋瑾女士之墓」。

　　民國革命黨人多悲歌慷慨之士：毀家紓難，拋頭顱、灑熱血，近代中國之不亡，實賴於此輩民族靈魂之尚存，社會菁英之奮起。孫中山等革命黨人曾先後組織十一次起義，均告失敗，流血赴死者不可勝計，然革命精神不絕，屢仆屢起。1911年4月廣州黃花岡起義時，黃興為總指揮，參加者均寫絕命書。由於各種原因，亦悲壯失敗。其中有林覺民者，受傷被俘，獄中寫有〈與妻訣別書〉，書中感情深摯，充滿了對生活的熱愛，但為天下蒼生計絕不畏死，為絕命書難得之佳作，烈士時年二十四。起義失敗，時人收拾烈士遺體七十有二，葬於廣州市郊黃花岡，史稱「黃花岡七十二烈士」。

　　辛亥武昌起義在即，由於事機不密，遭清政府大肆搜捕，劉復基、彭楚藩、楊宏勝被捕。刑堂上，三人拒不下跪，破口大罵，旋遭殺害。李六如曾親歷此事，其回憶錄《六十年的變遷》中記載頗詳。革命黨人在群龍無首的情況下，毅然發動起義，隨即引發各地響應，終將腐朽的清王朝推翻，建立了中華民國。

 ## 第二節　「五四」前後青年知識分子的徬徨

　　民國沒有帶來革命前所憧憬的美好前景，反而歷經袁世凱復辟帝制、連年的軍閥混戰，國家殘破不堪。目睹國破民窮、列強進逼，而當權者各顧私囊，爭奪不休，他們的精神備受打擊，虛幻意識滋長，青年中出現了

相當普遍而嚴重的徬徨情緒。一部分人完全沉淪了；另一些人雖然極力奮起，但四處碰壁，悲憤自殺者頗多，文學上也有反映。

我們透過有「世紀老人」之稱的女作家冰心（1900-1999年）在1920年代前後的作品，大約可窺見當時風氣之一斑。其代表作諸如〈去國〉（1919年11月）、〈世界上有的是快樂……光明〉、〈一個憂鬱的青年〉（1920年）、〈超人〉（1921年4月）、〈煩悶〉等。這些作品的主人翁都是一些充滿愛國熱情、富有理想的青年知識分子，但四處碰壁，於是為幻滅情緒所支配，或患憂鬱症，或尋求自殺。《冰心傳》❶的作者蕭鳳對此做了相當的描寫：「題材與〈超人〉相似的另一篇小說〈煩悶〉中，那位沒有姓名、以第三人稱代表的男主人公『他』，也是一個患了厭世症的青年人。從他童年時代的生活經歷看，簡直就是冰心本人經歷的再現……」

事實上，冰心女士當時也充滿虛無情緒，她在1920年9月4日的散文〈「無限之生」的界線〉裡寫道：「人生世上，勞碌辛苦，想為國家，為社會，謀幸福，似乎是極其壯麗宏大的事業了。然而造物者憑高下視，不過如同一個螞蟻，辛辛苦苦的，替他同夥馱著粟一般。幾點的小雨，一陣的微風，就忽然把他渺小之軀，打死，吹飛。他的工程，就算了結。我們人在這大地上，已經是像小蟻微塵一樣，何況在這萬星團簇、縹緲幽深的太空之內，更是連小蟻微塵都不如了！如此看來……都不過是野花泡影，抑制理性，隨著他們走去，就完了！」這裡面似有很深的基督教厭世情緒。在1921年10月1日的散文〈問答詞〉裡，這一虛無悲觀的時代心理更得充分流露：「我想什麼是生命！人生一世只是生老病死；便不生老病死，又怎樣？渾渾噩噩，是無味的了，便流芳百世又怎樣？百年之後，誰知道你？千年之後，又誰知道你？人類滅絕了，又誰知道你？」這些話，聽起來令人背冷。順著這一認知，便可以走向虛無、頹廢和縱慾主

---

❶ 蕭鳳著，《冰心傳》，北京十月文藝出版社，1987年版。

義。但冰心用她的天賦從事文學創作來宣泄這一心理，既拯救了自己，也拯救了相當一部分同類心理的人。她提出以「愛」（尤其是母愛）來支撐人生，「在冰心的心中和筆下，大概只有『愛』才是唯一能夠拯救青年靈魂的法寶。」（《冰心傳》）

當時那些有相同經歷和感受的人是以淚洗面讀完她的那些作品的，如〈超人〉就曾使茅盾先生感動得落淚，以致「十四年後，在他寫的《【中國新文學大系】小說一集‧導言》裡，再一次提到〈超人〉：『〈超人〉發表於1921年，立刻引起了熱烈的注意，而且引起了摹仿，並不是偶然的事。因為人生究竟是什麼？支配人生的，是愛呢，還是憎？在當時一般青年的心裡，正是一個極大的問題』」。蕭鳳評價〈超人〉中主人翁何彬的社會意義時，寫道：「像何彬這樣的一批青年人，在『五四』運動的高潮中，急遽地覺醒，抱著『國家興亡，匹夫有責』的思想認知，投入了樂觀救世、改革社會現狀的吶喊洪流之中。不久，就在中國特有的現實生活面前，到處碰壁，一直碰得頭破血流，因而又急遽地跌入了悲觀恨世的深淵之中。其中有些痛苦得不能自拔的青年，就走上了與社會決絕，因而決心自殺的道路。翻開當時的報刊，有關這類青年自殺的報導，時有所見。」

正由於此，冰心的作品獲得了巨大的成功，這給她帶來了名聲。就像歌德曾寫有《少年維特的煩惱》一書，這其中就深深包含了他本人的人生煩惱，或說簡直就是他的心理自述，他也準備寫完以後便自殺。未料，他的厭世症乃是一個時代病，因而引起了巨大的社會反響，那些人從中得到了無限的寬慰，獲得了解脫，他也由此一舉成名，於是自殺之事就不了了之。可見拯救世人的同時也在拯救自己，自己變得「重要」了，歌德先生終於找到了人生的立足點。

第三節 「五四」前後「新青年」的奮起

中國青年並未完全沉淪下去。「五四」前後，繼承了民國革命精神的那部分青年知識分子開始重振雄風，又朝氣蓬勃地行動了起來，正是他們引導了中國的未來。這一時期，最引人注目的是救國「方案」的大討論，各種學說，諸如「教育救國」、「科學救國」、「實業救國」、「政治救國」等相互爭論不休，思想領域一時熱鬧非凡。

造成這一時代潮流最知名的先行者當推蔡元培（1868-1940年）、陳獨秀（1880-1942年）、李大釗（1888-1927年）等人。有感於「欲改變中國」，首先必須培養人才，他們大辦教育、刊物，鼓動青年出國留學，提倡學術自由，力圖為未來的中國社會塑造一批新人。

1915年9月，陳獨秀創辦並任主編的《新青年》雜誌正式出版（先為《青年》，後改為《新青年》），率先發起了一場「新文化運動」，口號是：「提倡民主，反對封建；提倡科學，反對迷信；提倡白話文，反對文言文。」李大釗、魯迅、錢玄同等人是主要撰稿人。至此之後，各類有志於中國命運的學者、青年學生多向它投稿。一時，《新青年》成為「新文化運動」的主要理論陣地。應該說，「新青年」這三個字已準確地概括了這一時代的要求。

1917年1月，蔡元培先生正式出任北京大學校長，積極實行「思想自由，兼容並包」的辦學方針，一掃北大種種陋習；陳獨秀亦被聘為北京大學文科學長（相當於後來的文學院院長），於是「新文化運動」的中心轉移到北京。在「新文化運動」的推動下，各地有志青年都積極行動起來，而且那一代的熱血青年大都有理想，重氣節，且具有「好鬥」的性格，不怕犧牲，敢於捨棄一切。

新文化運動從人心和輿論上孕育了後來的「五四」運動，而「五四」運動又直接造成了大革命時代的到來。以今天的觀點看，「新文化運

動」儘管有某些「過激」之處，但「矯枉必須過正」，這一歷史過程又是完全合理的。對此，將來的歷史學家也許會做出更公允更全面的評價。

「五四」前後，青年知識分子的另一較大群體則走上了「科學救國」的道路，諸如李四光、錢學森、錢偉長、錢三強（人稱「三錢」）、華羅庚、竺可楨、侯德榜、茅以昇等人就是其中的一些優秀代表。1949年後，他們那一輩人在1950、1960年代中國大規模經濟建設中，都成為自己學科的頂梁柱，分別為中國各領域的科學、技術奠定了堅實的基礎，並培養了一代又一代新的科學技術人才。

中國之不亡，還能屹立於世界強大民族之林，實有賴於代有菁英之輩出。他們艱苦奮鬥，默默工作，不計名利，不怕流血犧牲，我們這些炎黃子孫至今還在享受著他們的餘惠。

第八章

死亡文化學的哲學反思

人類發現死亡並安置死亡者（殯葬）已有數萬年之久，各時代各民族也都形成了自己的一套操作禮儀、程序，它們作為一類「文化」的行為一代一代傳遞著。可是，歷來卻很少有人能說清楚它們的真正含義，比如，送殯時喪家摔破一個碗是什麼意思，諸如此類。

哲學家認為，感覺到的東西，我們常常不能理解它，而只有理解了的東西，我們才能更深刻地感覺它。只是到了19世紀末20世紀初當人類學、文化學、社會學、心理學、精神分析學等學科廣泛興起後，再結合已有的哲學等學科，我們才談得上從科學角度去認知人類對待死亡事件的文化意義。於是，真正的死亡文化學就產生了。

這裡略介紹哲學對死亡文化的一些具有代表性的見解，以及筆者對這一問題的理解。

第一節　西方「人類文化學」對死亡文化的思考

人類將處理死亡的行為真正當作一類文化現象、一門學科來研究不過百年，這就是「人類文化學」——文化學的分支——的興起。哲學的智慧之光從此進入了這塊領地。

人類文化學產生於19世紀下半葉。它以全人類的生活方式為對象，主要研究整個人類文化的起源、成長、演變和進化的過程。因而，它既面向舊有的人類文化，也面向當代尚「活著的」人類文化。其基本思想是：文化是透過學習獲得的；傳統是人類行為的主要決定因素；人類具有可塑性；社會文化是一個有機的整體，各要素之間有密切的聯繫等等。

人類文化學尤其注重各民族死亡意識的研究。他們對原始民族（如印第安人）和當代人的死亡意識進行過一些對比研究，深入探討了人類死亡意識的發展和喪葬禮儀的文化象徵意義，留下了許多閃光的思想。這裡介紹三位有代表性的人類文化學家。

一、弗雷澤的「人類死亡意識進化的三階段」論

　　弗雷澤（James Frazer），英國人，1913年出版了三卷本巨著《永生信仰與死者崇拜》。他蒐集了大量土著民族有關死亡的信仰與習俗的資料，進行分析、比較（「文化比較方法」），提出了著名的關於人類死亡意識的「巫術─宗教─科學」三階段進化論。

　　弗雷澤認為，人類死亡觀念的發展進程中存在著一個原始階段，即：原始人拒絕接受死亡。他們認為，自己生來是不死的，一切死亡的發生都是非自然的，是為「魔法」（magic）或「巫術」（sorcery）所致。在一些原始部落，人們就完全以巫術的態度看待和處理死亡，將死因歸之於某人的巫術在作祟，並以巫術的方式判定禍首，將所謂「禍首」處死，為死者復仇。一些原始部落用飛鳥或昆蟲進行占卜，有的則用毒藥進行所謂神判，以找出並懲罰想像中的巫術害人凶手。這被稱為死亡意識的「巫術階段」。

　　這一思維方式大約與下述情況相關：原始人經常要赤身裸體地四處奔跑，採集，捕魚狩獵，與他氏族作戰，疾病和饑餓是經常的伴侶，原始人很少有享「天年」的，死亡大都係「非正常」的死亡，因而引發了他們以為有某人操縱「魔法」或「巫術」在危害自己。自然，這一認知方式大約也引起氏族之間的一些仇殺。

　　隨著人類社會和理性的進步，原始人生活的逐步穩定，對待死亡的態度逐漸為宗教信仰所代替。人們開始無可奈何地接受死亡，而各種類型的神話通常將死亡初次降臨人世的原因歸於神的旨意、人類祖先的某種罪惡或過失，或某種動物的惡意或失誤。他解釋了《舊約·創世記》神話故事中的文化學含義：人類的祖先亞當和夏娃被上帝創造出來後，上帝本是賜給他們永生的恩惠，並告誡他們不可吃那智慧之樹上的辨別善惡之果，亦即死亡之果。但亞當和夏娃受蛇誘惑而偷吃了那不幸的果子，被上帝逐出樂園，來到塵世，人類也從此世世代代接受生存的痛苦和最終難逃死亡歸

宿的命運。死亡就這樣伴隨著人類的「原罪」降臨其身。這被稱為死亡意識的「宗教階段」。

既然人的生命由神、上帝，或閻王之類異己的「神靈」控制著，因而就發展出諸如巫術、祈禱、獻祭之類的通神活動，以求長壽或永生。靈魂不死和輪迴也產生於這一階段。

所謂「科學階段」，就是作者自己所處的科學昌明時代。這一時代是從「文藝復興」以來開始的，到19、20世紀各門自然科學、社會科學以及它們的分支學科紛紛建立，人類終於能以一種「科學的」眼光來認知死亡。無疑的，這標誌著人類真正的成熟。

二、范傑內普的生命「通過儀式」模式論

范傑內普（Arnold Van Gennep, 1873-1957），德國人，是20世紀最有影響力的文化人類學家之一，他最具影響的著作是《通過禮儀》（*Les rites de passage*，1909年，或譯《生命禮儀》）。「通過禮儀」，也稱轉移禮儀、推移禮儀。

范傑內普認為，人一生中要經歷不同的階段，要經歷個人生命的幾個重要關口，亦為若干的「節」，如出生、入學、成年、工作、結婚、死亡等；這些「人生之節」意味著個人在新屬的集團內獲得了身分的變化和新的義務，人依次扮演著不同的角色。他使用「通過禮儀」一詞概括一個人（乃至一個社會）從一種狀況到另一種狀況的轉換過程。無論哪一個社會，在通過這些「人生之節」時，出於保障平安的動機，都要舉行一連串的禮儀，以幫助這些關鍵時刻的安全度過。

范傑內普根據自己的觀察、分析，將「通過儀式」分為三個主要過程：分離儀式（rites of separation），即與原有的社會相脫離、相隔絕的階段；過渡儀式（rites of transition），即從一種狀況進入到另一種狀況的中間階段，或稱等待階段；整合儀式（rites of incorporation），即與新的

社會關係結合為一體的階段。這三個階段在各種人生禮儀中並不是均等分配的，不同的儀式所突出的階段是不同的。他注意到：喪葬禮儀更強調分離儀式，婚禮突出的是整合儀式，而懷孕、訂婚，特別是成年禮（如中國古代男子二十有「冠禮」，女子十五有「笄禮」）則突出過渡儀式。這裡指的是「突出」，即每一類儀式中可能都不同程度地包含了另兩者。

范傑內普用這一理論對喪葬禮儀進行了具體的分析。他指出，喪葬禮儀中的分離儀式旨在斷絕死者與原來社會的關係，其儀式性的行為，諸如移出屍體，焚燒死者的用具、飾物、房屋及其所有物，乃至殺殉其妻妾、奴隸、牲畜等，以及清洗、裝飾屍體等淨化儀式，以及各種禁忌等。此外，還有一些物質性的隔離措施：棺木、墳塋、墓地等；在一些地方，還有將死者的靈魂驅趕出房屋、村落乃至部落領地的儀式。過渡儀式是進入新的社會關係的等待準備階段，喪禮中一般都有停屍待葬的時間（古曰「殯」），就是過渡期的標誌；有的民族甚至還要等待屍體完全腐爛後再行二次葬儀式。對生者來說，在治喪期間，常規的社會活動是停止的，其停止時間通常依據死者的社會地位，以及生者與死者的關係密切程度而定，並有相當的習俗、禁忌必須遵守。喪禮中的整合儀式同樣有著重要意義，葬後和紀念性活動中的宴飲、集會、祭祀等，就起著將群體成員重新聯繫起來的作用，這種聯繫也假想地將死者包括在內。集體的鏈條由於其成員的死去遭到破損，整合儀式旨在修復這種毀損，使生者重新結成整體，同時也使死者與他應進入的另一世界的群體結合起來。

范傑內普還把他的「通過儀式」作為一種普遍性模式，用以解釋人與自然、社會的關係，如人與自然季節交替的分界點（新年、春、夏、秋、冬的節氣等）相伴隨的各類社會性活動，如中國人「過年」、過生日，基督教的復活節等。並認為，各民族的這類儀式儘管有形式和細節差異，其基本模式同一，即共同的功能是「通過」。

范傑內普的這一研究在文化人類學領域開了「結構功能主義」之先河，對後世影響極大；這一方法被相當多的研究者用於對土著以及文明社

會的風俗研究，如在薛爾曼《神的由來》一書中，對原始人的葬禮、埋葬、原始人不給自己取死者的名字（死者的名字連同死者一起被埋葬掉了）、死者的名字不能被呼喚（否則死者的鬼魂會出來找麻煩）、寡婦在丈夫的葬禮中穿著黑黑的衣服並戴上厚厚的面幕（為的是不讓丈夫認出她來）等等行為的理解中，就包含了結構功能主義關於「分離儀式」的理解方式。日本著名文化人類學家祖父江孝男在《文化人類學》中討論「葬制」時，也運用了這一思維方式。他說，送葬的禮儀、習慣，對死者來說是到另一個世界的通過儀式，對死者的親近來說則是一種淨化的象徵（亦是一種分離儀式）。此書用大量的篇幅、事例闡述了范傑內普的這一理論❶。

三、馬林諾夫斯基的「文化功能主義」

馬林諾夫斯基（B. K. Malinowski, 1884-1942），英國人類學家，文化功能主義（又稱「功能主義人類學派」）的創始人和主要代表之一。他在對各種文化現象的研究中，都貫穿了他的「功能主義」的基本思想，即：每一種文化（活動、儀式）都有相應的社會「功能」。在對死亡的研究中也是如此。

他認為，人類，即便是很原始的民族，對待死亡的態度、情緒都是非常複雜和矛盾的兩層心理，即：對死者的愛戀、愛慕和對屍體的反感、恐懼。因而，在屍體的裝殮與處置、葬禮儀式和葬後祭祀等一系列喪事風俗上，都表現出這兩重心態的混合，而完全消滅屍體（如焚化）和完整保留屍體（如木乃伊）則是這兩重心態的最極端表現。

這兩重心態的深層心理結構是對於永生的渴望和對於死亡的恐懼。人們面對死亡，總是希望與恐懼交織著：一方面是渴望永恆的生存；另一

---

❶（日）祖父江孝男著，《文化人類學》，喬繼堂等譯，陝西人民出版社，1992
年版。

方面卻是冷冰冰的現實，屍體腐爛、生命的永遠終結。這時，「乃有宗教插進腿來，解救情感在生死關頭的難關」，「宗教的一切源泉中，要以死亡這項生命的最末關節、天上的轉機為最重要了。」❷它給人提供了永生的希望，相信有脫離肉體而單獨存在的靈魂，以此滿足人們對永生的渴求。一切喪葬和祭祀的儀式都是保證死者去過一種永恆的（靈魂）生活，或有助於死者的靈魂順利地達到那裡，或能順利地再次投胎轉世等。這類關於靈魂永存的（宗教）神話就成了一切喪葬禮儀規範的理論根據。人們對於死亡的恐懼和焦慮被最大限度或徹底地消除了。

由此，馬林諾夫斯基揭示出關於人類喪葬儀式、信仰方面的一個最基本最重要的文化功能，即「心理撫慰功能」。這是從個體心理「自保」意義上講的。所謂「撫慰」，不僅是安撫垂死者（相信死後的生命、戰勝死亡恐懼），而且也要安撫生者，生者快樂，死者安詳，它們不可缺少的文化價值在於使「個人精神得到完整」。

同時，他還從社會的角度分析了喪葬禮儀的社會功能，並得出了另一個重要的結論，即「社會整合功能」。他看到，喪禮在全世界相似的一點，就是死亡來臨時，其親屬和地方上的人總是聚集起來，從而「死這專私的行為，任何人唯一最專私的行為，乃變成了一項公共的事務，一項部落的事務」。這種「聚在一起」的社會性禮儀、活動有助於人們克服因死亡而造成的削弱、瓦解、恐懼、失望等離心力，從而「使受了威脅的群體生活得到最有力量的重新統協的機會」，以此加強個體和群體的連結，從而保持了文化傳統的持續和整個社會的再接再厲。

從「文化功能主義」出發，我們對原始人的靈魂觀念就不會再抱持一種不經意的輕視態度，同時也能夠幫助我們認識各時代的人們為什麼要花那麼大的精力去辦喪事。

---

❷（英）馬林諾夫斯基著，《巫術科學與宗教神話》上編，第29、33頁，李安宅譯，中國民間文藝出版社，1986年版。

第二節　中國現代學者對死亡文化研究的現狀

中國文化史上對於死亡和喪葬的看法古已有之，已如上述，儒、道、墨、佛各家都有其理論和主張。然而，它們或為闡發某種哲學觀念而興，或是為其倫理政治的需要而設，尚不屬於關於死亡學的文化本體論研究。在民間，多受孔子「未知生，焉知死」的傳統影響，一般都迴避死亡問題，並創造了眾多表示死亡的代用語，如駕崩、謝世、不祿、仙逝等。如果在老人面前談論死亡，會被認為是冒犯。

在中國，從文化學、生命科學或哲學角度研究死亡問題是1920、30年代以後開始的，這與社會學、民族學、民俗學、心理學等人文科學的大量引進有關。現據文獻略述如下。

1920年代以後，中國陸續出版了一些探討生死問題的著作，但以譯著或介紹國外觀點為主，如《死之研究》（華文祺譯述，商務印書館，1923年）；《生與死》（蔣丙然譯述，商務印書館，1925年）；《生死問題》（丁捷臣譯，商務印書館，1926年）；《科學的生老病死觀》（朱洗著，商務印書館，1936年）等。這些著作尚屬對國外理論觀點的引進介紹，但它表明了中國的文化學者對死亡文化的研究已發生了興趣。

1930年代以後，我國現代學者在喪葬禮俗方面出版了一些自己的著作和文章，它們大體是從兩個角度展開研究的。一類是史學角度的研究，如楊樹達《漢代婚喪禮俗考》（1933年）；李安宅《〈儀禮〉與〈禮記〉之社會學研究》（1931年）；馮友蘭〈儒家對於婚喪祭禮之理論〉（載《燕京學報》第3期，1928年）；婁子匡〈土葬風水源流考〉（載《大陸》雜誌第1卷第4期，1932年）；郭昭文〈古今喪儀之比較研究〉（載《歷史科學》第1卷第1-2期，1933年）；陳懷禎〈中國婚喪風俗之分析〉（載《社會科學》第8卷，1934年）等。這些論著主要是從典籍、文獻、方志中蒐集相當的資料，並運用了一些民間風俗的資料，加以進行分

類、分析，但更側重於資料的分類，以及傳統史學的考證方法，文化的分析則太薄弱，因而還不是真正意義上的文化學。如楊樹達《漢代婚喪禮俗考》就是將漢代的婚喪禮俗分門別類地予以描述，而對於其中所包含的「文化」意義基本上沒有涉及，資料多源於「兩漢書」。這類著述的文化「味道」明顯不足。儘管如此，但它們對中國的死亡文化學研究卻有相當的推動。

　　另一類是民俗學角度的研究，即對民間現存的喪葬禮俗進行大量的蒐集、描述和說明。如顧頡剛、劉萬章《蘇粵的婚喪》（民俗學小叢書，1928年）；崔載陽〈野人的生與死〉（載《民俗》雜誌第13、14期，1928年）；李富一〈漁獵民族之葬禮〉（載《婦女》雜誌第13卷第12期，1927年）等。他們主要是描述性的民俗學，且側重於少數民族，實質性的理論探討仍然遠遠不夠。

　　此外，1949年以後，中國對墓制、墓葬的研究為數不少。但這方面的工作主要是考古學者承擔的，其著眼點則主要集中在考古發掘的實物材料。

　　1950年代初，中國教育、社會科學受蘇聯的影響，院系大調整時，社會學被視為「資產階級的偽科學」而取消，對死亡的文化學研究也就無從談起了。

　　1980年代以後，國外這方面的學派、觀點和著作被陸續介紹進來，國內學者也出版了這方面的一些著述，介紹於後。

　　徐吉軍、賀雲翱著《中國喪葬禮俗》（浙江人民出版社，1991年）。該書對中國傳統的喪葬禮儀進行了歸納、考證以及文化分析，並開始自覺地涉及到喪葬禮儀的社會意義，全書三十三萬字。

　　郭于華女士《死的困擾與生的執著──中國民間喪葬儀禮與傳統的生死觀》一書（中國人民大學出版社，1992年），是一篇博士畢業論文（十六萬字）。作者運用了西方文化人類學的一些基本理論，對中國民間的喪葬禮儀、活動，以及一些古代文獻中關於生命、死亡的故事，進行了

死亡意識、通過禮儀、功能主義等方面的解釋以及象徵意義的分析，係文化人類學的應用分析之作。

霍巍著《西藏古代墓葬制度史》（四川人民出版社，1995年版）。作者對西藏的殯、葬歷史進行了詳盡的考證，全書三十萬字，由「國家教委博士點人文社會科學研究基金項目」資助出版，該書只印了一千冊。

陳明芳女士著《中國懸棺葬》（重慶出版社，1992年版），由「重慶出版社科學學術著作出版基金指導委員會」資助出版，印了兩千冊。該書對中國撲朔迷離的懸棺葬進行了詳盡的實地考察，並翻閱了大量的文獻資料，對懸棺葬的分布、源流等做了仔細的探討，是這方面最具權威的著作。

總之，中國死亡文化方面的理論性研究仍嫌薄弱，還是一塊亟待開發的領域。

第三節　個體死亡的意義

當原始人為形、神問題所困擾，面對著死亡而焦慮、惶恐時，他們創立了靈魂學說，用以解釋個體死亡的（永生）含義，慰藉自己的心靈。這表明，原始人就已非常留戀生命。隨著人類社會的發展，物質資料的豐富，人們愈益看重自己的生命。中國民間傳統地迴避談論死亡，以此為「不吉利」，就表明了人們極其留戀人生的情緒。草莽英雄有「二十年又是一條好漢」的豪言，其深層處仍然是留戀人生。正如古人所云：「螻蟻尚且惜生，又何論人乎？」為了逃避死亡，尋不死藥、求仙煉丹之類的活動，千百年來消耗了多少智慧和社會財富。然而，對於死亡的意義仍是不得要領，於是以一句「有生必有死」來模糊地接受死亡。相反，基督教文化中對於人生的留戀就似乎要淡薄得多，它視死亡為人生「真正的」目的，生存則成了為死亡做準備。佛教更甚，它視生存為「痛苦的」存在，而死亡則是這一痛苦的「解脫」。

　　自15、16世紀以來，以哥白尼的「日心說」為第一幕，西方實驗科學逐漸興起；19、20世紀是實驗科學碩果纍纍的時代，諸如生理學、心理學、進化論、民俗學、文化學、宗教學、高級神經活動學說、人類學、社會學、行為學、遺傳基因學等學科陸續建立起來。它們與舊有的歷史學、哲學、美學等相結合，極大地開拓了人們對於死亡認知的視野。從此，人類達到了以一種「科學的」或冷峻的眼光來看待死亡，使科學「死亡文化學」的建立成為可能。

　　生理學和心理學告訴我們，人體由諸如骨骼系統、消化系統、血液循環系統、肌肉系統、內分泌系統等所構成，人的思維則由一千多億個大腦神經細胞（大腦皮層）所承擔著，這些部分的「整合」便構成一個人活生生的有機體。從自然的觀點看，人類是地球生命億萬年進化的結果，地球生命是自然界幾十億年演化的結果，人類的智慧則是自然界最美麗的花朵。人類最大的特徵在於「創造性」，迄今，整個地球到處都留下了人類的痕跡。從社會觀點看，人是社會的主體，是一切物質財富和精神財富的創造者、享有者；同時是一切價值觀念（其中也包括美）的創造者和鑑賞者。捨棄人，社會將不復存在，一切也將變得「無意義」。正因為如此，「文藝復興」時期的人文主義者提出了「一切為了人」的口號。

　　正像萬物都有一體兩面，個體的生命並非總是有價值的。個體是動態的，它有一個生長、成熟、老化而走向衰亡的過程。也就是說，隨著人進入中年，人機體細胞的生命力會漸趨萎縮，直到將人送向死亡。就像花朵結出了籽，它自身就將凋謝一樣，個體生命也要在時間中凋謝。這無須迴避。一個人奮搏一生，飽嘗生活之磨難，遍歷世態之炎涼，經歷了成功和失敗、喜悅和沮喪，數十年的興衰榮辱如浮雲掠過，亦足令人唏噓感慨，箇中滋味恐怕連自己都說不清了。如今步入老年，日暮黃昏，軀體日衰，能量漸減，精神也愈益腐朽、老化，就像我們常見的老年人，健忘、囉唆、固執、狹隘、僵化、吝嗇、遲鈍，常年是三病四痛、五勞七傷，咳嗽流涎，步履艱難，日不能食，夜不能寐，如此等等，這與他們青

年或中年時那種恢宏氣度、神采飛揚判若兩人。人生到這一地步已變得毫無意義了，生存乃是一種受折磨，對家庭、對社會亦無多少積極意義。因此，個體此時的死亡乃是人生的解脫，死神則充當了社會的清道夫。

戲唱完了，就要離開舞臺。賴著不走，就會礙事，令人生厭。正是由於衰老個體的死亡，對群體的「種」和社會的「精神」起了新陳代謝的作用。否則，必將是整體的停滯、老化和死亡。這個代價是人類承受不了的。將生存資源和空間留給更富生命力更具創造性的後來者，這是合乎自然法則的，也是個人對社會的最後一次奉獻，當然也是最難的。

死亡是個體生命的終結。但是，從社會學、人類學、歷史學、哲學等觀點看，人類是一個連綿不絕的過程，因而任何個人的死亡都不可能是絕對的消失和寂滅。

個人的生命從屬於其家庭（家族）或團體，繼而從屬於他的民族、社會，乃至於全人類。這樣，個人的存在，生或死，就不再是一孤立的純個人行為，而會不同程度地影響到他人及其所從屬的那個群體。比如，一位思想家或政治家對於他的團體、社會乃至時代的重要意義；一位父親或母親在家庭中需要上撫老人、下育小孩等等。有的城市中為了減少交通事故，在大馬路上高懸此類醒目標語：「注意安全，你的家人在等著你回去。」就像中國人曾歸納出人生的三大不幸：幼年喪母、中年喪妻、老年喪子。這類死者的消失，都將對生者產生強烈的衝擊和深遠的影響。法國大革命中，一位科學家被瘋狂的人們推上了斷頭臺。據說，當時一位頗有見地的人士對此事說了一句足以流芳千古的話：法國長出這顆腦袋需要三百年，可是一瞬間就給砍下來了。這類死亡會給一個時代造成悲劇，因為死者是時代的菁英，又是在社會毫無準備的情況下被折斷。這些都說明了個體對群體的關係，死者對生者所造成的影響。

由於個人在社會中的定位不同、層次各異，因而一個人的生或死對於他人及社會的影響也不盡相同。一般而言，偉大人物對於社會的影響大於普通人；男人對於社會的影響大於女人，而女人對於家庭（子女）的影

響則遠遠大於男人。歷史上，一個偉大人物的誕生或去世常常意味著一個時代的開始或結束；而許多成就了一番事業的名人在回顧自己走過的路時，往往認定對自己一生影響最大的是自己的母親，而很少認定是父親。20世紀中國著名的文學家老舍先生在〈我的母親〉中寫了一段感人至深的話：「從私塾到小學，到中學，我經歷過起碼有二十幾位教師，其中有給我很大影響的，也有毫無影響的，但是我真正的教師，把性格傳給我的，是我的母親。母親並不識字，她給我的是生命的教育。」著名畫家豐子愷在〈學畫回憶〉中，則尤其懷念他的大姊對他的啟發。對他人毫無影響的個人幾乎是不存在的。著名作家蕭乾在回憶童年時，其中對他印象最深的事件之一就是，1921年冬，一位白俄流亡老乞丐（人稱「大鼻子」）在北京街頭飢寒交迫而倒斃的情形。一位幾乎為所有人忘卻的洋乞丐悲慘的死亡，卻在一個未來的大作家心中留下了深刻的印象，並對他的一生都產生了影響。

由此觀之，個人的死亡絕不是簡單的完全消失。首先，他的子孫仍然活著，他們是先人生命的延續、一部分。古今中外，人們愛戀自己的子孫後代，實則是在追求自己生命的不朽。其次，後人是在先人所創造的物質財富和精神財富的基礎上繼續生存。換言之，先人生前的一切創造都將成為後人賴以繼續生存的環境、遺產，尤其是先人的精神（或人格）在參與對後人乃至整個社會的精神再塑造，是非常重要的。一代頹廢腐化的人們不可能培養出優秀的下一代來。社會或民族總是一個延綿相承的整體，前人總是在影響後人，就像一些環境保護論者在倡導保護森林時經常使用的一句口號：保護好前人的遺產，留給後人一個美好的生活環境。因而從死亡文化學的角度來講，個人雖然死了，但只要民族、人類還在，個人的生命就仍在延續中。

歷史上有一類人，為了一種偉大的事業或社會的需要而主動獻出了自己的生命，我們稱之為「壯士」、「義士」、「烈士」等，他們的死亡乃是一種美。誠如詩人所說：「有的人死了，可他還活著。」這就是儒家的

「三不朽」和「殺身成仁」精神。另一些人，為保全性命於苟延殘喘之
中而不惜出賣人格、危害社會，給他們的家庭（家族）乃至社會帶來恥
辱，人們稱之為「行屍走肉」。亦如詩人所說：「有的人活著，可他已經
死了。」合理的生存，灑脫的離去，乃是一種完美的人生；充分地燃燒自
己，安詳地面對死亡，生前有儒風，死時有道骨，生存和死亡便都達到了
至善至美的境界。此時，死亡便成了一種美。人們愈是畏懼死亡，就愈是
會在死神面前受盡羞辱，也死得愈痛苦。能否視死如「歸」，能否在死亡
面前創造出美、欣賞到美，實在不是一件容易的事。也可以說，它是菁英
人物和凡夫俗子的最後一道分水嶺。只有不凡的氣概才能創造出人生的
美。

　　尋不死之藥、求仙煉丹，以圖長生不老，渴望「永生」古已有之。現
代醫學似乎又一次地為人們復活「永生」的夢想提供了可能。他們說，使
用基因移植、改造之類的「科學」辦法，可以使人們活到幾百歲，乃至不
死，云云（作者就遇到過一位此論的鼓吹者）。非說不可能，即便實現了
這一長生或永生，那枯燥、單調和重負的世俗生活為人們帶來的恐怕不是
滿足和幸福，而將是一片無聊和厭世的哀嘆。一切美也都將消失，因為美
乃是源於人們對生命、對生活的熱愛。人們嫌壽短而求長，真太長了又將
是另一場災難，就像桌上擺了幾百道美味佳餚，人們反而無處下箸，嘗不
出味道一樣。短暫的人生，使人們無限地留戀它、讚美它；倘若多得像市
場的爛白菜，則人們將視生命為累贅，不屑一顧。生命的價值不是以數量
來衡量的，而在於它的品質。再說，前面的人不死，後面的人又要來，這
地球上的人就會多得非要爬到樹上去不可。當然，有人會說不增加新人
口，但都是一些大齡或老齡人口，必然會使社會僵化、暮氣沉沉。

　　人是自然界的一類物質，人死後，理當盡快地返回自然。可人們卻企
圖死後肉身不朽，於是動用防腐技術、水泥、鋼筋修築墳墓。試想，多少
年後，地球上豈非到處是死屍？這實在是愚人們的「不朽」。

　　現代人受「科學」薰陶，沒有了靈魂、來世、天堂之類的「迷信」

觀念，他們面對著無比豐富的物質財富，反而愈益弄不明白「生存的意義」究竟何在？因而將比古代人更少有勇氣面對死亡。可以說，這是現代人的一大精神悲劇。現代人不過這一關，必將導致生存的空虛、無聊、頹廢，乃至瘋狂。

 ## 第四節　死亡文化的本質

全部死亡文化的本質在於：超越死亡。這一本質存在於關於死亡的觀念形態、活動形態和實物形態之中。

死亡文化起源於原始人智慧的某種「覺醒」，即自我意識的出現。當原始人還沒清楚意識到自己的存在，即沒有意識到「我」、「我們」、「我是一個活的生命體」等相關的一系列主體事實時，他是懵懵懂懂的，既對自己的「生」無認知，就對自己的「死」同樣無知，也談不上去關心同伴的屍體。可以說，對於「生」或「死」，他們都熟視無睹。比如，當一隻豬被宰殺時，另一隻豬還在旁邊轉悠，甚至舐食淌在地上同伴的鮮血。顯然，牠不大清楚下一個被宰殺的就是牠了，直到被捉住並按在屠宰凳上才拚命地嚎叫。其實，與其說是對死亡的恐懼，毋寧說是對被按住這一姿勢的不適應。

當原始人的自我意識達到一定高度，人們終於「發現」了自己。發現「生存」和發現「死亡」是同時性的，互為前提的。對於「生存」的發現，使人類將自己和動物界乃至整個自然界對立起來：他從自然中發現了自己，又從自己的心靈中發現了自然，並在自己的創造物中同時發現了自己和自然，這使人類終於從自己的全部「它在」中超拔出來，在精神上完成了從動物到人類的飛躍。人類從此傲視一切，自命不凡。然而，對死亡的發現卻造成了麻煩：毫無疑問它給原始人帶來了困惑、焦慮、恐懼等痛苦，「我死了以後不是一片茫茫的空無嗎？」「人為什麼要死呢？」

「死了以後，人又到哪裡去了呢？……」生活頓時變得「無意義」了，原始人的心靈備受折磨。按照生物進化論，生物個體的發展就是該生物「種」的發展的縮影。現代小孩大約四歲左右便發現了「死亡」這一事實，並對之產生恐懼。他們是在大人的幫助下度過這一恐懼期的，可原始人又去找誰呢？「人類的痛苦就在於他擁有智慧，懂得太多。」這正好應了《舊約・創世記》上勿偷吃智慧禁果的神誡。

　　人類是偉大的，他擁有理解力和創造性。他不甘心於自己的渺小和有限性，生命的激情、思維的翅膀燃起了原始人對永恆生命的渴望。人類既然能發現死亡，也就能戰勝死亡。必須給人們一個「希望」，不僅是安慰垂死者，而且要安撫生者，使個人的精神世界保持「完整」。於是，關於「靈魂不死」、「彼岸世界」、「來世生活」等原始宗教便誕生了，這是人類最早的觀念形態的死亡文化。同時，與這一認知相應的對於死亡的操作、實物也隨之產生並完善。從此，死亡對於原始人不再是永遠的完結，而是另一種生活的開始；死者並非永恆地消失，它還在與生者保持著密切的聯繫；死者的靈魂還會投胎回來，再次成為我們中間的一員；我永遠也不會成為「無」；我永遠也不會被忘卻……由此，死亡文化的本質被建立起來。我們發現，人類的死亡文化所追求的並非死亡，而恰恰是它的對立面，即永生。這是原始人的精神支柱，原始思維的核心，生存的信念所在。否則，原始人的心理會崩潰，生活秩序會混亂，社會亦將解體。不理解這一點，就不可能認知死亡文化（乃至原始宗教）的起源以及全部的死亡文化。

　　這裡開始了原始人對命運的最早抗爭。原始的死亡文化的認知中飽含著人類巨大的生活熱情，閃爍著偉大智慧（抽象思想）的早期閃光，它解除了或減輕了人類對死亡的憂懼和焦慮，滿足了人類對「生命永恆」的渴望，從而給人們帶來關於未來的希望。而原始殯葬則是這一認知的塵世操作，對原始墓葬的考古發掘提供了原始人這類認知的大量證據，諸如，隨葬品的存在表明對死後生活的信仰，紅色的赤鐵礦粉被認為是血液

的象徵，這一生命顏色表明人們對保存或復活死者的生命充滿著渴望，等等。殯葬，從一開始就是給死者的靈魂到另一個世界去過另一種生活「送行」（如葬禮），並給靈魂返回時準備一個「住宅」（如陰宅）。

　　隨著社會的發展，社會生活的豐富，尤其是階級對立、民族對立的出現，並時常嚴重化。死亡文化的形態，從內容到形式，都在相應地發生變化，就像前面所論述的那樣出現了眾多各異的死亡學說。但不管如何變化，其本質都同一，即超越死亡。古往今來，各時代各民族賴以達成「超越」的觀念、操作、實物形態各異，因而形成了不同類型的死亡文化；但不管差異性如何，它們都是按照各自的理解方式在促成並實現著這一「超越」。

第九章

影響殯葬的六大社會要素

　　殯葬是由諸多社會要素（或條件）綜合造成的一類社會性操作活動，這些要素有主體的、客體的，它們的內涵及其組合方式不同，比如，對死亡的認知不同（主體的），或物質條件的多寡不同（客體的），或主體與客體在殯葬中所占的比重不同等等，便造成了歷史上不同時期、不同民族之間殯葬操作上的差異。殯葬活動是民俗的一個重要組成部分，為任何社會所不可缺少的活動。從理論上分析它們，將有助於更深入更全面地理解死亡文化，而且為認識文明社會提供了一個「窗口」，進而能更有效地駕馭這一類社會活動。

　　影響殯葬活動的六大社會性要素分別是：社會精力、社會經濟、社會心理、社會價值觀念、社會需要與國家的作用，分述於後。

 ## 第一節　社會精力

　　社會精力即社會能量（熱量），它外在地表現為一種社會熱情。

　　從人體動力學看，人體為一個能量投入產出平衡的系統。人每天要吃飯、喝水、曬太陽、呼吸空氣、睡眠等。在這些活動中，人體透過生化反應一刻不停地生產能量，其能量的大小、強度，和人的年齡、體質、營養、心情等狀況相關聯。能量被源源不斷地生產出來，就必須被定期地使用掉，諸如人們的生產、學習、交往、娛樂、旅行，乃至吃飯、散步等，都是人們消耗能量的形式。總歸一句話，凡是運用體力和腦力的行為都須消耗能量，亦即消耗精力。當一個人的能量生產和支出相等時，我們就說，其能量產、出平衡了。

　　事實上，一個人或一個社會在能量產出與消耗上的不平衡經常發生，有時是短期的，有時則是較長期的。這一不平衡會有兩種情況，即能量不足和能量過剩。前者指能量的消耗超過產出，也就是活動過度而感到能量不足，表現為疲勞乏力、精神委靡不振、對事情興趣不足等。後者指能量

的產出大於能量的消耗，也就是活動不足而感到能量膨脹，表現為精力充沛、躍躍欲試，甚至好惹是生非，總想找個機會表現一下自己。當然，我們並不能直觀到人們的能量，我們看到的往往是人們的「精力」，比如說某人的「精力不足」或「精力過剩」等。在個人，稱之為個人精力；在社會，則稱為社會精力。精力是人們從事一切活動的原始動力，就像汽車、火車、飛機的行駛需要動力一樣。

　　無論個人形態或社會形態，精力的不足和過剩達到某種程度都會造成危機，即「精力不足危機」和「精力過剩危機」。作為個人形態而言，精力不足有如積勞成疾、風燭殘年、營養不良等造成的機體委靡。精力過剩則在於機體強健，精力旺盛，卻找不到應有的活動機會，由於日益增強的內壓而造成心理上的惶惑、痛苦，急欲宣泄而後快。此時的個人無時無刻均處在一種躁動不安的狀況中，它很容易導致犯罪。作為社會形態的精力不足或精力過剩只是個人形態的某種放大：前者導致社會活動的沉寂、萎縮，乃至社會的自行消亡；後者則直接影響到社會當下的不安定。

　　任何時候，社會精力的宣泄總是沿著如下順序展開：「生存需求」→「安全需求」→「精神和休閒需求」。即人們總是先滿足衣、食、住、行的生存需求，為此就必須進行生產活動；再求得安全；最後還有精力便追求精神休閒，諸如看戲、唱歌、娛樂、散步、欣賞美、完善自我、科學研究等。民俗活動在很大程度上就屬於精神休閒活動的範疇。

　　當社會存有大量的過剩精力時，它就會深入民俗活動，其中包括殯葬活動，極力擴張它們，並以誇張的方式從事這些活動。我們應當理解這樣一個事實：殯葬活動是要消耗人們精力的，規模愈大，排場愈繁，消耗的精力就愈多。當一個社會沒有足夠的社會活動吸引人們的注意、充分消耗人們的精力時，社會的內蓄精力就會愈多，因而對殯葬的興趣就會愈大，以此為「隆喪厚葬」做了能量上的準備。在這裡，人們所找到的是活動機會、活動場所。根據這一原理，我們從歷史和現實中都很容易發現，哪裡的社會活動缺乏、社會節奏慢，人們對殯葬的興趣就愈大。而那

些身體健康、有相當的活動能力、在地方上有一定聲望、且又大有閒暇者，大都容易成為地方上殯葬活動中的頭面人物。在社會動亂時期，或天災，或人禍，或戰亂，人們忙於應付生存問題，自然就沒有多餘的熱情參與殯葬活動了。

當然，殯葬活動是社會休閒活動的一類昇華行為。所以說它是「昇華行為」，乃在於它不是個人的純休閒行為，而是為著某種社會目的並包括一定文化內涵的社會性行為。

 ## 第二節　社會經濟

人類和動物的根本差別在於：動物靠自然物而生存，人類則從事生產活動以謀得生存資源。社會愈發展，人們就愈離不開生產活動。因此，凡考察社會問題都離不開對經濟因素的分析，殯葬問題也是如此。

「社會經濟」在這裡有「質」和「量」兩個含義。所謂質，指一個社會的經濟類型或性質，即該社會賴以生存和致富的最主要的經濟活動內容。比如，歷史上曾出現過原始漁獵經濟類型、畜牧業經濟類型、農業經濟類型、工商業經濟類型等。所謂量，指一個社會在財富數量上的多寡。它既可以是社會總財富量，也可以是人均財富量。社會經濟的質無疑和量相聯繫，比如農業就比原始的漁獵、畜牧業能生產出更多的社會財富，工商業又比農業能獲取更多的社會財富（就像現在西方工業發達國家對第三世界國家那樣）。

社會經濟對殯葬的影響是不言而喻的。先從「量」上看：非常明顯的是，一定的社會財富為殯葬活動提供了物質基礎，在個人或社會均如此。原始時代，原始人只為逝者佩上幾顆骨製的珠子，撒上一些紅色的礦石粉，殉以豬頭之類；同時，他們大概還圍著淺淺的墓坑悲哀地唱著輓歌，瘋狂地跳著舞，並大吃一頓後離去。進入農業文明時代，殯葬規模愈

見龐大，墳墓之巍峨、陪葬品之豐富、禮節之繁複都是過去原始時代所不能相比的。作為個人，貧富的差距無疑會拉開殯葬規模的等級，這在原始時代晚期的墓葬就開始了，到文明時代愈演愈烈。

我們知道，殯葬費用不僅是置辦死者安葬所需之物，更重要的還在於用來招待前來參加殯葬活動的人們的吃吃喝喝、風光排場。如古埃及法老的金字塔和中國古代的帝王陵墓，它們都是系統而精美的地上和地下宮殿群，陪葬品之豐富則猶如該時代社會經濟的一座博物館。以此，可以推知當年殯葬規模之龐大、排場和奢侈。這在任何其他個人都是力所不能及的。又如現在中國那些熱中於殯葬「風光」的人們，出殯時出動數十輛乃至更多的轎車，食客如雲，冠蓋雲集，這都是經濟（以及政治）實力的象徵。想想那些貧賤者們，或一副薄板棺木，或一席裹身，猶如埋一隻狗。在經濟發達程度不同的地區之間，在殯葬的規模、排場上，也會出現類似上述個人之間的那些差別。財富永遠是一切社會活動的物質基礎，它使人們的「想往」成為現實。

中國古代有兩個東西最能充分顯示中國人所擁有的充足人力物力和萬分的熱情：一是萬里長城，二是隆喪厚葬。在中國古代頗具特殊性的農業社會中，社會財富比較豐富，這給中國人的隆喪、厚葬殯葬活動提供了物質保證，使殯葬活動辦得頗具規模，為古代其他民族所望塵莫及。殯葬也常常成為人們聚餐大吃大喝以及收取禮金的一種形式。以「喪宴」為例，就是1980年代中後期，作者在南方一些貧困地區的農村，還發現那裡的人們對喪宴仍相當重視（他們稱為「爛肉飯」，大約是肉要煮爛之意）。喪主須盡力招待，供其開懷暢飲，若有怠慢，將受到一致的譴責；來者則大有藉此一飽口福之勢，因而民間有「人死飯甑開，不請客自來」之說。

在古代社會，喪宴以及隆喪厚葬客觀上具有「社會疏財」的功能。因為只有那些財大氣粗者才有能力大肆操辦喪事，這無意中使宗族及鄰里者改善了幾天伙食，並給一些相關的工匠提供了賺錢的機會。但奔喪是要送

禮金的，喪主則但收無妨。最初，奔喪送禮金係助人辦喪事行為，亦具有「社會疏財」功能，但後來演變為藉機「收財」、「聚財」的行為，另一些人則藉機攀附，投彼所好，以逞其奸，故古代和現在一些有名望或權勢的人物藉喪事而大撈一把之事，屢有所聞。

中國人歷來是一個最愛講究吃喝的民族，中國的「飲食文化」舉世無雙。中國人幾乎將所有的活動都和吃喝掛上了鉤，諸如生日、四時節氣、婚嫁、殯葬、祭祀、升學、遷新居、升官、修路築橋、某事完成等等。人們利用一切機會聚而暢飲，沒有機會也要創造機會，自然不會放過喪事這一頓吃。某人若因故未能趕上某頓吃喝，他定會懊惱萬分。較豐富的社會財富為社會的隆喪厚葬提供了大量食物，而它的相對不足以及分配的不均則又使人們非常重視這一頓吃喝。

當然，不能簡單地推斷：經濟愈發達，人們對殯葬的興趣就愈高，殯葬規模就愈大。因為，經濟的「量」只是為殯葬的規模提供了物質前提，即必要條件；而社會經濟的「質」還在制約著殯葬活動。

儘管原始人就開始了殯葬行為，但原始漁獵具有相當的遷徙性，一旦遷徙，先人的墳墓就被拋棄了。原始的定居農業出現後，真正意義上的氏族公共墓地才產生。後世遊牧民族的遷徙性更強，他們逐水草而居，縱橫數百、幾千里是常事，「故鄉」觀念非常淡薄。比較起來，即便是漢朝時代的匈奴人也沒有原始時代的仰韶人那麼重視埋葬先人，更具殯葬熱情。因為，仰韶人已是定居的農業居民了。

最具持續性殯葬熱情並投入極大智慧於其中的，總是那些居住於大河流域的、較為富裕的農業民族；而且他們一般推行土葬，這一「保存屍體」的葬式又給盡情地發揮隆喪厚葬提供了最好的形式。農業民族對土地有一種熱愛、神聖而又神祕的複雜感情：土地出產萬物，具有「生育」功能；土地是穩定而少變化的；地底下永遠是神祕莫測的世界（民間有

「十八層地獄」之說）。農業生活的穩定也使這些居民能夠長期守護他們「光榮的」或寄予「厚望的」先人的墳塋。因而，將死者埋入土中和他們依靠土地的經濟性質是最相吻合、最恰當不過的了。

　　現代西方工商業經濟性質的國家中，愈益發達的經濟交往逐漸取代了自然經濟的農業居民之間比較親密的人際聯繫，遠涉重洋的世界性貿易活動使人們愈益淡化了對土地的那種複雜感情（如死於航海中，屍體只能是海葬），忙碌的工商業活動和喧囂的市民生活又極大地分散了人們的精力。因而，這些民族的殯葬熱情（或狂熱）就遠遠不如那些農業民族。

第三節　社會心理

　　社會心理即具有普遍意義的個人心理，它屬於潛意識的、不很清晰的、非系統的社會意識。在多數情況下，人們並未意識到自己此類心理的存在；有時雖不同程度地意識到了，卻要極力予以掩飾，如虛榮心理。人們相當一部分的社會心理是不能曝光的，它屬於人的陰暗面。所以，人們經常用一些漂亮的、出眾的口號去裝飾自己的行為。

　　社會心理在一定的社會生活條件中逐步形成，是人類的自然性和社會性的統一，或說是社會性對人類自然性的某種「修正」。由於各時代、各民族乃至各層次的人其社會生活條件各有不同，因而他們在社會心理上毫

---

❶中國古代將天、地比喻為「父」、「母」。這是將大地視為具有「生育」功能的女性來看待的，而將天（提供日月之光、風雨滋潤等）視為男性。這種以家庭倫理關係為模式理解自然的觀點貫穿於整個中國傳統文化之中。儒家「五經」之一的《易經》云：「天者，無所不覆。」「地者，無所不載。」並由天地的無所不覆載引伸為「君子包容萬物」。這種將天、地道德人格化，並將君子（聖人）的高尚品德與自然的「偉大」屬性聯繫起來，即所謂的「天人合一」，是中國傳統文化的又一顯著特徵。

無疑問地存在著差別。尤其是由前一代人所造成的社會文化對後一代人起著巨大的精神規範作用。在這裡，我們假設各時代、各民族之間不存在自然性（即「種」）的差別，事實上，這種差別必然存在。因而，社會的「心理」在時間中變化著，但它一經形成，便具有相當的穩定性。

社會心理構成人們從事一切活動的心理基礎。由於個人的社會性，個體相對群體的軟弱性和服從性（如從眾心理），社會心理對每一個人就成為了一個巨大的心理磁場，在很大程度上左右著人們的日常行為，從而使個體之間能保持行為上的一致性，並可相互交換。它還是一個社會的道德、風俗、輿論和口號能否被接受（或被拋棄）的心理基礎，因為一切社會的變化總是先從人們心理上的變化開始的。一切人文科學都不能忽視對它的研究。有時，人們在總結某項社會措施失敗的原因時說「有悖於人情」，講的就是社會心理。

在殯葬領域中經常起作用的社會心理至少有以下九類：即永恆心理、歸宿心理、投射心理、報恩心理、依戀心理、炫耀心理、攀比心理、宣泄心理、權力心理等。

在殯葬活動中，這些心理並非單獨存在，而總是以綜合形態出現。

一、永恆心理

永恆心理即人希望自己永在的一類渴望，它源於人類生命激情的衝動。人是具有非常清晰的反思意識的動物，當人反思到自己的有限性時，便與他生命的激情（即無限性衝動）發生了矛盾。理性要求進入無限、達到無限，於是便在人們的心靈中輸入了「永恆」的心理程序。俗語說「貪得無厭」、「慾壑難填」、「人心不足」等就是這一意思，不過它們具有貶義色彩；褒義則有「奮鬥不止」、「老驥伏櫪」、「精神不死」、「英名永存」、「與日月同輝，與天地共存」等。

從哲學邏輯上，生死之間、冥冥之際乃是一個理性不可進入的領域。

因為，我們的理性迄今否認靈魂存在的方式仍然是：它無法得到經驗的證明。即誰也沒有真正見到過靈魂（以及鬼怪之類），因而它是虛構的。但是，人類的此類經驗總是非常有限，我們不可能提供無限多的此類經驗，而即使是無限的個別經驗也不能否認另一類個別事物可能是存在的。換言之，經驗只能證明某物的存在，而不能證明某物的不存在。正是由於理性的這一「死角」，使人們對永恆生命的「渴望」有了一塊「理性的」安身之地，人們在內心深處完全可以說：靈魂、來世雖然是不可證實的，但也同樣不可證偽。經驗確實拿不出它「不存在」的材料，既然是不存在，又到哪裡去拿證據呢？

　　原始宗教的靈魂學說是人類追求生命永恆的最初嘗試，它所表達的更多的是一類心理情感。因而，在這裡更重要的是信仰而不是理性。原始人就是在這一心態驅使下安置屍體的，並於其中寄託了對生命永恆的厚望。原始人的永恆心理一直在人類的心靈中湧動，並世代傳遞，它作為一類心理定勢已深入到人類潛意識的心理結構之中。從任何民族的社會文化中，土著的或現代人的，我們都可以發現渴望生命永恆的大量篇章。比如，儒家重功名、重榮譽，其「三不朽」就是透過建功立業使個人達到生命永恆的一種形態；基督教則透過上帝來滿足人們的永恆心理。

　　此外，子孫被認為是個人生命的延伸，被作為自己生命永恆的寄託物，它使個人有限的生命透過這一延伸而達到永恆。中國古代人則尤重子孫、重家族，中國人所具有的極深沉的眷愛子孫的民族心理，恐怕是世界其他民族很難企及的。

　　在人類歷史上，對生命的永恆渴望曾驅使多少人狂熱地求仙問道、尋訪靈芝仙草、煉製仙丹，以圖長生不老，位列仙班，與天地同在！

　　凡夫俗子則追求屍體的不朽，屍體經防腐處理、重殮、棺槨盛葬，陵墓巍峨，石碑高聳；現代人則用水泥、鋼筋水泥做墓，力圖堅固永存，以便後人世世瞻仰，凡從此地經過的人莫不知道「這裡躺的是我哩」！

　　永恆心理構成整個死亡文化最原始的心理基礎，死亡文化的本質「超

越死亡」就是這一心理的意識化。在這一心理驅使下，意識進行了定向操作，人類才得以建立死亡文化，以及相應的殯葬操作，以圖達到永恆，諸如不死、靈魂不滅，或死後不被忘卻，如此等等。

繼而，永恆心理還構成所有宗教最重要的心理基礎。

二、歸宿心理

原始人認識到，天黑了，鳥歸巢，獸回窩，人也有一個家。在原始人看來，太陽、月亮似乎都有一個歸宿，那麼，人死後，也必定有一個歸宿。所謂「生有家，死有歸」。因而，歸宿心理就是人們在精神上一類具有終極傾向的依歸需求。歸宿心理具有非常廣泛的社會心理學意義，如青少年的「同齡人集團」即是歸宿心理需求強烈的產物。總之，生者、死者都有一個心理歸宿問題，此亦是人的一個精神立腳點。

殯葬活動中的歸宿對死者有兩個含義：

1.靈魂的歸宿。在原始人那裡，死亡不過是靈魂往另一「處所」去過另一種生活，此指亡靈的歸宿。生者都希望自己亡故親人的靈魂早日達到彼岸，一切儀式、排場均有為死者的鬼魂送行的意思。給死者辦一個體面、合法的「通行證」，助亡靈成仙。自然，生者認為這樣對自己也有好處。沒有歸宿，對事物的理解就不完整，就意味著人們對習以為常的事物還有不清楚的地方，而人們在心理上需要「完整」，於是就為死者設計出具有完整意義的「歸宿」。

2.屍體的歸宿。親人去世了，露天存屍，或「委之於溝壑，狐狸食之，蚊蚋嘬之」，於心不忍。於是，安置屍體（多為埋葬）即為死者安一個「家」，或曰給以「歸宿」，就成了喪事是否辦畢的一個依據。這一心理後世演變為「入土為安」的口頭禪。當然，死者安，生者也隨之安。每一個人都知道，自己死後，也會得到同樣的對待。

此外，喪主也有一個歸宿心理的問題。在喪事中，喪主得到宗族、親

朋、街坊等人的幫助，他感到了溫暖，產生了未被拋棄的人際歸宿感，這起了人際凝聚、安定人心的作用。此即文化功能主義所說喪禮的「社會整合功能」。

三、投射心理

投射本指將某物投向另一物，如我將眼光投射到大海或藍天。心理學上借用了此詞。投射心理意指人們將自己的一類情感或感受「認定」為對象自身所具有，如我看「那朵雲像一隻鳥」，就是如此。因係比附手法，故也可稱為比附心理。

投射心理最早源於原始巫術。原始人認為，燒起一堆火，或將臉上、身上塗成五顏六色，一邊跳著古怪的舞蹈，一邊怪腔怪調地唱著歌，這些行為都被賦予了特定的含義，因而就可以和鬼神交往，或驅趕惡魔。他們還認定鬼神能理解這類「語言」。原始巫術將與鬼神交往的「語言」造得如此古怪、晦澀，是因為交往的對象是那麼的難以捉摸且令人恐懼的鬼神，若非如此不足以與對象相溝通；而一般人無法聽懂，無疑又可以大大地烘托出其神聖和嚴肅。

一切民間的禁忌也均源於人們的投射心理，人們將發生的一些事視為「壞兆頭」，為之心懷惴惴；而將另一些事視為「好兆頭」，並為之歡欣鼓舞。過年了，人們總是小心翼翼，唯恐打破了東西給一年帶來晦氣。倘若真不小心打破了碗之類，總要連忙說「打發打發」（打了就「發」財）或「碎碎平安」（碎與「歲」諧音），以示補救。實則是人們將趨吉避凶的願望透過自己認定的一類操作規範，賦予（即投射）到一些事物上，它可以維持人們的心理平衡，增強對未來的信心。

殯葬活動中的停柩、選墳地、出殯日、喪禮、服飾、燒紙錢等，統統和投射心理相關。例如，人死了，停柩日數均取單數，三、五、七日，或二十一日、七七四十九日不等，沒有停雙日的。單數為陽，陽則有「陽剛

之氣」、「威武剛健」之意，前去陰間不畏惡鬼欺侮，後則足以庇護生者；此外，民間還有「好事成雙」的願望，希望吉祥之事接踵而來，喪事自然就不能取雙數了。出殯時，喪家砸破一只碗，以示送鬼出門，晦氣盡掃，從此和你斷絕塵世關係（碗是吃飯之具）；並含有「你需要的禮數我都給了，以後休得再來糾纏」的警告之意（砸東西有威脅色彩）。選墳地時，人們將「枕山蹬水」之類的地形視為能給後人帶來福祉的「風水寶地」、「龍脈」，以為先人若躺在那裡，活著的子孫就會大沾其光。

現在的中國人時興「8」，以為這可以帶來「發」財之運，亦是投射心理所致。

四、報恩心理

殯葬活動中的報恩心理，指人們對撫育自己成人的父母（或幫助自己成就一番事業的尊長）懷有一種欠債式的內疚，而力圖予以報償的心理。

據儒家文獻記載，至少在商、周以來就行三年父母之喪。春秋之際，「禮崩樂壞」，不少人對此有牴觸，如《論語·陽貨》中就記載了孔子弟子宰予反對三年之喪，認為太長了。孔子氣急敗壞地痛斥宰予：「子生三年，然後免於父母之懷。夫三年之喪，天下之通喪也，（宰）予也有三年之愛於其父母乎？」這是用類比方法論證「三年之喪」，因為幼兒在父母之懷哺乳三年，然後下地獨立行走，所以要行三年之喪，立論的角度是「報恩」。故中國民間有「鴉有反哺之義，羊有跪乳之恩」之說。如果先人生前為撫育自己而受盡磨難，或先人生前有某種要求，卻由於種種原因而未能滿足他們，這就會加劇人們的報恩心理。

北宋名相歐陽修為亡故父母修墓道，撰有〈瀧岡阡表〉❷，文中追述

---

❷ 瀧岡：今江西永豐縣。阡：墓道。表：文體。

自己四歲喪父，其母「守節自誓，居窮」，全身心於耕織和教子。全文直陳，無奢浮之詞，卻深情地表達了作者對母親如何節儉持家、甘居貧困、辛勤培養諄諄教誨自己的懷念，以及對父親為官清廉、治獄謹慎的偉大品格欽敬推崇，並暗含著自己一生的成功實有賴於先人陰德的神佑。正是在這一感恩戴德的心情下，歐陽修寫出了這一傳誦千古的碑文。對死去先人的報恩心理驅使人們盡力操辦喪事，並按時祭祀（如清明掃墓）。通常在喪事後要累得精疲力竭、五勞七傷，並花去相當的錢財才算盡了心意，否則仍有意猶未盡之感。因而，這一心理有時又表現為贖罪心理。如唐代詩人元稹〈遣悲懷〉一詩，其中回憶他的妻子生前如何地與自己苦度光陰，甘受清貧，而不幸早亡；現在我有了高官厚祿，「今日俸錢過十萬」，她卻不能共享富貴了，於是只有「與君營奠復營齋」，權作報答。

　　上述是在喪事中報恩心理的自我形態。此外，喪事中報恩心理還有一類「自他」形態，即喪者家族、鄰居等責成喪家報恩，乃至演成變相的體罰。中國民間喪事中，伴宿之夜的辭靈儀式中都有「唱祭」一項（現在則稱「開追悼會」），其中祭師唱祭文一項是最精采的部分。祭文的內容係懷念死者。整個唱祭時間，死者的孝子賢孫女兒女婿媳婦等全部依次垂手立於靈前，祭師以各個人的名義一個一個地唱祭。如以兒子的名義唱祭母親，兒子就須跪在靈前；如以媳婦名義唱祭，媳婦則須跪在靈前，此時，兒子可以起來站立一邊；也有的地方，兒子仍須跪到妻子之祭完畢。若有人告訴祭師死者的某兒、某媳不孝時，並示意要「教育教育」，祭師就會顛三倒四地唱上半個小時乃至一個多小時，唱詞中指桑罵槐式地夾雜著對他（她）的責難、奚落、調侃乃至辱罵，而他（她）此時一般是不敢反抗的，即使平時刁蠻撒潑，也只能強忍長跪，厚顏受辱。據說，湘南一些鄉村風俗是唱祭時後人端一杯茶站立靈前。有些媳婦平日被認為待公婆不友善的，此時會被宗族長者故意弄一個無把手的玻璃杯，倒上一杯熱茶，也不給墊襯之物，法師慢慢唱，媳婦被燙得只能

把杯子在兩隻手之間移來移去。茶涼了，又換熱的，因為「祭冷茶是對死者不恭」。通常他們的丈夫即死者的兒子也會遭受如此待遇。個別祭後，祭師還可以讓死者的全體後人並立靈前，唱一會又叫他們跪下去叩三個頭，如此反覆再三，這一程序可長可短，短的演上三五次則罷，長的則可十幾、幾十次，實際上是變相體罰。有的地方還有長子或長孫做「磕頭主」的習俗，專事在死者靈前或給長輩來賓磕頭，死者是多大年紀，一次就磕多少個頭。作者兒時有鄰里辦喪事時，一個小長孫在喪事期間竟磕了幾百個頭。年長者認為，父母養子女不容易，死了多給磕幾個頭是應該的，這也屬於報恩心理的一類表現。

中國民間的孝道和尊崇死者（所謂「死者為大」）的輿論力量是相當強大的。此外，人們也害怕死者的鬼魂，人們即便敢於在長輩生前刁蠻撒潑，但絕不敢斗膽去冒犯死者。死者躺在那裡，表情分外肅穆，一動不動，顯得高深莫測，不由得人不怕。

五、依戀心理

依戀心理指人們對於與自己關係密切者、崇敬者所產生的依賴、懷念的心理狀態，而這裡主要指生者對死者的此類感情。

生者對死者的依戀表現為感性的和理性的兩種形態。

1.感性依戀：指人們對去世的親人從感情上難以割捨，如老夫老妻共同生活了幾十年，艱苦與共，憂樂同嘗；先人則哺育了自己，傾注了無限的長輩之愛。現在，他們去世了，他們的音容笑貌還時常在眼前鮮明地晃動；或他們患病時受盡了病痛的折磨，自己竟無能為力；或現在失去了他們，自己在生活上變得單調、無聊和不方便了，因而對死者充滿了感情上的依戀。作者曾遇到過一位六十餘歲的老婦人，其父係抗戰時期的老幹部，戰爭年代出生入死，總算熬到了勝利年代；「文革」中竟又歷盡磨難，由於不堪受辱而幾乎喪命；「文革」後解放，1980年代中期卻患肝

癌。她父親屬硬漢一類人物，患病在床，時常痛得大汗淋漓，卻從來不曾哼過一聲，只是緊咬毛巾。她侍病在床側，常勸父親如果受不了，您就哼幾聲，我聽了也會好受一些。可她父親卻說：我能活到今日就不錯了，戰爭時沒被打死已很不容易了，後面這幾年（指「文革」以後）又是「白賺來的」。她父親直到去世都未曾哼過一聲。後來，這位婦人長期懷念她的老父親，時常以淚洗面，竟演變成憂鬱症。

　　2.理性依戀：這裡的「理性」只是相對而言，指生者對死者的豐功偉業、人格、智慧等懷有一種崇敬的心情，時常懷念他們；或生者對死者有所希望，比如潛意識地希望死者（的精神或亡靈）造福於自己。對於自己所敬仰的先人，人們一般不希望他們輕易消失，就像出過「大人物」的那些家族就特別熱中於修家譜一樣，而人們對於自己「不光彩」的先人則不願提及。

　　人類都具有偶像聯想能力，因而保留實物是寄託人們對死者的依戀並由此展開聯想的最好形式。諸如土葬、木乃伊、建造紀念碑和陵園、撰寫祭文碑文、保留死者遺物等行為，均內含依戀心理於其中。這樣，死者就「沒有離開」我們，「他還活著」，「他還在我們中間」等，所謂「睹物思人」，以此滿足人們對死者的依戀需求。司馬遷遊曲阜時，還見過孔子生前用過的馬車、衣物等用具，它們陳列在孔子廟中，供人憑弔，而此時離孔子去世已四百年了。

　　日本著名的「靖國神社」，係「明治維新」以後所建，其中放置著日本歷次對外戰爭中戰死者的骨灰及靈位，除每年按時祭祀亡靈外，歷屆首相就職前也均要參拜。二戰後，憚於中國和東南亞各國的反對，公開且大張旗鼓的參拜活動乃銷聲匿跡。但據報導，歷屆首相均以「個人名義」參拜過靖國神社。當反對之聲大起時，他們辯稱「為國家效過力的人，總不應被人忘記」云云，其取意在以「武士道」的殉國精神教育日本的下一代。

　　此外，民間必恭必敬地操辦喪事、建造墳墓、用各類物品陪葬，然後

每年按時祭祀、上供品之類，盡力使之奢華，這一切活動都包含有賄賂鬼神的用心，他們是希望先人的亡靈給自己帶來福祉。作者就多次見到一些人為祈求自己發財、全家平安、小孩考上大學之類的事，在廟中、墳前向祖先的「鬼魂」虔誠地祈禱祭拜，這也是所謂的理性依戀。

六、炫耀心理

炫耀是人希望在自己的人際圈子中展示自己優越的心理狀態，俗稱為想「露一手」。它是在自我意識基礎上生成的一類心理本能，賴以炫耀的本錢可能是錢、物，或社會地位、人緣關係、姿色、才智等。總之，只要是超出他人而又為他人認同的「優越性」，都可以成為炫耀的根據。秦末群雄並起，項羽率大軍攻入咸陽，由從前的亡命之徒一變而為霸王（諸侯之長）。富貴了便思歸故鄉。「人或說項王曰：『關中阻山河四塞，地肥饒，可（定）都以霸。』」書生勸項羽定都咸陽，以關中之富饒、山河之險阻控制天下，但項羽卻說：「富貴不歸故鄉，如衣繡夜行，誰知之者？」原來是想回去炫耀一番，最後落得兵敗身死（《史記·項羽本紀》）。

說到底，殯葬活動畢竟是生者所進行的，並且是辦給生者看的，操辦喪事要耗費相當的財富，動用相當的人際關係，因而，在任何時代，辦喪事都是對一個人（或家庭、家族）的財富、社會地位、家族勢力、人情厚薄及個人能力等的一次綜合檢驗。只有那些財大氣粗、當官為宦、或有相當社會關係網的人，才可能將喪事張羅得火紅風光。在一個流行隆喪厚葬風俗的社會中，喪事辦得愈大，看的人就愈眾，收的禮金就愈多，喪主的臉上便大有光彩，並大為人所羨慕。於是，操辦喪事就成了人們藉機炫耀自己存在的一次最「合法的」機會。喪主炫耀的不僅是財富、社會地位、家族勢力、人情關係、個人能力之類，而且他還向外界展示了自己的一片「孝心」。這些聲望很可能是爾後拓展人生的一筆無形資產。

　　社會中隆喪厚葬之風的盛行，必有大量的羨慕和認同這類「壯舉」的人群存在，隆喪厚葬者無非是要在他們中間獲得一種精神上的優越地位。否則，隆喪厚葬者鬧起來也就沒有味道了。藉喪事炫耀，古已有之。漢景帝時，洛陽人劇孟是個賭徒，他母親死了，送殯者多為社會上的體面人物，所乘的車子就有一千多輛，隊伍龐大，招搖過市，**轟轟烈烈**，時人欽慕不已。楚王相袁盎與劇孟交厚，當時一位富人不以為然，對袁盎說，劇孟不過是一介賭徒，你堂堂郡太守一級的朝廷命官，卻同他交友，豈不有失身分？袁盎說，劇孟確實是賭徒，但他母親出殯時有那麼多人送葬，可見其人不簡單。袁盎不僅繼續與劇孟交好，且和那名富人絕了交（《漢書·袁盎傳》）。袁盎以此判定劇孟的為人、社會能力等，這表明當時人非常看重並認同隆喪（以及厚葬），它是一個人被社會承認程度的一個「標尺」，人們當然要追求它了。當然，以隆喪厚葬進行炫耀，不會有人超過皇帝。皇帝以天下為「私產」，再向天下人炫耀，「示天下以威」，如巍峨壯觀的秦始皇陵、漢武帝陵都是興師動眾數十萬人，歷時幾十年才完成的，非國家的人力、物力，一般人根本是辦不到的。

　　以喪事炫耀於人是中國民間風俗中最壞的傳統之一，而且它又是在「孝道」的名義下進行的。此類把戲今天仍大有人玩。作者曾認識一位青年，平日不孝老母。1980年代初老母去世，他邀集一班人轟轟烈烈地大辦喪事，極盡排場。一些上了年紀者看了熱鬧回來，竟說：這伢子還是有點孝心。殊不知，那傢伙不過是想出一下風頭。於此亦可見中國傳統的「孝道」死亡文化對老一輩人的影響之深。民政部《鄉鎮論壇》雜誌1993年第8期就載有：某婦人中年喪夫，含辛茹苦哺育了二子一女，現年七十有餘，身罹重病，生活不能自理，子女均不願贍養，視為累贅，只得獨居一處。後經人多次說合，商定每個兒子養一個月（三十天），輪流照顧。若遇上三十一天，有一天便不得湯米，惟獨自傷心落淚，不久便死去。兒子竟花費數千元大辦喪事，真是「活著無人管，死後鬧排場」！而這數千元足可使他們的老母過上舒心的晚年。

七、攀比心理

在殯葬活動中，與炫耀心理直接相關的是攀比心理。實際上，這兩者是對同一行為的不同觀察角度，均源於人們的虛榮心。中國人是一個最愛面子的民族，這在世界上頗有聲名。一般而言，炫耀是少數突出分子的心理狀態；攀比則是那些羨慕、認同此類「壯舉」的大多數民眾的心理狀態。前者為主動形態，後者為被動形態。

例如，在中國傳統的喪葬心理中，一些人總是力圖超越他人，強出人頭，以此炫耀自己的不同凡響。「老子非要將吾父（或母）的喪事辦得這條街、這個區或本城市無人不知，誰個敢比？」他們又唯恐被人超越，因而四處比較，定要占居鼇頭才罷休。作者認識的一位自詡「超拔」者，幾兄弟合力將母喪辦得轟轟烈烈，街道上大有名聲，無人敢企及，幾年間尚未被超越，此老兄數年後談及此事，仍然是眉飛色舞。

由於這類「壯舉」為社會所羨慕、所認同，大多數人也就不甘為人輕視，他們奮力追趕，雖不求超越，也不要太寒磣，於是形成了中國傳統喪事中獨特的攀比之風。炫耀和攀比的對象，可以是社會性的，也可以是各家庭各家族之間的，甚至是兄弟姊妹或表兄弟姊妹之間的，人們暗暗使勁，看誰的能耐大，更能為死去的父母臉上「添光彩」。他們絕非比孝心，而是擔心自己臉上「不好看」。沒有這些人的積極參與，中國隆喪厚葬的死亡文化傳統就無法形成，因為決定一個社會風俗最後定型的畢竟是大多數人。

就攀比的一般性而言，它並非一定會造成喪事方面的競爭。只有當社會缺乏其他更吸引人的自我表現機會時（如經濟競爭、爭當英雄人物），人們才會將更多的攀比熱情或過剩精力投入喪葬中，並使之升級。喪葬攀比連同炫耀的流行是社會風氣普遍走向虛浮、奢靡的產物，同時又加劇了社會的這一墮落。

八、宣泄心理

宣泄心理是人們急欲發洩以求一快的心理狀態，其意義在於重建心理平衡。人們在單調而繁重的日常生活中，在與人的交往中，挫折、委屈、煩惱、鬱悶、憤恨等各種不良情緒時常積壓於心中，因為隨意發洩會帶來不良後果。於是，喪事就為人們提供了一個宣泄的機會。

一般宣泄的形式有兩種：

1.前來參加喪事者的宣泄：他們在喪事中盡力發揮「創造性」，大肆忙乎，宣泄掉過剩精力，啟動一下閒得太久的心靈，從而獲得一種活動補償，重建心理平衡。如雲南的一些少數民族中現在還流行著喪事中「跳喪」、「娛屍」的習俗，即誰家長者去世，大家相約到喪家，燒起火堆，圍著屍體（或棺木）又唱又跳，又喊又叫，盡情歡娛，通宵達旦。此時，參加者可以盡情地怪叫亂喊，而誰在平時這樣做，則會被認為神經有毛病。自然，如此一鬧還可以減少喪家的悲涼氣氛。

2.喪家的宣泄：父母去世，子女後人大哭，俗語說：「兒哭一聲，驚天動地。女哭一聲，嬌聲嬌氣。」男兒不善哭，哭一聲就了不得，心中必有真情要吐。老夫喪老妻，老夫多以淚洗面；老妻喪老夫，老妻則常常哭得有聲有色，死去活來，蓋女性的承受力不如男性。中國舊式女人哭喪很有講究，一邊哭，一邊數，數到傷心處時，則呼天搶地。而且不同的地方哭喪的招式大體相同，不知道的，還以為有人統一過程序。她們哭訴的內容，多係追述從前的恩愛、解釋一些平時的誤會、訴說生存的艱難等等，一些平時不能說、不好說的話在這時似乎都變得好說了。總之，是一吐為快，不吐不快。上年紀的人遇到此類事，不忙著勸，而是說：「讓她（他）哭，哭一下心裡會舒服些」、「憋在心裡反而會傷人的」等等。在佛洛依德提出這一理論以前很長的歲月中，人們從生活實踐裡已懂得了「宣泄」的道理。

作者曾聽人講述過他街道上1960年代初的一件事：一位三十多歲的婦

人亡夫，丈夫是篾匠，日子過得很艱難，夫妻卻倒恩愛。此時丈夫撒手而去，留下四個年幼子女，大的不到十歲，小的剛會走路。喪事期間，婦人已哭哭啼啼不休；伴宿❸之夜行奠祭儀式時，大約是為了渲染悲哀氣氛，祭師唱祭文時反覆吟唱夫妻平日的恩愛，這婦人一下子愈發哭得不可收拾，邊哭邊數平時生活如何的艱難，夫妻又如何的相互體貼；接著一轉，「你就這樣去了，丟下我和四個孩子，我如何活呀？」聲調尖而高亢，嚎啕大哭，以頭撞棺木，決意要隨丈夫一同去。在場者無不為之淚下。完後，街坊上不管熟的不熟的多主動給她募捐，據說也募了不少錢。這婦人就是透過喪事盡情地宣泄她平日所積壓而又沒有機會表達的傷心和痛苦心情。若無緣無故地如此哭訴，人們所產生的感受恐怕就不會是同情，而是反感。

九、權力心理

在一般意義上，權力就是一種支配關係。權力心理指人們力圖支配物和人的一種心理傾向，它表現為一種支配慾望。權力心理或權力慾望，源於人內儲能量的多寡和智慧的高低。就是說，能量愈盛、智慧愈高者，其權力慾望就愈強烈；反之則較低。此外，與人的氣質相關，性格外向者一般比內向者具有更強烈的權力慾望。由於權力慾望與人的能量、智慧相聯繫，這兩者又是人必具的，因而，凡是人都有權力慾望，差別只在於強烈的程度。

人們實現權力慾望必須以一定的物或人為媒介。倘若這一外部關係不能有效地建立，那麼，權力這一主觀願望就終只是空想。某人若強行去建立這一類關係，則必招致他人的反對，乃至觸犯法律。例如，沒有一定的

---

❸ 伴宿：喪事殯期的最後一夜，也是出殯的前一夜，喪家要於此夜舉行奠祭儀式，南方叫「做道場」，北方多稱「辭靈」，徹夜有人守靈，故曰「伴宿」，是喪禮的最高潮。

錢財就不能大擺宴席，沒有一定的政治權力就不能任意指揮他人。

　　每一社會都給人們提供了經濟、政治、軍事、文化、社會生活等大量的活動機會，人們於其中或支配物，或支配人，即從中獲得權力機會、權力滿足。換言之，每一職業、每一次活動都給人們提供了一定的權力滿足。但是，社會活動總量在每一時期都有限，它對於整個社會的人們可能本來就不足，此即「社會活動的缺乏」；此外，由於各種原因，該總量分配給各人的份額又不平衡，有的人獲得的多（如腰纏萬貫；或身兼數職，集諸權於一身，忙得團團轉），有的人獲得的少，有的人可能近乎零（如魯迅筆下的阿Q）。這樣，社會中相當一部分人就感到自我實現困難，他們很難找到「一逞其能」、「表現自我」的機會。當然，人們一方面會去開闢新活動，如古代的江湖結社、近代的對外航海通商、文化創作之類；另一方面，則是盡力擴張舊有的活動形式，如殯葬的大肆操辦，逢年過節、嫁娶、祝壽、遷居等活動的大肆鋪張均是如此。中國人歷來是一個愛熱鬧的民族。其原因就在於人口眾多，而社會活動相對缺乏，於是就透過這些活動的盡力擴張（擴大熱鬧度）來創造活動機會，提供活動機會，以滿足權力心理。

　　例如，在中國傳統的殯葬模式中，誰家長輩去世了，必四方訃告親友，親友們則群集而至，愈是得閒的地方、得閒的季節，那些前來幫忙的、湊熱鬧的閒人就愈多。事實上，殯葬中的很多事情是由於「幫忙」的人太多而生出來的，但喪主絕對不能拒絕他們。如前所述，由於社會認同隆喪厚葬，他自然希望來的人愈多愈好。在喪事的大肆張羅中，喪主出錢支撐整個活動。只要有了錢，許多大大小小的權力或活動機會自然就產生了：喪主指定一位「總管」（有時是內、外兩名），下設廚房、招待、採買、搭棚、布置、寫字、迎送、對外聯絡、放鞭炮、守靈、唱祭、出殯……等。每個位置上都是一份活動，同時也是一份權力，有指揮的，有動手的，有跑腿的，有出嘴吃的，有出嘴侃的，玩的玩、鬧的鬧，一時熱鬧非凡，名曰「幫忙」，實則是「愈幫愈忙」。在中國農村，愈是那些得

閒又有一定活動能力並精於此類事務者，在殯葬中愈是容易成為頭面人物。他們對地方上的隆喪厚葬起了推波助瀾的作用。

可以說，在一個社會活動相對不足的地方，殯葬的大操大辦客觀上為人們提供了一種滿足活動慾望、實現權力心理的補充形式。

第四節　社會價值觀念

價值觀念，簡言之，即人們對一類問題的看法，它標明的通常是一類問題的意義何在及其行為規則。價值觀念是社會意識系統的自覺部分，它高於社會心理，是社會心理的意識化，是理論思維的產物。社會心理多少有些陰暗色彩，屬人們的「私有物」；而社會價值觀念總是堂而皇之，為社會所認可、一般民眾所接受的一類理論性規範，其意義在於教化和統一民眾。形象地說，人們的行為在「暗」處更多地受心理支配，在「明」處則必須受社會價值觀念的支配（有些時候，人們說一套做一套，或做一套說一套，就在於社會心理和社會價值觀念之間有落差）。

影響殯葬的價值觀念，指人們在殯葬活動中起指導作用的「意義認知」。當然，這裡必須區分民間的價值觀念和國家提倡的價值觀念，兩者之間的吻合程度常常反映了社會的和諧程度。

這裡討論對殯葬活動影響較大的五類價值觀念，即鬼魂觀念、永恆觀念、孝道觀念、家族觀念、等級觀念。

一、鬼魂觀念

已如前述，鬼魂觀念是人類最古老的觀念之一，具有國際性。它產生於原始時代，源於原始人對人自身的二重化，即肉體生活和精神生活、現實生活和來世生活的分離，受原始人類力圖超越死亡這種生命激情的驅

動。當然，它最深厚的「根」還在於對現實生活的熱愛，來世生活也只是對現實生活的延續想像。

　　人具有靈魂和肉體，死後，肉體歸於塵土，靈魂則為鬼魂到另一個世界去過另一種永恆的生活。這一觀念在過去的幾萬年中是確定不移的，它影響到人們生活的各個方面，並主宰著人們的殯葬領域。翻開任何一個民族的殯葬活動史冊，其中無不充斥著鬼魂觀念。人類最早的死亡觀便從這裡發源，並且，迄今人們的死亡觀仍與它相聯繫。以至於可以說，沒有鬼魂觀念就沒有死亡文化。

　　靈魂學說的產生本是原始人為解釋人的「二重化」、戰勝對死亡的恐懼以及超越死亡的傑作，當它又不可避免地帶來了對鬼魂、來世懲罰的恐懼，並為後世的國家所利用。這大約是靈魂學說的創始者所始料未及的，可見事物也總有「一正一反」。

　　要知道，人類公開反對神靈，主張「無神論」，只是15世紀前後「文藝復興」以來的事情。自那以來，實驗科學興起，人們對自然和社會的知識，其中包括對人自身的認知正逐步增長，推動了人們的思想解放運動，人們愈益從靈魂（鬼魂）、神、上帝之類的觀念中擺脫出來，他們聲稱要從世界的本身去認識世界。這一過程產生了近五百年的人類文明。而這一精神解放過程在中國則不過百來年。

　　但是，我們絕不可以認為，具有現代科學技術、能將人送上月亮的現代人已擺脫了鬼魂（靈魂）觀念，或正在愈益擺脫。比如，1980年代以來在中國再次興起的隆喪之風、抽籤算命、看風水、整治祖墳、修廟熱，以及國外（那些「發達」國家）所謂用電腦算命、「邪教」的興起（如日本1995年有著名的「奧姆真理教」施放神經毒氣的「邪教事件」）等等，都表明了人們仍在以各種形式認可著一個冥冥的未知世界的存在，「迷信」同一個社會的科學技術似乎並不成反比例關係。儘管人類可以誇口自己的科學技術在這五百年已獲得了如何大的發展，但世界迄今向我們表明它是無邊無際的，這無邊無際而又非常具有「秩序性」的世界，是很容易

將人們引向造物主的。

所以，一旦人們不能解釋許多現象，從而妨礙自己心靈的「完整」時，或說一旦人們的精神失去「立腳點」時，抽象世界就會被復活。作者無數次地觀察過人們清明節上墳時的情形，那些大人們將酒菜擺好，抱著小孩給先人亡靈磕頭，口中念念有詞地要先人亡靈保佑小孩的未來，云云。每年參加大學聯考的高中畢業生有相當一部分以各種形式求過神問過卜，有的由他們的父母代行，有的則是他們自己求的。而這些人，談論起科學知識也有他們的一套，並不遜色。

鬼魂觀念在人類歷史上對人們的生活起過重大作用，尤其直接造成並推動了死亡文化的演變。今天，這一觀念仍在影響著我們的社會生活，由於它的根紮在人類的心靈深處，對它的宣戰就將是一場沒完沒了的「戰爭」，以後是否會以某種形式復活尚是一個未知數。因而，認真地研究鬼魂（靈魂）觀念，對於認識過去的死亡文化是必不可少的，對於今天或未來也有借鑑意義。

二、永恆觀念

永恆觀念是在永恆心理（或渴望）基礎上形成的一類清晰有系統的意識認知。它明確表達了人們的這類願望：希望自己、自己所崇敬的人或事件永遠不逝，或聲名永存。永恆心理與人類同在，但永恆觀念的形態卻隨各時代、各民族的變化而不同。

最早的永恆觀念是原始人以「靈魂不死」為核心建立起來的，它是人類追求永恆、不朽的初步理論嘗試，一次偉大的精神創造。它構成了原始人精神世界的支柱，幫助人們在漫長的歲月中戰勝了孤獨和空虛感。捨此，原始人的心理難以平衡，會出現心理饑餓，進而還可能導致社會行為的混亂。「輪迴轉世」也是靈魂不死的產物，它在原始時代就產生了，並為文明時代的許多宗教所接受，如佛教。

　　歷史上，一切宗教都包含系統的永恆學說。它告訴人們什麼是永恆，如何追求並達到永恆。因此也可以說，宗教就是在「神」的名義下向人們灌輸永恆，以及達到這一永恆的一類學說。人類就這樣在「神」的名義下滿懷信心地投入到外部生活中去。

　　儒家學說將永恆移到地上。可以說，它是對殷商以來鬼神學說的一次理論反叛。孔子本人是一位汲汲於永恆的追求者，所謂「君子疾沒世而名不稱焉」，但他的永恆學說「三不朽」是世俗的、非神的、入世主義的，它教導人們將自己生命的永恆性融化於自己民族、社會乃至人類的無限延伸之中。由於儒家重家族、重孝道，因而對子孫後嗣尤其看重，也就是將自己生命的永恆性融化於本血緣的無限延伸之中，斷絕血緣被認為是「大不孝」，於是有古訓「不孝有三，無後為大」❹。前者維繫了一個民族或社會，後者則維繫了一個家庭（及家族）。中國人對錢財有句格言，曰「生不帶來，死不帶去」。也就是說，他們從沒有視錢財為不朽。當然，這絲毫不影響中國人對物質財富的奢望和渴求。

　　此外，中國歷史上還有民間一小群知識分子組成的煉丹、求仙的群體，如西晉葛洪煉丹、八仙傳說，以及宮廷帝王和王公勳戚們對長生不老的祈求。中國四大古典小說之一的《西遊記》中，妖怪們爭相要吃唐僧肉，就是由於認為吃了唐僧肉可以長生不老，也反映了古代人們對永生的渴望。

　　任何時候，超越死亡都構成死亡文化的主旨；而永恆觀念就是超越死亡的理論表現。在任何死亡觀中，我們都可以發現對於「永恆」的理解。它具體地支配著人們的殯葬行為，並影響到人們全部的生存活動。

---

❹見《孟子・離婁上》。趙岐注：「於禮有不孝者三，阿意曲從，陷親不義，一不孝也；家貧親老，不為祿仕，二不孝也；不娶無子，絕先祖祀，三不孝也。」

三、孝道觀念

我們若以後世的觀點去看待原始時代，常會發生錯誤，如孝道觀念。原始時代生計艱難，一切以「種」的延續為最高原則，社會由強者主持，因而那裡是否流行「孝」的秩序就大可懷疑了。《史記·匈奴列傳》載，匈奴風俗是「敬壯侮老。壯者食肥美，老者食其餘」。作為遊牧民族的匈奴，此時已初步建立了國家，可仍未有孝道文化，故被中原蔑視為「化外」蠻夷。15至16世紀，西歐殖民主義者到西印度群島時，那裡的土著還流行著「食人」遺風。逢災荒年，土著們常將那些被視為「無用的」老人打死，分而食之，而寧願留下狗，因為狗還可以幫助人追兔子。一到災荒年，行動不便的老人便知道大禍將要臨頭，掙扎著往山裡跑，但人們還是無情地追上去殺死他們，然後烹而食之。連號稱粗野強悍的西歐殖民者也不忍看這一慘狀。

人類進入文明社會，隨社會財富的增長，知識技能的累積，尤其是農業的發展，人們的社會生活漸趨穩定，孝道文化便逐步建立起來。在古代，愈是先進的農業民族，孝道文化就愈發達，中國古代則是世界上孝道文化最發達的國家。

西周被認為是中國古代制度重大變革時期，「周禮」將孝道系統地納入了禮制規範，如「三禮」之書《禮記》、《儀禮》、《周禮》中都有相當的記載。它們既反映了西周的孝文化，也反映了早期儒家對這一文化的發揚。西元前11世紀的西周就制定過我國現知最早的敬老法令「王杖詔書令」，規定凡年齡在七十以上者，由朝廷賜予「王杖」（頂端刻有斑鳩的特製手杖），持王杖者在社會上享有種種優待和照顧，其地位相當於年俸祿600石的官吏，出入官府可以不受禮節限制，做小本生意免稅，有敢於侮辱持王杖者，按蔑視天子論罪，處以死刑等。

儒家學說直接源於周文化，其最高境界是「仁」，其基本出發點則是「孝」。儒家時常將孝（或仁）推到本體論高度，《禮記·祭義》：

「曾子曰：夫孝，置之而塞乎天地，溥（敷）之而橫乎四海，施諸後世而無朝夕，推而放諸東海而準，推而放諸西海而準，推而放諸南海而準，推而放諸北海而準。」甚至「樹木以時伐焉，禽獸以時殺焉。夫子曰：斷一樹殺一獸，不以其時，非孝也」。這樣，「孝」作為宇宙的、自然的真理，進而人際的真理、人對待禽獸的真理被設定下來，它是一個不證自明的大前提。此即西漢「天人合一」理論的來源，對後世兩千餘年影響非常深遠。

到兩漢，儒學大行於天下，統治者以此治理國家，漢朝以後均號稱「以孝治天下」，所謂「忠臣出於孝子之門」。忠、孝在中國傳統文化中也被視為人生道德修養的最完美境界。

由於孝道在中國歷代意識形態中的核心地位，不理解它，就不可能懂得中國古代傳統文化，其中包括死亡文化。

孝道觀念進入死亡文化，深深地影響到殯葬行為規範。在中國，殯葬是以「孝」為經線編織而成的死亡操作程序，所謂「生，事之以禮；死，葬之以禮，祭之以禮」，由此又形成了一整套相應的殯葬行為規範，如喪禮、哀、敬、守制、諡法、祭文、廟等。這些必須體現孝原則，因而它又是完善、深化孝道的一類社會行為。這類規範對中國民間的影響至深。比如，現在在一些大中城市仍有相當多當街搭棚辦喪事的習俗，儘管吵得左鄰右舍乃至一條街不得安寧，但很少有人敢於理直氣壯地去干涉，因為他們是在對死者履行「孝道」（所謂「死者為大」、「孝道盈天」）。

當然，任何文明民族的文化中都包含有「孝道」，如基督教等宗教中就提倡要孝順父母，並毫無例外地影響到死亡文化及其殯葬行為規範。但是，它們遠沒有像儒家文化那樣抬到至高無上的高度，比如基督教就是在「回歸」到「主」的名義下辦喪事的。

四、家族觀念

家族（家庭）是以血緣關係為紐帶所組成的一類社會集團，對血緣關係的認同構成其心理基礎；家族（家庭）觀念則是由這一血緣認同心理發展起來，具有排他性的、利益與共的一類價值認知。可以說，愛戀、保護自己的後代是人類從動物帶過來的自然本能，如母雞為保護小雞就敢於同鷹搏鬥。人類則將這一自然本能的行為社會化、制度化、意識化了，即所謂家族（家庭）的社會結構及其觀念。

在原始時代，家族與社會是同一的。後來社會擴大，家族逐漸發生分化。異族人的加入，也促進了家族的分化。家族的發展，又導致了小家庭的出現。社會便這樣開始分裂，逐步出現以家族及家庭為形式的眾多社會小單位。這一過程是伴隨著定居農業的大發展而全面展開的，即農業愈發達，家庭單位分裂得愈小；而愈是農業社會，對家庭就愈是重視。在中國，至少從商、周以來就形成了一套為官府所認可的家族宗法組織系統，它在本家族內擁有相當大的權力。古人也很早就認識到家庭的重要性，並對穩定家庭從而穩定社會傾注了極大熱情，表現了極大智慧，因而使中國古代的家庭學說尤為發達。《易經》曰「家定而天下治」，民間則有俗語「家和萬事興」。正是由於家族、家庭的實際重要性，以及歷代國家的推崇，人們的家族、家庭觀念千百年來極為牢固，它影響到人們社會生活的各個方面，其中包括死亡文化。

人們重家族、家庭，其意義有二：一是藉家族勢力獲得援引，以壯聲威，更加地發展或表現自己；二是傳福祉於後人，使子子孫孫興旺發達，以實現生命的永恆。中國人的後一心理尤其濃烈，以至於他們為子孫而甘願犧牲自己的行為常常達到極其感人的程度。前者如當親人去世時，喪家要依去世者的輩分、地位，分別通知本家族的各家庭及諸血緣親戚，那些人有「義務」前來奔喪或幫忙。人們在喪事中的炫耀、攀比及其由此所引起的隆喪厚葬，主要是以家庭為單位進行、以家族為單位極力誇

張的。比如，舊時鄉下某姓某家的喪事辦得非常隆重，則該姓的臉上都有光彩，地方上的父老會說：「某姓家的人真有能耐！」而本家族中若有一位顯赫的先人，無疑又要為本家族增色不少。後者則有對子孫的教育、培養，留遺產於後人，為死者選墳地也無非是企圖為後世求福，使本家族世代顯赫，等等。

歷史上，中國人在遺福祉於後世上有兩類截然相反的觀念：一類是希望死後擇個風水寶地，企圖藉「地脈」之靈氣庇佑後人，這產生了所謂「風水」說。其中有的人生前極盡奢侈，甚至大幹其壞事，卻寄厚望於地氣。二是生前廣積善緣，希望以此感動「神明」，造福於後人，這對純化道德起了很好的作用。

如《漢書·丙吉傳》載：丙吉品德高尚，一生做好事從不張揚，且能寬人小過。漢宣帝（漢武帝之孫、戾太子之子）因父親罪過出生於獄中，多虧丙吉細心護養而成活，且冒殺頭危險而拒絕了漢武帝誅殺幼孫的詔令。後漢宣帝登基，四處察訪幼時的救命恩人，由於時間久遠，而丙吉又不願聲張，以致長時期無法找到（一些冒名者則乘機邀功而獲罪）。最後終於找到丙吉，漢宣帝欲封他為博陽侯以報撫育之恩，此時丙吉卻已重病垂危了。漢宣帝很傷心，說，如此好人生前竟得不到封賞，老天太不公了。太子太傅夏侯勝卻認為丙吉不會死，理由是「臣聞有陰德者，心享其樂以及子孫。今（丙）吉未獲報而疾甚，非其死疾也」，後果然痊癒而受封賞。《漢書·于定國傳》亦載：定國父先後任縣獄、郡決曹，老先生一生斷案謹慎、公平、廉潔，犯法者經他判決的「皆不恨」，民間感其恩德，為之立「生祠」，號「于公祠」。晚年，他家院牆壞，地方父老都來幫忙修治。于公說：請將門稍修高大一些，讓「駟馬高蓋車」能夠出入，「我治獄多陰德，未嘗有所冤，子孫必有興者。」後來，其子「定國為丞相，（孫）永御史大夫，封侯傳世云」。《後漢書·虞詡傳》亦載：虞詡祖父虞經為郡縣獄吏，決獄公正無私，一生無受冤者。他曾說：「吾決獄六十年矣，雖不及于公，其庶幾乎！子孫何必不為九

卿邪？」小孫子虞詡出世時，乾脆就取字叫「升卿」。虞詡年少聰穎好
學，有孝行；後從軍，以武功升尚書僕射，又遷尚書令，位列九卿。虞詡
臨終對兒子說：自己一生為官正直，行為無悔，所悔者只是在朝歌做地方
官時，曾「殺盜賊數百人，其中何能不有冤者。自此二十餘年家門不增一
口。斯獲罪於天也」。虞老先生認為自己為官時殺人有冤者，以致子孫不
興旺。

　　陳平智謀過人，助高祖定天下，封「戶牖侯，世世勿絕」。後又為丞
相，參與平諸呂之叛、迎漢文帝登基等漢初重大決策。陳平曾很哀傷，
說：「我多陰謀，道家之所禁。吾世即廢，亦已矣，終不能復起，以吾
多陰禍也。」陳平乃謀臣，一生專事策劃於密室，出奇計，算計人，他
認為這些「詭計」會給自己的後人帶來厄運，後嗣將「廢」，並再也不
能「復起」了。侯位傳至曾孫，因搶人妻犯法，殺頭，國除。宋代洪邁
在《容齋隨筆・張良無後》中云：張良和陳平皆為漢高祖謀臣，出「奇
計」有甚於陳平，陳平傳國至曾孫而絕，後世也沒能再興起來，果然應了
他的話；而張良的侯國只傳到兒子便被撤銷，離張良死去才十年，「後
世不復續封」，比陳平更慘。他說，其原因是張良生平給漢高祖出過幾個
大大「有損陰德」的「詭計」，其缺德的程度不亞於「坑殺降卒」，故
「其無後亦哉」！

　　這些為子孫積陰德的家族觀念在中國古代非常盛行，頗為根深柢固，
史書亦多記載。即便現在的一些老人亦以此教導後人多做好事，以邀神
庇，所謂「為人莫做虧心事，舉頭三尺有神明」，須知「善有善報，惡有
惡報。不是不報，時候未到」。

　　於此可見，「因果報應」（包括「輪迴轉世」）之說在中國起源很
早，並非只是隨佛教而傳入。以現代科學觀點看，後人的成就（外界原
因）大約是祖先高尚的美德、超人的才智對後人長期的薰陶，以及艱難的
環境對人磨練的結果，而富貴之家則由於權勢顯赫、多良田美宅而易出紈
袴子弟，所謂「富不過三代」。

　　中國死亡文化的實物形態中，最能體現家族觀念的恐怕莫過於祖墳。它以家族血緣認同為依歸，不僅被視為先人的「陰宅」、聚集之所，而且是先人生命的延續、象徵，還是本家族、家庭賴以興旺發達的「氣數」所在（所謂「地脈」），心理寄託所在，如此等等。因而，民間有傷心事時，常比喻為「被掘了祖墳」。

　　非常值得注意的是，儒家將孝道與永恆、入世主義、家族、天下聯繫起來考慮，所謂「吾道一以貫之」。司馬遷的父親司馬談臨終「執（司馬）遷手而泣曰」：自己的祖先是很光榮而顯赫的，並世代為太史公。但「後世中衰」，這個偉大的家族難道要在自己這一代斷絕嗎？（「絕於予乎？」）他為此很傷心，希望司馬遷能繼承祖業，為太史，著出一部偉大的史書來，完成自己未竟的事業。「且夫孝始於事親，中於事君，終於修身。揚名於後世，以顯父母，此孝之大者。」（《史記‧太史公自序》）正是這一「使命感」使司馬遷忍辱含垢，潛心治學數十年，完成了史學巨著《史記》，不僅為後世留下了一部偉大的史學著作，也為他自己及其家族留下了永恆的名聲。

五、等級觀念

　　人類社會的等級存在可追溯到動物世界，比如，一群猴子、一群狼、一群螞蟻之中都有一個國王式的「首領」。該首領地位是靠武力獲得的。只是人類不再像動物那樣依恃體力和爪牙去掙得較高的等級地位，而是愈益依賴智慧、財富和社會關係（如政治關係）等條件，來攫取更高的等級。當然，這裡僅限於討論死亡文化中的等級觀念，而一般意義上的等級問題則應留給社會學、政治學去討論。

　　中國人歷來是一個重等級的民族。據典籍載，至少自商、周以來就將人劃分為眾多的等級，如西周時就有「十等」之說。《左傳‧昭公七年》：「天有十日，人有十等，下所以事上，上所以共（供）神也。故王

臣公，公臣大夫，大夫臣士，士臣皂，皂臣輿，輿臣隸，隸臣僚，僚臣僕，僕臣臺。馬有圉，牛有牧，以待百事。」這還只是粗分，細分則一些等級中還套著等級，如大夫（即卿）就有上卿和下卿之分。商鞅變法立爵位二十等。這些等級之多、之繁瑣，以致後人學歷史時很難記住它們。各時代的變遷只是改變了等級的名稱或多寡，而不可能改變等級本身。

社會等級（觀念）的存在，不僅僅影響到人們的社會生活，而且深深地影響了死亡文化，諸如死的稱呼、殯的日期、喪事的規模、陵墓的大小、祭禮的物品等等，都有嚴格的明文規定，違之者為「逾禮」或「違制」，要受懲罰，嚴重的處死刑。

如死亡的稱呼：天子曰「崩」，諸侯曰「薨」，士曰「不祿」，庶民曰「死」。喪禮及祭祀也各有定制，諸如墓前擺設什麼、墳起多高、祭品用什麼和用多少等，按死者生前的社會地位各有規定。如唐朝就規定：三品以上官員，陵前可設置石人一對、石虎一對、石羊一對；五品以上，可設置石人一對、石羊一對。《國語·楚語》載：祭祀時國君用牛，大夫用羊，士人用豬、犬，庶人用魚。祭祀上最高級別是「太牢」，用牛、羊、豬三牲；其次是「少牢」，用羊、豬、雞。祭祀對象上，諸如祭天、地是天子的特權，他人不得私祭，否則有「謀反」之嫌。對死者的諡法也名目繁多。由於禮多難記、難操作，故各朝均設有經過專門訓練的專職禮官。

只要等級存在，人性就會極力追求更高的等級，如俗語所云「人往高處走」，殯葬的炫耀和攀比也無非是為了上等級、上臺階。在死亡文化中，一些等級是國家規定的，它重在抬高死者的社會地位，做一種價值導向。同時，民間透過錢財也可以將喪事辦得轟轟烈烈，從而抬高自己家族的社會聲譽、社會地位，如時下的隆喪厚葬。還可以花錢買官爵以使喪事的等級提高，如《紅樓夢》第十三回寫道：秦可卿去世，其夫賈蓉「不過

是個黌門監生❺，靈幡經榜上寫時不好看，便是執事也不多」。賈蓉之父賈珍想起「心下甚不自在」，於是走宮內後門，花一千兩百兩銀子買了一張五品龍禁尉的委任狀。次日，「靈前供用執事等物，俱按五品職例」，「更有兩面朱紅銷金大字牌豎在門外，上面大書：『防護內廷紫禁道御前侍衛龍禁尉』，以及榜文上大書『防護內廷紫禁道御前侍衛龍禁尉賈門秦氏恭人之喪』。」這一來就壯觀多了，「想來是為喪禮上風光些。」

　　社會等級（觀念）對死亡文化的影響，主要表現在喪事操作的方式和規模的大小上，它蓄意要顯示死者的社會地位，並作為一類社會價值導向。而人們為死者求等級，實則是在為生者求地位、求光彩。充分地認識這些，對於理解殯葬行為從而理解整個死亡文化是極重要的。

 ## 第五節　社會需要

　　社會是一有機的系統整體，它所內含的全部活動構成統一的社會活動。任何時候，社會的「生存」都是基本目標，而「發展」則是最高目標。這無形中導致了一個基本原則：人們希望每一類社會性活動都有助於維繫、推進本社會的生存和發展，或至少要防止那些有害於本社會生存和發展的活動的產生、蔓延。這樣，社會就從客觀上對各類社會性活動都提出了一些帶規範性的「社會需要」。比如，各社會都要求人們要孝順父母；要求人們遵守交通規則、不要隨地吐痰；要求人們保護耕地、水源，等等。

　　安置死者是一類社會行為、一類文化，由於它和人們的生存及其生存文化相聯繫，也就是說，安置死者會影響到生者（如生活狀態、生活信

❺黌門：古代的學校。監生：明清兩代稱在國子監（國家最高學校）讀書或取得
　了進國子監讀書資格的人。清代可以用捐納的辦法取得這種稱號。

念等），因而社會便產生了各時代各民族對死亡文化的「社會需要」問題。當然，由於情況的差異性，各時代各民族的死亡文化在社會需要的內容上各不相同，並由此形成了死亡文化中千姿百態、各具特色的社會性規範。

死亡文化的「社會需要」大體上可歸納為三大項，即社會心理的需求，社會教化的需求，社會生活條件的需求。

一、社會心理的需求

具體地說，每個社會的死亡文化不僅必須符合當時人們的一般精力狀態、心理狀況，而且必須滿足人們的這些精力和心理等需求，這些已在第一、三節中做了相當的討論。比如，朝廷或地方官府在沒有找到更好的替代活動以前，只要沒有違反國家的有關規定，便不可能強行去禁止民間熱熱鬧鬧辦喪事。因為他們喜歡這類活動，所謂「人情所好，聖人不禁」，否則，該死亡文化就不會為社會所普遍接受。

二、社會教化的需求

治理社會就是治理人；治理人的關鍵又在於治理人心，即教化人。歷史上，一切宗教、社會學說其用意都在於教化人。任何時候，社會總有一個占統治地位的意識形態，它就是社會教化的最高思想，死亡文化則是這一教化工程的一部分和延伸。比如，基督教的死亡文化在上帝、靈魂的名義下實施對人的教化；儒家的死亡文化則在孝道的旗幟下進行這一教化，所謂「慎終追遠，民德歸厚」就是這一文化的綱領。這一類教化，大量地表現在死亡文化的觀念形態上，諸如，生命的意義、死亡觀等，即教導我們應如何對待生命和死亡，其中包括自己的和他人的。

自然，對死者的安置方式也必須和社會的統治思想以及當時人們的

認知水準相一致。比如，對忠烈的褒揚，中國明、清以來視火葬先人為「不孝」而予以禁止，不肖者死後不准入祖墳是對死者一項嚴厲的懲處（它旨在警告生者：不要仿效死者生前的那些罪惡行為）。

三、社會生活條件的需求

死亡文化必須吻合人們的社會生活條件，而不能破壞它。這裡的生活條件包括「社會性的生活條件」和「自然性的生活條件」：前者如中國古代的血緣關係在喪事中，就有效地發揮了家族（家庭）的凝聚作用，從而安定了社會。再如，中國古代對祖墳的極端重視，它符合少變化少遷徙的農業社會生活模式，並有助於鞏固它。這些均為有利於「社會性生活條件」的良性化，也就是使這一生活結構更為穩固，故歷代受到鼓勵，相沿不絕。歷代對水葬的禁止也在於保護生存所必需的水資源，而現代提倡火葬則在於死者不能和活人爭地，此類則為有利於「自然性的生活條件」的良性化，即保護生存環境。死亡文化是生者創造的，死人最終必須讓位於活人。

從廣義上，前面都是在討論死亡文化賴以形成的社會需要。不過，須區分一般意義上的社會需要和階段性的社會需要。前者是任何時候都不可或缺的社會需求，其意在維持社會的平衡；後者則是這些需求在階段上分布的不平衡，比如，當社會的某一方面非常缺乏或過於突出，有待加強或削弱時，社會就會從這一方面極力強調之，以求再造社會的平衡。例如，當人們過於自愛而不顧社會安危時，死亡文化的生死觀就會鼓勵仁者之生和壯烈之死；當人們普遍的不孝達到破壞社會的人際聯繫時，死亡文化就會極力強調孝道；當人們的喪事鋪張達到影響正常的社會生活時，就會極力提倡簡喪薄葬，如此等等。這就是死亡文化的一般性社會需要和階段性社會需要。在這裡，死亡文化就成了穩定社會的一個不大不小的砝

碼。

　　社會需要在大多數時候是自發的，人們並未意識到它，即它還處於民風民俗範疇；一旦進入自覺狀態，便成為社會價值觀念，即意識形態。當社會自身不能自我調節自己的需要時，這一需要就會進入國家意志，即由國家來強行予以調節。死亡文化也是如此。

第六節　國家的作用

　　對於國家，可做兩層理解：其一是全社會意義上的國家。個人慾望及其行為是任意的、無規則的，因此，眾多個人之間的關係就會變得難以協調，社會混亂必將難以遏制，因而，國家對於社會進行強制性的控制就必不可少。而且，國家是全部社會活動的一個總調節器，通常也是全社會整體利益和長遠利益的最高代表，它會透過一系列的活動來控制整個社會。

　　此時，國家對社會的調節、控制是透過兩種方式進行的：(1)道德引導。國家歷來是社會最高的「道德」楷模，國家統治集團為本階級的利益，會給整個社會做出道德的價值導向，如孔子所云：「其身正，不令而行；其身不正，雖令不從。」「上好禮則民莫敢不敬。」（《論語·子路》）所謂「君子之德風，小人之德草，草上之風，必偃」（《論語·顏淵》）。倘若楚王好細腰，宮中則有餓死者。歷代國家還對那些有德行者大力褒獎，並給其中的「超拔者」樹碑立傳，兩漢舉孝廉、賢良、方正任以官職，均取此意。(2)強力壓制。國家發布政令、法規，並以所擁有的武力強制人們遵行，否則懲罰之，18世紀英國哲學家霍布斯一派人曾極力推崇國家，並將國家比喻為「地上的神物」，其意即在此。中國古代這兩手被稱為「文武之道」。

　　其二，因為國家並非總是正確地代表著全社會，於是，它就成為少數

人意義上的國家。任何時候，國家總是由一部分人所代表著，他們也是一群充滿慾望的個人，他們有可能只顧自己及其小集團的利益，或不能有效地協調全社會的利益，因而愈益成為與社會相脫離的「國家集團」。如果18世紀法國國王路易十四曾宣稱：「我死後，管他洪水滔天。」這表明，他對身後的社會不再感興趣，也不再負責任，而只求自己在世時能夠安享太平、窮奢極侈就行。當國家愈來愈依賴強制力而少以道德方式統治社會時，則表明這一脫離更嚴重。不過，我們最好還是將這一類問題留給政治學去研究，而繼續討論殯葬。

由於死亡文化及其殯葬活動不是單純安置死者的行為，不是單純個人行為，它涉及到生者，涉及到整個社會，因而於其中就經常可以發現國家的影子。大體上，國家會依據社會需要（參見第五節內容）來決定自己對殯葬的態度，它們屬於國家調控社會功能的一部分。由此，國家對社會殯葬活動的態度大約有三：支持某一類行為；反對某一類行為；既不支持也不反對，聽任人們的自發行為。

前兩者即為國家干預。比如，在觀念形態上，國家總是極力支持一種有利於本社會、本民族的生命觀和死亡觀；中國死亡文化中的「孝道」精神也是透過國家的作用而全面確立的（尤其是西漢以來）；殯葬中的等級規定首先就是由國家有目的地倡導，如此等等。同時，人們將英烈們的牌位及遺物供奉起來，四時祭祀，裡面就綜合著人們諸如永恆、報恩（感激）、依戀、崇拜等心理；國家則將這些心理需求規範於社會治理（即最大的社會需求）的總目標之中，昇華為一類國家意識，大力褒揚「殺身成仁」的英雄行為，如明、清時期北京有「忠烈祠」。

在殯葬操作上，各朝代都建有森嚴各異的等級制，以圖抬高統治集團的社會地位，以上統下，震懾小民。如喪事的規模、墓高，乃至抬杠人數等方面，不同社會地位者享用不等的標準，曰「喪禮」，犯者要予以追究，並非想怎麼辦就可以怎麼辦。如《紅樓夢》中的賈蓉花了一千兩百兩

銀子買了一個「五品龍禁尉」的爵位，於是「靈前供用執事等物，俱按五品職例」云云。五品相當太守一級，地、市級長官，可見明、清時代的人對何等職位者用何種等級的喪禮是非常清楚的。同時，當厚葬之風妨礙正常的社會生活時，國家（以皇帝為最高代表）為矯正風俗，通常會做出表率或發布詔令，如漢文帝就曾屢次下詔鼓勵節儉、薄葬，去世前遺詔自己的喪事從簡；三國時曹操也曾詔令禁厚葬、倡薄葬，自己的喪事亦從簡。中國歷代此類節儉、薄葬的詔令很多，尤其是每朝開國（社會亟待恢復），或朝代中後期社會普遍趨向隆喪厚葬（因而妨礙正常的社會生活）時，更是如此，而不像一些人所簡單理解的「統治階級為了愚弄人民總是鼓勵隆喪厚葬」。當民間的殯葬自發傾向嚴重違背國家意志而又不聽教化時，國家就會動用強制力，如北宋初就曾詔令天下嚴禁火葬，並威脅對違者要予以嚴懲。當時，民間受佛教影響而火葬頗盛，儒家認為這「有虧孝道」，為人子者實在是「大不忍」。明、清以後亦禁火葬。因而，民間的火葬也就大體被禁止了。

1950年代以後，中國政府奉行「推行火葬，改革土葬」的殯葬改革政策，先後頒布了一些法規、政令，尤其是禁止人口稠密地區實行土葬，以防止占用耕地、破壞地下水源，影響正常的社會生活。

國家對民間喪葬則採取「不問」態度，理由在於這類活動既滿足了民間的各類需求，又不妨礙社會治理，如喪事是辦三五天還是七九天，是請僧徒還是請道士做法事超渡死者，等等。

國家對死亡文化領域的干預，其目的在於：統一思想、純化風俗、倡陽剛之氣，以及維護社會的生存條件等。在人口日益擁擠、生存空間日漸狹小、生存資源愈形緊張的現代社會中，國家的干預對維護社會的「自然性的生存條件」已顯得愈益重要了。在文明社會中，死亡文化及其殯葬都是國家某種干預的結果，而非純自發的產物，在現代社會中這一干預則變得更直接了。歷史上，每一種價值觀念和行為方式要為社會所普遍接受，都必須透過國家高屋建瓴的作用。

第十章

社會文明形態對殯葬的影響

前面我們從社會的「靜態」考察了影響殯葬的條件。在那裡，一個社會的存在是預先就設定了的，於是我們找出了影響殯葬的六大社會要素。本章從「動態」入手，即從一個社會的整個文明背景討論問題，盡力揭示造成一類死亡文化及其殯葬形態的更深層原因，尤其是形成東、西方死亡文化及其殯葬形態巨大差異的那些根本性的自然條件和社會條件。這裡難免會涉及到東、西方文化的比較問題，因而必須做些理論上的鋪陳。

 ## 第一節　社會文明的界定

文明，是人們在一定的時空中透過某種協作方式建立起來賴以生存的物質財富、精神財富和政治財富的總和。每一文明都是一個大系統，此三者均為其子系統，故分別稱為物質文明、精神文明和政治文明。我們從「內涵」和「外延」兩方面予以說明。

一、文明的內涵

即文明的本質屬性。物質文明，主要指人們以什麼生產工具採取何種協作方式去從事何種內容的經濟活動。生產工具諸如石器、弓箭、青銅器、鐵器，以及「工業革命」以來的各類機械等；經濟內容指一個社會基本的經濟類型，諸如原始採集經濟、畜牧業經濟、農業經濟、工商業經濟等；協作方式即人們運用某類工具從事某類經濟活動時的交往方式、聯繫方式，比如生產資本的歸屬、自然經濟還是商品經濟、社會化生產還是非社會化生產等。精神文明指社會的意識形態（主要表現在價值觀念和思維方式上）、社會意識活動的組合方式（如多樣性還是統一性），以及相應的社會精神生活等。政治文明被認為是國家權力的產生和分配、各級官員

的選拔程序、權力的使用和監督規則，以及相應設施等。這三者總是在特
定的空間和時間中達成具體的統一。

二、文明的外延

即一個文明在空間和時間上的延伸範圍。每一文明總由一定的民族
（或國家）承擔著，它直接占據的疆域以及對周遭地區的影響所及構成它
的空間表現，該文明延續的久暫則構成時間表現。比如說，埃及（尼羅河
文明）、中國（黃河文明）、印度（恆河文明）、巴比倫（兩河文明）是
人類四大文明古國，人類文明的發源地，就已經包含了時、空規定於其
中。

一個文明其內涵和外延的統一即所謂社會的文明形態，它構成個別社
會的宏觀背景。換言之，一個社會的文化何以如此，最終必須回到它的文
明形態的深處找原因。

下面，我們以中國古代農業社會為對象具體解說「文明形態」，並以
此說明它是如何規定中國古代社會的殯葬活動。

 ## 第二節　中國古代農業文明概述

一、中國古代農業大社會的由來

中國古代是一種典型的農業大社會。這裡的「古代」是和近、現代相
對而言的。從15世紀末以來的近代人類文明有兩個最大的變化：其一是哥
倫布、麥哲倫的遠航逐步將從前呈分散型的世界各民族聯繫起來，組成了
一個網絡式的世界文明大舞臺。其二是18世紀末葉以來的「工業革命」改

變了人類數萬年以來的手工勞作方式，生產的效率飛速提高，同時給我們提供了日漸先進的交通、聯絡工具，從而極大地改變了世界的面貌，世界也變得愈來愈小了。不言而喻，古代社會的兩個特點就在於：各民族的文明活動呈現相互隔絕的狀態；手工勞作的生產和聯絡方式（同時借助畜力、自然力）。

中國祖先生息繁衍的這塊土地是極具獨特性的：東面（包括東南）大海環繞；北面大漠橫亙；西面（包括西南）崇山峻嶺連綿，素有世界屋脊之稱的喜馬拉雅山便聳立於此。這裡天然地自成一統，域中有黃河、長江、淮河、珠江等幾大水系，大小湖泊星羅棋布，不僅幅員遼闊，土地肥沃，且氣候適宜，物產豐富，是典型的帶封閉性的大陸型農業區域。這一獨特而優越的地理條件對古代中國逐步演進為封閉性的農業經濟大國起了決定性作用，並由此造成了中國古代社會如下的一些特徵：

(一)農業經濟類型

我們的祖先依賴土地，得益於土地，受惠於農業。顯然，將土地用於農業比用於漁獵、採集和畜牧業，更能帶來經濟效益。

(二)地域遼闊

這一封閉的農業地理環境很容易形成一個大帝國，中國在秦、漢就已經大體奠定了今天的版圖，中央政府對各地實行直接統治。這在古代世界是絕無僅有的，即便古羅馬帝國也不能與之相比。

(三)人口眾多

由於發達的農業和遼闊的地域，因而人口愈益增多。西漢平帝元始2年（西元2年）中國人口5,959萬多（《漢書‧地理志》）；東漢桓帝永壽3年（西元157年）中國人口5,648萬多（杜佑《通典》），而西元5世紀時世界人口也不過一億左右。諸如萬里長城、「四大發明」產生於中國絕不是偶然的，因為這裡有豐富的財富和眾多的人口。

(四)社會治理的困難

由於幅員遼闊，人口眾多，因而社會治理就變得極為困難，所謂人多難調，地廣難治。

封閉性的廣袤地域、發達的農業、眾多的人口、社會治理的困難——這是理解中國古代社會的關鍵，也是造成中國傳統的死亡文化及其殯葬形態「何以如此」的最根本原因。

二、中國古代農業大社會的「三個大一統」

社會難以治理，其表現或後果就是各地的紛爭、分裂乃至戰亂。欲達成社會治理，就必須造成足以抑制離心力或足以維繫向心力的社會力量，這便產生了中國古代獨具特色的社會治理工程，即「三個大一統」。

(一)政治大一統

我們常說「秦始皇統一中國」，這很容易使人誤導，以為此前的中國一直是分裂的。撇開中國疆域的不斷擴充不論，在秦始皇以前，夏禹、商湯、周文王武王都曾統一過中國。在中國歷史上分裂和統一恆相交錯，因而，「秦始皇統一中國」的真實含義只是在於：秦始皇建立了高度中央集權形式的統一國家，即由中央政府直接控制地方（郡、縣）政府，即直接任命和撤換地方官長，廢除了夏商周時代中央和地方高度分權、較鬆散的封建制（亦稱「分封制」）統一國家形式（它類似邦聯制）。秦始皇開創的政治制度為後世所繼承，它帶來的是一個高度中央集權且龐大的古代農業帝國。皇權神聖，至高無上，各級官吏依次對上負責，最後對皇帝一人負責，構成一個金字塔式的政治等級系統。這就是政治大一統。

(二)意識形態大一統

漢武帝採納董仲舒「罷黜百家，獨尊儒術」的建議，儒學成為官方的統治思想，推行天下。學習儒學可以入仕，光耀門第，蔭及子孫，因而天下讀書人風從之。儒學遂成為統一的社會意識形態，其他學說受到冷落，乃至作為「異端」被排斥，明清尤甚。

(三)經濟大一統

指自秦、漢以來的國家從上到下提倡並推行「重農抑（工）商」政策，強制性地使整個社會經濟穩定在農業上。如漢初，「高祖（劉邦）乃令賈人不得衣絲乘牛，重租稅以困之」（《史記‧高祖本紀》）。這一政策延續到清末。

經濟大一統提供物質基礎的保障，政治大一統是統率機構，它和教化、規範人的意識形態大一統形成文、武兩手（所謂「文武之道」），三者又構成一個大系統，對幅員遼闊、人口眾多、物產豐富而又難以治理的古代中國社會進行著「全方位」的治理。可以說，一切能調動的社會因素全調動起來了（這促進了中國政治哲學的發達，「三代」典籍多論及此；春秋戰國「百家爭鳴」諸派別的最高命題亦是社會治理，各家主張爭論不休，如司馬遷〈論六家指要〉云：「天下一致而百慮，同歸而殊途。」至西漢武帝時終歸於一統）。

第三節　中國古代社會的宗法制

宗法制是以家族為中心，根據血緣關係遠近區分嫡庶、親疏或權利和義務的一種等級制度。「族者，湊也，聚也，謂恩愛相流湊也。生相親愛，死相哀痛，有會聚之道，故謂之族。」「宗者，尊也，為先祖主

者，為宗人之所尊。」（見《白虎通義》）所謂「先祖主者」，即一個家族中的嫡長子（西周稱「宗子」），他是本家族的最高代表，理當受到全族人（即宗人）的尊敬。因而，宗族就是依據共同的血緣關係、共同的祖先相聚集、相幫助的一種社會組織形式，它以宗子（後世則有「族長」）為最高代表。

按周禮，「敬宗」在於「收族」。敬宗者，敬重同族之宗子、愛同族之人；收族者，團聚族人，防止族人離散。這就是中國數千年宗法制度的目的。由於這種組織形式對每一成員具有某種法律約束力，故為「宗法」。在中國，宗法制源遠流長。但各時代由於血緣組織的形式不同，曾有過三種類型的宗法制，即西周時期君親合一的宗法制、魏晉南北朝時期世家大族式的宗法制、宋以後祠堂式家族組織的宗法制。

一、西周時期君親合一的宗法制

夏、商以來的國家都不同程度地繼承並發展了原始時代的氏族組織形式，以家族為單位，即一個宗族的組織同時就是一個國家的基本單位。這一宗法制到西周時期臻於成熟和嚴密。

西周時期的宗法制是「宗統」與「君統」高度合一的社會組織形式。宗族的首領叫「宗子」，他既是族長，又是君主，掌握著宗族和國家中的最高權力：一切重大的宗族或社會事務，如生產、祭祀和占卜、戰爭、仲裁糾紛、冠婚、喪葬等，都是在宗子領導下並以宗族為單位進行的；宗子還擁有對違法族員予以懲罰乃至處死的權力（族長處死族員的權力直到晚清還在一些地方保留著）。這是從原始時代父系制大家庭直接演變而來的社會組織形式。

宗子享有一系列特權，大宗依次為它的小宗所尊敬，並將這一尊敬的必要性抬高到尊敬祖先的高度。《禮記‧大傳》曰：「尊祖故敬宗；敬宗，尊祖之義也。」周王室朝廷、各諸侯國和大夫采邑中的各級官職統統

由各家族成員分享，誰家族顯赫、勢力大就任高官，反之任小官；官職世
代承襲，即所謂「世卿世祿」。

西周宗法制的核心是「嫡長子繼承制」。周天子之位由王室的嫡長子
繼承，嫡長子亡則由嫡長孫繼承；諸侯之位由該家族的嫡長子繼承，嫡長
子亡則由嫡長孫繼承；大夫以下各宗子的繼承程序亦然。周王是天下的大
宗；諸侯是天子的小宗、本國內的大宗；卿大夫是諸侯的小宗、本采邑的
大宗，等等。總之，他們在自己的地盤（家族或國家）內是大宗，他們的
兄弟、子侄若分出去就是小宗。但不管大宗或小宗，其宗子同時都是本族
的「君主」。

一個宗族的人口多了，就要將一些較小的家族分裂出去，有時是為了
統治新開拓領土的需要而這樣做。這種新家族的建立叫作「立宗」。分裂
出去的家族相對獨立，但同從前的母族保持著隸屬關係，否則一個宗族的
勢力就會愈分愈弱，最終覆滅。母族是「大宗」，新家族是「小宗」。時
間一長，大宗和小宗的關係又如法炮製。

《史記·漢興以來諸侯王年表》載：周武王、成王、康王時封諸侯
數百，同姓（姬姓）五十五個。這五十五個同姓諸侯國就是周王室的兄
弟、子侄，他們帶著一些族人到新征服的地區當統治者去了，如晉、
衛、魯、燕等諸侯國。這些受封諸侯對於周王室是小宗，周王室則是繼承
「大統」的大宗。諸侯國對周王室有進貢、朝覲、出征等一系列義務；周
王室則負責協調各諸侯國的關係，並保護其安全。受封國若是擁有了數百
公里或更廣的疆域，直接統治有困難，於是，諸侯又將土地和人口除直接
統治的部分以外，其餘的分封給自己的兄弟、子侄以及姻親和功臣，他們
稱為「大夫」。大夫的領地稱為「采邑」或「邑」，有時大夫們再繼續分
封。這就是周初的分封制（或封建制）。

西周初年，周族人的大肆「立宗」是在征服殷商、大舉開疆拓土後進
行的，史稱「致邑立宗」。於是，周家族一下子就變成了幾十個、上百個
小家族，遍布於全國各地，成為維繫周王室統治全國的骨幹力量。

　　周王稱天子，各諸侯國的共主；也是各姬姓諸侯家族的大宗，最大的宗子、總族長，兼族權與政權，集宗子與國王於一身。在家族關係上，他是以父統子，以兄統弟；在國家關係上則是以君統臣，合二而一。周王室就是透過這一整套政治化的宗法制度或宗法化的政治制度，統治著一個疆域廣大的國家。

二、魏晉南北朝時期世家大族式的宗法制及其特徵

　　春秋戰國時期，戰爭頻繁，社會動盪，政治變革，人口遷徙；鐵器廣泛使用，小生產農業獲得大發展，西周以來的大宗族多衰微，有的解體。各國的變法圖強（如管仲、吳起、李悝、商鞅等），廢世卿世祿制，代之以郡縣制；鋒芒直指政權和族權合一的舊式大家族。如商鞅變法中就強令：兄弟成年後必須分家，否則「倍其賦」（《史記・商鞅列傳》）。分裂為眾多「數口之家」的小家庭，直接成為諸侯國家的賦稅、勞役和兵役的基本來源，作為國家和人口之間的中介——宗族——被拋棄了。秦、漢的幾百年間多屬行打擊和抑制豪強的政策，地方宗法勢力的世家大族對人口的控制急遽削弱，或近於消失。

　　但是，作為擁有巨大財富（田地、貨幣等）和人口（族人、奴僕等）的豪族又從未斷絕過。況且那些皇親國戚、功臣和大官僚在地方上本身就是豪族，如三國時的袁紹家族，「四代三公」，是河北數一數二的世家大族。東漢末年，政治腐敗，中央政府軟弱，社會矛盾激化，導致了黃巾農民大起義，隨之便是軍閥混戰。社會經濟凋敝，中央政府形同虛設，地方豪族便迅速發展起來，並開始染指國家權力。曹操曾一度予以打擊，稍有抑制。曹丕為完成改朝換代，登上皇位，實行大肆拉攏豪族的政策，給以高官厚祿，委以重權，任其廣占土地、人口，世家大族的勢力迅速發展，並逐步控制中央和地方政權。司馬懿就是當時著名的世家大族，司馬氏建立的晉朝便是世家大族的國家政權。

漢、魏興起的世家大族，到兩晉、南北朝已成為社會普遍的家族組織形式。這些家族依靠各自掌握的經濟實力和人口各霸一方，幾個大豪族則把持朝政，國家政權成為他們的「股份公司」，皇帝時常成為幾個世家大族控制和爭奪的對象，乃至掌中玩物。因而這一時期的宗法制被稱為「世家大族式的宗法制」。其具有如下一些特徵：

(一)作為經濟實體的地主莊園和農民對豪強的人身依附關係

一個世家大族式的家族組織就是一個地主莊園的經濟實體，族長占據著大量的土地和人口，成為莊園主（地主）、族長和豪強三位一體式的人物。莊園內的人口多為同宗族小農（也有異姓投靠的小農），他們或破產，或避亂，或不堪官府盤剝，或受脅迫等，於是投靠同宗大族以求庇護，成為有一定人身依附的農民，史稱「徒從」、「徒附」、「義從」、「客」、「家客」、「佃客」、「部曲」等，都是依附農民的不同稱謂。如曹操起兵時，有些將領就是帶著自己的部曲投軍的，「（李）典從父（李）乾，有雄氣，合賓客數千家」占據一方，後「以眾隨太祖（曹操）。」（《三國志》卷十八）東漢末以後，由於戰亂，各家族築塢自守，這又促進了世家大族及莊園制經濟的發展。如曹操麾下的著名悍將許褚，「漢末，聚少年及宗族數千家，共堅壁以禦寇」，後投曹操。

整個兩晉、南北朝社會就像一個由大大小小的世家大族織成的大網，游離於網外的人口極少。一個宗族、一個莊園即是「一戶」，它是一個向國家納稅服役的單位，而各個小家庭則直接和宗主發生關係，納稅、服役（包括兵役）等。這些世家大族所控制的戶口，或幾十、幾百，多則幾千乃至上萬戶，內部有嚴密的組織系統和法規，儼如一個王國。一個大豪強隨時可以組織一支幾千人的軍隊（所謂「宗兵」、「家兵」），並畜養死士，成為一支不可小覷的政治力量。

(二)門閥士族政治及九品中正制

「士族」（世族），即大豪強地主；「庶族」（寒族）指中小地主。前者實力強大，不僅橫行鄉里，而且可以操縱朝政，世代顯赫。曹丕接受世族大地主陳群的建議，建立了「九品中正制」的官吏制度，其基本內容是：在州、郡、縣各級設「中正」一職，專事選拔人才，將地方的「傑出人物」評定為上上、上中、上下、中上、中中、中下、下上、下中、下下共九個等級，逐次上報直達吏部，然後審核，委以不同的官職。

但是，各地的中正官均由當地的世族豪強所把持，他們串通一氣，互相抬舉，互相標榜，逐漸使等級評定不問人品、才幹，只問家族出身，最後乾脆查看「譜牒」。因而，演變成兩晉、南北朝四五百年間依據家族勢力瓜分國家各級官職的門閥士族政治局面（「門閥士族」又是士族中的更大者），所謂「上品無寒門，下品無士族」。世族們又按各自的級別實行內部通婚，以期世代壟斷這一權利。為防止血緣混亂，於是「譜牒學」盛行。

透過莊園制經濟和門閥士族政治，魏晉南北朝在很大程度上復活了西周的宗法制。

三、宋以後祠堂式家族組織的宗法制及其特點

隋、唐行科舉制，剝奪了世家大族對國家政治的壟斷權。唐朝推行均田制，按人口授田，重新廣泛建立起小農經濟，以作為中央集權國家的經濟基礎。大體上，隋、唐三百年間的世家大族逐漸走向衰落和瓦解。唐末五代的農民戰爭和連年軍閥混戰，人口遷徙頻繁，到宋初，世家大族的宗法組織作為一種社會政治勢力，基本上已消失了，代之而起的是「數口之家」的個體小家庭，他們成為國家賦稅、勞役和兵役的基本來源，再次建立起國家對人口的直接控制。北宋時將天下戶口分為主戶、客戶：主戶是土地占有者，分為五等，一、二等是上等戶，三等是中等戶（相當於中

農），四、五等為下等戶，半自耕農（相當於下中農）；客戶是租種地主
土地的佃農。不管主戶或客戶，均直接隸屬於國家戶籍。

　　但是，中央政府馬上又面臨了另一棘手的問題，即在交通、通訊依靠
馬匹的農業時代，國家對過於分散的「數口之家」個體農戶難以控制。作
為國家，當然不希望家族勢力（歷史上它是地方勢力的一種形態）過分強
大，而與中央政府分庭抗禮，從而干擾中央政府的政令，影響其權威。但
家族勢力的完全消失又給中央政府造成了「過於分散」的困難。而且，
由於家族制度瓦解，人們的血緣關係鬆弛，同個祖先的子孫甚至互不認
識，視若路人，以致至親恩薄，骨肉相殘，爭鬥不已。也就是說，道德領
域成了一個真空地帶。宋朝理學家面對這些問題時曾苦思冥想：如何在不
妨礙國家統一，並有助於國家政令推行的前提下，重建一種新的家族制
度，以作為國家對農民實施統治的輔助管理形式。這就是宋以後祠堂式宗
法制度的產生，它一直延續至清末民初（有的閉塞地區則延續到1950年代
土地改革前夕）。

　　這一宗法制大致有如下特點：

(一)聚族而居

　　農業時代，由於遷徙較少，同一宗族的人聚居在同一或相鄰的村落，
同姓者均出自同一祖先，血緣關係極為清楚。如農村留下的李家莊、馬家
屯、黎家坪之類的地名，就是這一聚族而居的產物。不過，這一現象，宋
以後與從前大體是一致的。

(二)以「族長」為首領的家族組織系統

　　每一家族都有族長，有的大姓人丁逾一兩萬，則還設有分族長（支族
長）；族內設有「族事會」之類的組織。族長和族事會均由選舉產生，不
得世襲；如不稱職，可舉行全族會議罷免或改選；被選者必須是「品行端
方」、「老成練達」、輩分較高之長者（這在族規中都有明文規定）。

族長及族事會行使宗法權力，對族眾之間的糾紛和族人的犯禁擁有初級裁判權和有限的處死權，如亂倫、不孝等，官府一般默認之。只有案件重大者，如反叛、人命等才移送官府。家長則對家庭成員（妻子、兒女、孫輩等）擁有統治權，這是宗法制度的自然延伸。

(三)縝密的族規、家法

家族有族規（可稱「總家法」），有的家庭則還有家法（就像一些電影中看到的，家長發怒時，就說：「拿家法來！」它們多是一些棍棒竹板和繩索之類）。明、清時代留下了許多宗法族規，內容大都相似，不外乎：重綱常、孝父母、友兄弟、敬長上、親師友、訓子孫、睦鄰里、肅閨閣、慎婚姻、嚴治家、尚勤儉、力本業、節財用、完國賦、息爭訟等等，以此規範族人的行為和協調族眾間的關係。這其中充滿了儒家精神。

(四)祠堂

祠堂是本家族祖先亡靈的寄託、居住所在，又稱家廟。「家廟者，祖宗之宮室也。」其中設有祖先的「神主」牌位（一塊嵌在木座上的長方形小木牌，上寫祖先名諱、生卒年月日等），象徵祖先居住於此。祠堂是家族的象徵、族人的活動場所、團聚中心，全族人定期或不定期地在此祭祀祖先，宣講族規，教訓子弟，處理族中事務，審判族人違禁事件，以及宗族內的娛樂活動等。「族必有祠」，這在明、清的農村已非常普遍。

(五)修家譜

宋以後，隨家族制度的形成，修家譜之風十分盛行；到明、清時期，在農村中已是「族必有譜」了。家譜大致由以下內容構成：一是全族的世系和血緣關係圖表，是家譜的主要內容。如果族中有人中過秀才、舉人、進士或入仕途，則要特予記載，他們是家族的榮耀。二是刊載本族的

族規、家訓、祖宗訓誡子孫的言論等。三是祠堂、祖塋、族產公田的坐落方位，以及營建、購置過程，相關文契，以備隨時查詢核對。四是家族的歷史，即記述本家族的緣由。

家譜從精神上發揮了「收族」的作用，似乎隨時都在「提醒」族眾不要忘記自己的血緣。同時，家譜還是一種精神上的褒揚和懲罰工具，如有功於家族者予以褒揚；不孝悌、作奸犯科、玷辱家聲者「不得入譜」，已入譜者要「削籍」，相當於開除出本族，死後亦不得進入祖墳。這樣，家譜就成了一個家族的「史書」，它使用的是「春秋筆法」。

無形中，宗法祠堂成為社會中的道德堡壘。自然，它難免有時也成為壓抑人（性）的場所。

(六)設族田

又稱公田，包括祭田、義田、學田之類，其收入用於祭祖，舉辦公益事業（如修路、修塘、建橋等），救濟族內貧困孤寡和貧困子弟入學等。族田是家族制度賴以存在、維繫族人團結的物質基礎，從經濟上發揮了「收族」的作用。族田由各家庭捐錢購置，也有大戶捐獻者，如北宋名相范仲淹就曾購田千畝捐給范氏宗族作為「義田」，以其收入救濟族內貧困家庭的衣食婚嫁喪葬。

祠堂、家譜和族田是宋元以後的家族宗法制區別於從前宗法制的主要標誌，各家族組織以此三者相連結。

透過這套家族宗法制度，每一小家庭從根本上是國家（官府）的賦稅、勞役和兵源的基本單位及直接對象；但又在某種程度上被納入其宗法勢力，即「族權」的管轄之中。這一宗法制度被視為國家政治制度的一部分，受到國家的保護，稱為「官紳合治」。官，指官府；紳，指紳士、宗法勢力。事實上，更多的時候，人們是和宗法勢力打交道。這就是1950年代以前出身者仍熟知的宗法制度；而對於西周、兩晉南北朝時代的宗法制

度，我們則只能從歷史書籍中去認識了。

在政治和社會制度上，周繼承於商、商繼承於夏（《論語·為政》：「殷因於夏禮」，「周因於殷禮」）。從原始時代的父權制大家族組織形式過渡到文明時代的國家組織形式，乃是人類文明演進的一般規律。但其特殊性在於：中國將家族宗法制一直延續下來，且愈益使之精巧、完備。究其原因，在於：我們稱之為「中原」的黃河中下游地區，在五千年以前就是東亞最優越的農業區域，這一優越的地理位置引起了劇烈的爭奪。這類鬥爭可分為兩種情況：一類是爭奪「生存空間」，即中原較先進的農業居民極力抵禦周邊「蠻夷」的入侵，而後者則極力想進入中原，兩者展開對這一生存空間的爭奪，即所謂「侵略」與「反侵略」的鬥爭。另一類是爭奪中原世界的「盟主」權，即由誰當最高統治者。中國歷史上充滿了這兩類鬥爭的記載，如《史記·五帝本紀》就載有炎、黃二帝的兩個部落（聯盟）爭奪盟主權的戰爭，黃帝戰勝了炎帝；接著，他們又融合起來，合二為一，展開了更大規模的對九黎「蠻夷」的戰爭，歷經苦戰，最終打敗九黎，將其首領蚩尤斬首，將九黎部落驅趕到淮河以南。炎、黃成為華夏民族之祖，並由此奠定了華夏文明的基礎。這一戰爭就同時包含有爭奪最高統治權的鬥爭和爭取生存空間的鬥爭，炎、黃之間是在爭奪最高統治權，對九黎則是爭奪生存空間。

他們的後繼者不論如何改朝換代，遭遇到的都是同樣的問題，即農業社會、人口眾多、地域遼闊，因而難以治理。因此，歷朝歷代無不極力繼承和完善宗法制以應付生存鬥爭，因為不會有其他的社會組織形式比它更能起到「收族」從而增強社會凝聚力、戰鬥力的效果了。同時，已如前述，它還有助於社會治理，如宋以後祠堂式宗法制主要就側重在社會治理上。兩三千年來，我們的先人總是對自己的這一套政治、社會制度有十二萬分的優越感、自豪感，因為它們屢屢被證明是有效的，因而使這些制度能奇蹟般地延續到現代社會的前夜。

🍃 第四節　中國古代社會的偶像崇拜

　　中國古代在精神信仰上的一個最大特點，就在於偶像崇拜。

　　「偶」，清人汪中解釋偶、寓二字相通，「偶人」即寓人、像人，故又稱之為「偶像」。它用木、石或金屬製成，最先是陪葬的冥器。哲學上引伸則指一類崇拜形式。所謂偶像崇拜，指將所信奉的神靈塑造成某種具體的形象加以崇拜的宗教形式。在感情上，崇拜者認可這些實物就是他們所崇拜的那一神靈。崇拜對象多為人形，如孔子、如來佛、送子娘娘等塑像；也有獸形，如鎮河鐵牛；或半人半獸形，如獅身人面像。藉此，人們心中才能升騰起一股神聖的崇拜感情，或寄託一種安全感。

　　不過，中國古代社會的偶像崇拜是祖先、先王聖賢偶像崇拜，也就是將對於祖先、先王聖賢的崇拜和敬仰予以神靈化，並將他們塑成偶像，予以供奉。這一崇拜形式在中國具有悠久的歷史。西周時代，中國就有了黃帝、堯、舜、禹、湯、周文王、周武王的偶像崇拜系統，這其中既有祖先，又有聖明先王、賢相；到兩漢以後，統治階級又續上孔子、孟子、顏回等。有時，人們也將一些品行超卓者作為偶像供奉起來，如董永賣身葬父，其事載於晉代干寶《搜神記》中，其德行為人敬仰，後世許多地方為之立廟、塑像，四時祭祀，奉為神靈。在民間，各家庭則有自己祖先的牌位，人們將它們作為先人的偶像（象徵物）供奉起來，視其亡靈具有超自然的力量，對之行宗教式的信仰和膜拜禮儀。這些就是中國人心目中的「神」，中國古代社會的「宗教」。

　　進而，中國人將天、地也偶像化，稱「天為父」、「地為母」，君主則是「天子」。童子入學要拜五個最為神聖的偶像：天、地、君、親（父母）、師（孔子像及受業之師）。由於天、地是虛擬的對象，君指帝王及各級官吏，不在眼前，父母在家已敬過了，因而此時主要是行拜師禮。黃藥眠先生回憶少時入學行拜師禮的情形：「最初進校，首先要

我向課室中間掛的孔夫子像三跪九叩，禮儀極為隆重。教師諄諄告誡我們，要遵守孔子的遺訓。」❶舊時，太子入學時，不便拜師，於是改為揖（見長者的半拜之禮）。帝王們祭祀天、地為國家大典，連同祭祀先帝和祖先，以此表示受命於天，將自己家族的偶像升級。不同的朝代，還將山、川、河流作為崇拜和祭祀的對象，如漢、唐時代帝王們去泰山封禪（祭祀天、地）。戰國時魏國的西門豹在漳河就曾剷除了當地豪紳給「河伯娶媳」的陋習，在這裡，河伯是被當成偶像神來對待的❷。

　　總之，中國人的神系統是非常混亂的。黃藥眠先生回憶他少時母親帶他拜神的情形，這在中國民間非常具有代表性：「我母親很迷信，拜的菩薩很多，有佛教諸神如釋迦牟尼、觀世音、五百羅漢之類。有根據當年皇帝詔書而封下來之神，有不知根據什麼經典由老百姓自己創造出來之神，如什麼『玄天大帝』、『五顯大帝』、『陰那山什麼祖師』之類。我的母親是逢神必拜。甚至離家門很近的土地公、土地婆的木牌位，她也每逢初一、十五都要去燒香跪拜一番。有一次，我對她的這些習慣表示不

---

❶黃藥眠，《動盪：我所經歷的半個世紀》，第23頁，上海文藝出版社，1987年版。

❷對於中國民間的神系統，即便是專門研究者恐怕也很難說清楚。明朝人吳承恩在《西遊記》中對此歸了一個類：有天上系統，以玉皇大帝、托塔天王、十萬天兵天將，包括天蓬元帥（豬八戒）和捲簾大將（沙和尚）；它在地下有派出機構及其神靈，如土地、山神、河神、城隍等；它在冥間的派出機構及其神靈如閻王、判官、小鬼、牛頭馬面等。道教系統的神，如太上老君（哲學家老子的化身）、太白金星、民間傳說的八仙等。法術最高的是佛教系統的神，如法術無邊的如來佛（釋迦牟尼的化身）、觀世音、四大天王、四百羅漢（或八百羅漢）等，像孫悟空大鬧天宮時，玉皇大帝和太上老君兩大系統的神加起來，都鎮不住這個「潑猴」，最後只好請來佛系統的如來佛才將他收伏。這反映出，佛教在民間比道教更具影響力。這一劃分，對後世中國民間關於神的認知影響極大。此外，還有相當多的零散的神，如關羽被後世尊為「武神」、「武聖人」，如月老、西王母等等，像此類神不知該歸誰管。

耐煩，說：『我們對這許多大的菩薩都拜過了，祈過福了，土地公土地婆當然也就知道，就會照辦了，何必又走前去向祂們燒香？』我母親很不高興，對我說：『你小孩知道什麼？你就聽媽的話，對所有上天下地的神都低頭祈福就是。閻羅王、城隍爺當然知道我們是好人，會保護我們，但大神只管大事，小事他來不及管或沒有工夫管，例如媽媽常帶你出去看戲，半夜才回來，假如三岔路口碰見凶神惡煞要來勾引你的魂靈，城隍爺就未必管得了，你如能得到土地公的保護，那不就可平安無事了嗎？所以大神有大神的好處，小神有小神的好處，千萬不要重這個神，輕那個神，這會使神不高興！』我當時年齡小，一點也不懂她的意思。現在閱世漸深，覺得她的話，雖然是出自迷信，但在人世間來說也未嘗不可適用。真是大神有大神的作用，小神有小神的作用，即使你對大神的關係搞好了，但對下面的小神的關節搞不通，也會搞壞事情。」他還講到，她母親每年年初都會請女菩薩「桃花夫人」（專司保護兒童）吃飯，以求她保護自己的孩子，叫「祈福」；到年終果然無災無難，於是又請吃飯，以示感謝，叫「還福」。並要自己的孩子拜此神作「乾媽」。黃老先生感到，中國人對神，「沒有西方人那樣虔誠，而完全抱著實用主義的態度。」❸這就是中國人傳統的神靈觀。中國人對神似乎抱持一種「禮多人不怪」、「多多益善」的態度。但是，儘管如此，中國民間還是有自己最基本的崇拜系統，此即祖先的偶像崇拜。

以祖先為本位的偶像崇拜其產生並作為傳統得以延續的最根本原因，在於大農業所形成的宗法制社會結構。華夏民族很早就對這塊肥沃的土地產生了深厚的感情，且這一重土地從而少遷徙的感情一直被延續下來（相反的，貧瘠之地的人們這一感情會淡薄得多）；由熱愛和依戀土地遂激起對先人開拓者的感激和敬仰之情，並從中培植出對祖先、聖王的偶像崇拜感情。

❸同❶，第5、6、7頁。

　　這一偶像崇拜的核心是孝道文化，與宗法制相互維持，相互促進，大有助於社會治理，因而得以世代相傳。在中國古代，祖先偶像崇拜持久的力量來自於根深柢固的宗法制，因為它是靠個人對上一代、上幾代的效忠（發展為「孝」）以及對遠古先人的神化而維持的；而宗法制若沒有祖先偶像崇拜給予精神上的維繫作用，也將難以維持。偶像崇拜連同宗法制構成了中國古代傳統（文化）的一部分，它們深入地規範和影響了中國古代的殯葬活動。

　　在宗教發展關係上，偶像崇拜源於原始時代的靈魂崇拜和圖騰崇拜，其核心是深信祖先的靈魂依然存在，且能夠影響後代的生活；其形式則是能直觀的偶像。

　　本來，「睹物思情」是人類一個心理共性，它充分表現在原始宗教上❹。但在文明社會的宗教中，這一心理特徵的表現程度各異，並在古代中國和歐洲之間的精神信仰上形成了一個很大的差別：歐洲奉行更具抽象性的神靈崇拜。先是古希臘、古羅馬的多神教，到西元以後逐步演進為基督教的一神教，人們崇拜單一的上帝神。這些神已擺脫了具體的人性、人形，不再是某個人，而是高度抽象化了的人格神，尤其是基督教的「上帝」。上帝是誰？教堂裡正前方有耶穌在十字架上受難的造形像，可他只是上帝的兒子，而上帝本人是誰，畢竟還是一不可捉摸的對象。教徒們便根據它去聯想心中的「主」。由於只有一個上帝神，所有人包括國王都是上帝的僕人，所有人在上帝面前都是平等的（又稱靈魂平等），連建立國家都是為了體現上帝的這一意思。在中國，偶像崇拜卻一直延續下來。也就是說，中國人眼前必須有一個引起崇拜感情的物體，否則，難以在心中燃起這一神聖的感情。中國人的偶像崇拜物繁多，並且一層一層地套著等

---

❹ 人們給那些偉大的先人開設「紀念館」、立「紀念碑」等行為中，就包含了這一心理。如司馬遷遊歷曲阜時就參觀了孔子紀念館（「廟」），並世代相傳。在這方面，中國人的熱情似乎要高於歐洲人。

級，大的管小的，小的管更小的，還有一些不知歸誰管的游離偶像神，它們都各有自己的神通、權勢，可隨時定草民之生死，這與中國古代寶塔式的國家政治制度、宗法家族制度，以及江湖勢力共存的社會現象正相吻合。中國古代是最高皇帝下面套著一個官吏體系，這是一群大大小小的「皇帝」，他們均自稱是「民之父母」；家族制度體系是如此；江湖勢力也是如此。開罪了任意一方或任意某個環節都會壞事（如黃藥眠先生言）。這樣，中國人和西方人在祈禱方式上也有了差別：基督徒在任何場合都可以祈禱，因為「主在我的心中」；而中國人則通常要有偶像在面前才能祈禱，如廟中的菩薩、家中的祖先靈牌或某聖人等。當然，在沒有偶像物時，他們也可能對「天」祈禱，但此時的天，或是偶像物（已如前述），或為無可奈何的心情，民間戲稱為「喊天」。

原始宗教的發展是由具體到抽象、由直觀到象徵的過程，即從崇拜個別的對象物逐步上升到抽象的人格神。也就是說，在中國古代，原始宗教並沒有像歐洲那樣逐步走向一神教，而是停留在直觀的偶像崇拜上，因而是宗教不發達的形態。這是中國古代社會和同時期的歐洲在精神信仰上的一個很大差別。中華民族歷來就是一個宗教不發達的民族。

孝文化、宗法制、祖先偶像崇拜，這三者是我們深入理解中國古代死亡文化及其殯葬的理論出發點。比如，中國人十分看重祖墳，祖墳中所包含的不僅是靈魂不死觀念，更重要的還在於，它是孝道、家族觀念和偶像崇拜相結合的產物。

第五節　中國古代隆喪厚葬的社會根源

中國人在幾千年間表現出強烈的隆喪厚葬興趣，樂此不疲，必有其深厚的社會根源。這可以從兩方面理解：一是該社會對此確有「需求」，就像人們需求糧食和空氣那樣；二是該社會存在著這一需求賴以滿足的

「機制」,如同大自然能提供空氣和人們能生產糧食一樣。否則,任何社會需求再強烈也會落空。以下將據此展開討論。

一、隆喪厚葬的社會需求

這裡講的社會需求,通常是自發狀態的。在歷史上,人們是否意識到他們行為的性質常常是無關緊要的。而這種社會需求一旦進入自覺狀態,則屬於國家意志範疇。然而,長遠來看,國家的意志也消融於整個社會的無意識之中了。

我們要區別兩個概念:重視殯葬和隆喪厚葬。一般而言,各民族對於死亡操作都相當的重視,視之為大事;但達到中國古代那種隆喪厚葬程度的畢竟不多。這需要從社會主、客體的各個方面找原因。

導致中國古代隆喪厚葬傳統的社會需求,主要有:

(一)消耗社會的過剩精力

中國歷來人口眾多,古代農業社會的節奏慢,地理條件封閉又缺乏海外活動(如對外通商),然而這裡農業生存條件優越又使人們對外擴張甚少興趣,經常有較長的和平年代又總使大量的社會精力處於閒置狀態。它只能也必然會在社會內部找到消耗場所,而民間的喪葬活動便提供了一種重要的補充實現形式。人死是一件大事,人們利用這一事件,使族人、親朋、故舊聞訊而至,大肆張羅,吹吹打打,吵吵唱唱,少則三五天,多則七七四十九天,直鬧得烏煙瘴氣,精疲力竭。人們於其中大量地、盡情地消耗精力,重建心理平衡,同時獲得快感。

(二)社會心理需求

這可以從心理尋求「彌補」和「表現」兩方面看,它們分別表現了人性的「軟弱性」和「強大性」:作為喪主,他在喪事操辦中可能包含著永

恆、歸宿、報恩、贖罪、寄託、宣洩等心理;而族人、親朋和故舊的前來
對正遭喪親之痛所造成的心理失衡和被破壞的群體生活,都有心理上的重
建作用,如他人的安慰和幫助就可以使自己獲得一種人際歸宿感、被承認
感,從而更少孤獨感(即「情感撫慰功能」、「社會整合功能」)。此
時,人在心理及情感上已極度軟弱,亟待彌補。另一方面則是人們透過喪
葬這一形制盡情地表現自己,發現或炫耀「自我」,以此獲得心理上的滿
足,如炫耀、攀比、權力等心理,猶如指揮千軍萬馬,調動一切,因而感
到異常興奮。在缺乏活動機會的地方,經常可以發現總有一些極端熱中於
紅、白喜事的活躍分子。

(三)社會聯誼、娛樂的需求

　　古代農業極具封閉性,各地區之間極少往來,生產和生活是以家庭為
單位進行的,文化娛樂活動非常貧乏。於是,古代人不僅透過一些節日
(如春節、端午、中秋等)來溝通和娛樂,也充分利用了喪葬事件進行
彌補。在喪事中,人們藉為死者操勞的名義大肆活動,如採辦、伙食、
接待、布置、吹拉彈唱等。但更多的可能還是坐在一起高談闊論,拉家
常、敘舊、相互問候,坐談終日,言不及義,此時,喪主失去親人的痛苦
和喪事操勞的心力交瘁並無關他們的痛癢。喪事還帶來了許多的娛樂活
動,出殯前夜的「辭靈儀式」是最熱鬧的場面,喪主再貧困也必須請樂
隊、僧道人等吹吹打打,超渡亡靈;富貴之家在整個殯葬期間還搭臺唱
戲,熱鬧非凡。這類特殊的娛樂活動總要招致大量的極度缺乏文化生活的
遠近人們前來觀看。同時,人們藉「喪宴」飲宴聚會於喪主之家。這些構
成了中國古代殯葬活動的「娛樂功能」、「聯誼功能」,它們使單調的古
代生活增添了動態感,並加強了人際聯繫。

　　可以說,中國殯葬活動提供了一個人性盡情揮灑的社會補償領域。在
農村,喪期若在農忙季節,熱鬧程度就會大減。當然,一些人由於種種原
因並不需要借助此類聯誼、娛樂和心理整合等,因而對隆喪厚葬並無興

趣。這時，社會已經形成的隆喪厚葬習俗就會對他形成社會壓力，稱呼這類人為「不入俗」。

(四)社會教化需求

這一需求總是透過國家意志得以實施。已如前述，治理社會就是治理人；治理人的關鍵又在於治理人心，即教化人。歷史上，一切宗教、社會學說其用意都在於教化人，而死亡文化及其殯葬操作則是這一社會教化工程的一部分。基督教的殯葬文化在上帝、靈魂的名稱下實施對人的教化；儒家的殯葬文化則在孝道的旗幟下進行這一教化，所謂「慎終追遠，民德歸厚」就是這一文化的綱領。由於中國社會的難以治理，因而儒家對死亡文化的社會教化功能尤其傾注了心血。

上述四類社會需求，歸納起來就是：滿足人，教化人。任何時候，人都是需要滿足的，所謂「人情所好，聖人不禁」。但僅是滿足而不教化，則「同於禽獸矣」。

二、隆喪厚葬的社會機制

中國人是舉世公認最為死人操心的民族，它產生了隆喪厚葬的傳統。當然，並非中國人天生熱中於此，而是中國社會有此需求。但是，光有需求還要有相應的支撐條件或實現的結構，我們稱之為隆喪厚葬的「社會機制」。

(一)相對充裕的物質財富和較為穩定的社會環境

已如前述，中國古代的農業條件是世界上最優越的，這不僅能養活龐大的人口，而且為其他的文化活動，諸如隆喪厚葬提供了物質保障。當然，史書曾記載「貧無立錐之地，富者田連阡陌」，但這只是社會財富在

分配上的失調問題，其整個社會財富仍然存在著。社會安定也是必不可少的。中國歷來是世界性大國，大國在安全上有兩大優勢：一是外部敵人較難構成威脅。像西歐歷史上小國林立，國與國之間戰事頻繁，稍一不慎，便有被消滅的危險；而中國周邊的「蠻夷」欲顛覆中原王朝卻不是一件容易的事。二是國內有穩定性。國家大，當局部矛盾激化時，在全局尚具有迴旋與調和的餘地，因而穩定性就大（這一優越性又常使中國人在歷史上變得有些老態龍鍾，行動遲緩，缺乏憂患意識）。

在漢、唐、宋、元、明、清持續時間較長的朝代，社會安定幾十年乃至一兩百年是常事，這是好幾代人的時間。即便邊關上有戰爭，中國幅員遼闊，後方依然可以歌舞昇平，過太平日子，這在歷史上屢見不鮮。如南宋林升就有〈題臨安邸〉詩曰：「山外青山樓外樓，西湖歌舞幾時休。暖風吹得遊人醉，直把杭州作汴州。」由於社會安定時間長，就為人們沉湎於喪葬活動提供了一個良好的外部環境。說到底，隆喪厚葬乃是富裕的太平年代人們的一種奢侈品。倘若社會貧困，或動亂不止，戰火頻仍，「離亂人，不如太平犬」，人們就不會有這一雅興了。

(二)宗法制的社會結構

在中國古代，各家的生產資料均掌握在父親手中，宗法制歷來是作為一類「準政府」權威存在的，宗族中的族長、理事會成員均是族中輩分較高且有影響力的人物，這些都能保證長者、老者更充分地享有經濟、政治、精神權力。舊有俗語：「君要臣死，不得不死；父要子亡，不得不亡。」便是這一社會權力關係的寫照。在中國，殯葬歷來是一類家族性行為，即維繫家族血緣關係、強化家族意識、光耀門第並發展家族勢力的一類活動。而崇尚喪葬乃至屢屢演變成隆喪厚葬，本質上又是抬高長者、老者社會地位的一類社會行為，而宗法制正好就是促成這一「抬高」的社會權力機制，它對中國傳統的隆喪厚葬起了巨大的推動和保證作用。事實上，宗法勢力總是有意無意地導向這一行為，如誰家未盡心乃至大力操辦

上輩人的喪事，就會被指責為「不孝」、「沒良心」、「吝嗇」、「簡直是個畜生」之類；反之，則受到一致的讚揚。而中國古代人直接的外部社會環境就是家族。

(三)祖先偶像崇拜的民族心理的根深柢固

已如前述，在信仰上，中國人歷來缺乏抽象崇拜的興趣，而是重偶像、重直觀，他們更多地是將自己的感情寄託在某種實物上。失去了直觀物，人們的神往、崇拜將失去依託。因而，在殯葬上對死者的遺體、遺物尤為看重。同樣一塊碑、一堆土、一座墳、一方靈牌、一座祖廟，在中國人眼中都具有極強烈的象徵意義，並賦予它們一種特殊的魔法力量，因而被視為本家庭（家族）的一部分。尤其是祖墳，它被視為先人的化身、象徵和延伸。中國人經常將自己及家族深厚的感情、未來的希望寄託在這些直觀物上，而不像基督教信徒寄託於更具抽象意義的上帝那裡。人們暗暗祈求祖先亡靈「域」外施「恩」，降福祉於本家庭（家族），使之興旺發達；同時，自己也盡量改善先人的「生活環境」，諸如修墳、遷墳、上墳、祭祀、送紙錢之類，以此維持代際情感。

因而，對祖先的感情愈深，寄託愈多，這些直觀物就愈壯麗、愈顯赫、愈威猛。這樣，中國人崇尚隆喪厚葬就是理所當然的了。

一般而言，偶像崇拜比儒家孝道文化更深刻地構成中國人隆喪厚葬的民族心理基礎，因為它帶有更大的自發性、個人性，因而更深入人心（例如，現在的一些年輕人，對於孝道不甚了了，而拜起菩薩和祖墳來卻是那麼地誠惶誠恐，動作非常熟練）。

(四)儒家「孝道文化」意識形態的影響

儒家極力倡導「仁」，仁自「親親」始，即親愛自己的親人，首先就是父母，此即「孝」。故「孝為仁之本」，孝是仁的出發點。在孔子看來，連自己的父母都不愛，很難想像他會去愛別人，也很難奢望他能

做出好事來。戰國時代儒家有《孝經》，開章明義即說：「孝，德之本也。」兩漢「以孝治天下」。儒家孝道文化風行天下。東漢將《孝經》列入「七經」之一❺，為讀書人必讀之書，後世屢有作注釋者。儒家孝道文化，強調對父母「生，事之以禮；死，葬之以禮，祭之以禮」（《論語・為政》），「事死如事生，事亡如事存」（《禮記・中庸》），並將它提高到「慎終追遠，民德歸厚」（《論語・學而》）的社會治理高度。這就為中國社會崇尚喪葬，乃至屢屢演變為隆喪厚葬，提供了一種堂而皇之的理論根據，並對反對者形成輿論壓力。

儒家的孝道文化和宗法制的社會結構必然產生一類重血緣、重家族的「整體性」文化，它要求：個人近乎無條件地服從整體（它可以是家庭、家族、團體或社會），個人的要求、權利、慾望等等一切必須在整體中受到規範，得到承認，否則便是非法的。因而，中國人也表現出較少個性獨立，更多服從性，隆喪厚葬就是中國人「社會性人格」的一類較為典型的行為表現。

祖先偶像崇拜的民族特性有利於滋生隆喪厚葬，並力圖保留遺體。20世紀，中國人已先後以萬分虔誠的心情將孫中山（1924年）、蔣介石（1975年）、毛澤東（1976年）的遺體用水晶棺木永久地保存下來。這類行為只能從偶像崇拜中找到解釋。此外，世界上用水晶棺木永久性保存遺體的還有前蘇聯的列寧、史達林；保加利亞的季米特洛夫；越南的胡志明；北韓的金日成。他們都屬於重偶像崇拜的所謂「東方」民族。

(五)國家的干預

殯葬從來就不是一個完全自發的領域，國家均會不同程度地干預，中國尤甚。中國歷來是中央集權的國家，因而，它在干預殯葬時擁有更得心應手的行政手段。

---

❺ 七經：《詩》、《書》、《禮》、《易》、《春秋》，西漢武帝時列為「五經」，並設五經博士官職；東漢加上《孝經》、《論語》，是為「七經」。

　　如前所述，國家干預殯葬，一是做出表率，二是強力干預（行政、立法）。例如，漢文帝和三國時的曹操都曾下詔提倡薄葬，以倡節儉之風。這是由於社會經濟凋敝，厚葬之風會妨礙正常的社會生活所致。不過，簡喪薄葬並未構成中國殯葬史的主流。事實上，每一朝代的隆喪厚葬之風都是皇室及其統治階級在推波助瀾，如秦始皇陵、漢武帝以後的諸帝陵均是隆喪厚葬的典型。在葬式上，明太祖朱元璋就曾詔令天下不得火葬，認為火燒父母遺體太「不忍」，有傷「孝道」，並威脅違反者要予以懲罰。在中國，火葬源於印度佛教東來，南北朝時期在中原流行，到了宋代，很多地方仍十分盛行。這本是一種最節儉的喪葬方式，但它和儒家的孝道文化、民眾的偶像崇拜心理相牴牾，故宋、明、清朝，國家都曾予以禁止，民間也就難以普遍推廣了。此外，國家對宗法制的支持、對祖先偶像崇拜的崇尚（皇帝有太廟、每年祭祖等）也間接地在推崇隆喪厚葬。

　　中國殯葬傳統的最大特點在於「隆喪厚葬」（或「長殯厚葬」、「隆殯厚葬」）。這一傳統至少可追溯到三千五百餘年前後的殷商時期，爾後歷代相沿。秦漢以後，簡喪薄葬雖時常和隆喪厚葬相交替，但不占主流。

　　對此，我們從兩個方面討論了社會根源：一是社會需求，它們構成隆喪厚葬的可能性，即是說，它不必然導致這一社會結果；二是社會機制，正是它們的存在才使之成為現實。大體上，造成中國隆喪厚葬傳統最深厚的原因在於：精力過剩、財富充裕、社會安定、祖先偶像崇拜、孝道、宗法制，這些因素的綜合作用，造成了以「孝道」為基調之隆喪厚葬的社會結果。

　　歸納起來，中國殯葬活動的社會功能大體在於：消耗社會過剩精力；心理滿足（包括心理平衡）；情感撫慰；血緣凝聚；社會整合；民間娛樂等。在個人方面，是滿足人、教化人，同時也是消耗人；在社會方面，則提供了一條凝聚的紐帶。

由於中國古代農業文明一直領先於世界各國，它的殯葬形態也最為完備，最為繁瑣。因而，認識它對於理解同時代世界各國的死亡文化及其殯葬活動，無疑具有指導意義。

近代以來，中國未經歷過像西歐14、15世紀以來較為徹底的人文主義、啟蒙運動等個性解放過程，古代文化傳統中諸如偶像崇拜之類的觀念未受到有效清理，因而至今還影響著我們的殯葬行為。

第六節　隆喪厚葬之風不能加諸儒家

中國在殯葬活動中貫穿著「孝道」精神，這很容易形成一個簡單的看法，認為中國隆喪厚葬的傳統源於儒家。儒家成了「罪魁」。於是又簡單地得出：要反對隆喪厚葬之風必須清除或批判儒家學說。前面已經討論了儒家的生死觀和中國古代隆喪厚葬的社會原因，這裡再就孔子儒家原本的殯葬觀做一說明：中國隆喪厚葬的傳統不能與孝道直接等同，即不能加諸儒家。

已如前述，儒家的理想人格是「聖人」，理想社會是「禮治」社會，孔子以「周禮」的繼承者自居。

聖人即「仁人」，而孝則是儒家實現「仁」的基礎、根本。所謂「孝弟也者，其為仁之本歟」（《論語‧學而》。具體來說，對待父母，一是養，二是敬，並說：「今之孝者，是謂能養。至於犬馬，皆能有養。不敬，何以別乎？」「禮」，即不同等級的人們在不同的場合中相應的行為規範。孔子儒家的殯葬觀（凶禮）其基本精神是一個「孝」字；總的外在原則是一個「禮」字，可概括如下：「生，事之以禮；死，葬之以禮，祭之以禮。」（《論語‧為政》）「事死如事生，事亡如事存。」（《禮記‧中庸》）即是說，儒家將「死」和「生」聯繫起來予以綜合考慮，其中貫穿著「孝」的基本精神，對待死或生都要體現這一原則。

　　因而，我們可以從孝、哀（敬）、節（制）幾個相關概念來理解儒家的殯葬觀。

　　對於喪事，孔子主張的是「哀」、「節（制）」，它們屬於「禮」的要求。禮就是要按規範行事，並非將喪事辦得愈奢侈就愈孝。對此，《論語》中頗多記載。「喪致乎哀而止」。「臨喪不哀，吾何以觀之哉？」為了對死者的哀悼和喪事的嚴肅，孔子有一套獨特的行為方式，如「子食於有喪者之側，未嘗飽也。」他反對喪宴上的大吃大喝，「（孔）子於是日哭則不歌。」「子見齊衰（喪服）者……雖少，必作；過之，必趨。」即見到穿喪服者，哪怕是小孩，也必作禮；過其身邊時則碎步快走，均示哀悼、尊敬之意。若是自己乘車碰上了，則見「凶服者式之」。式者，軾也，車上作為扶手用的前橫木，即身體前傾憑軾以示哀悼。在孔子儒家看來，喪事是一件極嚴肅極莊重的大事，絕不能敷衍塞責。在喪事的哀和禮上，孔子更強調心哀，而反對形式主義乃至矯揉造作的禮，《禮記·檀弓上》：「……喪禮，與其哀不足而禮有餘，不若禮不足而哀有餘也。」

　　孔子對喪葬的鋪張、虛浮深惡痛絕。就是說，按規範（「禮」）辦理喪事，過多的外在形式實屬無益。孔子晚年有一次病重，子路等一班弟子認為他不行了，私下按諸侯的喪葬規格組織了一個治喪小組，只等老師嚥氣就要大辦喪事。不料孔子又奇蹟般地痊癒，知道後大發雷霆，痛罵子路專好弄虛作假。還說，就你們這些學生給我辦喪事不就行了嗎？雖然不能（像諸侯的喪事那樣）熱熱鬧鬧，這又有什麼關係呢？難道我的屍體就會被拋到路上去嗎？孔子七十而喪獨子，「有棺而無槨」，喪事從簡。最得意的弟子顏回三十一歲而亡，孔子尤為傷心，嚎啕大哭，卻又反對弟子們的厚葬主張。但弟子們仍厚葬了顏回，孔子反覆聲明「這不是我的主意」，似乎唯恐擔負「非禮」的惡名。孔子一生主張「非禮勿視，非禮勿聽，非禮勿言，非禮勿動」。當時，商周以來的人殉之風猶存，但已遭到反對，於是有以泥俑或木俑作為陪葬物代替品。孔子不僅反對殘忍的

人殉，連俑殉也反對，因為它像人（大約有損人的尊嚴），氣憤地說：
「始作俑者，其無後乎？」（《孟子‧梁惠王上》）

孔子還主張辦喪事、哭泣、祭祀都要有節制。哭泣並非哭得愈凶愈好，而是「哭踊有節」。後世勸人時所謂「要節哀」即源於儒家這一觀點。祭祀應有時，《禮記‧祭義》：「祭不欲數（次數太多），數則煩，煩則不敬。」並不要亂祭不相干的對象。《論語‧為政》：「非其鬼而祭之，諂也。」典籍上從沒有過孔子鼓吹隆喪厚葬的言論，也未有過某人大辦喪事而被孔子譽為孝子的，更未有過某人在喪事上未大肆風光而被孔子譴責為「不孝」等記載。即便孔子去世，弟子們給他治喪，並守喪三年（子貢守六年），他們所體現的也只是對老師的敬意、哀悼乃至留戀，亦無隆喪厚葬之舉。

子路曾大發感嘆：「傷哉貧也！生無以為養，死無以為禮也。」孔子反駁他：「啜菽飲水，盡其歡，斯之謂孝。斂首足形，還葬而無椁，稱其財，斯之謂禮。」（《禮記‧檀弓下》）鄭玄注：「還猶疾也。謂不及其日月。」就是說，雖貧，即便喝豆粥、飲涼水，能盡心撫養，無傷於孝；死後能盡力，雖貧，速葬而無椁，亦無傷於禮。否則，雖奢華，不能稱其禮。並說：家中豐實的不要越禮而葬；家中貧困的，只要衣衾能遮蓋住身體，殮畢即葬，「人豈有非之者哉？」（同上）宋國的桓司馬為自己準備石椁，三年還沒有完成。孔子聞之，頗憤慨地說：「若是其靡也！死不如速朽之愈也。」

儒家將喪葬禮儀納入了其塑造理想人格和社會治理的倫理、政治總框架中。從個人言，它是推行孝道的一個重要方面；從社會言，則是慎終追遠，強化代際、家庭（族）內部的凝聚力，以圖推進社會治理。儒家只是「崇尚喪葬」，絕非主張「隆喪厚葬」，這應予以嚴格區別。

一般而言，崇尚喪葬是農業民族的嗜好，而隆喪厚葬作為中國社會的一個傳統風俗，則是由上述大農業社會條件所造成，和儒家並無直接的因果關係。考古資料表明，中國古代至少從殷商時代就已隆喪厚葬成風，

從已挖掘的殷墟（今河南安陽）商王和商貴族的墓葬群看，都是極盡排場，奢侈無比。在當時生產力仍極端落後的情況下（鐵器還未出現），如此排場該要動用多少人力物力！此時離孔子出世還有一千多年。按照馬克斯歷史哲學的觀點看，中國古代社會隆喪厚葬之風的深厚根源不應從理論上去尋找，而應到中國古代社會的全部生活條件中去尋找。據上述討論，就是要到中國古代社會的地理條件、經濟內容、人的狀況、社會結構等條件中去找。即使沒有儒學，這一風俗嗜好也會以其他的名目出現。

事實上，在中國古代那些聲名卓著、學有所成的真正大儒從未贊同或實行過隆喪厚喪，相反，他們對此持反對態度。如唐宋八大散文家之一、北宋名相歐陽修就提出「養不必豐，要於孝」；「祭而豐，不如養之薄也」（見歐陽修，〈瀧岡阡表〉）。這就是後世著名的「厚養薄葬」主張之由來。而那些醉心於厚葬者，必非真正的儒家信徒，他們不過是一群打著「孝」的幌子而追求世俗虛榮、藉此炫耀的名利之徒而已。這類人古已有之。《鹽鐵論‧散不足》中就記載了西漢中後期豪富之家的「喪事燕飲」，甚至「歌舞俳優，連笑伎戲」。恐怕誰也不會承認他們是什麼儒家人物。漢武帝晚期以後，社會的隆喪厚葬之風愈演愈烈，一直到西漢王朝的覆亡。而這正好就是社會日益奢靡腐敗，儒學對人們的控制力漸趨廢弛的時期。正是在這一意義上，殯葬反映了一個社會道德的一般狀態。在中國歷史上，社會道德的每一次淪喪都將儒家「崇尚喪葬」推到了極端，成為矯揉造作的隆喪厚葬。

當然，話得說回來，作為倡導仁學、孝道的儒家學說，確實為中國古代社會的隆喪厚葬之風提供了一個最好的理論「藉口」，一面「旗幟」，並以此給那些本不主張隆喪厚葬者形成輿論壓力。作為個人應如何消耗財富歷來有一個社會道德標準。例如，西晉的奢侈之風甚濃，石崇和王愷鬥富被視為醜聞，在當時和後世都受到指責；但如果人們為自己的父母如此大肆鋪張，則不會受到指責，反而會博得「孝子」美名。在儒家學說占統治地位的情況下，這在客觀上會鼓勵乃至刺激隆喪厚葬，進而給那

些不具備如此財力之家形成社會壓力。如東漢末董永，父死無錢安葬，於是賣身三年為奴，以供葬父。「主人知其賢，給錢一萬，遣之。永行三年喪，欲還主人，供其奴職。」道逢一女子，願與同行。主人見董永執意如此，就說，那就要你妻子織一百匹布吧！那女子十日而畢。「女出門，謂永曰：『我，天之織女也。緣君至孝，天帝令我助君償債耳。』語畢，凌空而去，不知所在。」（晉‧干寶《搜神記》）後世文人據此衍出黃梅戲《天仙配》，至今久唱不衰。倘若董永賣身換錢喝酒，必遭世人唾罵；因行孝葬父，因而人、神俱受感動，作為楷模。當然，董永尚非隆喪厚葬其父，一萬錢也夠不上這一支出，但體現了其孝心。自然，這又可以給隆喪厚葬的鼓吹者提供口實；「你看人家董永，賣身都要葬父呢；你家有錢，卻如此草草地給父（母）親辦了喪事，真是不孝之子、忘恩負義、畜生……」云云。可見儒家學說的「孝」文化對中國傳統的隆喪厚葬確有相當的影響。當然，這又是以並不真正理解儒家精神和價值觀念，以及社會道德的淪喪為前提。

此外，對於中國古代的隆喪厚葬之風，我們亦不宜簡單地予以否定。隆喪厚葬須耗鉅資，只有富室之家才能承受。平民之家，停柩三五日。富室則停七七四十九日，乃至更多，其間弔唁者絡繹不絕；要請眾多的工匠和勞力，大修墳墓，置辦靈堂之物和陪葬之物；唱戲的、念經超渡的，以及眾多的執事人等。他們大都要支付工錢，還要供其吃喝等，這在客觀上又起了重新分配社會財富（即社會疏財）的作用。此外，如喪宴就相當於給一些人提供了一次改善伙食的機會。喪主絕對不能因飯菜不夠或歧視食客而失了自己的面子，因為這些人是前來「幫忙」的，給喪主添光彩的，所謂「有錢幫個錢忙，無錢襯個人場」。

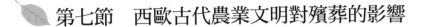

第七節　西歐古代農業文明對殯葬的影響

一、古希臘、古羅馬時期

　　這裡的「西歐古代」，依西歐歷史學家的劃分，指西元前11世紀以後的被稱為「古代社會」的古希臘、古羅馬時代，和西元5世紀羅馬帝國崩潰到15世紀的「中世紀」。作為經濟形態，這裡和中國古代一樣，也是農業文明。但其他社會條件不盡相同，這也影響到了殯葬，造成了東、西方在殯葬上的重大差別。

　　古希臘世界是數百個城邦（國家）所組成的一個文明圈，它的範圍西至義大利南部，東到土耳其西海岸，北達黑海，南臨地中海，歷史學家至今還不能確定這些國家的具體數目。而希臘半島是個多山的貧瘠之地，只有一些谷地和小平原適宜農業，很難找到一塊直徑超過50公里的平原。這些小國寡民的城邦連年互相攻戰，爭奪土地、人口和霸權（地區霸權和地中海世界霸權）。同時，東方的波斯帝國也在相當長一段時期內對希臘人構成了威脅，著名的「希波戰爭」在古希臘歷史上就留下了重要的一頁。古希臘人是精力充沛，多智慧的，他們以自己的聰明才智發展了科學技術和文學、藝術，給後世留下寶貴的精神遺產。此外，奧運會是古希臘人對人類體育事業的一大貢獻，於其中，古希臘人既消耗了過剩的精力，同時也鍛鍊了體魄，這對於應付外部威脅是必不可少的。

　　這樣看來，古希臘人對殯葬的熱情必然非常有限。在葬式上，希臘世界並行土葬和火葬，喪禮也非常簡單。迄今，考古學未聽說發掘出這一時代的大型墓葬。

　　西元前1世紀前後，羅馬人依靠武力終於將疲憊不堪的地中海世界統一為一個龐大的羅馬帝國，地中海成為它的「內湖」。羅馬人粗野強悍、驍勇善戰，實行全民皆兵，四處征討，依靠本土有限的人口統治著廣

裘的地區和眾多的異族人口。對異族人的統治是古羅馬人最大的事業，它既是他們財富的最大來源，大約也是古羅馬人的一大民族「嗜好」。財富滾滾而來，異族廉價勞動力充斥，使古羅馬一度盛行大宴之風，觀賞角鬥士表演成癖（它滿足了古羅馬人尚武和嗜血的慾望）。這樣，他們也不可能有更多的閒情逸致去醉心於喪事的鋪張。羅馬人實行火葬，為國家做過貢獻或為國捐軀者可以享受隆重的喪禮，但火葬不可能產生厚葬。因而，古羅馬帝國迄今也未發掘過大型墓葬。

大體上，這一千五百年間，各國都在為維護本國的生存或奪取霸權而鬥爭，殫精竭慮，各城邦內的社會關係則在一種劇烈的國內、國際動盪中維持著平衡。不僅社會精力、社會財富不提供隆喪厚葬的條件，也無須借助殯葬以幫助社會治理。所以，這時期的殯葬活動（比較同時代的中國）更多地是一類純私人事務，即個人靈魂和神之間的關係，殯葬文化也不甚發達。當然，絕不能由此推斷古希臘、古羅馬的殯葬不構成一類文化。

這一時期的意識形態大體如此：地中海世界民族眾多，政治多呈分裂狀態，即便是羅馬帝國存在的五個世紀中，羅馬人也始終未能完全消化那些被征服的民族。自然，文化上的分裂不會少於政治上的分裂（被征服者頑強地保持著自己的文化傳統，如猶太人）。因而，地中海盛行多神教，各國、各民族信奉自己的神，而一國、一民族又往往有眾多的神，最典型的是古希臘奧林匹斯山上以宙斯為主神的諸神系統。西元1世紀，羅馬帝國境內誕生了基督教，在羅馬帝國普遍陷入精神（信仰）危機的情況下，於4世紀上半葉成為國家宗教。但此時帝國已行將崩潰。基督教對殯葬的普遍性影響成了下一時代的事情。

可以說，在一千五百年的歷史中，古希臘、古羅馬世界一直未形成過一種統一的文化（及其宗教），即便是羅馬帝國最強盛的時期也是如此。顯然，這不利於促進殯葬文化的發展。

二、西歐中世紀時期

西歐中世紀有三大特點，即政治上的分裂（小國寡民）；不甚發達的農業；統一的基督教意識形態。

(一)政治上的分裂

西元5世紀，龐大的羅馬帝國在日耳曼蠻族人（他們是現代西歐、北美人的直系祖先）一波又一波的蜂擁入侵中轟然倒塌，從前統一的羅馬帝國分裂為眾多的封建諸侯領地；這些征服者毀壞城市、焚燒圖書館，視之為「腐敗」、「墮落」的等同物，社會頓時陷入所謂「黑暗時代」。這一文化倒退到14、15世紀前後的「文藝復興」才開始恢復，而政治上的四分五裂則直到17世紀的英、法和19世紀的德、義等西歐主要民族國家形成後，才告結束。如德國在17世紀時還由三百多個大小諸侯、領地組成，其中最大的有七個（號稱「七選侯」）。各國的國王只是名義上的，通常其政令只在本領地有效，因而實際上只是一個較大的諸侯而已。20世紀著名的英國歷史學家湯恩比，曾將西歐中世紀比喻為用眾多不同顏色的碎布拼綴起來的一塊彩色座墊。貴族和農奴依各自祖先的血緣關係而定，世代承襲，構成一道不可逾越的社會鴻溝。

(二)不甚發達的農業

政治上的分崩離析無疑將制約經濟的發展，西歐中世紀到處是封閉性的莊園經濟（類似中國的兩晉南北朝），堪稱「莊園林立」。各莊園自成一體，自然經濟，與外界很少交換，再加上西歐土地大都不很肥沃，農業經濟也就不甚發達（歐洲的農業區域在東歐平原）。西元11至13世紀歷時兩百年的「十字軍東征」，就是西歐人覬覦「東方」（今阿拉伯世界）的財富而發動的掠奪性戰爭，而同時代中國的經濟水準又高於阿拉伯世界（這從《馬可‧波羅遊記》的描述中可以驗證）。由此可見，當時世界各

地區農業文明的發展水準。

(三)統一的基督教意識形態

　　與政治上分裂和自然經濟的莊園制並存的，卻是西歐世界基督教意識形態的一統天下。西歐中世紀之所以被視為一個完整的文明單位看待，實有賴於基督教文化的精神紐帶作用，正是它造就了一個統一的文化氛圍，使西歐人民有了一種共同的「語言」，即共同的價值觀念和思維方式。

　　已如前述，基督教重靈魂、輕肉體，重來世生活、輕現世生活，崇尚上帝、輕視人；認為世俗的物質生活是充滿情慾的、有罪的，人只有在上帝的感召下行禁慾主義才能減少其罪惡；人的最終歸宿是靈魂皈依上帝，在那裡準備接受「末日審判」，並以一個「潔淨的」、「無罪的」靈魂獲得「永恆」，等等。因而，基督教將有限的塵世生活視為通向「無限死亡」（永恆的解脫）的一種準備、一種修練活動。它反對任何形式的偶像崇拜，即便是祖先崇拜也不行。基督教就這樣在上帝的名義下，施行著對人慾望予以節制的社會歷史使命，因而又被稱為「禁慾主義」。

　　於是我們看到：在西歐古代社會經濟不甚發達，不提供過多的剩餘財富用作喪事鋪張；小國寡民領地式的社會治理比較容易，家族組織不發達，宗法勢力不強大，也無須刻意利用喪葬以輔助社會治理；基督教將每個人的靈魂直接和上帝發生關係，教會是人和上帝之間的唯一媒介，不允許崇拜其他任何神，尤其反對偶像崇拜，即便祭祖也不允許，因而家族意識也較淡薄。社會不鼓勵透過殯葬以喚起家族意識的行為。更重要的還在於，崇尚靈魂的昇華而輕視肉體、排斥偶像的宗教觀念，使基督徒將自己的軀體視為靈魂的「異己物」，妨礙自己達到理想人格的障礙，因而對於自己軀體進行偶像主義式隆喪厚葬的處理方式沒有（中國人的那種）熱情。結果是簡喪薄葬，這與那時社會財富的相對缺乏也相適應。基督教的喪禮更多是為死者祈禱，祝其靈魂早日升天，解脫塵世的痛苦；靈魂需要

寧靜，因而喪禮是肅穆安靜的。至於軀體安置何處？基督徒似乎不大關心。哥倫布歷盡艱辛，發現了新大陸，卻遭西班牙王室誤解而受屈，晚年貧困潦倒，臨終時祈禱曰：「上帝啊！我把靈魂交給祢了。」這非常能反映基督徒的殯葬觀。而此殯葬觀傳統至少可上溯到古希臘蘇格拉底的哲學。

作者曾目睹一位老基督徒的臨終。當後人問及是否害怕死亡，答曰：「不怕，我是到上帝那裡去。」是土葬還是火葬，答曰「火葬」；是否要燒紙，答曰「不要」；那如何紀念您呢？答曰：「你們只要在心裡默默地為我祈禱就行了，基督徒不在乎這些形式。」他的意識至死都非常安詳。自那以後，作者對基督徒也不由得敬重起來。

中世紀的歐洲，上自國王、諸侯、一般貴族，下至平民和農奴，喪葬基本從簡，即所謂基督教徒在上帝面前「靈魂平等」的原則。迄今仍未聽說歐洲中世紀遺留有大型墓葬的。

 ## 第八節　近代資本主義文明對殯葬的影響

這裡的「近代」指15世紀末「新航路」開闢以來的五百年，尤其是18世紀下半期「工業革命」以來的兩百年。西歐人透過廣泛的對外工商業經濟活動及科學技術，確立了在世界各國中的物質優勢，並藉人文主義運動對「人性」、「人權」、「民主」、「自由」等意識形態的強力鼓吹，逐步建立起一個截然異於中世紀的「資本主義工商業文明」。後來，它傳播到北美和日本。今天，我們又稱為所謂「工業發達國家」，諸如英、法、德、義、美、日、加拿大等國。

資本主義主張「個人本位」，即以個人為中心，充分發揮個人的積極性、創造性；重個人，重現世生活，重實際效益，反對宗教的來世許諾和繁文縟節。這是一個新的世俗文化價值觀。過去家庭對個人的約束最大限

度地被解除，人們四處奔走，大舉淘金，實踐發財夢想，浩瀚的海洋和崇山峻嶺不再成為障礙。繁忙而劇烈的經濟競爭（國內的、國際的），顯然不允許也不鼓勵社會過於醉心殯葬。

近代以來的最大特點之一是「科學精神」。近代實驗科學的興起（包括自然科學和社會科學），諸如社會學、心理學、生物學、生理學、精神學、民俗學、文化學、行為科學乃至死亡學，以及它們的分支學科紛紛建立，使西歐人能以一種現代人的「科學眼光」來看待死亡，進而理解古往今來各民族的喪葬禮儀，在這方面，文化人類學的建立起了巨大的推動作用，也更進一步淡化了社會對於殯葬的熱情。

上帝的決定性地位衰落了，人們不再寄望於來世、天堂，金錢成了人們新的「上帝」。雖然基督教自從人文主義運動以來遭受了極大的衝擊，不再成為一種國家學說，但「靈魂平等」、「靈魂需要安靜」等傳統心理依然存在，它們仍在影響殯葬，並不支持隆喪厚葬。據悉，現代西方人的喪事氣氛極為肅穆、安靜，認為是怕驚動死者（的靈魂）。老妻送老夫，老妻即使非常傷心，在殯儀館的喪禮上也只是嚶嚶啜泣，絕無嚎啕大哭，因為靈魂需要安靜。嚎啕大哭被認為是沒有教養的表現。

西方社會工作的興起對殯葬的社會化起了很好的作用。各家庭遭遇喪事，不再是各自操辦，而是由殯儀館「一條龍」全部包辦。殯葬以死者為中心，不似中國人的喪事那樣大肆喧嘩，虛張聲勢。殯儀車接送屍體時，其他車輛多主動讓道，並有鳴喇叭以示對死者離去的哀悼，而中國人迄今若遇上殯儀車，還被認為是一件「晦氣」的事情。根本問題在於（價值）觀念的差別。

 ## 第九節　中、西方古代死亡文化的比較

中、西方文化是當今世界影響最大的兩個文化體系，兩者的比較也引

起了文化學家極大的興趣。這裡僅就死亡文化傳統做一簡單比較。

中國古代死亡文化，指夏商周三代，尤其是西周以來圍繞死亡問題而形成的文化傳統，它對整個東亞、東南亞產生過深遠的影響。西方古代死亡文化主要是指古希臘、基督教時期圍繞死亡問題而形成的文化傳統，它們都深刻影響了現代社會。「叩其兩端」，中間形態也就便於理解了**❻**。

一、中、西方死亡文化的相異點

由於地理環境、社會經濟、人口狀況、政治制度和意識形態等等差別，造成了中、西方之間在死亡文化上的諸多不同。現試歸納如下：

(一)一元論與二元論

由於（祖先）偶像崇拜的作用，中國人大體是以一元論的眼光看待死者及喪事、喪物的。也就是對中國人的傳統心理來說，死亡似乎是換了一個生活環境，不僅死者仍被視為本家庭（家族）的一員（「編外人員」），死者的牌位、墳墓等還被認為是死者存在的某種延伸、象徵，四時祭祀，尤其神聖，受到百倍的尊敬和保護，所謂「事死如事生」。這些是萬萬動不得的，否則是最嚴重的冒犯。在作者老家，小孩若將不能玩的東西拿著玩，長輩就會說：「你幹嘛不去玩祖宗（靈）牌子？」

嚴格地說，中國人的靈魂觀念非常淡薄，他們更看重軀體，似乎只有在軀體的基礎上才能展開對靈魂的想像。脫離軀體而單獨存在的靈魂就有些不正常了，就是所謂「孤魂」「野鬼」之類，即無家可歸者也。祖先偶像崇拜很容易導致隆喪厚葬。

西方古代則是以二元論的觀點看待死亡，即軀體和靈魂是兩回事。

---

❻ 這些年，中國興起了中、西方文化比較熱，大量西方的文化論著被引入國內，國內學者也出版了不少專著，而且這一文化比較熱又和「儒家復興」研究相聯繫。這些都表明：中國的文化將有一個高潮到來。

它重靈魂、輕軀體,軀體只是靈魂的一個寄居場所,死亡是靈魂的「解脫」(解去鎖鏈),靈魂可以脫離軀體單獨存在,死亡文化中重視靈魂的「昇華」。現代雖然以科學觀點看待死亡,但基督教文化「重靈魂」的傳統仍在起作用,它表現為:以死者為「中心」、殯葬是在安置死者的「靈魂」、喪儀中重「寧靜」等,因而更容易傾向簡喪薄葬。

(二)宗法組織與教會勢力

中國人重血緣、重家庭(家族)、重孝道的社會原則被充分融入了死亡文化中。中國古代,嬰兒降臨、長者去世,不僅是一個家庭的大事,而且是本家族的一件大事。孝道原則不僅是生者的原則,也構成全部死亡操作活動的經線,所謂「生,事之以禮;死,葬之以禮,祭之以禮」。殯葬是以家族為基本單位操辦的,是作為團聚家族成員並親朋聚首的一次機會。宗法制既是這一類活動的產物,同時又促進了這一類活動的根深柢固。即便在今天,喪主若不向本家族(舊稱「本家」)及親朋報喪,或後者知道後而不去奔喪,都會被認為是「失禮」。一次喪事是否合格,家族成員是第一認同者。

西方宗法組織不發達,但教會勢力強大,其社會作用相當於中國的宗法組織。在基督教文化中,人的生和死更多地是個人和上帝之間的事,死亡是靈魂擺脫了軀體而皈依上帝;人一經死亡,似乎就與自己的親朋沒有什麼關係了,因為軀體已經腐朽,靈魂則到了一個美好的地方。

基督教強調要以一個「純潔的靈魂」去見上帝,因而古代的基督徒臨終前要在牧師幫助下進行懺悔,最後一次認識上帝的「偉大」和「仁慈」,並消除對死亡的恐懼。這一行為客觀而言起了精神上臨終關懷的作用。在喪禮中,人們更多地是給死者的靈魂去「天國」送行,或如現代西方一種幽默哲學所言,靈魂到了一個迄今既不能肯定也不能否定的世界中。這其中可以看到基督教靈魂觀念的傳統心理影響。在中國人的心理,參加喪禮更多地是將死者的軀體送到另一個「住所」(墳墓)去。

　　這一差別，在喪事安慰上也表現出來：中國人愛以孝道安慰生者，以子孫興旺安慰垂死者，這些都屬於人倫範疇。如果死者是長者，他們常如是勸說喪主：你們已經盡了孝心，他（她）老人家在天有靈、九泉有知，也會心安理得的，並要生者「節哀」云云。對於死者的勸說，作者曾見過幾位老人俯在一位彌留之際的老婦人耳邊安慰她：「您放心去吧！您的兒子、孫子都很好，孫子讀書得了一百分，很乖，他們都會記得您的，會按時給您送（紙）錢來……」云云。這是典型中國式的喪事安慰，安慰者都未讀過書，但對於中國人的臨終心理需求卻理解、把握得非常準確。她的孫子是否得了一百分，這無關緊要，對死者進行「善意的欺騙」也是合乎道德，要讓死者對自己的後人充滿信心、希望。這一行為就是中國式精神上的臨終關懷。基督徒則以「死者的靈魂」已經「安息」、「超脫」了，不再有塵世的「痛苦」云云安慰喪主。這似乎是在說：他（她）比你過得還好呢，你操什麼心？

(三)隆喪厚葬與簡喪薄葬

　　由於祖先偶像崇拜和宗法制的影響，中國人在喪葬上尤重外在形式，即所謂「隆喪厚葬」。隆喪，是殯期長、講排場、愛熱鬧、好攀比，往往是鬧得愈凶愈好，參加者愈多，生者臉上愈光彩。厚葬，墳墓要巍峨，墓室要堅固，陪葬物要豐厚，乃至有人殉者（人殉到明中期英宗時才被廢止），恨不得將地球拿去陪葬。不客氣地說，中國人更多地是在替生者辦喪事。

　　西方人有簡喪薄葬的傳統，他們更多地是在為死者辦喪事，打發靈魂比打發偶像物（軀體）當然要容易得多。

　　在殯葬上，中國人歷來是一個愛熱鬧、愛面子、重人倫、重形式（主義）的民族，也可以說是一個人情主義的民族。西方人則顯得相對冷漠或冷靜一些，比較重個人、重實際效益。

二、中、西方死亡文化的相同點

當然，中、西方死亡文化之間既同屬死亡文化，也必然有相同之處。

(一)從屬於各自的社會總文化

不管是中西方，它們都從屬於各自的社會總文化，是它的一個分支、一個側面。後者為前者提供根據，成為其宏觀背景；前者體現並幫助實現後者。兩者之間是一般和個別的關係，基本原則一致。這也是死亡文化在社會中的文化地位。

在中國古代，死亡文化從屬於儒家「內聖外王」、禮治社會的總文化，是儒家仁學「孝」文化的一種具體形態，它被視為塑造儒家理想人格、「敬宗收族」，從而推進社會治理的一個重要環節來對待，即納入了社會總體協調的範疇。

西歐基督教的死亡文化是基督教靈魂學說的一部分，意在培養人們對上帝的宗教感情，純潔其道德情操，堅定基督教輕塵世的生存觀。現代西方的死亡文化則又受15世紀以來的人道主義、個人本位主義的人文文化以及科學技術的影響，諸如現代殯儀服務、臨終關懷、安樂死之類，也無非是讓垂死者死得更安詳，更少恐懼和痛苦。

(二)體現社會總文化的某一精神

殯葬活動作為一類文化性行為，它的每一舉動、一招一式都是有含義的，無不體現著該社會總文化的某一精神，並深藏著人們的各類心理需要，諸如喪服、祭奠、喪宴、出喪時摔破碗之類。由於時間久遠，很多行為的含義已不為人們所理解，它們被當作民間習俗累世相沿，所謂「外行看熱鬧，內行看門道」。但文化史學家大體可以追溯到它們的原始意義。

(三)主要是為了生者

　　死亡文化及殯葬活動最終仍然是為了生者，不管是西方的和東方的、古代的和現代的，統統如此。從形式上，它是一類死亡文化，實質上則是一類特殊的世俗的生存文化。殯葬畢竟是生者按照自己的理解方式、心理需求和社會需要在操辦著，而觀看者也是他們自己。在這方面，中國人只是表現得更為極端一些。

(四)生存文化和死亡文化恆相聯繫

　　由於生存和死亡不可分離的聯繫著，死亡文化便成為生存文化的一個參照物、一面鏡子。即是說：人們如何看待生存便會如何看待並處理死亡，反之也一樣；而對其中任意一者看法的改變又都將深刻地影響到另一者，兩者互相制約。正因為如此，我們從一個民族的死亡文化中可以窺見到那個民族的全部生存哲學。

第十一章

喪禮概述

動物靠鋒利的爪牙和強壯的肌肉謀取生存，並爭得其社會地位。人類則更加依賴智慧，打著一些旗號並動用所擁有的一切社會條件，如金錢、家族勢力、集團等，以達到自己的目的，這無疑增加了爭奪的破壞性和殘酷性。為了減少人類行為的這一負面影響，自古以來，人們就制定了諸多的行為規範，以便將人們的行為限定在社會能夠接受的範圍內，並相互表現得溫文爾雅。大體上這些規範可分為「法律」和「道德」（包括習俗）兩大類。

現在的「禮」大都被歸類為「道德」一類，但在中國古代，「禮」歷來具有「準法律」意義。喪禮即其中之一。

🍃 第一節　「禮」的內涵

一、禮的界定

中國自古號稱「禮儀之邦」。一談起「禮」，我們就難免聯想到夏、商、周三代，即所謂的夏禮、商禮和周禮。由於文獻缺失，夏、商之禮的具體情況已有些不可考，而周禮則文獻記載頗詳。

在西周，廣義的「禮」，係指國家典章制度、行為準則和風俗習慣等的總和。所謂「典章制度」就是當時的政治、經濟、軍事、法律等國家制度。「周禮」的內容包括朝聘會享、田獵戎師、冠婚喪祭、飲食起居、日常行為等內容，幾乎囊括了當時社會生活的各個領域。它既涉及到國家政治制度，也關係著人們的日常生活，事無大小鉅細，都有繁多的行為規範。狹義的禮，則僅指人們的日常行為規範，諸如舉止儀表、容顏節度、風俗習慣等。秦漢以來，民間多從狹義上理解禮。由於禮起著一定的半強制作用，故後世有「禮法」之說。

周代是禮制最完備的時期，時人概括為「五禮」。傳於今世的「三

禮」之書（《周禮》、《儀禮》、《禮記》）對周代禮儀制度有較詳細說明，其中《禮記》對人們的日常行為規範所述尤詳，後世列為「五經」（或「十三經」）之一❶。史載，周承商禮、商承夏禮，因而周禮實際上也包含夏、商之禮。

《周禮·大宗伯》載「五禮」：吉禮、嘉禮、賓禮、戎（軍）禮、凶禮。

1.**吉禮**：為五禮之冠，主要是對天神、地祇、人鬼的祭祀典禮。其內容有：

祀昊天上帝；祀日月星辰；祀司中、司命、風師、雨師。

——以上是祭天神。

祭社稷、五帝、五嶽；祭山林川澤；祭四方百物，即諸小神。

——以上是祭地祇。

袷祭先王、先祖。

禘祭先王、先祖。

春祠、夏禴（同礿）、秋嘗、冬烝，享祭先王、先祖，又稱「時祭」，即四時之祭。

——以上是祭人鬼。

2.**嘉禮**：是指和合人際關係，溝通、聯絡感情的禮儀。《周禮》說，嘉禮是用以「親萬民」的。主要內容有：

飲食之禮；婚、冠之禮；賓射之禮；饗燕之禮；脤（社稷祭肉）、膰（宗廟祭肉）之禮；賀慶之禮。

3.**賓禮**：是指接待賓客之禮。《周禮·春官·大宗伯》：「以賓禮親

❶五經：儒家的五部經典：《詩經》、《尚書》、《周易》、《儀禮》、《春秋公羊傳》。後來，增加了《左傳》、《穀梁傳》、《周禮》、《禮記》，還加上《論語》、《孟子》、《孝經》、《爾雅》，統稱為「十三經」。其中，《公羊傳》、《左傳》、《穀梁傳》稱為「春秋三傳」；《儀禮》、《周禮》、《禮記》稱為「三禮」。

邦國。」這是講天子與諸侯國、諸侯國之間的往來之禮。賓禮包括：春見曰朝，夏見曰宗，秋見曰覲，冬見曰會。殷見曰間，時聘曰問，殷覜曰視。

「殷見」是眾諸侯同聚；「時聘」是有事而派遣使者存問看望；「殷覜」是多國使者同時聘問。後代則將皇帝遣使藩邦，外來使者朝貢、覲見及相見之禮等都歸入賓禮。

4.軍禮：是指師旅操演、征伐之禮。《周禮‧春官‧大宗伯》：「以軍禮同邦國。」即對於那些反逆不馴者要用軍禮教訓之。軍禮的內容包括：大師之禮，用眾也；大均之禮，恤眾也；大田之禮，簡眾也；大役之禮，任眾也；大封之禮，合眾也。

「大師之禮」指軍隊的征伐行動；「大均之禮」指均土地，徵賦稅；「大田之禮」指定期狩獵；「大役之禮」指營造、修建等土木工程；「大封之禮」指勘定封疆，樹立界標。後世亦有損益。

5.凶禮：是指哀憫弔唁憂患之禮。《周禮‧春官‧大宗伯》：「以凶禮哀邦國之憂。」鄭玄注：「哀」是「救患分災」之意，即以實際措施抗災救患，不限於表達哀憫之情。凶禮的內容有：以喪禮哀死亡；以荒禮哀凶札（札，瘟疫；亦指因瘟疫而死亡）；以弔禮哀禍災；以禬禮（聚合財物以濟他人之災的禮）哀圍敗；以恤禮哀寇亂。後代最重視喪禮，並多以喪禮代指凶禮。

這些只是「五禮」概述，且歷朝各有變化，茲不引。與死亡文化有關的是「吉禮」的祭先祖部分以及凶禮的哀死亡部分，後面將逐次討論，餘則不述。

西周時期實行「禮、法合一」的社會體制，禮即法、法即禮，合二而一。春秋戰國，法家開始「立法」，即建立法律體系，拋棄舊有宗法式的「禮法合一」，將社會規範——法律和禮分開。這也是將國家的政治生活和民間的世俗生活分開，「一統於法」，即所謂「法治」，於是乃有

「王子犯法，與庶民同罪」之說。禮則逐漸演變為道德規範，所謂「德治」。這一時期，「德治」和「法治」一度處於對立狀態，它具體表現為先秦「法家」和「儒家」的對立。西漢時，中國社會又出現「禮、法合流」的趨勢，並最終導致「禮、法並用」，所謂「……君為（民）父母，明仁愛德讓，王道之本也。愛待敬而不敗，德須威而久立，故制禮以崇敬，作刑以明威也」（《漢書・刑法志》）。《漢書》將「禮樂志」和「刑法志」兩篇並列，開後世史書「二志」並列之先河，各朝正史大體依例炮製。在中國古代的法律體系上，則有「德治為主，刑治為輔」的指導方針；唐代更從法律上規定了「德禮為政教之本，刑罰為政教之用」的禮（本）、法（用）原則；宋、明、清相沿。中國歷朝都有禮儀的制定。

　　這一禮、法並用，理論上自荀子始，實踐上自西漢始。故此後的禮家多在狹義上討論禮。但是，歷代的禮受法保障、以法為後盾，故要將禮和法絕對分開則又是不可能。

二、禮的人性根據和社會需要

　　禮的中心內容是承認親疏、尊卑（貴賤）、長幼的差別，強調以親統疏、以尊統卑、以長統幼，在下者敬在上者，以此制定各人的行為規範。「禮」的基本精神是「孝」和「敬」，疏敬親、卑敬尊、幼敬長，孝在其中。顯然，這對維護一定的社會秩序是非常有用的。因而，禮在中國古代社會生活中具有十分重大的意義。《荀子・禮論》對於「禮」的必要性有一段精闢的論述：

　　　　禮起於何也？曰：人生而有欲，欲而不得，則不能無求，求而無度量分界，則不能不爭。爭則亂，亂則窮。先王惡其亂也，故制禮義以分之，以養人之欲，給人之求。使欲必不窮乎物，物必不屈於欲，兩者相持而長，是禮之所起也。

意思是說，禮起源於什麼呢？答曰：人天生有慾望，慾望得不到滿足就會四處尋求滿足；這種尋求如果沒有一定的限度，難免就會發生爭鬥。爭鬥就會引起混亂，進而導致國家趨於窮困，無法治理。先王憎恨混亂的局面，所以制定禮儀以區分等級差別，從而調節人們的慾望，滿足人們的要求，使人們的慾望不要因為財物的不足而得不到（應有的）滿足，使財物也不要因為人們的慾望太大而被用盡，使財物和慾望兩者相互制約，從而長久地保持協調。這就是禮的起源。

司馬遷在《史記·禮書》的開頭幾乎原文引用了這一段話，並說：「人道經緯萬端，規矩無所不貫，誘進以仁義，束縛以刑罰，故德厚者仁尊，祿重者榮寵，所以總一海內而整齊萬民也。」《禮記·經解》：「夫禮，禁亂之所由生，猶防止水之所自來也。」如西漢賈誼《新書·禮篇》曰：「道德仁義，非禮不成。」這些討論均言簡意賅，窺透了人情世故及社會治理之奧祕。

《漢書》、《後漢書》諸後起史籍中有關禮的論述大體上都沿襲了這一說法。如《漢書·禮樂志》云：「人性有男女之情，妒忌之別，為制婚姻之禮；有交接長幼之序，為制鄉飲之制；有哀死追遠之情，為制喪祭之禮；有尊尊敬上之心，為制朝覲之禮。哀有哭踴之節，樂有歌舞之容，正人足以副其誠，邪人足以防其失。故婚姻之禮廢，則夫婦之道苦，而淫辟之罪多；鄉飲之禮廢，則長幼之序亂，而爭鬥之獄蕃（通繁）；喪祭之禮廢，則骨肉之恩薄，而背死忘先者眾；朝聘之禮廢，則君臣之位失，而侵陵之漸起。故孔子曰：『安上治民，莫善於禮；移風易俗，莫善於樂。』禮節民心，樂和民聲，政以行之，刑以防之。禮、樂、政、刑四達而不悖，則王道備矣。」

禮是後起之物，它直接針對人慾（的無限性）而發，其意義在於限制人，使衝突保持在社會所容許的範圍內，因而人際可以相容，可以互相交換，而不致引起「爭則亂，亂則窮」的社會混亂局面。倘若任爭奪無限制展開，人類社會必將自我毀滅。比如，蠻夷並無「敬老」習俗，《漢

書‧匈奴傳》就有匈奴人「敬壯侮老」的記載：「壯者食肥美，老者食其餘」。在中華民族中，便有了「敬老尊賢」的禮，其意在建立尊老的秩序。在文字不很發達的農業時代，老者意味著對文明社會更大的貢獻、更豐富的生存經驗。而每個人都是會老的，這無異給每個人一項人生「保障」。同時，社會又對老者提出了「慈」的規範。因而，禮又是權利和義務的統一。

《禮記‧禮運》云：禮是「……所以養生、送死，事鬼神之大端也；所以達天道、順人情之大竇也」。將天道、鬼神和人情合一，假天道、鬼神以順人情，將它們作為一個大系統，是中國古代農業大帝國進行社會綜合治理的政治藝術，也是中國傳統文化的一大特徵。順此，西漢董仲舒則明確歸結為「天人合一」。當然，禮的最根本之處還是「人情」，所謂「聖人緣人情而制禮」。

禮有三本，即天地、先祖、君師。「本」者，根本、根據也。《荀子‧禮論》云：「禮有三本，天地者，生之本也；先祖者，類之本也；君師者，治之本也。無天地，惡生？無先祖，惡出？無君師，惡治？三者偏亡（缺一方面），焉（則）無安人。故禮，上事天，下事地，尊先祖而隆君師，是禮之三本也。」《大戴禮記‧禮三本》亦云：「禮上事天，下事地；宗事先祖，而寵君師，是禮之三本也。」

禮伴隨著人的一生。《荀子‧禮論》：「禮者，謹於治生、死者也。生，人之始也；死，人之終也。終始俱善，人道畢矣。故君子敬始而慎終。始終如一，是君子之道，禮義之文（飾）也。」故孔子曰：「君子有三戒：少之時，血氣未定，戒之在色；及其壯也，血氣方剛，戒之在鬥；及其老也，血氣既衰，戒之在得（貪）。」（《論語‧陽貨》）所謂活到老，學到老，戒到老，稍一不慎，便可能犯錯。

人也變得可以教化了。上述禮對人的規範功能，同時也是教化功能。這一功能，按社會學的提法，則是「人的社會化」，人循此逐步進入到社會關係之中。儒家還將「禮」提升到人和禽獸相區別的高度，《禮記‧曲

禮》載：「夫唯禽畜無禮，故父子聚麀。是故聖人作，為禮而教人，使人有禮，知自別於禽獸。」並將它作為治理社會的首要因素，如《禮記·祭統》云：「凡治人之道，莫急於禮。」這樣一來，人們的行為就變得循規蹈矩、溫文爾雅了，抑制自己的慾望而表現出「謙讓」的風度，謙謙君子從此多起來。

概言之，禮的意義，一是規範人、防範人，二是教化人。若只靠法律的威儀，人民寡廉鮮恥，則忙不甚忙矣。

但是，「古者凶荒殺禮」（《資治通鑑》第七卷）。殺者，降也。即所有的禮都減或省，以節省人力物力扶危救荒。因而，禮為常年而定。

三、禮和儀、俗的關係

與禮相關的有「俗」。俗是民間自然形成的習俗（習慣），舊有「十里不同俗」之說，故又稱「里俗」。按中國古代的文化傳統，禮是透過國家某些部門認可並形諸文字的，俗則是不成文的。一般而言，俗受禮的影響，其中包含著禮，而俗中具有普遍意義的東西則可能經過禮學家提升到禮的範疇。國家制禮時要充分考慮到俗，兩者的意義相近，層次不同。也就是說，禮是國家用來規範民眾的，俗則是民間自我規範的。但是，有時兩者也連用，如《周禮·天官·太宰》以「八則」治都鄙，「六曰禮俗，以馭其民」。

禮（包括習俗）透過一定的外在形式表現出來，則稱為「儀」。比如，在個人為「容儀」，在朝廷為「朝儀」。朝儀屬國家所有，有威，故曰「威儀」。《後漢書·禮儀上》：「夫威儀，所以與（相處）君臣、序六親也。若君亡君之威，臣亡臣之儀，上替下陵，此謂大亂。大亂作，則群生受其殃，可不慎哉！」《漢書·叔孫通傳》載，叔孫通曾為漢高祖制「朝儀」，群臣必恭必敬由司儀者引導上殿，「無敢歡譁失禮者。」漢高祖喜得眉飛色舞，曰：「吾乃今日知為皇帝之貴也。」儀仗隊古已有

之，在帝王曰「鹵簿」，出行時鳴鑼開道，前呼後擁，顯示其威嚴和等級。個人的容儀則在於表明其修養。

總之，禮是社會產物。社會人透過不同的衣飾、用品、行為等外在差別（即「儀」）來顯示人們之間的親疏、尊卑、長幼的等級差別，使人們有所趨赴，即為「遵禮」，由此造成「秩序」。孔子的政治基本綱領是「克己復禮為仁」，用心即在於此。

第二節　喪禮的社會意義

喪，在漢語中，本義指逃亡，後轉義為死。《白虎通義·崩薨》：「喪者，亡也。人死謂之喪。何言其喪？亡不可復得見也。不直言死，稱喪者何？為孝子之心不忍言也。」這就是說，「喪」指謂死本是隱諱語，孝子不忍心直言自己父母的死。但後世多沿用，便約定俗成指謂「死」，因而「喪」、「死」同義，「死亡」連用了。

所謂喪禮，是指人們在喪事活動中所遵守的程序化行為規範。狹義上，僅指喪事操辦中的行為及語言規範，即人們所指的殯葬禮儀。廣義上，則還包括葬式、諡法、陵墓、廟、碑銘、祭祀、神道擺設、陪葬物等規定。不過，人們通常是從狹義上講喪禮。

人類的喪葬活動從何時開始，喪禮就從何時開始。原始人有意識地處置死者的屍體時，如辦喪事和葬式（土葬、火葬、天葬等），便表明人類已將「生」和「死」對立起來了。自然，他們是懷著異於對待生者的感情、行為樣態去處理死者屍體的。於是，最原始的喪禮便產生了，諸如為死者祈禱、唱神、娛屍等活動和儀式。

喪禮既是生者制定，它必然就是生者按照自己的理解方式而設計的。喪禮的原始心理根據是「靈魂不死」，或說「死者仍然活著」，並由此對死者所產生的既「怕」又「愛」的雙重感情。這一複雜的雙重感情源於先

民對死亡的認知和對屍體的體驗：親人去世了，面對著由於病痛和死亡的折磨而面容多少有些變形的冰冷屍體，不由得人們心裡不恐懼。倘若死者生前曾為某人冒犯過，那個人將會更害怕。但這畢竟又是自己的親人，音容笑貌猶在，他們曾有大恩於自己，或他們的驟然去世將給自己帶來不幸，如此等等。人們熱愛、留戀他們，不希望他們真正的死去。

但不管如何，死者是不會再活過來，人們得將死者（靈魂）打發到「另一個世界」去，並盡力使他們在那裡能過上一種優裕的生活，以此抒發自己內心的各種感情，同時給自己的塵世生活帶來好處。此即喪禮的目的。

這就是原始時代喪禮的最一般根據，即由「靈魂不死」到既「怕」又「愛」的雙重感情，再以某種形式送死者去另一個世界。其中，「靈魂不死」構成全部喪禮及活動的哲學本質。顯然，它的普世性是毋庸置疑的。

比如，出於對死者（鬼魂）的恐懼和愛戀，生者設置了諸多儀式，諸如以酒、肉祭奠，組織一班人哭喪，明器陪葬等，以此討好死者，修好和死者的關係，或求得死者的諒解，或報恩於死者。有時也將敵人的首級祭奠亡靈，所謂「替死者報仇」，完成死者「未竟的事業」，如此等等。這一切都建立在「死者尚活著」的基礎上。即便是聲稱不信鬼神的所謂「現代人」，他們的潛意識中仍存在著「死者有靈」的殘留觀念，就像人們在追悼會或祭奠死者時經常愛說的一句話：「假如死者在天有靈，定會含笑九泉……」云云。這絕不是一類純文學之詞，它表明遠古「死者有靈」的觀念已深深沉澱於各民族的潛意識認知結構之中。人們將自己永生的渴求同樣地施於死者，至少從情感上不希望死者永遠死去，這是人們願意相信此類「死者有靈」觀念的心理基礎。

使死者的靈魂順利到達另一個世界是「通過儀式」予以實現的，即所謂給死者「送行」。無論是古代的招魂裝殮、超渡亡靈，或現代的追悼會，似乎都在表明生者的一個認同：死者的生命透過這些儀式便已安然從

生過渡到死，即完成了一個最關鍵性的「人生之節」。或無異於向社會宣告：「此人已死了！」人類的自我暗示心理極強，人們認定，透過這些禮儀活動，死者的靈魂就可以順利到達那裡，「路上不會有障礙了」，如同迷信者所說的那樣。否則，它們可能還在我們的周圍遊蕩，成為所謂的「孤魂野鬼」，並對生者不利。

又如，斬斷和死者的關係。生者為避免被「牽連」到陰間去，便產生了諸多喪禮禁忌，諸如出殯時打碎一個碗、送葬回家時不能回頭、遺像要反向捧著走等等。其文化意義在於「關閉通道」，防止死者無休止地糾纏生者，妨礙生者的幸福生活。

此時，我們完全是從原始意義上尋找人類喪禮的心理根據，已撇開了社會性因素的影響。

進入文明社會，喪禮被視為一類「社會槓桿」的意義就愈來愈明顯，或說社會加於它之上的「塵土」就愈多。比如，生者利用喪禮替自己爭面子、爭社會地位；統治者利用它來區別親疏、顯貴賤、表彰功德等，以促成預定的社會秩序，等等。這類做法是文明時代的產物，它們離喪禮產生的原始出發點已經很遠了。在這裡，「文明」二字多少已受到了玷污。

喪禮是殯葬操作中比較固定的程序化行為規範，其意義在於協調人們的喪事活動，使此類活動有規可依，達到有序性和一體化。這樣，人們在情感、心理、價值觀念和思維方式、行為等方面就能達成同一，並可以互相交換。因而，任何時候，喪禮的社會意義都是不可低估的：主觀上它幫助人們維持心理平衡並進行社會教化，客觀上起著一種社會一體化、社會聯繫紐帶的作用。一個民族、一個社會的穩定取決於它的內聚力；內聚力建立在文化認同的基礎上；而作為一類文化的喪禮則在起著強化文化認同的作用。

喪禮從屬於它相應的社會總文化，因而從一個社會的總文化（尤其是生死觀）中，大體可推衍出該民族喪禮的一般情況。反之，也可以從喪禮中窺見該民族的總文化背景。每一滴水中都可以看到太陽。進而，透過喪

禮，我們還可以認識一個民族、一個時代。

第三節　中國古代喪禮的基本特徵

　　由於人類的共同性，各民族在喪禮上有許多相通之處。但由於中國古代獨特的大農業地理條件和大一統的中央集權國家等條件，因而中國傳統的喪禮有自己的民族特點。

　　《周禮‧春官‧大宗伯》曰：「以喪禮哀死亡。」三禮之書中相當篇幅是討論儒家喪禮的，如《儀禮》中的〈喪服〉、〈士喪禮〉、〈既夕禮〉、〈士虞禮〉等篇就是專講喪禮；此外，《周禮》、《禮記》中也有若干記載。喪禮構成「周禮」的重要內容，周禮是用來治理國家的，因而，喪禮也具有社會治理的功能。

　　儒家繼承和發揚了周文化，又自成一個系統，對後世影響深遠。中國傳統喪禮中浸透了儒家精神，儒家精神構成了兩千多年來中國傳統喪禮的基調；同時，又深受宗法制度、祖先偶像崇拜以及大農業社會、高度中央集權的國家等因素的影響。其總原則是：「事死如事生，事亡如事存。」並由此產生了中國古代喪禮的一些基本特徵，即重孝道、明宗法、顯等級、隆喪厚葬。於其中，我們可以體察到古人制喪禮的良苦用心，其中深藏著前已述及的一個命題：調控人性，促進社會治理。

　　此外，道家和佛教思想也對中國傳統的喪禮產生了一定的影響。

一、重孝道

　　所謂重孝道，乃指將喪禮作為推進孝道的一個重要環節。「孝，禮之始也。」（《左傳‧文公三年》）上自天子，下至庶民，莫不如此。漢朝宣稱「以孝治天下」，皇帝廟號均冠以「孝」字，諸如孝文帝、孝景

帝、孝武帝等；庶民在先人的牌位或墓碑上亦冠以「某孝子（女）」、
「某孝孫（孫女）」云；官員喪父母，須辭官回家服喪三年，曰「守
制」，等等，這一切皆源於儒家理論。儒家第一經典《論語》中多處論述
了「孝」對於修養人格、治理國家的重要意義，所謂「慎終追遠，民德歸
厚」，「君子務本，本立而道生」，「孝者，德之本歟」等。這一整套思
想被歷代國家所繼承，構成了獨具中國特色的功利主義的「孝道」殯葬文
化。倡導孝道，以孝道敦厚人心，強化代際聯繫，進而促進社會治理，這
就是中國傳統喪禮文化的核心。

二、明宗法

　　所謂明宗法，即使人們明白自己所屬的宗法關係（網）以及個人在其
中的權利和義務。中國古代的喪葬活動基本上是在宗族範圍內進行的，
喪禮的規定也因人們之間血緣關係的親疏遠近而各有不同。比如，同家
族中有人去世，同家族、姻親若知道而又不去弔喪，會被認為是極大的
無禮，要受到族內的指責，喪家一般會因此與之絕交。而周代喪禮中的
「五服」以及居喪時間的長短，也是根據血緣的親疏遠近制定的。這一切
都是在「明宗法」。人們既是在顯示（或提醒）他們之間的血緣親疏關
係，同時也是在促進宗族內部的團結（所謂「收族」）。這一關係模式推
及師生、朋友、同僚、上下級等等方面，被賦予愈來愈多的社會內容。如
孔子死，弟子服喪三年，執父子禮。

　　在中國古代，幾乎所有的社會關係都被倫理關係化了，如稱「師
父」、「師母」、「徒兒」，稱同學藝者為「師兄師弟」、「師姊師
妹」，「一日為師，終生為父」，舊時軍隊中同僚之間稱「弟兄們」等
等。

三、顯等級

顯等級，即顯示死者的社會等級。所謂「生享富貴，死極哀榮」，這是中國人傳統的、也是最高的生死追求，同時也顯示死者其家族親屬的社會等級。喪禮中的等級，政治上的，如什麼地位者死後用什麼稱呼（如天子死曰「崩」，諸侯死曰「薨」），用什麼禮儀出殯，墓制等規定。精神上的，如國家向有優良德行或特殊貢獻者賜以諡號，以此表彰死者並激勵生者，比如北宋范仲淹死後諡曰「文正」，故後世稱「范文正公」。現在則有「偉大的」或某「家」之類，這是現代的諡號。再有墳墓埋葬制度上的，如墳高、墓區的大小等。總而言之，中國死亡文化中的等級制度，全面體現在有關於死亡稱謂等觀念形態，喪事、祭祀等操作形態和墓葬等實物形態之中。

顯等級一般是透過國家（或家族）一類人們所認同的權威機構來操持，並載之於國家禮法典章之中，否則便發揮不了應有的作用。

生者為死者追求更高的等級，夾雜著不同的感情：有時是生者覺得死者生前有巨大的貢獻，不給以更高的等級對待便對不住死者（「事死如事生，事亡如事存」）；有時則是在給自己爭得社會地位，因為這樣才能給生者帶來相當的好處。

四、隆喪厚葬

由於喪事是綜合顯示生者社會地位的一種方式（一個機會），而中國社會的環境又允許、放任這類消費，因而歷代都有隆喪厚葬之習俗，久之遂演變成傳統。或者說，中國社會只要有幾十年的太平，就有可能走向隆喪厚葬。

如前所述，隆喪厚葬與儒家有關，但不能歸結為儒家所倡；而且絕不能簡單地認為，要提倡簡喪薄葬就必須反對儒家學說。儒家「重生」，重

生則重教化,「送死」也是為了重生,因而對喪禮歷來極為重視,喪禮繁多,為同時代世界各國所不及。但它和隆喪厚葬沒有必然聯繫,這已在上卷討論過了。中國古代的喪禮包含著最複雜的社會含義,也是最具條理化的一整套操作規則,現存最早的見於西周「三禮」,後世各朝雖各有損益,民間亦有變通,但基本精神未曾改變。相反,佛、道、基督教等輕視人生,鄙視肉體,故喪禮多從簡。

喪禮在任何社會中都是必不可少的,也是有價值的。人們不能像扔一條死狗一樣對待死者,這樣會導致社會的精神分裂。但是,喪禮在中國社會中經常走向了反面,成為一類極端的形式主義,為形式而形式,純粹是生者在大出風頭。無疑是需要改革的。

第十二章

中國古代的喪禮程序

《禮記·曲禮下》曰：「居喪未葬讀喪禮。」西周喪禮有明確的條文規定，在「三禮」之書中占有重要的地位。「死、生，大事也。」喪禮屬死亡範疇，係大事，人們對此非常認真。

春秋、秦漢以降，這套喪禮多有變通，但仍然非常繁瑣。到北宋司馬光《書儀·喪禮》中仍歸結有二十五條之多，茲開列如下：一、初終；二、復；三、易服；四、訃告；五、沐浴；六、小殮；七、大殮；八、成服（朝夕奠）；九、卜宅兆；十、啟殯；十一、朝祖；十二、親賓奠賻贈（親朋致奠儀）；十三、陳器（明器）；十四、遣奠；十五、在塗（塗通途）；十六、及墓；十七、下棺；十八、祭后土；十九、題虞主；二十、反哭（反通返）；二十一、虞祭；二十二、卒哭；二十三、小祥；二十四、大祥；二十五、禫祭。

這套繁瑣的喪禮程序所體現的原則，一是「孝」，二是「敬」。古人希望透過規範人們的喪事操作來淳化人、強化兩代人之間的聯繫，以此提供一條社會性的感情紐帶，從而促進社會治理。魏晉以降，佛教傳入，喪禮中逐漸攙入了佛教內容，如念經超渡亡靈之類。其次是道教（神仙方術）的影響。可以說，中國傳統的喪禮是儒、佛、道三家合一的局面。但是，儒家精神一直是其核心。

現按後世較通行的初終、殮、殯、出殯、下葬五步驟，分述如下。

 第一節　初終

古時，人臨終稱作屬纊。屬，放置；纊，新絲絮。置新絲絮於病危者的口鼻上，用以確定是否死亡，故後世以「屬纊」作為臨終的代稱。這相當於現在的死亡驗定。

人死後，親屬首先登屋頂或在屋外坡地上面朝北方，或朝祖先發源地方向揮舞死者穿過的外衣或官服官帽之類為之招魂，呼喚死者的

名字，喚其「趕快回來」，稱為「復」。有的地方是用竹竿將屋頂捅一個洞，便於死者的靈魂盡快回來。如果死者生前富貴，也會專門設階招魂。親屬以此示回天無力，才開始準備辦喪事。對客死他鄉或死於官府、公館者也要招魂，死在途中者於途中招魂，死在車上者就在車上招魂。對於客死他人家中者則不予招魂。行復禮是「盡愛之道也，有禱祠之心焉，望反諸幽，求諸鬼神之道也」（《禮記·檀弓上》）。儒家學說喪禮中的孝道從這裡便開始了。

招魂儀式後，再次察看死者口鼻前的絲棉，並摸其心臟脈搏，如確已死亡，就著手正式辦喪事。易服，準備喪服。《孟子·盡心上》：「易其田疇，薄其稅斂。」趙岐注：「易，整治也。」然後向親友、鄰居報喪，稱「訃告」。

訃，《說文》作「赴」。古曰「走」，即跑、奔，疾走就是猛跑。我們現在說的「走」，古曰「行」。可見古人報喪重在奔跑。訃告的文化含義深遠：其一在邀生者前來與死者「見最後一面」，這是死者人生的「最後一個節」，否則將不再有見面的機會了。其二是邀他們前來襄助喪事，要將喪事辦得體面一些，沒有人是不行的。因而，這就成了聯繫並檢驗人際關係的一個時刻。其三，在古代，親友、鄰居前來含有死亡「驗定」的意思，以此證明死者確係「正常死亡」，親者已盡了心力，不再負有責任了。比如若是婦女死亡，丈夫未訃告其娘家來人，自行將其埋葬，就要惹出大糾紛來。

舊時喪俗，人死後要用紙或布巾覆其臉上，俗稱覆面紙。其起源已不可考。宋代高承《事物紀原》：「今人死以方帛覆面者，《呂氏春秋》曰：夫差誅子胥，數年，越報吳（即向吳報仇），踐其國，夫差將死，曰：『死者如其有知也，吾何面目以見子胥於地下。』乃為幎冒面而死。故後人因之製面衣。」此乃小說家之言，但反映了人們對伍子胥被冤殺的同情。據此，我們卻可以知道，覆面紙習俗至少在春秋戰國時便已流行了。從文化學觀點看，覆面紙是人們斷絕死者與生者「通道」的一

類方式，因為死者的面孔多難看，生者不願意接受。故生者前來弔唁死者時，揭開覆面紙與死者道別被視為是與死者很有感情的表現，極親近者往往還與死者親吻。

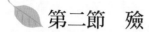

第二節　殮

　　古人死後，因為被理解為到另一個世界去生活，因而要為死者沐浴。沐為洗頭，浴為洗身，合稱之，即給死者淨身修容，包括修鬍鬚、剪指甲等，民間稱為「抹屍」。如死者為男性就用男人，女性則用女人，死者的異性親屬多迴避。抹屍者（包括整容）通常是口含酒，三噴屍體，口中念念有詞：「你不要亂動啊，我給你抹乾淨一點好上路啊……」云云，以此壯膽，而酒又有消毒作用。

　　然後入殮。殮通斂，為死者穿衣以及入棺。漢代劉熙《釋名‧釋喪制》云：「衣屍入棺曰斂。斂者收也，斂藏不復見也。」殮分為小殮、大殮。小殮是給死者穿裹衣衾（裹屍的包被），時間在死去三日後。《禮記‧問喪》：「三日而後斂者，以俟其生也。三日而不生，亦不生矣。孝之心亦益已衰矣。家室之計，衣服之具，亦已成矣。親戚之遠者亦可以至矣。是故聖人為之斷決，以三日為之禮制也。」古代醫學不發達，停三日有防止假死現象的含義。大殮，將死者入棺槨，在小殮的次日。不過，現在民間多在剛死即請醫生來驗定，確證已死亡，即行小殮，此時死者餘溫未盡，關節尚未僵硬，便於穿衣。這與現代醫學的發達有關。

　　入殮的衣服、鞋襪、帽均為特製，且冠以「壽」字，如壽衣、壽褲、壽鞋、壽襪、壽帽，此外還有壽器、壽宮云云。不言「死」，而言「壽」，取其久遠永生之意，就如中國民間稱墓穴為「千年屋」一樣。

　　殮，依官爵的高下尊卑或家庭財力各有差別。小殮時，有三、五、七套，最多九套，均取單數；質地麻、棉或綢緞，為官者則穿戴官服官帽

等，以顯富貴。大殮時，民間多取石灰、木炭於棺中以防潮；並相應放置一些死者生前常用之物陪葬，供死者在「彼岸」使用。富貴者還用槨（棺外之棺），並在棺中或棺、槨之間大量放置金銀珠玉等財物陪葬。如慈禧太后小殮時，身著金絲繡禮服，外罩繡花串珠褂，僅這兩件服飾上就鑲有大珍珠四百二十顆、中珍珠一千顆、小珍珠四千五百顆、寶石一千一百三十五塊。周身還纏有九練串珠。頭戴珠冠，冠上鑲嵌一顆大如雞卵的寶珠（據稱它的價值達一千萬兩白銀）。再以翡翠雕琢而成的西瓜為枕，腳蹬兩朵碧玉大蓮花。大殮時，先在棺底鋪放一層金絲鑲珠寶的錦褥，上面鑲有大小珍珠12,604粒、紅寶石八十五塊、白玉兩百零三塊；錦褥之上又鋪了一條繡滿荷花紋飾的絲褥，上面擺放兩千四百粒圓珠，圓珠之上再鋪繡有佛串珠的薄褥一層，上面綴有一千三百粒小珍珠。棺外面先用一百匹高麗布纏裹襯墊，再於墊布之間漆四十九遍，漆工極為講究。如此奢侈的殮，非動用國家財力，私人實難以承擔。

殮時還有「飯含」禮儀，它因尊卑貴賤而異。「飯」，是在死者口中放入米、貝；「含」，又作琀，是在死者口中放入珠玉。合稱之，則為飯含，亦謂「銜口」。《禮記·檀弓下》：「飯用米貝，弗忍虛也。」即不忍心讓親長者死後空著口。死者無知，故不用熟食，而用能耐久的米、貝之類。西周時，不同等級的人飯含何物、用多少就已有規定，不過各書所載稍有異。《禮記·雜記》：「天子飯九貝、諸侯七、大夫五、士三。」《周禮·地官·舍人》：「君（指諸侯）用粱，大夫用稷，士用稻。」漢代劉向《說苑·修文》：「天子含實以珠，諸侯以玉，大夫以璣，士以貝，庶人以穀實。」1980年在西周鎬京（今陝西長安縣斗門鎮附近）挖掘了西元前11世紀的西周古墓，發現有的死者口中含碎玉數小塊。可見三千年前黃河流域華夏人確已形成了飯含的喪葬習俗，它作為遠古的喪禮之一被繼承下來，並作為顯示等級的一種手段。

飯含的具體規定各代有損益。孫宗澤《天府廣記》卷十六〈禮部下·喪制〉：明洪武「5年（1372年）6月，定喪禮……飯含：五品以上飯

用稷，含用珠；九品以上飯用粱，含用小珠……（庶民）飯用粱，含錢。」《清史稿·禮志十二》：「乃含：三品以上用小珠玉，七品以上用金木屑五……（士）含用金銀屑三……（庶人）含銀屑三。」近人周贊劉〈瓊山縣的死喪風俗〉：「死後三日，即要收殮……入殮時候，家人必取一只銀幣及一些飯，放入死者口中，說是要這樣，死者到陰府才會有飯吃，有銀用。」

第三節　殯

一、殯的禮儀規定

入殮後，要有一段時間的停柩待葬，稱為殯。《說文》：「殯，死在棺，將遷葬柩，賓遇之。」死者已是彼岸之人，故此時待以賓客之禮。

首先親屬要換喪服。舊俗，大殮之後，親屬根據與死者關係的親疏遠近，穿戴不同的喪服，謂「成服」。《禮記·喪服》載「三日成服」。《新唐書·禮樂》：「三日成服，內外皆哭，盡哀。乃降就次，服其服，無服者仍素服。相者引主人以下俱杖升，立於殯，內外皆哭。諸子孫跪哭尊者之前，祖父撫之，女子對立而哭，唯諸父（叔伯父）不撫，尊者出，主人以下降立阼階。」小說中也多有記載，明代凌濛初《二刻拍案驚奇》第十卷：「忽一日，莫翁一病告殂，家裡成服停喪。」親戚朋友於此日以後開始弔唁，有錢人家還要張宴奏樂，懸燈掛綵，設置喪棚，請人吹拉彈唱等。《紅樓夢》第一百回：寫到賈母死後，「賈政等在外一邊跪著，邢夫人等在內一邊跪著，一起舉起哀來。外邊家人各樣預備齊全，只聽裡頭信兒一傳出，從榮府大門起至內宅門，扇扇大開，一色淨白紙糊了；孝棚高起，大門前的牌樓立時豎起，上下人等登時成服。」從這裡的描寫來看，正式的喪事「禮儀」似乎是從這時開始的。

　　殯的時間因死者的社會地位各異。周禮：天子七月，諸侯五月，大夫三月，士逾月。《左傳‧僖公三十二年》載：晉文公冬卒，殯至次年4月下葬。正好合於「諸侯五月」之殯禮。殯禮表示親人不願讓先人早早地離去，而客觀上又給遠近親朋前來奔喪、弔唁，以便喪家能有充裕的時間從容地辦喪事。《荀子‧禮論》曰：「殯久不過七十日，速不損（不少）五十日，是何也？曰：遠者可以至矣，百求可以得矣，百事可以成矣；其忠至矣，其節大矣，其文備矣。」又說：「故天子七月，諸侯五月，大夫三月，皆使其須（須，遲也）足以容事，事足以容成，成足以容文，文足以容備，曲容備物之謂道矣。」就是說，西周以前殯時間之長，與當時人不預先準備喪事有關。《左傳‧隱公元年》：「豫凶事，非禮也。」豫，預先準備。由於人死後才籌備喪事，又要辦得轟轟烈烈，自然就要殯得長了。

　　殯的地點也因人而異，有停於室內的，也有臨時專搭的棚子，殯處為「殯宮」。晉文公死後，「殯於曲沃」。曲沃是晉國宗廟所在，宗廟是國家的象徵，殯於此就顯得極為隆重。

　　殯的方位也有規定。夏人殯於東階。中國人的房子大體是坐北朝南，殯於東階，即面對著房子，靈柩擺在房子的右側。殷商人殯於房子的兩柱之間；周人殯於西階，即靈柩置於房子的左側。周人殯於西階，大約跟周族是從西邊遷徙而來有關。《史記‧孔子世家》載：孔子「謂子路曰：『天下無道久矣，莫能宗予。夏人殯於東階，周人於西階，殷人兩柱之間，昨暮予夢坐奠兩柱之間，予始殷人也。』後七日卒」。《淮南子‧要略》載：周文王死，「治三年之喪，殯文王於兩楹之間。」此時周尚未取代殷，大約周的喪禮也不完備，且多行殷商禮，而且竟殯了三年之久。不過，漢代以後，殯的位置仍沿用殷禮，如《後漢書‧禮儀下‧大喪》載：大喪（即皇帝崩），「大殯於兩楹（柱）之間」，並在這裡「太子即日即天子位於柩前，請太子即皇帝位，皇后為皇太后」。現在，民間也多在堂屋前正中搭靈棚辦喪事。

　　也有想將喪禮辦得隆重而又暫時無錢，於是久殯者。東周桓王崩，王室無錢按天子規模辦喪事，只好四處向諸侯國「求金」。而各諸侯已不將王室放在眼中，都不願出錢，以致周桓王殯達九年。《儒林外史》第四十五回寫道，余氏兩兄弟秀才因未擇好風水地，又無錢，竟將父母靈柩停了十幾年未葬。後余兄在外面勾結官吏「私了」一樁人命案，得贓銀一百三十兩，攜回家，兄弟二人擇了一塊好地、吉日，「正正經經地告了廟，備祭辭靈，遍請親友會葬」，「擇日出殯」，熱熱鬧鬧地給父母辦了一場喪事，總算盡了「孝」心。可私了人命案是違法犯罪行為，為此幾乎惹出一場官司。以黑心錢去盡「孝道」，作者在這裡用了一個冷幽默。

　　如此長時間的殯，一般人家無力支付費用。況且，停一副靈柩於家中，既嚇人，又可能因密封不嚴而致污染環境。秦漢以來，殯的時間一般不再遵周禮。漢高祖自崩至葬凡二十三日，惠帝自崩至葬二十三日，最講究排場的漢武帝自崩至葬也只有十八日（見《漢書》諸「本紀」）。明、清以來，小說中多有殯的時間記載，富貴人家最多的有七七四十九天之說，一般人家則三、五日或七日不等。民間有「入土為安」之說，它既是死者靈魂之安，也是生者心靈之安，已成為反對「久殯」的理論根據。現今，中國民間一般停柩三日，臺灣大約十日至兩週。

　　殯開始，喪家就須著手選墳地（包括葬日），曰「卜宅兆」。《孝經・喪親章》：「卜其宅兆，而安厝之。」唐玄宗注：「宅，墓穴也；兆，塋域也。」卜，占卜，問鬼神之術。安厝即暫時安措靈柩，也就是殯。《禮記・雜記上》：「大夫卜宅與葬日，有司麻衣……占者皮弁。」孔穎達疏：「宅謂葬地。」

　　春秋戰國後，周「禮崩」，豫凶事也漸時興起來，包括準備喪葬用物和選擇、建築墓地。

二、殯期間的悼念活動

殯期間，要進行悼念、超渡、守靈之類的活動，喪事作為一類「社會活動」主要在這一階段。

喪家在住宅前搭靈棚、置帷帳、設靈堂，靈堂的正上方高掛死者遺像，下書一個斗大的「奠」或「悼」之類字。左右各一長條幅，上書悼念一類輓聯。現在則在遺像之上再設一大橫幅，上書「某某某追悼儀式（大會）」之類。靈堂上方置靈桌，上擺祭物，多菜餚果品之類；靈柩緊挨靈桌之後。富貴者為顯示不同凡響，則蓄意將靈堂布置得花團錦簇，極盡排場。親朋戚友、鄰里街坊之人前來哀悼死者，慰問喪家，或加入喪事操作的行列（俗稱「幫白事忙」）。這是人們相互幫助並確定、顯示、凝聚血緣關係和朋友關係的一次極重要的機會，親朋聞喪者絕不敢輕率。

殯期間有娛樂活動，諸如演戲、吹拉彈唱，或僧或道，愈熱鬧就愈顯體面。通常來的人極多，幫忙做事的、看熱鬧的、發表高論的、指手畫腳的、無事閒逛的等，不一而足。在自然經濟的農業時代，民間多缺乏娛樂活動，只要喪事頗為精采，地方上又值農閒，前來看戲看熱鬧的人就會絡繹不絕，乃至水泄不通。在這種場合，看熱鬧本身也是幫忙。喪家還要大開流水席招待來賓，一時食客如雲，杯盤狼藉，這更增加了熱鬧的程度。由於喪事的頭緒極多，乃至一時車水馬龍，人來人往，因而喪事的最高主事者須有相當的才幹方能勝任。

《史記‧項羽本紀》載：秦滅楚，項梁與侄兒項羽亡命吳縣一帶，他四處尋訪豪傑準備起事，「每吳中有大繇役及喪，項梁常為主辦，陰（暗中）以兵法部勒賓客及子弟，以是知其能（看他們的才能如何）。」後秦末陳勝、吳廣於大澤鄉起義，項梁聞，即於會稽郡（今江蘇吳縣）聚眾起兵響應，「得精兵八千人。（項）梁部署吳中豪傑為校尉、侯、司馬。有一人不得用，自言於梁。梁曰：『前時某喪，使公主某事，不能辦，以此不任用公。』眾乃皆伏。」就是說，自古就將辦喪事視

為測試人們才能高低的一種方式。

當然，喪家也有人情「收入」，舊稱賻贈。《禮記‧既夕禮》：「知死者贈，知生者賻。」賻，以財物幫助生者；贈，以奠品弔祭死者。合稱之，則指以財物幫助喪家辦理喪事。明、清又稱奠儀，相當於現在的「白事人情」。賻贈之俗，至少起於周代，如《春秋‧隱公三年》：「秋，武氏子來求賻，王未葬也。」此即周王室的大夫武氏的兒子來魯國討奠儀，周平王去世尚未下葬。到漢代，賻贈之風盛行，尤其是官員去世時，有生前友好相送，國家有例賻。《漢書‧羊續傳》：「二千石卒，官賻百萬錢。」《漢書‧何並傳》：「吾生素餐日久，死雖當得法賻，勿受。」法賻，即官府對去世官員家屬的例賻，不論死者家庭貧富與否。著之於國家法典，故曰法賻，後世相沿。有官員家屬由此而置產業者。《漢書‧原涉傳》：「哀帝時，天下殷富，大郡二千石死官，賦斂送葬皆千萬以上，妻子通共受之，以定產業。」這是在官府法賻以外，又受之於同僚，以為亡者妻室兒女的生活費，資至千萬，乃至成為一筆不小的家產。現在，國家對職工、官員的去世也有一筆安葬費，或出面組織喪事，即古賻贈之遺制。歷來，一些有權勢的人物，藉給自己的父母辦喪事，大收奠儀而獲鉅額財富者不乏其人，同時這也給那些攀附之徒提供了一次最妥帖的機會。因而，這刺激了一些「特殊人物」對喪事的興趣，從而對社會的隆喪厚葬起了推波助瀾的作用。

前來弔祭者，多是在靈堂上對著靈柩磕幾個頭，給喪主送一點賻贈就算完事。但死者若是極有身分，前來弔祭者亦有單獨致祭的，他們帶有祭文，鄭重其事，邊念祭文邊行祭祀之禮。《三國演義》第五十七回有諸葛亮赴柴桑（今江西九江市）為東吳兵馬大都督周瑜奔喪並祭靈的情節：「孔明徑至柴桑，魯肅以禮迎接。周瑜部將皆欲殺孔明，因見趙雲相隨，不敢下手。孔明教設祭物於靈前，親自奠酒，跪於地下，讀祭文曰：『嗚呼公瑾，不幸夭亡！修短故天，人豈不傷？我心實痛，酹酒一觴；君其有靈，享我烝嘗！……』」下面歷數周瑜的身世、功勳以及與自

己的交情，最後，「『魂如有靈，以鑑我心；從此天下，更無知音！嗚呼痛哉！伏惟尚饗！』孔明祭畢，伏地大哭，淚如湧泉，哀慟不已。」舊時祭文均有韻律，一板一眼地唱（吟），每一句的調子拉得很長，格外好聽。現在有的地方主祭者讀祭詞時仍是此類腔調。舊時祭奠，大體如此，現在則是在靈前宣讀一篇追悼詞。

三、殯的高潮——辭靈儀式

出殯前一天的（即殯的最後一天）晚上，喪家整夜不能睡，謂之「伴宿」，或伴夜、坐夜、守靈等。明日將要訣別，孝子賢孫以及親戚朋友守靈以示最後一次相聚，並含有勿使死者孤獨之意。清代福格《聽雨叢談》卷十一〈專道〉云：「京師有喪之家，殯期前一夕舉家不寐，謂之伴宿，俗稱坐夜，即古人終夜燎之禮也。」「燎」即燎祭，燒柴火祭鬼神。

晚飯後，要舉行「辭靈」儀式，南方叫「做道場」（中國北方受佛教影響較深，南方受道教影響較深，於此名詞亦可觀之）。喪家延請僧、道之人前來念經超渡亡靈，並請樂隊前來吹吹打打，以壯聲威。屆時，樂隊的奏樂聲，唱祭者拖著粗重的長腔，親屬的哭喊聲（凡直系後輩均搶地而哭），鞭炮聲，此起彼伏，交相呼應，以示生死訣別之艱難悲痛，並無可奈何地熱熱鬧鬧地送親人登仙境，以此將整個殯禮推向高潮。哭靈之俗的起源已無可考稽，北齊顏之推《顏氏家訓·風操》載：「江南喪哭，時有哀訴之言耳。」

舊時，中國婦女的哭喪是最具感染力的，她們邊哭邊數、邊數邊唱，按各地的悲痛腔調組成一支有韻律、聲情並茂且催人淚下的哭靈合唱，其內容不外乎是回憶往事、追憶死者的功德、對死者的懷念之情等。在中國人的傳統價值觀看來，哭靈是表白「孝心」，哭的氣氛愈濃就愈顯出孝心，愈顯出死者生前在家庭（或家族）中的地位，以及死者「後繼

有人」，因而能哭的或不能哭的都要有所表現，這就難免時常演為形式主義，乃至裝模作樣。民間有俗語云：「兒哭驚天動地，女哭嗲聲嗲氣（一說真心真意），女婿哭是驢子放屁，媳婦哭假心假意（一說是問鑰匙在哪裡）。」這一俗語，作者在南方和北方都聽過，只是用詞略有差別。此說頗有些玩世不恭，卻也窺破了不同人哭靈的含義，以及儒家文化對人們哭喪問題上形成的文化氛圍壓力。小孩不懂事，見大人們都哭，本能反射，也嚇得跟著哭；若不哭，大人們往往掐屁股捏腿，使小孩也加入哭靈的行列。

由於哭靈具有如此多的功能，因而舊時便有請人哭靈者，而有些人也樂於以此為職業。1980年代中期以後，這一類哭靈「專業戶」在一些地方又復活。這些人（全是一些聲音嘹亮的年長婦女）以金錢為目的，在辭靈儀式上，權充著死者的那些此時哭不出來的「孝子孝女」，裝腔作勢地嗚嗚咽咽，鬼哭狼號，並邊「哭」邊數、邊數邊唱，又蹦又跳，似有極大的悲哀無從表達，以滿足喪家對「孝心」的奢望和對熱鬧的追求。這些人哭下來後，便立即到一邊跟人嘻嘻哈哈去了。這簡直是對死者莫大的褻瀆，也算是中國民間喪葬文化的一絕，或曰「哭文化」。

當然，哭靈也不乏真情者。死亡對生者的心理平衡和家庭生活秩序都是一種沉重的打擊，尤其是它來得太突然時就更是如此，生者一時難以接受。於是，哭靈就成為生者複雜又痛苦的一次感情大宣泄。

伴宿中，各地風俗稍異，其具體活動也各有差別。舊時，有的地方還有「跳喪」活動。《宜都縣志》卷六〈風土志·喪儀載〉：「葬期先一日晚，孝家備酒，請親友鄰伴夜。酒畢，毋論諸人，皆繞棺而跳，一人擊鼓，眾則隨口作歌，彼此相嘲，名為跳喪。」據一些文化學者的調查報告載，現在西南一些少數民族的喪葬儀式中仍保留有跳喪儀式。「辭靈」儀式（或「做道場」）的主持者是祭師，或曰主祭，他的職責就是將喪事辦得有聲有色，轟轟烈烈，並由此受到一致的稱讚。

殯期間，每夜都有親友、故舊守靈。靈堂內供桌上燃有一盞小油燈，

須時時加油，不使熄滅，一直到出殯時不再加油，任其自滅，號為「長明燈」（或長眠燈）。

此類活動愈熱鬧，圍觀者愈多，喪家臉上就愈有光彩。這一儀式通常要持續到半夜乃至過後，甚至到次日天明。所謂「隆喪」，主要就體現在殯期間的操辦規模上。

整個殯禮都體現了儒家「事死如事生，事亡如事存」的孝道精神。這本是一件極有意義的事情，但由於過分追求外在的熱鬧，沉湎於炫耀自己特殊的社會地位，因而時常被推向了反面，成為矯情的、虛偽的形式主義，所謂「禮多情變態」。中國人是一個形式主義的、愛面子的、愛熱鬧的民族，喪禮就是一個最好的注腳。

《紅樓夢》第十三回描寫了豪富之家極盡奢侈的一次殯禮場面：寧國府長房曾孫媳婦秦可卿（比賈寶玉還低一輩）去世，賈珍「吩咐去請欽天監陰陽司來擇日。擇準停靈七七四十九日，三日後開喪送訃聞。這四十九日，單請一百單八眾禪僧在大廳上拜大悲懺，超渡前亡後化諸魂，以免亡者之罪；另設一壇於天香樓上，是九十九位全真道士打四十九日解冤洗業醮。然後停靈於會芳園中，靈前另外五十眾高僧、五十眾高道，對壇按七做好事（即做七天）」。在四十九日的殯期間，「……如此親朋你來我去也不能勝數。只這四十九日，寧國府一條街上白漫漫人來人往，花簇簇宦去官來。」前來弔喪的絡繹不絕，寧國府花銀子如流水。殯的最後一天，「這日伴宿之夕，裡面兩班小戲並耍百戲的與親朋堂客（堂客即妻子）伴宿……一夜中燈明火彩，客送官迎，那般熱鬧，自不用說的。」如此耗費，非一般百姓家所能承受，故舊時有「富人一餐飯，窮人一年糧」之說。而即便是寧、榮二府之類的豪富之家，此類奢侈也是不可久玩的，故後來有家破人亡之慘局。

第四節　出殯

　　喪禮的最後高潮是出殯，或啟殯，民間稱送葬。清晨，喪家拆靈堂，約齊出殯人等。正式出殯一般在上午八九點鐘，所謂「辰時發引」。先秦出殯對日期尚無特別講究；漢魏以後，喪俗受佛、道影響，出殯須擇吉日，對後世影響很深。

　　出殯送葬之禮，應當說古已有之。原始人將死者送至墓地，同氏族人懷著留戀、敬畏，乃至恐懼的心情前來送行。送殯者或企望以此平息死者之怒，或親自參與將死者深深地埋入地下，以免死者再來糾纏自己，乃至討好死者（的鬼魂）。文明時代，家族（家庭）的出現，送殯就愈多地攙入了人際之間相互援引等社會性因素，大興出殯送葬之禮，構成隆喪的一個重要內容。

　　西周喪禮對出殯已有規定，如《禮記‧曲禮上》：「助葬必執紼。」紼是拉柩車的大繩子，由親友幫助拉，執紼者均著白服，所謂「白衣執紼」。執紼有等級規定，《禮記‧喪大記》、《禮記‧雜志下》和《周禮‧地官‧遂人》載：天子出殯，六紼，執紼者約千人；諸侯四紼，執紼者五百人；大夫二紼，執紼者三百人。執紼原意是幫助拉靈車，實則只是形式，以壯聲威。如天子出殯，僅執紼者就有千人，再加上其他人等，在人口並不很多的古代，那場面就會非常壯觀。後世在出殯隊伍的行列兩邊拉開兩根長長的白布條，便是古代執紼的遺制。

　　實際上，靈柩一般是人抬著的，以示鄭重（如果路程很遠，則配上馬或牛車）。抬杠者的人數依棺槨大小輕重以及喪主是否要刻意擺場面而定。《道咸以來朝野雜記》載：前清時，皇家、王爺、貝勒（即王子）出殯時用八十人杠，一品大員用六十四人杠，次者用四十八人杠，再次者用三十二人杠……可見中國古代社會中，出殯用杠也有官品等級規定，並非想用多少人杠就用多少人杠。民間出殯多用八人杠或十六人杠。

中國古代送殯時，執紼者要唱輓歌，以表示對死者的哀悼。中國最早的輓歌見於《左傳・哀公十一年》：「公孫夏命其徒歌虞殯。」杜預注：「虞殯，送葬歌曲。」後來，輓歌逐漸流行，漢時的古樂府相和曲中的〈薤露〉、〈蒿里〉都是輓歌。薤，是一種多年生草本植物。《晉書・禮志》載：「漢魏故事（即慣例），大喪（即國喪）及大臣之喪，執紼者輓歌。」

晉代崔豹《古今注・音樂》說：「〈薤露〉、〈蒿里〉並喪歌，出田橫門人。（田）橫自殺，門人傷之，為之悲歌，言人命如薤上之露，易晞滅也，亦謂人死，魂魄歸乎蒿里……至（漢）孝武帝時，李延年分二章為二曲。〈薤露〉送王公貴人，〈蒿里〉送士大夫庶人。」即是說，輓歌也有等級規定。這裡認為〈薤露〉和〈蒿里〉這兩首輓歌是出於田橫門人，其真實性不足。戰國時代，楚國的宋玉〈對楚王問〉曾說：「其為〈陽阿〉、〈薤露〉，國中屬而和者數百人。」這是當時已有了此曲。但是這一說法無疑增加了田橫事蹟的悲壯色彩。

宋代鄭樵《通志略》禮四〈輓歌〉：「魯哀公十一年，吳子伐齊，將戰，齊將公孫夏命其徒歌〈虞殯〉。」孔穎達注：「今人謂之輓歌。漢高祖時，齊王田橫自殺，其故吏不敢哭泣，但隨柩敘哀，而後代相承以為輓歌，蓋因於古也。晉成帝咸康七年（341年）有司奏聞，依舊（例）選公卿以下六品子弟六十人為輓郎。」這是中央政府為朝廷喪事選定輓歌郎，由朝廷官員的子弟充當；在〈薤露〉和〈蒿里〉的來源上則重複了崔豹的說法。東晉陶淵明有〈輓歌詩〉三首，後代的輓聯大約由此演變而來。輓歌是一類固定的曲子，內容可以由人自填，就像唐詩宋詞從前都有固定的曲子一樣，詩詞家依曲而自己作詩填詞。如《新唐書・承天皇帝（李）倓傳》：「（李）泌為輓詞二解，追述（李）倓志，命輓士唱。」

至唐以後，輓歌仍非常盛行。王建〈北邙行〉詩曰：「高張素幕繞銘旌，夜唱輓歌山下宿。」張籍〈北邙行〉詩則曰：「朝朝暮暮人送葬，車

前齊唱〈薤露〉歌。」邙即洛陽以北黃河以南的邙山，枕山蹬河，被認為是葬祖先的風水地，故有「生在蘇杭，死葬邙山」之說。北邙即通往墓地的北邙道上。這裡均是描述當時出殯的盛況，大唱其輓歌，乃至出殯途中因道遠而野外宿營的情況。

由於輓歌是出殯的一個重要內容，因而當時已有了從事這一職業的「輓歌郎」。《太平廣記‧卷四百八十四‧李娃傳》中的榮陽生就是一位非常出色的輓歌郎，他「歌〈薤露〉之章，舉聲清越，響振林木，曲度未終，聞者歔欷掩泣」。後世小說中也有反映。《水滸傳》第二十一回：宋江向閻婆惜索要招文袋（即公文袋），閻婆惜則要宋江先交二百兩金子，宋江一時拿不出，許諾以後給她。閻婆惜不肯，冷笑道：「你這黑三（宋江小名），把我一似小孩兒般捉弄。我便先還了你招文袋、這封書，歇三日卻向你討金子，正是『棺材出了，討輓歌郎錢』。我這裡一手交錢，一手交貨，你快把來兩相交割。」第二十四回，王婆對西門慶道：「……不要叫老身『棺材出了，討輓歌郎錢』。西門慶笑了去，不在話下。」這表明，元、明時期民間職業性的輓歌郎還十分普遍，經營方式是喪家先交錢，後參加出殯的輓歌服務。

現在南方許多地方，辭靈儀式時興「唱夜歌」，它是固定的曲子，可以自己臨時編詞，其內容多為回顧死者一生如何辛勤度日、懷念父母養育兒女的艱難苦楚，也使得那些有相同感受的聽者「歔欷掩泣」，嗚嗚咽咽。於是，場裡場外就會哭成一片，聲勢頗為壯觀。

漢族本是一個能歌善舞的民族，《詩經》中就有載歌載舞的描寫，其中很多篇章本是用來配舞蹈的。漢高祖回故鄉時「酒酣，高祖擊筑（一種樂器），自為歌，曰：『大風起兮雲飛揚，威加海內兮歸故鄉，安得猛士兮守四方。』令兒皆和習之。高祖乃起舞，泣數行下」（《史記‧高祖本紀》）。這裡，毫無後世所認為的「輕佻」味道。送殯時唱輓歌也是這一能歌善舞特徵的表現。大約兩宋以後，漢族人日益變得老成拘謹起來，歌舞風俗逐漸消失，而輓歌則由專門的鼓樂隊和僧、道之

人的念誦所取代了。

《紅樓夢》第十四回有一段寧國府秦可卿出殯的描述：「至天明，吉時已到，一般六十四名青衣請靈……一應執事陳設，皆係現趕著新做出來的，一色光豔奪目。寶珠（秦生前的丫鬟）自行未嫁女之禮，摔喪駕靈，十分哀苦。」接下來，是前來參加送殯隊伍的大大小小王爺、公侯伯爵、朝廷命官及其夫人家小的名單開列，「……連家下大小轎車輛，不下百餘乘。連前面各色執事、陳設、百耍，浩浩蕩蕩，一帶擺三四里遠……一時只見寧府大殯浩浩蕩蕩、壓地銀山一般從北而至。」曹雪芹不厭筆墨著力刻畫寧國府出殯時氣派非凡的壯觀場面，意在烘托出寧國府無人能及的豪富和顯赫的社會地位。因為，這類排場不僅需要鉅額的財富，還得要社會「名望」人物出來捧場才行。

現在，民間送殯，時辰一到，主持者一聲高喝「起杠」（也有叫「起轎」、「啟靈」等），就算是送殯的開始。隨之鞭炮齊鳴，樂聲和哭聲又響成一片。長孝子著白孝服，捧亡父或母遺像居於出殯行列之先；爾後按血緣關係的親疏、長幼、貴賤關係排列，最後是街鄰左右；樂隊居中或居後。農村舊俗有靈柩先在房前屋後繞三周，以示辭別，然後浩浩蕩蕩開拔。來送殯的愈多，喪家就愈有光彩，有時送殯的隊伍可達一、二里長。古時，有地位者有「鹵簿」，即儀仗隊，使之居前開道，以顯尊榮；現在中國一些城市則以小汽車代替之。

靈柩經過之地，親友沿途設奠祭祀，曰「路祭」，也稱道祭。路祭在唐朝便已盛行。送殯隊伍根據對方的地位、祭的規模，或停或不停，但多半都要停下來，孝子們向路祭者叩頭致謝。路祭者愈多，亡者就愈顯得尊榮，生者臉上也大有光彩，但送殯的時間無疑就會拖得很長。《紅樓夢》第十四回，寧國府秦可卿在出殯途中有一段路祭的描述：「走不多時，路旁彩棚高搭，設席張筵，和音奏樂，俱是各家路祭：第一座是東平王府祭棚，第二座是南安郡王，第三座是西寧郡王，第四座是北靜郡王的。」如此四位堂堂的王爺親自前來給賈府第四代孫媳婦行路祭禮（秦

可卿是賈府從賈母算起的第四代孫賈蓉的妻子），這是給賈家極大的面子，也是賈家社會地位的具體體現。舊時，高品位的大臣或勳臣去世，皇帝也遣官員前來靈堂致祭，或於途中路祭，謂「賜祭」，算是喪家極大的光榮。《後漢書‧樊宏傳》：樊宏卒，光武帝劉秀「車駕親送葬」。皇帝親自送葬，其中已包含了皇帝本人對死者的祭祀，是給死者最大的哀榮。

這裡，再解釋本章前面殯時期中的幾個禮儀。

朝祖：即朝拜祖廟。商、周時代貴族之家都有廟（祖廟、宗廟），是宗族進行諸如祭祀、冠、婚等重大活動的場所，地位十分重要。太廟又是所有族人的廟，地位最高。太者，大也。如《孫子兵法》第一篇中有「廟算」，即軍隊尚未出動，先在（太）廟中進行戰略謀劃。將靈柩抬著告祖廟，是替死者完孝心。《禮記‧檀弓下》：「喪之朝也，順死者之孝心也。其哀離其室（家庭）也，故至於祖（父）、考（父親）之廟而後行。」孔穎達疏：「『喪之朝』也者，謂將葬前，以柩朝廟者。」廟演變為「寺廟」的含義是佛教傳入以後的事。

陳器：「器」指明器，即陳列明器。其中有自家備用的和別人送的，此時都要擺列出來。《禮記‧喪服小記》：「陳器之道，多陳之而省納之可也，省陳之而盡納之可也。」注釋曰：陳列明器的原則，別人饋贈的都要陳列出來，但不必全部放進墓壙中；自備的明器，不必一一陳列，但要全部附葬。將別人饋贈的明器全部亮出來，表示「人情」已被接受了；自己自備的全部放入墓壙，則是自家盡孝心，鬼神自會知道。

 ## 第五節　下葬及葬後禮儀

至墓地，墓穴早已挖好。按周禮，出殯和下葬前還要祭祀。

遣奠：遣即送，奠即祭，古代稱將葬時的祭奠。《禮記‧檀弓下》：

「始死，脯（肉脯）、醢（肉醬）之奠；將行，遣而行之；既葬而食之，未有見其饗之者也。自上世以來，未之有捨也，為使人勿倍（背）也。」鄭玄注：「將行，將葬也。葬有遣奠。食，反虞之祭。捨猶廢也。」即是說，殯時已行了脯醢之祭；出殯前再行遣奠，葬後，將祭品帶回去，再祭。「食」在這裡是使役動詞，「之」指鬼魂，即回去再祭，使鬼魂食此祭物。雖然從未有誰見過鬼神真的來吃這些祭物，但自上世以來都是這麼辦的，是為了不使後人背忘先人。這裡道出了儒家設喪禮的真實意圖。後世，出殯前和到墓地後的下葬前都由僧、道之人進行一些祭祀，現在同樣如此，如出殯時和下葬前的燒紙、孝子磕頭等均為遣奠遺制。

下葬：是生者對人生、死亡的體驗以及對死者的感情接受最深刻的考驗時刻：生離死別就在眼前，人生最後的歸宿就在眼下的穴中，棺木入於黃土，亡故親人將不復存在，一種莫大的悲哀和茫然乃至各種複雜的感情將會從心中升騰而起。通常，墓地是一片哭聲。

在20世紀的中國人來說，棺木入穴、封土，喪事便告結束。但從周禮的喪禮傳統來說，此時喪事並未結束，接下來的是居喪守制三年。於三年中，還有一系列的禮儀，它們也屬於喪禮的範疇，茲略述如下：

祭后土：后土，對大地的尊稱。后者，君主也，亦通厚，重、大之意。后土也指土（地）神，並引伸為祭祀土地神的社壇。《左傳·僖公十五年》：「君履后土而戴皇天。」皇者，大也。下棺入土後，便祭后土，向土地神致歉意，有「拜碼頭」的意思。

題虞主：虞主，虞祭時所用的神主，亦簡稱主。《公羊傳·文公二年》：「主者曷用？虞主用桑。」即後世所稱的「牌位」，用桑木（或柘木）製成，民間多稱「祖宗靈牌子」，上書死者名諱。

反哭：反同返。安葬後，喪主捧神主歸而哭。《禮記·檀弓下》：「反哭升堂。」此指返回「廟堂」，因為出殯時是從祖廟出去的。廟堂是廟的正堂，是宗族進行重大活動的主要場所。反哭於此，「哀之至也」，親人從此見不到了，親友要來向喪主弔問。大約也有向先祖表示喪

事已告一段落的意思。秦漢以後，除帝王以外，一般不再有祖廟，這一程序也就消失了。清代梁章鉅《退庵隨筆·家禮二》：「古今既葬，有反哭之禮，今人不講久矣。」

虞祭：既葬當日而祭，有安神之意。虞者，憂慮也。《釋名·釋喪制》：「既葬，還祭殯宮曰虞。」《禮記·檀弓下》：「葬日虞，弗忍一日離也。」又說：「日中而虞。」疏曰：「虞者，葬日還殯宮安神之祭。」表明孝子不忍有一天離開先人。殯宮，即辦喪事時停放靈柩的房舍。《禮記·雜記》云：「士三虞，大夫五虞，諸侯七虞」，則天子當有九虞。等級不同，虞祭的次數各異。

關於虞祭的必要性，唐代賈公彥疏《儀禮·既夕禮》「三虞」曰：「主人孝子，葬之時，送形而往，迎魂而返，恐魂神不安，故設三虞以安之。」

關於虞祭的日子，清代孫希旦撰《禮記集解·檀弓下》云：「虞皆用柔日。假如士三虞，是丁日葬而虞，則己日再虞，辛日三虞。」又說：「大夫以上，虞與卒哭異月；士虞與卒哭同月，則以末虞之明日卒哭。虞皆用柔日，而卒哭改用剛日，以死者之神將自殯宮而往祔於廟。用剛日者，取其變動之意，故不用內事以柔日之例也。」以「士三虞」為例說明之：士死，葬之日即虞祭，假定此日為丁卯日（柔日），再虞祭在十二日後的己卯日（柔日），三虞祭在又十二日後的辛卯日（柔日），次日壬辰日（剛日）舉行卒哭祭。就是說，士人葬後，一個月內辦好三虞祭及卒哭祭，是謂「士虞與卒哭同月」，「是月而卒哭」（此時，喪事大體算辦完了）。若是大夫以上，及諸侯、天子，虞祭的次數就各不相同，而且最後一次虞祭後要等一個月再行卒哭祭，透過推遲卒哭而拉長喪期，是謂「長喪」，以造成隆重的效果❶。

---

❶ 古人以「天干」配「地支」計日，天干有甲乙丙丁戊己庚辛壬癸，地支有子丑寅卯辰巳午未申酉戌亥，兩者相配，六十日一個循環，稱甲子計日。分列如下：

　　現在，民間送完葬歸來，也在家中亡父或亡母的牌位前擺幾道菜或果品，燃三根香燭，磕三個頭，可視為古虞祭遺制。

　　卒哭：卒哭（祭）的卒是完畢、終止的意思。意義在使喪主停止無休止的悲哀哭泣。《禮記・雜記》：「士三月而葬，是月而卒哭；大夫三月而葬，五月而卒哭；諸侯五月而葬，七月而卒哭。」則天子當為七月而葬，九月而卒哭。從現有史料看，這些規定是否都實行過，很成問題。

　　《儀禮》：「三虞卒哭。」即三虞後緊接著卒哭。鄭玄注：「卒哭，三虞後祭名。始朝夕之間，哀至則哭；至此祭，止也。朝夕哭而已。」即行卒哭祭以後，孝子只須早、晚哭一哭就可以了。《禮記・檀弓下》：「卒哭曰成事。是日也，以吉祭易喪祭，明日祔於祖父。」卒哭用剛日，因為死者的牌位明天就要祔到祖廟裡去了。此時以「吉祭禮」處之，死者鬼魂遠行於「外」，所謂「取其變動之意」，故取剛日。祔，

甲	乙	丙	丁	戊	己	庚	辛	壬	癸
子	丑	寅	卯	辰	巳	午	未	申	酉
甲	乙	丙	丁	戊	己	庚	辛	壬	癸
戌	亥	子	丑	寅	卯	辰	巳	午	未
甲	乙	丙	丁	戊	己	庚	辛	壬	癸
申	酉	戌	亥	子	丑	寅	卯	辰	巳
甲	乙	丙	丁	戊	己	庚	辛	壬	癸
午	未	申	酉	戌	亥	子	丑	寅	卯
甲	乙	丙	丁	戊	己	庚	辛	壬	癸
辰	巳	午	未	申	酉	戌	亥	子	丑
甲	乙	丙	丁	戊	己	庚	辛	壬	癸
寅	卯	辰	巳	午	未	申	酉	戌	亥

在天干中，單數即甲丙戊庚壬為「剛」，雙數即乙丁己辛癸為「柔」。凡以甲丙戊庚壬開頭的日子稱「陽日」（剛日），以乙丁己辛癸開頭的日子為「陰日」（柔日）。《禮記・曲禮上》：「外事以剛日，內事以柔日。」即指此。後世風水說關於日子的陰陽剛柔也以此為根據。古代也以天干和地支計年，稱為「甲子計年法」。

指將新死者的牌位放入祖廟與祖先合享之祭。此後祭亡故先人改用吉祭禮，祭時也不必再哭。中國古代，祭剛亡故先人曰「喪禮」，祭遠祖曰「吉禮」，同是祭死者，但含義不一樣。

後世一般在喪後第一百天行卒哭之祭，故現在的許多民俗學辭書多以「百日之祭」來解釋卒哭祭。

魏晉以後，受佛教影響，民間遂漸行七日一祭，祭七次，四十九日畢，名為「斷七」（或謂「滿七」）。它大體上取代了三虞、卒哭的祭禮，如明、清小說中就有大量「斷七」的記載。不過，正統的士大夫仍然指責這是「愚夫愚婦」之所為。

小祥：父母死後一週年的祭禮曰小祥（或謂「對年」）。它是服喪期間一次較大的祭禮，祭後可解除部分喪服並改善一些生活。《儀禮·間傳》：「期而小祥。」鄭玄注：「小祥，祭名。祥，吉也。」一週年曰期。此前，父母之喪，「居倚廬，寢苫（草墊）枕塊（土塊），不說（脫）絰帶」等。小祥後，則可以「食菜果」，「居堊室，寢有席」，即住在不加塗飾的房屋裡，睡覺時可以用普通的席子；喪服上，「腰絰不除，男子除乎首，婦人除乎帶」。即男子不除腰絰，除掉首絰，婦人除腰絰。為什麼呢？因為，「男子重首，婦女重帶。除服者先重者」。即男子重頭，女子重腰，去喪服是先從重要部位開始的。

《新唐書·禮樂》載：小祥後，「毀廬室為堊室，設蒲席。堊室者除之，席地。主人及諸子沐（洗頭）、浴（洗澡）、櫛（梳頭）、翦（剪指甲），去首絰，練冠，妻妾女子去腰絰。」練冠即用白熟絹做的冠，代替此前的首絰。這些與周禮的小祥規定相合。小祥之祭，宋、明、清相沿。現在的週年祭即小祥遺制，只是沒有了那麼多規定（參見第十五章第二節）。

大祥：父母死後兩週年（或謂「三年」）的祭禮。《儀禮·士虞禮》：「期而小祥，期而又大祥。」鄭玄注：「又，復也。」賈公彥疏：「此謂二十五月大祥祭。」大祥是服喪期間的又一次重大祭禮，此後

可以恢復大部分正常生活，如孔子大祥後彈琴，只是不成調；顏淵喪，大祥後，喪主送來大祥祭肉，孔子出門接受，回到屋裡，「彈琴而後食之」。當時，有魯人早上行大祥祭，晚上便唱起歌來，「子路笑之」。孔子責備他說：「你責備別人，總是沒完沒了嗎？三年之喪，已是很長的了。」子路出去後，孔子又說：「那個人要是等一個月再唱就更好了。」（《禮記‧檀弓上》）至於服飾方面的變化，則太繁而不述。

　　禫祭：大祥的當月即禫祭，此後停止居喪，全部恢復正常生活，故「三年之喪，二十五月而畢」（《禮記‧三年問》）。一說隔一個月行禫祭。《儀禮‧士虞禮》：「期而小祥，又期而大祥，中月而禫。」鄭玄注：「中，猶間也。禫，祭名也。與大祥間一月，自喪至此，凡二十七月。禫之言淡，淡然平安也。」《禮記‧間傳》亦持此說。從現在文獻看，後世各朝持二十七月者居多，而以二十五個月為「正喪」。

　　父母死亡之日稱「忌日」。逢忌日，禁飲酒作樂，故《禮記‧祭義》曰：「君子有終身之喪，忌日之謂也。」

　　毫無疑問，這一套繁瑣的禮儀不經過專門的訓練是難以操作的。

　　全部做下來，足可以將人弄得渾渾噩噩，「敦厚純樸」，成「謙謙君子」矣。古人壽命較現在短，平均以五十五歲計，父母兩場喪事下來，要占去五年時間；以二十歲成人後遇父母喪計，服喪大體要占去成人時期的七分之一。這樣，社會對物質享受、權力追求的衝擊壓力也相應地減少了七分之一。當然，古人是打著「孝道」的旗幟倡導居喪的，絕沒有做如此「無聊的」計算。於此，我們可以領略到儒家對所繼承周文化喪禮的重視程度，因為，它直接關係到社會治理。

　　順便說明，孔子及先秦儒家說他們所敘之「禮」就是周禮，是夏、商、周三代共通之禮。事實上，這些「周禮」已經被先秦儒家這一前後延續了兩三百年的知識群體「修改」過了。因而這些禮中，究竟有多少是原始意義上的周禮，又有多少是當時儒家加入的主張，恐怕是無法弄清楚了。

第十三章

居喪守制

父或母、尊長亡故及下葬後，喪事（及喪禮）並未完結，延伸下來的是居喪三年（實為二十七個月），或曰服喪、居孝、服孝等。居喪者又為「丁憂」。丁，當也，遭遇也；憂，思也，即正值懷念先父母養育恩情之意。為父服喪為「丁外艱」，為母服喪為「丁內艱」（中國人歷來對母親的感情重於對父親），故丁憂又被稱為「丁艱」。為老師服喪，稱「心喪」。

唐以後，國家將居喪法制化，故又稱「守制」。有時則將二詞連用。居喪守制在中國傳統的喪禮文化中占有極重要的地位。

 ## 第一節　居喪守制的起源

居喪在中國起源很早。孔子曰：「夫三年之喪，天下之通喪也。」（《論語‧陽貨》）《孟子》也說：「三年之喪」是夏商周三代之禮，並說舜崩，百姓如喪考妣，服喪三年。這多少反映了三代「君親合一」的社會體制。

由於文獻缺乏，舜時代的服喪情況不得而知。現存文獻中最早的居喪記載是商王帝太甲居桐宮服喪三年，「王徂桐宮居憂。」孔穎達疏：「既不知朝政之事，惟行居喪之禮。居憂位，謂服治喪禮也。」太甲是商湯的長孫，登位三年仍「不明，暴虐，不遵湯法，亂德」，被阿衡（相當於丞相）伊尹放逐到桐宮三年，朝政由伊尹主持。桐宮為商湯葬地，太甲在那裡為祖父居喪兼思過。後改悔，被伊尹接回，還政於太甲（見《史記‧殷本紀》、《孟子》、《尚書》等）。不過，這些史料多少都已經先秦儒家「修改」過了。因而，要確切地指出居喪的起源是相當困難的。但研究者一般都認為，至少在西周後期時居喪禮已基本形成了。它的正式定型以及鼓吹於天下，大約都與儒家相關。

西周是三代禮制最完備時期，其中包括對居喪禮都有詳細規定，見於「三禮」之書，它們是研究居喪禮的最原始資料。

春秋戰國，「禮崩樂壞」，社會處於大動盪中，居喪禮也受到衝擊。孔子弟子樊遲就公然對「三年之喪」的合理性表示懷疑，因而受到孔子的痛斥。孔子及其弟子、再傳弟子組成的儒家學派極力倡導三年之喪，理由是「子生三年，然後免於父母之懷。夫三年之喪，天下之達喪也」，其理論根據是「孝」。他們以居喪禮作為推行孝文化的基本環節，塑造優秀人格，並以此作為建立社會秩序、治理天下的出發點。因而，「三禮」之書及先秦儒家經典中充斥著此方面的討論，並為爾後兩千餘年中國社會推行「以孝治天下」提供了一個理論源頭。他們自己則以身作則，率先執行。

孔子死，「葬魯城北泗（水）上，弟子皆服三年。」這是執父喪禮。「三年心喪畢，相訣而去，則哭，各復盡哀；或復留。」還有人繼續留下來。子貢係商人，孔子臨終時，子貢在外，故在墓側又守三年以贖愆。孔子弟子及魯人從塚旁定居者有百多家，形成居民區，曰「孔里」（《史記·孔子世家》）。著名軍事家吳起在家鄉時為鄉黨所笑，他怒而殺之，逃亡，發誓「不為卿相誓不還家」。他在孔子弟子曾子門下求學，後逢母喪，不歸，曾子鄙其為人，與之絕交（《史記·吳起列傳》）。後世以此將吳起作為「不孝」的典型。《晉書·段灼傳》云：「吳起貪官，母死不歸，殺妻求將，不孝之甚。」殺妻求將之事指齊攻魯，有人推薦吳起為魯將，但有人說吳起妻是齊人，吳起為魯將不宜。吳起聞，歸家殺妻，為魯將，大敗齊師。「不孝」在儒家那裡是一椿很嚴重的罪行，儒家以此作為塑造完美人格的起點，不孝必然不忠，所謂「忠臣出於孝子之門」。

滕定公薨，太子派人請教孟子，準備行「三年之喪」，而「父兄百官皆不欲」。理由是：我們的宗主國魯國從未實行過，我們的先君也未實行

過；對於喪禮，我們還是應該遵祖制才是❶。此為西元前3世紀，離孔子去世兩百餘年了，居喪在諸侯王室公然受到強烈反對，並說魯、滕均從未實行三年之喪。是從來就沒有過此事呢？還是長期未實行因而成為祖制呢？孟子也未說清楚。歷史上，兩百年是完全可以形成一個傳統的。

居喪與中國古代的大農業經濟性質、宗法制、社會對抑制人慾膨脹的需求相關聯。已如前述，中國古代很早就以黃河中下游為中心，形成了一個遼闊而統一的農業區域，華北平原連同渭河平原、長江中下游平原加起來，比整個西歐都要大，古人借助宗法制及其孝文化實施了對一個龐大農業帝國的有效統治。而以「對先人報恩」為理論旗幟的居喪，就是宗法制、孝文化的直接體現，並成為實施社會治理的一個重要槓桿。

同時，居喪三年使一部分人在相當時間內大體脫離了社會生活，這又會減少社會活動的參與者，在一定程度上避免了社會的能量過剩。

第二節　居喪守制的行為規範

一、《儀禮》、《禮記》諸篇章的規定

《禮記·曲禮》：「居喪未葬讀喪禮。既葬，讀祭禮。喪復，常，讀樂章。居喪不言樂。」就是說，居喪的行為規範有明文規定，它們見之於《儀禮》、《禮記》諸篇章中。這裡大體歸納說明如下。

未葬，居「服舍」。即從居室中搬出來，住在專為喪事築的小茅舍內。既葬，在墓側搭棚子居住（「結廬而居」），亦謂「居塚次」，即居

---

❶《孟子·滕文公》：「滕定公薨……定為三年之喪。父兄百官皆不欲，曰：『吾宗國魯先君莫之行，吾先君莫之行也，至於子之身而反之，不可。且《志》曰：喪祭從先祖。』曰：『吾有所受之也。』」「吾有所受之也」，楊伯峻先生釋為：「我們是從這一傳統繼承下來的。」

於墳墓之側。

不食肉飲酒，只有病重時才稍吃肉飲酒。「居喪之禮，頭有創（傷）則沐，身有瘍（癢）則浴，有疾則飲酒食肉，疾止復初。不勝喪，比如不慈不孝。」因身體病倒而不能行服喪就等於不慈不孝，即示先人之「不慈」，己之「不孝」。這裡以「慈」、「孝」的名義給服喪有困難時留下一個休養生息的缺口。不過，五十歲服喪可以不必太哀傷，六十可以不哀傷，七十雖服斬衰，但可以照常飲酒食肉。這是對老者服喪的特殊規定。

專心盡哀，不得宴樂，「居喪不言樂」。「喪不貳事」，「父母之喪不避涕泣而見人」，見人「非喪事不言」。

要有悲容。《左傳·襄公三十一年》：「居喪而不哀，在戚而有佳容，是謂不度。」

不嫁娶，不近婦人，禁夫妻生活，「終喪不御於內」。

居喪不遠行，不出外做官，已做官者須辭官回家。不訪友，不應召，「有服，人召之食，不往。」（《禮記·喪大記》）東漢鄭玄注：「父母始死悲哀，非所尊不出也。出者，或到庭，或至門。」

周禮，二十五個月為「正喪」，可除喪服，飲醬醋一類調料，即「三年之喪，二十五月而畢」；隔一月行禫祭，全部恢復正常生活，虛計三個年頭❷。

居喪禮後世各有損益，但基本精神未變，都是從禁止生者情慾享樂上提出限制性規範。例如《清通禮》：「凡喪三年者，百日剃髮。仕者解任。士子輟考。在喪不飲酒，不食肉，不處內（不與妻妾交往），不入公門，不與吉事。」

---

❷ 上述所引，分別參見《禮記》一書的〈雜記〉、〈檀弓〉、〈曲禮〉、〈喪大記〉、〈間傳〉、〈喪服舊制〉、〈三年問〉等篇。

二、史書、小說等有關居喪的描述

西漢文帝臨終，制短喪之詔，定大喪（皇帝喪）為三十六日。此後，恢復正常生活，聽民間嫁娶從吉。就是說，在這三十六日內上述禁忌必須遵守，否則為「大逆」，或「大不孝」。

西漢楚元王劉戊，景帝2年（西元前155年），薄太后（景帝之母）死，他在喪期內通姦，事發，被削去東海、薛兩個郡。他因此懷恨在心，串通吳國合謀叛亂，史稱「吳、楚七國之亂」（《漢書·楚元王傳》）。西漢元平元年（西元前74年），昭帝崩，無子，昌邑王劉賀繼嗣，準備即位。但他在喪期中，不遵禮法，霍光等朝中重臣羅列了他諸多罪狀，最終將他廢黜。其罪狀是：「服斬衰，亡悲哀之心，廢禮儀，居道上（來長安的路上）不素食，使從官略（掠）女子載衣車，內（納）所居傳舍。始謁見，立為太子，常私買雞豚以食。」此外，先帝靈柩在前殿，他在後面聚樂人「擊鼓歌吹」、「鼓吹歌舞，悉奏眾樂」；駕車任意驅馳，四處玩耍，「弄彘鬥虎」，「遊戲庭院中」；又與昭帝諸宮女「淫亂」，並威脅隨從敢洩者腰斬，等等。他如此「荒淫迷惑，失帝王禮誼（儀），亂漢制度」，不宜「繼大統，恐危社稷」，於是奪皇太子嗣，另從宗室選太子，因而有了宣帝繼位之舉（《漢書·霍光傳》）。這些行為在居喪中是非常嚴重的罪行，劉賀若不是儲太子地位，恐怕已被斬首了。

《後漢書·光武本紀》：劉秀與兄一同起兵，後來，兄遭更始帝猜忌而被冤殺，劉秀強忍悲痛，「不敢為伯升服喪，飲食言笑如平常。」這說明當時居喪禮已相當普遍，並有上述「服喪、飲食、言笑」等規定。

西晉仍有居喪者，名士阮籍恃才放蕩，居喪飲酒食肉，被人奏了一本，罪為「不孝」。

唐以後，居喪成為國家法制，故曰「守制」。不守制或守制不遵禮則為「違法」，居喪就更普遍了。

　　但須指出，三年之喪在各朝的執行情況有差別，在一個朝代的不同時期又有差別，對不同的人也有差別。一般而言，唐、宋以後較嚴，明、清更嚴；民風淳樸時，遵守較好，反之較差；對官吏嚴，對庶民寬。官吏若未遵守，有被革職並治罪的危險；士人學子則仕途從此斷絕，並為人所鄙視。清雍正13年（1735年）詔：令不得在三年之喪內嫁娶，「三年之喪，創深痛鉅。乃愚民不知禮教，慮服喪後不獲嫁娶，遂乘父母疾篤或殯殮未終而貿然為之者，朕甚憫焉。」並說，此後國家官員、學生「毋違此制」。至於庶民，「窮苦無告，父母臥疾」，要靠媳婦侍候煮飯等情況，就放寬一點，所謂「古者禮不下庶人」，大概指的就是這些人吧！中國古代，國家治官員嚴於百姓，所謂「治民先治官」。

　　明、清小說中有很多關於守制的描寫，例如：明代凌濛初《三刻拍案驚奇》第五回：明初鐵鉉，在山東當參政使時，非常仰慕高賢寧的為人和才幹，乃託人為他尋親，不料高賢寧「父死丁憂，此事遂已」。

　　清代吳敬梓《儒林外史》第十二回：婁府兩公子聽說蕭山縣的權勿用才氣「很高」，便派兒子宦成去請。不多幾日，宦成來到蕭山「招尋了半日，招到一個山凹裡，幾間壞草屋，門上帖著白，敲門進去」，只見「權勿用穿著一身白，頭上戴著高白夏布孝帽」。權勿用問明來意，向宦成道：「多謝你家老爺厚愛，但我熱孝（父母死去百日內）在身，不便出門……再過二十多天，我家老太太百日滿過，我定到老爺們府上來會。」

　　《紅樓夢》第四十六回：賈赦欲納賈母丫鬟鴛鴦為妾，鴛鴦不從，賈赦威逼「遲早也逃不出我的手心」。鴛鴦則對人說：「老太太在一日，我一日不離這裡，若是老太太歸西去了，他橫豎還有三年的孝呢！沒個娘才死了，他先弄小老婆的。等過了三年，知道又是怎麼個光景，那時再說。」這表明「三年之喪」的行為規範是非常清楚而嚴格的。第五十八回：朝中老太妃「薨」，詔令「凡誥命等皆入朝隨班，按爵守制；敕諭天下：凡有爵之家，一年內不得筵宴音樂，庶民皆三月不得婚嫁」。太妃是

皇帝母親一輩人，這是國喪，「有爵之家」一年、「庶民」三個月，不得有筵宴音樂和婚嫁等吉事。當然，其間對生活起居的規定並沒有為父母守制那麼繁瑣，人們一般可以做到。

第三節　兩漢的居喪守制

一、西漢的居喪守制

秦是短命王朝，重法（家）輕儒（家），倡「刑名之教」，「以吏為師」，推行嚴刑酷法以治理天下，因而無居喪之說。

由於數百年的戰亂，尤其是秦末以來頻繁的戰爭，漢初，已是天下疲弊，民不聊生，社會亟待恢復。故漢初推行「休養生息」政策，喪事也倡節儉。孝文帝臨終下薄喪詔：「其令天下吏民，令到出臨三日，皆釋（喪）服（從吉），無禁娶婦嫁女祠禮飲酒食肉。」文帝自崩至葬凡七日（按：西周禮，天子殯七月），葬霸陵。宮中服喪僅三十六日，除服，恢復正常生活。大臣也不為皇帝行三年之喪（《漢書·文帝紀》）。漢文帝詔令短喪、簡喪、免臣民及皇室三年之喪，將守制之禮定為三十六日，故後世說漢文帝「以日易月」（三年有三十六個月之名）。這對西漢影響極大，西漢一朝少有為父母服三年喪者。

漢武帝（西元前140-前87年在位）接受董仲舒「罷黜百家，獨尊儒術」建議，儒學成為國學，漢家推行「以孝治天下」，儒學遂盛行於天下。但仍未規定過「三年之喪」，即便郡縣舉孝廉、賢良方正也無此要求。西漢成帝時（西元前32-前7年在位），丞相翟方進封高陵侯，食千戶，孝後母甚恭。後母死，「既葬三十六日，除服起視事，以為身備漢相，不敢逾國家之制。」顏師古注：「漢制自漢文帝遺詔之後，國家遵以為常……方進自以大臣，故云不敢逾制。」這表明，漢文帝倡導的三十六

日喪期無形中已成為西漢服喪的一種制度，為父、母的三年之喪已被廢除。武帝時公孫弘「養後母孝謹，後母卒，服喪三年」（《漢書·公孫弘傳》），為僅見之事。公孫弘是漢武帝推行「獨尊儒術」國策後的第一任儒生宰相，也是中國歷史上第一位儒生宰相。

此外，為君主服三年喪就更不現實。在「親貴合一」、「世卿世祿」的三代宗法制國家時代，族長即國君，他同時是祖父或伯父、父親等，為國君服三年喪就是為族內尊長服喪。進入秦漢以後的中央集權國家，天下臣民數千萬，民族眾多，風俗各異，要幾千萬不同民族的人為皇帝服喪是不可能的，且太平時代又多短命皇帝。

西漢進入成帝、哀帝（西元前6-前1年在位）兩朝，國運已呈末世，土地兼併日甚，豪門富貴之家競相奢侈、民風澆薄、人心不古。為矯風俗、厚人心，一些對社會有責任感的儒者漸鼓吹三年之喪。成帝時，丞相范宣後母卒，其弟臨淄令范修去官服喪。范宣說，現在很少有人服三年喪了，勸阻之，以致爭執。後范修還是服了三年喪，並由此兄弟不和。

哀帝時，西漢國家始倡三年之喪，詔曰：「博士弟子父母死，予寧三年。」其他人不在其列。顏師古注：「寧謂處家持喪服。」「予」即准許。於是，博士申咸上書攻擊范宣「不行喪服，薄於骨肉」，連帶以前的「不忠不孝」等罪名，並建議剝奪其列侯封號，趕出朝廷（《漢書·范宣傳》）。這是中國歷史上為居喪而在朝廷引發的第一次爭執，並和朝廷的黨爭攪到一起。

成帝時，河間惠王劉良，母王太后死，服三年喪。哀帝即位，立即予以褒獎，詔曰：「河間王良，喪太后三年，為宗室儀表，其益封萬戶。」（《漢書》〈哀帝紀〉、〈景十三王傳〉）如此表彰，也說明當時這一行為尚不普遍，而朝廷意在大力推廣。劉茂「少孤，獨侍母居。家貧，以筋力致養，孝行著於鄉里。及長，能習《禮經》，教授常數百人。哀帝時，察孝廉，再遷五原屬國候，遭母憂去官。服竟後為沮陽（今北京到張家口一帶）令」（《後漢書》卷八十一《獨行列傳》）。哀

帝時南陽太守原涉，父死，「時又少行三年喪者」，原涉不受官府的喪葬費，並「行喪塚廬三年，由是顯名京師」。居喪畢，推薦他做官的絡繹不絕，「衣冠慕之輻輳」《漢書·游俠原涉列傳》）。正由於少，難能可貴，故世人敬仰。不過，此時西漢王朝已日薄西山，不久就為王莽的「新朝」所取代了。

王莽執政時始盛倡三年喪制。哀帝二十歲即位，二十六歲崩；繼位的平帝是一個九歲的娃娃，王莽取得了攝政權。五年後「十二月平帝崩，莽徵明禮者宗伯鳳等與定天下吏六百石以上者皆服喪三年」（《漢書·王莽傳》）。六百石俸祿相當於縣官，即全部國家官員都必須為亡父母服三年喪（若理解為替平帝服喪三年，似乎就有些不現實）。實際的執行情況，史載不詳。王莽立了一個兩歲的娃娃子嬰為皇太子，自己為「假皇帝」（代理皇帝）。西元8年，王莽母死，王莽正忙於鞏固自己在朝廷中的地位，隨便找了一個藉口，而令自己的孫子新都侯王宗「服喪三年」。

西元9年，王莽完成了「篡漢」的全部準備工作，便正式宣布代漢，成立「新」朝。西元13年，文母皇太后崩（漢元帝的皇后，王莽姑母），王莽將她與元帝合葬，「（王）莽為太后服喪三年。」不過，王莽時期並未制定過「三年之喪」的法制，而只是「盛倡」罷了。

王莽承西漢末世之弊，欲挽將分崩之天下，拯已沉淪之民風，親自帶頭力倡節儉，並大力推行三年之喪……然大廈將傾，非獨木可支，最終引得天怒人怨，僅十五年，便在農民起義和劉氏宗室的雙重打擊下土崩瓦解，王莽自殺（西元23年），短命的新朝滅亡。劉秀重建漢帝國，史稱東漢（西元25-220年）。王莽新朝在「正史」上不被承認。

二、東漢的居喪守制

東漢建立，劉秀取消了王莽曾盛倡的三年喪制，「光武皇帝（即劉

秀）絕告寧之典」。「告寧」即官吏告假居喪，劉秀予以廢止（《後漢書・陳忠傳》）。東漢歷光武帝、明帝、章帝、和帝、殤帝，到安帝十三歲即皇帝位（西元107年）時，王朝由盛而衰，進入後期。民風、朝政都在每下愈況。居喪守制於是又被朝廷提出，試圖以此矯正風俗，並為此爆發了一場辯論。

此時鄧太后臨朝稱制。西漢以來，「舊制，公卿、二千石、刺史不得行三年喪，由是內外眾職並廢喪禮。元初（東漢安帝年號，西元114-120年）中，鄧太后詔長吏以下不為親行服者，不得典城選舉。時有上言牧（即刺史，州長官）守（郡長官）宜同此制，詔下公卿，議者以為不便（理由是『二千石守千里之地，兵馬之重，不宜去郡』）。劉愷獨議曰：『詔書所以為制服之科（科條、準則）者，蓋崇化厲俗，以弘孝道也。今刺史一州之表，二千石千里之師，職在辨章百姓，宜美風俗，尤宜尊重典禮，以身先之。而議者不尋其端，至於牧守則云不宜，是猶濁其源而流清，曲其形而欲景（影）直，不可得也。』太后從之。」（《漢書・劉愷傳》）於是，「元初3年（116年）有詔，大臣得行三年之喪，服闋（停止）還職。」「初聽（接受）大臣、二千石行三年喪。」注：「文帝遺詔以日易月，於後大臣遂以為常，至此復遵古制也。」同時，有正在軍屯、替政府服勞役而祖父祖母（「大父母」）去世未滿三月者，免勞役，「令得葬送」（《後漢書・安帝紀》）。這是東漢正式推行三年之喪。

西元121年鄧太后崩。隨後在朝廷又爆發了「三年之喪」的大辯論，此事載於《後漢書》卷四十六。尚書令祝諷、尚書孟布等為一方，認為：「孝文皇帝定約（簡也）禮之制，光武皇帝絕告寧之典，貽則萬世，誠不可改。宜復建武（劉秀年號）故事。」尚書陳忠為另一方，他上疏大辯「三年之喪」的必要性：

　　臣聞之《孝經》，始於愛親，終於哀戚。上自天子，下至

庶人，尊卑貴賤，其義一也。夫父母於子，同氣異息，一體而分，三年乃免於懷抱。先聖緣人情而著其節，制服二十五月，是以《春秋》臣有大喪，君三年不呼其門⋯⋯周室陵遲，禮制不序⋯⋯不得終竟子之道者，亦上之恥也。高祖受命，蕭何創制，大臣有告寧之科，合於致憂之義（此事未見於《漢書》）。建武之初，新承大亂，凡諸國政，多趨簡易，大臣既不得告寧，而群司營祿念私，鮮循三年之喪，以報顧復之恩者。禮義之方，實為凋損⋯⋯孟子有言：「老吾老以及人之老，幼吾幼以及人之幼，天下可運乎掌。」臣願陛下登高北望，以甘陵（為安帝母陵，在長安北）之思，揆度臣子之心，則海內咸得其所。

此疏言詞懇切，聲情溢於紙上，核心是儒家的「孝」，目標是慎終追遠，民德歸厚，以達於社會治理。辯論的結果是「宦豎不便之，竟寢（廢也）忠奏而從諷、布議，遂著於令」。廢三年之喪並以國家法令的形式布告天下，鄧太后復西周「古制」的措施僅五年便告終。

桓帝（西元147-167年在位）時又做了一番復三年喪「古制」的努力。永興2年（西元154年），司空掾趙岐「議二千石得去官為親行服，朝廷從之」。於是，2月「初聽刺史、二千石行三年喪服」。刺史和太守（二千石）均係國家高級官吏。永壽2年（156年）「春正月，初聽中官得行三年服」。注云：「中官，常侍以下。」係皇帝身邊服侍人員，除宦官外，兩漢多有高級官吏的子弟擔任。延熹2年（159年）「三月復斷刺史、二千石行三年喪」（《後漢書》〈桓帝紀〉、〈趙岐傳〉）。這次嘗試也只行了五年，旋即失敗，大約是在朝廷中遇到了阻力。桓帝延熹9年（166年）郎中荀爽對策，洋洋灑灑，又一次大談三年喪的重要性：

⋯⋯漢制使天下誦《孝經》，選吏舉孝廉。夫喪親自盡（哀），孝之終也。今之公卿及二千石，三年之喪，不得即去，殆非所以增崇孝道而克稱火德者（漢朝自稱火德，重孝行）。往

者孝文勞謙，行過乎儉，故有遺詔以日易月。此當時之宜，不可貫之萬世。古今之制雖有損益，而諒陰之禮（即居喪）未嘗改移，以示天下莫遺其親。今公卿群僚皆政教所瞻，而父母之喪不得奔赴。夫仁義之行，自上而始，敦厚之俗，以應乎下。《左傳》曰：「喪祭之禮闕，則人臣之恩薄，背死忘生者眾矣。」曾子曰：「人未有自致（極哀之意）者，必也親喪乎！」《春秋傳》曰：「上之所為，民之歸敢。」夫上所不為而民或為之，故加刑罰；若上之所為，民亦為之，又何誅焉？若丞相翟方進，以自備宰相，而不敢逾制。至遭母憂，三十六日而除。夫失禮之源，自上而始。古者大喪三年不呼其門，所以崇國厚俗篤化之道也。事失宜正，過勿憚改。天下通喪，可如舊禮。臣聞有夫婦然後有父子，有父子然後有君臣，有君臣然後有上下，有上下然後有禮義。禮義備，則人知所措矣。夫婦人倫之始，王化之端……

言之切切，反映了東漢末朝野知識分子的憂患意識。

但是，東漢社會已是危機四伏，貪官污吏橫行，豪強武斷鄉里，各地農民騷動頻繁，國家已是搖搖欲墜了。西元184年終於爆發了大規模的黃巾起義，接著是群雄割據，東漢王朝事實上已不存在了。

大體上，兩漢無三年喪制，只是每逢王朝末期，朝廷在高級官吏（二千石以上）中大力提倡，但都失敗了。從這裡，我們可看出這一關係：當社會的穩定性受到破壞、國家對社會的控制力被嚴重削弱時，或說，透過正常的社會經濟、政治和意識形態活動達到社會治理有困難時，統治者總是力圖以「三年之喪」的孝文化作為輔助手段來挽救危亡。因而，東漢比西漢更希望仰仗這一手段。這一「模式」對爾後各朝代影響很大。

儘管漢代對此無法制規定，但東漢一朝居三年喪者仍然相當普遍，《後漢書》中多有記載，如：

皇室成員有之。東海孝王劉臻母卒，與弟劉儉一同居喪三年，順帝特制詔褒揚，稱「能克己率禮，孝敬自然，事親盡愛，送終竭哀，降儀從士，寢苦三年……夫勸善屬俗，為國所先」，且「增封臻五千戶，儉五百戶」（卷四十二）。濟北惠王劉次，九歲喪父，居喪二十八月（超過二十五個月的規定），且「父沒哀慟，焦毀過禮，草廬土席，衰杖在身，頭不枇沐，身生瘡腫，諒陰二十八月。自諸國有憂，未之聞也，朝廷甚嘉焉」。桓帝建和元年（147年）梁太后下詔褒揚，同時「贈封五千戶」（卷五十五）。

公卿有之。靈帝時太傅胡廣，年八十，「繼母在堂，朝夕瞻省，傍無几杖，言不稱老。及母卒，居喪盡哀，率禮無衍。」（卷四十四）

或居官則去職，陳蕃「初仕郡，舉孝廉，除郎中。遭母憂，棄官行喪」（卷五十六）。東漢辭官居喪者甚多，《後漢書》多所記載。

授官則不到任。順帝時，鄧甫德「召徵為開封令」，喪母，遂不赴任（卷十六）。

下及不在位的士人。鮑昂，「有孝義節行。初，（父）德被病數年，昂俯伏左右，衣不緩帶；及處喪，毀瘠三年，抱負乃行；服闋，遂潛於墓次，不關時務。」（卷二十九）

雖女子亦行之。卷十上〈皇后傳〉：漢安帝母鄧太后，東漢開國功臣大將軍鄧禹孫女，為少女家居時，父死，居喪三年。

東漢居三年喪者甚眾，楊樹達先生《漢代婚喪禮俗考》一書中開列了一長串名單。鄧子琴先生遺著《中國風俗史》亦多考證。而且還有：當時未得服喪，事後追服的；有伯父喪去官服喪的，為祖父母服喪去官的；為叔父服喪去官的（《隸釋》七「荊州刺史度尚碑」云：除上虞長，以從父憂去官）；有兄長喪去官的，等等。

服喪是兩漢「以孝治天下」的「德治」政治的一部分。兩漢士人重名節，欲交遊天下名士，或仕進，或學問，多恐為「不孝」所累。於是，三

年之喪就成為士大夫標明自己真儒者身分的必修「工夫」。不過，它尚未成為法制，可視為當時士宦文化的一部分。

以此，我們可看出當時社會風氣的一般趨勢：從西漢末期開始，人們正在逐漸接受三年之喪，到東漢時便已相當普遍了。朝廷、官府則褒獎之，民風亦崇敬之。顯然，這一推崇和一般社會風氣的頹廢相關聯，難以達到的道德高度總是受人敬仰的。

但是，由於朝廷並無法制規定，不居喪者也不受追究，但多受人鄙視。如東漢明帝永平（西元58-75年）初，朝中鄧衍「容姿趨步，有出於眾」，皇帝非常喜歡他，「特賜輿馬衣服」，屢加官。虞延卻說他「雖有容儀而無實（德）行」，很鄙視他。後鄧衍「在職不服父喪。帝聞之，乃嘆曰：『知人則哲，惟帝難之。信哉斯言。』衍慚而退，由是以延為明」（卷三十三）。

東漢國家喪儀中，皇帝死，稱「大喪」，喪期及官員居喪仍依西漢文帝之制，為三十六日（《後漢書·禮儀下》「大喪」條）。

第四節　魏晉南北朝的居喪守制

西元184年，黃巾起義；接著，諸侯割據，三國鼎立，天下大亂。晉短暫的統一，又分崩離析。南北朝，中原播亂；江南偏安，東晉、宋、齊、梁、陳歷五朝，合三國之東吳，史稱「六朝」，均定都南京。中國社會陷入四百餘年的大混亂。「離亂人，不如太平犬」，三年之喪自然無從提起，再加上佛教的廣泛傳播，北方遊牧民族大量進入中原，儒家的喪禮受到衝擊。儘管有人仍想恢復它，但均屬徒勞。

《晉書·禮志》：「漢禮，天子崩，自不豫（病重）至於登遐（去世）及葬，喪紀之制，與夫三代變易。魏晉以來，大體同漢。然自漢文帝革喪禮之制，後代遵之，無復三年之禮。及魏武（曹操）臨終遺令：

『天下尚未安定，未得遵古，百官當臨殿中，十五舉音（即奏樂），葬畢便除。其將兵屯戍者，不得離部。』……（晉）武帝亦遵漢、魏之典，既葬即除，然猶深衣素冠，除席撤膳。」大臣鄭沖、王祥請復古禮，詔不許，此事遂寢。

《南史》卷六十〈徐勉傳〉：「時人間喪事多不遵禮，朝終夕殯，相尚以速。」《北史》〈高允傳〉載：「……婚娶喪葬，不依古式。」

儘管如此，但居三年之喪者仍然有之。《南史》卷十六〈毛惠素傳〉：「性至孝，母服除後，更修母所住處床帳屏帷，每月朔（初一）十五向帷悲泣，旁人為之感傷，終身如此。」卷十八〈蕭惠開傳〉：「丁父艱，居喪有孝性，家素事佛……」這是儒學和佛教相結合的喪禮。卷十八〈臧盾傳〉：「盾有孝性……（母喪）服未終，父卒，居喪五年，不出廬戶，形骸枯悴，家人不識。」卷二十一〈王僧佑傳〉：「未弱冠，頻經憂，居喪至孝。服闋，髮落略盡，殆不立冠帽。」東晉陶淵明曾辭官赴妹喪，並趁此機會脫離官場而歸隱田園（陶淵明〈歸去來兮〉序：「……妹喪於武昌，情在駿奔，自免去職」）。

第五節　唐以後居喪守制的法制化

隋短暫統一（西元581-618年），旋即大亂；迄唐定天下，中國才結束長時期大混亂之惡夢。此時，首當其衝的便是如何實現國家的「長治久安」。於是「德治」又被重新提起，唐朝興起了遠超出前代的「制禮」的熱情，以圖重新發揮「禮」對人們的約束作用。唐太宗貞觀7年（633年）有《貞觀新禮》，唐玄宗頒行的《大唐開元禮》是中國禮制之集大成，其中對官吏、庶民的各項行為（權利和義務）均有極詳細的規定[3]。

---

[3] 《大唐開元禮》上承《周禮》，下為後世禮制之楷模。後世最有影響的禮制分

其中，禮、法並行開始干預人們的殯葬活動。

在這方面，最引人注目的是，唐朝將「三年之喪」法制化，子為父母、長孫為祖父母居三年喪，其他類減；並對居喪的行為做出規定。《唐律》：居父母喪，若身自嫁娶或去孝服遊樂，均為「不孝」，屬「十惡」之條，所謂「十惡不赦」。《唐律疏義》：居父母之喪「喪制未終，服從吉，若忘哀作樂，徒三年；雜戲，徒一年」。「父母之喪，法合二十七月，二十五月內是正喪。若釋服求仕，即當不孝，合徒三年；其二十五月外，二十七月內，是『禫制未除』，此中求仕為『冒哀』，合徒一年。」「居父母喪，生子，徒一年。」並對「匿父母、夫喪」或「父母死詐言餘喪」以逃避守制的給予懲罰。

唐朝，「禮」和「法」幾乎具有同等的權威性。只是，違犯法律由司法機關（如刑部）定罪，違犯禮制則多由禮部議處而確定懲罰標準；同時，禮制從前更多地是官吏的行為規範，所謂「禮不下庶人」，現在也深入到一般民眾。「失禮之禁，著在刑書。」（《全唐書‧薄葬詔》）即對嚴重失「禮」的行為，上升到「法律」的高度予以懲罰。禮相當於「準」法律。

唐初，太宗貞觀17年（643年）秋7月，「司空、太子太傅、梁國公房玄齡以母憂罷。」（《舊唐書‧太宗本紀》）房氏係開國功臣，正一品，相當於宰相，居母喪，為後世官員表率。

唐代殯葬禮儀的法制化為後世所沿用，如明清的此類禮、法條文近乎全部繼承自唐代，並愈益嚴格化、詳細化。《大明律》和《大清律》對居喪守制都有明文規定，如《大清律》規定：凡聞父母喪（嫡孫承重，與父母同）及夫喪，匿不舉哀者，杖六十，徒一年。若喪制未終，釋服從吉，忘哀作樂及參與筵席者，杖八十。若聞期親尊長（即伯、叔父一

別有《宋政和五禮》、《明孝慈錄》和《大明集禮》、《大清通禮》，均為國家欽定之禮制大全，有中國「四大禮制」之稱。

輩）喪，匿不舉哀者，亦杖八十。若喪制未終，釋服從吉者，杖六十。若官吏父母死，應丁憂而詐稱祖父母、伯叔姑兄姊之喪不丁憂者，杖一百，罷職役不敘。（若父母健在）無喪詐稱有喪，或（父母已亡）舊喪詐稱新喪者，與不丁憂罪同。有規避者，從重論。若喪制未終，冒哀從仕者，杖八十，亦罷職。其該官司知而聽行，各與同罪；不知者，不坐。其仕宦遠方丁憂者，以聞日月為始。奪情起復者，不拘此律。

此類規定非常詳盡，足見國家對居喪守制的重視，無非是希望以此淳化風俗，加強兩代人之間（權利和義務）的聯繫，進而促進社會的治理。於其中，還可以看出，在居喪條文中，對官吏的懲罰要嚴於百姓，此即中國古代政治哲學「治民先治官」、「聖人治官不治民」、「治官嚴於治民」原則的體現。

《大清律》還規定，凡僧人、道士並令拜父母，祭祀祖先，喪服皆與常人同，違者，杖一百，令還俗。在喪禮上，出家人也不能例外。這遠比唐、宋嚴厲。

為保證守制，明代曾規定：官員居喪期間，凡已任職五年以上且無過失者，發給一半俸祿；在職三年者，發三月全祿（即全年的四分之一）（顧炎武《日知錄·奔喪守制》）。

 ## 第六節　奪情起復

起復，指官吏有喪，守制尚未滿期而復起用。因奪孝子哀思之情，故又稱奪情。《禮記·曾子問》：子夏問道：三年之喪，「金革之事無避也者，非與？」就是說，在三年之喪中，要是碰上戰爭怎麼辦？孔子回答說：「吾聞老聃曰：『昔者魯公伯禽有為為之也。』今以三年之喪從（追求）其利者，吾弗知也。」孔子回答說：他聽老子說過，從前魯公伯禽就碰上了這種事。鄭玄注：「伯禽，周公之子，封於魯。母喪，有徐戎

作難，喪卒哭而征，急王事也。征之作〈費誓〉。」孔子認為三年之喪內碰上戰爭是應該參加的，因為「急王事」，王事即國事，但在三年之喪內去追求個人「利益」，我就不知該怎麼說了！

這說明奪情起復起源很早。可以說，有居喪禮就必然有奪情起復禮，因為國事不可廢。這是孝和忠的矛盾，移孝為忠，先忠後孝，亦為大孝也，合乎禮。故古語有「忠孝難兩全」之說。

《史記·晉世家》載：晉文公卒，襄公即位。秦軍進犯，「襄公墨衰絰。四月，敗秦師於殽，虜秦三將孟明視、西乞秫、白乙丙以歸。遂墨以葬文公。」（注：「墨，變凶。」）「以凶服從戎，故墨之。」中國喪事用白色，黑色非禮制，但此時要進行戰爭，故喪禮有所變通，「記禮所由變也」。這說明西周天子、諸侯遇喪事也有特殊處理方式，奪情即其一。奪情時，連喪服的顏色也改變了。

東漢居喪者漸多，故奪情事亦起。《後漢書·趙熹傳》：永平8年（65年）趙熹「代虞延行太尉事，居府如真（如真即為正式的太尉）。後遭母憂，上疏乞身行喪禮，顯宗（漢明帝）不許，遣使者為釋服，賞賜恩寵甚渥」。

《周書·王謙傳》：「朝議以謙父（王雄）殞身行陳，特加殊寵，乃授謙柱國大將軍。以情禮未終，固辭不拜。高帝手詔奪情，襲爵庸（國）公。」

朝廷欲奪情起復，大臣可以堂而皇之地拒絕。《晉書·卞壺傳》：「遭母憂，起復舊職，累辭不就。」《北史·李德林傳》：「尋丁母艱……裁（才）百日，奪情起復，固辭不就。」因孝子拒絕的是榮華富貴，皇帝不能治罪，反而會受到輿論的褒揚，正史所載的此類拒絕起復之事，都是帶著讚揚的口吻寫的。

奪情之事，個人絕不能提出，否則有棄孝而求富貴的輿論指責。明、清以降，居喪守制成為國家法制的一部分，奪情也更為嚴格，非朝廷重臣很難受此殊禮。明末宣大（今山西、河北一帶）總兵盧象昇，領軍與清

兵作戰,值父死(丁外艱),奪情起復,盧象昇戴孝從戎,最後戰死沙
場。清朝曾國藩與太平軍交戰時值父死,亦戴孝於軍中任職。這些都是封
疆大吏,位重權傾,形勢緊迫,不可須臾離職,故由朝廷下詔予以奪情處
置之。

　　明朝首輔(相當於宰相)張居正父喪,朝廷中張的政敵甚多,那些人
正企望他滾遠點。朝中他的同黨卻「倡奪情議」,於是引來一片反對,
反對者都受到廷杖、貶官的處分;時彗星從東南方起,橫貫天空,於是
「人情洶洶,指目居正」,攻擊之聲更是甚囂塵上。此時皇帝年少,張居
正為兩太后引為臂膀,於是「帝詔諭群臣,再及者誅無赦,謗乃已」。並
派官員去代理辦喪事,張居正則「以青衣、素服、角帶入閣治政……又請
辭歲俸」。及萬曆皇帝舉行婚禮,張居正以吉服從事,又被一些朝臣攻擊
為「非禮」,張不客氣地予以貶官處分,這才將反對派壓下去。張居正要
求回家辦喪事,皇帝只給三個月假,「葬畢即上道。」(《明史‧張居正
傳》)於此可見居喪守制禮的「神聖」色彩。當然,此事已和明朝廷中劇
烈的黨爭攪到一塊了,反對派意欲以「非禮」的罪名搞垮張居正。明朝廷
的士大夫將守制無限制地抬到超乎一切(包括朝政)的高度,因而使居喪
成為一類形式主義之物。

 ## 第七節　居喪守制走向形式主義化和虛偽化

一、形式主義化

　　凡物莫不走向反面。居喪守制是西周以前中國祖先為加強代際聯繫從
而穩定社會的一大發明。由於資料不詳,三代以前居喪守制的詳情已不得
而知。但是,從有史料記載的西漢末東漢初中國社會初步復興居喪守制以
來,人們就已屢屢將它推向反面。

　　平心而論，父母亡故，兒女在一定時期內為之居喪，停止一些享樂，以示不忘先人哺育之恩情，也並非過分之事。父母為子女的成長曾犧牲過許多的享樂機會和權利，居喪乃是一種精神回報。在運行頻率極慢、缺乏娛樂活動的古代農業社會，居喪二十七個月不見得是那麼的漫長，也不會對（和平時期）正常的社會生活造成什麼危害。但問題是，人性常常是愚蠢的，人們喜好追求絕對，時常將居喪守制無限化，因而使它成為對人的一類近乎毫無意義的折磨。

　　《禮記‧問喪》：父母剛去世，孝子要去冠、赤腳，兩手交叉在胸前痛哭，傷心痛苦之意，要「傷腎、乾肝、焦肺，水漿不入口，三日不舉火，故鄰里為之糜粥以飲食之。夫悲哀在中，故形變於外也。痛疾在心，故口不甘味，身不安美也」。「孝子喪親，哭泣無數，服勤三年，身病體羸，以杖扶病也。」《禮記‧檀弓》：「高子皋之執親之喪也，泣血三年，未嘗見齒。」此類以折磨身體來體現「孝心」的規定，在《禮記》中俯拾即是。《孟子》也大講居喪喝粥，後世以此類方式表達孝心者也屢見不鮮，東漢尤甚。但《論語》一書卻未曾有此類說教，該書被認為是最能代表孔子本人思想的。《禮記》被認為是孔子後儒之作，非出於一人一時之手。

　　《後漢書》卷十，鄧太后家居時，父鄧訓死，「后晝夜號泣，終三年不食鹽菜。憔悴毀容，親人不識之。」卷三十二，樊儵，「字長魚，謹約有父風。事後母至孝，及母卒，哀思過禮，毀病不自支，世祖（光武帝劉秀）常遣中黃門朝暮送饘粥」。卷四十二，東海孝王劉臻與弟「並有篤行，母卒，皆吐血毀眥」。

　　卷三十九〈江革傳〉：「少失父，獨與母居。（西漢末）遭天下亂，盜賊並起，革負母逃難，備經阻險，常採拾以為養。數遇賊……言有老母，辭氣愿款，有足感動人者。賊以是不忍犯之……窮貧裸跣，行傭（即打短工）以供母，便身之物，莫不必給。建武末年，與母歸鄉里。」因老母在堂，累辭官不就；擔心老母坐牛馬拉車有震動，竟親自拉

車，鄉里稱為「江巨孝」。「及母終，至性殆滅，嘗寢伏塚廬，服竟，不忍除。」

卷三十九〈周磐傳〉：周磐為縣令，歷三縣，「皆有惠政，後思母，棄官還鄉里。及母歿，哀至幾於毀滅。服終，遂廬於塚側。教授門徒常千人。」同郡蔡順，「亦以至孝稱。順少孤，養母……終年九十，以壽終。未及得葬，里中災，火將逼其舍，順抱伏棺柩號哭叫天，火遂越燒他室，順獨得免。太守韓崇召為東客祭酒。母平生畏雷，自亡後，每有雷震，順輒環塚泣，曰：『順在此。』崇聞之，每雷輒為差車馬到墓所。後太守鮑眾舉孝廉，順不能遠離墳墓，遂不就。年八十，終於家。」

《後漢書》卷五十二：「（崔）寔父卒，剝賣田宅，起塚塋，立碑頌。葬訖，資產竭盡，因窮困，以酤釀販鬻為業。時人多以此譏之，寔終不改。」家產因喪事耗盡，只能靠釀酒和販運謀生。

《後漢書》卷六十二：陳紀「以至德稱，兄弟孝養，閨門雍和，後進之士皆推慕其風……遭父憂，每哀至，輒嘔血絕氣，雖衰服已除，而積毀消瘠，殆將滅性。豫州刺史嘉其至行，表上尚書，圖像百城，以厲風俗」。

《宋史‧趙宗憲傳》：「居父喪，月餘始食，小祥（一週年）菇（吃）落果實，終喪不飲酒肉……」。

中國歷史上出現過無數的孝子賢孫，他們用非常感人的孝行實踐了儒家的孝文化，對推動當時的社會治理起了積極的作用，並給後人留下了光輝榜樣。但同時，他們當中一些人的行為又常不自覺地將孝文化推向了極端，使之成為對生者生存毫無意義的一類折磨。

二、虛偽化

居喪守制直接針對人慾，二十七個月之中不能過世俗享樂生活，這無疑十分難受。但在中國這樣一個孝文化十分盛行、宗法勢力極強大的自

然經濟占統治地位的農業社會中，（孝）名聲已成為每個企望步入上流社會，並於其中賴以立足的一筆無形資產，可以受人尊敬、可以做官發財，人性不忍捨棄，因而個人即便不願意，也絕不敢公開反對。這時，追求享受和追求社會名聲成為熊掌和魚「兩者不可得兼」。因而，狡猾的人性便以虛偽對待之，使居喪守制成為虛文，並給儒家孝文化臉上大抹其黑。

就在士林居喪守制非常盛行的東漢，陳蕃為樂安（今山東博興、高青一帶）太守，按當時官場慣例，四處尋訪高潔知名之士。「民有趙宣葬親而不閉埏隧（墓道），因居其中，行服二十餘年，鄉邑稱孝，州郡數禮請之。郡內以薦蕃，蕃與相見，問及妻子，而宣五子皆服中所生。蕃大怒：『聖人制禮，賢者俯就（做起來很自然），不肖者企及（裝模作樣地做）。且祭不欲數（過頻繁），以其易黷（褻瀆）故也。況乃寢宿塚藏，而孕育其中，誑時惑眾，誣污鬼神乎？』遂致其罪。」（《後漢書》卷六十六）這是中國居喪守制史上一樁駭人聽聞的作偽案。

《紅樓夢》第六十三回，賈敬煉丹求仙，誤吞丹而死，其子「賈珍、（孫）賈蓉從外趕回奔喪，先入賈敬停柩的鐵檻寺，「那時已是四更天氣，坐更的聞知，忙喝起眾人來。賈珍下了馬，和賈蓉放聲大哭，從大門外便跪爬進來，至棺前稽顙泣血，直哭到天亮喉嚨都啞了方住。」賈珍打發賈蓉先回家中料理停靈之事，賈蓉得知和自己年齡相仿的兩位姨娘已來府中，「巴不得一聲兒，先騎馬飛跑至家。」一進門，便和兩位小姨娘調情，打情罵俏，嘻嘻哈哈，動手動腳，毫無哀容可言。「賈蓉又和二姨搶砂仁吃，尤二姊嚼了一嘴渣子，吐了他一臉。賈蓉用舌頭都舐著吃了。眾丫頭看不過……賈蓉撇下他姨娘，便抱著丫頭們親嘴……」迎靈柩回府時，「是日，喪儀焜耀，賓客如雲，自鐵檻寺至寧府，夾路看的何止數萬人。內中有嗟嘆的，也有羨慕的，又有一等半瓶醋的讀書人，說是『喪禮與其奢易莫若儉戚』的，一路紛紛議論不一。至未申時方到，將靈柩停放在正堂之內。供奠舉哀已畢，親友漸次散回，只剩族中人分理迎賓送客等

事，近親只有邢大舅等未去。賈珍賈蓉此時為禮法所拘，不免在靈旁藉草枕塊，恨苦居喪。人散後，仍乘空尋他小姨子們廝混。」這父子倆與這位二姨都有一手，而且彼此間似也心照不宣。這時描寫的是賈珍父子倆在喪事操辦中無法無天的荒淫行為，按明、清禮法，這是最嚴重的「不孝」罪行；至於三年之喪就更無從談起了。如此「詩禮簪纓之族」的顯赫之家也不願為禮法所拘，因而居喪守制也就在實踐中遭到嚴重破壞了。

《儒林外史》第四回，范進中舉後不久，母喪。居喪中，他聽了鄉紳張靜齋攛掇，脫下孝服，跟著張靜齋到湯知縣那裡去打秋風，在餐桌上，葷酒照吃不誤，毫無哀戚齋戒之狀。

《儒林外史》第七回，荀玫中進士後做了工部員外郎，正逢三年一次的官員「考選」（考核）在即，合格者就可以升官。恰又逢母喪，怕居喪誤了升官，便與同科進士王惠殿商議，欲匿喪不報，但終有風險，不敢為。身為士人「師表」的周司業、范通政（范進）也居然贊成荀玫不守制，並自願做「保舉」上報禮部，替他爭取「奪情」。經過一番活動，找門路，結果「官小，與奪情之例不合。這奪情，須是宰輔或九卿班上的官，倒是外官在邊疆重地的亦可。若工部員外（郎）是個閒曹，不便保舉奪情」。荀玫無計可施，「只得遞呈丁憂」，回家辦母喪做「孝子」去了。

官吏、士人，天下行為之表。他們若口稱聖賢文章，行的卻是盡情奢侈享受，就為一個時代風俗的頹廢起了先行作用。由於對肉慾享受不可遏制的渴求，由於人性的虛偽，哪怕是最美好的事物，人們總是要將其推到反面。

 ## 第八節　居喪守制的荒廢

春秋、戰國，天下紛爭，禮崩樂壞，王道陵遲，周禮漸失去了對人們

行為的約束力。從孔子的弟子樊遲對「三年之喪」的懷疑，可以看出問題的嚴重性，「聖門」弟子也有些反對這一行為規範了。吳起出門求富貴，母喪不歸，更談不上居喪守制，曾子憤而與之絕交。如此一位「大不孝」之人，魏文侯仍聘為大將。各國爭雄，問的是才幹，而對舊有的擇人道德標準已不感興趣了。滕定公薨，太子聽從孟子建議，欲行三年之喪，並說這是「自天子達於庶人，三代共之」。但滕國的「父兄、百官皆不欲」，均反對之。理由是宗主國魯國也沒有行過三年之喪，我們歷代先君也未遵行過，我們沒有必要改變它（《孟子》）。魯國素稱「禮儀之邦」，周文化於東方的薈萃之地，三年之喪也不聞了。

魏晉南北朝的四、五百年間，天下分崩，兵革頻起，佛教大盛，西漢末東漢初曾頗為盛行的三年之喪大體荒廢，只有個別篤奉儒家禮教者自行之。《三國志・吳志・吳主傳第二》：建安5年（200年）孫策死，其弟孫權年十五，大哭不止，長史張昭說：「此寧哭時邪？」並說周公薨，其子伯禽未守三年之喪，因當時徐戎作亂，「『時不得行也。況今奸宄競逐，豺狼遍道，乃欲哀親戚，顧禮制，是欲開門而揖盜，未可以為仁也。』乃改易權（喪）服，扶令上馬，使出巡軍。」已如前述，西漢末東漢初以來，士宦階層服三年之喪非常普遍，否則不足以感召四方，但此時「未可以為仁」了。建安7年（202年）孫權母薨，孫權亦未守三年喪，而忙於四方征伐。這一時期「三年之喪」的荒廢是由於長期的戰亂、分裂，以及受佛教影響的結果（佛教講輪迴，重個人精神的解脫，因而否認君臣、父子的義務關係）。儘管一些人想恢復它，但均未成功。

唐以後各朝定居喪守制，但各朝代以及一朝代各時期的遵行程度均存在差別。大體上，明、清以後較唐、宋更為嚴厲；一個朝代的前、中期實際執行情況比後期要好；而官吏、士人等「上流社會」嚴於庶民階層。比如，那些從未想進入仕途的庶民，百日之後盡可以照過正常的世俗生活，只要那裡的宗法勢力及儒家禮教對個人的此類行為不干預。

宋哲宗元祐8年（1093年）蘇東坡上〈請復子孫居喪婚娶之禁〉疏，

曰：「人子居父母喪不得嫁娶。人倫之正，王道之本也……近世始立女
居父母及夫喪，而貧乏不能自存，並聽百日外嫁娶之法，既已害禮傷教
矣。然猶或可以從權（靈活變通）而冒行者，以（因為）弱女不能自
立，恐有流落不虞之患也。今又使男子為之，此何義也哉！」他認為，男
子居父母喪可以娶妻是元祐年間的一大恥辱，並希望恢復子孫居喪禁止婚
娶的禁令。這反映了北宋立國百餘年，來居父母喪或居夫喪期間貧無所養
的弱女子，居喪期間可以嫁人；繼而到元祐年間男子居喪期間也可以娶妻
的禮俗變化，以及朝廷對這一變化的讓步。這表明，唐代所確立的三年之
喪禮法到此時已漸成空文。

　　到明、清，它再一次被高度集權主義的中央皇權重新申之於禮、法，
並被愈益予以強化。

　　清末民初以來，受西方人文主義社會思潮的影響，中國具有革命傾向
的青年知識分子面對內憂外患以及民族衰敗，掀起了反對中國儒家傳統
（「反國粹」）和引進「西學」的思想運動，以圖挽救危亡。在1919年
「五四」運動中達到高峰，它深深培植了幾代中國人對自己古老傳統強烈
的敵視情緒。「砸爛孔家店」、「儒家誤國」，乃至「漢字誤國」是那一
時期反傳統最具代表性的口號。居喪守制也就連同這一敵視情緒被中國社
會全盤否定了。這一次的荒廢是西學東漸所致，在很大程度乃至從根本上
左右了20世紀中國人的價值觀和思維方式。

第十四章

中國民間喪禮其他

　　喪禮不僅被歷代國家上升到禮、法的範疇，同時，它又大量地表現為民俗習慣，構成世俗生活的一部分。中國歷史悠久，地域遼闊，民族眾多，幾千年來又多次受到外來文化的影響，因而各時期、各地區的喪禮多有差異，所謂「百里不同俗」，它們構成民俗學的內容。

第一節　奔喪

　　奔喪，指在外地聞親人、尊長去世，趕回家辦理喪事。

　　《禮記》有〈奔喪篇〉，唐代孔穎達疏：「名曰奔喪者，以其居他國，聞喪奔歸之禮。」該篇對奔喪的具體規定極繁，如聞喪如何哭、如何踴（跳）、如何走，臨國境時又如何哭、如何踴、進門的方位、如何坐等，茲不贅述。

　　奔喪之俗，其起源不可考。自周禮等典籍記載以來，歷朝相沿。在中國古代，流動性比較大的主要是官吏。由於中國政治制度中的迴避制，官吏不能在自己的故鄉做官，並且三年不等便要挪一個地方，不能老在一個地方做官，以防弊端（商人屬世俗階層，此不論）。因而，自春秋以來，奔喪就屢載於史籍，被作為居喪禮的一部分，並作為檢驗是否「孝」的一個環節。

　　《左傳・襄公十五年》：「冬，晉悼公卒，遂不克會。鄭公孫夏如（去）晉奔喪。」晉是當時的諸侯霸主，故鄭國一類小諸侯是作為臣僕身分前往為尊長奔喪。

　　《後漢書・桓榮傳》：「（桓榮）事博士九江朱普……會朱普卒，榮奔九江，負土成墳。」這是為恩師奔喪。

　　《宋史・戚綸傳》：「父同文……同文瘞做於隨州，綸徒步奔訃（喪）千里餘。」

　　《紅樓夢》第六十三回，賈敬死後，賈珍、賈蓉父子倆均不在家，尤

氏便「命人飛馬報信」。「且說賈珍聞了此信，急忙告假。」「父子星夜馳回。」「一日到了都門，先奔入鐵檻寺，那天已是四更天氣，坐更的聞知，忙喝起眾人來。賈珍下了馬，和賈蓉放聲大哭，從大門外便跪爬起來，至棺前稽顙泣血，直哭到天亮，喉嚨都哭啞了方住。尤氏等一齊見過，賈珍父子忙按禮換了凶服，在棺前俯伏。」這是按周禮模式定型的標準奔喪禮。

由於唐以後將居喪定為國家制度，因而不居喪或在外不奔喪就成為違法行為，尤以官吏如此。《元典·刑部三·不孝》：「黃州路錄事司判官靳克忠，聞之父亡不奔訃，又行飾辭不肯離職，詳其所為，必合懲戒。」

奔喪是孝道，具有至上性。官員在任上，聞喪，可以拔腿就跑，囑他人代為轉奏請假。《天府廣記》：明洪武「8年（1375年）3月，詔百官聞父母喪，不待報，許即去官」，以示太平時期孝道至上。

中國人的宗族關係盤根錯節，人數眾多，官員都奔似不可能。明初，百官聞祖父母、伯叔、兄弟等喪，俱奔喪，為此居官日少，影響政事。故洪武23年（1390年）廢期服（即兄弟喪）奔喪之制：「今後除父母及祖父母承重者丁憂外，其餘期喪，不許奔喪，但遣人致祭。」（《明會要》）

第二節　弔喪

弔喪，又稱弔孝、弔祭，指聞親戚、朋友、鄰人等喪後，親自或遣人前往祭奠死者並慰問喪主。《禮記·曲禮上》：「知生者弔，知死者傷。知生而不知死，弔而不傷；知死而不知生，傷而不弔。」即：與喪主有交情，就慰問喪主，與死者有交情就哀悼死者；和喪主有交情而和死者無交情，就慰問而不哀悼；和死者有交情而和喪主無交情，則哀悼而不

慰問了。可見，原來意義上的「弔」更多的是指對喪主的慰問。故《說文》：「弔，問終也。」後世則不分，統稱為弔喪。

弔喪和奔喪的區別大體在於：奔喪是以主人身分「奔」回去辦自家的喪事；而弔喪則是以客人的身分前去喪家慰問和哀悼。

弔喪之俗，最早見於《儀禮》、《禮記》等周禮典籍：死者奠帷，靈堂布置就緒後，親友前往弔喪，並贈喪家衣物錢財。若貴戚死，國君還親自臨弔。《禮記‧檀弓下》：「季孫子母死，（魯）哀公弔焉。」弔喪屬於殯期間的活動。

周禮，「死而不弔者三：畏、厭、溺。」（《禮記‧檀弓上》）即畏罪自殺的、厭世的和淹死的，不去弔喪。此為不得其死，亦後世稱不得善終者。這可能與當時的禁忌有關。

喪主對前來弔喪者有相應的禮節應答，《禮記‧士喪禮》中有繁瑣的規定，茲不述；後世各有損益。《世說新語》卷二十三：「阮步兵（籍）喪母，裴令公（楷）往弔之。阮方醉，散髮坐床，箕踞不哭。裴至，下席於地，哭，弔唁便去。或（有人）問裴：『凡弔，主人哭，客乃為禮。阮既不哭，君何為哭？』裴曰：『阮方外之人，故不崇禮制。我輩俗中人，故以儀軌自居。』時人嘆為兩得其中。」這說明，自漢以來，迄魏晉，弔禮還是客來、喪主對之哭，弔客然後哭，然後互相安慰並客套一番，以此成禮。

後世喪主不一定對弔客哭，弔客是否哭也由弔客自己的感情決定。現在，中國各地的弔喪習俗大體是：弔客來，與喪主平輩以上者，喪主對之磕頭，弔客扶起；弔客於靈堂內對靈柩（或牌位）三叩首，起立，再鞠躬，也有三跪九叩首的（官方場合則多係三鞠躬）；喪主再以跪拜禮答之。對晚輩弔客則站立，不施跪拜禮。由於國家對此無禮制明文規定，故各地依民俗自便。

東漢後，弔喪通常要自帶紙錢，故又稱為弔紙。《儒林外史》第七回：范進母喪，「一連開了七日弔，司、道、府、縣，都來弔紙。」同

時，弔客多於此時送賻贈。《紅樓夢》第十七回：「話說秦鐘（秦可卿之弟）既死，寶玉痛哭不已……賈母幫了幾十兩銀子，外又另備奠儀，寶玉去弔祭。七日後便送殯掩埋了，別無述記。」

舊俗，喪主須及時訃告相關人等，使之能前來弔喪，尤其是死者生前的親近友好。否則，喪主可能被指責未盡人子之責，剝奪了「見最後一面」的機會。比如，祖父母去世，他們尚在世的兄弟姊妹；父母去世，伯叔舅姨等是必須通知的。妻死，丈夫須恭謹地請來岳父家親眷，妻子若年輕而暴亡（如暴病、生育、事故、自殺等原因而死亡）則更當周到而謙卑，否則可能引發事端。舊時，丈夫家處理此類事情不當而引發岳父家人等大鬧靈堂者，不乏其例。

舊俗，若聞親、友有喪而不前往弔喪者，多要傷及友情。《顏氏家訓》：「若相知者同在城邑，三日不弔則絕之。除喪，雖相遇則避之，怨其不已憫也。有故及道遙者，致書可也，無書亦如之。」這表明，在重喪葬、重人情的中國傳統文化氛圍中，弔喪被置於極重要的地位。

第三節　喪事中的跪拜禮、鞠躬禮

中國社會的跪拜禮起源於何時，已不可考。人類由動物的四肢爬行進化到兩足直立行走，而在禮節上卻又做出具有返祖現象的彎腰、伏地、以頭觸地的動物性行為來，無疑是謙卑、臣服的表示。

但是，「跪」和「拜」原來是有區別的。兩漢前，中國尚無桌、椅，人們席地而坐，所謂「兩膝著地，以尻著用於踵（腳後跟）而稍安為坐」，就像日本人在榻榻米上的坐姿。於是，「伸腰及股而勢危（前傾）者為跪，因跪而益致其恭，以頭著地為拜。」（張自烈《正字通·足部》，引朱熹〈坐跪拜說〉）這裡，「坐」是將屁股擱在自己的腳後跟上，「跪」相當於坐著時看見有人來了，便向上抬一抬身體，並向前傾一

傾，算是打一個招呼；「拜」才是現在意義上的跪，以頭觸地。桌椅出現後，這種坐式及跪拜禮儀消失了，「跪」成了雙膝下地，「拜」（叩頭）則雙手伏地，以頭觸地。跪不一定拜，拜必須跪，而且禮更重。但兩者均表示臣服。後世多「跪拜」連用。「拜，服也。」現仍有「拜服」一詞。

《周禮·春官·大祝》提到九種拜禮，常見的有：「稽首」：施禮者跪拜於地，頭要停留（即「稽」）一段較長的時間。此禮最重，臣拜君之禮。「頓首」：引頭至地，只做短暫的接觸（即「頓」）則立即舉起。屬於地位相等或平輩間相交的一般禮節。「空首」：跪於地後，兩手拱至地，然後引頭至手，則起。頭並未碰地，是謂空。這是國君回答臣下的拜禮。「膜拜」：「舉兩手，伏地而拜。」類似於現代的投降，是傾心而服之拜。此外還有「振動」、「吉拜」、「凶拜」、「奇拜」、「褒拜」等。可見，由於當時的坐式，跪拜是一類普遍的禮節，只是相互的地位不同，跪拜的方式不同，它直觀地表現了人們之間的社會地位。秦、漢以後，皇權日隆，便只有下對上、而上不對下行跪拜禮了。

人們在祭祀、喪禮中則廣泛地使用跪拜禮。跪拜禮中最重的是三跪九叩首，即往下跪三次，其中每跪一次就叩三次頭。為示虔誠，人們有時將頭叩得地砰砰響，民間稱「磕響頭」。這些古代禮儀對我們閱讀古代典籍大有幫助。

清末，中國受西方文化影響，民主、平等思潮日熾，反對跪拜之聲漸起，認為這是「卑躬俯首，生氣毫無」，大有傷於人格。據認為，梁啟超先生首倡（在平輩之間、晚輩對長輩）易跪拜禮為西方鞠躬禮，但遭頑固派痛詆而未果。辛亥革命後，1912年元旦南京臨時政府成立，孫中山先生馬上宣布取消跪拜禮。後袁世凱政府1912年8月17日於北京發布民國〈禮制〉，凡二章七條，茲錄如下：

第一章　男子禮

第一條　男子禮為脫帽鞠躬。

第二條　慶典、祀典、婚禮、喪禮、聘問，用脫帽三鞠躬
　　　　禮。

第三條　公宴、公禮及尋常慶弔、交際宴會，用脫帽一鞠躬
　　　　禮。

第四條　尋常相見，用脫帽禮。

第五條　軍人警察有特別規定的，不適用本制。

第二章　女子禮

第六條　女子禮適應第二條、第三條之規定，但不脫帽。尋
　　　　常相見，用一鞠躬禮。

第七條　本制自公布日施行。

　　鞠躬禮屈腰但不屈膝，較跪拜禮無疑是一大進步。一時，社會上競相效仿，引為風尚，脫帽鞠躬禮被視為有教養的表現。從此，在官方的所有禮節中，男子為脫帽鞠躬，女子為鞠躬但不脫帽；常禮一鞠躬，大禮三鞠躬，取代了中國社會中的跪拜禮，相沿迄今。比如官方組織的喪禮或祭掃烈士陵園，行鞠躬禮，但人們尋常相見時的鞠躬禮卻不知不覺消失了。現在日本人還保持著相當普遍的鞠躬禮，而且在重大場合，鞠躬的彎腰角度常達90度。

　　民間喪禮中仍盛行跪拜禮，鞠躬禮似有「不盡意」之嫌，有虧於「孝道」。1917年湖南省慈利縣一還鄉官員在亡父的喪禮中行三鞠躬禮，結果「階下群情譁沸，謂以鞠躬易稽顙，父死之謂何茲禮也，不欲觀之，則一哄立各散去」（民國《慈利縣誌》卷十七，風俗）。此官員急於用新式喪禮易傳統喪禮，結果大遭失敗。在長輩的喪事中，晚輩行鞠躬禮，迄今仍難為中國人所接受，如子女在父母墳前或靈前行鞠躬禮而不行跪拜禮，多要受到輿論的非難。現在，這一問題，官方所推行的和民間遵行的是兩套

禮儀，各自的價值標準不同。

經過清末民初以來一百餘年民主思潮的薰陶，人們已不習慣於對生者行跪拜禮，但並不拒絕對死者跪拜，所謂「死者為大」。這是孝文化在中國人意識深層數千年薰陶作用的結果。因而民間喪事中，靈牌位前均設有拜墊。前來跪拜者愈多，地位愈高，死者（連帶生者）也愈光榮。民間風俗往往有更深厚的文化、心理背景，這是一個精神領域的「汪洋大海」，不是一紙行政命令可以輕易改變的。在這方面，此後究竟是民間的「俗」隨從國家的「禮」，還是「禮」迎合「俗」，尚是一個未知數。

此外，中國人在祭祀祖先、向神靈祈禱時仍然行跪拜禮，如在寺廟中的神像前，我們常可見到無數的善男信女大磕其頭。

第四節　喪事中的脫帽禮

一般而言，帽即冠。但在中國古代，帽和冠是有區別的。

古代的「冠」是用一個冠圈套在髮髻上，上面有一根不寬的冠梁，從前到後，覆在頭頂上，將頭髮束住；冠圈兩旁有絲繩叫纓，從左右往下巴處打結，把冠固定在頭頂上。周禮中，冠為貴族男子所戴。古人重冠，男子二十行冠禮，以示為成年男子，可享有一定的社會權利並承擔相應的社會義務。《禮記‧曲禮下》：「男子二十，冠而字。」（「字」是從名衍生的稱號，如諸葛亮，姓諸葛，名亮，字孔明。一孔之明曰亮。）於是，冠就成了成年貴族的代稱。《論語‧先進》：「冠者五、六人，童子六、七人……」弱冠指剛成年。《禮記‧曲禮》：「二十曰弱冠。」有時，一些古書上講到某人「年方弱冠」，即此人剛滿二十歲。

中國古代，冠不僅能反映一個時代的風俗習慣、精神面貌，而且是顯示戴冠者的社會等級、身分及職業、年齡等諸多「指標」的一類頭飾物。各朝代的冠式樣眾多，如冕，西周為王、諸侯及卿大夫所戴，秦以後

專指帝冠；漢、晉時的進賢冠（前高後低，似船形）係儒生所戴，後為文官所戴（《晉書‧輿服志》）。後世也就比喻文官，如杜甫〈丹青引贈曹將軍霸〉：「良相頭上進賢冠，猛將腰間大羽箭。」

古代頂圓者稱「帽」。《釋名‧釋首飾》：「帽，冒也。」大約是圓圓地冒出於頭頂。最初為平民所戴，魏、晉後才普遍化，貴族也戴帽。後世遂冠、帽連用。北宋《太平御覽‧服章部》對「冠」多有述說，現代學者關於古代冠制亦多有論文專著，茲不引。

古人重冠，因為它是頭上的裝飾物，頭是男子最尊貴處，所謂「高貴的頭」（跪拜的意義亦在此）。宋代鄭樵《通志略‧天子弔大臣服》：「夫冠，成德之表（標誌），於服（全部服飾中）為尊。唯君親之喪，小殮之前，與服罪之人去冠。其餘禮儀，雖齊衰之痛有變，無廢。」即小殮、有罪者和大喪（父母、君亡）須去冠，其餘不去，連兄弟、伯叔之喪的齊衰也不去冠。

子路與人格鬥，「斷纓，子路曰：『君子死，冠不免。』結纓而死」（《左傳‧哀公十五年》、《史記‧孔子弟子列傳》均有記載）。即是說，君子要死得從容、不慌亂，大有視死如歸的氣概。至死還要戴好冠，重冠至於此，很能說明當時人對於冠的看法。吉鴻昌1935年於北京被南京政府槍殺時，說：我是由於抗日而死，死後不能倒下去。行刑者給他搬來椅子，讓他坐在上面。他又說：我死得光明，你們不能從背後開槍，遂面對行刑者而坐，要他們從前面開槍。其思維模式即子路「君子死而冠不免」，君子不能死得太狼藉。明、清時，大臣見皇帝，先摘冠，而後拜，也成了朝覲禮儀的一部分，就像我們在電視、電影中常看到的那樣。迄今，民間還有「男子頭，女子腰」之說，小孩子的頭可以摸一摸，但成年男子的頭是不能隨便摸的，否則有冒犯之嫌。現在看守所中，對被逮捕的男子不問青紅皂白，先剃去頭髮，亦是有意冒犯、挫其銳氣之意。

民國以後，隨跪拜禮的被廢除，在喪事（及清明掃墓）中也引入與鞠

躬禮相結合的脫帽禮。這就是脫帽禮為何成為一類重禮的緣由。在現代國家、政府和軍隊所舉行的喪事中脫帽、鞠躬禮（外加默哀三分鐘）已普遍為人們認可，如軍隊送葬時，軍人均脫軍帽置於左手，左手平置於胸前，右手則留作敬禮用。此禮各國軍隊似乎通用。

此外，歐洲中世紀騎士相見，為表示相互友好，消除對方的戒備心理，也各自脫下頭盔以示禮。它演變為近世軍隊中的脫帽禮，如揮帽致意、軍官們開會時均脫帽置於桌前等。但這已超出了喪禮討論的範疇。

第五節　與喪葬有關的節日及活動

中國與喪葬有關並影響深遠的節日大體有：寒食節、清明節，及與此相關的掃墓。這些節日文化中攙含著中國傳統的（祖先）偶像崇拜和忠、孝、節、義之類的儒家規範，它們對社會的凝聚起著深遠作用，故能流傳廣遠（它們也屬於祭祀的範疇）。

一、寒食節

寒食節在清明節前兩日（一說，前一日或三日），以吃冷食、禁火為顯著特徵。據傳，寒食節起源於紀念介子推。南梁《荊楚歲時記》載：「晉文公與介子推俱亡，子推割股以啖文公。文公復國，子推獨無所得，子推作龍蛇之歌而隱。文公求之，不肯出，乃燔左右木，子推抱木而死。文公哀之，令人5月5日不得舉火。」（周曆以11月為正月，5月5日則相當於夏曆3月5日）後人考證，係附會之辭。但古人將這一故事和祭祀先人聯繫起來，卻反映了忠、孝、節、義文化的價值取向，介子推忠心耿耿而不得封賞，文公富貴而忘功臣（「不義」），後雖記起，要報答他，但介子推卻認為此時再受賞，人格已受辱，故寧死不從，最終以悲劇告

終。人們既敬仰他的人格，又同情他的遭遇。兩漢時各地有介子推廟，祭禮者甚眾。

事實上，禁火之俗更早。《周禮・秋官・司烜氏》：「……仲春以鐸（即鑼）修火禁於國中。」鄭玄注：「為季春將出火（星）也。」古代天文學，「火」（星）指心宿二，季春三月黃昏時從東方升起；春天出現於東方的「龍」（星）屬木。古人迷信，「心為大火，懼火之盛，故為之禁火。」（《後漢書》卷六十一〈周舉傳〉）即是說，擔心火（星）太盛燒著了木（星）引起人間的災難，故民間禁火以感動上天星宿。這被認為是寒食節真正的起因。此說包含著古代星體崇拜以及相關的巫術❶。

另一說認為與遠古的火崇拜相關。古人於寒食節「內（納）火」、「禁火」，然後於清明節再用原始方法鑽榆、柳之木取新火，曰「變火」，以示重新開始，是謂「清明火」。《周禮・夏官》：「掌行火之禁令，四時變國火，以救時疾。」於是有了寒食禁火的習俗。迄唐、宋時皇帝仍有清明節取榆、柳火賞賜近臣、戚里的習俗。前蜀的韋莊〈長安清明〉詩「內官初賜清明火」即指此。

周舉任并州刺史時，太原一郡，「舊俗以介子推焚骸，有龍忌之禁。至其亡月，咸言神不宜舉火，由是士民每冬中輒一月寒食，莫敢煙爨，老小不堪，歲多死者。」「（周）舉既到州，乃作弔書以置子推之廟，言盛冬去火，殘損民命，非賢者之意，以宣示愚民，使還溫食。於是眾惑稍解，風俗頗革。」三國時，曹操頒〈明罰令〉：禁寒食（節），犯者，家長、主吏受半年或一百天的刑罰，官員罰一個月薪金。說明東漢以來，寒食習俗並未盡廢。南北朝時，寒食節又漸風行。到唐代，流行全國，連皇

---

❶古代人有很多為我們現在難以理解的與天文學有關的禁忌，如《淮南子・天文訓》認為：冬至是「陰氣極，則北至北極，下至黃泉，故不可以鑿地穿井」。夏至是「陽氣極，則南至南極，上至朱天，故不可以夷邱上屋」。此外，如古人春天不處決犯人，而在秋天，是為「秋決」，否則有犯「春生、秋殺」的自然界規則，曰逆天。

帝也不例外。《唐會要》卷二十九「節日」：唐玄宗天寶10年（751年）3月下令：「自今以後，寒食並禁火三日。」三日寒食，身體大體能承受得了。凡節日多為歡樂的日子，唯寒食讓人受罪，影響身體，而民間卻樂於接受，歷千餘年而不衰，屢禁不止。

唐、宋時，上墳掃墓都在寒食節。唐玄宗開元20年（732年）下令：寒食上墳，近世相傳，已成習俗，應該允許，使之永成「常式」。白居易〈寒食野望吟〉：「丘墟郭門外，寒食誰家哭。風吹曠野紙錢飛，古墓累累春草綠。」南宋洪邁《夷堅志》〈畢令女〉篇亦載：「當寒食掃祭，舉家盡往。」

至清代，寒食已不再提倡，寒食節上墳祭祖等活動融入了清明節，寒食節也漸為人所淡忘。

二、清明節

清明是中國二十四節氣之一（約十五日一個節氣），於農曆3月，合現在陽曆的4月5日前後。

清明的最早記載見於西漢《淮南子‧天文訓》：「春分……加十五日，（斗）指乙，則清明」。「斗」指北斗七星，「乙」指斗柄的方位指向。古人將天空分為二十四個方位，斗柄每指向一個方位就代表一個節氣，一年共二十四個節氣。《歲時百問》：「萬物生長此時，皆清潔而明淨，故謂之清明。」

人們度過漫長冬季後，清明是乘興出外郊遊的日子，故又稱為「郊遊」、「踏青」、「春遊」、「尋春」、「探春」等，它與祭祀祖先、上墳本無聯繫，尤其是終年苦讀的士子，四體不勤，清明時節出外踏春就顯得非常重要了。杜甫有詩「江邊踏青罷，回首見旌旗」。到宋代踏青之風愈盛，北宋張擇端的《清明上河圖》就是描繪了汴京城外以汴河為中心的清明節熱鬧場面。吳惟信〈蘇堤清明即事〉：「梨花風起正清明，遊子尋

春半出城。日暮笙歌收拾去，萬株楊柳屬流鶯。」於此亦可見清明節郊遊之盛況。如日本現在仍有踏青節。

　　清明值春耕春種時節，民間時興戴柳、插柳。有俗語「清明不戴柳，紅顏成皓首。」李德淦撰嘉慶《涇縣志》云：家家「插柳於門，人簪嫩柳，謂辟邪。」胡朴安《中華全國風俗志》云：「婦女結楊柳球戴鬢畔，云紅顏不老。」同時，民間盛行插柳，有俗語：「清明不插柳，死後變黃狗。」

　　據認為，清明節掃墓之俗至隋唐才開始流行。由於寒食、清明兩節相接，寒食上墳、祭祖活動往往延續到清明。久之，兩節的界限就變得模糊起來，以致人們只記得清明了。宋朝《夢粱錄》：「每年清明日，官員士庶，俱出郊省墳，以盡思時之敬。」南宋高菊卿〈清明〉詩：「山南山北多墓田，清明祭掃各紛然。紙灰化作白蝴蝶，泣血染成紅杜鵑。」進而，清明祭掃與郊遊很自然地結合起來。明代劉侗《帝京景物略》載：「三月清明，男女掃墓擔提尊榼（酒具），轎馬後掛楮（紙）錠，粲粲然滿道也。拜者、酹者、哭者、為墓除草添土者，焚楮錠次，以紙錢置墳頭。望中無紙，則孤墳矣。哭罷，不歸也，趨芳樹，擇園圃，列坐盡醉。」後世多相沿。

　　清明節被民間戲稱為「鬼節」（此外，陰曆7月15也被許多地方作為祭祀先人的鬼節，茲不贅述）。

三、掃墓

　　商、西周以前，祭祀祖先在宗廟進行，宗廟離住宅不遠，以示先人神靈與生者常在。而且，此類祭祀頻繁，並不限於某個節日，如有事要出遠門，也去家廟中祭祀先人，以示辭行。南唐後主李煜有詞「最是倉皇辭廟日，教坊猶奏別離歌，垂淚對宮娥」。他被北宋俘虜，要被帶往北方，於是「辭廟」。

春秋以前，有墓無墳，故無墓祭。此後，墓上起墳漸興，於是有了墓祭，掃墓即墓祭。

掃墓，又叫墓祭、祭掃、上墳，約起源於春秋戰國時期。漢代又稱「上塚」。東漢時，每月的月中、月底，以及每年的二十四節、伏日、臘日都是上墳的日子。禮儀繁多，勞民傷財，後世不相沿。唐玄宗開元20年（732年）正式下令定寒食節上墳，成為「常式」。後來又逐漸讓位於清明節上墳掃墓。

掃，《說文》作「埽」，掃除塵穢。古代人上墳時除帶祭品外，還要帶掃帚之類工具修理墳地、鋤草等，故「掃」又轉義為「祭祀」。《辭源》：「掃……祭掃墳墓。」《清通禮》：「寒食及霜降節，拜掃壠塋，屆期素服謁墓，具酒饌及芟剪草木之器，周胝封樹，剪除荊草，故稱掃墓。」可見古人祭墳是要帶工具的，並以此使「掃墓」成了祭祀先人的代名詞。

現代人掃墓，多半不再帶工具，整理墳地亦就近雇人，公墓中則有專人管理。

第六節　民間的喪葬迷信和禁忌

中國民間的喪葬迷信、禁忌因地區不同而存差異，這裡只舉影響較廣的幾項說明之。

一、喪葬迷信——燒紙錢、紙冥器

紙錢，鑿紙為錢，喪事所用，因係想像中的冥界貨幣，故又稱「冥錢」。祭祀時燒化給死者，稱「燒紙」；或置入棺中，稱「填紙」；出殯時沿途揮撒，稱「買路錢」；做成一紮一紮的，於忌日燒化給先人，稱

「燒包」。

　　作者少時看到的紙錢，是長約15公分、寬約7公分的粗糙草紙做成，上鑿七七四十九個洞（古代紙錢曾有圓形中間鑿方孔等式樣，似銅錢狀，民間曰「元寶」）。9是陽數之長，奇數之最，陰間不能用；7是陽數之次，喪事又不用偶數，故用7。同時，「7」在中國古代道家術數中是一個冷僻而頗具神祕性的數字，亦表天上用以指示季節的北斗七星。中國各地的紙錢製作形狀各異，茲不贅述。

　　紙錢被認為是冥界的貨幣。貨幣在塵世的作用盡人皆知，既然死亡只是到另一世界去過另一種生活，那麼，給先人送錢財、貨物，以使他們在那裡也能過上闊綽體面的生活，就非常重要了。生者按照塵世人情關係模式去建立和冥界的關係，於是就出現了陪葬錢物或給死者送錢物的喪葬習俗。

　　至少從商、周以來，中國人就有陪葬物豐厚之習俗，這從殷墟的考古挖掘中可得證實，它構成「厚葬」傳統的一部分。這些陪葬物多是實打實的財物，如西漢文帝時，往墓中瘞（銅）錢習俗尤盛，它引起了盜墓取錢之風，而且浪費也太大。於是，後世以紙代錢，所謂冥錢。因而它可視為是從陪葬習俗中分化出來的一類行為。

　　以紙作錢贈死者，從邏輯上須有兩個前提：一是造紙業發達；二是伴隨商品經濟而來的發達的貨幣觀念。

　　《後漢書·蔡倫傳》載蔡倫造紙：「自古書契多編以竹簡，其用縑帛者，謂之為紙。縑貴而簡重，並不便於人。倫乃造意，用樹膚（皮）、麻頭及敝布、魚網以為紙。」縑，細絹。簡，竹製成細條狀。均為古代書寫之物，一貴一重，都不方便。蔡倫造紙後，使紙張得以普及。儘管如此，東漢至魏，仍兼用竹簡。《魏書·張既傳》：「常畜好刀筆及版奏。」《拾遺記》：「賈逵家貧，削庭中桑皮以為牒（紙張），或題於扇屏。」賈逵是東漢中期人（西元30-101年）。又《後漢書·吳祐傳》：「欲殺青簡以寫經書。」注：「殺青者，以火炙簡令汗，取其青易書，復

不盡。」《後漢書‧周磐傳》：「編二尺四寸簡，寫〈堯典〉一篇，並刀筆各一，以置棺前。」均可證之。大約到晉時紙的使用才普及起來。《世說新語‧文學第四》：「庾仲初作〈揚都賦〉，成，以呈庾亮，亮以親族之懷，為其名價……於是人人競寫，都下（洛陽）紙為之貴。」

紙錢的起源，近世學者多考證之。民末清初尚秉和先生《歷代社會風俗事物考》引唐代陳鴻〈睦仁蒨傳〉云：「仁蒨，邯鄲人，大業初，江陵岑之象為邯鄲令，延（請）仁蒨教其子文本。仁蒨夙與冥官成景善。成景朝太山（泰山）過邯鄲，仁蒨令文本為具食（飯菜、酒食），並贈以金帛。文本問是何等物，仁蒨曰：『鬼與人異，真不如假，可以黃色塗大錫作金，以紙為絹帛。』云云。可證隋末尚無以紙為冥資之事，故仁蒨教之，至唐則漸多。」以此，尚氏認為紙錢起於唐初。

民國時期學者張亮采先生《中國風俗史》：「喪祭用紙錢以禮鬼神。紙錢起於漢之葬埋瘞錢。而南齊東昏侯始實行之。」鄧子琴先生遺著《中國風俗史》：「漢世瘞錢，以紙代錢，六朝時已有行之者。南（朝）齊東昏侯好事鬼神，剪紙為錢，以代束帛。」他們大體認為紙錢起於南北朝，證據是南齊東昏侯曾剪紙為錢，以代束帛事鬼神。至唐時便已大為流行。

不過，尚氏之論與張、鄧之論似無牴觸，以中國地域之遼闊，一項風俗（如紙錢）從興起到成為各地的普遍行為，必然需要相當長的時間。因而大體可以認為紙錢起於南北朝，但成為中國普遍性的文化現象則在隋唐間，作為發達的商品經濟及其貨幣觀念，唐朝也已經完全具備了。

《新唐書‧王璵傳》：「（唐）玄宗在位日久，推崇老子道，好神仙事，廣修祠祭，靡神不祈……（王）璵專以祠解中帝意，有所禳祓，大抵類巫覡。漢以來，葬喪皆有瘞錢，後世里俗稍（逐漸）以紙寓錢為鬼事，至事璵乃用之。」這是正史對於紙錢的記載，其中「後世」一詞籠統，表明當時人就已難確指紙錢產生的具體年代了，只是大約在魏晉、南北朝到唐朝之間，至王璵在宮廷為唐玄宗祭祀鬼神時使用，表明此事已為

皇家認可，自然民間也在大量使用。

　　唐朝使用紙錢已非常盛行，如前已引的白居易〈寒食野望吟〉中的「清明寒食誰家哭，風吹曠野紙錢飛」。五代周顯德6年，周世宗慶陵動工時，當時的紙錢有泉臺、上寶、冥遊、亞寶等樣式，這些名稱有的傳至近世。如宋人高翥〈清明〉詩：「紙灰飛作白蝴蝶，淚血染成紅杜鵑。」

　　焚燒紙錢時，白色的紙灰漫天飛舞，飄飄撒撒，極易引發生者對於未知世界神祕的想像；當一股風吹來，錢灰順風而起，扶搖直上無際的蒼穹，善男信女更是認為這是亡靈來「取錢」了，因而格外虔誠，對之磕頭不已。

　　民間大量使用紙錢，唐、宋時民間也有了鑿紙錢行業。唐代段成式《酉陽雜記・支諾皋》云：「乃貨（買）衣具鑿楮，如期焚之。」鑿楮，即鑿成的紙錢。楮，紙也。有買者必有賣者。又如「具酒脯紙錢，乘昏焚於道」。《再生記》：「王掄妻夢（王）掄已死，求錢三十貫，即取紙剪為錢，召巫者焚之。」《宋史・外戚傳》：「李用和少窮困，居京師，鑿紙錢為業。」

　　今日民間鑿紙錢者，仍用鐵錐打孔。不過，現代科技發達，也為製紙錢者提供了更高的技術方法：製錢紙更精美，他們將紙錢印成鈔票狀，上面有「冥府銀行，X萬X仟X佰元」，「行長」是玉皇，「副行長」是閻羅云云。這無疑是對現代科學技術的一個嘲諷。自然，這些「鈔票」在冥府通行的可信度也是無法證明的。

　　紙錢的使用，既是生者希望先人生活得更好並討好鬼神的一類行為，同時按照〈睦仁蒨傳〉所言，也是生者在戲弄死者的鬼魂。所謂「鬼與人異，真不如假」，可以用黃色塗大錫冒充金，以紙冒充絹帛和錢，這簡直是公然的「欺騙」行為。因而，紙錢的產生又可視為人們對冥界恐怖心理較從前略有淡化的表徵。

　　由紙錢，又延伸到燒紙屋、紙人、金山銀山及各類用具，舊稱「紙

札」，即紙紮的冥器。如《紅樓夢》第十四回：「這八個人單管各處的油燈、蠟燭、紙札。」1990年代，中國許多地方又興起紙札之風，諸如紙紮的汽車、洗衣機、電冰箱等，備極精緻。這些東西死者生前很多從未享受過，但身後都被那些「孝順」兒孫們備齊，因而有人戲謔說：「還應當將『說明書』寄去，不然死者不會使用！」一位七十五歲的老婦人曾鄭重其事地對作者說：她夢見在一座山上，正下著大雨，幾個鬼淋得一身溼，其狀非常可憐。問他們為何在這裡淋雨，答曰，家裡沒有送屋子來，無屋可住。她以此證明給先人燒紙屋是必要的。由此引伸出，紙屋燒化前其屋頂不能被損壞，否則先人住的房子會漏雨。

作者曾觀摩一位鄉間「祭師」替喪主家主持燒包儀式。有人說，這燒包的事，誰都可以做，無須請祭師。他煞有介事地說：沒有那麼簡單呢！就這麼燒，死者會收不到的。他指揮喪家擺上六道菜（送給死者的禮物，故用了偶數），口中唧唧咕咕地念上一陣，然後燒包。先燒的包上寫著諸如閻王、判官、土地、山神之類的各路「神仙」的名字，說是送給祂們的，最後才是給死者的。就是說，要先打通關節，按照陰間的管理秩序，找到死者的「管理部門」，否則「寄不到」。

二、喪葬禁忌

禁忌起源於原始宗教。禁忌在古代社會生活中占有很重要的位置，幾乎在每一個領域都有一些禁忌，而每一個人都要受到各種禁忌的約束。《禮記・曲禮》：「入境而問禁，入國而問俗，入門而問諱。」禁忌帶有地方性，時代性，是民俗的一部分。在任何地方，觸犯禁忌都是一件非常嚴重的事情。

喪葬禁忌是喪事活動中的一類否定性行為規定。喪葬禁忌是出於人們保護自己的一種原始動機，擔心這類行為會觸怒鬼神，被鬼神所糾纏，給自己帶來厄運，因而須避免之。

　　喪葬禁忌自古有之，如《禮記‧曲禮》：鄰家有喪，不要對著鄰居家舂米。因為舂米是招魂的儀式之一，倘若亡魂聞聲誤入自己家門，對自己家非常不利。《禮記》的〈檀弓〉、〈喪大記〉等篇還明確規定了守喪期間夫婦不可同房，古人認為這可能「誣污鬼神」。這大約是因為，生者不為死者的離去而悲哀，反而在縱情肉慾享受，鬼神會因嫉妒而發怒；同時，古人認為男女情事是不潔的，因而在諸如祭天地、祖宗、鬼神等重大場合時要先行齋戒數日，禁絕男女情事，以免污穢而觸怒鬼神。《儀禮》、《禮記》中還規定，在守喪期間不可洗澡、剪指甲，腰間繫的麻繩在睡覺時不能解掉等。這是因為，古代喪服的全部含義都是用來驅避亡魂的，而洗浴時，除去喪服，鬼魂便會認識生者，因而鬼魂就有可能乘機襲入或附體；洗髮時，髮必有脫落，古人認為「髮乃血餘」，是人身的精華，倘髮、指甲之類為亡魂拾去，便可攝去人的靈魂和精氣。死者的衣物、用具大都要丟棄或焚毀，它上面被認為附有死者的鬼魂，等等。死亡人所厭之，因而一般不予談論，逢年過節和喜慶的日子尤其禁止談論。比如，某人生了小孩，大家去祝賀，其中若有人大談死亡問題就是一樁嚴重的犯禁行為。

　　由人們厭棄死亡，視之為禁忌對象，從而延伸到將有喪者也視為禁忌的對象。佛洛依德說：「任何一個接觸到禁忌事物的人，他的本身也將成為禁忌。」如中國古代大臣居喪期間不能從政、不從吉（如參加慶典、筵宴等），國君也不到他家去看望他，以免沾上晦氣。屢死丈夫的妻子被認為是「剋夫」，有晦氣，大家也不敢和她在一起，如魯迅〈祝福〉中的祥林嫂就被魯鎮上的人們視為「不祥」之物而紛紛躲避，魯四爺過年祭祀祖先的祭物不許她沾手，說是「不乾淨的東西祖宗是不吃的」。周禮，「有喪者，專席而坐。」（《禮記‧曲禮上》）即有喪者不能和他人共坐一領席子，要獨處一席，以免把晦氣傳給他人。

　　可見，喪事禁忌都是有原始根據的。它建立在這一認知基礎上：死者已變成了性格難以琢磨的鬼，隨時有可能害人；而自己必須遵守一定的行

為規範來迴避它，不得罪它，驅趕它，以求保護自己。禁忌屬於死亡文化學上「關閉通道」的一類行為。只是年代久遠，其中原委人們已弄不清楚了，只知道照此辦理就是。

當然，我們還應看到，許多喪事禁忌仍有一定的科學道理。《白虎通》說，周禮，孝子居喪不敢住在原處，要在院子的東面臨時搭一個小木棚居住。因為亡魂要經常返家作祟，倘若住在原來的臥室，會被鬼魂纏住。《後漢書·東夷列傳》載，東夷各部禁忌很多，其中一部「多所忌諱，疾病死亡，輒捐棄舊宅，更造新居」。《搜神記》把孝子原居的臥室稱作「毀滅之地」。此外，為死者洗浴、整容時，死者的頭髮、鬍鬚和指甲之類要埋入地下或置入棺中，不可隨便拋擲；包括燒燬死者的衣物用具等。這些頗符合隔離傳染源以防疾病的防疫原則。而喪期夫婦同房則可能有損身體健康。

對於喪事禁忌不能一概斥為迷信，它作為民俗的一部分，在很大程度上起著調整人們的心理平衡、營造一種氣氛，以及有益於健康的作用。如春節不發喪的禁忌就是防止死亡事件破壞節日氣氛。但是，各時代的禁忌又和世風相關，即世風愈衰，禁忌繁生。因為人們不能自決自己的命運了，他們覺得世上的「鬼」愈來愈多，無可奈何，只能處處設防而已。中國歷朝都有禁忌方面的記載，但末世尤多，如《後漢書》卷四十六載：東漢安帝、順帝、桓帝時一百年間社會上禁忌繁多，並說由於這些禁忌後來不靈驗，人們又變得無所禁忌了。

現代中國各地仍有一定的喪事禁忌，它們都源於古代。這裡略舉頗具普遍性的幾項，如：

——民間仍認為喪事中夫妻不能同房，否則會交厄運。

——喪事人情必須在出殯前送到，不得事後補送，否則會被認為對喪家不吉利，有「將再次有喪」之嫌。喪家對此類贈贈也多婉言拒收。

——春節（俗稱過年）是中國人最隆重的傳統節日。若春節期間（一

般指陰曆正月初一的前後三或五天）有人去世，舊俗多不立即向外報喪（極親者例外），而由直系親人裝殮入棺；待過完年（初五或初七之後）再舉哀報喪。現在有條件的地方則先將遺體送殯儀館冷藏，或先行燒化，待過完年後再辦喪事。

——臘月中辦完喪事的喪主，春節期間多不主動串門（舊俗「拜年」），自認「有晦氣」，以免給他人心理上帶來不快；親朋主動相邀者例外。

——送殯時，孝長子（女）持遺像行於送殯行列之首，返回時則將遺像反向持回，即以遺像的背面朝前，否則被認為死者鬼魂可能跟著一起回來。有的地方孝子（女）送殯歸來時不得回頭張望。

——生者多將死者生前日常的衣物、用具燒燬或拋棄，極值錢者除外。

以上均屬「關閉通道」心理所產生的行為禁忌。

第十五章

殯葬服飾

殯葬服飾，指喪葬活動中的服裝、飾物總和。廣義上包括喪服、銘旌，以及今天的白花、黑臂紗，乃至死者所用的裝殮服飾等。不過，這裡只從狹義上討論生者喪期所使用的服飾。它們歷來是有含義的，遵循一定的文化觀念和變化，我們可以從中瞭解那個時代。

 # 第一節　殯葬服飾的起源和意義

一、喪服的起源

服飾，首先是衣服，是人類走向文明的里程碑之一。好刨根問柢的人類學家迄今仍在為人類穿衣服的原始動機爭論不休。儘管如此，但人類服飾由最初的禦寒、護體、遮羞的需求，而逐步發展出審美、喻意等精神性需求，是毫無疑問的。審美需求有如服裝表演，小姑娘在頭上紮一朵花之類。喻意即人們賦予某一類服飾以某一含義，如某一顏色、線條、款式的服裝適合於某一職業或年齡者，甚至適合於某一性格者；嬉皮士的古怪服飾、髮型意味著對現存秩序和傳統的反叛；節日著盛裝更增添了喜慶氣氛；新年、新婚、生日換新裝，以示重新開始，等等。此外，還有行業服飾，如工作服、軍裝、軍銜和頭盔等，它們都屬於服飾文化討論的對象。迄今，我們還未發現有某種動物為追求某一精神性目的（如美觀、尊嚴、區分等級）而設計服飾，而只有人類才這樣做。因而，服飾也就可視為人類有別於動物的一個重要標誌。

二、喪服的意義

殯葬服飾首先是喪服，其次是一些飾物。它們不僅反映了生者對死者的心理及感情，而且反映了當時的社會關係。其意義應追溯到原始時

代，茲分述如下：

(一)源於原始人對死者鬼魂的恐懼

薛爾曼在《神的由來》中寫道：「在澳洲有些野蠻人中，至今還不准搬移睡者的位置，或以某種鮮豔的顏色使他的面貌變得不可認識，因為靈魂在歸途中不再能找得到自己的身體或不再能認識他自己。」原始人懼怕死亡、鬼魂，他們以自己的方式想出了許多與死者斷絕關係（即「關閉通道」）的招式，喪服即其中之一。薛爾曼還說，在喪期，皮膚暗黑的澳大利亞土著將身體塗成白色，通常赤裸裸跑路的巴布亞人（Papou）則穿起編織的植物；白色的歐洲人在喪期則穿起黑衣。這樣，死者的鬼魂就不能認識他了。對此，佛洛依德在《圖騰與禁忌》第二章中說是「偽裝自己使鬼魂不認識」。《儀禮》、《禮記》等儒家典籍中的喪服記載：如男子去冠，把頭髮綰束成髻形，上面繫以麻繩；女子把頭髮綰成髻形，上面繫以麻繩，臉上還戴有面罩；男女手執哭喪棒，衣裳不緝邊，上衣襟插進腰中，麻繩繫之，睡覺時也不解開，等等。對此，《禮記》稱，家有喪，「變形於外」。這些說法、做法都不謀而合，從中我們多少可以窺視到數萬年前先民們發明喪服的原始動機。

(二)存有巫術的含義

即原始人在喪期穿戴著反常的服裝以壯膽，恐嚇鬼神。就像巫師驅鬼、捉鬼時通常要用紅、綠、藍等顏色將自己的臉和身體畫得古里古怪，而道家則在胸或背上畫一個陰陽太極圖等，無非是按人的理解方式去震懾鬼神。原始的喪服也順著這一思路而產生。

(三)表達原始人悲痛的感情

原始喪服還可能在表達原始人某種悲痛的感情，並營造一種神祕的氣氛。換言之，他們已賦予了某一類服裝具有悲痛的文化意義，或說這一類

顏色、款式的服裝最能表達、抒發他們的悲痛感情，並在心底形成神祕感，此即喪服。一代一代的相沿，便形成了喪服定制。例如，綜觀人類各民族，喪服使用得最普遍的顏色是白色和黑色；並且在款式上是反常的，多將頭連同整個身體嚴嚴實實的包住。「人同此情，事同此理。」人類在喪服的原始思路上是一致的。

歲月的久遠，人們已經忘記了喪服的原始意義，直到19世紀末20世紀初文化學產生以來，學者們才逐步解開了喪服中的文化含義。不過，要猜測出其全部含義也是非常危險的，因為這容易陷入按現代人的思維方式測度原始人的武斷。

文明社會的產生，塵世因素愈來愈多，喪葬服飾也就愈益被賦予了社會意義，中國尤其如此。「喪服」一詞，文獻最早見於《尚書·康王之誥》。它被認為是西周前期的文獻。其中提到，成王去世，其子康王繼位，在即位典禮上，康王穿著王者的服飾，「麻冕黼裳」，接受諸侯群臣的朝賀；典禮畢，「王釋冕，反（返）喪服」，即按制度給父親服喪。即位是吉禮，喪事是凶禮，兩者的服飾分得清清楚楚。

三、喪服的特徵

周禮的殯葬服飾制度給中國後世三千年的殯葬服飾奠定了一個基調。它們除了上述迴避、嚇唬鬼神、表示悲痛等原始的文化意義外，還具有以下一些基本特徵：

(一)尊重死者

如喪服使用質地粗糙、未經漂染的白麻布，就表示生者值此不幸之際，願意放棄世俗享樂，而以清苦的自我折磨生活來面對死者的靈魂。

(二)明親疏、顯貴賤、別等級

如五服、銘旌。五服既反映了生者和死者的關係，也反映了生者之間的關係，人們以此相認同、相凝聚；銘旌重在表現死者生前的社會地位。如前所述，親疏、貴賤、等級的原則貫穿於整個喪葬活動，而不僅在殯葬服飾中。

 ## 第二節　五服

西周喪禮中，最重要並影響最深遠的恐怕莫過於五等喪服制（簡稱「五服」）了。它源於西周的宗法制，並旨在鞏固這一制度。

所謂五服，就是根據生者與死者血緣關係的親疏遠近，穿著不同的喪服、服長短各異的喪期的一類規定。因而，五服既是一類喪服，又是一種居喪制度。中國古代宗法血緣關係一般只上溯（或下延）五代，由此產生五類血緣親屬關係，並為每一類親屬關係設計一種喪服，故為五等喪服。五代以後「親絕」，不再為之服喪。由於西周君權和宗權的統一，五服居喪還包括臣屬關係，如諸侯為天子服三年斬衰，如父子禮。

中國最早記載五服規定的是儒家經典《儀禮・喪服》，以及《禮記》四十九篇中的〈曾子問〉、〈喪服小記〉、〈雜記上〉、〈雜記下〉、〈喪大記〉、〈奔喪〉、〈問喪〉、〈服問〉、〈間傳〉、〈三年問〉、〈喪服四則〉等十一篇，也集中討論了這一喪服制度。由於五服直接產生於西周宗法制度，並旨在鞏固這一制度，而西周又是宗法權和政權合一的社會結構，因而，五服（或說，為尊親服喪）在西周國家制度中就占有相當重要的地位。

一、斬衰服

斬衰服（衰亦作縗）為五服中最重的一種，它用最粗的生麻布製成。衰，是披於胸前的麻質布條，左右和下邊都不縫邊，故曰斬（斬即不縫緝之意），服三年喪者用。斬衰服的對象是：兒為父，諸侯、臣為天子，妻妾為夫，未嫁女為父（母），為人後者（即繼嗣）為嗣父，婦女被休歸家後為生父（母）等。第十三章「居喪守制」所討論的「三年之喪」即此。

斬衰服的全套服飾裝束非常複雜，規定繁多，這裡略述主要者。《儀禮·喪服》：「斬衰裳，苴絰，杖，絞帶，冠繩纓，菅屨者。」漢代鄭玄注：「凡服，上曰衰，下曰裳。麻在首、在要（腰）皆曰絰……首絰像緇布冠，缺項（項，冠的後部）；要絰像大帶，又有絞（兩股相交的繩索），帶像草帶。」又說：「言斬衰裳者，斬三升布為衰裳。不言截割而言斬者，取痛甚之意。」就是說，裁斬衰服時，一刀斬下去，表示生離死別。

據上述，完整的斬衰服有：上衣（衰）；下衣（裳，相當於裙）；首絰、腰絰、苴杖、絞帶、喪冠、菅屨等，如**圖15-1**所示。絰，喪期結在頭上或腰上的麻布條，在頭曰首絰，在腰曰腰絰。清代張爾岐《儀禮鄭注句讀》云：「首絰之制，以麻根置左耳上，從前額繞項後，復至左耳上，以麻之末加麻根上，綴束之也。」古人尚右，右尊左卑，首絰繫在左邊，在對方看時就是右邊，以此尊重死者。它們統用苴麻製成。為什麼要用苴麻呢？《儀禮·士喪禮》注：「苴麻者，其貌苴以為絰，服重者尚惡。苴布即粗麻布，質粗而賤，重喪者服之，以示悲痛之極。」苴杖，居三年喪所用的竹杖。《荀子·禮論》注：「苴杖，謂以苴惡色竹為之杖。」《禮記·喪服小記》：「苴杖，竹也。」服三年喪倚杖，表示悲痛得不能站立。絞帶，斬衰服所繫的帶子，以麻兩股絞結而成。冠繩纓，繫斬衰冠的繩纓。菅，一種草；菅屨即以菅草製成的草鞋。

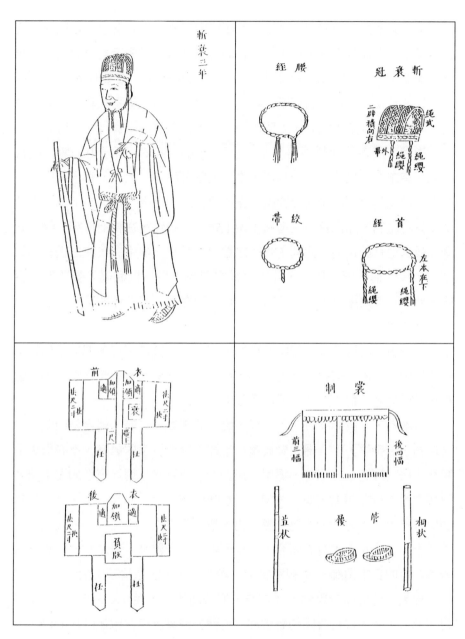

圖15-1　《明孝慈錄‧序》中的「斬衰服」

　　按儒家孝文化的解釋，孝子著此類粗惡服飾，表示自己在喪期內放棄世俗享樂而過清苦生活，以報答親長的撫育之恩，以表示對死者離去之悲痛、想念。《左傳‧襄公十七年》：「齊晏桓子卒，晏嬰粗斬衰，苴絰帶，杖，菅屨，食鬻，居倚廬，寢苫，枕草。」與《儀禮》和《禮記》中所載的喪服制度基本相同，表明東周初士大夫階層中已實行這一喪制。

　　後世，服喪的面料不再細分，也不分上、下衣，而通用一塊白粗布（或麻袋布）罩住頭，垂於身後，謂「披麻帶孝」。此外，孝子還用一長白布條從左耳上經前額往後腦繞一圈，再在左耳上處打結，餘下部分長長地垂於身左側，此古首絰之遺風；腰上繫一白布條，在腰前打結，餘下的兩端長長地垂於腰前，此則古腰絰之遺風；手拿一根用白布或白紙包纏的棍子，民間稱「哭喪棒」，此古苴杖之遺風；用一根麻繩於腰間繫住喪服，此古絞帶之遺風；農村仍有很多地方現在還有喪事穿草鞋的習俗，此古菅屨之遺風。

　　女子服喪與男子大體相同而稍異。絰、杖、絞帶、菅屨與男子相同；但不用喪冠，而是去掉平時的頭飾，用一條一寸寬的麻布條從額上繞至腦後，結成髮髻，稱「髽」，或曰「髽髮」。

　　《辭海》（第3488頁）：「髽，婦人的喪髻，以麻、髮合結曰髽。」《儀禮‧士喪禮》：「婦人髽於室。」即以髽髮於室內居喪，不必像男子那樣「居於塚側」。同時，還用一尺長的小竹為筓，用以夾住頭髮；另外再用白粗布包在頭上，叫「布總」（意味以布「總」而包之）。女子的斬衰服也無上、下之分，連為一體（男子斬衰服有上、下之分）。《禮記‧曲禮上》：「女子十有五而筓，二十而嫁。」行髽髮，表示女子放棄具有審美功能的日常頭飾，以粗麻結髮，顯示悲痛，並過清苦生活。

　　史載，此俗起於魯國。《左傳‧襄公四年》（西元前569年）：冬10月，邾人、莒人攻打魯國的屬國鄫，魯襄公派臧紇率兵救援進攻邾國，但在狐駘反被擊敗，死傷甚眾。敗軍歸國時，「國人逆喪者皆髽，魯於是乎始髽。」西晉杜預注：「髽，麻髮結合也。遭喪者多，故不能備凶服，髽

而已。」即是說，這一喪髮處理方式本是死人太多，來不及備喪服，而以麻結髮象徵喪服，屬隨機處理性質，不意成為後世女子的一類喪髮定式。《水滸傳》第二十六回，潘金蓮毒死武大郎，武松歸來時，潘氏趕忙換喪服相迎的情形：「原來這婆娘自從藥死了武大，哪裡肯帶孝，每日只是濃妝豔抹，和西門慶做一處取樂。聽得武松叫聲『武二歸來了』，慌忙去面盆裡洗落了脂粉，拔去了首飾釵環，蓬鬆綰了個髻兒，脫去了紅裙繡襖，旋穿上孝裙孝衫，便從樓上哽哽咽咽哭下來。」這大體反映了元、明時期婦女服大喪（亡父母、亡夫）的裝束情形。現在中國農村一些地方，女子大喪中，仍是去簪子、頭飾，以白手巾結髮、長白布條（或白麻布）於腦後打結，餘下的布條從腦後下垂至後腰間，此即古代髻髮和首絰之遺風。

實際上，由於古代的男子也是結髮的，故喪期中同樣存在去簪（只是男子無女子那些頭飾）、以麻束髮的問題。《禮記·檀弓上》：「主人既小斂，袒（赤上身）括髮。」括髮即以麻束髮，和婦女的結髮屬同一性質。這是喪事括髮。

如前所述，由於頭的高貴性，古人重冠，也重頭髮，因而剪掉頭髮（髡刑）或弄散頭髮，在古代都被作為懲罰犯人的方式。《漢書》卷八十六：「大臣（犯罪）括髮關械，裸躬就笞，非所以重國褒宗廟也。」這是犯罪括髮。從這裡看，括髮是要弄散頭髮的。如現在對囚犯予以剃光頭便是這一古制之遺風。

非常之人、非常之事，變服飾以示敬祖、尊親、聚族，表示悲痛之情，這便是五服喪制（尤其是斬衰服）在西周宗法制社會中的主要根據。

二、齊衰服

齊衰服用熟麻布製成，因為縫衣邊整齊，故曰齊衰。《禮記·喪服》

載，齊衰分四等：甲，齊衰三年；乙，齊衰杖期一年；丙，齊衰不杖期一年；丁，齊衰五個月或三個月。這裡，杖與不杖表示悲哀的程度不同，表示居喪者須倚杖方能站立。如《禮記‧問喪》云：「孝子喪親，哭泣無數，服勤三年，身病體羸，以杖扶病也。」當然，在更多的時候只具有理論意義。

三年齊衰：用於「父卒為母，繼母如母，慈母如母，母為長子」。這裡「慈母」即養母，「母卒，父命她妾養己者。」（《明會典》）周禮，母為嫡長子服三年齊衰，但後世史籍中似未有實行者。

一年齊衰杖期：用於「父在為母」，包括繼母、慈母；夫為妻；為嫁母、出母（為父親離異而出）等。

一年齊衰不杖期：用於孫為祖父母；為兄弟；嫁母、出母為其子；妾為嫡妻；出嫁女為親生父母等。

齊衰五月：為曾祖父母。

齊衰三月：為高祖父母。

三、大功服

大功服是九個月的喪服，因其服用大功布所製，故名。功，本指織布的工作。《儀禮‧既夕禮》注：「功布，灰治之也……」即麻布經草木灰椎洗，比較細白，曰功布。因而，大功服就是用較粗一類的細麻布製成。《明會典》卷一〇二：「用粗熟布為之。」粗熟布即較粗的細麻布。

大功服的對象是：男子為堂兄弟，已嫁的姊妹、姑母等；出嫁女為丈夫的祖父母、伯叔父母、為自己的親兄弟也是大功。

《儀禮‧喪服》中還將大功分為兩類：對成年人的大功服，對未成年者的殤大功服（未成年而死曰「殤」）。但後世給未成年者治喪的習俗多消失，如中國現在的農村多不給夭亡者辦喪事。

四、小功服

　　小功服是五個月的喪服，其服之縷較大功布更精細，故稱小功。《明會典》卷一〇二：「用熟粗熟布為之。」即「粗熟布」中更精細的布。

　　小功服的對象是：男子為從祖祖父（伯祖父、叔祖父）、從祖祖母（伯祖母、叔祖母）、從祖父（堂伯、堂叔）、從祖母（堂伯母、堂叔母）、從祖兄弟（再從兄弟，即共曾祖父的兄弟）、從父姊妹（堂姊妹，未嫁時）、外祖父母及舅姨等都是小功；女子為丈夫的姑母、姊妹，為娣婦、姒婦也是小功。娣姒即妯娌，兄妻曰姒，弟妻曰娣。

　　小功服亦分為成人小功服和殤小功服。

　　《儀禮・喪服》：「小功者，兄弟之服也。」但它非指親兄弟服，已如前述，親兄弟服期年，伯叔兄弟（從兄弟）服大功九月，再從兄弟才是小功。其血緣關係在四代（即共曾祖父的兄弟），在宗法制中仍以兄弟相稱。

　　《唐律・名例》：「一曰議親」條疏：「小功之親有三：祖（父）之兄弟、父之從父兄弟、身之再從兄弟是也。」這是確定小功服的三個標準，即祖父的兄弟、父親的伯叔兄弟、自己的再從兄弟。「此數之外，據《禮》，內外諸親有服同者，並準此。」即以此三條標準去確定、比照其他應服小功服的親戚。

五、緦麻服

　　緦麻服為五服中最輕者。《儀禮・喪服》：「緦麻，三月者。」緦為布名，就像大功、小功皆為布名一樣，它是一類加工得更細而疏的麻布。此服的衰裳、絰帶（首絰和腰絰）均以緦麻製成，故名。《釋名・釋喪制》：「緦，絲也，積麻細如絲也。」因為其細如絲，正適宜用來做最輕一等的喪服。

　　緦麻服的對象：男子為族曾祖父（母）、族祖父（母）、族父（母）、族兄弟、外孫（女之子）、曾孫、玄孫、外甥、婿等；妻為夫之曾祖父母、伯叔祖父母、從祖父母、從父兄弟之妻等都是緦麻。

　　唐朝將居喪法制化以來，後世各朝的喪制略有變化，但孝文化和宗法血緣關係的基本精神未變。上述只擇其主要，且以明、清五服制為準。可參閱《明會典》卷一〇二。五服制中，父母、親兄弟姊妹的喪服是最基本的，三年斬衰為父母，一年齊衰為親兄弟姊妹；其他的喪服制度依此推演而來。

　　《明會典》卷一〇二繪有五等喪服圖八幅：《服喪總表》（參見**表15-1**）、《本宗九族五服正服圖》（參見**表15-2**）、《妻為夫族服圖》、《妾為家長族服圖》、《出嫁女為本宗降服圖》、《外親服圖》（為外公外婆舅舅家服喪，參見**表15-3**）、《妻親服圖》（為岳家服喪）、《三父八母服圖》（為養父繼父服喪的三種情況和為繼母養母服喪的八種情況）等，分別對各種血緣、姻親關係做了服喪規定，其縝密細緻幾乎是滴水不漏，密不透風。

表15-1　喪服總表

		斬衰三年		
		用至粗麻布為之，不縫下邊		
		齊　衰		
三年	杖期（一年）	不杖期（一年）	五月	三月
		用稍粗麻布為之，縫下邊		
		大功九月		
		用粗熟麻布為之		
		小功五月		
		用稍粗麻布為之		
		緦麻三月		
		用稍細熟布為之		

表15-2　明、清時期本宗九族五服正服圖

				高祖父母齊衰三月				
			族曾祖姑，在室總麻，出嫁無服。謂曾祖父之親姊妹	曾祖父母齊衰五月	族曾祖父母總麻。謂曾祖父之親兄及妻			
		族祖姑，在室總麻出嫁無服。謂祖父之堂姊妹	祖姑，在室小功，出嫁總麻。謂祖之親姊妹	祖父母齊衰不杖期	伯叔祖父母小功。謂祖之親兄弟	族伯叔祖父母總麻。謂祖父同堂兄弟及妻		
	族姑，在室總麻，出嫁無服。謂父之再從姊妹	堂姑，在室期年，出嫁大功。謂父之伯叔姊妹	姑，在室期年，出嫁大功。謂父之親姊妹	父母斬衰三年	伯叔父母期年。謂父之親兄弟及妻	堂伯叔父母小功。謂父之伯叔兄弟及妻	族伯叔父母總麻。謂父之再從兄弟及妻	
族姊妹，在室總麻，出嫁無服。謂同高祖的姊妹	再從姊妹，在室小功，出嫁總麻。謂同曾祖的姊妹	堂姊妹，在室大功，出嫁小功。謂同祖伯叔兄弟之女	姊妹，在室期年，出嫁大功。謂己之親姊妹	己身	兄弟期年，兄弟妻大功。謂己之親兄弟	堂兄弟大功，堂兄弟妻總麻。謂同祖的兄弟	再從兄弟小功，再從兄弟妻無服。謂同曾祖的兄弟	族兄弟總麻，族兄弟妻無服。謂同高祖的兄弟
	再從侄女，在室總麻，出嫁無服。謂同曾祖的兄弟之女	堂侄女，在室小功，出嫁總麻。謂同祖的伯叔兄弟之女	侄女，在室期年，出嫁大功。謂親兄弟之女	長子期年，長子婦期年；眾子期年，眾子婦大功	侄期年，侄婦小功。謂親兄弟之子	堂侄小功，堂侄婦總麻。謂同祖的伯叔兄弟之子	再從侄總麻，再從侄婦無服。謂同曾祖的兄弟之子	
		堂侄孫女，在室總麻，出嫁無服。謂同祖的伯叔兄弟之孫女	侄孫女，在室小功，出嫁總麻。謂親兄弟之孫女	嫡孫期年，嫡孫婦小功；眾孫大功，眾孫婦總麻	侄孫小功，侄孫婦總麻。謂親兄弟之孫	堂侄孫總麻，堂侄孫婦無服。謂同祖的伯叔兄弟之孫		
			曾侄孫女，在室總麻，出嫁無服。謂親兄弟之曾孫	曾孫總麻，曾孫婦無服	曾侄孫總麻，曾侄孫婦無服。謂親兄弟之曾孫			
				玄孫總麻，玄孫婦無服				

表15-3　《明會典》卷一○二「外親服圖」

外親服圖				
		母之祖父母 無服		
	母之姊妹 小功	外祖父母 小功	母之兄弟 小功	
堂姨之子 無服	兩姨之子 緦麻	己身	舅姑兄弟 緦麻	堂舅之子 無服
	姨之孫 無服	姑舅之子 緦麻	舅之孫 無服	
		姑之孫 無服		

🍃 第三節　九族血緣關係圖解

　　近世以來，由於城市化、工業化所導致的人口遷徙頻繁，舊式農業文明聚族而居的傳統定居方式逐漸被打破；加上中國1980年代以來推行「獨生子女」政策，親戚關係變得非常單純，因而人們對血緣關係的認知也就日益模糊。而至少從商、周以來，中國社會結構就是仰仗這一血緣關係組織起來的。可以說，不清楚宗法血緣關係及其倫理政治理論，就不可能深刻理解中國古代社會及其文化史，其中包括死亡文化。為方便理解，特繪製「本宗九族五服內血緣關係圖」（參見圖15-2），說明如下：

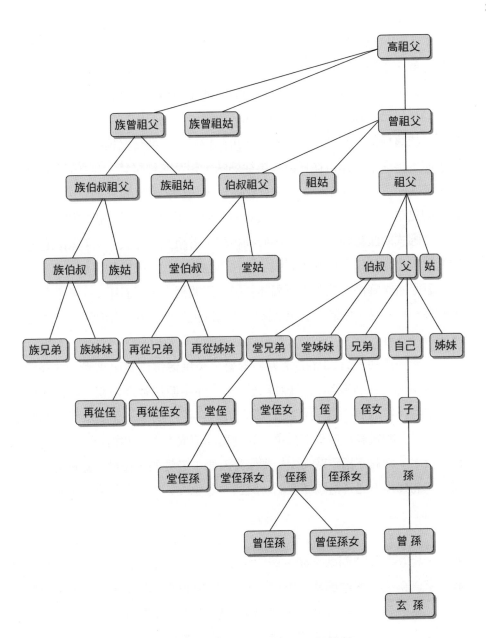

圖15-2　本宗九族五服內血緣關係圖

本宗即自己的宗族，以自己、父、祖父、曾祖、高祖直系男性血緣關係為主幹，上下各四代，連自己合為「九族」。女性一經出嫁，即為他姓（非本宗）之人，故舊時技藝之家多有「傳媳不傳女」之傳統。

伯叔兄弟姊妹，又稱從兄弟姊妹。「從」，指同一宗族次於至親者的關係。故舊稱伯、叔為從父，稱堂兄弟為從兄弟；姨母又稱從母。再隔一層，叫「再從」，如再從兄弟，再從姊妹，相互共曾祖父。共高祖父的族兄弟姊妹叫「三從兄弟」、「三從姊妹」。這樣，共高祖父的兄弟、共曾祖父的兄弟、共祖父的兄弟、共父親的兄弟，再加上自己，組成橫向的五個向心圓式的血緣關係；它們源於高祖父、曾祖父、祖父、父親和自己縱向的五代血緣關係，稱為「五服」（往下也有五代，如法炮製）。出了橫向的五服血緣關係，相互不再視為親戚，民間稱「出了五服」，相互無服喪的權利和義務。所謂「五世而降，功緦以絕，不欲其強飾也」（王夫之《宋論·太守》）。

由於喪服與血緣關係的遠近相聯繫，後世便常以喪服來表示血緣關係的親疏遠近。晉朝李密〈陳情表〉：「外無期功強近之親，內無應門五尺之童。」這裡，指自己沒有親兄弟姊妹（「期」）和伯叔兄弟姊妹（「功」）的親戚，自幼很孤單。又杜甫〈遣興〉：「共指親戚大，緦麻百夫行。」緦麻亦指親戚。由於緦服是五服中最輕的，後世以此喻遠親關係，如北魏楊衒之《洛陽伽藍記·城西·宣忠祠》：「所得金馬，緦親之內均分之。」

父親姊妹（姑母）的兒女叫「外表」，舅父、姨母的兒女叫「內表」，相互之間（即姑、姨、舅的兒女之間）統稱「中表」，互相服緦麻。東漢蔡邕《蔡中郎集·卷二·貞節先生陳留范史雲碑》：「閉門靜居，九族中表，莫見其面。」這裡，九族指自己宗族的兄弟姊妹，中表指母家親戚的兄弟姊妹。又《後漢書·鄭太傳》：「又明公將帥，皆中表腹心，周旋日久。」這些由本宗女性出嫁後所產生的姻親關係為「外親」，對外親也須服喪，只是喪期較短。

我們在古籍中常會見到這些名稱，不理解它們，就無法讀懂這些書
❶。

 ## 第四節　五服制的文化意義

西周宗法制度的核心原則有二：一是「親親」，二是「尊尊」。所
謂「親親」，即親愛自己親人。《禮記・中庸》：「仁者人也，親親為
大。」《孟子・盡心上》：「親親，仁也。」就是說，仁學就是講人的問
題，親親是最大的問題。所謂「尊尊」，即尊重尊貴的人，如子對父、妻
對夫、弟對兄、庶對嫡、臣對君、下對上等。

服喪有六個原則。《禮記・大傳》：「服術有六：一曰親親，二曰尊
尊，三曰名，四曰出入，五曰長幼，六曰從服。」名，即名分，即社會身

---

❶古代人的直系祖先的姓名，不僅載於族譜，而且還經常用到，我們透過此事可
　資證明。1871年清政府派出了第一批三十名留洋學生，全是十一二歲的兒童，
　留學期為十五年，其中之一就是後來著名的鐵路工程師詹天佑。下面是詹天佑
　的父親詹興洪與政府簽訂的合同。
　〈詹天佑出洋志願書〉全文如下：

　　「具結人詹興洪今與具結事，茲有子（詹）天佑情願送赴憲局帶往花旗國
　　（即美國）肄業，學習機藝回來之日，聽從中國差遣，不得在外國逗留生
　　理，倘有疾病生死，各安天命。此結是實。
　　童男，詹天佑，年十二歲，身中面白，徽州府婺源縣人氏。曾祖文賢、祖
　　世鷟、父興洪。

　　　　　　　　　　　　　　　　　　　　同治11年（1872年）3月15日。」

　像此類較重大的合同，此外還有田地房產的買賣等，立據人在契約中將雙方的
　四代祖也寫於其中，在明、清一些小說中常可見到。這樣大約還可以避免古代
　重名而出現的歧誤，因為古代用單名，易出現名字相同者。於此可見，古代對
　自己前幾代祖先的名字是相當熟悉的。

分。如夫對妻、嫡子對庶子、長兄對弟等關係中均存在一個名分問題,像民間所說的「長兄當父」就屬一個名分題目。出入,指女子是否出嫁,出嫁女在服喪上要降一等。從服,是為姻親規定的服喪之制,注曰:「從服,若夫為妻之父母、妻為夫之黨服。」從服較正服(本宗九族之服)也要降一等。降服,即喪服降一個等級,如子為父母應服三年,但兒子已過繼給別人,則降服為一年齊衰;出嫁女為本生父母也只服一年齊衰。上述六個原則,其實就是「親親」和「尊尊」兩個原則,後四者只是「親親」和「尊尊」原則的延伸。

五服的文化意義,如「親親」在於「收族」,即增強宗族內部的凝聚力;「尊尊」在於建立等級制度。五服綜合體現了兩者,旨在強化人們之間的血緣關係,形成社會對尊者的服從意識,以長統幼,以上統下,以尊統卑,使人們瞭解自己的社會地位(即「名分」),安分守己,勿犯上作亂,從而有助於社會治理。

透過縱向的本宗九族服喪制,將同一宗族的人聯繫起來;透過橫向的外親服喪制,將姻親的人聯繫起來。五服就是本宗和姻親之間在死亡問題上相互享受權利並承擔義務的一類具體形式,它以本宗九族及其姻親家族為一個龐大的服喪單位。其中,本宗是主幹,姻親是旁枝。血緣關係每隔一層,服喪的權利和義務就依次減一等。例如:為父(母)斬衰三年,為祖父母齊衰一年,為曾祖父母齊衰五月、為高祖父母齊衰三月,稱為「上殺」。為嫡長子服斬衰三年、眾子齊衰一年、嫡孫一年、眾孫大功九月、曾孫和玄孫緦麻三月,稱「下殺」。為親兄弟期年、堂兄弟大功九月、再從兄弟小功五月、族兄弟緦麻三月,稱「旁殺」(殺者,減也)。

古人認為,「積家而為郡縣,積郡縣而為天下」,「家治而天下定。」(《易經·繫辭》)如果沒有一個形式將權利和義務固定下來,久之,人們就會淡忘他們之間還存在著親戚關係,如俗語云「親戚愈走愈親」,這就是五等服喪制的社會意義所在。

透過下述說明,我們將更能理解五服制中的「親親」和「尊尊」原

則：

　　——為尊者重服。《儀禮・喪服》規定：子為父、妻為夫、諸侯為天子、父（母）為嫡長子均服三年。因為，父、君（指諸侯）、天子為「至尊也」；嫡長子將「繼祖也」、「承宗廟也」，後世改為嫡長子服期年。

　　——父在，為母服齊衰一年；父不在，為母齊衰三年。因為「至尊在，不敢伸其私尊也」（《儀禮・喪服經》）。賈公彥疏：「父卒為母，足矣……父卒三年之內而母卒，仍服期（年）。父服除而母死，乃得伸三年。」理論根據是「男尊女卑」，父為「至尊」，母為「私尊」，而「家無二尊」。《荀子・王制》云：「隆一而治，隆二而亂，未聞隆二而治者也。」就是說，一個地方有兩個主事者，就會出亂子。這是古代的「一長制」理論，它貫穿於從國家到家庭治理的各個層次，所謂「其道一也」。

　　唐高宗上元元年（674年）武則天當朝時，定父在為母齊衰三年。到明朝，定父在為母斬衰三年。《明會典》卷一○二〈喪禮七・喪服〉：「國初，大明令依古禮。父服斬衰，母齊衰……洪武7年（1374年）始加斬衰，著為《孝慈錄》，父母俱斬衰……至今遂為定制。」齊衰三年之名遂絕。清循明制。這裡為母親爭得了與父親並肩的名分。

　　——女子出嫁後，其喪服減一等。如親兄弟姊妹為大功一年，姊妹出嫁後則為大功九月。男性親屬的喪服可溯五代，而母家親屬的喪服既輕，且隔兩代便告絕，如為外祖父母、舅、姨均小功，為舅、姨之子緦麻，再下去就沒有了。這也是男性宗法制度「男尊女卑」的產物。因而，人們對於男性的血緣關係一般相當清楚，對女性的血緣關係多不甚了了。如近世學者崔適《五服異同考》云：「由父之父遞推之，百世皆吾祖也。由母之母而遞推之，三世之外有不知誰何者矣。」

　　——為祖父母齊衰不杖期一年；為曾祖父母齊衰五月，高祖父母齊衰三月，喪期雖短，但喪服制上的名分卻重，都是「齊衰」（齊衰最重的是

三年，即父在為母），這是體現「重祖」。父既為「至尊」，那麼，祖父、曾祖、高祖就是「尊中之尊」，「尊尊」故加隆，因而對他們的服喪就不能稱五月小功、三月緦麻了。

這些都是旨在強化男性宗法制度。

——嫡庶區分嚴格，這是宗法「嫡長子繼承制」的產物。如父（母）為嫡長子服三年，但「庶子不得為嫡長子三年」；為嫡長孫期年、眾孫大功九月。透過《紅樓夢》中賈寶玉（嫡子）和賈環（庶子）在榮國府中的地位，我們就可以看出中國古代家族制度中嫡庶之分的嚴格，並時常達到非常過分的程度。近人王伯沆讀《紅樓夢》第五十五回時批云：「清初風氣，嫡庶之分最嚴，滿漢皆相似也……乾隆時，江寧吳鼎昌兄弟三人皆官至監司，其母受封至二品。母卒，嫡母不許走大門。臨發喪，子三人共臥母棺上，始由大門舁出，人咸哀之。」

——為有德者加服，或曰隆服。唐朝韓愈三歲而孤，隨長兄。恰長兄又逝，嫂鄭氏撫養成人。後韓愈成名，「嫂鄭（氏）卒，為服期以報。」（《舊唐書・韓愈傳》）按五服制，韓愈為嫂當服九月大功，為報撫育之恩，故服了一年的期喪。

《儀禮・喪服》：五服喪制是「天子以下，死而相喪，衣服、年月親疏隆殺之禮。」即在周禮中，居喪者服飾樣式的差別、相對應的居喪時間、居喪期間生活起居的特殊規範等都是一致的。但這樣勢必太麻煩，故後世斬衰、齊衰、大功、小功、緦麻的名稱就只代表服喪的時間規定，而不再對應不同喪服的面料和式樣（如民間統用「披麻帶孝」），五服就只有時間意義了。

第五節　五服制的起源

我們應當區別：一般意義上的喪服和五等喪服制。前者起源於原始時

代，後者則是某一時代的具體喪服。這是兩個不同的概念。先秦儒家力倡三年之喪（包括五服），說它是堯、舜時就有了，以增加它的神聖性。不過，後世學者考證並非如此。

學者認為，周承殷制，西周的喪服制度可能是繼承了殷人的某些遺制，但有所改動，特別是在別親疏、分嫡庶、顯等級等方面，做了諸多的完善工作，使之與嚴密的宗法制度相配合。到春秋時期的文獻中，「喪服」一詞就屢見不鮮了，如《左傳》中就多有記載。進而，孔子以後的春秋、戰國時期，那些具有憂患意識的儒者又對五服制做了整理歸納，並予以理想化、嚴密化，表以堯、舜、周文武王、周公的名義被寫進了《儀禮》、《禮記》、《周禮》等先秦儒家經典中。他們期待「聖王」的出現，以這一套學說去挽救並治理已分崩離析的天下。那麼，後人就很難弄清楚，儒家的喪服學說中究竟哪些是西周乃至殷商的喪服制度，哪些又是儒生自己加進去的成分。先秦儒學是「顯學」，兩漢又立為「國學」，五服喪制因而獲得大力的傳播和推廣，影響了中國爾後兩千餘年的死亡文化，迄至今日。

對於五服喪制，唐代孔穎達在《儀禮‧喪服疏》中做了一番溯源：「黃帝之時，朴略尚質，行心喪之禮，終身不變。」「唐（堯）虞（舜）之日，淳樸漸虧，雖行心喪，更以三年為限。」「三王（夏禹、商湯、周文王）以降，澆偽漸起，故制喪服，以表哀情。」孔氏似乎要指出，五服制的制定是由於人們愈來愈不想服喪了，即愈來愈「淳樸漸虧」、「澆偽」了，三王（儒家心目中的聖王）為維繫人們之間的血緣聯繫，於是「制喪服，以表哀情」。就是說，愈是乖孩子，愈是不要大人罵，自然也不需要大人表揚；孩子變得不那麼乖了，於是就建立規章制度予以約束。這是非常深刻的見解。

中國古代傳統文化對東亞、東南亞各國影響很深，尤其是日本。五服制於唐朝傳到日本。西元718年元正天皇制定《養老令》，其中「服紀條」規定：為君、父母、夫、本主服一年喪；祖父母、養父母五月；曾

祖父母、外祖父母、伯叔姑、妻、兄弟姊妹、夫之父母、嫡子三月。明治3年（1870年）發布〈服忌令〉，規定：父母亡，為忌日五十日，服喪十三月；夫忌三十日，服十三月；妻和嫡子忌二十天，服三個月。直到20世紀，服喪仍是日本殯葬禮儀的重要內容，只是時間又更縮短了，如父母、夫妻、子女亡故，忌十日，服五十日。其中的「親親」、「尊尊」原則與中國古代完全相同。日本人對中國古代文化有很深的感情，日本是古代文化和西方現代科學技術結合得比較成功的國家。

中國晚清以來，尤其是辛亥革命後，舊式禮法痛遭批判、詆毀，五服喪制被徹底拋棄。民國時期，國學大師章太炎有感於「人心不古」而試圖有條件地恢復它，並擬訂了〈喪服草案〉，希望能在全國推廣。然響應者寥寥，遂失敗（《章太炎全集》），此後未聞有倡導者。

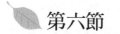 第六節　銘旌

銘旌，又稱「明旌」、「旌銘」，有時簡稱「銘」。舊時辦喪事時，大殮後，在堂前西階（即面對靈柩的左側）用竹竿挑起的細長旗幡，用絳（深紅色）帛製成，上書死者的姓名、官銜，旌旗長短視死者的官職品位而不同。

《禮記·檀弓下》：「銘，明旌也。以死者為不可別也，故以旗識之。」就是說，銘旌是為了讓人們知道，死者是何許人，包括該人的姓名和社會地位。《禮記·喪服小記》：「復與書銘旌，自天子達於士，其辭一也。男子稱名，婦人書姓與伯仲（即排行），如不知姓，則書氏。」舊時女子出嫁後，丈夫的姓即為自己的姓，自己的父姓則為氏，加在夫姓之後，如丈夫姓王，父家姓李，則為「王李氏」。上面是說，招魂和銘旌上的用詞，自天子達於士人，都是一樣的，只是為了表明死者的身分，無後世過分的溢美之詞。如：死者是刑部尚書，銘旌上書「刑部尚書X公

諱XX之柩」，其妻銘旌上書「刑部尚書夫人（或誥封幾品夫人）X諱XX之柩」；平民則稱「顯考（顯妣）X公（孺人）諱XX之柩」之類。另書題銘者的姓名，黏於銘旌下。周禮，庶人不用銘旌。但後世庶民也開始用。

　　殷商時，喪禮便已用銘旌。周禮承襲，爾後歷代相沿。唐朝制禮，銘旌也列入其中，不同等級者的銘旌長短各異，其杠裝飾也不同。這就為喪事炫耀又提供了一個機會。唐《開元禮》：「為銘以絳」，「廣終幅」（即整幅布，不裁剪）；一至三品官銘旌長九尺，四至五品長八尺，六品以下長六尺。在銘旌杠上也講究起來，「公以上龍首」，即雕成龍頭飾；四至五品「龍首韜杠」，即以帛將旌杠包裹起來（韜者，包紮也）；六品以下「韜杠」，即只包裹旌杠，無龍首。周禮中，銘旌杠均用竹竿。

　　後世銘旌與唐制基本相同，只尺寸稍有異。如宋代朱熹《家禮‧喪禮‧立銘旌》曰：「以絳帛為銘旌，廣終幅，三品以上九尺，五品以上八尺，六品以下七尺。」清代孫承澤《天府廣記》卷十六〈禮部下‧喪制〉載：（明洪武）「5年（1372年）6月，定喪制……銘旌：以絳帛為之，廣一幅，四品以上長九尺，六品以上長八尺，九品以上長七尺……庶民……銘旌用紅絹五尺。」這說明，唐以後歷朝用銘旌無大變化，只是百姓也開始用了。

　　唐朝李白〈上留田行〉詩：「昔之弟死兄不葬，他人於此舉銘旌。」王建〈北邙行〉詩：「高張素幕繞銘旌，夜唱輓歌山下宿。」這表明唐時用銘旌之普遍，喪禮不用銘旌是「不正規」，「舉銘旌」即意味著辦喪事、悼念；王詩則描述送葬時夜宿野外，用素幕將銘旌圍繞起來，而銘旌又是與靈柩在一起的，然後唱著輓歌安置住宿。

　　後世多會請有身分者題銘旌，以此增加死者的榮耀。《儒林外史》第二十六回寫道：鮑文卿卒，其子鮑廷璽「把棺材就停在房子中間，開了幾日喪。四個總寓的戲子都來弔孝。鮑廷璽又尋陰陽先生尋了一塊地，擇個

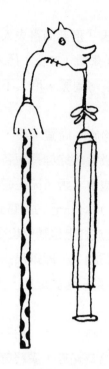

日子出殯，只是沒人題銘旌」。鮑老先生一身無官無職，「銘旌上不好
寫」。正好剛升任福建汀漳道臺的向鼎來了，聽說沒寫銘旌，說：「有
什麼不好寫！取紙筆過來。」揮筆寫道：「皇明義民鮑文卿享年五十有
九之柩。賜進士出身中憲大夫福建汀漳道老友向鼎頓首拜題。」然後對
鮑廷璽說：「你就照著這個送到亭彩店內去做。」這裡，「皇明」即大
明；「義民」即重義之民。下面是題旌者的身分，「進士出身」指於京城
中過進士；「中憲大夫」在明清為文官正四品封階，相當於知府一級。
「道」在清代是一省專管某行業的行政建制，如糧道、鹽道、海關道、
巡警道，級別與知府同，相當於現在的省一級專業廳局，最高行政長官為
「道臺」；也有按地區劃分的，如汀漳道（1913年「道」改為地區級行政
機構，最高行政長官為「道尹」）。

　　大殮後，立銘旌。出殯時，以銘旌於前開路。《紅樓夢》第十四回寫
秦可卿出殯盛況，「至天明，吉時已到，一般六十四名青衣請靈，前面銘

旌上大書：奉天洪建兆年不易之朝『誥封一等寧國公塚孫婦防護內廷紫禁道御前侍衛龍禁尉享強壽賈門秦氏恭人之靈柩』。一應執事陳設，皆係現趕著新做出來的，一色光豔奪目。」賈珍花一千五百兩銀子買了這個四品爵位，為的就是這個「光豔奪目」。從前，有位孤寡劉老太婆去世，地方上予以義葬，有人戲寫銘旌曰：「當朝誥封正一品吏部尚書某公的娘家舅舅莊上的管家的隔壁劉老太婆之靈柩」，這下還真可以唬住一些過路人。

　　葬時，去旌杠及題者姓名，以旌加於柩上，隨棺入土。後世用祭幛、橫軼及花圈，上書死者的姓名和身分，即古銘旌之遺制。不同的是，古代的銘旌只有一面，而現在的祭幛、花圈則是多多益善。

 ## 第七節　殯葬服飾的顏色

　　各民族各時代的死亡文化中，都賦予殯葬服飾以某一固定的顏色，如中國傳統使用白色，歐洲基督教傳統使用黑色。

　　喪事用白（或黑）無疑在心理上可以造成悲哀和神祕的氣氛。白色是冷色，素雅，表示淡泊、悲痛，與鮮豔的紅、黃等暖色相比，更適用於肅穆的場合。喪禮上，只見一片白茫茫的喪服、祭幛，人來人往，人們表情嚴肅，很容易造成並加劇悲痛和神祕的氣氛。不過，要指出，中國古代殯葬服飾的白色是織出後不經漂染的麻白色（在一些鄉下還可看到這類手工織布），粗糙而質樸，它表示生者的用物不經任何加工和雕琢，自然就沒有現在的白布那麼白亮、入目了。

　　喪事用白，文化史家認為與先民對生命的認知相關。如距今四萬年前的尼安德塔人和距今一萬八千年前的山頂洞人給死者撒上紅鐵礦石粉，表明他們將生命與鮮血聯繫在一起了，認定紅色是生命之色，如鮮紅的太陽從東方升起便帶來萬物的生長一樣（健康者通常被形容為「紅光滿

面」）。印象更為深刻的是死者的面容蒼白。至於喪事用黑，大約與昏天黑地、光明的喪失、鬼魂在夜晚出來活動等認知相關。

中國古代喪事用白，文獻記載至少可追溯到周代。《左傳‧哀公二年》（西元前493年）：「素車樸馬，無入於兆。」兆指葬地，素車樸馬指喪事時的車、馬均用白色。屈原《楚辭‧九章》：「思九故之親身兮，因縞素而哭之。」《戰國策‧魏策四‧唐且不辱使命》：「血流五步，天下縞素。」縞、素均為白色生絹，轉意指白色。《史記‧刺客列傳》：荊軻受燕太子丹命將西去咸陽刺殺秦王，「太子及賓客知其事者，皆白衣冠以送之。」即預先替他辦喪事之意。《禮記‧曲禮》：「為人子者，父母存，冠衣不純素。」即父母在，冠、衣上不能鑲白色的邊。

周禮中，凶禮的其他內容也用白色。如士、大夫受冤屈而離開自己的國家，逾境後，要建一壇，「向國而哭，素衣、素裳、素冠……」，不近婦女，不向人訴說委屈，三個月後恢復原狀，離此而去（《禮記‧曲禮下》）。

喪事用白，後世相沿。劉邦率軍入咸陽，「秦王子嬰素車白馬，繫頸以組（即繩子繫頸），封皇帝璽符節，降軹道旁」。秦王子嬰以此裝束出城投降，喻指自己有當死之罪。《史記‧高祖本紀》還載：劉邦出關中與項羽爭天下，為義帝發喪以爭取民心，「遂為義帝發喪，臨（弔）三日……曰：『寡人親為發喪，諸侯皆縞素。』」《後漢書‧禮儀下‧大喪》：「登遐，皇后詔三公典喪事。百官皆衣單衣，白幘（即白頭巾）不冠。」《明史‧海瑞傳》：海瑞死於任所，靈柩還海南故鄉，「喪出江上，白衣冠送者夾岸，酹而哭者百里不絕。」清代孔尚任《桃花扇》：「這位柳先生竟是荊軻之流，我輩當以白衣冠送之。」

須注意：中國傳統殯葬服飾用白色，但銘旌用絳色。自周禮以來，絳色乃莊重威嚴之色，古代帝王和軍隊常用之，如「絳引幡」（帝王儀仗隊中的紫紅色引路旗）、絳衣（武官服）、絳衣大冠（武官帽）等。此

外，棺材通常被漆成黑色並以大紅色修飾邊緣和兩頭，再寫個「福」或「壽」字，民間稱「壽器」或「千年屋」。棺材用紫紅色和大紅色可視為山頂洞人在死者全身及周圍撒赤色鐵礦石粉用意之延續。就是說，生者是在辦喪事；但對死者卻成了吉事，所謂「壽終正寢」，以吉慶方式處理之。此即民間稱喪事為「白喜事」之文化根源。

同時，喪事若遇戰爭，在顏色上有「變服」處理。《左傳・僖公三十三年》（西元前627年）載：晉文公卒，秦興師滅了晉的附屬國滑，晉襄公率軍迎戰（當時尚未即位），「子墨衰絰……夏四月辛巳，敗秦師於殽……遂墨以葬文公。晉於是始墨。」杜預注：「晉文公未葬，故襄公稱子；以凶服從戎，故墨之。」並說：「後遂常以為俗，記禮所由變。」即喪事從戎的「變服」處理方式是從這時開始的。後來，《左傳・襄公二十三年》（西元前550年）晉平公母親悼夫人的兄弟杞孝公薨，晉公室內亂，諸大夫爭權，「王鮒使宣子墨衰、墨冒絰」。王鮒和宣子均為晉平公大臣，此時準備迎戰，故如此服。但這裡杜預注：「晉自殽戰還，遂常墨衰……冒絰，以絰冒其首也。一說，絰、冒二者皆墨之。」似乎晉國以黑色為通行的喪服顏色。如果是這樣，那麼這一顏色習俗未能流傳，後世中國傳統仍用白色。

《論語・鄉黨》：「去喪，無所不佩……羔裘玄冠不以弔。」楊伯峻先生注：「玄冠，一種禮服。『羔裘玄冠』，都是黑色的，古代都用作吉服。喪事是凶事，因之不能穿戴著去弔喪。」羔裘，羔羊皮做的衣。「羔裘玄冠」，皆華美吉服，不宜為弔服。可見周禮在吉、凶不同場合的穿戴及其顏色上都是有規定的。現在，人們也不宜穿著過於豔麗的服裝去參加追悼會，慰問喪主，因為它與悲哀的氣氛不協調。

殯葬服飾一經定型，它在人們的世俗生活中就會成為禁忌，如吉慶節日就不能穿戴它。

第十六章

殯葬語言

語言，作為訊息交流的手段來理解，應該說是人和動物共有的。但是，人類的語言具有高度的抽象性，它能上升到「類」的認知，深入到事物的本質，因而被認為是人和動物的根本區別之一。語言史學家認為，人類先有口頭語言，以相互傳遞感情和思想，爾後才逐步創造了書面語言即文字以記載它們。因而書面語言落後於口頭語言是常態現象，比如書面語言總是不能全部反映口頭語言。但是，書面語言卻有自己的優勢，它更便於記載、保留和傳遞，因此作為一類文化存在具有更久遠的生命力。文字一經產生就成了人類文明發展的催化劑。

此外，人類還形成了諸如表情語言、姿勢語言、音樂語言等。廣而言之，人類的一切都具有「語言」的含義，如服飾、哭泣（如哭靈）均是。

所謂殯葬語言，即殯葬活動中的語言，這裡主要指口頭語言和書面語言。其形式，如死亡稱謂、諡號、避諱、廟號、碑文、銘文、墓誌銘、訃告、輓聯、祭文、哀樂等。本章僅討論死亡稱謂、諡號、避諱，其他則在後面分別述說。

 ## 第一節　殯葬語言的意義

殯葬操作是人類社會中一類極特殊的活動，殯葬語言則是一類極特殊的語言。人們恐懼、厭棄死亡，可又必須面對它的降臨；人們留戀、尊重死者，但又無可奈何地眼看著他們的離去，並懷著複雜的異樣心情去做那些「清點」工作。久之，人們形成了一套較固定的殯葬語言系統，它們構成各時代民俗的一部分，後世亦稱「行業語言」。

殯葬語言的原始意義，首先源於原始人對鬼魂的恐懼，即對死者名字的禁忌。亞雪里斯在《原始人的宗教》中寫道：沒有一個原始人給自己以死者的名字，名字也被埋葬了。它不能被人呼喚，不然，死者的

「生命力」就會跑來給呼喚者找麻煩。如果死者的名字同時是一個物品或一類動物，那就必須改變該物品或動物的名字。如傳教士陀勃里曹弗（Dobrizhofer）就說，他在巴拉圭的亞皮蓬族居住的七年中，人們把豹的名字換了三次。但是，人們若要向死者的靈魂求助時，呼喚它的名字前必須經過若干儀式，以平息鬼魂的憤怒。就像基督徒求助上帝時須兩膝跪下，手臂交叉、低首一樣（參見薛爾曼，《神的由來》，第24頁）。也就是說，原始人對於死者名字的迴避，乃源於恐懼心理。

其次，人們厭棄死亡，厭惡那些僵硬而冰涼的屍體和悲哀的喪事場面，便發明出一套喻指死亡及其物品的稱謂，如壽終正寢、白喜事、壽器、陰宅、千年屋等，以免給生活帶來不快。再如「長者面前不言死」，以免生「兔死狐悲，物傷同類」之感。這是殯葬語言的心理起源，它乃基於人們對生活的熱愛。

進入文明社會，由於紀念、歌頌、尊崇死者和激勵生者的社會性需求，經國家之手，殯葬語言愈益豐富，等級愈益森嚴。諸如，對死亡的稱謂、諡號、避諱、祭文、哀樂、殯葬文書等等，其中充滿了價值觀上的褒貶之詞。自然，殯葬語言離它的原始出發點就愈來愈遠了。

 ## 第二節　對於死亡的稱謂

這裡指對死亡和喪事的稱謂。

一個人死了，其社會地位、死法不同，則以不同的詞語稱謂之，這在各國具有共性。但論及詞彙之多，用詞之講究，含義之深刻，恐怕不會有哪個民族能超越中國人。死亡稱謂之豐富反映了中國文字的豐富性，中國歷史沉澱之深厚。郭存亮編《白事博覽》廣收了對於「死」的稱謂，字、詞計兩百二十三個，而且遠未收盡。其他有關民俗的文章與書籍中也有該方面的蒐集。中國古代文化，兩三千年間，既有中國本土生長的

儒、道及迷信等成分，又歷受西方文化的滲入，如魏晉後的佛教、19世紀以來的西學，這些外來文化也在中國殯葬語言中留下了痕跡。

在各種關於死亡的稱謂中，現大體分為以下五大類：

第一類，屬於自然色彩的：即自然宗教、自然哲學和生活信念的觀點，如死、亡、歿、沒、夭、殤、歸壽、百年、殞命、老了、走了、去了、善終、謝世、絕氣、嚥氣、氣盡、氣散、就木、歸泉、歸天、夭折、早逝、見背、作古、回老家、壽終正寢、千秋萬歲、太陽落山等。

《史記》載：漢高祖臨崩，呂后問：「陛下百歲後，蕭相國既死，誰令代之？」後蕭何臨終，漢惠帝亦問：「君即百歲後，誰可代君？」這反映了漢代不面對面地講對方之死的忌諱，如呂后面對高祖、惠帝面對蕭相國均不直言對方之死，故以「百歲後」代之。但指他人之死則可明言，如呂后對高祖說「蕭相國既死」，誰可以代替他？這一忌諱到今天仍流行。

第二類，屬於國家政治色彩的：它通常又飽含著儒家的褒貶精神，如：「天子死曰崩（亦謂駕崩、山陵崩），諸侯死曰薨，大夫曰卒，士曰不祿（不能享受俸祿），庶人曰死。」（見《禮記·曲禮下》）皇帝剛死稱為「大行皇帝」。「大行者，不反（返）之辭也。天子崩，未有諡，故稱大行也。」（《後漢書·孝安帝紀》章昭注）皇帝死亦有稱「千秋萬歲」、「宮車晏駕」等。

《戰國策·趙策四·觸讋說趙太后》中，觸讋說趙太后曰：「……一旦山陵崩，長安君（趙太后的愛子）何以自託於趙？」此喻指趙太后您死後，您兒子怎麼辦？

此外，有丁艱、私艱（父母死）、私喪（妻死）、殉難、殉國、殉義、就義、赴義、赴難、成仁、犧牲、獻身、捐軀等；以及授首、納命、戮首、身首異處、嗚呼哀哉、一命嗚呼等。

第三類，屬於道家（包括道教）色彩的：如歸室、歸天、長眠、長往、喪元、升天、千古、羽化、遁化、返真、順世、登仙、登遐、遷形、隱化、玉樓赴召、逝（世）等。

　　第四類，屬於佛教色彩的：如歸西、大限、滅度、圓寂、涅槃、成佛、示滅、示寂、順世、恆化、坐化等。

　　第五類，近世西學色彩的：如辭去人世、與世長辭、告別人生、見上帝、安息、光榮了、蒙主之召等。

　　這些區別有的只具有相對意義，如「逝世」一詞，既像道家語，又是自然色彩語。這是因為各學派詞彙的產生均源於自然，而各成分之間也存在一個融合過程。

　　在民間，表示死亡詞的使用頻率以自然色彩、道家居多；官方場合則以儒家語言居多。在輓聯一類文學表達方式中，又以道家語言居多。由於替代詞彙的豐富，直接用「死亡」一詞的場合反而不多了。

　　中國很早以來就將長者的喪事稱為「白喜事」。

　　清代錢泳《履園叢話》卷二十三〈雜記上‧紅白盛事〉：「蘇杭之間，每呼婚喪喜慶為紅白事，其來久矣。」這大約是從這些活動中的顏色來稱呼的，新婚中新娘多穿大紅衣、戴紅頭巾、大花轎、貼紅喜聯等，喪事則多用白色。徐珂《清稗類鈔‧喪葬類‧喜喪》提供了另一種解釋：「人家之有喪，哀事也。方追悼之不遑，何有於喜？而俗有所謂喜喪者，則以死者之福壽兼備而可喜也。」即有福有壽的年長者，正常死亡曰白喜事，其中深藏著「安詳地面對死亡」的道家精神。此時，中國人是懷著一種豁達的心境接受死亡的，誠如《增廣賢文》所言：「人見白頭愁，我見白頭喜。」同時，此類稱道還有利於排遣喪事的悲哀氣氛。

　　各地對死亡還有一些自己的稱呼。如湖南一些地方稱「某人死了」為「某人彈了」，辦喪事為「彈四郎」。為什麼如此稱呼，至今誰也說不清楚。

　　基於這一認知，民間出殯時，指揮者大喝一聲：「吉時已到，起轎！」然後鞭炮齊鳴，抬棺出發。此「吉時」舊時為陰陽師所擇，意喻此時死者「出遠門」最吉利。

第三節　謚號

一、謚號的內涵

　　古代帝王、諸侯、卿大夫或士人死後，朝廷根據他們生前的德行給予一個具有褒貶含義的稱號，稱為「謚號」。這種制度以及給謚的標準稱「謚法」。此後，人們不再呼死者的名字，而以謚號稱之，如諸葛亮謚「忠武」，後世稱「忠武侯」（故諸葛祠堂曰「武侯祠」，但完整地應稱「忠武侯祠」）；北宋范仲淹謚「文正」，後世稱「范文正公」；岳飛謚「武穆」，後世稱「岳武穆」。因而，謚號又叫「易名典」。

　　中國典籍言謚法以《逸周書・謚法篇》最早，專家考證大約為戰國中期作品。其中說：「將葬，乃製作謚。謚者，行之跡也；號者，功之表（特徵）也；車服，位之章（彰明、顯示）也。大行受大名，細行受細名。行出於己，名生於人。」這就是說，品行在於自己，給名號在於別人，受何名號和生前行為相合。《五經通義》云：「謚之言列其所行，身雖死，名常存，故謂謚也。」

　　謚號是根據死者生前的行為來確定的，它是儒家追求人生「三不朽」生命永恆的一類具體體現。《禮記・檀弓下》載，衛國大夫孔圉卒，其子孔戌向衛靈公請謚，曰：「日月有時，將葬矣，請所以易其名。」衛靈公曰：「昔者衛國凶饑，夫子為粥與國之餓者，是為亦惠乎？昔衛國有難，夫子以其死衛寡人，不亦貞（亦正、忠）乎？夫子聽（即主持）衛國之政，修其班制（即次序、等級），社稷不辱，不亦文乎？謚夫子『貞惠文子』。」對此，《論語・公冶長》中有一段對話：「子貢問曰：孔文子何以謂之『文』也？（孔）子曰：敏而好學，不恥下問，是以謂之『文』也。」孔子是從「敏而好學，不恥下問」來解釋為什麼謚「文」的，大約是他在借題發揮。從這裡，我們可以看出古人定謚號的原則，以

及如何理解諡號。

諡號是一些固定的字，它們被賦予了特定的含義，用來標誌死者生前的德行以及遭遇。下面是一些專用於帝王的諡號：

1.**表揚的**。例如：

經緯天地曰文　布義行剛曰景

威強睿德曰武　柔質慈民曰惠

聖文周達曰昭　聖善聞周曰宣

行義悅民曰元　安民立政曰成

布綱治紀曰平　照臨四方曰明

闢土服遠曰桓　聰明睿知曰獻

溫柔好樂曰康　布德執義曰穆

西漢第二任皇帝劉盈，一生柔弱仁慈，諡曰「孝惠帝」。第三任劉恆推行與民休息的政策，諡曰「孝文帝」。經是織布時的縱線，緯是織布時的橫線，經、緯喻指某人有治理天下之大才。第四任皇帝劉啟平定「七國之亂」，諡曰「孝景帝」。第五任皇帝劉徹對外反擊匈奴，開疆闢土，對內實行強權政治，諡曰「孝武帝」等。這些諡號大體上能反映他們一生的政績。

2.**批評的**。例如：

亂而不損曰靈　去禮遠眾曰煬

殺戮無辜曰厲　怙威肆行曰醜

西周末有周厲王；春秋戰國時期，晉國有晉靈公，楚國有楚靈王，隋朝有隋煬帝，均被視為「無道昏君」，故諡曰「厲」、「靈」、「煬」。

3.**同情的**。例如：

恭仁短折曰哀　在國遭憂曰愍　慈仁短折曰懷

西漢哀帝在位七年，二十六歲而亡，諡「哀」。西晉懷帝在位七年，匈奴南侵，被俘，受辱而死，年三十，諡「懷」。西晉愍帝在位四年，亦被匈奴所俘，受辱而死，年十八，國亡，諡「愍」。

這裡再介紹幾個有關諡法的名詞：

1.賜諡：周禮，死後待葬的期間給諡號。秦漢以後統一的中央集權國家建立，由有關部門（如禮部）商議給予什麼諡號，曰「議諡」，再以皇帝的名義賜予，曰「賜諡」。但古代通訊、交通不發達，信息不便，地方官員多葬後才賜諡，如明朝禮部每五年集中給一批人議諡。

2.追諡：給已死去很久的人賜諡：一類是開國皇帝給先祖追諡，如明太祖朱元璋登基後，追諡其高祖父為「德祖玄皇帝」、曾祖父為「懿祖恆皇帝」、祖父為「熙祖裕皇帝」、父親為「仁祖淳皇帝」。而這些先祖們生前是一些老實農民，並未做過皇帝，不過是朱元璋要抬高自己的先祖，光耀自己的出身而已。另一類為追諡已死去很久的英烈、聖賢以砥礪風俗，兩漢以後，各朝都有。如西漢平帝元始元年（西元1年）追諡孔子為「褒成宣尼公」，唐玄宗開元27年（739年）追諡為「文宣王」。由「公」到「王」，孔子的諡號上了一個臺階。北宋末抗金名將李綱，死於紹興10年（1140年），到宋高宗趙構去世後，主戰派呼聲又起，朝廷才被迫追諡李綱「忠定」。清代諡文天祥為「忠烈公」，此時文天祥已去世四五百年了。

3.加諡：在原來的諡號上加字。如元朝在孔子「文宣王」的諡號上加諡「大成至聖」，成為「大成至聖文宣王」。此諡號沿用至明清。

4.改諡：對原有的諡號予以更改。奪諡：又稱削諡，是撤銷諡號。有人考證，改諡和奪諡始於宋，盛於明、清。如南宋奸相秦檜，宋高宗紹興25年（1155年）封建康郡王，死後諡「忠獻」。宋寧宗時，抗金呼聲起，開禧2年（1206年）追奪秦檜王爵，改諡「謬醜」。不久，抗金之役不利，開禧3年（1207年）10月主戰派韓侂冑被殺，主和派復執朝柄，遂於嘉定元年（1208年）復秦檜王爵，贈諡。寶祐2年（1254年），金朝被滅

二十年後，宋理宗詔命改諡秦檜曰「謬狠」，意指荒謬而狠毒。明朝首輔張居正歷嘉靖、隆慶、萬曆三朝，任首輔期間，大力推行改革，抑制豪強權貴，卓有成效，死時贈上柱國，諡「文忠」。不久，頑固派上臺，廢新政，大肆進行報復，張居正被掘墓鞭屍、抄家奪產，並奪去諡號，藉以打擊其政治勢力。此類奪諡、復諡、改諡的變化都反映了朝廷內不同政治派別之間力量對比的變化以及國策的轉變。

5.私諡：周制，下大夫以下不得請諡於上，親族門生故吏為之立諡，曰私諡。如春秋柳下諡「惠」，後世稱「柳下惠」；東晉陶淵明，顏延年為他作誄文，諡「靖節」，後世稱「陶靖節」；北宋學者張載死，弟子諡「明誠」，後世呼為「張明誠先生」。不過，後世講諡多指公諡，私諡曾受到如司馬光一類正統士大夫的抨擊。

宋、元以後，地方官府有時也給一些人諡號，如「貞節牌坊」之類。這是國家諡法（公諡）的延伸，介乎公諡和私諡之間。

二、諡號的起源和沿革

諡法的起源歷來頗有爭論，影響最大的是「周公制諡說」。它源於《逸周書・諡法解》：「維三月既生魄，周公（姬）旦、太師望相嗣武王（姬）發，既賦憲，受臚於牧之野。將葬，乃制作諡。諡者，行之跡也；號者，功之表也；車服，位之章也。是以大行受大名，細行受細名。行出於己，名生於人。」這是說，武王元年三月，「魄」為月初將出或將沒的微光，周公和太師望輔佐周武王，頒布法令，於牧之郊外受諸侯旅見（「臚」）之禮。將葬周武王，於是制作諡法，接著是解釋諡法的原則。東漢何休據此在《穀梁傳・桓公十八年》注：「昔武王崩，周公制諡法。」後世言諡法者，大都祖述其說。

但近世學者王國維（1877-1927年）研究西周青銅器銘文時，發現「周初諸王，若文、武、康、昭、穆皆號而非諡」，即西周諸王的這些稱

號在生前就有，並非死後所諡。因而提出：「諡法之作，其在宗周共、懿王以後乎！」（王國維《觀堂集林》卷十八）帝王在世之號曰「尊號」，死後之號曰「諡號」。王氏主張諡號產生於西周中後期之說大為學者所接受。

民國學者屈萬里先生1948年時著有〈諡法濫觴於殷代論〉一文（載《歷史語言研究所集刊》第十三冊，中華書局，1987年），認為諡法雖定型於西周中後期，但發源卻在殷商末葉。

諡法之源可上溯到殷商（乃至夏朝）的「日名」習俗。當死者的神主遷入宗廟後，就不可再言其名，古曰「諱名」。已如前述，這一習俗源於原始人對鬼神的恐懼。但祭祀死者時又不可能不呼其名，於是，就用死者出生日的天干序號做其代名，曰「日名」；書於廟主之上，故又稱「廟號」。如甲日出生的，日名為「甲」，乙日出生的，日名為「乙」……依此類推。文獻中夏王有稱太康（庚）、孔甲、履癸的，即被認為是這種日名的廟號。據對甲骨文的考證，商代更多地給死者取日名，商王室成員和貴族，不分男女，普遍都有日名。從卜辭和銘文看，這些人在世時，自稱本名；死後，後人對死者稱日名，不再稱本名。這是對死者的尊敬。但是，甲、乙、丙、丁、戊、己、庚、辛、壬、癸，只有十個字，經過很多代以後，相同日名的父祖就會重複，不好區別。於是，人們又在日干之上再加上一些表示世次特徵的字（前綴），如商湯稱「大乙」，祖辛的父祖叫「祖乙」，武丁的父親叫「小乙」等；也有以地名為前綴的，如盤庚因居凡地故得其日名（卜辭作凡庚，凡、盤通）。日名係死後子孫所稱。

後來，子孫給先祖在日名以外再加一個美稱，如「昭」、「懿」、「武」之類，以表彰先祖的美德武功。於是，諡法就不知不覺地產生了。它一旦為國家所接受，並成為國家所控制的精神工具，諡法制度便正式形成。屈萬里先生認為，諡法產生於殷商末期，西周征服殷商，經歷一百餘年後，發現諡法制度很有用，便開始採用。諡法從此進入周禮。

諡法作為「周禮」的一個組成部分，賜諡權為周王室所掌握，所謂

「天下有道，禮樂征伐自天子出；天下無道，禮樂征伐自諸侯出」。平王東遷後，周室衰微，諸侯們也各自起諡號，無須再到周王室去求諡了。

西元前221年，秦始皇統一中國。秦始皇頒布〈廢止諡法制〉曰：「朕聞太古有（尊）號毋諡，中古有號，死而以行為諡。如此，則子議父，臣議君也，甚無謂，朕弗取焉。自今已來，除諡法。朕為始皇帝，後世以數計，二世、三世，傳之無窮。」他認為，諡號是子議父，臣議君，不好，廢掉。秦始皇是不喜歡別人議論他的。

西漢時又恢復諡法，後世沿用，迄於明、清。民國時被廢除。

由於諡法制在中國推行了兩三千年，故歷代諡法論著極多，亦備受重視。近人汪受寬著有《諡法研究》（上海古籍出版社，1995年版）一書，全書三十餘萬字，是目前研究諡法方面所能見到最翔實的著作。

三、諡號的意義

諡法權歷來掌握在國家手中，它是懲惡揚善、宣揚道德教化和維護社會尊卑貴賤的一類精神武器。

(一)懲惡揚善、宣揚道德教化

周禮，諡號都在葬儀上宣布，「因會眾，欲顯揚之也」（《白虎通義·諡》）。後世歷代諡號，也務使天下人咸知之，以彰教化。

對此，北宋程頤有一段精闢的論述：「古之君子之相其君而能治天下於大治者，無他術，善惡明而勸懲之道至焉爾。勸其得道，而天下樂為善；懲其得道，而天下懼為惡，兩者為政之大權也。然行之必始於朝廷，而至要莫先於諡法。何則？刑罰雖嚴，可警於一時，爵賞雖重，不及於後世，惟美惡之諡一定，則榮譽之名不朽矣。故歷代聖君明相，莫不持此以厲風也。」（程頤《性理大全·諡法》）

中國歷來無系統、持久而深入人心的一神論宗教，殷商時盛行的上帝

鬼神崇拜在春秋戰國時期又受到衝擊，這一信仰上的空白使儒學得以產生
並大為繁榮，於兩漢達到一個高潮。東漢後期出現道教，魏晉南北朝風行
佛教，此外是民間的鬼神迷信等。宗教和迷信對於中國「有教養」的士
大夫階層的吸引力遠不如庶民那麼大，相反，他們對於追求死後的榮譽
（儒家的「三不朽」）卻有相當的興趣，這也就是諡法能推行兩三千年並
廣為士大夫、學者所接受所追求的社會心理基礎。故程頤將明善惡的諡法
視為治理天下的第一要務，所謂「至要莫先於諡法」。

　　對於諡法的這一功能，《顏氏家訓・名實》亦云：「或問曰：『夫神
滅形消，遺聲餘價，亦猶蟬殼蛇皮獸迒鳥跡耳，何預於死者，而聖人以為
名教乎？』對曰：『勸其立名，則獲其實。且勸一伯夷，而千萬人立清風
矣；勸一季札，而千萬人立仁風矣；勸一柳下惠，而千萬人立貞風矣；
勸一史魚，而千萬人立直風矣。故聖人欲其魚鱗鳳翼，雜沓參差，不絕
於世，豈不弘哉？四海悠悠，皆慕名者，蓋因其情而致其善耳。抑又論
之，祖考之嘉名美譽，亦子孫之冕服牆宅也。自古及今，獲其庇蔭者亦眾
矣。夫修善立名者，亦猶築室樹果，生則獲其利，死則遺其澤。」

　　這裡有兩層意思：一是立諡號滿足人們對於美名的追求，透過對美名
的追求而達到社會風氣的純潔，即所謂「立清風」、「立仁風」、「立貞
風」、「立直風」，而刑罰雖嚴，爵賞雖重，都只有短期效用。二是美名
從來不是空的，「修善立名者，生則獲其利，死則遺其澤」，「亦子孫之
冕服牆宅也」。若是純空名，久之就難以使人來勁了。值得注意的是，顏
之推為南北朝時北齊人，此時佛教大為流行，然國家仍推行諡法，士大夫
仍追求諡號，足見儒家諡號對「有教養」階層的吸引力。

(二)維護尊卑貴賤等級制度

　　諡法權歷來掌握在國家手中，並按照統治階級的意志賜予諡號，從而
隨時調整社會的尊卑等級秩序（歐洲中世紀的等級制是血緣世襲的，中國
古代的等級制則是非世襲的，多靠個人的努力去獲得）。不同等級的人給

予的諡號不同，如對皇帝的諡號，充滿了「聖、神、睿、智、仁、孝、信」之類的溢美之詞，而這些詞是很少給予臣下的，這樣就起到了神化皇帝（天子）的作用。東漢蔡邕《獨斷‧帝諡》中就列出皇帝專用的諡號四十六個。清朝諡字分五等：第一等用於皇帝的「列聖尊諡」七十一字；第二等用於皇后的「列后尊諡」四十九字；第三等用於「妃、嬪」的四十一字；第四等用於宗室的「王、貝勒諡」七十五字；第五等用於文武百官的「群臣諡」七十一字。各種人有特定的諡號用字，即使是通用的字，在不同等級的人身上，其釋義也有差別。中國歷來有「重文輕武」的傳統傾向，唐、宋後尤如此，唐以後，百官賜諡號以「文」為貴，只有當過宰相一級或有特殊勳業的官員才能得到。

什麼人給諡，什麼人又不能給諡，各朝都有規定，以免諡號太濫而失去應有的意義。漢朝實行「生無爵，死無諡」制度，在世時沒有封爵位者，死後不給予諡號，諡號被控制在很小範圍內。東晉以後，文武官員視其功績而決定是否賜諡，封侯不再成為前提條件。唐朝只有三品以上官員才有諡號。

這樣，諡號就成了極少數人顯示其優越社會地位的精神徽標。它神化帝王，使將相芳名不朽，門庭生輝，稱譽鄉里，子孫受益，官府敬重，同僚羨慕，因而官員死後能獲得諡號乃是一件極重要而榮耀的事情，諡曰「文」就尤其如此。明朝首輔李東陽臨終，其好友大學士楊一清答應向朝廷為他申請「文正」的諡號，李東陽竟掙扎著在床上朝楊一清磕頭。這無異於吃了一劑嗎啡！

在中國古代政治哲學中，諡法被納入儒家「正名」範疇。正即端正、清理；名即名分。《左傳‧成公二年》：「惟器與名，不可以假人。」器，禮器也，祭祀祖先之用，引伸為操持朝政的政治權力。即是說，國家政治權和名分權是不能旁落的。前者為武，後者為文。孔子一生即為「正名」而奔走呼喊，所謂「君君、臣臣、父父、子子」，欲使人各安其位。

可以說，謚法是中國傳統死亡文化中內蘊最深厚、濃度最高的一部分；由於它一直由國家直接把持，因而從中就可以更直接地看到國家極力給死亡文化導向的強烈願望。

四、謚法走向反面

謚法制本來是國家用以表彰德行、英烈，並以此砥礪風氣的一類精神工具，在歷史上發揮過很好的作用。但後來也走向了反面，這主要表現在虛謚、濫謚上。虛謚指所謚與其人之行不相稱，為虛妄之謚。濫謚則指謚號的字數愈來愈長，不愛惜謚字，使謚號變得毫無意義。歷來，一虛就濫，一濫則虛。

東漢末帝劉協，被逼讓位給司馬炎，亡國之君，死後謚「獻」，史稱漢獻帝。《正義·謚法解》云：「聰明睿哲曰獻」，「知質有聖曰獻」。明明是司馬氏集團玩的政治把戲，被逼讓位，卻偏要謚一個好聽的號，自然，誰也不會認真地去對待這個「獻」字謚號。唐末帝昭宗，國亡被殺，謚「昭宣光烈孝皇帝」。宋欽宗亡國為俘之君，謚「欽」，謚法：「威儀悉備曰欽」。明朝神宗敗國之君，謚「神」，謚法：「民無能名曰神」，即「善不可名」、「聖之至形，無形無方」。歷朝帝王、將相的謚號都充斥溢美之詞，這類做法雖然符合儒家「替聖人諱」傳統，但人們也變得對這些溢美之詞愈來愈不相信，謚號也逐漸變成一類政治文字遊戲。

與此同時，謚號的字數變得愈來愈長，這是從唐玄宗開始的。唐前期五帝，高祖李淵謚「太武」皇帝，太宗李世民謚「文」皇帝，高宗李治謚「天皇」大帝，中宗謚「孝和」皇帝，睿宗謚「大聖真」皇帝，都只有一到三個字。唐玄宗開元、天寶年間，天下富庶，國泰民安，經濟、文化空前繁榮，唐朝進入盛世。杜甫〈憶昔〉詩曰：「稻米流脂粟米白，公私倉廩俱豐實。九州道路無豺虎，遠行不勞吉日出。」便是這一時期的真實寫

照。在一片歌舞昇平之中，統治階級愈益變得驕奢淫逸，開始玩起諡號把戲來，不斷的給先帝加諡號、改諡號。天寶13年（754年）改高祖諡號為「神堯大聖大光孝」皇帝，太宗為「文武大聖廣大孝」皇帝，高宗為「天皇大聖大弘孝」皇帝，中宗為「大和大聖大興孝」皇帝，都是七個字了。後玄宗諡為「至道大聖大明孝」皇帝，仍七字。肅宗諡為「文明武德大聖大宣孝」皇帝，九字，又前所未有了。唐德宗即位後，禮儀使顏真卿上疏〈請復七聖諡號狀〉，要求廢除濫諡、虛諡，於朝中引起一場軒然大波。最終，濫諡、虛諡派占了上風。唐後期，國運日衰，政治日益黑暗，皇帝的諡號卻愈玩愈長，唐宣宗李忱諡竟達十八個字，曰：「元聖至明成武獻文睿智章仁神聰懿道大孝」皇帝，好聽的字幾乎全用上了，不換氣還讀不過來。

　　此類濫諡、虛諡成為此後歷代帝諡之定式，明朝皇帝的諡號為十七字，清朝皇帝的諡號為二十一字，全是溢美之詞。其他郡王、公主、大臣的諡號則被控制在一到三個字，以此尊隆皇權。如明太祖朱元璋初諡「高」皇帝。成祖奪得帝位後，增為十七字；到世宗靖嘉17年（1538年）增至二十一字，曰：「開天行道肇紀立極大聖至神仁文義武俊德成功高」皇帝。清朝諸帝諡號二十一字，惟清太祖努爾哈赤諡：「承天廣運聖德神功肇紀立極仁孝睿武端毅欽安弘文定業高」皇帝，二十五字，為歷史上皇帝諡號最長者，簡稱「高皇帝」。原來滿清尚未入關前就已學會玩漢族人這套無聊的諡法把戲了。諡號也就失去了它原來的實際意義，成為虛有其表的一個空殼。辛亥革命後，它便被人們拋棄了。

　　諡法作為一項經常的國家禮制雖被廢除，但並非消失得無影無蹤，事實上，它仍時常發揮作用。如，孫中山為秋瑾題詞「巾幗英雄」，西子湖畔秋女士之墓及碑至今猶存；中共中央政治局在其領導人毛澤東去世後，冠以「偉大的領袖」；稱雷鋒為「偉大的共產主義戰士」等等，都相當於現代諡號。又如，美國開國元勳第一任總統華盛頓去世後，美國人尊之為「國父」，則是現代的「洋」諡號。後來，孫中山先生去世後，南京

國民政府也呼曰「國父」。

故要傳統完全消失是不大可能的。

第四節　避諱

避諱，是中國古代史上特有的一種歷史文化現象，它指臣下對當代君主以及所尊者不得直呼其名，而要用其他方法代稱。此時，「諱」即指君主、聖人、尊長的名字（不包括姓），它們不能被直呼，須迴避不用或改寫，否則有冒犯之意。《說文》：「諱，忌也。」即一些不能講的話、不能做的事，故後世將忌、諱二字連用。這裡有兩個含義：一是對尚在世的尊長（如稱皇帝為「陛下」之類），二是對已去世的尊長，均不能直呼其名。不過，已去世的尊長要遠遠多於尚在世的尊長，故後世多從避已死尊長的意義上談避諱。

已如前述，避開死者的名字源於原始人對鬼神的恐懼。進入文明時代，逐漸攙入敬尊長、顯尊貴、勸教化等社會含義，形成了中國古代文化中獨特的「避諱文化」。如殷商的給死者取「日名」，後世演化為「諡號」，其中就有避諱的含義。

避諱作為一項制度被認為形成於西周末東周初，它構成周禮的一部分。北宋鄭樵《通志·諡法·序論》：「周人卒哭而諱，將葬而諡。有諱則有諡，無諱則諡不立。」就是說，先有了「諱」名的禁忌規定，才產生了「諡」的規定；將葬時給予諡號，卒哭祭後就不再呼死者之名了（即諱名），而稱諡號。這與殷商的「日名」演化為諡號的過程是相吻合的。儒家將避諱納入其「尊尊」、「別尊卑」學說的一部分，以此尊崇王權。

至秦漢大一統的專制主義帝國的建立和鞏固，皇權日隆，避諱乃日臻完備，成為一項國家法律制度，犯諱就成了一樁非常嚴重的罪行。違者，輕則坐牢，重則喪命。至唐宋，諱制極盛，避諱的禁令逐漸嚴格起

來。清代,尤其是雍、乾之世,諱禁之嚴達登峰造極,觸犯諱禁成為清代
文字獄案件中的重要組成部分。

一、避諱的類型

避諱大體有「國諱」、「聖人諱」、「家諱」三類。

1.「國諱」:是指包括皇帝在內舉國臣民均必須遵守的,它主要是避
皇帝本人及父祖的名諱,也有進而諱及皇帝的字者,有諱及皇后及其父祖
者,有諱及前代年號者,有諱及帝、后謚號者,有諱及皇帝陵名,有諱及
皇帝的生肖及姓者。各朝避諱情況稍有差異,一般而言,唐宋以後繁於以
前。

由於國諱的普遍性,一旦名字中有一個常見字,就會給政治和日常生
活帶來不便。因而,帝家取名以「難知而易諱」為原則,多用冷僻字,如
唐僖宗名儇,明穆宗名垕(通「厚」),清康熙帝名玄燁等。但儘管如
此,仍然會帶來許多麻煩。

2.「聖人諱」:即對聖人名字的迴避。聖諱各朝不一,一般有黃帝、
周文武王、老子、孔子、孟子等。如宋大中祥符7年(1014年)規定:
「禁文字斥用黃帝名號故事。」宋徽宗大觀4年(1110年)改瑕丘縣為瑕
縣,改龔丘縣為龔縣。金代規定:「臣庶民犯古帝王而姓復同者禁之,周
公、孔子之名亦令迴避。」清雍正朝規定:孔子、孟子名諱必須迴避,
尤其是孔子之名丘,凡古書中有此字必須改為缺筆字,寫成「𠀌」;
姓名及地名中有「丘」字必須寫成「邱」。

3.「家諱」:僅限於親屬內部,族外之人與之交往時,須注意對
方父祖名諱,不能違諱直呼。家諱大約形成於春秋戰國,秦漢以後成
為定制。司馬遷的父親名「談」,其《史記》中凡遇到「談」字,均
改為「同」字,如趙談改為趙同子、張孟談改為張同;他甚至還為祖
父避諱,司馬遷的祖父名「僖」,《史記》中凡是有「僖」字便改為

「釐」，如《史記‧魯世家》中司馬遷將「魯僖公」改為「魯釐公」，《史記‧魏世家》中的「魏安僖王」改為「魏安釐王」等。晉朝書法家王羲之的父親名「正」，他凡書寫「正月」就改為「初月」或作「一月」。東晉桓玄初任太子洗馬時，王大前來祝賀，桓玄設宴款待。王大嫌酒冷，連呼侍者取「溫酒」來，桓玄因此哭泣。王很掃興，告辭，桓玄賠禮道：「犯我家諱，何預卿事！」因桓玄的祖父即「桓溫」。南朝范曄的父親名「泰」，他著《後漢書》時，凡遇「泰」便改為「太」，如《後漢書‧靈帝紀》中的「郭泰」改為「郭太」。《後漢書》卷六十八：「郭太，字林宗。」注曰：「范曄父名泰，故改為此『太』。」魯迅曾在〈魏晉風度及文章與藥及酒之關係〉一文中談及魏晉時的家諱：「魏晉時，對於父母之禮是很多的。比方想去訪一個人，那麼，在未訪之前，必先打聽他父母及其祖父母的名字，以便避諱。」

《舊唐書‧良吏上‧蔣儼傳》載：永淳元年（682年），蔣儼任命為太僕卿，因其父名「卿」，固辭，後改任太子右衛副率。詩人李賀的父親名「晉肅」，「晉」與「進士」的「進」諧音，他不敢考進士，怕觸諱，韓愈為此曾寫〈諱辯〉一文勸他，並表示反對家諱。但家諱在中國仍繼續發展，直至清末。

宋代家諱登峰造極。宋朝呂希純，因其父名「公著」，為避父諱，辭其著作郎官職。劉溫叟，其父名「樂」，故終身不聽「絲竹」音樂。徐績，其父名「石」，因而平生不用石器，碰到石頭也從不踩踏，如遇石橋則定要人背著過橋。王安石的父親名「益」，因而他著的《字說》一書中，居然沒有一個「益」字。蘇軾的祖父名「序」，凡遇到「序」字，便改用「敘」。

家諱體現了儒家「尊尊」的倫理道德，得到法律的承認。舊時，人們多稱他人父母曰「令尊」、「令堂」之類。「令」即美好之意，引伸為對別人親屬的敬稱，如「令郎」、「令媛」等，亦含有避諱之意。現代人，平輩人之間亦不能直呼對方父母的名字，同學之間若直呼對方父母的

名字，都是一類嚴重的冒犯行為，弄不好就要引起糾紛。有時人們敬稱某尊長者為「某老」之類。這些均為避諱文化之遺風以及對人們的心理影響。

二、處理避諱用字的方法

當遇到須避諱的字時（這裡是指國諱和聖人諱），古人有如下幾種處理方法：

1.改字法：如漢朝為避漢宣帝劉詢諱，將先秦哲學家荀卿改為「孫卿」，孫與荀音諧而代之。陳壽為避司馬懿諱，在《三國志》中將東漢并州刺史張懿改作「張壹」。唐高祖李淵祖父李虎，凡是稱虎的地方均改為「武」或「猛獸」，《水滸傳》稱虎為「大蟲」，不知是否與唐人避「虎」諱有關。唐太宗李世民，唐朝之人將「民」改為「人」，士農工商「四民」稱為「四人」。唐高宗李治，此後的唐人不能用「治」字，韓愈〈送李愿歸盤谷序〉中有「理亂不知」，其本意是「治亂不知」。

2.空字法：即將應避諱的字空而不書，寫一個「□」，或寫作「某」，或直書「諱」。如唐人撰《隋書》，為避唐太宗李世民諱，改王世充為「王　充」，以致《隋書》在抄寫翻刻過程中，有人誤連成「王充」。《史記・孝文本紀》載，文帝議立太子，「子某最長，純厚慈仁，請建以為太子。」此「某」即指漢景帝劉啟。司馬遷須避劉啟之諱。

3.缺筆法：即對所避之字的最後一筆不寫，如「丘」字寫成「𠀉」。缺筆法被認為大約起於唐初。

上述尚只是中國古代避諱禮制的梗概，實際情況要複雜得多。避諱曾對古籍造成了相當大的混亂，後世研究古籍時多要留意古人是否由於避諱而在此改過字，因稍不留神就可能發生錯誤。對於避諱，近世多有研

究者，茲不述（參見《社會風俗三百題》「家諱」；《中國禮制風俗漫談》「避諱淺說」等）。

周禮中，避諱尚不多，也容易迴避，但後世愈搞愈繁瑣，使得避不勝避。如《禮記・曲禮上》：「不避嫌名。」即不避同音字。後世同音字也避起來。《三國志・吳書・吳主傳第二》：赤烏五年（242年）孫權立子孫和為太子，因「和」而避「禾」字，遂改「禾興」為「嘉興」，即今浙江的嘉興市。據考證，此為避嫌名之始。魏晉南北朝後，避嫌名之俗愈演愈烈，諸如，隋文帝父楊忠，兼避「中」；唐高祖父李昞，兼避「丙」；宋英宗趙曙，兼避「署、暑、薯、曁、屬、贖、杼、澍、樹、抒」等；清康熙帝玄燁，兼避「炫、弦、率、牽、茲、曄」等。這類近乎無聊之舉，無疑將給政治和日常生活帶來很大的麻煩，稍不注意，便要身罹大禍。清乾隆年間大興「文字獄」，江西有個舉人王錫侯作《字貫》一書，犯了康熙、雍正的廟諱和乾隆的聖諱，乾隆帝大怒，認為「大逆不法」，「罪不容誅」，因而殺了不少人。

上述避諱，一類是避生者諱，即當朝的皇帝、皇后等；二是避死者諱，如先帝、先后、先聖人等，此類避諱占絕大部分。為理解方便，稱前者為「生避諱」，後者為「死避諱」，可謂與死亡文化息息相關。如民國時期稱孫中山為「國父」，共和時期稱毛澤東為「毛主席」或「主席」，絕少有直呼其名者。此類現象均顯示避諱文化對中國人心理影響之深。必要的尊稱是可以的，但過於講究便成了反其道而行，變得愈來愈迂腐。

後世行文時，「諱」字用在死者的名字前表示對死者的尊敬，如《史記・高祖本紀》：「漢高祖諱邦，字季。」若直呼：「漢高祖劉邦，字季。」就犯了大忌，有殺身之禍。人們在題死者的神主（即靈牌）時也用「諱」字以示尊敬，如「某公諱某某大人之靈位」之類。

第十七章

墳墓與風水

墳墓是死亡文化中最主要的實物形態，它從物質上集中表現了人們的死亡觀、社會等級，以及民風民俗，因而是理解社會的一個窗口。

墳墓是生者按照自己的認知水準及社會境況設置的，因而又是俗世生活的一個縮影。

中國人歷來推崇孝道，盛行祖先偶像崇拜，因而在墳墓中傾注了極大的熱情和智慧，並對社會的代際聯繫曾起過巨大的作用。

中國人的墳墓多涉及風水論，故又受制於一定的方位觀。

 第一節　中國古代的方位觀

一、華夏的地理位置對方位觀的影響

方位，簡言之，即方向。古代各民族都有自己的方位觀，即對自己所處方位的理解，其中包括自己在世界中的位置、各方向的含義。這些方位含義的確定，取決於眾多的因素，諸如：首先太陽的東升西落影響最大；其次，該民族處於地球上的南半球或北半球、緯度，以及江河、山脈等自然地理環境；同時，他們從事的經濟活動（農業或漁獵）、民族的起源方向等，都影響一個民族的方位觀念。

方位觀作為一個民族的傳統文化，對生存和死亡均會產生極大的規範作用。從這裡出發，足可以建立一門「方位文化學」。這方面，中國古代的方位文化在古代世界中同樣是無與倫比的。周禮上承夏、商之禮，其中就包括方位觀。

中華文明發源於號稱「中原」的黃河中、下游平原❶，位於北緯35

❶「中原」即大地的中央。古代中國人認為自己處於世界的中央，四周有海包圍著，曰東海、南海、西海、北海，是謂「四海」，自稱為「四海之內」。當然，古代人大體都持自己是世界中央的觀念，如「地中海」即大地中央的海，古代西歐人認為他們住在世界的中央。

度左右，屬溫帶地區，東邊是大海，西邊是高原和山脈；北方日照時間短，寒冷而潮溼，是草原或沙漠地帶；惟南方溫暖，一年中大多數時候，太陽從東南方照射而來。即便夏至時，太陽也只是正對著北回歸線23度的地方，離35度的中原還有千餘公里。南方溫暖，北方寒冷，故中國歷代建築都坐北朝南，以趨暖避寒（南方受地形條件的限制，有特殊情況，不在此列）。因而，古代中國人對南方的感情較深，而對北方則多少有一些恐懼感。《禮記‧檀弓下》：「葬於北方，北首，三代之達禮也，之幽之故也。」孔穎達注：「言葬於國北及北首者，鬼神尚幽暗，往詣幽冥故也。殯時仍南首者，孝子若其生，不忍以神待之也。」將死者葬於城邑的北方，死者的頭朝著北方，因為北方是鬼魂要去的地方。同時，華夏居民將墓區建於居住區的北邊有悠久的歷史，如仰韶文化的西安半坡就是如此，漢、唐帝陵區亦大體建於長安城的北部。《禮記‧檀弓上》孫星衍注：「古者葬於國北。」因為中原地區多颳溫暖而溼潤的南風，「葬於國北」顯然有利於城區內居民的衛生。

　　不過，新石器早期仰韶文化的墓葬，死者的頭基本上是朝西方向，相差不超過20度，只有少數方向有異。它表明，仰韶人認為西方是鬼魂所去的方向。這大約與太陽的東升西落有關。

　　中國古代地圖的方位是：上南、下北、左東、右西。如**圖17-1**所示：

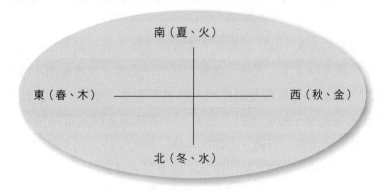

圖17-1　中國古代地圖的方位

如1972年長沙馬王堆西漢墓中出土的地圖就是如此。故中國古代稱「江東」為「江左」（長江自九江開始向東北方向流，江東指此段長江以南地區），稱甘肅東南一帶為「隴右」。《史記・匈奴列傳》：「西通西域，為斷匈奴左臂；東滅朝鮮，為斷匈奴右臂。」用的就是這一方位觀。

這一地圖方位的確定很可能與此相關：華夏人於肥沃富庶的中原地區生衍繁息，北方的遊牧民族又經常遷入，人口難免出現過剩。南方卻有廣闊待開發的地區，首當其衝的是江、淮流域，這在中國歷史上形成了多次南遷移民的浪潮。對北方則無開發可能，而只須抵禦遊牧民族的侵入。這一方位觀對中原人自然無不方便之處，他只要將地圖對著廣闊的南方攤開就可以確定方位。此外，還可能與太陽從東南方照射而來，南方炎熱相關，讓太陽、炎熱置於地圖的上方也是符合邏輯的。我們現在使用的地圖方位觀是上北、下南、左西、右東，與之正好相反，它是近代從西方引入的。

二、周代「堂、室」中的方位觀

周代貴族（天子、諸侯、公卿、大夫、士）的房子一般都是堂室結構，即「前堂後室」。並對堂、室中的各位置有尊卑規定，如圖17-2所示。

堂和室共房基，同一個屋頂。堂在前，近方形；室在後，為長形。堂大於室，通常稱堂上、室內。堂室之間有一面牆，左邊有窗（牖），右邊有室門（戶），進室須通過此門，所謂「登堂入室」。室是君主及其家族飲食居住之處，故後世曰「寢室」。堂的南邊臨院落無牆，堂上不住人，為貴族們議事、行禮、交際的場所，較大，故又曰「廟堂」。堂的中間有兩個大楹柱（「ㄨ」），作為支撐堂頂的橫梁之用。後世帝王的殿堂大體源於此，不過朝南的一邊多建有門了❷。

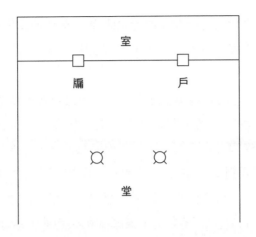

圖17-2 周代「堂、室」中的方位觀

---

❷ 歷代學者對周代的建築結構進行過考證。王國維《觀堂集林‧明堂廟寢通考》：「故室者，宮室之始也。後世彌文，而擴其外而為堂，擴其旁而為房，或更擴堂之左右而為廂，為夾，為个。然堂後及左右房間之正室，必名之曰室，此名之不可易者也。故通言之，則宮謂之室，室謂之宮。析言之，則所謂室者，必指堂後之正室，而堂也、廂也，均不得蒙此名也。」遂據此說繪**圖17-3**如下：

西房	室（寢）	東房
西廂	堂	東廂

圖17-3 周代的堂室布局

「堂」在天子、諸侯等朝廷中稱為「朝」，或「朝堂」。在「朝」的東西兩側之「廂」，是給臣下等候朝見的。《儀禮‧公食大夫》鄭玄注：「廂，俟事之處。」《儀禮‧覲禮》鄭玄注：「東廂……相翔待事之處。」又如《漢書‧周昌傳》：「呂后側耳於東廂聽。」此指漢高祖與周昌議立太子事，呂后躲在東廂房裡偷聽。

　　歷來學者對古代的方位尊卑進行過研究。清代凌廷堪《禮經釋例》最後精練地概括為「室中以東向為尊，堂上以南向為尊」，其他方位則據此推衍而出。

　　1.先看堂上：「南向為尊」即面對南方為最尊貴的位置，後世帝王有「南面稱孤」之說。右邊（即東邊）其次，左邊（即西邊）再次，北面（即南邊朝北）最卑。古人尚右，君王南面為最尊，右邊又高於左邊。要注意：右邊是指面對著君主時的右邊，在君主時則為左邊了。大臣們朝拜，一般是面向北，按官位高低從東往西排列，即從右往左排列，官位高的在右，官位低的在左。《史記·廉頗藺相如列傳》說趙王「以相如功大，拜為上卿，位在廉頗之右」。又〈劉敬叔孫通列傳〉：「功臣、列侯、諸將軍、軍吏以次陳西方，東向；文官丞相以下陳東方，西向。」此時，文武官員站列兩邊，故東邊位尊於西邊位。漢高祖封侯時便以蕭何為第一，這裡將文官排在武官之上，均有重文抑武的意思。此即古代的「尚右」，故成語有「無出其右」以形容位階最高。面朝北為卑位，故戰敗為「敗北」，成語有「北面稱臣」。《禮記·檀弓上》：「曾子北面而弔焉。」此時曾子面朝北居於賓位而弔喪，使死者（或喪主）居於面朝南之尊位。由於中國民間的房屋多朝南，故此弔喪之方位習俗為後世沿用。

　　2.再看室內：《史記·項羽本紀》中描述鴻門宴時，「項王、項伯東向坐，亞父南向坐，沛公（劉邦）北向坐，張良西侍。」按照室內「東向為尊」的原則，項羽於此最尊，他自居於最尊之位，項伯是其叔父，也與項羽平坐；范增是項羽最重要的謀士，居其次；劉邦再次，張良最卑，故「侍」（陪侍）。如圖17-4所示。

　　1、2為項羽和項籍，3為范增，4為劉邦，5為張良。這是公然藐視劉邦，將他視為一個下屬，連平等的賓客都不是。如果項羽將劉邦當作一位重要賓客來招待，理應將西向的1、2位讓予劉邦才是，或至少應與劉邦同時處於西向的位置。司馬遷不惜筆墨地描寫各人的座次，意在突出項羽

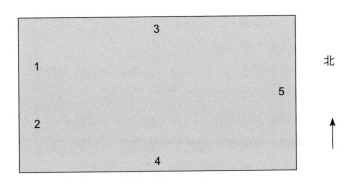

圖17-4　鴻門宴的座次

的驕傲自大。這樣一來，鴻門宴的場面便栩栩如生了。王充《論衡・四諱》：「夫西方，長老之地，尊者之位也。尊老在西，卑幼在東。」由於以西位為尊，故當時人禁忌向西邊擴充房屋，《風俗通義・佚文》：「宅不西益。俗說西者為上，上益宅者，妨家長也。」即西益宅妨礙父母家長。

由於在室內西向是重要位置，故常作賓位，稱「西賓」，或「西席」。舊時又常用為對師、賓的敬稱。唐朝柳宗元〈贈劉連州〉詩：「若道柳家無子弟，往年何事乞西賓。」清代梁章鉅《稱謂錄》卷八：「漢明帝尊桓榮以師禮，上（皇帝）幸太常府，令（桓）榮坐東面，設几。故師曰『西席』。」《紅樓夢》第二回：「知他正要請一西席，教訓女兒。」鄒韜奮《經歷》附錄〈母親〉：「母親覺得非請一位西席老夫子總教不好，所以家裡雖一貧如洗，情願縮衣節食，把省下的錢請一位老夫子。」

日常生活中，人們多處於室內（或類似室的場合），正式在堂中的禮儀活動不多，故「東向為尊」對後世影響頗大，史籍中多記載。如《史記・淮陰侯列傳》：韓信俘李左車，請他東向坐，施禮以求教。又〈周勃世家〉：周勃不好文學，每召諸生文士，自居東向的座位，大大咧咧地與他們談話。又〈武安侯列傳〉：田蚡「嘗召客飲，坐其兄蓋侯南

向，自坐東向」，即讓兄居於僅次於自己的下位。他認為自己是丞相，不可因哥哥而申私敬，屈丞相之尊。

大體上，堂上或室內，只要確定最尊位，然後面對最尊位的右邊則為次尊，其左邊為再次尊，對面為最卑。比如，若面西，北邊（即右）為尊；若面北，則東邊（即右）為尊。越位是一椿嚴重的「失禮」行為，會受到嚴厲的懲罰。《儀禮·聘禮》等篇章中大量地談到了方位尊卑，因太煩而不述。後世，民間多繼承了堂上「面南為尊」之方位觀，對於室內方位之禮則多不甚了了，如民間辦紅白喜事時坐桌位便是如此，民間的堂屋面對南邊，最北的位置（面朝南）為最尊位，俗稱「坐上頭」，面對上頭的右邊為次尊、左邊再次，下邊為陪客位，俗稱「坐下頭」。

上述堂上和室內尊卑位次的起源其最初原因，尚未見有考證者。吾猜測，大約與夏、殷商人和周人方位觀兩者的差別相關。夏人興盛於今河南洛陽一帶，殷商人稱雄於今河南安陽一帶，此地均正宗的「中原」地區，南方又是溫暖之方向，房屋都是朝南而建，他們「以南向為尊」是很自然的。而周人自西邊來，東方是太陽升起之處，殷商人已在那裡建立了發展水準更高的文明，那裡是華夏文明的重心、中心所在，對周人無疑有強烈的吸引力（周人還可能覺得自己像「鄉巴佬」）。他們志在向東方發展，希望能奪取華夏文明的領導權。同時，他們對中國地勢的西高東低比正宗的中原居民必然有更清楚的認知，因而很可能形成「以東向為尊」的方位觀。比如，資料顯示：秦始皇陵園坐西向東，東門相當於帝王陵園的神道，與秦國先王如秦莊襄王、秦孝文王、秦昭王等陵墓方向相同。從直觀上自然表現了秦民雄視東方的英勇氣概。但從更深層次看，則是繼承了周人更早便已定型的「以東向為尊」的方位觀。秦人占據的渭河平原乃是周人從前的發祥地。

同時，周禮方位中，堂前也以居西邊東向為尊，如「西階」，指堂前西臺階，示尊禮之位。《禮記·曲禮上》：「主人就東階，客就西階。客若降等，則就主人之階。」《資治通鑑·周赧王五十八年》：「趙王掃除

自迎，執主人之禮，引公子就西階。」即是說，主人將客人讓於西邊臺階上，自己立於東邊、面對西邊，以示尊敬客人；若客人地位低於自己則無須讓。這也可視為周人方位觀的影響，周初大肆分封同姓諸侯，自然就將自己的方位觀帶到各封國去了。

當周人取殷商而立時，很可能將殷商的「尊南」文化和自己從前的「尊東」文化結合起來。尤其是周室東遷洛陽後，這一「東向為尊」的方位觀在中原會變得不方便。比如，孔子說：「夏人殯於東階，周人（殯）於西階，殷人（殯）於兩柱之間。予始殷人也。」（《史記·孔子世家》）這表明，周人殯死者於西階，是尊東向之西位；而殷商人則「殯於兩柱之間」，這確實更方便，也為後世所繼承。孔子時代周人便已接受居中而殯了，如《淮南子·要略》：周文王死，「治三年之喪，殯文王於兩楹（柱）之間。」這可視為殷商文化對周禮文化影響的一例。夏人殯於東階大約與夏人對於太陽東升西落的認知相關。

周人征服殷商後，無疑對殷商文化進行了毀滅工作，而殷商人由於被征服，也可能產生了自卑感，任其一些文化散失。但殷商文化在很多方面又確實較先進，因而其中相當一部分便為周人所接受，成為「周禮」的一部分。故而孔子時乃至司馬遷，仍可看到殷商早期的許多原始資料。《論語》孔子說：「殷因於夏禮，所損益，可知也；周因於殷禮，所損益，可知也。」司馬遷為太史令時還參閱過「石室、金匱之書」，這是西漢國家藏書之處（《史記·太史公自序》）。但由於歷次戰亂、火災，剩下少數的原始資料也逐漸佚失，後人就愈益弄不清楚了。

周禮，病重，頭要朝東。《禮記·喪大記》：「疾病……寢東首於北牖下。」即以頭朝向東方。孔穎達疏：「以東方生長，故東首鄉（向）生氣。」在平時，古人臥榻一般設在南窗的西面，而「病者常居北牖下」可見，古人對方位非常講究，也非常熟悉。

三、方位觀與陰陽、五行學說的結合

　　陰、陽是中國古代哲學中一對基本的哲學範疇，它用以表示宇宙間貫通物質和人事的兩大對立面。陰、陽所指代的範圍極其廣泛，諸如：天地間化生萬物的二氣（陰氣和陽氣，為哲學想像）、天和地、日和月、晝和夜、暑和寒、春夏和秋冬、雷電和雨雪、君和臣、夫和婦、男和女、奇和偶、動和靜、開和合、人間和陰間、正和反等等，前者均為「陽」，後者則稱「陰」。

　　「五行」，指木、火、土、金、水五種元素，它被認為是構成世界萬物的最基本元素。

　　陰陽說和五行說本是春秋、戰國之際自然主義的世界觀，是中國哲學史上對世界本源以及運動規律的卓越探討。戰國時期，鄒衍等一派人將陰陽、五行學說用於解釋人類社會的發展和朝代的更替，提出「五德終始」、「五德轉移」，史稱「陰陽家」。從此，陰陽、五行學說周流天下，對後世影響深遠。

　　由此，商、周以來的方位觀與陰陽、五行學說結合起來，賦予各方位以新的含義。如：

　　　　東為木、春，青色、青帝，為陽。
　　　　南為火，夏，赤色，赤帝，為陽。
　　　　西為金，秋，白色，白帝，為陰。
　　　　北為水，冬，黑色，黑帝，為陰。
　　　　中為土，黃色，黃帝（中性）。

　　古人祭方位神時，便分別祭青帝、祭赤帝、祭白帝、祭黑帝、祭黃帝。

　　四方再配以：左（東）青龍、右（西）白虎、前（南）朱雀、後（北）玄武，二獸二鳥。如唐太宗李世民「玄武門之變」殺兄李建成及弟

李元吉奪太子位，這裡，「玄武門」即長安城內皇宮的北門。

這一陰陽、五行的方位學說對後世哲學、政治學和日常生活以及風水學、墳墓、祭禮等，都產生了很大的影響。既然死亡只是生存的另一種延續，「生，事之以禮。死，葬之以禮，祭之以禮」，那麼，人們就必須嚴格地按照生者所理解的方位觀去安置並祭祀死者。我們如果不理解方位觀，就無法看懂殯葬、祭祀等古代諸多的禮儀行為。

比如，西為秋、為金，主刑殺，古有「秋決」，即秋天處決犯人。春天一般不行殺戮，以免與自然界的「春主生」相違背（謂之逆天）。刑場也多設於西邊，如明代京城刑場「西市」、清代刑場「菜市口」均在北京皇城中軸線以西（菜市口在皇城西側稍偏南）。北方為鬼魂居住之處，周禮，死者頭朝北方，朝北更方便死者鬼魂的奔赴。

再如，古代天子祭祀天、地也有方位規定。《漢書‧郊祀志下》：「祭天於南郊，就陽之義也；瘞地於北郊，即陰之象也。」即祭天在南郊，南為陽，天亦為陽；瘞地即祭地，在北郊，北為陰，地亦為陰。這樣做，就能達成「天人感應」，福祚無疆。

漢樂府有詩〈為焦仲卿妻作〉，為愛情悲劇長篇敘事詩，三百五十句，一千七百餘字，明朝王世貞稱「長詩之聖」。詩前有序言：「漢末建安中，廬江府小吏焦仲卿妻劉氏，為仲卿母所遣，自誓不嫁。其家逼之，乃投水而死。仲卿聞之，亦自縊於庭樹。時人傷之，為詩云爾。」詩首句為「孔雀東南飛，五里一徘徊。」故後世讀本多據首句題名為《孔雀東南飛》。但是，「東南」為何意，為什麼不「西北」飛？久未有解。以兩漢正盛行的陰陽、五行方位學說看，東南為陽、生存、春夏、溫暖，「東南飛」即飛向光明、生存、春天、永恆之意。存此說備考，以待方家指正。

第二節　墳墓的起源

　　從文獻上，我們知道埋葬行為是從「棄屍」到「野葬」，然後才出現掘坑而葬。即「上世嘗有不葬其親者，其親死，則舉而委之於壑。他日過之，狐狸食之，蠅蚋嘬之」（《孟子·滕文公上》）。後來，稍有進步，「厚衣之以薪，藏之中野，不封不樹。」（《易·繫辭下》）但這樣仍不行，再後來，才出現了埋葬行為，即掘坑藏屍。「葬者，藏也。欲人之弗得見也。」（《禮記·檀弓上》）這樣，墓便出現了。既然死者並未真正地完結，棄屍和野葬又不再為人們所接受，那麼，給死者準備一個「住宅」是非常必要的，故中國民間稱之為「陰宅」，或「千年屋」。

　　篆文，「旦」，寫作 ⊙。《說文》：「明也。從日見一上。一，地也。」即，旦表示天明，造字取太陽升起於地平線。

　　「莫」，寫作 茻。《說文》：「日且冥也。從日在草中。」即太陽落於草叢中，表示天黑了。此義後寫作「暮」。故「日暮黃昏」又表示人之將死。

　　墓，寫作 墓。「莫」下面加一個「土」字，表示「日落西山，埋入土中」，即人死後藏於土中，即墓也。墓，與「沒」音近，有沉沒、埋沒之意。但《太平御覽·卷五百五十七·塚墓》：「墓，孝子思慕之處也。」這一字源解釋好像有點牽強附會，但反映了儒家孝道精神。

　　《禮記·檀弓上》：「古也墓而不墳。」鄭玄注：「土之高者曰墳。」「墳者，大也。」即是說，夏、殷商及西周時代，墓地上是不築墳堆的。《方言》卷十三曰：「凡葬而無墳謂之墓。」西漢劉向說：「殷湯無葬處（意不知葬何處），文、武葬於畢（今咸陽市東北），秦穆公葬於雍橐泉宮祈年館下（今陝西鳳翔縣南）……皆無丘壟也。」（《漢書·楚元王傳附劉向傳》）「文（周文王）、武（周武王）之兆，與平地齊。」（崔寔〈政論〉）在河南安陽發掘的殷王室墓葬群，墓穴規模巨

大，有眾多的人殉、牲殉，最大墓的面積連墓道超過700平方公尺，但墓與地平。在陝西鳳翔縣雍城發掘的春秋時秦公的墓葬群，有的大墓占地超過500平方公尺，也未見有任何曾築過墳的跡象。這樣的大型墓葬如果當時有封土堆，即使風雨剝蝕，也不可能不留下一點痕跡。王公尚如此，一般平民就更不可能築墳了。正因為如此，我們現在仍無法找到殷商、西周歷代天子的墓葬，而秦漢以後歷代帝王墓葬卻是非常容易辨認❸。

儘管墓而無墳，這對當時人並無不便。因為，至少從仰韶文化起，墓地都是以氏族為單位安排的；自夏商周建立宗法制度的國家，各人的葬位又按輩分（昭、穆次序）安置，並有專人管理。如《周禮・春官》中有〈塚人〉、〈墓大夫〉章：塚人和墓大夫均為掌管墓地之官員，負責掌握墓地規格，測正墓的方位，畫出墓地圖籍，並管理墓地的禁衛等。這是現今最早記載的公墓管理官員，無疑源於殷商制度。

隨春秋以後，舊式宗法制度的逐步解體，大量小家庭的出現，人口流動、遷徙也較前愈益頻繁，舊式公墓制度瓦解了，取而代之的是家庭或小家族墓地。此時，辨認先人墓地有困難了，墓地起土堆（即墳）也由此興起。《禮記・檀弓上》：（孔子）曰，「『吾聞之，古也墓而不墳。今丘也，東西南北之人也，不可以弗識也。』於是封之，崇（高）四尺。」孔子自稱自己是四方周遊者，起墳堆是為了辨認。後世學者也大體以這一說法為中國殯葬史上「墳的起源」的權威解釋。戰國1尺合現在23.1公分，4尺約92公分，與後來民間的墳高差不多。秦漢以後，幾乎就是無墓不墳

❸ 考古學證明，大約殷商至西周時期，長江以南的皖南、江蘇寧鎮一帶及浙江部分地區存在著一種叫「土墩墓」和「石室土墩」的遺存，它們都有著高大的封土堆，代表了上古吳越民族的墓葬習俗（參見吳吉軍等著，《中國喪葬習俗》，第283頁）。也就是說，由於南方多雨且潮溼，可能起墳更高，「古也墓而不墳」只限於中原地區。

此外，陳戌國先生則認為，「殷周無墳丘一說已不可信」。參見其《先秦禮制研究》第三章第七節。此類問題，最好還是留給專家去考證。

了。就是說，墳在中國不過兩千五百餘年左右的歷史。至於傳說中河南淮陽縣的太昊陵（伏羲）、陝西黃陵縣的黃帝陵、湖南酃縣的炎帝陵、山東曲阜市的少昊陵、河北高陽縣的顓頊陵、山西臨汾市的堯陵、湖南寧遠縣的舜陵、浙江紹興市的禹陵等，雖然都有高大的封土堆，但均係後人附會，以表追念祖先之情感。

從考古學上，如本書一、三章所討論的，人類的埋葬行為起源於距今十萬至四萬年前，發展於距今一萬年以後的新石器時代（那時人類開始進入農業時代）；尤其是距今五六千年前後定居農業繁榮以後，殯葬行為更是大大地發展起來了。

孔子講他見到過四種墳堆形狀：一是墳堆四方形，高高隆起，像堂基的樣子；二是狹長像堤防的樣子；三是飛出兩簷像屋頂的樣子；四是薄削而長，像斧刃的樣子（《禮記·檀弓上》）。不過，後世民間做墳多取半圓形頂，其他形狀既難築，又不經風雨侵蝕，尤其是在南方多雨地區。

通常，埋棺之處（坑）曰墓，也叫塋；墓地範圍以內的區域曰「兆域」。墓地埋棺之處的地面上堆起土丘，曰墳，或塚，「塚者，大也」。也就是說，墓指平處，墳指高處，「葬而無墳謂之墓」即此意。自墳出現以後，二字遂不分，民間統稱「墳墓」。中國古代歷來有在墓區植樹的習俗，尤多植松、柏以及杉等樹，取象徵先人如松柏長青之意。故後世常以「松柏」喻指墓地，並常於輓聯中寫某人「松柏長青」之類。

 ## 第三節　中國古代的墳墓制度

可以說，各時代各民族均形成過自己的墳墓管理規範，而在中國古代尤其系統而完善。其中一部分稱之為民風民俗，比如墳墓不得占用可耕地，春秋時齊國大夫成子高臨終說：「吾聞之，生有益於人，死不害於人。吾縱生無益於人，吾可以死害於人乎哉！我死，則擇不食之地而葬我

焉。」（《禮記‧檀弓上》）此類規範，歷代的各國均通行。另一部分為
國家所關注，進入國家制度，在中國古代即所謂「禮、法」，如墳墓制度
（或埋葬制度）被納為喪禮的一部分。處於兩者之中的則有形同「準國
家」機構的家族規範，如中國古代的宗法家族組織對墳墓的管理，家族墓
地即其一。

一、公墓、家族墓地和義塚

西周係家族制度和國家制度合一，所謂「宗法制國家」，因而，《周
禮》所記載的西周「塚人」、「墓大夫」，既是國家公墓管理官員，也
是家族墓地管理員。他們同為「大夫」級別，地位屬中下等級，而塚的
地位略高於墓大夫（西周貴族等級大分之為四等：天子、諸侯、大夫、
士）。同時，將此二職列入〈春官〉篇中，「春者，萬物生焉」；而管理
捕盜殺伐誅戮等官職列在〈秋官〉篇，「秋者，蕭殺也。」可見，古人是
懷著「永生」的觀念安葬死者並管理墓地的。

(一)公墓

公墓起源於氏族墓地。在中國，距今一萬八千年前舊石器時代晚期的
山頂洞人的埋葬遺址中，曾發現有三人葬在一起，屍體身上撒有赤鐵礦粉
屑，並隨葬有石器工具和石珠、穿孔獸牙等裝飾品，可視為中國現今發現
的最早公墓。不過，典型而具相當規範化的公墓則是距今七千至五千年之
間仰韶文化的氏族墓葬群。在已發掘的兩千多座墓葬中，同一氏族的死者
被集中安置於墓區內，墓穴是一排一排的，相當整齊，其布局同當時人們
居住的村落相似，有的葬坑底部和四壁經過了加工。這已是現代意義上的
公墓了。已如前述，仰韶文化的墓葬，以西安半坡遺址最為完整，其氏族
公墓區在居住區的北面，這表明，華夏人至少在距今六千年前後便以北面
為鬼魂所去的方向了。

進入文明社會，社會等級急遽發展並日益森嚴；但如前述，最早的國家是以氏族（或部落）為單位建立的，即極具宗法色彩的國家。這一社會現實表現於墓葬上則有墓區的分裂，但宗族血緣關係仍在起作用。這些在《周禮》一書中便有反映。

《周禮》規定「大司徒」的職責中有「族墳墓」一項。鄭玄注：「族猶類也。同宗者，生相近，死相迫也。」「猶合也。」因為「《左氏傳》云『非我族類，其心必異』」。夏商周三代就以這一強烈的、頗具「排外主義」色彩的宗族團結精神生息繁衍於華夏之地。由於同一血緣的族眾有了等級（或階級）分化，為「尊尊」故，族墳墓又分為「公墓」和「邦墓」兩類。《周禮》說，塚人的職責是「掌公墓之地，辨其兆域而為之圖，先王之葬居中，以昭穆為左右。凡諸侯居左右以前，卿大夫、士居後，各以其族」。墓大夫的職責是「掌凡邦墓之地域為之圖，令國民族葬，而掌其禁令，正其位，掌其度數，使皆有私地域。凡爭墓地者，聽（受理）其獄訟，帥其屬而巡墓厲（厲意藩籬，引伸為墓地邊界），居其中之室以守之。」這裡，公墓為周王、諸侯（公）、卿大夫、士的墓地，即貴族墓地；邦墓即同一血緣的邦（國）之平民墓地。既要相結合，又要相區別，將祖墳用作聚族和顯尊卑的手段，用心不可謂不深遠！1974年考古工作者對河北平山縣境內的戰國初期中山國王陵進行了挖掘，出土頗豐，其中之一就是青銅製的中山王陵「兆域圖」，詳細標明了中山王王陵區的各規劃位置。這證實了西周確有過兆域圖，它也是中國現存最早的工程設計圖。

(二)家族墓地

族墓制度是西周土地國有制的產物。所謂「溥（同普）天之下，莫非王土」，墓地由國家劃分，由國家派遣官員管理，不同宗族、不同身分的人死後按各自應有的規格葬入劃定的地域。劃分給各宗族的墓並不歸該宗族所有，所謂「其地屬於公而非私有之也」（王昭禹《周禮詳解·地官·

墓大夫》）。

　　春秋戰國以降，各國變法，土地開始私有化。但據學者考證，墓地由於是非生產資料，而是血親關係的一種重要體現物，故直到西漢時才被分割為私有財產，並可以自由買賣。此後，買賣墓地以及皇帝賜臣下墓地於史書中便時有記載。《漢書·李廣傳》載：武帝曾將景陵（漢景帝陵）附近的20畝塚地詔賜給丞相李蔡（李廣之堂弟），李蔡盜取三頃，賣得四十餘萬錢；又盜取景陵神道外的空地1畝。事發，當下獄，畏罪自殺。清道光年間在四川省巴縣發現了一塊漢宣帝時的刻石，鐫有「地節2年（西元前68年）正月，巴川民楊量買山，值錢千百，作業示子孫，永保其毋替」。買山即買墓地。這表明在民間當時買賣墓地已相當普遍。但是，各家庭自擇墓地似乎更早，如司馬遷說他到韓信故鄉時，當地人告訴他：「韓信雖為布衣時，其志與眾異。其母死，貧無以葬，然乃行營高敞地，令其旁可置萬家。余視其母塚，良然。」（《史記·淮陰侯列傳》）即是說，韓信確信他來日當富貴，屆時來此祭奠其母者必眾，故自擇高敞寬廣之荒地葬母，準備將來堂皇其母墓。

　　春秋戰國之際，「私田」開始大量出現，人口得以自由流動，中國社會自夏商周以來人口自由流動的頻率愈益加劇，它無疑影響到了中國社會的埋葬制度。

　　這樣，西周由國家統一規劃並掌管的族墓制度便被破壞了。從前的「公墓」（上層貴族）分離出專門的帝陵，埋葬著皇帝、皇后及皇家直系成員。其中，一些受恩寵者有時也能埋入，如漢、唐時都有異姓功臣陪葬帝陵的制度，但他們只能單獨埋入，不能舉家而入。此外，從前的「邦墓」則演化為各家族的宗族墓地，所謂「祖墳」。這才是真正意義上的族墓，而西周的族墓則更多地帶有社會性質。此後，各家族自行安排其埋葬次序，國家或官府不再過問。一個大家族，或因衰敗，或因人口繁衍而分成小家族，墓地也隨之轉賣、分散，或另擇墓地。中國古代族墓中保留最完整的只有山東曲阜孔氏墓地「孔林」，它坐落在山東曲阜縣城北，始

葬孔子時不足1頃，後由於歷代帝王不斷頒賜祭田、墓田，至清朝時已達三千多畝。孔子的子孫結塚而葬，到目前葬入其直系子孫七十六代，是世界獨一無二的大型家族墓地。孔氏弟子各持家鄉樹木於此種植，現墓地樹木達兩萬多株，是我國最大的人造園林。這一大片墓歷時兩千餘年不被分散、轉賣，與孔氏家族在中國古代社會中的特殊政治、精神地位相關，孔林受到歷代官府的保護。它對於研究我國家族墓制以及政治、經濟、文化、風俗的演變都具有重要價值。

仕宦、地方豪族、富商大賈之家則很難世世代代地埋入同一墓地。中國古語有「無百年的財主」，即指不論多麼豪富之家也終有衰敗之時，家族敗則墓地荒蕪。如《紅樓夢》中「好了歌」曰：「古今將相在何方？荒塚一堆草沒了。」即指公侯將相之家或衰敗或絕滅了，因而祖墳上雜草荒蕪，不再有人祭掃。一般庶民之家就更不用說了。作者在湖南省平江縣的一個山村中看到過兩座清朝道光年間前後的墓，墓碑尚清晰可辨，但墳堆已被風雨沖刷得與地平了。問不遠的農家，說是他先祖之墓，但他也說不清是上幾代。算起來，一百五六十年也大約也有六七代了。

宋代理學家曾感慨於世道不古，人心大壞，呼籲恢復西周的宗法組織及族墓制度，以「收宗族」、「厚風俗」、「不忘本」（張載《理學經窟·宗法》）。事未果，後不聞有提倡者。

(三)義塚

義塚，為官府出資購地或擇無主荒地安葬無主屍骸的墓區，如客死外鄉者、無名屍體等。由於它已跨越了家族姓氏界限，因而比家族墓地相對具有更多公墓的性質。義塚與社會的人口流動相聯繫，其起源已不可考，秦漢後歷代都有，帶有保護社會環境的意義。北宋又稱義塚為「漏澤園」。神宗熙寧3年（1070年）始置，但顧炎武《日知錄》謂創始於徽宗時期（1101-1125年在位）的奸相蔡京。漏澤，取德澤下沾之意。南宋，《宋史·理宗紀三》：「命兩淮、京湖、四川制司收瘞頻年交兵遺骸，立

為義塚。」《明會典》卷八十：「令民間立義塚，仍禁焚屍。若貧無地者，所在官司擇近城寬閒之地，立為義塚。」

現代意義上的公墓具有全社會性質，係19世紀末20世紀初以來受西方文化影響的產物。由於工業化、城市化飛速發展，人口流動空前頻繁，舊有的按血緣關係聚族而居的格局最大限度地被瓦解，因而就有了全社會意義上的公墓。

二、國家對墳墓制度的規定

埋葬制度，指國家對於棺槨（重數）、抬杠人數、墳高、殉葬物品、墓前擺設等方面的一系列規定。它們是國家禮法的一部分，很早便受到重視，《儀禮》、《周禮》、《禮記》等一些篇章中多有記載。當然，各朝的具體規定不一。

可以說，墓葬等級古已有之。比如說，給一位酋長辦喪事就比普通氏族成員要隆重得多，陪葬品也更豐富。我們從西安半坡人的仰韶墓葬中就已發現了陪葬品（乃至葬式）存在著差別。儘管以今天眼光看，這些差別並不大，可在物質財富極匱乏的遠古，它可能意味著死者之間生前社會地位的極大懸殊。隨物質財富的增長，文明時代的到來，國家的建立，社會等級愈益森嚴，塵世生活的影子就愈益滲透到地下世界去了。從河南安陽殷墟發掘的殷商都城郊外的墓葬看，那時國家關於埋葬的等級制度就已相當嚴密了，只是當時此類文獻規定未傳於後世。

自春秋時墳興起，秦漢以後成為習俗，它聳立地面，尤引人注意，因而國家很快就利用它來顯尊卑貴賤等級了，列入禮法，成為國家制度。鄭玄說：「漢律曰：列侯墳高四丈，關內侯以下至庶人各有差。」（《周禮·塚人》注）漢時1丈合現在2.31公尺，4丈為9.24公尺，相當於現在的第四層樓面高，確實相當可觀。墳高，占地面積也就寬，因而相應對占地也有規定，至唐以後，更為嚴格。

唐、宋、元、明、清五朝的典章對不同的品官和庶人其墓地和墳高均有規定，如**表17-1**與**表17-2**所示。

各朝的尺寸稍有異：唐1尺合現在36公分（大尺），小尺合30公分；宋1尺合31.2公分；元1尺合31.2公分；明1尺合32.7公分；清1尺合34.5公分。其中，明、清的尺寸指量地尺寸，而裁衣和營造的尺寸又稍有異。「步」，亦為長度單位。歷代定制不一。周代以8尺為步，秦代以6尺為步，而營造尺以5尺為步。

表17-1　墳地規定

	唐	宋	元	明	清
公侯				100方步	
一品	90方步	90方步	90方步	90方步	90方步
二品	80方步	80方步	80方步	80方步	80方步
三品	70方步	70方步	70方步	70方步	70方步
四品	60方步	60方步	60方步	60方步	60方步
五品	50方步	50方步	50方步	50方步	50方步
六品	20方步	40方步	40方步	40方步	40方步
七品以下	20方步	20方步	20方步	30方步	20方步
庶　人	20方步	18方步	9方步	30方步	9方步

表17-2　墳高規定

	唐	宋	元	明	清
公侯				20尺	
一品	18尺	18尺		18尺	18尺
二品	16尺	16尺		16尺	14尺
三品	14尺	14尺		14尺	12尺
四品	12尺	12尺		12尺	10尺
五品	9尺	10尺		10尺	8尺
六品	7尺	8尺		8尺	6尺
七品以下	7尺	8尺		6尺	6尺
庶　人	7尺	6尺		6尺	4尺

注：均摘自陰法魯、許樹安主編，《中國古代文化史》，第二冊，第十三章。

　　現以5尺為步，計算一品官員的墳墓規模：90方步指四周而言，即每一邊22.5步。取平均值，1尺合現在32公分，一步則為1.6公尺，90步合144公尺，每一邊為30.6公尺，則一品官員墳墓占地約為918.36平方公尺，墓高近6公尺，這是相當壯觀的。不過，有了這一規定，客觀上也限制了官吏們無限制地圈占墓地。

　　神道擺設等方面也有相應的等級規定。神道是墓區內通向墳墓的道路，神道兩旁多擺列有石人、石獸等，考古學上稱石象生。石人多文臣武將，石獸則有獅、虎、龜、馬、豬、羊、鹿、牛、麒麟、駱駝、獨角獸、象等，大約起於秦漢。設置石象生，既可顯示墓主人的身分，在古人看來，還有驅邪鎮魔的作用。唐代封演《封氏聞見錄》卷六：「秦漢以來，帝王陵前有石麒麟、石避邪、石象、石馬之屬，人臣墓則有石羊、石虎、石人、石柱之屬，皆所以表飾墳壟如生前儀衛耳。」既然死者「宅區」如「生前儀衛」，自然就有等級規定。唐朝規定：三品以上官員，墓前可設置石人一對、石虎一對、石羊一對；五品以上，可置石人一對、石羊一對，絕不是只要有錢就可以任意設置。

　　此外，《禮記》的〈喪大記〉和〈檀弓上〉等篇，以及《左傳‧哀公二年》、《墨子》等文獻中還載有當時什麼人使用什麼棺槨、多厚、幾層等有關規定。

　　這些規定，當時人是非常清楚的，逾矩是一件嚴重的罪行。如東漢馬皇后（漢和帝母，馬援之女）之母死，其兄弟為之「起墳微高，太后以為言，兄（馬）廖等即時減削」（《後漢書‧皇后紀第十上》）。這是馬皇后自感其母不當享此等級，督促其母家人減削以符合國家制度。又，唐高宗時，隆喪厚葬成為時尚，高宗詔雍州長史李義玄：「商賈富人，厚葬越禮，可嚴加捉搦，勿使更然。」（《舊唐書‧高宗本紀》）此類「越禮」行為，在朝廷看來都是對國家的公然冒犯，是絕不能容忍的。

三、合葬（合墓）

合葬就是將後死者合葬於先死者的墓穴中，它分「同性合葬」和「異性合葬」，以及「異穴合葬」和「同穴合葬」。

1.**同性合葬**：指男性同葬一起，女性則另葬一起。它始於原始社會，從考古學發掘的山頂洞人的墓葬看，似乎就有了。在仰韶文化的西安半坡墓葬中，同性合葬墓則已非常普遍，但未見到異性合葬墓。這表明，當時人是以氏族為單位，而不像文明時代以家庭（或家族）為單位生產和生活的。在龍山文化的墓葬中，雖然貧富極為懸殊並已表現於陪葬物上，但夫妻仍是分葬的，「王」的妻妾葬在王墓之側。

2.**異性合葬**：特指夫妻合葬，約興起於春秋時期，後世又稱合墓。《禮記·檀弓上》：「合葬非古也，自周公以來，未之有改也。」但夫妻合葬於此時又已被允許。《詩經·王風·大車》：「穀則異室，死則同穴。」穀，此指活著。該詩講一位女子單相思一位男子，暗中發誓，即使不能結為夫妻，死了也要葬在一起。這正好反映春秋時期已有了夫妻合葬之習俗。

孔子於墓葬上至少有兩件事「違禮」：一是合葬其父母，「非古也」。孔子父先死，葬於防（地名），母後死，「合葬於防」。二是築墳，「古也墓而不墳」。結果築墳畢，孔子先返回，門人後至，適逢暴雨，門人云「防墓崩」，孔子「泫然流涕」，說「吾聞之，古不修墓」。他大約感到自己有違周禮，是否老天有點怪罪了。不過，這也可看出：孔子並非拘泥於古禮之人。夫婦合葬大約反映了婦女地位的某種改變。此後，夫婦合葬習俗漸興。《漢書·哀帝紀》：「附葬之禮，自周興焉。」此後，合葬便特指夫婦合葬，同性別者不再合葬。

3.**異穴合葬**：即合葬不合墓，夫妻的墓葬比鄰，這在龍山文化的墓葬遺址中就已有了，西漢以後帝王陵亦多如此，如呂氏陵便葬於漢高祖長陵東側約250公尺之處。

4.同穴合葬：即夫妻同葬於一個墓穴內，如明萬曆皇帝的十三陵之定陵，萬曆帝靈柩的兩邊分別是孝端、孝靖皇后靈柩，同處一個地宮內。它是在墓道特留有門，並做下標記，待後死者葬入後方將門封死，並將標記物一同埋入地下。

中國民間多興夫婦合葬，異穴合葬或同穴合葬都有。

 # 第四節　墳墓的意義

墳墓是死亡文化主要的實物形態，中國古代主要以家族為單位建立墓區，並對此傾注了極大的熱情。毫無疑問，各民族的墳墓中都凝結了深厚的文化含義，於中國古代宗法社會中的墳墓尤其如此。

(一)給予人們一種歸宿感

如前所述，人生存時要有歸宿感，死後也要有歸宿感。而中國歷來以農業立國，「非土不立，非穀不食。」（《漢書·王莽傳》）祭祀社稷為歷代國家之大典，即祭土地神（「社」）和穀神（「稷」）。重土地，表現為生時留戀鄉土，死後則歸葬祖墳，此為人生之最後歸宿。「我死後將安靜地躺在那裡，並永遠受到後人的祭祀，我的靈魂將永遠地庇佑他們，默默地祝願子孫後代興旺發達……」這一類心情現代人很可能難以理解了。比如，我們上一輩的老人，最關心的是自己的壽衣壽被壽器以及墓地是否準備好了，當他們的子女將這些東西送去時，他們總是要凝視、撫摸良久；並時常去自己的墓地上看一看，繞一繞。「生當封侯，死當廟祭」是中國古代士大夫的人生期望，於生於死都有一個「歸宿」。因而後世也就有「入土為安」之說。

(二)滿足人們對永恆的需求

墳墓是重偶像的產物，保存遺體，似乎自己就並未徹底消失，而在重偶像崇拜的中國（以及古埃及）尤其投入，奢望以此「不朽」。動用各種防腐技術，厚殮，葬入地下，築起高大的墳丘，豎一墓碑，刻上自己的大名，使後人永遠知道：「這裡躺著的是我哩！」同時，後人憑藉墓地也可感到，「自己光榮的先人就躺在那裡！」因而有了頂禮膜拜的偶像實物對象。中國古代的屍體防腐技術非常成功，如湖南長沙馬王堆1972年出土的西漢古墓，出土時，女墓主人的屍體保存完好，其皮膚和肌肉組織居然還有彈性。

(三)維繫代際聯繫和教化人心

在宗法制的中國古代，祖墳起到了維繫代際聯繫和教化人心的作用。祖墳是本家族的源頭、最高偶像物，乃至賴以興旺發達的寄託所在，因而人們將自己死後能體面地進入祖墳視為是一個圓滿的人生；並透過對祖墳的四時祭祀維繫整個家族。

《周禮·春官·塚人》：「凡死於兵者不入兆域，有功者居前。」鄭玄注：「戰敗無勇投諸塋外以罰之。」有功者「居王墓之前，處昭穆之中央」。即是說，墓的位置不僅有等級和輩分的規定，而且體現了「哀榮」原則。

歷來，不准埋入祖墳對死者都是一種嚴厲懲罰。北宋名臣包拯有著名的〈家訓〉碑，曰：「後世子孫仕官有犯贓濫者，不得放歸本家；亡歿之後，不得葬於大塋（祖墳）之中。不從吾志，非吾子孫。仰工刊石，豎於堂屋東壁，以昭後世。」子孫有貪官者，生不得歸家，死不得入祖墳，即與他斷絕血緣關係，予以「革籍」，成孤魂野鬼矣。堂屋東壁，為尊右之位，刊於此，以示神聖焉。

《新五代史·閩世家·王審知傳》載：唐末天下大亂，王潮、王審知兄弟加入義軍，王潮說：「吾屬棄墳墓、妻、子而為盜者……」這裡

將祖墳擺在前面，然後才是妻兒，這些統統都拋棄了，出來造反，以表示全都豁出去了。於此可見墳墓的重要性。「掘了祖墳」是中國人最傷心的事情，也是最忌諱的。《呂氏春秋‧懷寵》：「至於國邑之郊，不虐五穀，不掘墳墓。」《史記‧田單列傳》載：西元前280年，燕國進攻齊國，包圍了齊國即墨城，齊將田單行反間計，唆使燕軍挖了即墨居民在城外的墳墓，因而激起了即墨人的極大仇恨，最後田單用火牛陣大破燕軍。各朝對盜墓者的處罰也極嚴，多處死刑，如明代馮夢龍《醒世恆言》第十五卷：「薛孔目……擬朱真劫墳當斬。」

由於祖墳如此重要，故中國久有死於外地者，親人扶靈柩還鄉（葬於祖墳）的習俗，即所謂「落葉歸根」。兩漢時此風氣極盛，國家亦因此將它作為一項安撫人心的措施，並對此舉之孝子予以表揚。劉邦與項羽爭天下，《漢書‧高帝紀上》載：「漢高祖4年（西元前203年）8月，漢王下令：『軍士不幸死者，吏為衣衾棺殮，轉送其家。四方歸心焉。』」注：「轉，傳送也。」即以公車送歸其家。該年12月滅項羽。8年（西元前199年）「11月，令士卒從軍死者為櫝（小棺），歸其縣，縣給衣衾棺葬具，祠以少牢，長吏視葬」。軍士和士卒在當時是否存在級別差異，不得其詳。漢武帝時，匈奴屢犯邊，士卒戰死以棺送歸故里者「不絕於道」，這也是當時朝廷下決心大規模出擊匈奴的一個重要原因（《資治通鑑‧卷十八‧武帝元光二年》）。扶靈柩還鄉畢竟是一件很麻煩的事，故後世壯烈之士反其道而行之，提出「青山處處埋忠骨，何必馬革裹屍還」。民間則有「何處黃土不埋人」之說。這也算是中國古代人埋葬觀念的一大變革。

由於人心和社會對墳墓（祖墳）有如此需要，因而歷朝也將對祖墳的態度上升到「孝道」的高度，為「慎終」的行為之一。「家治而天下定」，祖墳便是「家治」的重要一環。當然，這在客觀上也對隆喪厚葬起了激勵作用。

不過，閒得近乎無事可幹的愚人們大修其祖墳，並企圖占據「地脈之

利，使本家庭（家族）興旺發達，這與儒家學說是風馬牛不相及的。

(四)顯示社會等級，炫耀社會地位

墳墓是死亡文化中最能顯示社會等級、炫耀社會地位的一類形式。中國古代國家歷來以此顯尊卑，獎功勳，以推動國家為社會之中心、官吏為天下之楷模的政治格局和價值導向。如兩漢，重臣死後被賜予葬於帝陵之側是莫大的榮耀，如反擊匈奴卓有功勳的大將軍衛青、霍去病死後均葬於漢武帝茂陵之側，墳堆高聳而顯赫。霍墳修得如祁連山形狀，墓周圍裝飾有各種石人石獸（現蒐集陳列的有石牛、伏虎、臥馬、人與熊、馬踏匈奴等石雕十餘件，均造型生動，線條流暢），以紀念其戰功。各朝也對不同等級者做了墳高的規定，所謂「尊尊」、「顯尊卑」是也，巍巍帝陵也就更示威於天下了。富家翁則以財力顯哀榮於鄉里，並由此推動了中國民間隆喪厚葬的熱情。

《禮記·月令》：孟冬10月「飭喪紀，辨衣裳，審棺槨之厚薄，塋丘壟之大小、高卑、厚薄之度，貴賤之等級」。即整飭喪事的規格，備辦衣裳，察看棺槨的厚薄，墓域的大小，墳墓的高低等情況，是否符合貴賤等級。雖然多少有些經後人修改的痕跡，但反映了國家很早便將等級制度用於墓葬上了。

「隆喪厚葬」，一為喪禮之隆，二為墳墓之峻。喪禮熱鬧於一時，墳墓存留於萬世，因而中國人對此更具熱情。如歷代帝陵、公侯將相等墓，其墳之巍峨、墓前陳列和陪葬物之豐厚，現代人均為之咋舌。古代生產力落後，要置辦如此多的財富於喪葬上，該要動用多少勞動力。如秦始皇修自己的陵墓，就動用了七十二萬餘人，而當時全國人口也不過兩千萬多一點。

可以說，中國人心靈中深藏著一種奇特而濃烈的「依戀祖墳」的心理情結。

至少從「工業革命」以來，和平時期的政治家總是以「發展經濟」、

「不斷提高人民生活水準」之類的口號來吸引和安撫民眾，並以歷年本國社會經濟增長的百分比來證明自己的執政是成功的。而在自然經濟的古代社會，由於手工勞作的農業大體呈簡單循環，故上一口號不成立。因而，「子孫興旺發達」、「生當封侯，死當廟祭」以及「祖墳依戀」之類的人生期望，就成為吸引和安撫民眾最恰當不過的口號了。再加上政治家有意無意地予以鼓吹，並上升到「孝道」高度以督導人們用心去做，久之則成為中國民眾人生追求之心理定式了。

 第五節　風水

一、風水術及其起源

堪輿，又稱相地術。堪本指「地突也」，指天道；輿本指車廂內坐人的部分，又指地道。又一說，「堪言地高處無不任（包）也，所謂雄也。輿言地下處無不居納（藏）也，所謂雌也。」（《說文》「堪」、「輿」條）引伸為以地理之道相地術。後世民間則稱為風水。

古人很早便在建築房屋時選擇地址，並對居住區周圍進行環境選擇，如坐北朝南（中國人在北緯地區）、居於臺地（免於洪水侵襲）、靠近水源（得飲水之利）、背靠山坡（躲避風寒）、前面河流環繞（便於防禦）、土質結實（防止塌陷）等。建城邑時則還要求位置較高以便於防守，城內有水源而不怕圍困等。這是人們在生活和生產實踐中得出的地理常識，可稱為「原始地學」。但這種選擇是基於生活、安全、環境景觀的美觀等考慮，與子孫後代得此「地利」便能興旺發達、升官發財並無聯繫。後來，當它與氣、陰陽、五行等理論相結合時，作為一門「理論」的風水術便產生了。

按照風水學的說法，地下有一股不斷運行的「生氣」，人們居住或安

葬先人都要逮住此一「生氣」，別讓它跑掉了。這樣，生者就會得風水之利。據此，風水分為「陽宅風水」和「陰宅風水」。前者為生者選擇最佳之住處，得此地居住就可以門庭興旺，子孫發達。後者為死者選擇最佳的安葬之處，得此地安葬之先人則子孫可以得到先人神靈的庇佑，同樣得以門庭興旺、子孫發達。從殯葬文化學意義上談風水，自然是指陰宅風水。

按晉·郭璞《葬書》中所言：「葬者，乘生氣也……夫陰陽之氣……行乎地中而為生氣，生氣行乎地中而生乎萬物。」「氣乘風則散，界水則止。古人聚之使不散，行之使有止，故謂之風水。」就是說，埋葬死者要尋找和利用「生氣」，而「生氣」見「風」會飄散，遇「水」則停止。選擇葬地時，要找那些不被風直接吹颳的「圍合型」地形，以使「生氣」不會被吹散，前面還要有橫向的水面以使「生氣」停止下來，聚集於此，為我所用。故對風水術的準確理解應是：選擇四周避風、前有水面之葬地。後世誤解，以為「風水寶地」是得了「風」、「水」云云。

風水在中國歷史上大體分為兩派：形勢派和理氣派。清丁芮樸《風水袪惑》：「風水之術，大抵不出形勢、方位兩家。言形勢者，今謂之巒體；言方位者，今謂之理氣。唐宋時人，各有宗派授受，自立門戶，不相通用。」即是說，形勢派風水講究地形地勢、山體的走向，以此尋找所謂「生氣」。晉郭璞的《葬書》是其代表作，由於後世風水家奉為經典，故又稱《葬經》。這一派的理想地形是：枕山蹬水、左右扶廂、流水前繞、蜿蜒曲折、視線開闊、黃土鬆軟等。比如，〈相塚書〉云：「山望之如卻月或始覆舟，葬之出富貴；如雞棲，葬之滅門；如連傘，葬之出二千石。」（《增補事類統編》卷六十二）此為形勢派之風水方法。

理氣派講究各方位的理氣對人的吉凶，它用五行生剋、陰陽八卦、九星吉凶、二十四向等學說以定吉凶。比如，歷史上的「五音姓利」就是理氣派的一支。它將人們的姓氏分為宮、商、角、徵、羽，所謂五姓，它們的五行屬性分別是土（宮）、金（商）、木（角）、火（徵）、水

（羽），並對應東南西北中五個方位。在選擇宅地和葬地時，必須注意它們的方位、時日的陰陽五行屬性，以與五姓相配合。合則吉，不合則凶。《舊唐書·志第二十七·經籍下》中有《五姓宅經》二卷，即言此一擇地之術，北宋的皇陵朝向就是根據這一風水學說選擇的。

　　據考證，風水作為一門理論，產生於戰國末年燕、齊一派方士之中。它將氣、陰陽、五行（後又加入八卦）等學說相結合，附會人事，預測吉凶，當時稱「陰陽術」。對此，司馬遷曾評論曰：「嘗竊觀陰陽之術，大祥而眾忌諱，使人拘而多所畏；然序四時之大順，不可失也。」司馬遷認為，陰陽術使人做事時拘謹太多，畏首畏尾；但它所提倡的順應四季的主張還是對的。可見太史公是站在自然主義的立場上談論早期的風水術，並在《史記·日者列傳》中描述了一些陰陽先生的事蹟。

　　至兩漢，風水術流行於天下，上自朝廷，下至民間，多信奉之。《漢書·藝文志》列舉了陰陽家二十一家，其著作三百六十九篇，並評論道：「陰陽家者流，蓋出於羲和（傳說為堯舜時的天文官）之官，敬順昊天，曆象日月星辰，敬授民時，此其所長也。及拘者為之，則牽於禁忌，（拘）泥於小數，捨人事而任鬼神。」這一評價大體合於司馬遷原意，也就是說，陰陽學說本是對的，但被一些「拘者」推向了反面。此「小數」即小技巧，繁瑣哲學，不努力去做事（「捨人事」），而一味等待或祈求鬼神賜福（「任鬼神」）。

　　清乾隆年間由紀昀主持編纂的《四庫全書》中專列有「術數類」，彙編術數著作五十種，其中最早的相地著作是《宅經》和《葬書》。《宅經》自稱是黃帝所作，故又稱《黃帝宅經》。紀昀說：「特方技之流欲神其說，詭題黃帝作耳。」此書便已結合了陰陽五行八卦於一體，估計不會早於戰國末期，且多經後人添竄。《葬書》，舊題晉代郭璞著，紀昀經考證表示懷疑，他說：「《周官》塚人墓：大夫之職皆以族葬。是三代以上，葬不擇地之明證。」並說，《漢書·藝文志》形法家已講到相宮宅地形對人事的影響，但未講到相墓術。他引《後漢書·袁安傳》中所言，袁

安父親歿，袁安四處擇墓地，道逢三書生，指一處墓地，說，如果葬在那裡，當世世為上公。袁安聽從，故累世盛貴。他說：「是其術（相墓術）盛傳於東漢以後」，而郭璞只是晉時最有名的相墓專家而已，並認為「是其書自宋始出，其後方技之家競相粉飾，遂有二十篇之多」。不過，可看出相陽宅之書早於相陰宅之書。

據此，學者認為，風水術從理論上加以總結和闡述在魏晉以後。隋唐五代，風水術繼續發展。宋代為風水極盛時期，出現了許多重要代表人物，很多重要的風水著作也是這一時期出現的。爾後，元明清相承襲，並無創意。

二、風水術之荒謬

在中國學術史上，風水理論是被弄得最撲朔迷離的一個領域。他們為神化自己，極力借重遠古聖王，詭稱自己得高人祕笈和親傳，各門派之間也互相封鎖，「唐宋時人，（風水家）各有宗派授受，自立門戶，不相通用」（余嘉錫《四庫提要辨正》卷十三），故意將事情搞得玄而又玄，神乎其神，到最後甚至連自己也無法自圓其說。《史記·日者列傳》中，司馬遷說他為郎官時，「漢武帝時，聚會占（卜）家問之，某日可取（娶）婦乎？五行家曰可，堪輿家曰不可，建除家曰不吉，叢辰家曰大凶，曆家曰小凶，天人家曰小吉，太一家曰大吉。辯訟不決，以狀聞。制曰：『避諸死忌，以五行為主。』人取於五行者也。」於此，可見當時相時日門派之多，各人所得結論截然相反，求漢武帝裁決，他也只好「以五行為主」，因為當時五行理論與西漢國家政治最為緊密。看來，要清理風水家的觀點也只能留給專家去做了。

郭璞雖被後世尊為相墓理論之祖，但他本人的下場並不妙。東晉初，大臣王敦謀反，命郭璞占卜，占卜的結果老是不利，王敦怒而殺之。也說明當時人對占卜頗有些玩世不恭。故宋朝反對風水術者嘲笑他，「璞未幾

為王敦所殺，若謂禍福皆繫於葬，則璞不應擇凶地以取禍；若謂禍福有定數，或他有以致，則葬地不必擇矣。嗚呼！璞自用其術尚如此，況後遵其遺書者乎。」至於什麼地形稱什麼名稱並配給什麼人，純屬風水先生所臆斷，如歷代帝王無不請過風水「高手」勘驗皇家陵地，但仍統統未能逃脫亡國之下場。不過，這還是較複雜的風水理論，民間的風水先生則多粗俗不堪。《左傳》云：「卜以決疑，不疑何卜？」相墓術乃安慰人生有疑問者也。

風水理論對歷朝歷代都有深遠的影響，唐宋以後尤其如此。帝王之家為保帝王之氣永存，在選擇葬地時，都要經風水先生反覆勘察，選「藏龍之地」，如明皇陵十三陵、清東陵、清西陵均如此。明末農民起義時，崇禎帝就派專人去陝西米脂縣破壞李自成的祖墳，以毀其「龍脈」。而農民起義軍攻下鳳陽時，也焚燬了朱氏祖先皇陵。乃至1930年代初，毛澤東在贛南閩西鬧得紅紅火火時，當時湖南省主席何健也曾派人去韶山毀毛澤東的祖墳，以壞其「龍脈」。足見祖墳風水理論對中國人心靈影響之深。

由於相墓地術的影響，有些人因一時找不到能致「發達的」風水之地，竟長期停柩不葬。北宋司馬光說：「今《葬經》，舊題晉郭璞撰，以為葬不擇地及歲月日時，則曰子孫不利，禍殃總至，乃至終喪除服，或十年，或二十年，或終身，或累世猶不葬。」（《司馬文正公家範》卷五）這些人妄圖藉此堪輿之舉使子孫發達，以致擇不出吉地和吉年吉月吉日吉時而累年停喪不葬。兩宋之際的莊綽說，當時人對於安葬「信時日，卜葬嘗遠，且惜殯攢之費，另停柩其家，亦不設塗甓（磚），至頓置百物於棺上，如几案焉」（《雞肋篇》）。既要長期停喪不葬，又捨不得花錢，寧肯停柩於家，也不另修牆，竟將靈柩當案板用。為求風水而停柩不葬之弊俗直到清代仍非常流行，《儒林外史》第四十五回描寫余氏兩兄弟因無錢尋找風水寶地竟將父母的靈柩停了十幾年。後余大私了人命得了一百三十兩銀子，回家請風水先生尋了一塊寶地。爾後在一位本家家裡（即下面的「主人」）聽本宗堂兄弟余敷、余殷兩兄弟大談風水寶地

「理論」，雖文字稍多，但有趣，故茲錄如下：

> 吃了一會，主人走進去，拿出一個紅布口袋，盛著幾塊土，紅頭繩子拴著，向余敷、余殷說道：「今日請兩位賢弟來，就是要看看這山上土色，不知可用得？」……余敷正要打開拿出土來看，余殷奪過來道：「等我看。」劈手就奪過來，拿出一塊土來，放在面前，把頭歪在右邊看了一會，把頭歪在左邊又看了一會，拿手指頭掐下一塊土來送在嘴裡，歪著嘴亂嚼。嚼了半天，把一大塊土就遞與余敷，說道：「四哥，你看這土好不好？」余敷把土接在手裡，拿著在燈底下，翻過來把正面看了一會，翻過來又把反面看了一會，也掐了一塊土送在嘴裡，閉著嘴閉著眼，慢慢的嚼。嚼了半日睜開眼，又把那土拿在鼻子跟前，盡著聞。又聞了半天說道：「這土果然不好。」

接著，那兩位土「理論家」又大談他們自己擇的另一塊風水寶地：

> 「我們替尋的一塊地在三尖峰。我把這形勢說給大哥看。」因把這桌子上的盤子撤去兩個，拿指頭蘸著封缸酒在桌上畫個圈子，指著道：「大哥你看，這是三尖峰。那邊來路遠哩！從浦口山上發脈，一個墩，一個砲；一個墩，一個砲；一個墩，一個砲；彎彎曲曲，骨里骨碌一路接著滾了來。滾到縣裡周家岡，龍身跌落過峽，又是一個墩，一個砲，骨骨碌碌幾十個砲趕了來，結成一個穴情。這穴情叫作『荷花出水』。」……余殷吃得差不多，揀了兩根麵條在桌上彎彎曲曲做了一個來龍，睜著眼道：「我這地要出個狀元。葬下去，中了一甲第二也算不得，就把我的兩隻眼睛剜掉了！」主人道：「那地葬下去自然要發？」余敷道：「怎的不發？就要發！並不等三年五年。」余殷道：「很著就要發！你葬下去，才知道好哩！」

　　吳敬梓先生一支老辣之筆不動聲色地將這兩位風水先生胡謅亂侃的嘴臉刻畫得出神入化。該書還有許多有關風水的謬論，茲不述。

　　清雍正皇帝對此曾予以嚴厲禁止。雍正13年（1735年）10月24日上諭：「朕聞漢人多惑於堪輿之說，購求風水，以致累年停柩，漸至子孫貧乏，數世不得舉葬。愚悖之風，至此為極。嗣後守土之官，必多方勸導，俾得按期埋葬，以安幽靈，以盡子職。此厚人倫風俗之要務也。務各宜凜遵無忽。欽此！」乾隆37年（1772年）10月又覆歐陽永琦條奏，諭：「嗣後有喪之家及現在久停未舉者，悉照定例，以一年為斷……倘有逾年停柩在家者，按律治罪。」吳敬梓便生活於乾隆年間，此風似並未煞住。但這並不妨礙清皇室大請風水先生選擇帝陵風水寶地。

　　關於風水墓地將對子孫後代帶來好處的風水術，只是一些無聊的三四乃至五流「學者」所杜撰，它是將土地的「生育」功能予以無限延伸想像的結果，為中國傳統文化中的糟粕。歷來真正的儒家大師，如孔、孟、王充、司馬光、王安石、張載、朱熹、王船山、顧炎武等以及司馬遷、班固等一些大史學家，都對此不屑一顧。唐初大學者呂才著《敘葬書》，從七個方面駁斥風水論，其中說道：「《葬書》云：富貴官品，皆由安葬所致；年命延促，亦曰墳壠所招。然按《孝經》云：『立身行道，則揚名於後世，以顯父母。』《易》云：『聖人之大寶曰位，何以守位曰仁。』是以日慎一日，則澤及於無疆；苟德不建，則人而無後。此則非由安葬吉凶而論福祚延促……此則安葬吉凶不可信用，其義四也。」（《舊唐書·呂才傳》）司馬光〈葬論〉也詳述了「葬不必厚，葬書不可信」的道理，並現身說法曰：「昔者吾諸祖之葬也，家甚貧，不能具棺槨。」直到他父親去世時，才有能力置辦棺槨，但仍是薄葬。但自己的兄長今年七十九了，以部一級官員退休，自己也六十六了，為皇帝貼身官員，「宗族之從仁者二十有三人」。此公一生力主修德，並要求「禁天下葬書」（《司馬溫公集》卷十二）。

　　作者曾數次觀看一些民間的風水先生給人相墓地，他們多不識文

墨，連陰陽八卦也搞不清楚，撿一本不知何人為贏利而匆忙油印的相地之書，裝神弄鬼、裝腔作勢地胡謅一通，專哄騙那些求財富、求子孫發達、心情急迫之愚夫愚婦的錢財。作者曾與風水先生有一段對話如下：

作者：既然你們都知道這些風水寶地，為何自己不去占據呢？

風水先生：命中沒福祿的，占據了沒用，反而會帶來不利，只有命中有福祿者，才會應驗，所謂「扶強不扶弱」。

作者：既然命中有福祿，那何須還要選風水之地呢？

風水先生：那還是要借助風水寶地扶助一下才行。

作者：風水葬地為什麼能給子孫後代帶來好運呢？

風水先生：這大約與地球磁場對人體的影響有關。

作者：地球磁場只能對活機體的生理和心理產生影響，它又如何透過死者的遺體而對子孫後代（其中還有一些未出世）產生影響呢？比如說帶來財運或官運？

風水先生：（支吾了一下，以手指天）這在科學上還有很多東西可能還沒搞清楚，不過將來會搞清楚的。

他轉而反問我是幹什麼工作的？大約是此類問題提得太尖刻了。他的回答是我所遇到的風水先生中回答得最「高明的」，他將無法回答的問題推給了未來的「科學」，這又最能哄騙那些愚夫愚婦，滿足其心理需求。自然，他們那套「理論」來源的科學性以及有效性是無從稽考的。

第十八章

中國皇陵

陵墓，專指帝王墓地，秦漢後則又專指皇帝陵。《說文》：「陵，大阜也。」注引《釋名》曰：「陵，隆也，體隆高也。」意指高大的土山。陵墓則是堆得像山一樣高的墳。

人們一提到帝王陵墓，便想起了古埃及法老的金字塔。金字塔流行於西元前2650至前1550年之間，即埃及古王國至中王國時期。因其形狀下呈四角形，頂呈尖錐形，與中文「金」字相似，故中國習慣上稱之為「金字塔」。埃及至今留存下來的金字塔約有八十座，它們設計精密，用工浩大，是世界聞名的古蹟。其中最著名的為胡夫金字塔，亦稱大金字塔，原高146公尺（現高137公尺），塔基每邊長230公尺，用兩百三十萬塊平均重2.5噸的石材砌成。這與後來中國秦皇、漢武的帝陵相比毫不遜色。如此看來，人類心靈中都深藏著對於「壯觀」的審美嗜好，只要物質條件允許，就會毫不猶豫地予以實現。

但是，作為古代帝王陵墓能一脈相承地延續下來，並保存完好，則世界上無有出中國古代皇陵之右者。本章簡單介紹中國古代皇陵及其文化含義，尤其是它與當時社會的關係。

第一節　陵墓的起源和意義

自墳出現後，有權勢者為顯示自己的地位，墳也愈堆愈高，最終出現了所謂「陵」。北魏酈道元《水經注・十九・渭水》：「秦名天子塚曰山，漢曰陵，故通曰山陵矣。」秦始皇陵本稱「酈山」，而不稱「酈陵」。漢以後各朝沿用漢名，稱帝陵，如漢高祖的長陵，唐太宗的昭陵。而且，後世帝王均生前即築墳墓，如此大的工程，若駕崩後再去辦自然是不行的。如秦始皇十三歲即位後即建陵，前後用了三十八年，臨死時還未最後完工。《後漢書・明帝紀》：「帝初作壽陵。」周禮：生者是不預先準備喪事用物的。

　　史載，中國最早建陵者是戰國中期的趙肅侯。《史記・趙世家》：趙肅侯15年（前335年）「起壽陵」。壽陵，即帝王生前預築的陵墓。稱「壽」者，取其久遠之意，如壽衣壽器之類。此後，君主墳墓曰「陵」，建陵漸成定制，秦惠文王規定「民不得稱陵」（《七國考》），「陵」成為帝王墳墓的專用詞。因而，戰國時「山陵」又喻指帝王，《戰國策・秦策五》：范睢對秦相魏穰說：「王（指秦昭襄王）之春秋高，一旦山陵崩，君危於累卵，而不壽於朝生。」又《趙策四・觸讋說趙太后》：觸讋說趙太后：「今媼尊長安君（趙太后愛子）之位……而不及今令有功於國，一旦山陵崩，長安君將何以自託於趙？」

　　對於中國歷史上出現帝王陵的社會原因，大約可做如下說明。

　　中國夏商周三代定鼎中原，依靠的基本力量是本族人。他們既是生產者（農民），對外又是作戰的戰士，他們分屬於本族中不同的大家族管轄。此時，最高統治者的「王」，如夏王、商王或周王為本族人最大的宗子，天下「共主」，但天下並非他一人所有，也不是他一家族所獨有，而屬於本族人共有；那些大家族的宗子（同時是本族的君主）分享並世襲在國家中的官職，擁有相當大的政治權力，所謂「世卿世祿」。商王盤庚欲遷都，上層貴族不願意，盤庚說服他們，其中說道：用人要用舊人，用東西要用新的，從前我先王和諸位祖父祖輩曾同艱苦、共享樂，我世世代代都會記住你們的功勞；我現在要祭祀先王，你們的祖先也會一起受到祭祀（「人惟求舊，器惟求新……茲予大享於先王，爾祖其從與享之」）。最後就是威脅若不聽從，將會受到懲罰（《尚書・盤庚上》）。這裡反映出世襲上層貴族在國家政治生活中是相當有地位的，此外才是聯絡利益相近的同盟軍，如周文王時天下諸侯歸順者「三分有其二」。

　　戰國以後，舊的宗法勢力逐漸瓦解，人口自由流動，各諸侯國君主推行變法，四處招徠將相，「世卿世祿」的局面被打破，如孫武曾為吳王闔閭之將，秦孝公從魏國招得商鞅主持變法，李斯曾為秦始皇的第一任丞相。這些人都是孤身前往，聽命於一人，以真才實學取官職謀富貴，舊

貴族無可挽回的衰落了。諸侯們也開始稱「王」稱「帝」，權力愈來愈大，並時常達到不受控制的程度。漢高祖，一介布衣無賴，乘秦末農民大起義登上皇帝寶座，一日於未央宮為其父祝壽，劉邦捧著一杯酒，對老父說：您過去總罵我是「無賴」，不治「產業」，不如二哥。今天，您看我的產業和二哥的相比，誰的更多呢？「殿上群臣皆稱萬歲，大笑為樂。」（《漢書·高祖本紀下》）皇帝公開以天下為一己之「產業」自劉邦始，而群臣既已接受這一理論並「大笑為樂」，說明其產生自當更早。皇帝「受命於天」，其合法性在「天」，無需「本族人」及其上層貴族的鼎力，所有文臣武將均「受雇於」皇帝。天下既是一己之產業，因而聚天下之財力為自己大修陵墓也就無不當了。

此外，陵墓也有帝王家威儡天下之用心。漢高祖8年（前199年）劉邦從趙地回長安，丞相蕭何正忙著修未央宮，極「壯麗」。劉邦怒，說：「天下洶洶，勞苦數載，成敗未可知，是何治宮室過度也！」蕭何答：「天下方未定，故可因以就宮室。且夫天子以四海為家，非令壯麗亡以重威，且亡令後世有以加也。」劉邦轉而大喜。既可以宮殿（「陽宅」）之壯麗威儡天下，當然也可以陵墓（「陰宅」）之壯觀威儡天下，庶民們望著那壯麗無比的皇陵自然會自慚形穢得無地自容，遂俯首為順民。事實上，歷代皇陵都被視為推崇皇權的一項重要形式。

第二節　中國皇陵

秦漢以後，歷朝為各級王侯、官吏制定墳墓制度，包括占地面積、墳高和神道石雕群，但未聞皇陵之制，故有「帝陵無制」之說。但事實上，皇陵也不可能修得無限大，因為這要受到人力、物力等因素的限制。從必要性上，皇陵只要能壓倒所有人就夠了；同時，每一在後的皇陵還不能過於超過先父先祖之陵，以免有「不孝」之嫌，即所謂「亡令後世

有以加也」。

世界史上，能與中國皇陵相媲美者，唯有古埃及法老的金字塔。但以中國古代皇陵既壯觀且延續之久，則又舉世無出其右者。在這方面，古人無意中給我們留下了一筆無可估量的歷史文物財富，同時它還是全面觀察古代社會的一個窗口。陵墓，包括陵、地面建築、地下宮殿及豐富的陪葬物形成一個完整而龐大的系統，曰「陵墓文化」。在中國歷史上，皇陵是帝王之家的祖墳，它也集中體現了皇家宗法關係中的孝文化和偶像崇拜。

歷代史籍多記載有皇陵情況，考古學則提供了更詳盡的資料，這裡只對「陵墓」做一些簡略的文化學介紹，而不涉及葬制、葬具等；並限於影響較大的朝代，對於一些地方割據勢力的「陵墓」亦不述。

一、秦始皇陵

秦王嬴政「繼六世之餘烈，振長策而御宇內」，以武力滅關東六國，於西元前221年建立了統一的中央集權國家，開中國兩千餘年國家政治之新局面。此時，他志得意滿，自我感覺既前無古人，後將無來者，稱尊號為「皇帝」，並自稱「始皇帝，後世以計數，二世三世至於萬世，傳之無窮」（《史記・秦始皇本紀》）。

秦始皇陵位於陝西省臨潼縣驪山北麓，在西安以東約30公里。

對秦始皇陵，司馬遷做了如下記載：「始皇初即位，穿治酈山，及併天下，天下徒送詣七十餘萬人，穿三泉，下銅而致槨，宮觀百官奇器珍怪徒藏滿之。令匠做機弩矢，有所穿近者輒射之。以水銀為百川江河大海，機相灌輸（周流不息），上具天文，下具地理。以人魚膏為燭，度不滅者久之。二世曰：『先帝後宮非有子者，出焉不宜。』皆令從死，死者甚眾。葬既已下，或言工匠為機，藏皆知之，藏重即泄。大事畢，已藏，閉中羨，下外羨門，盡閉工匠藏者，無復出者。樹草木以象山。」

「羨，音延，墓中神道。」滅六國後，還徵發各地刑徒者七十餘萬人前來修墓，秦始皇為皇帝十一年，則此前二十七年修墓所動用的人力物力尚未計算在內。秦始皇死後僅三年，項羽率大軍入咸陽，諸路義軍憤秦暴政，大肆挖掘始皇陵以擄掠寶物，焚燬地面建築以洩恨。他們有些人親歷過修建始皇陵（如九江王英布），對於其中的奢華均是見證人。《史記》以信史著稱，想必不會想當然，況且此時離秦始皇下葬尚只六十餘年。劉邦先項羽一個月入咸陽，「封秦重寶財物府庫」，想必秦始皇陵的檔案資料都在其中。後世還有一些掘始皇陵者（如黃巢），但均未真正挖到秦始皇陵的地下宮殿（大約埋得太深了），而只是挖開了一些陪葬墓。地宮內究竟如何，今日仍是一個謎中之謎。

考古勘測表明：秦始皇陵有外城、內城。外城南北長2,165公尺，東西寬940公尺，周長約6.2公里，占地面積203萬5,100平方公尺，呈南北長方形。內城中部有一條東西向隔牆，長330公尺，寬8公尺，將內城分為南北兩區，封土及地宮建在內城的西南。

秦始皇陵的方位：坐西朝東，東門相當於後世帝王陵的神道；寢殿（祭祀用）建在內城西北，陵墓建在內城西南，此為「尚西」之意。右抱酈山，左帶渭河，前後是遼闊的關中平原，雄視關東。陵墓封土原為高「50丈」，即高115公尺。因兩千餘年的風剝雨蝕和人為破壞，現實測仍有70多公尺。封土基部南北長350公尺，東西長345公尺，總占地面積12萬574平方公尺；頂部是一平臺，東西寬24公尺，南北長10.5公尺，面積為249.6平方公尺。封土下便是秦始皇陵的地下宮殿。

秦始皇陵周圍的陪葬坑、陪葬墓現已發現有三百多個。如1974年發掘的著名兵馬俑陪葬坑位於始皇陵東側1.5公里處，共三處，約2萬平方公尺，兵俑、馬俑均按真人真馬大小製成，形態逼真，神情威猛，線條流暢，現已出土文物一萬多件，被稱為「20世紀最壯觀的考古發現」、「世界第八奇蹟」。接著，又在秦始皇陵西側發現了兩組大型彩繪銅車馬，比例為真車馬的二分之一，均駕四馬。若包括陪葬區，秦始皇陵總占

地面積達56平方公里，絕不小於當時的秦都城咸陽。

二、 西漢皇陵、東漢皇陵

漢高祖布衣天子，定都咸陽。西漢傳十一帝，歷經兩百一十年。死後除文帝霸陵在今西安市東郊、宣帝杜陵在西安東南郊以外，其餘九帝均葬於渭河北岸，今咸陽、興平一帶，東西向擺開，「遙望長安」。

西漢皇陵都「坐西朝東」，整個陵區也是坐西朝東，這和秦始皇陵的朝向是一致的（此取楊寬《中國陵寢制度研究》之說；也有持「坐北朝南」之說，此不論）。皇陵中的陪葬墓一般在帝陵之東，如呂后陵在高祖長陵東、文帝竇皇后陵在霸陵東南、孝景王皇后陵在陽陵東北、孝昭上官皇后陵在平陵東、孝宣王皇后陵在杜陵東南、孝成班婕妤墓在延陵東北等。這些無疑都是精心安排的。以坐西朝東為尊位，后妃墓處帝陵之東以示附從之意。在景帝陽陵南約400公尺處發現一塊羅盤石，圓盤中心鑿有正南北向的十字形凹槽，這是當時人用以測量墓地方位的，是迄今發現最早的測量墓地方位之器物。

西漢帝陵墳丘，一般底部約150至170公尺，高20至30公尺。以茂陵最大，墳丘底部東西長229公尺、南北寬231公尺、高46.50公尺。漢武帝修茂陵，前後用了五十三年時間。后陵墳丘較帝陵小，只有呂后的墳丘略近於高祖長陵的墳丘，如長陵墳丘底部東西長153公尺、南北135公尺、高32.8公尺；呂后陵墳丘底部東西長150公尺、南北130公尺、高30.7公尺。

西漢皇陵另一個重要特點是陪葬制度，即在皇陵附近陪葬功臣國戚和達官勳臣。陪葬墓最多的當推高祖長陵，計六十多座，最著名的有戚夫人墓、蕭何墓、曹參墓，均建於長陵東側。同時，自高祖始開創了「陵邑制度」，即在陵園所在地設置縣城，遷徙天下豪富居住供奉。大臣劉敬認為：關中人少，北近匈奴，關東六國之宗族勢力強大，一旦有變，難以控制，建議遷徙豪強入關中。劉邦聽從，於是將齊、楚諸國的大姓

及功臣遷到長陵邑安家落戶，給以良田美宅（《史記·劉敬叔孫通列
傳》）。又《漢書·地理志》載：「長陵，高帝置。戶五萬五十七，口
十七萬九千四百六十九。」「漢興，立都長安，徙齊諸田、楚昭、屈、景
（氏）及諸功臣家於長陵。」這麼多人口，在當時屬一個大縣。這樣，既
可就近管理豪強，繁榮該地經濟、文化，又可使得皇陵區熱鬧非凡，大顯
了皇家氣派。但長期如此勢必要勞民傷財。漢元帝永光4年（前40年）下
詔：「今所為初陵者，勿置縣邑，使天下咸安樂業，亡有動搖之心。布告
天下，令明知之。」（《漢書·元帝紀》）從元帝渭陵開始，廢止陵邑制
度，終東漢之世，未再恢復。

　　西元25年劉秀建東漢，定都洛陽，傳十二帝，歷經兩百四十五年。除
漢獻帝葬於河南焦作外，其餘十一帝在洛陽以北的邙山。

　　東漢相當於西漢的複製品，但國威不如西漢遠甚。漢武帝北擊匈奴，
開拓雲南、貴州，遠征西域（今新疆一帶）。西漢末，中原大亂，遂失
西域。東漢永平16年（73年）班超重新經營西域，次年重設「西域都
護」。班超智勇過人，屢挫頑敵，「威震西域」，「西域五十餘國悉皆
納質內屬焉」。班超在西域三十一年，和帝永元14年（102年）8月歸洛
陽，9月而卒，年七十一。任尚繼任都護，數年後「西域反叛」，遂失西
域，直到唐初才重新恢復對西域的統治權（《後漢書·班超列傳》）。也
就是說，東漢人未能完全守住西漢人開拓的這份「產業」。

　　東漢皇陵體制大體同於西漢皇陵，但規模遠小於西漢諸陵，陵園四周
不築垣牆，改用木架做成的「行馬」為界。東漢皇陵以「帝后同穴」取代
了西漢的「同塋不同穴」。陵園內首創了通向陵塚的神道，此後陵區內的
石雕像便大體設於神道兩側，使墓區內更為規範。東漢皇陵的墓向，現有
資料所載不詳。

　　兩漢各皇陵之間隔得不遠，但也不聚在一起。據現有資料載，各墓的
地下宮殿均未開掘過，故其中奧祕不得而知。李如森先生著有《漢代喪葬
制度》（吉林大學出版社，1995年版），對兩漢皇陵有所敘述，尤詳於葬

禮、葬具等方面的考證，茲不贅述。

三、　唐皇陵

　　西元618年，高祖李淵於長安建立唐朝，歷經兩百九十年，包括武則天在內計二十一帝。除昭宗李曄的和陵在洛陽、哀帝李柷的溫陵在山東荷澤外，其餘十九帝均葬在陝西關中的渭北平原上。因高宗李治和武則天合葬乾陵，實際上只有十八陵，史稱「關中十八陵」。它們分布於西起乾縣、東達蒲城，綿延300里的高山和丘巒上（再往北，就進入陝北高原的南部邊緣了）。

　　唐皇陵以鑿山造陵為主，有十五陵屬鑿山為陵。另三座係堆土築陵，分別為高祖獻陵、僖宗靖陵、武宗端陵，一為開國皇帝，另二帝為國運已衰的末世皇帝。唐十五陵各自擇一山，鑿一山洞，藏靈柩於山洞內，外部則是陵墓區，亦修有內、外兩城，但受山形的限制，多不甚規整。

　　眾多的陪葬墓是唐皇陵的一大顯著特點，它始於唐高祖李淵的獻陵。高祖崩，唐太宗親自為其定陵制，並在賜功臣密戚〈陪葬詔〉中說：「自今以後（功臣）身薨之日，所司宜即以聞，並於獻陵左側賜以葬地，並給東園祕器（即葬器），務從優厚，庶敦追遠之意，以申罔極之懷。」獻陵朝南，南門是正門，陪葬於「左側」，即陵墓之東位。獻陵周圍現已查明的陪葬墓六十七座，均為功臣陪葬墓。陪葬墓最多的是唐太宗昭陵，功臣陪葬、皇親從葬現已證實的有一百六十七座，最有名的如魏徵墓、徐懋公墓、李靖墓。陪葬墓大都分布於昭陵主峰以南，占地30畝。昭陵居高，「南面稱孤」，下臨眾多陪葬墓，星羅棋布，如群臣朝列兩旁，以示「北面稱臣」。乾陵東南王公大臣陪葬墓十七座。這表明，唐代皇陵已將西漢皇陵的「東向為尊」改為「南向為尊」，更多的是透過陪葬墓與皇陵位置的遠近、皇帝親自撰寫碑文（如魏徵）等方式來體現榮寵。唐代陪葬制度大體仿效漢代，如皇家賜塋地等，當時大臣將死後能入

皇陵陪葬也視為一種莫大的榮典。

昭陵石雕中最著名有「昭陵六駿」，六匹駿馬原為唐太宗開國征戰時所騎，多建殊功。太宗為紀念牠們，特詔令當時著名的畫家閻立本親自繪圖，又請上等雕刻家浮雕成石，放置於昭陵祭壇內。19世紀後，中國國運衰落，其中兩塊浮雕馬被盜去，現藏於美國費城大學博物館；另四塊也被打碎，後復原，現藏於陝西省石刻藝術博物館。

唐山陵均氣勢磅礴，是繼漢代後中國皇陵的再一次巍峨壯觀，唐太宗的昭陵、睿宗的橋陵、高宗和武則天合葬的乾陵是代表作。在長達幾公里的神道上有次序地陳設著華表、翼馬、鴕鳥、石馬、石獅、文臣武將、石碑刻等，猶如皇帝坐朝，百官侍立兩旁。石刻造型威武雄壯，文臣武將耀武揚威。如橋陵的石雕侍臣又寬又大，最高者4.28公尺；乾陵的石獅高達3公尺；順陵（武則天母親之陵）的一對華表高近9公尺。石雕均豐滿圓潤、高大魁梧，石馬則尤顯驃悍粗壯。它們反映了唐代雄厚的國力和無比的氣魄。

到唐玄宗以後，隨國力日漸衰微，皇陵氣魄也隨之衰減；晚唐則急遽衰落。對此，張文生先生著《中國皇陵》中有一段精練的評價：

> 整的來看，中唐的神道石刻形體變小了，氣魄也不如盛唐那麼威武豪壯了，但在藝術造型上卻略有發展。譬如：（玄宗）泰陵、（肅宗）建陵上的翼馬體態矯健、英姿颯爽；文臣雍容華貴，武將勇武驃悍；瑞禽鴕鳥則顯得生動活潑，神氣十足。總之，中唐皇陵的神道石刻形體略微小一些，造型藝術卻達到了完美純熟，是唐代皇陵石刻藝術發展的最高峰。
>
> 晚唐皇陵神道上的石刻無論是數量、種類還是陳設，都和盛唐、中唐的皇陵沒有什麼區別，也就是說，規制並無變化。但從整體觀察卻大不相同，形體明顯變化，雕刻藝術也不那麼精緻了。尤其是面部神態，容貌消瘦，神情索然，再也沒有高大魁

梧、圓潤豐滿的氣質了，明顯地反映出大唐衰微、國力不支的潰
敗景象……有的規模還不如盛唐的一座陪葬墓。

四、北宋皇陵、南宋皇陵

宋太祖趙匡胤「陳橋兵變，黃袍加身」稱帝，於西元960年建立宋
朝，都汴（今河南開封市），傳九帝，歷經一百六十八年。西元1127年金
兵攻破汴京，擄徽宗、欽宗北去，死後葬於北方，其餘七帝都葬於河南
鞏縣，加上太祖父趙弘殷陵，史稱「七帝八陵」。陵區內還附葬有皇后
二十餘人以及皇親功臣的陪葬墓三百多座，如包拯（人稱包青天、包龍
圖）、寇準、高懷德、楊六郎等都陪葬在這裡，占地總面積約30平方公
里，形成中國歷史上又一處規模宏大並布局嚴整的皇陵群。

北宋一朝，北方的「燕、雲十六州」（今河北、山西的北部）始終
未能收回，因而北方無險可守❶，長期處於遼、金的先後威脅中，多次以
「納貢」換得苟安，最終還是亡於金國，是一個受盡屈辱的朝代。在內
政上，北宋承唐末、五代十國近百年大混亂之慘痛經歷（從西元874年黃
巢起義算起），西元961年趙匡胤「杯酒釋兵權」，開始全面加強中央皇
權，它反映在皇陵建築布局上，最顯著的特點就是統一化和規範化（似乎
爾後也更少漢唐時那種鷹揚雄姿和獨創性了）。

漢、唐皇陵均建在京城附近的高阜之處，居高臨下，依山傍水，進入
陵墓區，沿神道愈走愈高，主體建築為最高巔。而北宋皇陵卻恰相反，它
遠離開封200餘公里，陵園均向南面朝嵩山，背負洛水。這樣，南邊地勢

---

❶ 燕、雲十六州：又稱幽薊十六州，五代石敬瑭在契丹扶植下建立後晉時割讓給
契丹的十六個州，即幽、薊、瀛、莫、涿、檀、順、新、媯、儒、武、雲、
應、寰、朔、蔚等州。相當於今北京市和山西大同市為中心，東至河北遵化，
北迄長城，西界山西神池，南至天津市海河以北、河北河間、保定市及山西繁
峙、寧武一線以北地區（參見《辭海‧地理分冊‧歷史地理》）。

高於北邊，從南邊進入陵區後，陵臺就建於低平之處了。這是北宋皇家受當時盛行的「風水堪輿學說」影響所致。按照「五音姓利」，選擇地勢要根據姓氏的音屬，趙姓屬「角」音，角音者死後應當選擇「東南高而西北低」的地勢。這種地勢在中原尤其是開封一帶很難找，於是便在河南鞏縣安寢了。另一說，北宋皇陵的選址與宋太祖準備遷都洛陽有關。

北宋陵均堆土為陵，各陵園建置布局基本相同，規模大小也大體差不多，坐北朝南，均由「上宮」、「宮城」、「后宮」、「下宮」四大部分組成。上宮是進入陵區第一道門後的部分，門前有「諸司官員下馬」之類的石刻。入門後，有神道通墓前，各陵神道兩邊的石刻品類及數量完全一致，由南往北依次排列：望柱一對、象及馴象人各一對、瑞禽一對、角端一對、馬及控馬官四對、虎兩對、羊兩對、客使三對、武將兩對、文臣兩對。宮城為埋葬皇帝靈柩之處，上有封土所成的陵臺。再往北，是后宮，即安葬皇后之處，也有石像生，但規模小於帝陵（西漢皇陵是帝陵西、后陵東）。皇后與皇帝不同穴，男尊女卑。但帝后陵均在一條南北中軸線上。再往北，是下宮，祭祀先帝之處，守陵人也住在這裡。

北宋各皇陵按周禮「左昭右穆」有次序地排列，所謂「昭穆之法」。南為前、北為後，左為昭、西為穆，面對北，則東為右（尊位）、西為左（卑位）。等級高的陪葬於昭位，等級低的陪葬於穆位。

總之，北宋皇陵屬歷代皇陵中最整齊最規則的帝王陵。

北宋陵地宮未曾開啟過。歷史上有人曾企圖盜墓，未成。據現有資料顯示，地宮距地表深度30公尺左右，這一工程不是個人所能完成的。

南宋偏安江南，掌半壁河山，都臨安（今杭州），自高宗（西元1127年）建國，到陸秀夫負少帝趙昺投海，西元1279年亡國，傳九帝，歷經一百五十二年。除恭帝剃髮為僧、端宗葬廣東厓山、少帝漂屍海外，其餘六帝均葬於浙江紹興。南宋皇陵的建築布局基本上沿襲北宋皇陵，但規模卻遠不如，既無高大若山的陵臺，也不見氣勢雄偉的神道石刻，陵區內的建築規模也大為縮減，恰如偏安王朝了無生氣的黃昏景象。

　　南宋亡，祖墳不保。元世祖至元22年（1285年），南宋皇陵遭一群惡僧公開洗劫，地宮均被掘開，財寶洗劫一空，拋屍荒野。時有不忍睹者典賣家產才得以收拾遺骨。人稱此舉為宰相桑哥所支持。《元史·卷二百五·奸臣傳·桑哥傳》載桑哥「為人狡黠豪橫，好言財利事」，此時為「總制院使」，掌管佛教及吐蕃等事務，該傳多載其惡行，但未言及參與盜南宋帝陵事。

五、元皇「陵」

　　蒙古草原的孛兒只斤氏族首領鐵木真，率部經十餘年征戰，於西元1206年統一了蒙古各部落，被推為全蒙古的大汗，尊為成吉思汗。蒙古人先後滅（西）遼、金、西夏、南宋，建立起人類文明史上空前絕後的龐大帝國。西元1271年世祖忽必烈改元稱帝，後入主中原，於西元1271年建立元朝，都大都（今北京），傳十一帝，歷經九十八年。

　　據梁甫《蒙古喪葬習俗種種》上說：早期的蒙古人流行「天葬」，即親屬將屍體置於山頂或山谷，三日後族人前去察看，以屍體被鳥獸食盡為吉利，謂死者已升天；反之，則認為死者生前罪孽深重，還須另行宗教儀式以超渡。

　　此外，蒙古人也有土葬習俗。一般有兩種葬法：一種是深葬，不留墳頭，填平土坑為限，然後再以馬踏平。帝后們便取此一葬式。帝后死後，一般用一整段香楠木縱向剖開，就中挖鑿人形槽，其深淺大小以容屍為限；然後將屍體裝入，二木合一，外用黃金箍四道緊束固定。墓穴甚深，而且挖出的土要求成方塊不碎，並按先後次序排放，待棺木下葬後，再依次回填，餘土遠棄，不起墳頭，久難尋覓。另一種是起墳頭，墳前立一門式木架，墳頭上安置木板，板上放一鹿頭作為祭品，蒙古貴族和酋長多採用這一葬法（參見蔡希勤，《中國墓葬文化》，第180頁，中國城市出版社，1995年版）。

明初學者葉子奇《草木子》卷四載:「國制不起墳壟,葬畢,以萬馬
蹂之使平。殺駱駝子其上,以千騎守之,來歲草既生,則移帳散去,彌
望平衍,人莫知之。欲祭時,則以所殺駱駝之母為導,視其躑躅悲鳴之
處,則知葬所矣。」既不起墳,又對葬地保密,即所謂「密葬」,這與蒙
古人早期的遊牧生活習性相關。蒙古人入主中原後,迅速漢化,然其喪葬
方面仍保持原有的習俗。因此,元朝諸帝死後究竟葬於何處,史書無詳細
記載,後人也不得而知。嚴格地說,並無真正意義上的「皇陵」。

成吉思汗陵,在內蒙古伊克昭盟伊金霍洛旗席連鎮東南15公里處,有
高大的墳堆和頗為宏偉的地面建築,成陵歷來史無記載,係後人附會。可
能源於成吉思汗遺下的「八白室」,即八個白色氈帳,它曾作為成吉思汗
陵墓象徵經常遷徙,最後定於此。此陵現規模是1956年5月落成。成吉思
汗究竟葬於何處,各書所載不一,均無確鑿證據。

六、明皇陵

西元1368年,明太祖朱元璋建立明朝,傳十六帝,歷經兩百七十六
年。先定都南京,後明成祖遷都北京。除建文帝因「靖難之役」不知所終
外,其餘十四帝均建陵。陵址都是經風水家反覆勘察而定下來的。

明朝建立後,朱元璋最先在安徽鳳陽為先父母修「皇陵」,建於西元
1369至1379年,完全是帝王陵寢的規格,神道兩側有石刻三十對,其中華
表兩對、石獅八對、麒麟兩對、石馬兩對、石虎四對、石羊四對、石人八
對。後又為祖父、曾祖、高祖建「祖陵」,始於西元1386年,直到西元
1413年修築圍牆等設施時,才算完工,神道前有二十對石像生。明中葉淮
水氾濫,蕩平了祖陵的墳丘,神道石刻也淪入洪澤湖底。1961年洪澤湖水
位下降時,南京博物館對湖底的神道石刻進行了考察,發現二十對石刻仍
巍然屹立。這是我國歷史上唯一的一座水底皇陵。不過,實為衣冠塚。

太祖朱元璋的孝陵在南京市紫金山南麓。洪武14年(1381年)開始

興建，次年皇后馬氏死，葬入。洪武25年（1392年）太子朱標死，葬陵東，稱「東陵」。洪武31年（1398年）崩，享年七十一歲，葬入。孝陵直到永樂3年（1405年）明成祖朱棣建成「大明孝陵神功聖德碑」才算正式完工，歷時二十五年。

　　明成祖遷都北京，此後皇陵落戶於此。除景帝朱祁鈺另葬於北京西郊的金山外，另十三帝均葬在北京天壽山下，史稱明代十三陵（朱祁鈺在位七年，西元1456年為其兄陰謀推翻，故未被葬入「祖墳」），它被認為是「萬年」「風水之地」。十三陵，以十三座皇陵集中葬在同一陵園內而著稱於天下。園陵以北京昌平的天壽山為屏，東、西、北三面群峰矗立，南面則由虎山、莽山做天然門闕，中間是一塊方圓40公里的盆地，各皇陵就建在盆地內的小山上。各陵園都依山勢而築有圍牆，沿途設有關卡，派兵把守。這裡臨近明朝的北部邊境，因而又有警衛京師的作用。

　　明皇陵的墓都係堆土成陵，陵頂成圓狀，稱「寶頂」。

　　十三陵中，明萬曆皇帝定陵的地下宮殿現已打開，裡面富麗堂皇如宮殿，故人稱「地下宮殿」（或地宮），係帝后合葬，已闢為博物館，供遊人參觀。崇禎皇帝思陵最小，此時明朝已亡，係亡國之臣倉促而成。

七、清皇陵：東陵和西陵

　　清朝係中國東北少數民族入主中原而建立的王朝。西元1616年努爾哈赤統一了女真族各部落，號「後金」。因北宋時金人屢攻宋，漢族人非常崇敬岳飛，痛恨金國（民間藝人說書時稱「金狗」），故於西元1636年改國號為「清」。西元1644年乘李自成攻入北京推翻明王朝之際的混亂，清兵由吳三桂引導入關，攻占北京，同年定都北京。1912年宣統皇帝宣布退位，傳十二帝，歷經兩百九十六年。

　　入關前，努爾哈赤的先祖陵在遼寧省新賓縣滿族自治縣永陵鎮，葬有其高祖、曾祖、祖父、父親、伯父、叔父及其妻室，稱「永陵」。努爾

哈赤的「福陵」在瀋陽東郊，皇太極「昭陵」在瀋陽北郊，均係帝后合葬，堆土為陵，合稱「盛京三陵」。不過，永陵規模很小，只因祖以子貴才稱「陵」。規模最大、現保存最完整的是昭陵，因處瀋陽北郊，故又稱「北陵」。順治帝時，滿清入關，才有了「東陵」和「西陵」。

東陵，位於河北省遵化縣馬蘭峪的昌瑞山下，在北京以東200多公里，故稱東陵。《大清一統志》描述：「山脈自太行逶迤而來，重崗疊阜，鳳翥龍蟠，一峰柱笏，狀如華蓋。前有金星峰，後有分水嶺，諸山聳峙環抱。左有鯰魚關，馬蘭峪盡西朝，儼然左輔；右有寬佃峪，黃花山皆東向，儼然右弼。千山萬壑，迴環朝拱，左右雨水，分流夾繞，俱泄於龍虎峪。」於此，可以看到當時人尤其是帝王之家的風水觀，無非是取朝廷文武群臣前後左右拱衛、氣勢顯赫龍鳳呈祥等政治結構在地貌上的比擬性延伸，「一峰柱笏，狀如華蓋」代表皇帝的獨尊，國家的生存及防守又離不開土地、山水，俱聚於皇帝的「龍虎峪」矣。

東陵南北長125公里，東西寬26公里，地跨遵化、薊縣、密雲等縣，占地面積之廣闊居中國歷代皇陵之首，在世界上也是罕見。東陵的總門戶是大紅門，紅牆迤邐，肅穆典雅，門前有「官員人等到此下馬」的石牌。前方矗立著高大雄偉的石牌坊，全部用漢白玉卯榫裝配而成，上面雕滿了各種紋飾，其中以「雲龍戲珠」、「雙獅滾繡球」以及旋子點金大彩畫為最精采，是清朝石雕藝術之代表作。主體建築是順治皇帝的「孝陵」，規模最大最雄偉。圍繞著孝陵，東有皇后的孝東陵，康熙皇帝的「景陵」和景妃陵、雙妃陵，同治皇帝的「惠陵」和惠妃陵，以及順治皇帝之母的昭西陵；西有乾隆皇帝的「裕陵」和裕妃陵，咸豐皇帝的「定陵」和定西陵（慈安太后）、定東陵（慈禧太后）、定妃陵。總計有五座皇陵、十五座皇后陵，還埋葬有妃、嬪、福晉、格格等一百五十多人，各陵又自成體系。各皇陵在順治帝陵左右擺開，均南向，但后陵則在各帝陵之東，這無疑也是遵方位觀精心安排的。

清末民初，國運大衰，帝國主義分子、軍閥、土匪以及護陵大臣對東

陵進行了大肆掠奪和破壞，不幾年時間，十七萬株松柏被砍伐罄盡。1928年軍閥孫殿英竟動用軍隊，以工兵和炸藥盜墓，全面洗劫了乾隆裕陵和慈禧太后定東陵的地下宮殿，陪葬品被洗劫一空。至此東陵殘破不堪，1949年後，政府撥專款幾經修繕恢復，現已對遊人開放。

　　清西陵在河北易縣的泰寧山，因地在北京之西，故稱「西陵」。最先選中這裡的是雍正皇帝。此時，東陵已葬了順治、康熙兩位皇帝，雍正嫌那裡的風水仍不夠理想，便遣人四處找地，於是有了西陵這塊「萬年吉地」。

　　清西陵開創於雍正8年（1730年），到1915年最後建成崇陵為止，前後經營將近兩百年。西陵的主神道長5里，短於東陵。形制皆同於東陵，但總體規模小於東陵。它以雍正皇帝的泰陵為中心，西南有嘉慶皇帝的昌陵，道光皇帝的慕陵；東南是光緒皇帝的崇陵，共葬有四位皇帝。此外，有九位皇后、二十七位妃子及六位親王公主的陵園，形成清代入關後的第二個皇陵群。珍妃、瑾妃及朝臣梁鼎芬、趙秉鈞的墓陪葬在光緒皇帝的崇陵。

　　按中國宗法制的祖墳原則，一般是「子隨父葬，祖輩衍繼」，但雍正皇帝不隨父（康熙帝）、祖（順治帝）而另闢西陵。對此，說法頗多。一說，乾隆有「父子不葬一地之詔」；另說雍正帝係篡位，不敢見祖宗於地下，但傳聞野史，不可為憑。

　　自有西陵後，清代皇帝選擇陵區有「父在東陵，子在西陵」的所謂「兆域之制」，如雍正在西陵，乾隆在東陵，嘉慶在西陵，但道光也在西陵；此後連續是咸豐在東陵，同治也在東陵，好像要擺平似的；再後，光緒在西陵。不過，這種父子分葬東西之陵並不像很嚴格的制度。聞中央政府已同意清廢帝溥儀葬入祖墳的請求，果真如此，則當葬入清東陵了。

　　西陵完整地保留了一整套皇陵建築群，為研究清代建築藝術提供了極好的實物資料。

第三節　中國皇陵扼要

皇陵在中國延續達兩千餘年，世界絕無僅有。它不僅為研究中國古代死亡文化，尤其是墳墓葬式提供了大量實物資料，而且為研究中國古代政治、經濟、社會結構以及雕塑藝術提供了豐富的實物資料，並由此構成中國古代文化的一部分。

由於「帝陵無制」，皇陵修築的規模及奢儉也就帶有隨意性。皇陵歷來反映了國運的盛衰，如漢、唐皇陵和兩宋皇陵之間有天壤之別，清皇陵也比明皇陵更顯雄姿和力度。清代全盛的康、乾時期，疆域北至貝加爾湖，東到庫頁島，西至中亞，堪與盛唐媲美；而明代北部始終只能以長城為邊境，終朝忙於應付邊患，大修長城，只是說比北宋稍強。歷來，一個國家的威力最直接地是透過它在世界中的地位來顯示。

同時，皇陵還反映了皇帝本人對生活的態度、嗜好，如清皇陵中，極重奢華者當推慈禧太后的定東陵；而最儉樸的則為道光帝的慕陵，陵園垣牆既未掛灰，也不塗紅，陵園神道上沒有華表、碑樓、石像生、方城和明樓，這在皇陵中是不多見的。據史載，道光帝生平確實非常儉樸，這恰好反映了他們生前生活作風的差別。

地宮是塵世生活的反映，歷代皇陵的地宮（即藏靈柩處）大體模仿了皇宮制度，極盡宏麗堂皇，多有陪葬物，以圖於另一世界也能過奢華生活，故曰「地下宮殿」。於此，可以看到當時統治者最上層所享受的生活水準，以及他們所信奉的生活方式。同時，陵墓的地面建築及神道石像等均取偶數，講究對仗工整，與宮廷生活相同。

總之，皇陵構成了中國古代隆喪厚葬傳統的重要組成部分，對民間的隆喪厚葬起了示範作用。

中國皇陵地宮上的封土形式大約經歷了三種變化過程：秦漢時期，封土為陵，以方上為主。即在帝陵的地宮之上層層夯土，築成一個下大上小

的方錐體，因其上部是方形平頂，故名曰「方上」，如秦始皇陵的陵頂就最典型，惟漢文帝鑿山建陵為特例。魏晉南北朝時期，流行「因山為陵」的築墳方式，即利用山峰作為陵墓的墳頭，鑿山為陵，在唐太宗昭陵以後的唐代帝陵列為制度。明、清又恢復堆土為陵，但陵頂由方形改為圓形，稱「頂寶」，再周以磚壁，上砌女牆，謂「寶城」（宋代也屬堆土為陵，但陵頂與漢陵同，都是方形）。從明孝陵起，改為圓形。明朝多圓形，清朝多長圓形（參見《中國文化史三百題》，上海古籍出版社，1987年版）。

中國最後的陵墓為孫中山先生的「中山陵」。孫中山先生1912年初辭去臨時大總統，一次於南京紫金山打獵時到此，見風景優美，便說，希望去世後葬此。1925年孫中山先生逝世於北京，暫厝於北京西山。1927年春蔣介石定都南京，1929年將孫中山靈柩迎葬於此，場面極為隆重，史稱「奉安大典」。不過，借稱「陵」，是指其墓地山勢的宏偉以及人們對他的敬重，與古代皇陵不是一回事。

第十九章

墓碑、墓誌銘和廟寢

自人類產生神靈觀念，便有了祭祀活動。如前所述，原始人的祭祀對象是眾多而龐雜的，隨人類的成長，這些對象逐漸減少並具有了系統。

死亡文化中的祭祀則是祭祀祖先的神靈。各民族在各時代都有對祖先的祭祀，但恐怕沒有哪個民族達到中國人如此持久而狂熱的程度。在中國，祭祀祖先是神靈崇拜和祖先崇拜的綜合產物，或說它揉合了神靈文化和孝道文化於一體，並以此作為社會治理的一個槓桿。碑銘、廟寢就是與墳墓相配套的祭祀實物形態。

 第一節　墓碑、墓誌銘

一、墓碑

《說文》：「碑，豎石也。」在古代，碑的作用大體有三：一是豎立在宮、廟門前用以識日影的石頭。鄭玄注：「宮必有碑，所以識日景（影）、引陰陽也。凡碑，引物者。」也就是說，碑是長條形豎石，最早是古人用來測時間和季節變化的。二是古代豎立在宗廟大門內拴牲口的石頭。《禮記・祭義》：「祭之日，君牽牲……既入廟門，麗於碑。」鄭玄注：「麗猶繫也。」三是古代用以引棺木入墓穴的木柱。斫大木如石碑，下葬時，在墓穴四角或兩邊樹立，上端鑿有圓孔，曰「穿」，兩穿之間用一木穿過，上繫繩索幫助下棺，猶如轆轤的作用。棺下葬後，木碑也隨之埋入墓中。後專用石碑，不再用木。

秦始皇時，稱「石」不稱碑。《史記・秦始皇本紀》載秦始皇多次出巡，四處「刻石」，如泰山刻石、秦皇島刻石（即「東臨碣石有遺篇」），上刻有文字以顯示武功或記載出遊情況。石碑刻石帶有希望永久紀念之意。東漢後稱「碑」。

就是說，生者和死者都用到碑，生者為了顯揚自己的功德，為死者立

碑則為了使其名聲永存。不過，這裡所涉及的僅限於墓碑，它由碑的第三義而來。

研究者認為，刻文於碑自東漢始（一說西漢末），故後人有「西漢無碑」之說。人們把石碑立在墓前，既不埋入墓中，下葬後也不撤走，上面刻有墓主的官爵姓名、生辰年月等，立於墓之正前方，即為「墓碑」之始。從此，墳墓上又多了一件東西。東漢，墓前立碑刻石蔚然成風，許多墓碑上除刻有墓主官爵姓名生辰年月外，還刻上介紹墓主家世生平事蹟並加以頌揚的長篇文字，此為「碑文」之始；碑陰則詳列立碑人的姓名（後世列於碑正面的左下側）。

富貴之家多請當時有地位、有名望者題寫碑文，為自己及死者增色，從而使碑與文學、書法聯繫起來，後世研究歷史、書法、文學者多要研究古代碑文，碑文成為中國書法的一個重要組成部分。如東漢時期的〈孔謙碑〉、〈袁安碑〉是研究漢隸的寶貴資料；〈張猛龍碑〉、〈爨寶子碑〉、〈爨龍顏碑〉、〈敬君碑〉等則是研究北朝魏碑書法的寶貴資料。此外，各朝人們還在碑上端或周圍雕刻一些圖案，如早期墓碑上部仍穿孔，頂端或作尖形，曰「圭首」；或作圓弧形，刻上雲氣圖案，曰「暈首」。後世則還有雕龍、螭（無角的龍）、鳳、雀、虎等動物；碑身下還有碑座，曰「趺」多用龜造型，曰「龜趺」，花樣翻新，從而又使碑與雕塑藝術聯繫起來。

墓碑有時又稱「碣石」，指圓頂石碑，東漢時還是圓形。《後漢書・竇憲傳》唐代李賢注：「方者謂之碑，圓者謂之碣。」但後世碑、碣不分，混為一談。《唐律疏義・毀人碑碣石獸》：「喪葬令：五品以上聽（允許）立碑，七品以上立碣。」近世，墓前只講碑，而不聞有碣。

由於濫立碑，既傷財，又助長虛浮之風，魏、晉、南北朝曾多次予以禁立，作為提倡薄葬的一部分。「漢以來，天下送死奢靡，多做石室石獸碑銘等物。建安10年（205年），魏武帝（曹操）以天下凋弊，下令不得厚葬，又禁立碑。魏高貴鄉公甘露2年（257年），大將軍參軍太原王倫

卒，倫兄（王）俊作〈表德論〉，以述倫遺美，云『祗畏王典，不得為銘
（應為碑），乃撰錄行事，就刊於墓之陰云爾』。此則碑禁尚嚴也。此後
復弛替。」（《宋書·志第五·禮二》）

「晉武帝咸寧4年（278年），又詔曰：此石獸碑表，既私褒美，興長
虛偽、傷財害人，莫大於此。一禁斷之。其犯者雖會赦，皆當毀壞。」
（同上）這是有記載的國家第一次毀墓碑之舉，立碑者即使碰上大赦也要
「皆當毀壞」。

《寰宇記》卷四十一：「周武帝（西元561-578年在位）時除天下
碑，唯林曾碑，詔特留。」林曾，即東漢的郭秀，「字林宗，太原介休
人，高士，九州之士悉敬仰之。其卒，蔡伯喈為之作碑，曰：『吾為天下
碑銘多矣，未嘗不有慚，唯為郭先生碑頌，無愧色耳。』」（參見《世說
新語·德行》）

總而言之，自曹操東漢末當政以來，對於墓碑的實際情況是時禁時
斷，北周武帝乾脆盡除之。

二、墓誌銘

由於幾度禁止立碑。於是「刊於墓之陰」，將刻石埋入地下，此即墓
誌銘。墓誌銘，又簡稱墓誌。將石鑿成正方形，加工磨光，兩塊相合，一
題誌，一刻銘，埋入壙前三尺之地。「誌」文用散文記載死者家世、姓
名、爵位、生平、年壽、卒葬日月；「銘」文似詩，用韻文概括全篇，大
都是對死者的讚揚、悼念或安慰，多溢美之詞。放入墓中，成為紀念性的
冥物，故又稱「地誌」或「埋銘」。

關於墓誌銘的起源，清代汪汲《事物原會·墓誌銘》認為，墓誌銘
始於南朝，「……（南朝）齊武帝欲為裴后立石誌墓中，王儉以為非古
也，或以為宋元嘉（西元424-452年）顏延之為王球作墓誌，有銘自宋
始。隋得王戎墓銘為自晉始，亦非是今世有。崔子玉書張衡墓銘，則墓有

銘自東漢已有之。《山堂肆考》：誌，記也，或作識。漢杜子夏臨終作
文，刊石埋墓前厥，後墓誌因此而始也。《池北偶談》謂：墓有誌銘，
據《封氏聞見記》以為起於魏晉固核矣，然《莊子》云：衛靈公卜葬於
沙丘，掘之得石槨有銘，則春秋前已有銘矣，而王儉謂自宋元嘉中顏延之
者，竊意古來銘墓但書姓名、官位，間或止銘數語，而敘述撰文則起於
顏耳。」這裡有：東漢說，魏晉說，南朝說，乃至春秋說，更多人取東漢
說，但對於墓誌銘風行於魏晉、南北朝均無異議。

　　考古工作者在秦始皇陵園圍牆西邊發掘出修酈山而死的刑徒墓地。墓
壙僅能容身，三十二座墓共埋了一百人，除四人仰身直肢葬外，均為蜷屈
特甚的屈肢葬；僅一具瓦棺外，無任何葬具和隨葬品；在部分屍骨上覆蓋
著當時的板瓦、筒瓦殘片。考古學者研究了該墓出土的瓦文，發現其中
「記有地名、服役性質、爵名、姓名等內容」。陳戍國先生認為：「這些
瓦文，其實是我國墓誌銘之始。」

　　墓誌出土集中在河南洛陽邙山一帶，東漢、曹魏、兩晉、北魏四個朝
代出土的墓誌碑刻已達四千多方，有「地下碑林」之稱，現多藏於洛陽
白馬寺博物館中。洛陽邙山自東漢始就是帝王將相及權勢們安身長眠之
處，被視為「風水之地」，素稱「生居蘇杭，死葬邙山」。因歷代葬人之
多，故又有「邙山無臥牛之地」之說。墓誌葬於地下，未經自然風化和雨
打風吹的殘損，故出土的墓誌多保存良好。銘文文法清晰完好，為後世研
究學習當時書法的極好帖本。

　　碑文和墓誌銘文作為一種文體，構成中國古代文學史的一個重要組成
部分。但由於多溢美之詞，格式化，多不足為觀，真正能傳於後世的不
多。如韓愈〈柳子厚墓誌銘〉、王安石〈王逢原墓誌銘〉均為墓誌中的精
品。不過，他們的墓誌銘文均用散文寫成，不再是韻文。

　　唐、宋以後，國家對各級官員的碑高及碑首（或碑額）做出規定，構
成「喪禮」的一部分。如唐、宋時規定：五品以上墓碑為螭首龜趺，高度

不得超過9尺；七品以上墓碑為圭首方趺，高4尺。明、清規定得更為細緻。孫承澤《天府廣記‧喪制》載，明初制喪禮，其中「碑碣」：

> 功臣歿後封王，螭首高3尺2寸，碑身高9尺，闊3尺6寸，龜趺高3尺8寸；
>
> 一品螭首高3尺，碑身高8尺5寸，闊3尺4寸，龜趺高3尺6寸；
>
> 二品蓋（即碑首）用麟鳳，高2尺8寸，碑身高8尺，闊3尺2寸，龜趺高3尺4寸；
>
> 三品蓋用天祿、辟邪（傳說中的兩種神獸），高2尺6寸，碑身高7尺5寸，闊3尺，龜趺高3尺2寸；
>
> 四品圓首高2尺4寸，碑身高7尺，闊2尺8寸，方趺高3尺；
>
> 五品圓首高2尺2寸，碑身高6尺5寸，闊2尺6寸，方趺高2尺8寸；
>
> 六品圓首高2尺，碑身高6尺，闊2尺4寸，方趺高2尺6寸；
>
> 七品圓首高1尺8寸，碑身高5尺5寸，闊2尺2寸，方趺高2尺4寸。

如一品官的墓碑通高15.1尺，按1尺合32公分計，約合4.8公尺。這麼高的墓碑是相當可觀的。「皇陵無制」，因而其碑常達到8至9公尺，甚至10餘公尺高。

原則上庶民墓前不許立碑碣，但這種禁令並未嚴格執行。故一般人死後大都立有墓碑，只是體小而簡，也無趺座。不過，庶民墓碑若太奢華，會被視為對國家的冒犯，多半要遭到官府的干涉。

一般立墓碑就不立墓銘，但也有個別情況。

第二節　西周的宗廟制度

一、立廟

　　廟，古代帝王、諸侯祭祀祖宗之所，亦帝王之家廟。《說文》：「廟，尊先祖貌也。」段玉裁注：「古者，廟以祀先祖，凡神不為廟也。為神立廟者始三代以後。」《詩經・周頌・清廟》鄭玄注：「廟之言貌也。死者精神不可得而見，但以生時之居立宮室，象貌為之耳。」即是說，先祖之貌不可復見，故為之立一廟（即屋子），裡面供上先祖牌位，祭祀時就好像又見到了先祖一樣。廟為整個宗族的象徵，故曰「宗廟」。宗，從宀從示，「宀」為房子之形，「示」為祭神之義。因而，「宗」的本義就是用於祭祀祖先的房子，後「宗廟」合稱，其義亦指祭祀祖先的房子。

　　立廟是「孝文化」一脈相承之產物。為神靈立廟是秦漢以後的事，而佛家之寺稱廟又不知起於何時，唐人有詩「姑蘇城外寒山寺，夜半鐘聲到客船」。明中葉吳承恩《西遊記》中對佛教場所仍稱某「寺」，如唐僧四人去西天「天竺國雷音寺」取經云，而不稱雷音廟。可見士大夫中對寺、廟的稱號是非常清晰的。將「寺」稱為「廟」大約是民間所為，同一名詞的不同含義給後人造成了誤解。

　　關於廟的建制，東漢蔡邕《獨斷》云：「古者以為人君之居，前有朝、後有寢；終則前制廟以象朝，後制寢以象寢。廟以藏主，列昭穆，寢有衣冠、几杖、象生之具，總謂之宮。」就是說，君主所居住的宮（即室）有「前朝後寢」兩大部分：前為「朝」，即朝見臣下處理國政之處；後為「寢」，是君主及家人飲食起居之處。如現在北京故宮，前朝有太和殿、中和殿和保和殿三大殿，為皇帝朝見臣下處理國事之處；以乾清宮為界往北部分為後宮（又叫內廷），是皇帝及后妃飲食起居之處。

按照「事死如事生」原則，君主死後，仿生前朝寢建立宗廟：前殿曰「廟」，以藏神主（即靈牌），表示朝見臣下；後殿曰「寢」，安放生前諸用物，彷彿他還活著的寢住之處。合稱寢廟，或廟寢。廟大寢小，故有時又稱「廟堂」。廟、寢之間也有門相連。

按朝寢建築結構，繪廟寢布局如**圖19-1**所示（參見第十七章注**❷**）：

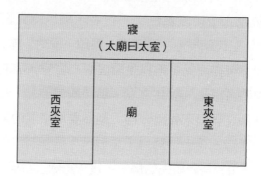

圖19-1　廟寢布局

合稱，廟指整個建築。分稱，前曰廟，後曰寢。《爾雅·釋宮》：「室有東西廂曰廟，無東西廂有室曰寢。」就是說，作為廟組成部分的「寢」是沒有東西廂房的。

廟中安放先祖神主（用木製成），要定期祭祀，寢中陳列著先祖的衣冠和生活用具，也要如活著時一樣侍奉，隨時供奉時鮮食品，凡是活人每月吃到的時鮮食品，先要供奉到宗廟的「寢」裡，讓死者先嘗；或將某種食品供奉到「寢」裡向先祖祈禱豐收。

周禮，廟的設置是有等級規定的。《禮記·禮器》：「天子七廟，諸侯五，大夫三，士一。」又《禮記·王制》：「天子七廟，三昭三穆，與大祖之廟而七。諸侯五廟，二昭二穆，與大祖之廟而五。大夫三廟，一昭一穆，與大祖之廟而三。士一廟。庶人祭於寢。」

祖廟中地位最高的是「太廟」，即天子的祖廟。周代，只有周天子的祖廟能稱太廟，諸侯的祖廟稱「世室」。但春秋時，魯國周公廟也稱太

廟，《公羊傳·文王十三年》：「周公稱太廟，魯公稱世室。」《論語·八佾》：「（孔）子入太廟，每事問。」即指入周公廟。不同等級之間，廟的數量、廟堂的高度以及臺階多少都有嚴格的等級規定（《禮記·禮器》），並按照「昭穆」次序排列。

昭穆是宗法制度的一部分，它表現於宗廟時，係指宗廟或宗廟中神主的排列次序。現據清代孫星衍撰《禮記集解·王制》繪製「諸侯五廟」的排列次序如**圖19-2**所示。

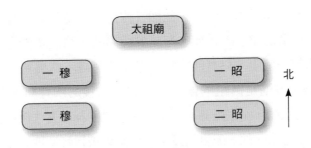

圖19-2　諸侯五廟布局

大祖，即最先受封為君的先人。大者，太也，大祖廟即太祖廟。天子七廟，再加一昭一穆即是，餘類推。庶人不能建廟，故只能在自己的寢（室）內祭祖。「庶人」的身分歷來說法不一，據西周宗法制國家的組織形式看，庶人當是非本族血緣關係的人。他們不能擔任公職，自然也不允許公開建立自己的祖廟。周朝依血緣關係而建立，其施政以共同的祖先認同為依歸，倘若允許「庶人」公開建祖廟，周朝就會出現兩個乃至更多的祖先系統，這無疑會妨礙政治的統一性。因而他們就只能在自己的寢室內獨自祭祖了。

諸侯受封到外地建立諸侯國，按制可建五祖廟，即父、祖父、曾祖、高祖四廟。孫引朱熹語：「『《周禮》建國之神位，左宗廟』，則五廟皆在公宮之東南矣……大祖廟在北，二昭二穆以次而南，是也。蓋大祖之

廟，始封之君居之；昭之北廟，二世之君居之；穆之北廟，三世之君居之；昭之南廟，四世之君居之；穆之南廟，五世之君居之。廟皆南向，各有門堂寢室，而牆宇四周焉。」公宮即諸侯的宮殿，宗廟建於左邊即東南側。

　　只要國家不亡，祖先就會愈來愈多。諸侯的祖先超過了五代時，第六代祖先的神位就要進入「二穆」廟，原二穆成為二昭，原二昭成為一穆，原一穆成為一昭，原一昭之祖先神主就要「遷祧」，即遷到大廟的夾室（廟的東西廂房）中去藏起來，又稱「毀廟」。因為諸侯只允許有五祖廟。大祖廟則是永遠不動的，此即《禮記‧大傳》的「有百世不遷之宗，有五世則遷之宗」。比如，某諸侯與弟共父親，諸侯是「大宗」，大宗所繼承的是遠祖，只有他才有「祭（遠）祖」的權利；而弟是「小宗」，所繼承的則是高祖、曾祖、祖父、父親的四代祖。孫星衍云：「大宗遠祖之正體，小宗是高祖之正體。」這些神主五代後都會被依次遷到大廟的夾室中去，故「五世而遷」。如果弟被封到某地為諸侯，那麼他在所封諸侯國內就是「大宗」，他的神主在自己封國的宗廟中就會作為自己嫡系子孫的「百世不遷之宗」，而永遠受到祭祀。這是宗法制的重要內容。

二、祭祖

　　再來看周天子以及諸侯的祭祖。

　　各廟中供奉著祖先神位，平常祭祖多在廟中。而遷祧後的神主均放入大廟的夾室中，到一定時候就全部拿出來合祭一次，曰「禘祫」。禘，祫，天子、諸侯大型宗廟祭祖儀式，即集合遠近祖先的神主於太祖廟的太室中舉行大合祭。一般認為，「三年祫，五年禘。」

　　現依東漢鄭玄〈禘祫志〉所記載天子於太室中祭遠祖情形，如**圖19-3**所示（參見《文史知識》編輯部編，《古代禮制風俗漫談》，北京：中華

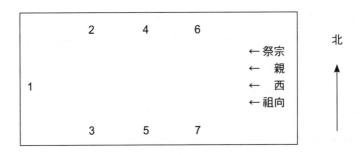

圖19-3　天子於太室中祭遠祖布局

書局，1997年版）。

「太室」即太廟中央之室，亦指太廟。「凡廟主在本廟之中皆東向，及其祫於大廟之室中，則惟大祖東向自如，而為尊長之位。群昭之入乎此者，皆列於北牖下而南向；群穆之入乎此者，皆列於南牖下而北向。南向者，取其向明，故謂之昭；北向者，取其深遠，故謂之穆。蓋群廟之列，則左為昭，右為穆；祫祭之位，則北為昭而南為穆也。」（孫星衍語）此時，先祖的神主不管有多少，均按此次序排列即是。

周禮：新王即位，必祭太廟，又稱「告廟」，有告訴祖先之意。《詩經‧周頌‧閔予小子》就是周成王即位，朝廟祭告皇考武王、皇祖父文王時的詩，首句為「閔予小子，遭家不造」。即可憐我這年幼的小孩子，遭到國家的不幸。〈烈文〉篇則是周之各地諸侯（宗子）來京城「助祭」時，祭畢，周王作詩告誡他們。天子率宗族及臣下臨宗廟祭祖，歷朝都是一項重大的活動，備極隆重。

宗廟在周代政治生活中還是許多重大問題的決策場所，興師命將，必先告於祖廟，並授以謀略然後出征。大約取面對祖宗神靈以示神聖莊嚴、公正無私之意，就像現在西方一些國家的總統等政界人員在就職儀式上以左手按著聖經宣誓一樣。《孫子兵法‧計篇第一》有「廟算」，即開戰前的戰略謀劃，曰：「夫未戰廟算勝者，得算多也；未戰而廟算

不勝者，得算少也。多算勝，少算不勝，而況於無算乎！」因而古時又稱朝廷（或朝堂）為廟堂，漸至凡出於朝廷的策劃均冠以「廟」字，如「廟謨」、「廟略」、「廟謀」、「廟劃」、「廟戰」、「廟算」等。北宋范仲淹〈岳陽樓記〉有「居廟堂之高，則憂其民；處江湖之遠，則憂其君」，此「廟堂」係借用語，因為國家大事早已不在廟堂而是在「朝堂」上討論了。

第三節　秦漢以後的帝王宗廟、陵寢制度

　　東漢蔡邕《獨斷》：「古不墓祭，秦始皇出寢，起之於墓側。漢因而不改，故今陵上稱寢殿，有起成衣冠象生之備，皆古寢之意也。」就是說，東周以前，人們不到墓前祭祀先人，因為連墳堆都沒有，無墓祭之可能。祭祀是在宗廟裡進行的。春秋以降，墳興起，才有了墓祭之俗。秦始皇索性將廟中之「寢」分離出來，建於陵墓之側。此制為西漢所沿用。這樣，從前在宗廟中的祭祖活動就移到陵區去了（但也有研究者認為，西周初乃至商代便有「墓祭」，大約還不太普遍。此不論）。

　　《漢書·韋賢傳附韋玄成傳》載有西漢後期的陵寢及陵祭制度：「自高祖至宣帝，與太上皇（高祖之父）、悼皇考（宣帝之父），各自居陵旁立廟，又園中各有寢、便殿。日祭於寢，月祭於廟，時祭（四季之祭）於便殿。寢，日上四食；廟，歲二十五祠；便殿，歲四祠。又月一遊衣冠。」顏師古注：「凡言便殿、便室者，皆非正大之處。寢者，陵上正殿，若平生路寢矣。便殿者，寢側之別殿耳。」

　　即是說，「陵旁立廟」，「廟」在陵園以外的附近地方，每年祭二十五次。同時又在陵園之中建「寢」，每天奉上四次食品，以示死者享用，故陵園又稱「寢園」或「陵寢」（《西漢會要》卷十九「寢園」條）。此時的「寢」已是堂堂正正的「正殿」，不再是附屬於廟後面的

「正室」規模了。因而寢又有便殿、便室之類的附屬「別殿」，便殿中每年祭四次。每月還要從「寢」中捧出先帝衣冠去廟中周遊一次，以示接受子孫祭享。古人認為，衣冠上仍附著先人的靈魂。將「寢」建於陵園之中，將「廟」移到陵園之旁，更方便死者靈魂用於起居飲食（參見楊寬《中國陵寢制度研究》）。

將廟、寢和陵墓結合起來，再設縣邑，遷眾多的人口於此，當然使陵墓更加壯觀。各帝廟建在自己的陵墓之旁，因而西周那種將祖廟建在宮室之東南側，按「昭穆」方式排列的宗廟次序就不存在了（但各皇帝的神主在太廟中的昭穆排列次序仍然存在）。

楊寬先生說，西漢這種陵側起「寢」、陵旁起「廟」的陵寢制度，蔡邕等人說是因襲秦代。但據文獻記載結合考古資料來看，至少戰國中期以後，魏、秦、中山等國已經實行了。至於在墓室上面建造「寢」的禮俗可能起源更早，一直可追溯到商代。

宗廟屬於「祖墳」的一部分，歷朝尤加保護，對破壞者懲罰極嚴。漢文帝時，有人盜取高廟座前的玉環被抓，「文帝怒，下廷獄治。案盜宗廟服御物者為奏，當棄市（殺死後，棄屍於刑場，不准收屍）」。文帝「大怒」，一定要「滅族」。廷尉張釋之奏：法律上是這麼定的，如果「盜宗廟器而族之，有如萬分一，假令愚民取長陵（高帝陵）一坯土，陛下且何以加其法乎？」就是說，萬一有人在長陵偷了東西，那又用什麼刑法治罪呢？文帝告太后，覺得張釋之講得有道理，遂罷（《漢書·張釋之傳》）。漢律：盜墓者棄市。這裡，在宗廟內偷玉環是比照盜墓治罪的，而在陵區內偷東西之罪似乎更重一些（「族」）。

秦代遵用天子七廟制度。秦始皇死後，胡亥尊始皇廟為帝者祖廟。但秦為短命王朝，西楚霸王項羽入咸陽，掘秦始皇陵，盡焚始皇陵寢、陵廟建築以洩恨，秦亡而宗廟無存。

西漢末，赤眉軍攻克長安，盜掘帝陵，焚燬漢家宮殿宗廟。焚廟寢即「挖祖墳」行為。

東漢建於洛陽，光武帝乃將西漢十二帝神主合入高廟，作十二室。劉秀死後，明帝為他立了「世祖廟」。明帝臨終遺詔，不准為他立寢廟。他死後，廟主藏於世祖別室內。此後，獨立的「昭穆之廟」變為「同堂異室」之制，即在一廟之內依世次闢若干室加以祭享。換言之，皇帝家只須立一個祖廟，各皇帝的神主依次排入其中。宗廟正祭為四時孟月及臘祭，一歲五祭，後代基本上沿襲了東漢制度。

北宋起，宗廟祭祀時掛有先祖的「御容」（畫像），爾後又有塑像、金像、玉石像等。此後，又掛皇后像，並功臣、地方高級官員的畫像陪祀。如宋神宗熙寧8年（1075年）6月「戊午，太師魏國公韓琦薨。己未，以（韓）琦配饗英宗廟庭」（《宋史‧神宗本紀二》）。韓琦為北宋重臣，卓有功勳，死後的第二天便將其神主放入英宗廟中配享，足見朝廷重視之程度。到北宋末時，歷朝文臣執政官、武臣節度使以上者都繪有圖像陪祀。1995年考古工作者在浙江杭州市紫陽小區發掘出南宋的太廟遺址。在此之前，國內還未發掘到明朝以前的太廟遺址。目前已發掘出1,000平方公尺的遺址，僅占整個太廟的十分之一，其中包括太廟東圍牆基礎、東大門、夯土臺跡，圍牆用規則的條石錯縫砌成，極為考究。考古學家認為，從目前揭開的部分看，太廟遺址的規模、氣勢、工藝極為壯觀，出乎人們的意料。過去有人說，南宋小朝廷積貧積弱，「窮極奢麗」，確實如此。

元承宋制，無大改動。只是元武宗（1308-1311年在位）時，宗廟神主改用純金製作，結果立即成為盜竊的目標，三十餘年間就有三次嚴重失盜，後廢止。

明初，有南、北二祖廟。嘉靖13年（1534年），南京太廟因火災被毀，便不再恢復，只將遺址築牆封閉。北京太廟在紫禁城左側（即東側，今為勞動人民文化宮）。按周禮，「左祖右社」，紫禁城端門右側為明、清的社稷壇（即西側，祭土地神和五穀神，今為「中山公園」）。嘉靖時曾改用古制，分立九廟（天子七廟，外加兩位始祖廟。漢代劉歆認

為，周人太祖廟為稷，三昭三穆，外加文王、武王廟，故為九廟）。剛建
好就被一場大火燒燬了八廟，只好仍舊採用「同堂異室宗廟制」。

　　清代在盛京（今瀋陽）有祖廟。入據中原後，沿用明代宗廟建築，
太廟仍在紫禁城端門之左側。前殿供奉太祖太后神龕，中殿供奉列聖列
后，後殿供奉祧廟神龕；兩廡東側為諸王，西側為功臣。每年清明、除
夕、誕辰、忌辰、中元（7月15日）及四孟月祭祀，每月則有薦新之祭。
除夕為祫祭，將後殿、中殿神主全部移入前殿，皇帝親率皇子、親王行三
跪九叩之禮。

　　中國各朝更替，「無不亡之國」。但每一在後的朝代都不去破壞前朝
的帝陵，甚至妥加保護，如清朝兩百餘年就從未破壞過明朝諸皇陵。此
乃基於「天道循環」、「孝文化」等影響，即承認前朝也是「承天命」
的，只是現在「天命」已轉到自己這裡來了；而且盜民間墓都屬犯法行
為，皇家自詡為「天下萬民之表」，就更不會去動前朝帝陵了。

第四節　尊號和廟號

一、尊號

　　尊號即尊稱帝、后的稱號，它是生前所擁有的。

　　夏、商、周三代最高君主稱「王」，如周文王、武王之類。戰國以
降，各諸侯國也紛紛稱王，如齊王、魏王、秦王之類。秦始皇一統海
內，滅了六個王，這個「王」的稱號自然就不夠響了。他說：「寡人以
眇眇之身，興兵誅暴亂，賴宗廟之靈，六王咸伏其辜（同罪），天下大
定。今名號不更，無以稱成功，傳後世。其議帝號。」最後議定為「皇
帝」稱號，即尊號。故「皇帝」尊號自秦始皇始，它一直是國家最高統治
者的等級稱號。

劉邦消滅項羽後，最早跟他一起打天下的都來自於下層社會，「群臣飲爭功，醉或妄呼，拔劍擊柱」，說話大大咧咧，沒大沒小，即所謂「名分」未定，朝堂上也不成體統。劉邦首先要「正位稱帝」，當然，他不能自己儼然稱帝，而要由別人提出來。於是，那些諸侯王「昧死再拜言」，天下功勞您最大，土地都屬於您，而我們都稱諸侯「王」（劉邦此時還只是漢中王），「亡上下之分，大王功盛德厚，於後世不宣。昧死再拜上皇帝尊號」。他假意推託一番。於是，各諸侯王及太尉等三百人又聯名上書：「……大王德施四海，諸侯王不足以道之，居帝位甚實宜，願大王以幸天下。」劉邦仍謙虛了一番，最後才接受。於是，漢高祖6年（西元前201年）「謹擇良日2月甲午，上尊號。漢王即皇帝位於汜水之陽。尊王后（即呂雉）曰皇后，太子曰皇太子，追尊先媼（劉邦母）曰昭靈夫人」。後來，劉邦還尊其父劉太公為「太上皇」。繼而，叔孫通制朝儀，「諸侯王以下莫不震恐肅敬……竟朝置酒，無敢歡譁失禮者。」（《漢書·高帝紀》、〈叔孫通傳〉）

秦漢以後，「皇帝」、「皇后」、「太上皇」均是尊號。後世嗣位皇帝尊尚在的前皇帝亦稱「太上皇」，如唐太宗尊高祖李淵為「太上皇」；尊前皇后為「皇太后」，前皇帝之母曰「太皇太后」。給已去世的父親或母親的尊號屬「追授」性質，也是「上尊號」，為特殊情況，後世開國皇帝也沿用之。以此推之，現在的「元首」、「總統」或「主席」等也相當於尊號。

「皇帝」尊號亦稱「帝號」。《史記·南越尉佗傳》載：秦末天下大亂，趙佗乘機於嶺南稱帝，後劉邦派陸賈去說服他放棄了帝號，封為「南越王」。後呂后專權，趙佗又「自尊號為南越皇帝，發兵攻長沙邊邑，敗數縣而去」。文帝即位，又派陸賈去說服他，趙佗表示願意臣服，上書曰：「老臣妄竊帝號，聊以自娛，豈敢以聞天王哉！」（《史記·南越列傳》）

劉秀興兵於河北時，諸將「議上尊號」，因為「天下無主」，稱尊號

便於號召。劉秀以「四面受敵」，急於「正號位」會招致過多的攻擊而拒絕，為此爭論不已，劉秀執意不肯。最後，其心腹將耿純進言：我們這些人拋棄親戚、土地，從著您出來拚命，以圖有所報答。現在正是稱帝的好時機，您卻「逆眾，不正號位，純恐士大夫望絕計窮，則有去歸之思，無為久自苦也。大眾一散，難可復合。時不可留，眾不可逆」。劉秀這才說「讓我再想想」，最後決定稱帝號。此前的名號是更始帝封的「蕭王」（《後漢書‧光武帝紀上》）。

可見稱不稱尊號或帝號，涉及到「政治上的獨立權」、「號召」、「名分」、「維繫將士人心」等一系列問題。稱「尊號」表示一個新國家正式成立（開國者）或新君登位，就「得乎天」，「名正言順」了。

開國皇帝的「上尊號」儀式往往和登基大典合而為一。而繼位新君登位之時，由於大行皇帝剛去世，新君尚在喪期中，所以作為「嘉禮」的「上尊號」儀式往往緩行，或從簡。上尊號之後，還要進行奉告天地、宗廟、社稷的儀式，以通告天地祖先神靈，並表示自己「受命於天」，已肩負起領導國家的責任。

到唐代，又出現了在皇帝名號前另加美稱的做法，每逢朝廷慶典，則由臣下擬上，或二字或四字，為後代所沿襲，實多為阿諛之詞。如垂拱4年（688年），為配合武則天稱帝，武承嗣偽造瑞石，上有文曰「聖母臨人，永昌帝業」。武則天因此加尊號稱「聖母神皇」（《舊唐書‧則天皇后紀》）。此後，她又據需要不斷地增加，如稱「大周」皇帝後，「加尊號曰聖神皇帝」；三年後又加為「金輪聖神皇帝」，次年又再上「越古」兩字，等等。唐代加尊號不屬定制，憑皇帝個人嗜好而定。

唐以後，隨著皇帝諡號的加長，尊號也逐漸加長，如唐玄宗的尊號是「開元聖文神武皇帝」，宋太祖的尊號是「應天廣運仁聖文武至德皇帝」，清慈禧太后的尊號為「慈禧端祐康頤昭豫莊誠壽恭欽獻崇熙皇太后」，大玩起尊號把戲來了。生前這麼長的尊號，既無法記，也無法讀，形同虛設。

　　宋代，確定在每年大祀後，「群臣詣上東閣門，拜表請上尊號，或三上，或五上，多謙抑弗許；如允所請，即奏命大臣撰冊文及書冊寶。其受冊多用祀禮畢日，御正殿行禮，禮畢，有司以冊寶詣閤門奉進入內」（《宋史·禮志十三》）。宋以後，此法不行。明、清只保留了新皇帝登基，或重大的慶典時，對母后或母妃加尊號，但不稱「尊號」而稱「徽號」，以示區別。《爾雅·釋詁》：「徽，善也。」徽號即美稱之意。清康熙、乾隆時，臣下均有「上尊號」之請，但皇帝認為「無裨治道，皆不允行」。因而，中國古代各朝的皇帝，除「皇帝」尊號外，有的還在前面加上其他字號，有的則沒有。

二、廟號

　　中國古代的皇帝死後，一般都有兩個稱號：一是諡號，二是廟號。廟號是指皇帝死後在太廟立室（西周是單獨立廟）奉祀時特起的名號，一般是追尊為某祖、某宗，以確定、顯揚其在皇室宗族系列中的地位。諡號寫在神主上，廟號則指整個廟的名號。東漢改獨立的「昭穆之廟」為太廟內「同堂異室」制，除始祖有太廟外，後繼諸帝均在太廟內闢一室（理解上似可稱「室號」），但習慣上仍稱「廟號」。

　　據認為，廟號始於殷商，如殷王太甲稱太宗，太戊稱中宗，武丁稱高宗等。漢承其制，惠帝尊劉邦廟為太祖廟，景帝尊文帝廟為太宗廟，宣帝尊武帝廟為世宗廟。以後歷代皇帝均有廟號。

　　一般來說，開國皇帝多稱「祖」，其餘繼位者均稱「宗」，如漢代諸帝的廟號；又如李淵創唐，稱「高祖」，其後有太宗、高宗、中宗、玄宗等；趙匡胤建宋稱「宋太祖」，其後有太宗、仁宗、英宗、神宗等；元代成吉思汗稱「太祖」，忽必烈復稱「世祖」，因為他是入主中原建元朝的開創者；明代朱元璋稱「太祖」，朱棣復稱「成祖」（初稱太宗，至嘉靖時改為成祖），因為他發動了「靖難之役」（即從侄兒惠文帝手上奪得皇

權），又遷都北京，有「再造」明帝國之功。清努爾哈赤稱「太祖」，順治因「入關定鼎，奄宅區夏」之功，稱「世祖」，康熙帝又稱「聖祖」，因他削平「三藩」，使「寰宇一統，雖曰守成，實同開創」，故清有「三祖」，為從前各朝所無。

死去的皇帝有了這麼多稱號，用起來就有講究了。古人在莊重場合稱先帝時，一般要全號，即在廟號之後連稱諡號，如李淵全號為「高祖武皇帝」，其中「高祖」為廟號，「武」為諡號；李世民全稱為「太宗文皇帝」，其中「太宗」為廟號，「文」為諡號。

唐以前稱先帝多稱諡號，如漢文帝、漢景帝、漢武帝、隋文帝、隋煬帝之類。唐以後，諡號加長，稱說不便，因而多稱廟號，如唐高祖、唐太宗之類。明、清則習慣稱年號，這是由於明、清時一代皇帝一般只有一個年號，稱說起來更為方便，如嘉靖皇帝、康熙皇帝，「嘉靖」、「康熙」均為年號。

第五節　秦漢以後官員及庶民的宗廟

北宋司馬光〈文潞公家廟碑〉：「先王之制，自天子至於官師皆有廟……（秦）尊君卑臣，於是天子之外，無敢營宗廟者。漢世公卿貴人多建祠堂於墓所。」這是說，秦不准其他人立宗廟，這無疑有違於當時的「尊祖」傳統。漢代公卿立祠堂於墓所以祭祖，東漢時，墓前建祠堂的現象相當普遍，一些強宗大族以此作為團聚族人的手段，十分重視本族墓地的祠堂建築。祠堂中除了祭祀場所外，還有供上墓族人休息和祭後宴飲的地方，往往建成有幾進房屋的大院落，有些用石料建造的東漢墓前祠堂曾存在了好幾百年，甚至更長的時間。如北魏酈道元《水經注·濟水》中就載有漢代司隸校尉魯恭塚前的石祠完好無損，四壁青石，上面布滿了人物故事浮雕，還有8尺長的石床，當是祭臺。而山東肥城孝堂山的郭氏石

祠、山東濟寧紫雲山的武氏石祠至今猶存。後世興起家族祠堂後，富家大族仍於墓前建石小屋以備上墓時祭祀之用，至於在一座單個的墓前布置石供桌則更是隨處可見。

到南北朝時，已開始按官職品秩高下確定廟會禮儀。如北齊（高姓王朝，西元550-577年）規定：諸王及從二品以上官員祀五世；正三品以下，從五品以上祀三世；正六品以下，從七品以上祀二世；正八品以下至庶人祭於寢。唐代規定：一品、二品四廟；加始封之祖共五廟。三品三廟；四品、五品有兼爵者立三廟，六品以下至庶人祭於寢。清代規定：親王、世子、郡王建家廟七楹（猶七室），貝勒、貝子、宗室公建家廟五楹；品官則一品至三品建家廟五楹，四品至七品與八、九品皆三楹，但廣狹格局不同；庶人在正寢設龕而祭（陰法魯主編，《中國古代文化史》（二），第20頁）。

唐代，始創私廟，是為平民之廟，宋稱「家廟」。此前，有官爵者才能建家廟。《宋史·禮志十二》：「慶曆元年，南郊赦書，應中外文武官並許依舊式立家廟。」

南宋末，宗族祠堂制度出現。它是同姓宗廟，是宗族的公用建築物，曰「祠堂」，或「宗祠」。祠堂多分四（神）龕，分別奉高、曾、祖、考（父）四代神主，以西為上。龕前各設供桌，置行爐、行盒之類。四時祭祀，卜吉而行。中國古代庶民這才算正式有了宗廟，故有人認為：它既反映了平民社會地位的提高，但又說明人們被更牢固地束縛於宗法制度之下。孫中山《民族主義》第六講：「前幾天我到鄉下進了一所祠堂，走到最後進的一間廳堂去休息，看見右邊（牆上）有一個『孝』字，左邊一無所有，我想從前一定有個『忠』字，像這些景象，我看見了的不止一次，有許多祠堂或家廟，都是一樣的。」

豪富之家在本地立祖廟以聚族，囊括了本家族之民眾，這些大宗族少則幾千人，多達一、兩萬餘口，足以威震一方。馮夢龍《醒世恆言·李道人獨步雲門》：「（李清）雖則經紀人家，宗族倒也蕃盛，合來共有

五六千丁，都是有本事，光著手賺得錢的。」這裡大約還只是指男性人口
（「丁」）。自然，這些宗族組織有時也起反作用，如中國民間舊時的宗
族械鬥，通常是由這些宗族所組織的。

　　民國以來，舊式祠堂瓦解。農村許多家庭在自己堂屋正前（即北牆）
設有一個神龕，上列一個牌位，書「列祖列宗昭穆之神位」，於此祭
祖。此類社會行為實淵源於中國古代的宗廟文化，中國人是很容易接受並
極需要「偶像崇拜」的。作者1960年代上半期的一個除夕之夜，曾親睹一
市民之家祭祖：一張大四方桌權充供桌，上面燃了幾支大香燭，擺著紙做
成的祖先牌位，丈夫稍居前，率妻及兒女向牌位磕頭。家裡照得燈火通
明，完後大放鞭炮。那時此類行為只能暗地裡做。

　　此外，中國人也立廟祭祀先賢。西漢時便已相當普遍，《漢書・循
吏傳・文翁》：「文翁終於蜀，吏民為立祠堂，歲時祭祀不絕。」後世
有文廟（孔子廟）、武廟（關羽）、岳廟（岳飛）、霸王祠（楚霸王項
羽）。諸葛亮去世後，蜀人為之立祠，曰「武侯祠」。杜甫〈蜀相〉
詩：「丞相祠堂何處尋，錦官城外柏森森。」項羽失敗，自殺烏江，後人
於他自殺之處的安徽和縣東北烏江處修有霸王祠，以悼念這位失敗了的英
雄；並於靈璧縣項羽別虞姬之處築有「西楚霸王虞姬之墓」，以懷念他們
那段悲壯感人的愛情故事。

　　還有立生祠，即人還活著便立廟祭祀，係祈神靈保佑其福壽。《漢
書・于定國傳》：其父于公先後為縣、郡獄吏，斷案公正無私，當事人
皆不恨，地方上感其恩德，「為之立生祠」。明朝末年宦官魏忠賢把持
朝政，朝官多巴結趨附，徒子徒孫遍及各衙門，他們四處為魏忠賢「立
生祠」以表忠心，此係馬屁行為。後崇禎帝登基，魏自殺，魏黨勢力一風
吹，其生祠頃刻無存焉。

　　為先賢立廟或立生祠均是祭祖的延伸行為。

第二十章

祭祀和人殉、人牲

　　各民族都有祭祀神靈的傳統，只是祭祀的對象及方法各異，也正是這些不同造成了各民族在信仰上的差別。如基督徒只祭祀上帝，禁止祭祀此外的任何對象；伊斯蘭教祭祀真主，同樣禁止祭祀其他神靈；而中國人的祭祀對象歷來以雜多著稱，但以祭祀祖先及聖王、先師為主，則是數千年來無大改變，它構成了中國獨特的祭祀文化。

　　人殉即將活人當作祭物獻給神。它屬於古代祭祀的一部分，在古代許多民族中都有過記錄，中國則尤盛。

第一節　祭祀概述

　　《說文》：祭，寫作「祭。從示，以手持肉」。意為「以右手持肉」獻給神靈享用。「示，神事也。」即人以自己的行為向神靈表示虔誠。邢昺《十三經注疏・孝經・士章》疏：「祭者，際也，人神相接，故曰際也。」即人們透過「祭」行為而實現「人神相接」。

　　祀，《說文》作「祀，祭無已也」。即子孫相嗣不斷，世祀不絕。《周禮・地官・鼓人》又疏：「天神稱祀，地祇稱祭，宗廟稱享。」即是說，祭天曰祀，祭地曰祭，祭祖先曰享，統言之則均稱祭祀。春秋時期的文獻中，祭、祀二字已連用，故《說文》「祭」字條段玉裁注曰：「統言則祭祀不別也。」

　　祭祀起源於原始時代的「萬物有靈」觀念。先民們的祭祀對象繁多，幾乎凡物必祭、凡事必祭，如打死了一頭野獸、過一條河、春種秋收等，而對太陽和先祖的祭祀尤其具有世界性。對此，古人認知得很清楚：「祭祀之興，肇於太古，茹毛飲血，則有毛血之薦……」（司馬光《資治通鑑・卷二百一十四・玄宗開元十四年》）隨人類智力的提高，並進入文明社會，祭祀的對象逐步減少，並不斷完善。

　　中國古代至少從殷商以來對祖先的祭祀尤其重視。

第二節　祭祀的分類

　　西周是中國古代禮制最完備的時期，其中包括祭祀，有一整套的祭祀
方式、理論和制度，對後世影響深遠。

一、三類祭祀對象

　　《荀子‧禮論》：「禮有三本：天地者，生之本也；先祖者，類（種
族）之本也；君師者，治之本也……故禮，上事天，下事地，尊先祖而
隆君師，是禮之三本也。」這裡將人類社會賴以存在的本源分為天地、
先祖、君師三類，因而祭祀對象也大體分為三大類（祭祀的其他分類繁
多，茲不贅述）。

　　1.天地山川、日月星辰、江河湖海等自然對象：如北京現仍存明清
時代天壇、地壇、日壇、月壇等遺存，民間若久旱不雨則祭龍王亦屬此
類。西周的祭祀對象仍然非常繁多，如《禮記‧祭法》中就詳列了各類祭
祀對象，諸如天、地、日、月、星辰、風雨、雷電、四時、四方神、山
川、河流、土地、五穀、祖先等，幾乎無所不包，這多少還保留了「無所
不祭」的早期祭祀形態。

　　2.自己的祖先：古代太廟是帝王祭祖之處，家族祠堂是本族人祭祖先
之處；此外，還有各家對自己祖先的家祭，如魯迅〈祥林嫂〉小說中有魯
鎮人每逢除夕夜在家祭祖習俗的描寫，備極隆重、慎重，「不乾淨的東西
祖宗是不吃的」。

　　現在的中國社會主要是祭祀先人，可分為兩種：一是喪期中的祭祀，
如辭靈儀式中的祭奠；二是葬後祭祀，如「斷七」祭、清明上墳等。此外
有忌日祭，所謂「君子有終身之祭」。

　　從近世對大量甲骨卜辭的研究可知，殷商就有著十分發達的祭祀祖先

的制度，此類祭祀也十分頻繁。如商王武丁時期祭祀王室祖先（先公、先王）的祭典就有二十幾種之多，並祭祀一部分先王配偶（先妣）。有的學者據此認為，商代祖先祭祀發達及其規模盛大，表明了這時的「祖先崇拜」已壓倒了「天神崇拜」，為「殷以後的中國宗教樹立了規範」（參見《中國古代文化三百題》）。

3.**先君、先師**：他們被儒家尊為教化和治理之本，不同朝代都分別有祭祀炎帝、黃帝、堯、舜、禹、湯、周文武王等先聖賢君的活動；孔廟（或文廟、夫子廟）即祭祀「大成至聖先師孔子」之處，明清北京國子監內有文廟、上海舊有夫子廟等。人們對這些人格圓滿、功勳蓋世的理想君師的祭祀，如祭孔、祭黃帝大典，其中寄託了對古代理想時代再現的渴望，以及對共同祖先的情感呼喚。舊時，帝王祭天、祭孔都是盛大的國家祭典，非常隆重。

由此還引伸出對有高德者立廟（曰「先賢廟」），或立牌坊，予以祭祀，如「義不食周粟的」伯夷祠（祠即廟）、董永祠、前述的于公（生）祠之類。各朝還立有「先烈祠」之類，以祭祀那些為國捐軀者，如明、清時代北京有「于公祠」（祭祀于謙）。

明清時代，「先賢」祭祀常走向反面，成為對人性的嚴重摧殘。如《儒林外史》第四十八回，王秀才三女兒出嫁不過一年，丈夫死，立志殉節，餓八日而死。官府及地方鄉紳為之建祠，「立刻傳書辦備文書，請旌烈婦。」「過了兩個月上司批准下來，制（神）主入祠，門首建（牌）坊。到了入祠那日，余大先生邀請知縣，擺齊了執事，送烈女入祠。闔縣紳衿都穿著公服，步行行了送。當日入祠安了位，知縣祭，本學祭，余大先生祭，闔縣鄉紳祭，通學朋友祭，兩家親戚祭，兩家本族祭，祭了一天，在明倫堂擺酒。」熱鬧得不得了！此類「節烈婦」之冤死在明清雜史、小說中多有記載。

這三類祭祀在周禮中大體屬於「吉禮」和「凶禮」（喪禮）範疇。

二、祭祀方式

祭祀物有牲畜、物品乃至活人。按祭祀時所用之祭物可分為「物祭」、「牲祭」和「人祭」。

「物祭」如玉石、帛、飯、果品、茶酒等。如古有「粢盛」之祭。粢，穀物總稱，又特指祭祀用的穀物。何休注《公羊傳‧桓公十四年》：「黍稷曰粢，在器曰盛。」粢盛即將穀物盛在容器中祭祀。現在民間辦喪事時，奠桌上一般擺六道菜（在八卦學說中，九為陽之長，六為陰之長），外加一些果品糕點之類。

「牲祭」多為牛、羊、豬之類，三者舊稱「太牢」，羊、豬合稱「少牢」。此類祭祀因要殺牲見血，故稱「血食」。若無嗣或亡國，則為「祖宗不得血食」，古為「大不孝」。《漢書‧高帝紀第一》：「秦侵奪其（指粵王）地，使其社稷不得血食。」民間多有殺雄雞祭祖習俗，即斬殺雄雞於祖墳或神主前，使祖宗「血食」。

「人祭」是以人為祭牲，故稱「人牲」，亦為「血食」，係原始時代遺風。殷商重鬼，人祭極甚，至春秋以降漸少，戰國以後大體消失，後世只為一些仇殺中可見。如《水滸傳》第二十六回「供人頭武二郎設祭」，武松於武大靈前殺潘金蓮祭兄；又第六十八回宋江等人於晁蓋靈前殺史文恭以祭晁蓋亡靈等。

祭祀的方式，大體有以下六種：

1.**供祭**：殺牲畜或人，以其血流於墓、廟、祠等之前，並以肉祭神靈，謂「血食」，故又稱「血祭」。祭肉稱為「胙」，祭後分而食之。胙肉被認為已沾了神氣，常作為禮物賜人。《左傳‧僖公九年》：「（周襄）王使宰孔賜齊侯（齊桓公）胙。」社肉即社祭時所供之肉，也為福肉，社祭後分給各戶。《史記‧陳丞相世家》：「里中社（祭），（陳）平為宰，分肉食甚均。」社肉或宗族出資，或各戶集資，分社肉不均多會引起爭吵，故陳平分社肉很均勻，被作為他少時便有才幹的一項

證明。宋代戴復古〈廬陵城外〉詩：「迎船分社肉，汲井種春田。」如現在一些老人將廟中祭過神的水果、餅乾、茶葉之類鄭重其事地分給後人吃，以圖蒙神庇佑，即古代此類祭祀遺俗。此外是將熟食飯菜、果蔬等供祭於神靈之前，如現在辦喪事行奠祭時奠桌上擺設的幾道菜及水果、點心之物。這一方式現在仍盛行。

2.瘞祭：將祭品埋於祭祀坑內。瘞者，掩埋、埋藏。如前所述，早在龍山文化遺址中就發現過瘞埋之祭。殷商時的大型墓葬之側多有車馬祭祀坑、殉人祭祀坑，有的甚至埋有數百人之多（殷商人尤其嗜血）。秦漢後瘞埋祭祀不是很多。現代，大型建築動工前有「奠基禮」，將正式開工及修建單位等內容刻於一塊石碑上（稱奠基石），請有地位或名望者前來主持一個盛大的奠基儀式，由他鏟第一鏟土於奠基坑內，其他人則依地位高低依次填土，將奠基石埋入坑中，可視為古代瘞祭之遺俗。

3.燔祭、燎祭：燔或燎均為燃燒之意，故此祭為燒火祭。古時燃柴以祭天地山川。《禮記·祭法》：「燔柴於泰壇，祭天地也。」疏：「燔柴於壇者，謂積薪於壇上，而取玉及牲置壇上燔之，使氣達於天也。」即置牲、帛等祭品於柴薪上燒，煙灰飄漫天空四野，即認為神靈已受到了祭享。《三國志·魏志·文帝紀》：「王（曹丕）升壇即阼。事畢，降壇，視燎成禮而反。」裴松之注：「燎祭天地、五嶽、四瀆。」現代人燒紙錢可視為此類祭祀之遺風。

4.江河祭：將祭物沉於江河，以示祭祀江河之神。《史記·滑稽列傳》載，魏國西門豹去漳縣為令，因漳河時常氾濫，當地人每年選一年輕女子投之漳河，名曰「給河伯娶媳」，屬此類。

5.酹祭：即灑酒以祭神。又稱奠酒、酒祭。毛澤東〈菩薩蠻·黃鶴樓〉：「把酒酹滔滔，心潮逐浪高。」這是喻指將酒祭滔滔的長江水，因為心裡是如此的不平靜。現在軍隊戰後慶功飲酒時，常將第一杯酒澆地，曰「以此酒祭奠戰死者」，即古代酒祭遺風。

6.「釁」：《說文》：「釁，血祭也。」釁即以牲畜或人的血塗在

器物上，如「釁鐘」、「釁鼓」、「釁旗」。鐘鼓為重大祭典或軍中的器物，旗則為圖騰崇拜的遺物，釁之以血，既莊嚴又避邪。《韓非子·說林下》：「縛之，殺以釁鼓。」《史記·高祖本紀》：劉邦起兵時，「……乃立季為沛公。祠黃帝，祭蚩尤於沛庭，而釁鼓旗，幟皆赤。」注引《司馬法》云：「血於釁鼓者，神戎器也。」即使軍隊器具更為神聖。廣言之，「凡殺牲以血祭，皆名為釁。」（顏師古注）後世道教中的師公捉鬼時，常將雞血、狗血、豬血等塗到身上以示鎮邪，即古釁祭之遺風。

上述祭禮劃分只是大略，實際上它們多是混合使用的。如《隋書·禮儀志上》：「又奠酒解羊，並饌埋於坎（坑穴）。」這裡有奠酒、殺羊供胙肉、瘞埋等祭祀方式。《水滸傳》中武松祭奠武大郎，「武松就靈床前，點起燈燭，鋪設酒餚。……把酒澆奠了，燒化冥用紙錢，便放聲大哭。」後殺了潘金蓮和西門慶，又「將兩顆人頭供在靈前，把那碗冷酒澆奠了……」。這裡有香燭、酒祭、肉（餚）祭、燒紙（燔祭）、人牲祭等祭式。

若按祭祀者、時間、地點來區分，則有諸如：郊祭（帝王郊外祭天）、社祭（社中祭土地之神）、廟祭（廟中祭祖）、家祭（自家祭祖，如陸游〈示兒〉詩）、喪祭或奠祭（辦喪事時祭亡靈）、路祭、遙祭、忌日祭（如週年祭）、時祭（四季按時祭，如清明祭）、國祭、公祭（多指團體祭）等。由於中國社會重宗法，故民間的「家祭」相當普遍，如北宋末南宋初著名愛國詩人陸游〈示兒〉詩曰：「死去原知萬事空，但悲不見九州同。王師北定中原日，家祭勿忘告乃翁。」即是說，自己將要死了，可北方故土還被金人所占據，國家尚未統一，將來朝廷收回失地後，家祭時不要忘了告訴你老子。在香港回歸在即之日，中國中央電視臺曾採訪林則徐的五世孫凌青，他引用了這首詩，並表示1997年7月1日將要到林則徐墓前祭祀，告訴他的祖先，香港已經收回了。此外，如上述

魯鎮除夕之夜家家戶戶關門的祭祖。此即中國家祭之傳統。

《儀禮》、《周禮》和《禮記》中多有祭祀的規定，而歷代祭禮的對象和方式亦各有損益，繁雜而不述。

中國民間的祭祀則非常廣泛而雜亂，俗稱「敬神」，除通常的祭祖以外，還有諸如祭灶神、門神、財神、菩薩、龍王、送子娘娘、壽星、閻王、瘟神等，不一而足，各地又有差別，故民間有「逢廟磕頭，見佛燒香」之說。中國人已將佛道二教、民間迷信和儒家對先祖、聖賢先師的祭祀混到一起，要區別它們還真不容易。如〈祥林嫂〉中，祥林嫂經歷了亡夫喪子之巨痛，又忍受著生活的折磨和人們的白眼、奚落，可她仍念念不忘用乞討來的錢到廟裡為自己的來世捐個門檻。這是中國式佛教「來世觀念」以及民間迷信的影響所致。西方學者研究中國古代文化時，常被中國古代的神靈系統弄得迷糊，但他們又頗欽佩中國古代文化的「兼容」、「大度」精神，各類神靈，諸如儒、佛、道以及民間迷信中那些不知名的神靈居然可以並行不悖，還可以同居一座廟中受到信徒的膜拜，這在西方基督教的「一神教」中是絕對不允許的。

第三節　祭祀權的政治化

至少從商、周人建立宗族和政治合一的社會制度以來，祭祀權就被政治化了，即作為體現（各級）君主權力「合理性」的一種方式，它集中表現在祭祀權以及與此相應的祭祀品上。

一、祭祀權

「祭天」歷來是帝王的壟斷權，他人不得染指，否則有「越禮」、「謀逆」之罪。《公羊傳·僖公三十一年》：「魯郊何以非禮？天子祭

天，諸侯祭土。」何休注：「郊者，所以祭天也。天子所祭，莫重於郊。」因為，帝王的始祖自天而出，如殷商人說他們的祖先源於一隻「玄鳥」，劉邦之母受神感而懷上劉邦等，又代天行「命」，故謂「天子」。而魯國是「公」的級別，沒有祭天的權利，故祭天為「非禮」。

《史記・封禪書》載有帝王登泰山封禪情況。《史記正義》注：「此泰山上築土為壇以祭天，報天之功，故曰封；此泰山之下小山上除地，報地之功，故曰禪。言禪者，神之也。」相傳周代以前有七十二位帝王舉行過封禪，管仲還自稱記得十二家，不過皆微茫難考。在中原地區，泰山尤顯高峻，有「登泰山而小天下」（孟子）之氣勢，故自古被視為神山，登泰山祭天也就成為那些有大功大德的帝王的專利。周室衰微，無力封禪。秦始皇統一天下，自認為有蓋世功勳，便帶領大隊人馬浩浩蕩蕩登泰山封禪；唐高宗李治和武則天皇后亦曾登泰山封禪。如此興師動眾，勞民傷財，為的是爭得一個顯「天命」於天下，示己之「才、德」堪配天地而已。由於封禪費資鉅大，後世皇帝多在京城郊外祭祀天地，如明、清時天壇（以及地壇）即祭祀天地之處。

西周宗法制，主持祭祀遠祖、已故大宗以及合祭全部祖先的權力屬於大宗子，即族長。周天子為最大的大宗子，擁有祭祀后稷（周的開國祖先）、周文、武王的特權（取商而為天子的祖先），任何諸侯都不得獨自祭祀。諸侯為封國內大宗子，擁有祭第一代受封諸侯的特權，如齊國首受封者為姜太公，那麼，祭姜太公、合祭歷代已故大宗子只能由現任大宗子主持；小宗（諸侯所封者，如大夫）只能祭祀高祖、曾祖、祖、父四代祖先，其他族眾參與祭祀。

後世主持遠祖祭的權力亦屬於族長。族長率領各小家族（或家庭）的代表在祠堂中祭祀共同的祖先，一個家庭中則由父親主祭，父亡則由嫡長子主祭。主祭就被認為獲得了代祖先發言的權力。

特殊人物壟斷一些特殊的祭祀對象，以此明尊卑。故《禮記・王制》曰：「天子祭天地，諸侯祭社稷，大夫祭五祀。天子祭天下名山大

川……」《禮記・曲禮下》又曰：「諸侯方祀，祭山川，祭五祀。」方祀即祭本封國內的山川神祇；五祀指祭山林、川澤、丘陵、平原、墳衍（水邊和低下平坦的土地）等五種具體的地形。兩說大同小異：天子和諸侯雖然都祭地，但天子祭的是一般意義上的「地」，整體的「地」，而諸侯以及大夫祭的則是具體的「地」（或地形）。這是透過對祭祀權的等差規定以強化對政治等級制的認可。

社稷，即地神和穀神。古人認為：「人非土不立，非穀不食。」（《白虎通義》）兩者為立命之本，故立國必先建社稷之壇及祖廟，以示有土有食。由於人們的社會等級各異，因而社稷神也分等級，有天子之社、諸侯之社、州社、縣社、里社。社廟中有木製的神主，以為神靈所憑依，也要「以血祭」（《周禮・大宗伯》）。戰時，載木主而行，要求國君「執干戈以衛社稷」、「死社稷」（《禮記》的〈檀弓下〉、〈曲禮下〉）。於是，社稷成為國家的象徵和代名詞。

二、祭祀品

在祭祀品上也有嚴格的等級規定。《禮記・王制》：「天子社稷皆太牢，諸侯社稷皆少牢。」牛、羊、豕（豬）各一曰「太牢」，羊、豕各一曰「少牢」，有時也獨稱牛為太牢，羊、豕為少牢。「牢」本為飼養牲畜的欄圈，後引伸為作祭祀用的牛羊豕。春秋以降，諸侯祭祀用牛極普遍，《左傳》中多有記載。《大戴禮記・曾子天圓》：「諸侯之祭，牛，太牢。」諸侯一國之君，用牛，為最高祭祀品規格。《國語・楚語上》亦云：「其祭典有之曰：國君有牛享，大夫有羊饋，士有豚犬之奠，庶人有魚炙之薦……」最高統治者用牛，下面就要依次遞減。《禮記・曲禮下》又云：「天子以犧牛，諸侯以肥牛，大夫以索牛，士以羊豕。」犧牛，純毛色的牛。「肥，繫於牢而芻之三月。」意指養得很肥。索牛則無三月之養，「索，簡擇也」，大約是臨時選擇。總之，是要

體現尊卑貴賤，即便同樣是用牛，也要有差別。

第四節　祭祀的意義

　　祭祀在古代是國家重典，亦是民間的重要活動，歷代受到相當的重視。《左傳・成公十三年》：「國之大事，在祀與戎。」祭祀和軍隊是國家的兩件大事，當擺在優先考慮的位置，這反映了「三代」時的情況，秦漢以後也大體如此。是故，《禮記・曲禮下》云：「君子將營宮室，宗廟為先，廄庫次之，居室為後。」戰國初法家李悝在魏國變法，「行地力之教」，曾說一個農夫一年收穫折合貨幣一千三百五十錢，祭祀費用在三百錢，占全年收入四分之一到五分之一（《漢書・食貨志》）。其比例之高，足見當時祭祀在民間受重視的程度。

　　從死亡文化學觀點討論祭祀，則限於對祖先及聖賢君師的祭祀，而不包括對天地等對象的祭祀。已如前述，周禮有「喪禮」和「吉禮」：喪禮指喪葬時的祭祀，為近祖崇拜，對象是新喪之先人，一般是父、祖輩，整個儀式在喪期進行。吉禮則是喪期後的祭祖，表現為遠祖崇拜，對象是祖先。《禮記・曲禮下》云：「居喪未葬，讀喪禮。」此時，「喪禮，謂朝夕奠及葬等事。」卒哭祭，約一百天（魏晉後以「斷七」代卒哭），此後便不再「哭泣無時」，而以吉禮處之。故《禮記・檀弓下》云：「卒哭曰成事。是日也，以吉祭易喪祭。」喪祭是「慎終」，吉祭則為「追遠」，孔子就是在祖先崇拜的意義上提出「慎終追遠，民德歸厚」的。也就是說，對近祖和遠祖的祭祀都是死亡文化學研究的對象。

一、祭祀的一般意義

(一)古人藉祭祀獲得心理上的滿足，強化心理力量

祭祀乃是一類賄賂鬼神的行為，即所謂「人神交際術」，祭祀者透過它認定自己已被鬼神「接納」，並將得到鬼神的「幫助」。這樣，人們就什麼都「不怕」了，心理上得到了加強。如原始人每做一件事前就祭祀一番，印度人捉蛇玩蛇前也要行簡單的祭祀，以求神靈的保佑。這一心理上的自我強化術，自原始時代以來一脈相承，是人類祭祀的原始根源。

(二)顯示尊卑貴賤，建立政治上的精神優越地位

它是隨文明社會的演進而不斷滲入的，它最具體表現於諸如祭祀對象和祭祀品等方面的差別上。這些在上文已討論過了。

(三)祭祀也是一種社會文化活動

從民俗學的角度來看，祭祀也是一類社會活動，極具娛樂功能，屬節日文化範疇。如民間的社祭，自西周以來就相當於一次狂歡節，其熱鬧程度甚於後世的過年。南朝梁，宗懍在《荊楚歲時記》云：「社日，四鄰並結綜會社，牲（畜）醪（米酒），為屋於樹下，先祭神，然後饗其胙。」漢以前只有春社，漢後始有春、秋二社，大約在春分、秋分前後。

二、以血緣關係所形成的意義

上面是討論祭祀的一般意義。至於祭祀先祖，則除了上述一般意義外，作為一類以血緣關係為紐帶所形成的祭祀，本身又有更深一層的意義。即它是凝聚族人和國家教化民眾的一類重要手段。

在夏、商、周三代宗法社會以及秦漢以來的歷朝歷代，祭祖活動都是人們維繫宗法、凝聚族人的重要形式，不論是帝王或庶民之家均是如

此。透過祭祖，人們時常在一起敘一敘共同的淵源，加強認同感，所謂「血濃於水」。同時，透過共同的祭祖，人們無形中在進行一種聯誼活動。如1980年代初以後，海外華人歸鄉探親、祭祖者一時竟形成熱潮。美國人係英國或歐洲大陸的移民所形成，但很少聽說美國人重返英國或歐洲大陸本土去祭祖、追溯祖先血脈的，而追溯祖先的情感則已深深融入了中國人的心理結構之中，這無疑是三千餘年「敬祖」文化潛移默化的結果。

(一)祭祖將族眾、兩代人之間糾結在一起，達成社會治理

這裡包括家族橫向的、縱向的聯繫。假如整整一代人對於上一代或下一代人不承擔義務，或感情淡薄，那麼，社會在時間上的延續鏈條就會被斬斷，這樣的社會是不可能長久的。我們的祖先很懂得這一點，他們設計出種種辦法來強化這一聯繫，祭祀先祖就是其中之一，如祭祀黃帝就起了強化民族心理聯繫的作用。

(二)祭祀先祖是國家教化民眾的重要手段

《禮記・祭統》云：「凡治人之道，莫急於禮；禮在五經（即五禮），莫重於祭。」「祭者，所以追養繼孝也……是故，孝子之事親也，有三道焉：生則養，沒則喪，喪畢則祭。養則觀其順也，喪則觀其哀也，祭則觀其敬而時也。盡此三道者，孝子之行也。」也就是說，順養、哀喪、敬祭，這三者全做好了才是一個孝子。這裡並沒有要求「孝子」將喪事辦得如何熱鬧。故《禮記・祭義》云：「君子生則敬養，死則敬享。」此外，對亡故先人的祭祀有終身要求，即《禮記・祭義》云：「君子有終身之喪，忌日之謂也。」即逢先人忌日均須祭祀，所謂「事死如事生」，教人勿忘先人之美德，勿忘先人創業撫育之艱難。《禮記》這兩篇專門講述祭祀，具體反映了儒家關於祭祀的理論。

祭祀如此重要，故古人在祭祀之前須行齋戒，三、五、七天不等，以整潔身心，即沐浴更衣，靜居獨室，不食酒肉、不食蒜醋等刺激性佐料、不問國事、不弔喪、不近女人、不聽音樂、不娛樂等，以使心境純淨，示以虔誠，方能與神發生交往，以免「不敬」、「不潔」而衝撞了神靈。如北京天壇內西側就設有「齋宮」，即皇帝來此祭祀天地時的齋戒之所，皇帝須在這裡住上幾天度過齋戒期。清雍正後，於紫禁城內另設齋宮，天壇的齋宮就僅成為皇帝祭天地時的臨時休息場所了。各時代的齋戒規定有細微差異，茲不述。

祭祀絕不是愈多愈好。《禮記·祭義》：「祭不欲數（頻繁），數則煩，煩則不敬。祭不欲疏，疏則怠，怠則忘本。」即是說，祭祀不僅要按等級規定進行，什麼等級的人祭什麼、用何祭品，而且要按時祭祀，不能濫祭，也不能疏祭。《禮制·王制》云：「祭，豐年不奢，凶年不儉。」不是自己應該祭的神不要祭，「非其鬼而祭之，諂也」（《論語·為政》）。

孔子的祭祀觀是很有意思的。他主張「所重：民、食、喪、祭」（《論語·堯曰》），前兩者是生存文化範疇，後兩者屬死亡文化範疇，相輔相成以治理人。在祭祀儀式上，他強調「祭如在，祭神如神在」（《論語·八佾》），故後世民間有「祭神如神在，不祭神不怪」之說，對神似乎有些玩世不恭的味道。他還主張「祭禮與其敬不足而禮有餘也，不若禮不足而敬有餘也」（《禮記·檀弓上》）。並反對「非其鬼而祭之」。他更重人事，「敬鬼神而遠之」（《論語·雍也》）。他繼承了周禮「祭祀有等」的思想，魯君僭行禘祭（屬天子祭禮），孔子「不欲觀之」（《論語·八佾》）。毫無疑問，他對鬼神存疑，但又不說，而是採取迴避態度。當弟子問他如何事鬼神，他說：「未能事人，焉能事鬼？」（《論語·先進》）但他仍主張「敬鬼神」，重祭祀，稱讚禹「菲飲食，而致孝乎鬼神」（《論語·泰伯》）。也就是說，孔子主要是從教化角度看待祭祀的：祭祀要誠心敬意，透過祭祀可以培養人們的誠意

和敬順的道德情操，祭祀祖先可以培養人子的孝敬品德，所謂「慎終追遠，民德歸厚焉」（孔安國注《論語・學而》：「慎終者喪盡其哀，追遠者祭盡其敬」）。

　　周禮祭祀中還有一個重要思想，即《禮記・禮器》：「君子曰：祭祀不祈。」祭祀是使祖先得享祭物、血食，行孝道；祈（禱）則是向祖先神靈求福。一邊祭，一邊祈，大有「討價還價」、商品交換之嫌疑，有傷孝道。故祭祀時只能本著「敬」字去做，祖先神靈自然會庇佑後人，所謂「但行好事，莫問前程」。但後世似乎沒管那麼多，尤其是民間，總是邊祭邊祈，這樣方便，也反映了中國人對於神靈的實用主義傾向。

　　按周禮，「父不祭子，夫不祭妻。」（《禮記・曲禮上》）這是從孝文化所重視的「名分」等級上著眼的，後世有青年或中年丈夫不送亡妻上墳山之陋習，大約源於此。但東晉陶淵明曾祭妹，並為此棄官奔喪。唐、宋以後祭亡妻者也特別多，如唐代元稹有〈祭亡妻韋氏文〉，並〈悼亡妻詩〉三首，詩有「如今俸錢過十萬，與君營奠復營齋」之句，感嘆貧困時妻子曾與自己同艱苦共患難，後早死，如今自己富貴了，她卻不能共享，故只能以祭祀來報答她。南宋文天祥有〈哭妻文〉，明末清初陳確有〈祭婦文〉等。這表明，魏晉至宋代以後婦女的地位較西周嚴格的宗法制時代似要高出許多。

第五節　祭文

　　祭文，或祭祀文，即祭祀天地山川神靈或祭奠死者時所誦讀的文章，用以向祭祀對象傾訴、祈禱、祝願，由主祭者有韻律地誦讀，以求溝通人神。如前所述，古人祭祀對象眾多：天地日月星辰、風雨雷電、山川湖海，以及遠祖之神靈、近喪之父祖，因而祭文的形式就非常龐雜。

　　祭祀文歷代受到重視，對之分類者亦多，茲不盡述。南朝梁，蕭統

在《文選》中曾按「誄」、「哀」、「弔」、「祭」四類歸納作品，如下：

(一)誄

古代列述死者功德表示哀悼並以之定諡號（多用於上對下）的文章，相當於今之悼詞。「賤不誄貴，幼不誄長，禮也。」（《禮記·曾子問》）《說文》：「誄，諡也。」即是說，死者必須先得到「誄」，才能據此議定「諡號」。

(二)哀辭

或哀詞，追悼死者的文辭，多用韻語，與誄相似。古用以哀悼夭而不壽者，後世亦用於壽終者。《太平御覽·五六·晉·摯虞·文章流別傳論》：「哀辭，誄之流也。崔瑗、蘇順、馬援為之，率以施於童殤夭折不以壽終者……哀辭之體，以哀痛為主，緣以嘆息之辭。」從現在文獻看，哀辭產生於東漢。

(三)弔文

哀悼死者的文章，致辭表示感慨，如賈誼〈弔屈原文〉、晉代陸機〈弔魏武帝文〉等。晉代束晳〈弔衛巨山文序〉：「作弔文一篇，告其柩。」姚華〈論文後編〉：「追慰死者曰弔文，始賈誼。」這裡側重的似乎是「追慰」，故後世引伸出弔古人、古蹟之文也稱弔文，如唐代李華〈弔古戰場文〉。西周時代，別國有災，本國派人前去「弔」，表示哀悼、慰問，其文章也稱「弔文」，此義後多不用。

(四)祭文

祭祀或祭奠時表示哀悼或禱祝的文章。蕭統《文選》將「祭文類」又分四類：祈禱雨晴、驅逐邪魅、干求福降、哀悼死亡，而以哀悼死亡為

主。

1.祈禱雨晴：指久雨不晴或久旱不雨，舊時人們則祭上天、風雷或龍王等神靈，祈求幫助。此類祭文在祭祀時由最有地位或威望者誦讀。傳說商湯繼夏為天子後，七年大旱，商湯以自己做人祭，坐於柴堆上，燔柴祭天以求雨。其禱辭曰：「朕躬有罪，無以萬方；萬方有罪，罪在朕躬。」即我若有罪，請不要累及天下人；若是天下人有罪，就請上天懲罰我一人。值此，天降大雨，也澆滅了正燒起的大火，人們以為商湯的德行感動了上天，後世傳為美談。此事亦真亦幻，無可稽考，故《史記·殷本紀》不載，但卻反映了古代求雨的情形。

2.驅逐邪魅：即俗語「驅邪」，正式的祭祀時亦有祭文。如韓愈因反佛觸怒了唐憲宗，貶為潮州刺史。時其地有鱷魚出沒，傷人畜。韓愈以羊、豬各一（即少牢）投諸深溪中祭祀鱷魚，並著有「仁義」精神的〈祭鱷魚文〉：「勸導」鱷魚離開此地到南海去謀食，不要在這裡妨礙人們的生存；若「冥頑不靈」，我就只好將你捕殺，莫怪我事先不警告。「祝之夕，有暴雷起於湫中。數日，湫水盡涸，（鱷魚）徙於舊湫西六十里。自是，潮人無鱷患。」（《舊唐書·韓愈傳》）此事也亦真亦幻，但反映了古代儒家「仁義披於四海，澤於禽獸」的一類政治學說。

3.干求福祿：指向神靈求福。如周武王克商後，百事待興，適病重，周公旦（武王之弟）向先祖太王、王季、文王「三王」祈禱，作冊文，表示願以身代武王去死，大有「天下可無旦，不可無武王」之氣概。不久，武王的病就痊癒了。

4.哀悼死亡：則為狹義的祭文，即祭奠同時代的親友。唐、宋為祭文的繁榮期，主要為散文體，留下了眾多的精品，如韓愈〈祭十二郎文〉和歐陽修〈祭石曼卿文〉、〈瀧岡阡表〉，均為千古傳誦的名篇。後引伸憑弔古人、古蹟之文也稱祭文；愈往後，區分愈模糊，人們習慣上已將各類祭悼文統統稱為「祭文」，如《古代祭文選》之類的讀本就囊括了各類祭悼文章。

　　民間在出殯前夜的辭靈儀式中，有師公誦唱祭文一項，其內容不外是亡者生前的功績美德，父母養育不易，表彰父母病重時子女的孝行，基本精神是儒家的孝道，但多為固定格式、溢美之詞，多不足觀，也可歸為應用文一類。官方場合則為「悼詞」，亦多溢美之詞，本儒家「隱惡揚善」精神，故民間有戲言曰「找好人，看悼詞」。

　　至於其他劃分方式，各時代各家述說的差別，茲不贅述。

　　此外，現在的一些「回憶」文章也與祭文相關。垂暮者回憶曾與之共同戰鬥過的那些已亡故的戰友，追述其功績和美德，同時抒發對他們的崇敬、懷念和哀悼之情，其中一些寫得非常感人，讀之催人淚下。古有「行狀」文體，亦稱「狀」，記述死者生平事蹟，可供未來史官修史時參考。它只述，多不評價、哀悼。如柳宗元〈段太尉逸事狀〉，敘述段實秀維護國家統一的功績，拒絕受賄的美德，以及與叛軍相周旋時的膽略和勇氣，最終並為叛軍所害，英勇殉國。後《新唐書·段實秀傳》就依據了這些史料。上述回憶文章，前部分係「行狀」性質，將來史家修正史時將參考之；後部分則具有祭文性質，有些地方充滿哀哀之情，爾後多不會進入正史。

　　順言之，「輓歌」也可視為一類祭文。

　　祭文的文體有散文、韻文、駢文。如兩漢散文、魏晉駢儷文（又稱四六句）、唐宋散文，它受制於各時代文體的發展變化和各作者的個人愛好。同時，西周詩歌、唐詩、宋詞都曾作為哀祭之情的表達。「五四」以後興起白話文，在那之後的祭文即「悼詞」多用白話文。但也有例外者，如1937年〈祭黃帝陵〉文便用四字韻文：「赫赫始祖，吾華肇造；胄衍祀綿，嶽峨河浩。聰明睿知，光披遐荒；建此偉業，雄立東方……」

　　祭祀有「吉祭」和「喪祭」，因而祭文也可從「吉祭文」和「喪祭文」去理解，如祭遠祖文屬吉祭文範疇，《詩經》中的「周頌」、「魯頌」、「商頌」中就有祭祖的篇章。死亡文化主要從祭祀先人的範疇討論祭文。一般而言，祭近喪者之文更有感情，傳於世者亦多此類。

　　祭文從一個側面反映了一個民族、一個時代的社會情感、價值觀念和文學水準。中國歷史悠久，一脈相承，文化沉積尤其深厚，因而中國古代的祭文之豐富是世界任何其他民族所不可比擬的。祭文歷來為文人所關注，多彙編讀本問世。

　　中國現存最早的祭文一般認為是魯哀公誄孔子文。全文三十一字：「旻天不弔，不憖遺一老，俾屏余一人以在位，煢煢余在疚！嗚呼，哀哉！尼父，無自律！」大意是，上天不善啊（不弔即不善），不願留下這位國老，使他庇護我在君位，我現在好孤苦零丁、內心痛苦啊！嗚呼，哀痛啊！尼父啊，我無有效法的榜樣了！憖，即願，不憖，就是不願意。

 第六節　人殉和人牲

一、人殉和人牲概述

　　人殉，是用活人為死者殉葬，或殺死後殉於墓坑，或將生者閉於墓道內，又稱殉葬。《說文》無「殉」字，古籍多通用「徇」。「殉，從也。」即跟從、跟隨。故以活人隨葬死者曰「殉」。將物陪葬有時也稱殉，如《太平廣記·三四》：「蓋趙佗以珠為殉故也。」後引伸為追求理想、道義或某事物而不惜獻身，如殉國、殉義、殉節、殉道、殉難等。同時，殉又喻追求、營謀，如古語「君子殉名，小人殉利」。

　　人牲，是將活人作為祭祀品供獻給神靈，因將活人當牲畜祭品一般看待，故稱人牲。

　　如前所述，古人祭祀神靈時須獻之以牲畜等物品。牲、畜雖同指牛、羊、豬之類，但名稱有差別。孔穎達注《左傳·桓公六年》：「牲、畜一物，養之則為畜，共（供）用則為牲。」即是說，飼養於家曰「畜」，故後世稱「家畜」；充作祭物則曰「牲」。牲作動詞時，則指以牲畜獻

祭，如南朝宋，謝惠連〈祭古塚文〉：「酒以兩壺，牲以特豚。」特豚即一隻（小）豬。

古人祭祀時，對牲有講究，不僅要肥壯，有重大祭祀時還要求牲的毛色純一。毛色純一的牲畜稱「犧」。孔穎達注《尚書·微子》：「色純曰犧。」因而，「犧牲」的原意係指供祭祀用的毛色純一的牲畜，多指牛、羊、豬三牲，而且必須是完整的。以人獻神時，人被當作「犧牲」品，故又稱「人犧」，後世引伸為正義事業而獻身，為光榮「犧牲」。《漢書·食貨志》：漢初，天下凋敝，「人相食，死者過半……自天子不能具醇駟，而將相或乘牛車。」注曰：「醇，不雜也。無醇色之駟，謂四馬雜色也。」可見，古代將顏色純一的馬視為吉利之牲，而天子乘四匹顏色完全相同的馬則又尤為高貴。漢初，由於久承戰亂，雖天下之大，但已找不到四匹顏色相同的馬了，有的將相甚至乘牛拉之車。

人殉、人牲是原始時代血崇拜發展的極端形態，即極端的血崇拜、祖先崇拜、神靈崇拜相混合的產物，它在世界各國具有普遍性。此時，以牲畜或器物（如玉石、糧食、酒等）祭神，似乎難以使先民們達到高度的興奮、快感，乃至癲狂的心理感受，覺得不足以「感動」神靈，於是以活人當作祭品。因而，這一行為的出現及其興盛，又反映了人類正進入一個瘋狂的嗜血時期。

考古學已發現，人殉或人牲至少在原始時代末期（即新石器時代晚期）就已出現，如中國龍山文化的邯鄲市澗溝遺址的一個房址裡面，就發現了四顆砍下來的頭骨，被認為是舉行祭祀時殺害的。進入國家時代，人殉和人牲曾一度相當興盛。各國發展水準不一，在中國殷商時代（約西元前16至前11世紀）為盛行時期，到春秋以降逐漸收斂，但人殉餘波卻延續到明朝中期。

二、國外的人殉和人牲

西亞兩河流域位於今伊拉克境內，幼發拉底河（西）和底格里斯河（東）從西北向東南方向近於平行地流入波斯灣，兩河之間是廣闊的沖積平原，這裡成為世界四大文明發源地之一。生活在這裡的蘇美人的原始社會於西元前4000年代後半期逐漸解體；並於西元前3000年代初開始建立國家。

在巴比倫（兩河流域的南部總稱）和基什（兩河流域中部古城，巴格達以南110公里），人殉約開始於蘇美王朝中期（西元前3000年），而尤以烏爾王陵最為重要（烏爾於兩河流域最南端）。1922至1934年英國考古學家伍萊（A. L. Woolley, 1800-1880）主持了對烏爾城遺址的挖掘，已挖掘出兩千五百個大小墓葬。十六座被認為是王家陵墓，屬第一王朝時代。每座王陵都有大規模的穹窿頂墓室，附有幾個側室，用石或磚建造。烏爾王陵以其豐富豪華的隨葬品和人殉為特色。隨葬品有珠寶、鏤孔金杯、金牛頭豎琴、帶青金石劍柄和黃金劍鞘的短劍、金琉璃頭飾、青金石製作的圓筒印章，以及用貝殼、黑曜石、寶石為材料鑲嵌、黏合而成的各種飾物等。每座陵墓殉葬人數最少為三人，最多為七十四人。其中國王阿卡姆拉杜格的墓有殉葬四十人；1237號墓有殉葬七十四人，其中六十八人是女性。據蘇美史詩《吉爾伽美什之死》中列出的殉人材料，並結合出土跡象判斷，殉人係自願從死，殉葬於王陵墓室內的是墓主親信，室外的是家奴、僕從、侍衛。

古埃及，人殉的出現大約不晚於第一王朝（西元前3100年左右），考古發現的重要人殉墓是阿拜多斯王陵區和薩卡拉王陵區。

《舊約・創世記》中有猶太人先祖亞伯拉罕聽從神的召喚將親生兒子祭神的描述：「亞伯拉罕在那裡築壇，把柴擺好，捆綁他的兒子以撒，放在壇的柴上。亞伯拉罕就伸手拿刀要殺他的兒子。」此為燔祭，即殺死人牲後再焚燒之，以獻神。

在前蘇聯矗伯河到窩瓦河一帶青銅時代的洞室墓中（西元前2000年），盛行妻（妾）為丈夫殉葬的習俗。

日本從兩千多年前的倭日子命時期起，開始實行在王陵周圍「立人垣」，即把殉人排成圍牆活埋，降及近世，演變為割腹殉葬。

印度的寡婦自焚殉夫習俗，歷數千年而不衰，至今還偶有發生（參見《中國大百科全書‧考古卷》第140頁等處）。

國外人牲起源於原始社會末期的農業崇拜。約自西元前4000至前2000年間，人牲在從印度到地中海這一地區內廣泛流行。在墨西哥的馬雅人、祕魯的印加國印第安人和非洲的阿沙特人中，也曾廣為流行。

人牲的主要對象是俘虜，部分是被征服部落貢獻的青年男女和兒童。供獻人牲的數目多少不等，一般是數人、數十人或更多。例如太平洋島上的玻里尼西亞人舉行大祭，有時一次要用一百多名俘虜，並將人肉頒賜給本部落的成員吃。墨西哥的阿茲臺克人建有許多金字塔形臺廟，每年都要舉行用活人獻祭太陽神的祀典，並吃掉人牲的肉。腓尼基人（居住於地中海東岸）和迦太基人（居住於今摩洛哥）流行以初生兒子作為祭品；印度的康達人則使用偷來的兒童做祭品。南太平洋諸島上的一些原始民族，直到近、現代仍保存著獵取其他部落的人頭來供奉神靈的習俗。

一般而言，大河——平原地區的農業國家，其王權更為強大，他們有更濃烈的宗教意識，因而對人殉和人牲有更高的熱情。同時，殉人多為與死者有較近關係的人，且身分不是很低，這些人是「被派往」陰間去「服侍」死者的，若生前係寇仇，就會攪得死者在陰間「不安」。人牲的身分則相對要低一些，他們則是被殺戮然後「以其血供祖先飲用」的。

三、中國原始社會的人殉和人牲

目前在中國已發現的人殉和人牲，是出現在黃河上游地區新石器時代晚期至青銅時代早期的「齊家文化」，因首先發現於甘肅省廣河縣齊家坪

遺址而得名。主要分布於甘肅、青海境內黃河沿岸及其諸支流地域。早期的年代為西元前2000年，下限還當更晚（這裡的文明發展進程稍晚於黃河中、下游的中原地區），已發現墓葬共約八百多座。

　　一般認為，齊家文化處於原始社會行將崩潰的階段，已建立了較鞏固的一夫一妻制家庭，男子在社會中處於統治地位。如秦魏家的成年男女兩人合葬墓中，男性為仰身直肢，女性位左，側身屈肢面向男性；皇娘娘臺的成年一男二女的三人合葬墓，男性仰身直肢位於正中，二女分別列於左右，屈肢附其兩旁。有的小孩死後附葬於父親身邊。

　　在齊家文化墓葬中發現有人殉痕跡，考古學界公認這是中國已知最早的殺妻（妾）殉葬墓。如在甘肅廣河縣齊家坪遺址的墓葬中，分別發現了八人和十三人同坑的墓，內仰者似為墓主，其餘人骨架有的有頭無身，或有身無頭，有的頭骨和軀體分別埋葬，也有的三四個頭骨放在一起。這些人無疑是在埋葬墓主時殺害的。

　　在青海樂都縣柳灣墓葬遺址中，314號墓的墓主為成年男子，仰身直肢平躺於一個較完整的木棺內，另有一青年女性卻側身屈肢於棺外，並有一條腿骨被壓在棺下，她被認為是墓主人的殉葬者。

　　在黃河中下游地區的「龍山文化」（它稍早於齊家文化），如河北邯鄲澗溝、河南洛陽王灣、陝西灃西客省莊的遺址中，發現有砍傷痕跡的人頭骨，還有多具骨架疊壓於廢坑中，或身首分離，或作掙扎狀，或人畜同埋。這些非正常死亡者中，有部分被認為是曾用於祭祀而死的（參見《中國大百科全書‧考古卷》「齊家文化」條）。

　　據另一考古資料報導：在五千兩百多年前的原始社會末期，人殉就已經非常普遍了。1989年，由南京博物院組成的花廳考古隊，在江蘇省新沂縣馬陵山花廳村古墓葬區發掘了700多平方公尺範圍內的四十座墓葬，其中五座是大墓。幾座大墓中用人殉的現象十分普遍，如60號墓內，墓主人是三十歲左右的強壯男子，在陪葬品左外側殉葬著中年男女骨架各一具，在女體的身旁依偎著一個十至十二歲的兒童骨架。這說明當時部落內

重要首領人物死後用活人殉葬的現象已很普遍（參見胡申生主編，《社會風俗三百題》，第268頁，1992年4月）。

四、 夏、商的人殉和人牲

夏代之時，考古發現的「二里頭文化」，以河南省偃師縣二里頭遺址命名，青銅文化，約當西元前21至前17世紀。主要分布於河南中、西部的鄭州附近和伊、洛、潁、汝諸水流域，以及山西南部的汾水下游一帶。墓葬中已發現殉葬（或人牲）行為，在墓葬遺址中，發現不少棄置在灰坑中的屍骨，有的雙手被捆綁，顯係被迫致死，被認為與祭祀有關。二里頭文化早期從年代上相當於夏代（晚期被認為屬於商代的早期），但證據仍嫌不足，考古學界之意見有分歧。因而，對於夏代的人殉和人牲還是持謹慎態度，存而不論。

人殉、人牲作為一種制度並廣泛流行是在商代時期。現已發掘的「鄭州商代遺址」（以二里岡遺址最典型，係商代中期的都城），尤其是盤庚遷殷（今安陽）以後的商代中、後期，都有大量的考古實物以資說明。大體說來，人殉、人牲在商代早、中期就很普遍，但用人數較少；盤庚遷殷後相當盛行，用人數量發展到驚人的程度；商代後期又逐漸減少。

考古學家在二里岡遺址（河南鄭州）發掘了商代中期的宮殿遺址，在宮殿區內，發現有一條南北向的壕溝，寬1.4公尺，深0.9公尺。在已發掘的長約15公尺的一段壕溝中，發現了棄置的近百個人頭骨，那些頭骨大都從眉部與耳部被鋸開而成瓢形。另外，在宮殿區東北部較高地帶發現了三排八個狗坑，最多的一個坑中埋狗二十三隻，最少的六隻，總計九十二隻。在其中一個坑的底部還埋有人骨架兩具，另一狗坑中出土有夔龍紋的金葉裝飾。這些遺存可能與宮殿區內進行的祭祀活動有關。

殷商時期，人殉和人牲尤為興盛。在甲骨卜辭中，往往有殺人祭祀的記載，最多的一次殺祭有用三百人者。在河南、河北、山東、江蘇、湖北

等地均發現了商代人殉和人牲的遺跡，其中尤以商後期的都城殷為最。

殷墟侯家莊墓地被認為是殷商王陵區，共發現十三座大墓。其中，1001號墓有四條墓道，墓內殉人二十三個，分置於墓底、槨室附近及墓道內；西墓道的殉人有墓坑及隨葬銅器，南、東墓道及東耳室中有無頭軀體六十一具，皆分組排列。四條墓道又有人頭骨七十三個，也分組排列，這些無頭軀體和人頭骨當是為墓主舉行葬禮時被殺的人牲。墓室外的陪葬坑在墓的東側，共三十一個，其中二十二個坑埋了人，每坑一至七人不等，共埋六十八人，最大的陪葬坑棺槨具備，有青銅禮器（當為上層貴族），二層臺上有兩個殉葬人，即殉人還帶著殉人。總計1001號墓的人殉和人牲共有全軀者九十一個、無頭軀體六十一個、人頭骨七十三個，殉人和人牲有一百六十多人。「這些殉葬人或可分成五個等級：第一等一人，即那個有殉葬人的所謂『領班』；第二等二人，在墓道內，有墓室，並隨葬青銅禮器；第三等六人，在四階上，有棺木和隨葬裝飾品；第四等八十二人，無棺木，包括墓底持戈的武士、槨外的巡邏者、四階上的禮樂器儀杖搬運者及墓外的隨從；第五等七十三人，即在墓道內的身首分離者。嚴格來說，第五等已不算殉人，而是人牲。」（《中國大百科全書‧考古卷》，第200、438頁）

殷墟武官村大墓被認為是殷商上層貴族墓，它有兩條墓道，墓底腰坑中埋有一持銅戈殉人，墓室東西二層臺上有秩序地埋著殉人四十一人，男女皆有，有的人有棺木，並有成套的青銅器、玉器及裝飾品等隨葬（當為親信侍從和姬妾一類）。北墓道二人，對面而蹲；南墓道又有一跪葬人等。總計墓內共四十五個殉人，槨室上部填土中又分三層，埋有人頭三十四個，都是人牲，共用七十九人。此外，還殉有馬二十八匹、猴三隻、鹿一隻、其他禽獸十五隻。

1970年代在殷墟發現的第一座被確認為是商王室墓葬的「婦好墓」（商王之后）殉有十六人，其中包括兩名兒童，他們分別被埋葬在墓底和墓穴壁龕中。

　　墓的大小反映了墓主生前的地位，中型墓的殉人數較大型墓要少得多。墓室面積在10平方公尺以上的殉人較多，面積4至6平方公尺的一般只有一至四人。

　　商代早、中期人殉、人牲的數量較少，後期大增到駭人聽聞的地步。以人牲為例，據殷墟卜辭統計，商王祭祀共用人牲一萬四千人，其中又以武丁一代舉行祭祀次數最多，數量最大，共用人牲九千多人；武丁以後，逐漸減少，到帝乙（商紂王之父）時只用一百多人。這種變化與考古發掘資料相符。殷墟前期的大墓內有大量的人頭及無頭軀體，後期則數量極少；前期個別中型墓中也有人牲，後期不見。1976年春於殷墟西北岡東區發掘的一百九十一個祭祀坑也說明了這一變化：較早的南北向坑用人近千，而較晚的東西向坑僅百人左右。在人殉方面，已發現的商代墓中殉人數量為五百餘人，二里岡期（商代早或中期，尚有分歧）不過十多人；殷墟階段增多，尤其是大墓中，但殷墟前、後期的人殉變化不大，殉人之風仍盛行。據推測，人殉是主人對近侍（及奴僕）人身所有權的占有，這一關係在殷商階段的前、後期並無變化；而人牲則主要來源於戰俘。

　　商代以殷墟時期大量的人牲及人殉著稱於世。它大約基於如下社會條件：人口不值錢、濃烈的（祖先等）鬼神崇拜。中原地區人口過度的增長，或社會生產力極度低下，都可以使人口變得不值錢；當它與濃烈的鬼神崇拜相結合時，足以導致嗜血快感的大量人牲與人殉行為。《禮記·表記》說：「殷人重神。」據上述考古資料來看，此言不虛。

五、西周、春秋戰國時期的人殉和人牲

　　西周繼續推行人殉、人牲制度，但已趨於低落。在已出土的西周早期中、小型墓葬中，大約只有不到十分之一的墓中有人殉，而且最多的一座墓中只有四人。考古發現的西周殉人墓有八十多座，共殉兩百多人。到西周晚期，中、小型墓中幾乎看不到人殉的現象。但迄今未找到西周諸王的

墓，故王室墓葬的情況仍不得而知。

　　春秋戰國時期，人殉、人牲仍相當流行，晉、秦、齊、楚各國均有，而尤以秦國最盛。《史記·秦本紀》：「二十年，（秦）武公（西元前697-前678年在位）卒，初以人從死，死者六十六人。」按此說，秦君行人殉是從秦武公開始的，此時，周遷都去洛陽已近一百年了。《左傳·文公六年》：「秦伯任好卒（秦穆公，西元前659-前621年在位），以子車氏之三子奄息、仲行、鍼虎為殉，皆秦之良也，國人哀之，為之賦〈黃鳥〉。」又《史記·秦本紀》：「三十九年，（秦）穆公卒，葬雍，從死者百七十七人。秦之良臣子輿氏三人奄息、仲行、鍼虎亦在從死之中。秦人哀之，為作歌〈黃鳥〉之詩。」即《詩經·秦風·黃鳥》篇。又1986年4月28日《光明日報》報導，秦公1號大墓的殉葬，據考證為秦景公墓（西元前576-前537年在位）。

　　戰國時代，人殉（及人牲）之風仍存，《左傳》、《禮記》、《戰國策》、《史記》、《墨子》、《呂氏春秋》等文獻中均有記載。如《墨子·節葬篇》：「天子（諸侯）殺殉，眾者數百，寡者數十；將軍大夫殺殉，眾者數十，寡者數人。」考古發掘也證明了這一點，如1975年發掘的屬春秋晚期的兩座莒國大墓，各有十個殮以木棺的殉葬者。湖北隨縣擂鼓墩發掘的屬於春秋戰國之交的曾侯乙墓，有二十一個殉葬者，均為青少年女子。此類資料甚多，茲不盡引。

　　但是，反對人殉、人牲派畢竟日益占上風，例如《左傳·宣公十五年》（前594年）載：「初，魏武子（晉大夫魏顆之父）有嬖妾，無子……武子疾，命（魏）顆曰：『必嫁是。』疾病（重病）則曰：『必以為殉。』及卒，（魏）顆嫁之，曰：『疾病則亂，吾從其治也。』」這裡至少可以看出三個意思：殉葬之婦女一般是未生育的（否則就是殺「人之母」，大不「義」）；魏武子臨終交代以妾殉葬，說明人殉在當時的晉國已不是固定制度，而且顛三倒四，更表明這一行為的社會根基已不牢；魏顆說父親病重時說的話是神志昏亂，還是按他清醒時說的辦，將庶母嫁出

去了，以「巧對」反對了這一殘酷行為，而又未背負「不孝」之罪名。

《左傳·定公三年》（前507年）：邾莊公卒，「先葬以五車，殉五人。」杜預注：邾國這一次用人殉係當時邾莊公的遺命。孔穎達疏：「邾子好潔，以人為殉，欲備地下掃除。」亦是有交代才行人殉的。《戰國策·秦策二》：「秦宣太后愛魏醜夫。太后病將死，出令曰：『為我葬，必以魏子為殉。』魏子（即魏醜夫）患之。庸芮為魏子說太后曰：『以死者為有知乎？』太后曰：『無知也。』曰：『若太后之神靈（即聰明），明知死者之無知矣，何為空以生所愛，葬於無知之死哉！若死者有知，先王（宣太后丈夫秦昭王）積怒之日久矣，太后救過不贍（即彌補過錯都來不及），何暇及私魏醜夫乎？』太后曰：『善。』乃止。」魏宣太后臨終約在西元前261年，此前一百餘年，秦國便已下令廢除過人殉，如《史記·秦本紀》：「（秦）獻公元年，止從死。」秦國地處西陲，落後於中原各國，此時也終於廢除了這一野蠻的制度。但間斷的人殉似仍存在。不過，這裡已承認「死者無知」，而導致原始殯葬得以產生的基本認知前提，就正是靈魂不滅觀念，亦即「死者有知」。

春秋戰國時期的人牲，主要以獻俘祭為主，大規模地殺戮以祭神的行為似已斂跡。如《左傳·僖公十九年》（前641年）：夏，「宋（襄）公使邾文公用鄫子於次睢之社，欲以屬東夷。」這裡是宋襄公派遣邾國之君將不聽話的鄫國之君拿來祭社神，為了管制東方之夷。《左傳·昭公十年》（前532年）：「秋七月，（魯）平子伐莒，取郠獻俘，始用人於亳社。」又〈昭公十一年〉：「冬，十有一月，丁酉，楚師滅蔡，執蔡世子（太子）有以歸，用之。」杜預注：「用之，殺人以祭山。」春秋戰國時期的人牲行為在《左傳》、《史記》中亦時有記載。

儒家倡「仁義」之說，故對人殉、人牲持強烈的反對態度。《禮記·檀弓下》載：齊國大夫陳子車死了，其妻和家大夫「謀以殉葬」。決定後，其弟陳子亢回來了，聞後，說：「以殉葬，非禮也。」並說，非要殉的話，死者的妻子和宰（即家大夫）是最合適的人選了，此事才放棄。又

載：陳乾昔臨終，囑兄弟及兒子，將二婢殉葬。乾昔死，其子曰：「以殉葬，非禮，況又同棺乎！弗果殺。」儒家上升到「非禮」來反對殉葬行為。《禮記・檀弓下》：「孔子謂為芻靈者，善；謂為俑者，不仁。不殆於用人乎哉！」即，用草紮成人、馬作為一種象徵還是可以的，以木俑、陶俑殉葬不仁，雕得愈逼真就愈近於用活人殉葬。《孟子・梁惠王上》載：「仲尼曰：『始作俑者，其無後乎！』為其像人而用之也。」即，最先做人俑以殉葬的那個傢伙大概會斷子絕孫吧！因為俑太像人了。不過，後世仍時有以人俑或陶俑殉葬者。

六、秦漢以後人殉和人牲的最後廢止

西元前221年，秦始皇統一中國，建立中國歷史上第一個高度中央集權的國家，並為中國爾後兩千餘年的政治制度奠定了基礎。

西元前210年秦始皇死，「二世曰：『先帝後宮非有子者，出焉（即出宮）不宜。』皆令從死，死者甚眾。葬既已下，或言工匠為機，臧（通藏）皆知之，臧重即泄。大事畢，已臧，閉中羨（即墓道），下外羨門，盡閉工匠臧者，無復出者。樹草木以象山。」（《史記・秦始皇本紀》）據《漢書・楚元王傳》載：「……又多殺宮人，生埋工匠，計以萬數。」這是中國歷史上一次駭人聽聞的大規模人殉事件，但其具體情況仍須以後的考古發掘來證實。

漢武帝時，趙繆王劉元（景帝之孫）臨終，「令為樂奴婢從死，迫脅自殺者凡十六人」。從死，即殉葬。有司認為他「暴虐不道」，「（劉）元雖未伏誅，不宜立嗣」，封王之國被撤銷（《漢書・景帝十三王傳》）。可知，人殉仍有人私下進行，但已為法律所不許。

大體上，秦漢以後，人殉作為一種制度已基本消失。即便一度盛行過殺殉的蒙古族人，入主中原建立王朝後，也很快就放棄了這一野蠻習俗。此後，各朝還保留了獻俘的傳統，但已不同於商周時期的當場殺

祭，而是以俘虜獻祭太廟、郊社。典禮後，除被俘的敵酋被殺外，其餘均獲釋放。只在特殊情況下，才沿用商代殺戰俘祭陵的方式。

在民間，殺仇人祭奠的血親復仇也時有發生，如武松殺潘金蓮祭兄。但這類民間仇殺的人祭，嚴格來說已屬「違法」行為。

但是，到了明代，人殉之俗竟又死灰復燃。明太祖洪武28年（1395年），朱元璋次子秦王朱樉死，以兩名王妃殉葬。《明史·諸王傳一》載：「樉薨，王妃殉。」朱元璋死，有四十餘名嬪妃、宮女殉葬（參見《萬曆野獲編》）。明成祖朱棣死後，從殉的妃嬪三十多人（參見顧炎武《昌平山水記》）。此後，明仁宗、宣宗死後，也各以妃嬪「殉節從葬」。除皇帝外，藩王死後也有用妃妾宮人殉葬的，如景泰帝朱祁鈺因其兄英宗朱祁鎮「奪門之變」被廢為郕王，十九日後暴死，仍以後宮妃妾殉葬。英宗朱祁鎮天順8年（1464年）臨終遺詔：「用人殉葬，吾不忍也，此事宜自我止，後世勿復為。」（清·趙翼《廿二史箚記·明宮人殉葬制》）自此，明朝的人殉制度才告終止。對此，《明史·后妃傳一》有載：「初，太祖崩，宮人多從死者……歷成祖、仁宗、宣宗二宗亦皆用殉。景帝以郕王薨，猶用其制，蓋當時王府皆然。至英宗遺詔，始罷之。」

滿清入關前，也曾流行人祭、人殉之俗。清太祖努爾哈赤死後，三十七歲的太妃即多爾袞的生母，同兩個庶妃一起殉葬。清太宗皇太極死後，也曾用男奴殉葬。滿清入關後，人殉仍然在皇室和貴族中流行。順治6年（1649年）3月，豫親王多鐸死後，有兩個福晉（即夫人）請殉；攝政王多爾袞死後，清順治皇帝宣布他的罪狀時，洩漏了他以侍女殉葬的事情（王先謙《順治東華錄》）。順治12年（1655年）5月，輔政鄭親王濟爾哈朗死後也用姜婢殉葬，談遷在《北游錄·紀郵下》中記曰：「辛卯，是日輔政王卒（即濟爾哈朗），勒嬖姬五人殉焉。」是勒死殉葬的。順治以後，人殉不再見於記載（參見胡申生主編《社會風俗三百題》）。

據此，我國人殉之俗大致止於清朝初期。

第二十一章

中國歷史上的葬式

中國五千年文明史一脈相承，自秦始皇建立統一的中央集權政治制度以來也有兩千餘年。其間，政治、經濟、意識形態及社會生活、風俗各方面在各時期各有其特點，並發生了不同的變化，其中包括殯葬沿革。再加上中國歷來民族眾多，殯葬變化就更難以盡述了。

第一節　各種葬式

如第三章所述，殯葬方式可分為「保存屍體」和「消滅屍體」兩大類，它們都以對「生命永恆」的認知不同而產生。保存屍體的葬式大體有：土葬、懸棺葬、塔葬，以及衣冠塚等；消滅屍體則有：火葬、水葬、天葬等。

一、土葬

土葬是中國古代最標準的葬式，也是世界流行最廣的葬式。

華夏之民歷來是一個定居的農業民族，又歷奉偶像崇拜。「非土不立」，以土地為生命之本；土居五行之中，是一個最穩定、最可靠的基礎。因此，將死者裝入棺中（「千年屋」）、葬入土中（某氏「佳城」）是使靈魂得到安息的最好地方，也是地上生活的自然延伸。故舊有俗語「入土為安」。

二、懸棺葬

懸棺葬，分布於長江流域及其以南地區，是我國古代南方少數民族一種奇特的葬俗。據史料和考古發現，我國湘、鄂、贛、皖、浙、閩、臺灣、兩廣、黔、川以及陝西等省的山區都有過懸棺葬的習俗。國外，

越南、菲律賓、印尼、泰國等東南亞國家以及太平洋群島也有懸棺葬分布，因而已成為一個世界性的學術研究課題。國內、外著述討論甚多，國內陳明芳女士著《中國懸棺葬》，1992年版，全書二十八萬字，對懸棺葬做了系統的探討，是該方面最翔實的著作。

懸棺葬的葬地都選在面臨江河湖海的絕壁高崖上，在懸崖峭壁上打洞釘木樁，將棺木置入木樁上；或將棺木放在天然或人工鑿成的懸崖洞之中。其葬具有兩類：一類為一般棺材；另一類為船棺，長度為2至3公尺，寬約半公尺多，形體似船，分為頭、尾和倉三部分，頭尾翹起，倉為棺柩，安放屍體。

對懸棺葬的文化解釋不一，其中有人認為，這與居民的臨水生活條件相關。此外，屍體放在懸崖絕壁的高處可以得到很好的保護，防止人、獸的侵擾；人們可能還以為「彌高者以為至孝」，還相信把懸棺置於岩上，「子孫高顯」，萬事趨吉。這些民族希望透過這種方法讓祖先的靈魂來保佑、降福於他們。

懸棺葬的時間起源已不可考，只知道延續時間達數千年之久，最近的也有幾百年。因為懸棺葬的居民文明較落後，很少有可資研究的文字，其懸棺葬實物也由於年代久遠而腐爛了，一般無陪葬品，或陪葬品甚少。

三、塔葬

塔，佛塔的簡稱。佛塔起源於印度，梵語為「窣堵波」，晉、（南朝）宋譯經時造「塔」字（參見晉·葛洪《字苑》、南朝梁·顧野王《玉篇》等書）。

佛塔用以收藏僧人「舍利」。舍利，佛教稱釋迦牟尼遺體火化後結成珠狀的東西，佛教徒視為佛祖靈魂所在，乃奉為神聖之物。後來也指德行較高的僧人火化燒剩的骨頭，也稱舍利子。僧人行火葬，一般僧人的骨灰有時也安放於塔中，是謂塔葬。有時也將高僧遺體予以脫水、風乾、塗上

香料等防腐處理後葬入塔中。清代黃宗羲〈張仁庵墓誌銘〉：「甲辰7月3日，卒於慶雲，年六十五。是年11月，塔全身於皋亭之盆月塢。」這裡，「塔全身」指全身葬於塔中。河南省登封縣少林寺內的塔林即歷代高僧的塔式葬墓穴，為現存我國塔葬最集中之處。

唐代，佛教餘風猶盛，皇室成員亦有興塔葬者。《舊唐書·姜公輔傳》載：建中4年（783年），唐德宗避叛軍出長安，途中唐安公主死，皇帝之長女，素為鍾愛，德宗說：「唐安夭亡，不欲於此為塋壘，宜令造一磚塔安置，功費甚微……」這也是全屍葬於塔中。

後來，佛塔也用於收藏經卷、佛像、法器（行佛事的用具）等。佛塔是寺院建築的一部分，但也有獨立建塔的。魏晉南北朝以來，佛教盛行，佛塔遍布中國各地，現存較著名的有河南登封縣嵩山寺塔、少林寺的塔林（內存自唐至清千餘年間的磚石墓塔兩百二十多座）、西安大雁塔、小雁塔，開封祐國寺塔（俗稱開封鐵塔）、江蘇鎮江的金山寺塔、西藏白居塔（江孜縣境內）、雲南大理三塔（大塔十六層、兩小塔均十層，為少見的偶數層塔）、北京香山碧雲寺內的金剛寶座塔（孫中山的衣冠曾封葬於此）等。嵩山寺塔位於河南省登封縣城西北5公里太室山南麓的嵩嶽寺內，始建於北魏正光元年（520年），為我國現存最古老的磚砌佛塔。塔高40餘公尺，十五層，平面呈十二角形，歷一千四百餘年仍巍然屹立於崇山峻嶺之中。

塔多為單層，如五、七、九、十一、十三層，很少有雙層的，這是受中國奇數為「陽」、偶數為「陰」數文化的影響，陽為剛健，陰為柔弱。如大雁塔最初是唐高宗李治按玄奘提議，為安置由印度帶回的經像而建，五層，武則天長安年間（西元701-704年）倒毀。武則天及王公貴族施錢重建，改為十層。後又遭兵火之災，毀去三層，尚存七層。後唐明宗長興年間（西元930-933年）重建，就是現在所看到的七層。武則天乃女中梟雄，她將塔建成十層，是蓄意與體現「男尊女卑」的「數文化」作對。

　　陝西省扶風縣北有著名的法門寺，並附有塔。唐代時，此塔藏有「佛骨」，傳為釋迦牟尼手指舍利，唐代諸帝從唐太宗貞觀5年（631年）起，到唐懿宗咸通12年（871年）的一百四十年間先後六次「迎佛骨」（約每隔三十年一次），即迎回長城皇宮內祭祀。元和13年（818年），唐憲宗遣使迎佛骨回京師，於宮中供奉三日；然後輪流送往各寺供奉，長安的王公大臣、庶民百姓爭相瞻奉施捨者絡繹不絕，有為此傾家蕩產而唯恐不及者。刑部侍郎韓愈因上表反對迎佛骨而觸怒了皇帝，幾乎被殺，虧裴度等人勸諫，才免一死，但貶往潮州為刺史。1987年2月修復法門寺磚塔時，無意中發現了塔基底下的地宮，出土了共計八百八十九件稀世文物，其中包括金銀器皿一百二十一組，佛指骨舍利四枚，一件四面十二環的鎏金禪杖，形體大而製作精美，為高僧所用，在佛教等級上最高。此地宮自唐懿宗咸通15年（874年）正月初四封閉以來，一直未開啟過。現已闢為博物館，對外開放。

　　現在，西藏如達賴、班禪一類高僧去世，遺體經過防腐處理後（有時還塗金身）全身葬於專建的塔中，為中國現在所僅見的塔葬方式。

　　民間陰陽家也將塔引伸為鎮邪之物。湖南省沅江縣，因洞庭湖時常漲水，清乾隆年間地方人士曾建兩塔，據傳是師傅和徒弟各建一塔，以鎮湖怪。後師傅所建已倒，徒弟所建之塔自今仍存。

　　塔也稱「浮屠」。民間有俗語「救人一命，勝造七級浮屠」，即人們若捐資建塔被認為是積善心於佛，將會得到報答，若救人一命，則其功德勝過建七層佛塔。

四、衣冠塚

　　衣冠塚，即葬有死者的衣冠等物品，而並未葬有死者遺體的墓葬。這是因為死者的遺體無法找到，或已葬在另一處，再於此地設衣冠塚以示紀念。

《西園聞見錄》：「楊敬，歸德衛人。父昱，洪武間陣亡。敬方十歲，聞訃即哭踴。每思求遺骸，不果，乃取衣冠葬於先塋之次。事母文氏極孝，謹聞戰陣事輒流涕不已，時人以至孝稱之。」明末袁崇煥於山海關前線屢挫清兵，清人使反間計，明崇禎帝上當（其中夾雜著朝廷黨爭），將袁凌遲處死，不久明朝亡國。後人憐一代英雄如此冤死，在北京為立衣冠塚，至今猶存。沿海地區，人們對於出海遇難者，也以其衣冠等物建衣冠塚。

衣冠塚是一類象徵性的墓葬。還有一些墓，其中則連衣冠也沒有，純屬紀念性的墓葬，如黃帝陵墓。《漢書‧郊祀志上》：「上（漢武帝）曰：『吾聞黃帝不死，有塚，何也？』或對曰：『黃帝以仙上天，群臣葬其衣冠。』」

孫中山先生1925年3月12日逝世於北京，靈柩暫厝於北京西山碧雲寺後金剛寶座塔中。1929年移葬南京，衣冠則葬於香山碧雲寺，此亦為衣冠塚。

五、二次葬

二次葬，即將死者淺埋，隔一定時候再取出遺骨重新埋葬，有人又稱為洗骨葬、撿骨葬。它源於原始社會，最早在仰韶文化的墓葬中就有大量的發現，考古學上稱「二次葬」。在仰韶文化墓葬的二次葬中，有單人二次葬；更多的是多人二次葬，即許多人的骨頭葬入一坑，少則幾人，多則有五十餘人，男女老幼都有，骨架排列整齊。再後的「寺窪文化」墓地中的二次葬，其骨架一般放置凌亂，似是對死者的一種畏懼、懲罰和防範的心理反映。

先民對二次葬的認知原因尚不是很清楚。現代人對它的一種解釋是，先民視靈魂寄居於骨頭，尤其是頭骨中，血緣關係近者，先淺埋等其軀體腐爛後，再將其骨頭葬在一起。如郭沫若主編《中國史稿》：「血肉是屬

於人世間的，靈魂可以離開肉體而單獨存在，並且永遠不死。因此，皮肉雖已腐爛，而靈魂則已進入另一個世界裡生活。並且，人們還十分盼望死者的肉質盡快爛掉，以便遷移骨骸，舉行正式的埋葬，使家族成員在另一個世界裡早日得到團聚。」

中國古代文獻中有關於二次葬的記載。如《墨子・節葬下》：「楚國之南有炎人國者，朽其肉而棄之，然後埋其骨，乃成為孝子。」這相當於指現在的南嶺及兩廣一帶。《南史・梁書・顧憲之傳》載：衡陽一帶「土俗，山民有病，輒云先人為禍，皆開塚剖棺，水洗枯骨，名為除祟」。這是建立在先人鬼魂附於骨頭上，且為祟後人，因而洗骨以除祟。這與二次葬的認知又略有不同。

僧人火化後葬入塔中也相當於二次葬。現在，中國推行火葬，又擇地葬骨灰，建立骨灰墓地，實際上也是二次葬。

六、水葬

水葬是中國古代南方一些少數民族曾流行過的喪葬形式。它是將死者投於水中，任其漂流，最終為魚鱉所食。這些民族一般都生活在深谷大河之畔，以漁業維生，他們視江河為自己生命的源泉與歸宿，因而棄死者於其中。《南史・扶南國傳》：「死者有四葬，水葬則投之江流，火葬則焚為灰燼，土葬則瘞埋之，鳥葬則棄之中野。」由於這一葬式有污水源，歷朝受到禁止，後來逐漸消失。

航海民族在海上若有人去世，棄屍體於海中是通行的葬式，以防止病菌感染，是謂海葬。

七、天葬

天葬，又名鳥葬或露葬，是我國歷史上一些少數民族奉行的葬式，其

具體形式各異。

天葬曾以藏族地區最為普遍，它的儀式是：人死後，覆以衣被，獻以酥油，延請喇嘛念經超渡。出殯時送屍體至喇嘛寺，將屍體肢解並置於專設的天葬臺上以飼鷲鷹，以被食盡為吉祥，稱為「歸天」。因是餵鳥，故又曰「鳥葬」。我國古代，蒙古族、南嶺以南、契丹族都曾實行過天葬。行鳥葬的民族，多以遊牧山地為生，其神話傳說也往往與猛禽大鳥有關。

此外，有野葬，又名荒葬。《大唐西域記》卷二：「送終殯葬，其儀有三……三曰野葬，棄林飼獸。」就是將屍體置於車上，然後拉著車跑，直到屍體掉下來的地方便是其葬地。讓野獸或鷹吃盡為吉，以為其靈魂可以升天。若七天後屍體仍在，就認為不吉利，須請喇嘛念經超渡。

還有風葬。《隋書·契丹傳》載：「父母死，以其屍置於小樹之上，經三年後，乃取其骨而焚之。」我國東北的鄂倫春人也有過這種風葬習俗。人死後，裝入柳條籬笆，到達墓地後，遂將兩棵相距1公尺左右的松樹在離地面約2公尺處砍斷，上面各固定一根橫木，將柳條籬笆安放在橫木上。如葬地樹木稀少，柳條籬笆便用木架支起。屍體安入的方向，一般是頭朝北、腳朝南，忌諱面向太陽升起的地方。風葬後，屍體在空中停留的時間愈久愈好，但如果屍體從樹上掉下，也不再重新安放（參見胡申生主編《社會風俗三百題》）。

實際上它們都可歸於天葬一類，即露天而葬，消滅屍體，只是消滅屍體的方式各異。

八、火葬

這一喪葬方式，古今中外流行極廣，並已由原始操作發展為運用現代高科技手段，成為現代中國推行「殯葬改革」的主要內容。接下來說明火葬的沿革。

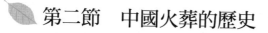

第二節 中國火葬的歷史

一、中國火葬的淵源

火葬，也稱「火化」，即用火焚化屍體的喪葬形式。這一喪葬形式具體起源不可考，但原始時代就有火葬應該是不成問題的。如《莊子・逸篇》說：「羌人死，焚而揚其灰。」《列子》說：「秦之西有儀渠之國。其親戚死，聚柴積而焚之，熏則煙上，謂之登遐（飛升成仙），然後成孝子。」儀渠，也作「義渠」，今甘肅省慶陽縣西南，舊稱「隴東」。《荀子・大略》也記載了青、甘地區的氐羌各族死後必焚的古俗：「氐羌之虜也，不憂其繫纍也（纍即累，捆綁），而憂其不焚也。」這是中原周邊當時尚處於原始發展水準或剛步入文明時代門檻的少數民族中流行的火葬。以此推之，原始時代便流行火葬是可以成立的❶。

---

❶ 關於中國最早的火葬說法，現有崔乃夫主編《中國民政詞典》（1990年12月版）「火葬」條；徐吉軍、賀雲翱《中國喪葬禮俗》（1991年11月版）第184頁；申土垚、傅美琳主編《中國風俗大辭典》（1992年12月版）「火葬」條，均寫道：中國1945年在甘肅臨洮縣寺窪山發現的新石器時代「寺窪文化」遺址，墓葬中發現盛有骨灰的陶罐，以此作為原始社會便有了火葬的證明。有的則直接說是距今「一萬年」云云。
查：《新中國的考古發現和研究》（1984年5月版）「寺窪」條，《中國大百科全書・考古卷》（1986年8月版）「寺窪」條，均載：在甘肅省臨洮縣發現的寺窪文化是青銅器文化，墓葬中隨葬有銅戈等兵器，其形式和殷商時期相同，稍早於西周；碳14測定的年代為西元前1375±155年；寺窪文化多實行土葬，「另有一些死者是身首分離的。隨葬品有陶器、青銅器、石質或蚌質的串飾以及馬、牛、羊的骨骼。在一些墓內發現人殉和車馬陪葬，表明當時似乎已進入奴隸社會。」並說寺窪文化與商文化特別是周文化的關係密切。
臨洮縣在慶陽縣西約300公里，舊均稱「隴東」。看來，這一地區的火葬確有悠久的歷史。

如前所述，中原漢族是個發達的農業民族，流行土葬，不接受火葬，秦漢以前還將焚屍作為最大恥辱和最嚴厲的刑罪之一。如西元前284年，燕軍圍攻齊國即墨，掘城外墓地，大燒死屍，「即墨人從城上望見，皆涕泣，俱欲出戰，怒自十倍」（《史記·田單列傳》）。

由於土葬形式的極端化，中國至少從西漢起就形成了「扶靈柩還鄉」的習俗，如漢高祖就以此安撫軍心。《後漢書·廉范傳》載：廉范，東漢京兆杜陵人（今西安東南），他父親在兩漢之際的大亂中客死四川。「年十五，辭母西迎父喪。」蜀郡太守張穆，其父舊屬吏，重資助他，拒不收。途中乘船，船觸礁石沉沒，他抱著棺材不放，於是一起沉溺。眾人為其孝行所感動，設法將他救上來，並給治好病。張穆聞，又派人送錢物來，仍固辭，最後終葬父於故鄉。這裡不僅是「孝」行，而且包含對土葬（歸故鄉）根深柢固的認同。

東漢後，佛法東移，印度僧侶盛行火葬的習俗也隨之傳入。先是佛教的一些高僧「依外國之法，以為火焚屍」，後來民間信佛者也奉行火葬，南北朝以後一度大為流行。

此前，火葬只流行於中原周邊的少數民族中，自先秦至漢、唐歷朝均有這方面的記載。諸如《後漢書·南蠻西南夷列傳》、《北史·突厥傳》、《南史·夷陌上》、《舊唐書·突厥上》、《新唐書·南蠻下》等史書均有記載，上自王，下至百姓，均從火葬。如《舊唐書·突厥傳上》載：貞觀8年（634年）頡利可汗卒，「詔其國人葬，從其俗禮，焚屍於灞水之東。」此時，頡利可汗已降唐，居住在長安。

五代十國時期，後晉覆亡，包括太后在內的皇室成員被擄至遼國。《新五代·晉高祖皇后李氏傳》載：後漢乾祐3年（956年）「3月，太后（李氏）寢疾，無醫藥……8月疾亟，謂帝曰：『我死，焚其骨送范陽佛寺，無使我為虜地鬼也！』遂卒。帝與皇后、宮人、宦者、東西班，皆披髮徒跣（散髮、赤腳，表悲痛）扶舁其柩至賜地，焚其骨，穿地而葬焉」。同書：安太妃卒於道中，「臨卒謂帝曰：『當焚我為灰，南向颺

之，庶幾遺魂得返中國也。」既卒，砂磧中無草木，乃毀奚車而焚之，載其燼至建州（今遼寧朝陽）。李太后卒，一併葬之。」這表明，他們早已認可過火葬方式。

佛教徒的火葬源於其對肉體的鄙視，並認為肉體為精神昇華的障礙。火葬在印度仍有傳統，現在印度教教徒中仍廣泛地流行火葬。

二、唐代以後歷朝對火葬的禁止以及民間火葬的禁而不止

從唐代韓愈率先反佛，至宋代「理學」興起，佛教在中國逐漸失勢，火葬也連同一起遭到正統士大夫愈來愈強烈的反對。

唐律曾設〈殘害死屍〉條文，規定：若焚燒、支解屍體，按照鬥殺罪減一等處刑。鬥殺罪有處死刑、流刑，毀壞死屍僅比這些刑罰減一等治罪，這還是平常人之間的處治，自然是相當重的。若子孫毀壞緦麻服以上尊長屍體，則完全按鬥殺罪處刑，就有殺身之禍（《唐律疏義》卷十八）。政府以比照殺人罪禁止毀壞屍體，尤其是直系尊長的屍體，火化先人被視為是有違人倫的「不孝」行為。

宋太祖建隆3年（962年）曾下詔嚴禁：「近代以來，率多火葬，甚愆典禮，自今宜禁之。」這是北宋建國的第三年，宋太祖詔說民間火葬非常普遍，即它是唐、五代時期流行而來的，政府開始反對這一葬式。開寶3年（970年）10月宋太祖又詔令開封府：「禁喪葬之家不得用道、釋威儀及裝束異色人物前引。」佛教自南北朝時期以來已深深介入了民間的喪葬事宜，如超渡亡靈、設齋、出殯等，其中包括佛教所推崇的火葬。這表明，佛教以及道教對民間風俗影響之大。李唐王朝為神化自己的世系，曾以老子李聃為始祖，道教也曾一度大盛。此時，國家欲重崇儒家的獨尊地位，故一併予以嚴禁。

由於火葬簡單、節儉、衛生，又不占地，它在民間禁而不止，到兩宋時民間的火葬仍相當盛行，尤其是東南（今浙江、江蘇）河東（今山

西）一帶地狹人眾，火葬之風更盛，很多地方均設有化人亭。

《宋史·禮志二十八·士庶人喪禮》：南宋紹興27年（1157年），監登聞鼓院范同上奏：「今民俗有所謂火化者，生則奉養之具唯恐不至，死則燔爇而捐棄之，何獨厚於生而薄於死乎？甚者焚而置之水中，識者見之動心……河東地狹人眾，雖至親之喪，悉皆焚棄……方今火葬之慘，日益熾甚，事關風化，理宜禁止。」並建議各州縣設立「義地」，使貧無葬地之民能夠葬親，「仍飭守臣措置荒閒之地，使貧民得以收葬，少裨風化之美。」宋高宗批准了他的請求。這是從火葬有傷「孝道」、維護儒家文化傳統的角度來反對火葬的。次年（1158年），戶部侍郎榮薿上言，說：置義塚確為善政，但「吳越之俗，葬送費廣，必積累而後辦。至於貧下之家，送終之具，唯務從簡，是以從來率以火化為便，相習成風，勢難遽革」。即由於殯葬及棺木等費用太鉅，貧窮之家葬不起。又說：由於人口增長，州縣的土地有些緊張，即使城廓外附近之地，也多係有主之地，官府很難得到，「既葬埋未有處所，而行火化之禁，恐非人情所安」，因而建議「除豪富士族申嚴禁止外，貧下之民並客旅遠方之人，若有死亡，姑從其便」，待將來有了「荒閒之地」再處置。宋高宗覺得確實如此，也同意了他的看法。於是，在部分人中禁止火葬，而對另一部分人則聽其自便。

江蘇吳縣，城外西南一里有一個通濟寺，內設焚化亭，景定2年（1261年），亭子為風雨所摧毀，寺僧要求官府重修，吳縣縣尉黃震堅決反對，寫有〈乞免再起化人亭〉，狀中講道：「本寺久為（專設也）焚人空亭約十間以罔利（謀利），合城愚民悉為所誘，親死即舉而付之烈焰，餘骸不化，則又舉而投之深淵。哀哉，斯人何辜（辜即罪），而遭此身後之大戮邪？」並認為是那些被火化者的「冤魂」告了狀，「皇天震怒」了，才致使該亭被毀的；「人之焚其親，不孝之大者也」，此亭豈可再造！（參見顧炎武《日知錄·卷十五·火葬》）這裡，不僅是火化，連骨灰都不要，扔到水裡了事。該亭是否再修，未見記載。大體上，宋代南

方的江、浙、閩一帶火葬最盛；此外江西、廣東、湖北、湖南，四川的成都一帶也有火葬之風。

宋朝簡直是在和火葬之風做「堅決的」鬥爭。但遇到兩個難以解決的問題：其一是貧民無錢安置親人；其二是土地緊張，許多地方已難找到可安葬之地。再加上火葬有簡單、節儉的優勢，故相當多的地方在數百年間奉行火葬不衰。

元朝火葬仍非常興盛。13世紀義大利旅行家馬可‧波羅的遊記中，就記載了中國四川、寧夏、河北、山東、江蘇、浙江一帶的火葬習俗。元人熊夢祥《析津志》載：「城市人家不祠祖禰（即不祭祖，佛教之俗），但有喪孝，請僧誦經，喧鼓鈸徹霄。買到棺木，不令入喪家，止於門簷下。候一二日即舁屍出，就簷下入棺。抬上喪車，即孝子扶轅，親屬友人輓送而去，至門外某寺中。孝子家眷止就寺中少坐，一從喪夫燒燬。寺中親戚飲酒食肉，盡禮而去。燒畢，或收骨而葬於累累之側者不一。孝子歸家，一哭而止。家中亦不立神主。若望東燒，則以漿水、酒飯望東灑之；望西燒，亦如上法。初一、月半，灑酒飯於黃昏之後。」《鄭氏規範》中有一條「勿用火葬」的家規，並允許無地的人埋在他家的義塚裡，這也反映了浙江火葬的情況。

北京也是當時火葬興盛的地方之一，「北京路百姓父母死，往往置以柴薪之上，以火焚之。」（《大元聖政國朝典章‧三十禮部‧卷三‧禁約焚屍》）對火葬風行之俗，元至正15年（1355年）北京路同知高朝上言表示反對。經禮部討論，認為四方風俗不一，民族習慣不同，不能強行一致，建議把從軍應役、遠方客旅及色目人除外，漢人一律土葬（《續通典》十通本）。以此觀之，元朝曾反對漢人風行火葬，但也未行得通。此時已是元朝行將崩潰的前十年，它對於民間的喪葬形式不會有更多的興趣了。

在這裡，儒家喪禮諸規定多不存。這也正是明、清兩朝大肆重申儒家喪禮程序，並以強制手段嚴禁火葬的歷史前因。顯然，兩宋在這方面未能

達到目的。明、清兩朝繼續奉行反對火葬，視之為「喪倫」、「滅理」的行為而予以禁止。

明太祖於洪武3年（1370年）下令：「令天下郡縣設義塚，禁止浙西等處火葬、水葬。凡民貧無地以葬者，所在官司擇近城寬閒地立為義塚。敢有徇習元人焚棄屍骸者，坐以重罪，命部著之律。」（《明通紀》；《雙槐歲抄》）在《大明律·禮律》中專門有禁火葬父母的條文。

滿清人早期也實行過火葬。順治5年（1648年）4月，清朝頒布喪葬則例，其中有：官民人等「有願從舊制焚化者，聽之」（《清世祖實錄》卷三十八，五年四月辛未條）。這裡允許官民火葬，是遵從滿族舊俗。後來遵從漢俗才禁止火葬。

《大清律》大體上繼承了《大明律》關於禁火葬的規定：其從尊長遺言，將屍體燒化或棄置水中，杖一百；若私自火葬或水葬父母，按殺人罪論死刑；並增加了一條：「八旗、蒙古喪葬，概不許火化。除遠鄉貧人不能扶柩歸里，不得已攜骨歸葬者，姑聽不禁外，他有犯，按律治罪。族長及佐領等隱匿不報，一併處分。」一般情況下，明、清在各州縣均設有義塚。

經明、清兩代的嚴禁，火葬風氣漸弱。但在一些經濟較發達、土地比較緊張的地區仍相當流行，主要是東南一帶。如明代茅瑞徵〈義阡記〉：「火葬非制也……惟是三吳之民，生憚其奉，死安其燼，無論竇人貧子，即家富千百金，而親死委之烈炬以為常……或謂吳俗地狹人稠與江北異。」明末清初崑山人（今屬江蘇）顧炎武在《日知錄·火葬錄》中說：「火葬之俗盛行於江南，自宋時已有之。」從語氣看，他生存的時代仍不乏火葬。他在《天下郡國利病書》中引《永康縣志》說，浙江永康縣有八項弊政，其一就是火葬（卷八十一）。

乾隆57年（1792年），浙江紹興知府李亨曾列出十項「尤為風俗害者」，勒石嚴禁，其中一條就是「焚燒屍棺」（乾隆《紹興府志·卷

十八·風俗》）這反映了紹興一帶當時仍有火葬流行。同時期，浙江海鹽舉人吳文暉作〈憫俗〉詩，敍述當地火葬情景：孝子將棺槨抬到墳地，把棺材劈開，以此為燃料焚化屍體，所謂「槨毀棺開速厝火，赫然焰起如流虹」（張應昌輯《清詩鐸》）。

嘉慶、道光年間，浙江嘉興府桐鄉縣也有火葬的記載，當地人鄭敬懷看不慣，說「忍心火葬到骨肉」（《清詩鐸》）。

同治年間，高郵地區還規定：地保、鄰右知有火葬而不告發，要「一體治罪」。如此連坐，大約表明那裡的火葬情況很嚴重。

同治7年（1868年）翰林院侍講學士錢寶廉對浙江民間火葬的習俗，上書請示嚴禁，得到同治皇帝批准。在執行中，出現了《禁火葬錄》一書，講到「鄉民無知，堅持蠶桑為重，營葬即有礙種桑之見」，故有「火葬之舉」。還講到同治年間，杭州、嘉興、湖州一帶人對已經土葬的親人發塚開棺，把屍體燒化，曰「明葬」；如果屍體已腐爛，則燒棺材，曰「暗葬」；有的屍首僵化了，則用斧頭劈開了燒化。火化時，請僧道念經，並宴請親友（《禁火葬錄》）。此類行為出於何種認知心理，不得而知。

此外，中原一些特殊情形也實行火化，如嬰幼兒殤逝、無主屍體、傳染病死亡等。

明、清小說中也有火葬的描述。如《水滸傳》中，武大郎死後，就送到「化人場」去化了。《紅樓夢》第七十八回：晴雯死後，「王夫人聞知，便命賞了十兩燒埋銀子。又命：『即刻送到外頭焚化了罷。女兒癆死的，斷不可留！』她哥嫂聽了這話，一面得銀，一面就雇了人來入殮，抬往城外化人場上去了。」這些表明，明、清仍有合法的化人場處理一些特殊的屍體，但難保不燒化正常死亡者。

滿清入關後的順治皇帝就是火化的（即清東陵的孝陵墓葬中並無遺體），但他的後人認為不光彩，含糊其詞地遮掩過去了。經近人考證才將此事弄清楚（參見顧炎武《日知錄·火葬》；馮爾康《古人社會生活

瑣談‧宋元明的火葬》；徐吉軍《中國喪葬禮俗》等書）。

第三節　中國古代火葬的流行及政府禁止的原因

綜上所述，中國自南北朝以來火葬流行了一千餘年。不過，它不是在全國普遍實行，而是在相當一部分地區，並時斷時續，視朝廷的禁止是否嚴厲而定。即便明、清嚴禁火葬已申之於法律，私自火葬尊長要處死罪，但事實上，其實際執行並未一貫。也不大可能一貫，因為它與謀殺畢竟不是一回事。

一、中國流行火葬的原因

1.**佛教的影響**：佛教重靈魂的超渡、輪迴，鄙視肉體，視之為靈魂昇華的累贅，肉體被拋棄得愈徹底，靈魂就愈「無所牽掛」，故行火葬。這是由於對靈魂的認知不同所致。如南宋周煇《清波雜志》卷十二載：「浙右水鄉風俗，人死雖富有力者，不辦蕞爾之土以安厝，亦致焚如僧寺。」富者有能力行土葬，仍去僧寺搞火葬，這只能從認知方面找原因了。

2.**土葬花費太大，貧窮之家無力負擔**：既然佛教已帶來了火葬這一形式，民間貧窮之家自然樂於選擇火葬。這是喪家經濟條件的限制所致。

3.**葬地緊張**：人口的絕對增長，再加上土地的集中，相當多的貧窮之家「無立錐之地」，終年靠租種地主土地或做傭工度日，自然沒有自家的墳地。北宋以後，城市發展，像世代居住於城市的平民階層（如手工業者）就更不容易找到墳地了。花錢去他人墳地埋葬，這會進一步增加喪葬費用。而各州縣官府要經常購置「義塚」供喪家無償使用，也不是一件輕而易舉的事。這是自然條件限制所致。

4.**特殊死亡**：如嬰幼兒和傳染病死亡以及無主屍體等實行火葬。這屬特殊情況，不具社會意義。但以現代觀點看，則符合衛生要求。

二、政府禁止火葬的原因

自北宋以來，歷朝反對火葬，如元、清朝，以前曾流行過火葬，但入據中原後也對火葬持反對態度；到明、清兩朝禁止尤嚴。其重要原因大體在於：

1.**思維方式所致**：已如前述，漢族人是農業民族，其意識是重土，所謂「非土不立，非穀不食」，並對土地的「生育」功能有一種神奇的聯想。倡孝道而「事死如事生」。土葬便是這一系列思維方式的產物，即將死者全身埋入土中、並陪葬生前諸用品等。《孝經》云：「身體髮膚，受之父母，不敢毀傷。」以此體現孝道，父母的身體髮膚當然就更不能毀傷了。因而，焚燒父母屍體被視為「喪倫」、「滅理」，「不忍」，為「大不孝」行為。

2.**操作方式落後與管理不科學**：歷代的火化基本上是堆在木柴上進行，屍體富含脂肪，燒起來噼噼啪啪，烈焰沖天，黑煙滾滾，一股刺鼻難聞之味也確實使親人難受。這是古代火葬的操作方式落後所致。

骨灰管理也不科學，拋棄骨灰不符合中國傳統的偶像崇拜心理，因為人們祭祀祖先時必須要有一個實物對象。《清波雜志·卷十二》曾講到，僧寺利用管理化人亭及骨灰的機會漁利：「利有所得，鑿方尺之地，積灣（雨水，積水）蹄之水，以浸枯骨，男女骸骼，淆雜無辨，旋即填塞不能容。深夜乃取出畚貯，散棄荒野外。人家不悟，逢節序仍裹飯設奠於池外，實為酸楚，而官府初無禁約也。」

3.**火葬不利於體現等級**：中國歷代有喪葬等級規定，政府定有棺槨之品、墳墓之制等，以體現「哀榮」原則。如果改以火葬，一燒完事，甚至拋棄骨灰，死者生前的等級和身後的「不朽」均無從體現了。這是社會等

級極端化所致。

佛教講「眾生平等」的靈魂學說，這在奉行入世主義人生準則的中國傳統文化中不被認可。要講入世主義，就必然要承認等級，並鼓勵人們去追求更高的等級，從而鼓勵更多的人為社會、為國家效力，「生當封侯，死當廟享」。在信息不發達的古代社會，土葬及其墳墓就成為顯示等級尊榮的一種重要方式了。誰統治古代中國，誰就得按這一套辦，否則就會站不住腳。如清政府順治5年（1648年）允許火葬，後來覺得不對，就沿襲明律，規定不許毀壞尊長屍體，違者處死（順言之，元朝初，皇帝曾有改中原農田為牧場的念頭，但遭大臣的反對。很簡單，做牧場養不活這裡龐大的人口，蠻幹則會激起民變。只好放棄，還是照農業文明的老路子走）。

唐、宋以後反對火葬者，屢有文章問世，言辭鑿鑿，大講孝道，立論「充分」。相反，行火葬者則多為自己「方便」計，也無論著問世，即只有行為而無理論根據，因而理由就顯得「不充分」。故而這一類行為頗有點灰溜溜的味道。

直到近代，「西學」東漸的影響，人口日益增長的壓力，土地和淡水資源變得愈來愈緊張了，土葬由於和活人爭地、並破壞森林資源和地下水源而愈益難行。這樣，火葬才作為殯葬改革的一項重要措施而被重新提起。

第二十二章

隆喪厚葬與簡喪薄葬的對立

喪葬沿革，主要體現在兩個方面：一是喪，二是葬。所謂喪葬習俗的對立，則在於「隆喪」和「簡喪」、「厚葬」和「薄葬」上。隆喪，即殯期長，弔唁和送殯的規模大，備極隆重，如前所引《紅樓夢》中賈府的喪事。厚葬，即墳墓宏大，墓區寬闊並擺設眾多（如石像生），陪葬品豐富，乃至活人殉葬，如前引慈禧太后的棺槨衣衾等陪葬物、帝陵及人殉、人牲等情況。反之，則為簡喪、薄葬。一般而言，喪和葬相連，簡喪者多薄葬，隆喪者則多厚葬，反之亦然。

這裡，我們不宜以現代觀點去評判古代殯葬的「隆」和「簡」、「厚」和「薄」，那樣將陷入歷史虛無主義。因為古代人一般比現代人更重血緣關係、更重對先人的殯葬及祭祀。對此，我們只能謹慎地掌握如下原則：國家規定的「喪禮」標準，它是當時代所流行的殯葬禮俗之「昇華」，也大體上能為當時人所接受，一般並不會破壞當時的社會生活。而殯葬的「超越」行為表現為過分地熱心於殯葬活動，超越了當時代「喪禮」的規範，因而，過度消耗物質財富或破壞自然資源，並導致對尊長敬養義務的淡薄，這樣它們就破壞了當時社會的正常生活。凡此者則視為隆喪厚葬。

這一對立在中國歷史上表現得尤為充分，以此可窺歷代社會風俗之一斑。

第一節　夏商周三代的殯葬風尚

一、夏商和西周的情況

關於夏、商、周三代對鬼神和政教的態度差異，《禮記‧表記》中有一大段討論：「子曰：夏道遵命，事鬼敬神而遠之，近人（情）而忠焉……殷人尊神，率民以事神，先鬼而後禮……周人尊禮尚施，事鬼敬神

而遠之，近人（情）而忠焉。」這是孔子對三代政治原則所持的看法。「遵命」和「事鬼神」在這裡成了社會中兩個互相對立的施政原則。「遵命」，孫希旦解釋為「謂尊上之政教也」。「事鬼神」即為迷信鬼神。就是說，夏代重政教，通達人情之實（「忠」），對鬼神則敬而遠之；殷商人尊神敬鬼，先鬼神後政教，或說以鬼神之名義伸行政教；周人又回到了夏代政治的立場，並以「禮」來規範各不同等級者的行為。在這裡，孔子比較推崇夏代政治，說後世「弗可及也矣」。如前所述，他本人對鬼神的存在也是質疑的，並拒絕談論鬼神、死亡等問題。自然，他也羨慕周代政治原則，時常以「周禮」的繼承者自居，如「子曰：周監於二代，郁郁乎文哉！吾從周」（《論語·八佾》）。即是說，周代的政治禮儀制度是以夏商兩代為根據並予以發展的，多麼豐富多彩啊，吾主張周朝的。

　　一個時代，不同的施政原則（如遵命或事鬼神）必然要影響到該社會的風尚，進而影響到喪葬習俗。因而，透過這些施政原則，我們大體可以窺見那些時代的喪葬情況。夏代重政教而遠鬼神，人民「樸而不文」，即樸素而不雕琢，儘管現在還未發掘到足以認定的夏代墓葬遺址，但據此可以斷定：夏代對隆喪厚葬不會有很大的興趣。同時，那一時代的社會財富也不大允許人們實行隆喪厚葬。

　　殷商人重鬼神的政治原則，必然導致隆喪厚葬，這從殷墟考古挖掘中已被證實。殷商人的人祭、人牲和車馬陪葬等奢侈行為，即便後世也難以匹敵。秦始皇陵雖奢侈極麗，但畢竟只是一時現象，而殷商的隆喪厚葬則是一個時代的嗜好。如前已述及的殷墟武官村大墓和婦好墓：武官村大墓的面積約340平方公尺，容積為1,615立方公尺，墓中的人殉達七十九人，此外還有馬、禽獸等，它還只是殷墟的中型墓。此墓曾被盜，各類陪葬品已所剩無幾，故無法統計。婦好墓規模較小，係商王后之墓，墓口長5.6公尺，寬4公尺，深7.5公尺，但保存較好。墓中人殉十六個，出土陪葬品有生活用具、青銅禮器、青銅兵器、玉器等共計1,928件，品類齊全，簡

直就是殷商時代的一個博物館。殷商人大肆地隆喪厚葬，並大量使用人殉、人牲，係出於崇尚鬼神的世界觀，再考慮到殷商時代的物質生產水準，他們對鬼神的信仰已達到了非常狂熱的程度。以此觀之，文獻所載殷商人「重鬼神」確實不虛。

周人又重新尊政教，且以「禮」規範之，荒年則「殺（減省）禮」。「禮」是規範人的東西，鬼神在國家政治中已退居次要地位。「三禮」之書多殯葬規定，《周禮·大司徒》中有十二項荒年之政，其中第八項是「殺哀」，即簡化喪禮的儀節。從考古挖掘來看，周代對喪葬及人殉、人牲的熱情相對殷商人已急遽降溫，這一時代更重視的是按「禮」的規定來安排喪葬。僭越是一件非常嚴重的罪行。

二、春秋戰國的情況

春秋以後，周王室衰落，各諸侯國自行其是；到戰國，各諸侯國又自行稱「王」，全不將周天子放在眼裡，所謂「禮崩樂壞」。天下處於無主狀態，喪葬也變得「無序」了。「周禮」失去了約束力，各諸侯王按照自己的嗜好大搞隆喪厚葬，大出其鋒頭，「陵墓」即是該時代的產物。

《墨子·節葬篇》反映了這時隆喪厚葬的無序狀況：「王公大人有喪者，曰棺槨必重，葬埋必厚，衣衾必多，文繡必繁，丘壟必巨；存乎諸侯死者，虛車府，然後金玉、珠璣北（比）乎身……匹夫賤人死者，殆竭家室乎！……曰天子殺殉，眾者數百，寡者數十；將軍大夫殺殉，眾者數十，寡者數人。」《呂氏春秋·節葬》：「國彌大，家彌富，葬彌厚，含珠鱗施。」高誘注：「鱗施，施玉匣於死者之體，如魚鱗也。」玉匣，即玉衣。後來，漢代帝王、貴戚殮服時競用之。以此，可知春秋戰國時期，中原的隆喪厚葬之風相當普遍，老百姓也傾家蕩產辦喪葬。

與此同時，墨子及墨家學派首舉反對「隆喪厚葬」的旗幟，並提出了有關葬埋的具體設想。

　　這時，知識階層中另一些人對當時的隆喪厚葬，乃至西周以來的喪葬文化及喪葬操作程序持玩世不恭的態度，他們構成一類特殊的反對派。如莊子，其妻死，他「鼓盆箕踞而歌」，惠子指責他，他就大談「生死轉換」、「生死同一」的理論，人死後不過是躺在自然界這個「巨室」裡安靜地休息，這沒有什麼值得悲傷的（《莊子・外篇・至樂》）。葬埋也是多餘的，「吾以天地為棺槨，以日月為連璧，星辰為珠璣，萬物為齎送」，如此葬式真是太豐富太完備了！至於屍體會被禽獸吃掉，那埋在地下也會被螞蟻吃掉的，給誰吃不都一樣？（《莊子・雜篇・列禦寇》）

　　還有一位原壤，是孔子故交。《禮記・檀弓下》載：原壤母死，孔子去給他幫忙修整棺材。原壤卻敲著木頭，說：「我好久沒有透過唱歌表達心思了啊！」於是便一邊敲著木頭一邊唱起歌來。孔子裝作沒聽見。事後，孔子的隨從問孔子為什麼不和原壤絕交。孔子說：親人總歸是親人，老朋友總歸是老朋友啊！《論語・憲問》又載：一次孔子與原壤等人外出，原壤走到前面去了，分開兩條腿坐在地上等孔子一行。孔子趕上來後，開玩笑罵他：你這傢伙，小時候不懂禮節，長大了又無貢獻，老了還不死，真是個害人精，並以手杖敲他的小腿（「原壤夷俟。子曰：『幼而不孫弟，長而無述焉，老而不死，是為賊。』以杖叩其脛。」楊伯峻譯。夷，箕踞，屬不恭不雅的坐姿）。這是兩個年老的朋友在開玩笑，就像兩個老朋友見面後，互相拍著肩膀，說：「你怎麼還沒死啊？」以反常的方式表達相互的親近。孔子與他大約是少年之交。對此，歷代注釋者均不得其義。其實，原壤是一位憤世嫉俗者，且有相當的學識，如莊子一類人物。否則，孔子不會與他保持終身之交，並如此開玩笑。孔子算是原壤真正的知己。

　　這一類出世主義者，先秦典籍中多有記載，不過，莊子、原壤尤顯特殊而已。他們反對當時的喪葬習俗（以及世俗習慣），既心懷不滿，又無力改變現狀，並放棄了對社會的參與願望，便以一些放縱不羈的怪誕行為來表示自己的反對情緒，可視為中國古代的「頹廢派」或「嬉皮士」。

　　戰國時期，各諸侯國交戰頻繁，從理論上看應當是限制了隆喪厚葬的發展，但從《呂氏春秋‧節葬》所言，當時的隆喪厚葬似乎並未稍減，諸侯王「陵」也是這一時期的產物。秦始皇統一中國，他以為從此天下安定，可以無限制地奢侈享受，因而大修其陵墓，將隆喪厚葬推向登峰造極之地步。然秦帝國二世而亡，這一勢頭也被暫時壓抑下來。

第二節　兩漢隆喪厚葬和簡喪薄葬的對立

一、西漢的情況

　　漢文帝臨終定國喪為三十六日，完後從吉，聽民娶嫁，並囑以簡喪薄葬。

　　武帝時，漢建國七十餘年，承文、景「休養生息」政策，天下大富，「民則人給家足，都鄙廩庾皆滿，而府庫餘貨財。」於是，「宗室有士公卿大夫以下，爭於奢侈。」並說：「物盛而衰，固其變也。」（司馬遷語）奢侈之風首先興起於「宗室有士公卿大夫」，以致弄到武帝後期時，國空民窮（抗擊匈奴只是其中一個因素）。漢武帝本人則起了「天下之表」的作用。東漢班固著《漢書‧食貨志》未錄入此一大段，大概是有損於漢武帝及皇家的形象。

　　桓寬《鹽鐵論》云：「今生不能致其愛敬，死以奢侈相高。雖無哀戚之心，則稱以為孝，顯明立於世，光榮著於後。故黎民慕效，至於廢室賣業。」這反映了武帝前後中國社會隆喪厚葬的風尚。

　　《漢書‧貢禹傳》中，貢禹上書痛責漢武帝以來的奢侈之風，其中包括殯葬：武帝死，「昭帝幼弱，霍光專事，不知禮正，妄多臧金錢財物，鳥獸魚鱉牛馬虎豹生禽，凡百十物，盡瘞臧之，又皆以後宮女置於園陵，大失禮，逆天心，又未必稱武帝意也。昭帝晏駕，（霍）光復行

之。至孝宣皇帝時，陛下（指漢元帝）惡有所言（即不言簡省之事），群臣亦隨故事，甚可痛也！……及眾庶葬埋，皆虛地上以實地下。其過自上生，皆在大臣循故事之罪也。」貢禹歷數了武帝、昭帝、宣帝三代皇帝百餘年間殯葬的奢侈，但他不能直接指責皇帝，而將罪過歸之於霍光，但仍說「過自上生」，群臣則按慣例辦，以致眾庶百姓也效法而大興葬埋之風，說得很隱晦。隆喪厚葬之風必然要對社會經濟產生破壞性影響，故元帝即位（西元前48年即位）時，貢禹奏云：「今民大饑而死，死又不葬，為犬豬所食。」

社會的隆喪厚葬之風引起了一些有識之士的深惡痛絕，上如貢禹。此外，有楊王孫行裸葬以抗弊俗。《漢書·楊王孫傳》載：楊王孫為孝武帝時人，家業千金，病重，囑子以裸葬，並告訴他操作方法，「死則為布囊盛屍，入地七尺，既下，從足引脫其囊，以身親土。」其子感到很為難，遵父囑，心中不忍；不遵，又有違父命，於是去請教父親的好友祁侯。祁侯寫信給楊王孫，反對他裸葬，說：假如人死後無靈魂則已，若有靈魂，那麼你行裸葬「是戮屍地下」，將要光著身體去見列祖列宗，這成何體統？並說，棺槨衣衾葬埋「是亦聖人之遺制」，你何必要標新立異呢？楊王孫回信，發表了一篇洋洋灑灑的殯葬「論文」，摘引如下：「蓋聞古之聖王，緣人情不忍其親，故為制禮，今則越之（意太過分了），吾是以裸葬，將以矯世也。夫厚葬亡益於死者，而俗人競以相高，靡財單（通殫）幣，腐之地下。或乃今日入而明日發（即挖掘），此真與暴骸於中野何異！且夫死者，終生之化，而物之歸者也（即軀體歸於自然）……其屍塊然獨處，豈有知哉？裹以幣帛，鬲（通隔）以棺槨，支（通肢）體絡束，口含玉石，欲化不得，鬱為枯臘，千載之後，棺槨朽腐，乃得歸土，就其真宅（即自然之「宅」）……今費財厚葬，留歸鬲至，死者不知，生者不得，是謂重惑。於戲！吾不為也。」漢書為之立傳，他的生平事蹟也僅此一樁。

但西漢的隆喪厚葬之風並未減少。《漢書·游俠傳·原涉傳》：哀

帝時（西元前6-前1年），「天下殷富，大郡二千石死官，賦斂送葬皆千萬以上，妻子通共受之，以定產業。」這無疑助長了隆喪厚葬之風。歷來，社會財富過盛就難免滋生奢侈輕狂，因而孔子及弟子子貢認為：「富而不驕」、「貧而好禮」是美德（《論語·學而》）。

西漢末，天下大亂，赤眉軍入長安，大肆盜掘帝陵及皇親貴戚之墓，惟文帝霸陵因係鑿山為陵，傳言墓內甚少陪葬物，因而未遭破壞。

《晉書·索琳傳》：「三秦人盜發漢霸、杜二陵，多獲珍寶。愍帝問琳曰：『漢陵中何乃多耶？』琳對曰：『漢天子即位一年而為陵。天下貢賦三分之，一供宗廟，一供賓客，一充山陵。漢武帝饗年久長，比崩而茂陵不復容物，其樹皆已可拱。赤眉取陵中物不能減半，於今猶有朽帛委積，珠玉未盡。此二陵是儉者耳。」這裡透露了如下信息：第一，漢天子私人府庫收入（它與外庫即國庫收入是分開的）的三分之一用於修帝陵。第二，漢承秦制，天子即位一年即開始修陵，漢武帝在日久，達五十五年，因而其陵內所藏最豐富，到武帝崩時，整個茂陵地宮內都塞滿了，無法再往裡面填了，陵區的樹也有合抱之粗。第三，霸陵為文帝陵、杜陵為景帝陵，史書上說此二人之葬甚儉。《漢書·文帝紀》云：「治霸陵皆瓦器，不得以金銀銅錫為飾，因其山，不起墳。」但晉人仍於其中「多獲珍寶」，說明景帝及大臣並未真正按文帝遺詔辦。《漢書·張湯傳》載：「有盜發孝文園瘞錢。」顏師古引如淳曰：「埋錢於園陵以送死也。」這是指埋在陵墓四周的銅錢，即所謂瘞祭，非指塚中所藏之物。

二、東漢的情況

東漢光武帝力倡喪葬簡約。建武7年（31年）詔：「世以厚葬為德，薄終為鄙，至於富貴者奢僭，貧者單（通殫）財，法令不能禁，禮義不能止，倉卒乃其咎。其布告天下，令知忠臣、孝子、慈兄、悌弟薄葬送終之義。」注：「倉卒謂喪亂也。諸厚葬者皆被發掘，故乃知其咎惡也。」

（《後漢書·光武紀》）在帝陵上，吸取西漢帝陵被盜掘的教訓，建武26年（50年）正月建陵，答竇融云：「古者帝王之葬，皆陶人瓦器，木車茅馬，使後世之人不知其處。太宗識終始之義，景帝能述遵孝道，遭天下反覆，而霸陵獨完受其福，豈不美哉！今所制地不過二三頃，無為山陵，陂池裁令流水而已。」中元2年（57年）臨終遺詔，又囑簡喪薄葬：「朕無益百姓，皆如孝文帝制度，務從約省。刺史、二千石長吏皆無離城郭，無遣吏及因郵奏。」以此觀之，光武帝一生都在提倡簡喪薄葬，效法孝文帝。

東漢初，壽張侯樊宏一門深受光武帝寵信。但他常戒其子曰：「富貴盈溢，未有能終者。吾非不喜榮勢也，天道惡滿而好謙，前世貴戚皆明戒也。」他一生謙柔謹慎，「宗族染其化，未嘗犯法，帝甚重之。」建武29年（53年）卒，臨終囑以「薄葬，一無所用，以為棺柩一藏」。光武帝以其書示百官，說：這樣好，「且吾萬歲之後，欲以為式。」並「車駕親送葬」（《後漢書·樊宏傳》）。皇帝親為大臣送葬，在兩漢不多見。因為，光武帝深感西漢中後期以來的奢侈之風對瓦解社會的確起了不小的作用，欲力倡節儉，以利天下安定。

東漢帝陵雖均有堆土，但較西漢規模小。大約因為東漢諸帝陵未厚葬物品，故未引起人們盜墓的慾望。

但東漢社會也很快就興起了隆喪厚葬之風。王充（西元27-97年），東漢前期人，著《論衡》，二十餘萬字，其中〈譴告篇〉講當時人將自然界的「災異」與社會人事聯繫起來，認為是上天「譴告」人。〈四諱篇〉講當時社會上的四種禁忌：一曰不西益宅，謂「不祥」，將有「死亡」；二曰刑徒之人不祭祖、不上墳；三曰諱孕婦生小孩，「以為不吉」，將行吉事時就跑得遠遠的；四曰諱正月、五月出生的孩子，認為他將「殺父與母」。〈薄葬篇〉反對厚葬，主張薄葬，說：「聖賢之業，皆以薄葬省用為務。然而世尚厚葬，有奢泰之失者。」其原因是人們相信鬼神，以為死者有知，「積浸流至，或破家盡業以充死棺，殺人以殉葬，以

快生意。」這些反映了東漢前期的社會風俗以及殯葬風尚，非如此，王充無須洋洋灑灑地討論薄葬問題。至於殺殉，已如前述，漢武帝時趙繆王劉元臨終曾「令能為樂奴婢」殉葬，共十六人。

皇帝為保持皇室高貴的特權地位以及官吏對國家的效忠，對於封王、嗣王（即王太子）及官吏、朝廷重臣去世時喪葬費的賞賜極厚，這是推動社會隆喪厚葬之風的一個重要因素。

「自中興（即光武建東漢）至和帝時（西元89-105年在位），皇子始封薨者，皆賻錢三千萬，布三萬匹；嗣王薨，賻錢千萬，布萬匹。」和帝永元2年（90年）中山簡王劉焉薨，他是竇太后幼子，最受寵愛。此時竇太后臨朝，竇憲兄弟擅權，於是加重對劉焉的殯葬禮儀：「加賻錢一億」，還詔濟南王、東海王前來會葬，大修塚墓、開神道，為此「平夷吏人塚墓以千數，作者萬人。發常山、鉅鹿、涿郡柏黃腸❶雜木，三郡不能備，復調餘州郡工徒送致者數千人。凡徵發搖動六州十八郡，制度餘（封）國莫及」。

為葬埋一個王，花如此鉅額的錢財，掘了人家千餘座祖墳，驚動六州十八郡為之送黃腸柏樹製墓穴，不惜「越禮」，這無疑給天下人樹立了一個有權有勢便橫行霸道、極端自私自利而貪得無厭、隆喪厚葬的最壞榜樣。

「自永初（安帝年號，西元107-113年）以後，戎狄叛亂，國用不足，始封王薨，減賻錢為千萬，布萬匹；嗣王薨，五百萬，布五千匹。」安帝永寧元年（120年）濟北惠王劉壽薨，他是和帝之弟、安帝之叔，「時惟（劉）壽最尊親，特賻錢三千萬，布三萬匹」（《後漢書·章帝八王傳》）。

---

❶ 柏黃腸：柏樹之心為黃色，鋸成一節一節的，再剝去樹皮，如黃色腸子，於墓穴內築墓室用。由於木頭是以棺槨為中心，從四面呈水平湊向中間擺設，故又曰「黃腸題湊」。是兩漢王一級所享用的葬具制度。有時，也賜給重臣，如霍光薨，即賞賜黃腸題湊。

　　這裡所反映的，一是朝廷對皇室成員去世的喪葬費賞賜極豐厚；二是執政者憑私人關係置禮法於不顧，隨意行殯葬賞賜，擾亂民間正常生活。這些都加劇了社會的隆喪厚葬之風。

　　對於東漢中期以後的隆喪厚葬，王符《潛夫論》則講得更具體。《後漢書·王符傳》載：「自和、安之後，世務遊宦，當途者更相薦引（即熱心於做官），而（王）符獨耿介而不同於俗，以此遂不得升進。志意蘊憤，乃隱居著書三十餘篇，以譏當時失得，不欲彰顯其名，故號曰《潛夫論》。其指訐時短，討謫物情，足以觀當時風政。」其中之一篇討論殯葬，有言曰：「今者京師貴戚，必欲江南檽（木名）、梓、豫章（樟木）之木。邊遠上下，亦競相仿效。夫檽、梓、豫章，所出殊遠，伐之高山，引之窮谷，入海乘淮，逆河（指黃河）溯洛（洛水，東漢都洛陽），工匠雕刻，連累日月，會眾而後動，多牛而後致，重且千斤，工將萬夫，而東至樂浪（指今遼東半島一帶），西達敦煌，費力傷農於萬里之地。」講到葬時，又說：「今京師貴戚，郡縣豪家，生不極養，死乃崇喪。或至金縷玉匣，檽、梓、楩（古書上講的一種樹）、楠，多埋珍寶偶人車馬，造起大塚，廣種松柏，廬舍祠堂，務崇華侈。」並以儒家之「孝養」精神反對這一奢侈風尚。

　　東漢與西漢一樣，其隆喪厚葬之風興起於朝代的中期，並一發不可收拾。與此同時，就是一些有見解者大力反對之，以形成所謂「隆喪厚葬」與「簡喪薄葬」的對立。

　　例如，范冉，「好違時絕俗，為激詭之行。」任過幾次小官，不合俗則離去，一身窮困（陶淵明一類人物）。靈帝中平2年（185年），范冉年七十四，卒於家。臨命遺令敕其子曰：「吾生於昏暗之世，值乎淫侈之俗，生不得匡世濟時，死何忍自同於世！氣絕便殮，殮以時服，衣足蔽形，棺足周身，殮畢便穿，穿畢便埋。」至於一切祭祀物品都不要了，封土只要不暴露棺材就行了；「勿令鄉人宗親有所加也」。其言辭飽含憤世嫉俗之情。但老先生名望極高，「於是，三府各遣令史奔弔。大將軍何進

移書陳留太守，累行論證，僉（意都）曰宜為『貞節先生』。會葬者兩千餘人，刺史郡守各為立碑表墓焉。」注：《諡法》「清白守節曰貞，好廉自克曰節」（《後漢書・獨行列傳・范冉傳》）。他說，自己死後何忍「同於世」，即鄉人宗親前來弔喪會葬，以當時的喪葬之禮，想不到他享受到了更高規格的喪禮，中央的「三府」都派人奔喪弔唁；地方的州刺史、郡太守各為立碑；還有諡號；參加葬禮的有兩千多人。從這裡我們可以看到當時殯葬禮儀及規模之一斑。當然這遠夠不上隆喪厚葬。

東漢大儒馬融，享年八十八歲，臨終「遺命薄葬」（《後漢書・馬融傳》）。

盧植，少從馬融而學，後為朝廷重臣，海內名望，漢獻帝時董卓擅權朝廷，他以年高辭官歸隱，初平3年（192年）卒，臨終，「敕其子儉葬於土穴，不用棺槨，附體單帛而已」。此公雖然仕途頗通達，但也是憤世嫉俗之輩，這裡已近裸葬了（《後漢書・盧植傳》）。此時東漢王朝已近末日。

第三節　魏晉南北朝時期大體趨簡的殯葬習俗

一、魏晉「名士」們厭世主義的生死觀

東漢自西元184年黃巾大起義，從此天下分崩，至620年左右才真正穩定，歷時四百餘年。這一時期，知識階層中「悲觀厭世」頗為橫行，它影響到了整個社會的人生觀。所謂厭世主義（pessimism），指視生存為痛苦、毫無價值和意義，生不如死的一種人生觀。當然，它更多地是一種生存情緒而非系統的理論。作為一個社會言，表現為「打不起精神」，少陽剛之氣。厭世主義導致了縱慾主義、及時行樂，乃至於醉生夢死。

王治心《中國宗教思想史大綱》第四章「魏晉南北朝時的宗教思想」

對這一時期的思想動態、士大夫人生觀有簡單而深刻的描寫。

在討論魏晉時期的「厭世思想」時，他追溯到西漢初的賈誼：

最初如賈誼的自傷，所著〈弔屈原賦〉、〈鵬鳥賦〉，與屈原之《離騷》有同樣的憂思，故司馬遷曾以屈、賈同傳。漢代的辭賦文學，大半受《離騷》的影響……其餘辭賦家的作品，頗多藉文章以洩其胸中悲憤，有悲觀厭世的傾向。

繼此而導漢代思想於厭世之境者，厥惟建安文學，實總兩漢的菁英，開六朝的先路，當時影響最大的，先要推到曹氏父子。以一世之雄的曹操，亦有「對酒當歌，人生幾何」之嘆；聰穎如曹植，往往藉〈愁婦思〉而發哀辭。至於七子之倫，大都悲涼哀怨，以寫其胸懷，而漸啟六朝頹廢的思想。其次則為正始（曹魏年號，西元240-249年，此時已是司馬氏擅權）中的王弼、何晏，始明倡老莊之學，王弼注《老子》、《周易》，何晏作《道德論》，都足燃老莊學說的死灰。當世競慕其風，前有「四聰」、「八達」的同調，後有「竹林七賢」的揚波，延及六朝，風氣為變。之二人者（指王弼、何晏），實為厭世思想的嚮導。

即是說，士人中的這一情緒影響了整個社會風氣。該書係大綱性質，大約是老先生的授課教案，均未展開❷。

---

❷四聰：《三國志·魏書·諸葛誕傳》注引《世語》曰：「是時，當世俊士散騎常侍夏侯玄、尚書諸葛誕、鄧颺之徒，共相題表，以玄、疇四人為『四聰』，誕、備八人為『八達』。中書監劉放子（劉）熙、孫資子（孫）密、吏部尚書衛臻子（衛）烈三人，咸不及比，以父居勢位，容之為『三豫』，凡十五人。帝（指魏明帝，曹操之孫）以構長浮華，皆免官廢錮。」因而，四聰和八達所確指仍不得而知。

竹林七賢：指魏晉間的阮籍、嵇康、山濤、向秀、阮咸（阮籍兄子）、王戎、劉伶。他們均才氣過人，終日豪飲、談玄，不預世事，乃至數日不醒，縱酒發

這一時期，社會動盪，戰亂頻仍，老莊道家和佛教思想成為主流，儒家被冷落。士大夫面對天下分崩，政治黑暗而無可奈何，由悲憤，傷感，到淡泊名利，藉清談聊以自慰和避禍，遁入了心靈的寂靜，自我「解放」。它造成了一種社會風氣，幾使上自王公，下至士庶，莫不趨向消極厭世的境界。統治階級中則驕奢淫逸，縱慾主義氾濫，爭權奪利，頻繁的改朝換代。

人類的心靈深處蘊含著一種深沉的哀傷情緒，它與精力的衰退相聯繫，遇氣候適宜就要發作為厭世情緒，如個人懷才不遇、生活或事業受挫等。一旦這一情緒成為普遍性，就會發展為整個社會的厭世主義。同時，社會精力的衰退以及氣候等因素對誘發一個時代的厭世主義也會產生影響。

在思想領域，它首先與儒家學說走向反面相關。漢代自武帝「罷黜百家，獨尊儒術」以來，前後達三百五十年，儒家學說愈益走向了反面，即虛偽化、繁瑣化。士人以儒學作為獵取利祿功名的工具，自己並未準備照著做；研究儒學之末流者則考證愈來愈繁瑣，「說五字之文，至於兩三萬言，幼童而守一藝，白首而後能言；安其所習，毀所不見。」（《漢書·藝文志·六藝序》）兩漢儒學的幾百年最後走向反面，造成了一種虛浮風氣，培養了一批尋章摘句、下筆千萬言而治國安邦無一能的所謂「豎儒」。《三國演義》中諸葛亮赴東吳舌戰群儒的場面，便以小說形式反映了這一情況，它表明了羅貫中對這一段歷史的理解。人們對儒學失去了信心、信賴，又失去新鮮感，轉而尋找合口味的新理論。

狂，赤身裸體，狂呼亂奔。《世說新語·任誕》載：「七人常集於竹林之下，肆意酣暢，故世謂『竹林七賢』。」時人竟以此相高，多模仿之，遂引導了一時之世風。

《世說新語·任誕》又載：「劉伶恆縱酒放達，或脫衣裸形在屋中，人見譏之。伶曰：『我以天地為棟宇，屋室為褌（古代的褲子）衣，諸君何為入我褌中。』」於此可見當時「名士」之一斑。

其次，是社會的分崩離析。東漢桓、靈二帝以來，政治愈益黑暗，「當時的社會，無非飾偽欺詐，已經到了無法補救的地步。」（王治心書，第93頁）；西元184年黃巾起義，接著諸侯割據；西晉後，天下分崩，「五胡亂華」，東晉偏居江南，中原成為戰場，知識階層普遍感到「無力回天」，又無可奈何。這些都是魏晉南北朝厭世主義的外部條件。「南朝承西晉風氣，鄙棄儒術，主張放任清談之風，猶未息；以退隱為務，以曠達為高，流連佛、道，不問世務，養成柔靡之民風，無力復偏安之局」。佛教正是獲得了這一土壤得到大肆傳播的。

王治心書說，在南方風氣頹廢之同時，北方反而崇尚儒學，「儒術因以大興，彬彬文學之盛，反較南朝為優。」

二、魏晉「名士」玩世不恭的殯葬觀

厭世主義不僅影響到人們的生活態度，而且直接影響到了殯葬。下以阮籍為例，以觀當時之世風。

阮籍鄰家婦人為賣酒者，有美色。一次，他和一位朋友在那店裡喝醉了，竟大大方方地睡在那婦人身邊。其夫疑他不軌，但觀察後，發現他並無異心，於是才放心。又引王隱《晉書》曰：阮籍鄰里有少女，有才色，未嫁而死。阮與她無親無故，也不相識，卻跑去哭哀，時人不可理喻。大約是感嘆她死得太可惜了。此輩人的放縱、曠達而又行為不檢點皆若此類（《世說新語·任誕》）。

阮籍母死，裴楷往弔。「阮方醉，散髮坐床，箕踞不哭。裴至，下席於地，哭弔唁畢，便去。或問裴：『凡弔，主人哭，客乃為禮。阮既不哭，君何為哭？』裴曰：『阮方外之人，故不崇禮制，我輩俗中人，故以儀軌自居。』時人嘆為兩得其中。」母喪，兒子毫無哀容，反而喝得酩酊大醉；客來弔唁，箕踞而坐，既不哭，也拒不答禮。此均為嚴重有失儒家禮法的行為。而問題還在於，當有人向裴公指出阮籍的放縱行為時，裴公

自稱自己是「俗中人」，所以遵守「儀軌」，阮是「方外人」，故可以不守此類「儀軌」；當時人居然稱讚裴公「兩得其中」，即兩面做得都很得體，表明當時人似乎已接受了阮籍鄙視儒家禮法的「曠達」行為了。

母喪期間，阮籍又在晉文王（即司馬昭）側坐，大食其酒肉。司隸校尉（京城治安官）何曾大憤，目之為「敗俗之人」，曰：「明公方以孝治天下，而阮籍以重喪，顯於公坐飲酒食肉，宜流之海外，以正風教。」司馬昭則大肆替他辯護：你看他的身體虛弱到如此地步了，你為什麼不同情他呢？「且（居喪中）有疾而飲酒食肉，固喪禮也！」阮籍也照飲照食不誤，「神色自若」。但，注引《魏氏春秋》曰：「（阮）籍性至孝，居喪雖不率常禮，而毀幾滅性。」即母喪，阮籍傷心到幾乎毀掉了身體，只是他有些鄙視儒家禮法而已，司馬昭很理解他，故未治罪❸。

應該說，裴楷和司馬昭都有些孔子對原壤態度之風範。如前所述，此類藐視禮法、行為怪誕者歷來就有。再如《後漢書·逸民傳》載：東漢戴良，獨往獨來，不拘禮節。其母喜聽驢叫，他就常學驢叫逗母開心；其母死，兄弟兩人居喪，兄「居廬啜粥，非禮不行，良獨食肉飲酒，哀至乃哭，而二人俱有毀容」。有人問他，如此居喪，合乎禮嗎？他說：禮是為了制情慾的，苟情慾未失，非要拘泥於禮的形式幹什麼呢？我的悲痛是在心裡啊！人家怎麼也說不過他。

這些人對生死抱持一種無所謂的「曠達」態度，對隆喪厚葬自然不會有任何興趣。他們以「高士」自居，以怪誕的反常行為反叛社會，招致輿論注意。作為純個人行為或個別現象，充其量只是社會風俗中的一點異色點綴。關鍵在於他們是「高士」、「名士」，一旦天下人覺得他們的行為

---

❸ 《世說新語·德行篇》中有一事頗能說明「名士」的處世態度：「晉文王（司馬昭）稱阮嗣宗（阮籍）至慎，每與之言，言皆玄遠，未嘗臧否人物。」又稱他為「天下之至慎者」，對之感嘆不已。即他為人雖「宏達不羈，不拘禮俗」，但與人坐談終日，均為「玄遠」之話題，不涉及到對他人的貶褒，以免惹禍。因他們好談玄，故世又謂之「玄士」。

很高雅而去模仿，此類行為就具備了社會普遍性，社會既定的禮儀秩序就被摧毀了。而他們又只是一群「舊禮儀」秩序的破壞者，並不能另造一套新禮儀替代之，於是對社會造成了深深的危害。一種禮儀走向反面並不意味否定禮儀本身，如果走向另一極端而否定禮儀本身，就成了禮儀虛無主義。須知，無政府主義比任何壞政府更糟糕。

三、帝王貴戚之家趨簡的殯葬

東漢獻帝建安元年（196年），曹操迎獻帝到許昌，此後東漢的二十五年間實際上是曹魏政權。已如前述，建安10年（西元205年）曹操「以天下凋弊，下令不得厚葬，又禁立碑」。

西漢末，長安諸帝陵及豪富家之墓多遭破壞或挖掘；東漢末，情況又差不多。這對魏晉南北朝時期帝王貴戚之家的墓葬產生了深遠影響。《三國志‧魏書‧明帝紀三》引《魏略》載：郝昭以千餘人鎮守陳倉，抗擊諸葛亮數萬人的進攻達二十餘日。魏明帝親自引救兵至，圍解，賜列侯。病重，「遺令戒其子（郝）凱曰：『吾為將，知將不可為也。吾數發塚，取其木以為攻戰具，又知厚葬無益於死者也。汝必殮以時服。且人，生有處所耳，死復何在耶？今去本墓遠，東西南北，在汝而已。』」他從軍多年，久歷戰陣，多次挖墓取木做攻戰之器械，當然只有大墓中才有如此大的木料。天下大亂，活人都顧不過來，挖墓就小事一樁了。因而，他囑兒子輕殮薄葬，只穿平時的衣服就行，並不要葬在本墓中，而埋於東西南北任一方向。這是以親身經歷倡薄葬，亦反映當時貴戚階層的殯葬觀。

曹操臨終，「遺令曰：『天下尚未安定，未得遵古也。葬畢，皆除服。其將兵屯戍者，皆不得離屯部。有司各率乃職。殮以時服，無藏金玉珍寶。』」（《三國志‧魏書‧武帝紀》）據說，曹操疑塚有七十二處，人莫能辨。

　　魏文帝曹丕於黃初3年（222年）為自己做壽陵時，有一篇關於簡喪薄葬的制令，說：葬者藏也，只要見不到遺體就行了，死者「無痛癢之知」，用不著那麼鋪張。「故吾營此丘墟不食之地，欲使易代之後不知其處。」並「無藏金銀銅鐵，一以瓦器，合古塗車（即泥車）、芻靈（草紮的靈物）之義。棺但漆際會三過，飯含無以珠玉，無施珠襦（指飾珠玉的短衣）玉匣，諸遇俗所為也。」「自古及今，未有不亡之國，亦無不掘之墓也。喪亂以來，漢氏諸陵無不發掘，至乃燒取玉匣金縷，骸骨並盡，是焚如之刑，豈不重痛哉！禍由乎厚葬封樹。」他還擔心兒子及臣下私自厚葬他，並威脅說：「若違今詔，妄有所變改造施，吾為戮屍地下，戮而重戮，死而重死。臣子蔑死君父，不忠不孝，使死者有知，將不福汝。其以此詔藏之宗廟，副（本）在尚書、祕書、三府。」（《三國志·魏書·文帝紀》）

　　這大體上反映了魏晉時期帝王及貴戚之家的殯葬觀，他們對兩漢時期曾盛極一時的隆喪厚葬沒有興趣了，而且多行祕葬。比如，考古工作者迄今也未發現魏、西晉時期的帝陵。北朝（約西元420-589年）時期，北方逐漸穩定下來，墓葬也較從前受到稍多的重視，但仍無法同兩漢時期相比。比如北周武帝時還在嚴禁立墓碑，並剷除墓碑。墓前不立碑及石像生，墳墓自然就無法顯出其雄壯的氣派。

　　南方較為平靜，南朝歷東晉、宋、齊、梁、陳五朝（合三國的東吳，史稱六朝），均建都南京。但大約受佛教影響，民間喪事亦多從簡。據《南史·梁書·徐勉傳》載：「時人間喪事多不遵禮，朝終夕殯，相尚以速。」「送終之禮，殯以期日」，即一天內就殮而葬。並說，豪富之家有半天就殮而葬的，「衣衾棺槨，以速為榮」。侍中（相當於宰相）徐勉上疏表示反對：「請自今士庶，宜悉依古，三日大殮。如有不奉，加以糾繩。」「詔可其奏。」即停三日為妥，因為死者有可能係假死。這可看出當時民間風行簡喪薄葬。

　　南朝帝王陵及貴戚之家的墓葬則較多保留兩漢之餘韻。如南京「有一

些陵墓上設置的大型石雕，還保留至今。對這些石雕，1949年以後採取了保護措施。1960年以來，在這一地區陸續清理發掘了一些大型的東晉南朝墓葬，可以推定是當時的王陵」（《新中國的考古發現和研究》第五章第二節「魏晉南北朝時代」，中國社會科學院考古研究所編，1984年版）。儘管如此，它與兩漢隆喪厚葬的高潮時期相比，也是不可同日而語的。

大體上，魏晉南北朝對殯葬的興趣變得淡泊，考古挖掘也證明了這一點。但絕不是說，這一時期就沒有殯葬活動了，殯葬仍然是社會生活中的一件大事，仍有一部分人在遵守儒家喪禮而居喪，只是不如兩漢時期那般興趣盎然了。

四、佛教對殯葬禮儀的滲透

魏晉南北朝時期，喪禮中值得一提的是佛教滲入民間的喪事，如念經超渡亡靈、斷七、火葬，僧人承辦喪事等，這些大都建立在「靈魂輪迴轉世」認知的基礎上。

佛教最初是東漢初明帝（西元58-75年在位）年間傳入，明帝於京城洛陽之郊建「白馬寺」，佛教遂於中國安身。但直到魏晉以後才得到廣泛傳播。正如許多研究者曾指出，佛教進入後，逐步被中國化了，如佛教不講父子、君臣、夫婦的義務關係，不提「忠」、「孝」，而這些也多少進入到中國式佛教之中。比如，多行善事，其子孫將受到菩薩的保佑，這很符合兩漢以來中國民間已頗流行的為子孫後代積德行善的「神佑」觀。

第四節　唐以後殯葬禮儀的制式化以及民間的殯葬風俗

一、國家全面制定喪禮——喪禮的制式化

　　唐以後各朝制禮，尤其是唐、宋、明、清朝制禮最為嚴密，國家直接干預殯葬也為從前各朝所不及。《大唐開元禮》是中國古代禮制之集大成，禮不僅規定了各級官員的行為準則，而且全面地干預人們的日常生活，尤其是殯葬禮儀。此後，殯葬漸趨制式化，各級官員嚴格地遵照國家規定的制度，按死者生前的官職，或死者子孫的官職辦殯葬，違者必究，並將為父母居喪三年法制化。「儒家精神」和「制式化」，這是唐以後殯葬的基本特徵，並對後世禮制影響深遠。

　　唐建國後的一百餘年間佛教雖然還相當興盛，但它在整個社會生活中的比重已逐步下降，僧徒們操作的喪禮中仍然貫穿著儒家精神。總之，唐代以後儒家權威開始全面恢復，並為後世各朝所效法。

　　《大唐開元禮》以後，有《宋政和五禮》、《明孝慈錄》和《大明集禮》、《大清通禮》，號為「四大禮制」，它們是各朝國家所規定的殯葬操作的法律文件。對此，我們還可參閱唐以後各「正史」的〈禮志〉部分，其中對皇帝、皇后、皇太后、親王到各級官吏、庶民的殯葬操作程序和等級均有詳細規定，皇家亦很少有違反的情況。

　　唐玄宗開元初宰相姚崇，遺命子孫薄葬，並戒驕戒奢。他說「死者無知，自同糞土，何煩厚葬」而敗壞家業；並表明反佛，「夫釋家（即佛教）之本法，為蒼生之大弊……吾亡後必不得為此法。」即他表示自己不信佛，子孫也不要用這一套給自己辦喪事。但當時佛事頗盛，如果你們頂不住，「若未能全依正道，須順俗情」，就在斷七內請僧人隨便念一點經，此後就不要再搞了（同時他也對道教辦喪事持鄙視態度），並囑咐子

孫死後也像自己一樣從簡辦喪事（《舊唐書・姚崇傳》）。這大約是唐代高級官員公開蔑視佛教之始，他以儒家的喪禮為「正道」，那麼釋、道則可以理解為「邪道」了。表明士人集團已開始對佛教不滿，並且不忌諱「死亡」之事，為父的居然囑咐子孫死後如何辦喪事。

唐中後期，韓愈首倡公開反佛。他是打著復興儒家傳統的旗幟反佛的。佛者「口不道先王之法言，身不服先王之法服，不知君臣之義、父子之情」。並說：「高祖（即李淵）始受隋禪，則議除之。當時群臣識見不遠，不能深究先王之道、古今之宜，推闡聖明，以救時弊，其事遂止。臣嘗恨焉！」（《舊唐書・韓愈傳》）韓愈說，唐初李淵時就想除佛，由於朝臣不贊成而止。如此觀之，李淵很早就看出中國文化的未來走向了。

此後，佛教愈益受到中國士人階層的抵制而逐漸失勢。後世雖仍有佛教，但只是作為中國民間信仰的一種補充形式，僧人雖仍參與喪事，但喪禮的基本原則已是儒家精神。這些與從前均已不可同日而語了。

北宋初，宋太祖開寶3年（970年）詔令開封府：「禁喪葬之家不得用道、釋威儀及裝束異色人物前引。」（《宋史・禮志二十八・士庶人喪禮》）這是國家公開禁止道教和佛教參與喪事；「裝束異色人物」可能是雜要一類，戴上各色假面具送殯為「前引」，以助熱鬧。大約是這些東西均有傷「孝道」，於是禁止之。

二、唐代殯葬操作的社會化

殯葬服務的社會化，指社會上產生了一批專門從事殯葬操作的自由職業者，他們以此維生，因而使殯葬操作成為一種社會性職業。這裡須區別，一是殯葬服務的職業化，二是殯葬服務的社會化。

殯葬的職業化起源不可考證。西周的「塚大夫」和「墓大夫」是中國現存記載最早的職業殯葬工作者，不過，他們只為本宗法國家內部提供殯葬服務，並是國家的一級官吏，從國家那裡領得俸祿，該行業也具有壟斷

性，乃至世代相傳。秦漢以後，中國各地農村中的殯葬大體是同宗鄰里相幫，即便有一些活躍人物也不構成職業階層。以現代的觀點看，他們都不構成殯葬服務的「社會化」，即不是按照供求規律、商品貨幣關係提供此類服務。

殯葬服務的社會化與城市形成相關，即與城市的高度發達、工商業的活躍、城市人口的穩定，並與鄉村相對獨立相關。城市裡居住著大量的人口，如官吏、學者、手工業者、商賈等，他們是從農村中游離出來的人口，比如，戰國時期魏國都城大梁（今開封）、齊國都城臨淄以及兩漢的長安、洛陽都有幾十萬人口，這些人口中有的已經在城市內居住了幾代。他們既不可能再到鄉下去叫同宗來辦喪事，鄰里相幫也難以滿足要求（操作的複雜性、人們對喪事的忌諱等），因而在戰國時期的城市中就已產生了專門提供殯葬服務的社會職業階層是順理成章的，他們構成古代城市中的「第三產業」。不過，作者目前尚未找到這方面更早的記載。

北魏時期楊衒之於東魏孝靜帝武定5年（547年）曾遊洛陽，後寫的《洛陽伽藍記》中已有了此方面的記載。《洛陽伽藍記·卷四·法雲寺》中寫道：洛陽西門外有洛陽大市，周圍有8里之大，作者細緻地介紹了各區的街市布局、建築狀況以及一些職業性街區，其中「市北有慈孝、奉終二里，里內之人以賣棺槨為業，貨輔車為事。有輓歌孫岩……」這裡，慈孝、奉終二個里坊（區）就是專門從事喪事服務的職業性街區，取名具有儒家精神，「慈孝」和「奉終」。輔車即喪車，出喪時送靈柩用，因為城市裡死了人必須送到鄉下去埋，路途遠，因而需要送靈車。「貨」本意為買賣，在這裡應當理解為租用，因為一次喪事就要買一輛喪車，用完了又不能帶回去保存下來，還要燒掉，這開銷就太大了。各家庭平時顯然又沒有必要專備一輛送靈車，有喪事去租用一下即可。孫岩是職業的輓歌郎，即專門提供喪事（唱輓歌）一類服務。這裡所反映的都是殯葬服務的社會化情況。

我們透過唐代中後期白行簡（白居易之弟）的〈李娃傳〉，可以看到

更精采的殯葬服務其社會化情況。

榮陽生，本係常州刺史之公子，其父名望很高，家裡奴僕如雲，他少時聰明，其父對之有厚望。他二十歲時，帶了許多錢財及車馬、奴僕去長安赴考。他耽於狎妓，耗盡錢財，變賣了車馬和奴僕，孑然一身，無法歸故鄉，流落到「凶肆」。凶肆，即當時出售喪葬用品並承辦喪事的場所。他在那裡當了一名幫辦喪事的小幫工，「執繐帷，獲其直（同值）以自給。」由於他天資聰穎，很快地成了一名唱輓歌的高手，「曲盡其妙」，整個長安城裡居然沒有人能比得上他。這表明，當時長安城裡已有了很多的凶肆。

當時，「東肆」和「西肆」兩個凶肆互相競爭頗為激烈。東肆的喪葬用品製作「皆奇麗」，但唱輓歌者的水準不甚高，「東肆長」出兩萬錢聘來了榮陽生。東肆中那幫唱輓歌的前輩又暗中對榮陽生進行了十餘天的訓練，教其「新聲」（新曲子），而不讓西肆知道。後來，兩家凶肆約定在長安天門街進行一次比賽，各自將自家的本領亮出來，「以較優劣，不勝者，罰直（即值）五萬」。於是兩方簽了合同，找了保人，並發布了消息。一時「士女大和會，聚至數萬。於是，里胥告於賊曹（長安的治安官員），賊曹聞於京尹（即京兆尹，相當於長安市長）。四方之士，盡赴趨焉，巷無居人」。此事規模之大，觀熱鬧者之眾，均為盛況空前。官府出面維持秩序，大約當時此類活動均須先通知官府。

比賽時，兩個鋪子開始陳列出各自製造的治喪器具，西肆在南面，東肆在北面，從早晨到中午依次擺出了喪葬用的輦（靈床）、輿（靈車）、儀仗等物品，互相吸引人們觀看，「西肆皆不及，師有慚色。」西肆想在唱輓歌時扳回來，派出唱輓歌的是一位「有長髯者，擁鐸（響鈴）而進，翊衛數人。於是奮髯（甩鬍鬚）揚眉（揚眉毛），扼腕（握著腕）頓顙（點了點頭）而登，乃歌〈白馬〉之詞。恃其夙勝（以為自己經常獲勝），顧眄左右，旁若無人。齊聲讚揚之。自以為獨步一時，不可得而屈也」。他非常有自信，認為自己是不可超越的。

一會，輪到滎陽生出場了。只見他頭戴烏巾，由五六個人簇擁著登臺，「整衣服，俯仰甚徐，申喉發調，容若不勝（好像悲痛得發不出聲音）。乃歌〈薤露〉之章，舉聲清越，響振林木。曲度未終，聞者噓唏掩泣。」西肆長「益慚恥」，懼為眾所笑，於是將所輸之錢放在那裡，「乃潛逃焉」。聽眾中「四座愕眙，莫之測也」。

按現代語，這是一次殯葬用品和殯葬服務的「博覽會」，即硬體和軟體的全面較量。還可以看出，唐朝人對喪事並不忌諱，男男女女來了數萬人觀看，居然像一次盛大的節日。

這是一篇有關殯葬活動社會化非常出色的描寫，迄今尚未見到比這更精采的記載。中國舊時稱殯葬服務行業為「杠業」，這一名稱亦不知起源於何時。

三、民間殯葬活動的娛樂化

殯葬活動娛樂化，即殯葬操作具有娛樂性質，或雜入了大量的娛樂活動，很難考證這一習俗具體起源於何時。從邏輯上，應該說，原始時代大約就有了這一風俗。

進入文明社會後，情況發生了改變。從周禮看，喪葬均已不具娛樂性質，因為它不符合儒家「孝文化」的要求和喪葬「哀戚為本」的原則。兩漢相承。如上述，只是那些對「先王之道」心存鄙視的士人，才故意在喪期做一些歌舞（及飲酒食肉）等怪誕舉動。

但那些「蠻夷」之邦未受中國先王文化的「教化」，則還保留著遠古之遺俗。如東漢王逸《楚辭章句》云：「昔楚國南郢之邑，沅湘之間，其俗信鬼好祠（即祭神），其祠必作歌樂鼓舞以樂諸神。」即是說，至少在春秋時期，南方祭神時便有了「作歌樂」並「鼓舞」的習俗，「樂諸神」，這其中自然包括喪禮中祭先人亡靈的娛樂活動。

殯葬活動的娛樂化，無疑與北方「蠻夷」入主中原相關。魏晉南北朝

的情況尚不明；但明朝禮學家認為，喪事的娛樂性質是蒙元人帶來的。

明朝「洪武元年（1368年），御史高元侃言：『京師人民，循習舊俗。凡有喪葬，設宴，會親友，作樂娛屍，竟無哀戚之情，甚非所以為治。乞禁止以厚風化。』乃令禮官定民喪服之制」。5年6月，政府正式頒定喪禮以及五服喪制（《明史·卷六十·士庶人喪禮》）。即是說，至少從元代以來，民間已將喪事當作一種娛樂活動來辦了。明初，正統的士大夫看不慣，提出要予以禁止。

清人孫承澤著《天府廣記》，卷十六〈喪制〉對此寫道：「洪武元年，御史高元侃言：『京師人民，循習元氏舊俗。凡有喪葬，設宴，會親友，作樂娛屍，惟較酒餚厚薄，無哀戚之情。流俗之壞至此，甚非所以為治。且京師者天下之本，萬民之所取則，一事非禮，則海內之人轉相視效，弊可勝言？況送終禮之大者，不可不謹。乞禁止以厚風俗。』上（指朱元璋）是其言，乃詔中書省令禮官定官民喪服之制。5年6月，定喪禮。」同一事，所述不同，孫承澤做了相當的發揮，且大有義憤填膺之慨。這表明：清代民間相當多的地方乃至京師仍流行這一風俗。京師是皇帝鼻子底下，風俗如此，孫承澤說，這會給天下人帶來壞榜樣！

儘管正統的士大夫極力反對，但民間喪事的娛樂性質事實上難以禁絕，它在生活內容單調而刻板的中國古代農村，無形中成了娛樂的補充形式，並可沖淡殯葬的悲哀和恐怖氣氛。從《紅樓夢》賈府給秦可卿辦喪事的描述看，其中也具有相當的娛樂性質，如「這日伴宿之夕，裡面兩班小戲並耍百戲的與親朋堂客伴宿……一夜中燈明火彩，客送官迎，那般熱鬧，自不用說」。只是當娛樂性質太強烈時才招致人們的反對。

在湘西、雲、貴等邊遠地區的少數民族中，喪事的娛樂色彩一直非常濃烈。對此，歷代的《州志》或《縣志》多有記載，如前引《宜都縣志·卷六·風土志·喪儀》：「葬期先一日晚，孝家備酒，請親友鄰伴夜。酒畢，勿論諸人，皆繞棺而跳，一人擊鼓，眾則隨口作歌，彼此相嘲，名為跳喪。」1950、60年代，民間喪事的辭靈儀式中，南方做「道場」時要

「唱夜歌」，唱者之間常互相調侃奚落，有時也將矛頭指向聽眾，其娛樂
性質非常明顯，只是參加者一般不能開懷大笑。

在這方面，近世的民俗學家也多有描述。

第五節　唐代以後民間的隆喪厚葬

唐代以後，由於國家全面制定喪禮等級和程序標準，明、清又尤為森
嚴，使殯葬活動有規可依。一般而言，官吏集團的殯事規模比較容易控
制，他們屬「有教養」階層，深懂周禮以來的國家禮法；又享受著國家的
各種優待，且人數有限，犯者可以撤職查辦，交禮部或刑部議罪之類，從
而可能失去自己已取得的地位。而庶民對國家禮法比較淡薄，人數龐大而
分布廣，對國家的依賴性相對較少，天高皇帝遠，他們可以憑自己的財力
或興趣來辦喪事。同時，（厚）葬比較容易控制，如墓、碑之高，石像
生，用什麼喪葬用品等，喪主還得考慮，陪葬品太多有盜墓之可能；而
（隆）喪則相對難控制，喪事的日數和規模也很難加以規定，更多是約定
俗成。

因而，此後的隆喪厚葬更加肆虐於民間，所謂「富家翁」之流，並以
隆喪為主要表現形式。只要弔喪者眾多，殯期長，就足可將喪事辦得轟
轟烈烈。事實上，唐代也在重演兩漢進入中期後便大興隆喪厚葬之風的
舊例，如高宗開耀元年（681年）詔：「商賈富人，厚葬越禮，可嚴加捉
搦，勿使更然。」（《舊唐書・高宗本紀》）這裡指「商賈富人」而非
指官員。玄宗開元2年（714年）制：「自古帝王，皆以厚葬為戒。近代
以來，共行奢靡，遞相仿效，浸成風俗。」下面是一系列規定，並警告
「州縣長官，不能舉察，並貶授遠官」（《舊唐書・玄宗本紀》）。這也
說明當時地方上的隆喪厚葬相當嚴重了。

明代洪武「5年（1372年）又詔：『古之喪禮，以哀戚為本，治喪之

具，稱家有無。近代以來，富者奢僭犯分，力不足者稱貸財物，誇耀殯送；及有惑於風水，停柩經年，不行安葬。宜令中書省臣集議定制，頒行遵守，違者論罪」（《明史・卷六十・士庶人喪禮》）。這裡主要是講「誇耀殯送」，以及「惑於風水」而經年不葬，這自然要形成相互攀比炫耀之風。同時，喪事的娛樂化也必然會擴大喪事的規模，費用隨之上漲。

清代大體繼承了明代的這些規定。如前所述，清雍正13年（1735年）10月24日之上諭與乾隆37年（1772年）10月覆歐陽永琦條所奏，有關民間風水及隆喪厚葬之嚴厲禁止，這說明，民間的風水說以及隆喪厚葬已相當嚴重了，使「子孫貧乏」，妨礙了正常的社會生活，國家出面予以糾正，不到五十年連下兩詔。

《紅樓夢》中賈府秦可卿的喪事亦為清代隆喪的例子：秦可卿之夫「不過是個黌門監生，靈幡經榜上定是不好看，便是執事也不多」。這方面，國家有等級規定，賈府若亂來，將會受到追究。於是花一千兩百兩銀子買了一個「五品龍禁尉」（虛銜，無實職），「次日，靈前供用執事等物，俱按五品職例」（五品相當於太守）。但是，喪事的其他方面就無規定了，如：擇准停靈四十九日，此期間請了一百零八位僧人念經，超渡亡靈；另設一壇於天香樓上，請了九十九位全真道士打四十九日的「洗業醮」。此外，靈前又有五十高僧、五十高道，按七做法事。伴宿夜，還有兩班唱戲的。這四十九天中，開席如流水，以及支付如此熱鬧的場面、香燭、人力等費用，非豪富之家不能維持。民間喪事中，諸如此類請多少僧人、道士來念經和做法事，請戲班唱戲，國家是不可能有規定的。但書中未談到如何「厚葬」的情況。相反，真正的厚葬還在帝王之家，如慈禧太后的棺內和墓穴中陪葬物均空前的豐實，結果僅二十年便招來了盜墓者。

民間富家翁在墓中大量放置陪葬品乃至金銀玉器者仍然存在。如《聊齋・封三娘》：富家小姐封三娘愛上貧家子弟孟安仁，封父嫌孟家貧窮而不允，小姐殉情自殺。得狐仙幫助，孟公子盜墓使小姐復生，兩人搬到50里以外的地方避居，出售墓中的陪葬品，居然能過上小康生活。這說明陪

葬物相當豐富。明、清一些言情小說中有不少盜墓取財物的記載。一位老
嫗曾問及作者，她聽上一輩人講，死者身上戴了金銀，骨架就不會散，這
是不是真的？從這裡大約可以推測出古代人披金戴銀下葬的心理原因之
一二。因為，能炫耀於人的主要是「隆喪」而不是「厚葬」，真正須厚葬
時，喪主還要做得隱密，若讓人知曉，死者在地下就會變得不安全。

 ## 第六節　殯葬是社會的一面鏡子

　　由原始時代的棄屍，到野葬，到「聖人易之以棺槨」，實行土葬，
「葬者藏也」，並制定了等級式的殯葬禮儀制度。佛教傳入後，火葬一時
大興，僧人亦參與喪葬事宜。宋以後又反對火葬，乃至反對僧人參與喪
事，土葬及儒家禮教式殯葬禮儀重新復興。

　　這大體就是中國從遠古以來殯葬沿革的基本脈絡。

　　隆喪厚葬和簡喪薄葬的消長，在一個社會中指個人之間或地區之間，
在不同朝代則指各時代之間。它集中反映了人們的生死觀、心理嗜好、價
值認知、社會崇尚等一系列追求傾向和消費傾向，因而最能反映一個時代
的風尚。任何時候，隆喪厚葬並非都是孝心的體現，而是生者之間在鬥富
或沽名釣譽。只有當一個社會普遍走向奢靡虛浮，愈益朝向感官主義、縱
慾主義時，隆喪厚葬的攀比之風才會掀起並愈演愈烈。歷來，那些真正的
儒家大師無不反對隆喪厚葬，視其為無聊之舉。

　　宋以後，國家一方面嚴禁火葬、倡土葬；另一方面又極力反對隆喪厚
葬。這在今天看來似乎很矛盾，但以中國傳統的儒家「孝文化」和「重土
地」的觀念來看，又實屬順理成章之事。

　　1949年以後，政府持久而深入地發起了以推行火葬為主要內容的「殯
葬改革」，以適應現代中國社會的需要。

　　總之，殯葬歷來是社會的一面鏡子，透過它我們可從側面瞭解當時的
社會。

第二十三章

20世紀中國的殯葬改革

　　20世紀是中國歷史上變化最劇烈之世紀，戰火之猛烈、內憂外患之深重、朝代更替之頻繁，均為五千年所僅見。其間，西學東漸，國人一時仰慕西風，科學技術的發展和人口的遽增，都深刻地改變了我們的人生觀以及生存環境。

　　中國社會的這一翻天覆地之變化也反映到中國的殯葬領域，產生了所謂的殯葬改革。

第一節　民國時期的殯葬變化

一、傳統的杠業、杠房

　　近代中國承襲晚清慣例，稱殯葬服務行業為杠業，服務機構為杠房。杠房指專為喪家提供喪事服務及殯葬用品的店鋪。店鋪內備有喪車、喪杠、棺罩、儀仗鼓吹、殯儀服飾等物，或租賃或出售，並承辦殯葬服務。以土葬為主，喪事取儒佛道相混雜之禮儀。同時，還有專門的棺材鋪、壽衣業、冥衣鋪（出售紙紮冥器、紙錢，或香燭等）。杠房老闆根據喪主的服務要求而收取費用，然後臨時雇傭杠夫，而杠夫多固定受雇於某一杠房。這一模式在城市內較典型，在農村則仍依本宗族及親朋好友相幫辦理喪事的方式（有些農村中也有殯葬服務專業戶）。

　　同時，寺廟也承辦喪事，並停厝棺材（一時不能安葬者，則停棺於寺廟中）。也就是說，殯葬行業更多是個自發的領域，國家的內憂外患使歷屆政府更無暇顧及此事。

二、近世西方文化的傳入與殯葬變化

　　1840年鴉片戰爭，英國以「船堅砲利」的物質優勢轟開了「閉關鎖

國」的古老中國大門。1842年8月「中英南京條約」的「五口通商」，中國五個沿海城市廣州、福州、廈門、寧波、上海各闢租界給英人作為通商口岸。隨後，各西方列強蜂擁而入，大肆瓜分中國領土，逐步將勢力深入到中國腹地。他們以「文明」、「民主」的紳士派頭在中國昂視闊步，使素以「老大帝國」自負的中國人頓有自愧弗如之汗顏。於是，遂起而效法。與此同時，西方近代文化包括殯葬服務方式也傳入，其中對中國殯葬領域影響較大的是殯儀館、火葬場和公墓的建立。它們使喪事辦理走向社會化，並推動了中國火葬葬式的重新興起。

「工業革命」以來，西方的社會工作逐漸興起。在工業集中、人口稠密的城市要像古代農業時期那樣，以一家一戶為單位辦理喪事並實施土葬愈益不可能。於是，負責替喪家接運遺體、承辦殯葬禮儀及安葬事項的殯儀館、公墓和火葬場便產生了，以求達到殯葬管理的科學和衛生。因此，與生產一起走向社會化的同時，殯葬活動亦逐步擺脫了舊式一家一戶獨立操作的方式，而進入了社會化操作時期。而且，它與新的葬式（火葬）相關。傳入中國後，它們首先興起於租界內，之後逐漸推廣開來。

上海開風氣之先。1843年11月17日上海正式開埠以來，寓居上海的外僑逐年增多，為解決死有所葬的問題（洋人大體無死後回葬故鄉之俗），1844年出現了第一個由外僑（英國人）開辦的公共墓地——山東路外國公墓。這是中國近代以來由外國人在中國開辦的最初殯葬服務（公墓）設施。1863年，英租界工部局又置地闢八仙橋公墓。

為了管理這些外僑公墓和辦理外僑土葬申請手續，1866年2月（同治4年12月）英租界工部局在衛生處設公墓股。這是在上海租借內出現的第一個有關殯葬行業的行政管理機構，隸屬於租界內工部局衛生處，內容側重於衛生管理。

19世紀末年，美國人韋倫斯在上海設立「松茂洋行」，專理外僑殯殮。由於收費甚高，當時中國人無人問津。這是由洋人經營的第一家殯儀館。

　　國民黨統治大陸時期，殯葬管理隸屬於國民黨市政府衛生局。到了1930年代，國民黨市政府在江灣開闢新市區，市長對衛生局規定的職事中有「承擔國人所辦公墓的行政管理」一項。當時的衛生局直接領導的有市立第一公墓（江灣公墓）、市立萬國公墓。這一時期，同國民黨市政府鼎立的殯葬管理機構有英租界的工部局衛生處公墓股、法租界公董局的殯葬管理機構（由法駐滬領事館領導）。三家各自為政，互不相屬。這是近代中國政府直接管理殯葬的開始。

　　1931年，南昌人陶醒予（家瑤）以恢復中華傳統禮儀為號召，創辦中國殯儀館，這是中國人開設的第一家殯儀館。

　　關於火葬，由於中國的文化傳統，便受到禁止。自西方文化傳入，火葬又被從外輸入。1927年，在上海英租界工部局開辦的靜安寺公墓的火葬處，安裝了上海第一個煤氣火葬爐。這是上海第一處現代意義上的火葬場（引自上海市民政局殯葬管理處編《上海民政史‧殯葬部分》討論稿，係該處關維常老先生提供）。

　　在殯葬禮儀上，袁世凱政府於1912年8月17日發布民國「禮制」，規定喪禮為脫帽三鞠躬。爾後歷代政府的官方喪禮均遵從之，如1929年南京政府行「奉安大典」迎葬孫中山先生靈柩於南京東郊紫金山安葬，1976年9月9日毛澤東主席去世，喪禮中均用三鞠躬禮。在民間，國內有人急於推行喪事鞠躬禮，但民間難以接受，招致強烈反對，故民間現仍用叩頭禮。

　　這些變化對於推動中國的殯葬改革都起了很好的先導作用。

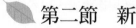 第二節　新中國的殯葬改革

　　新中國成立後，中國共產黨領導的人民政府以空前未有的熱情和魄力迅速醫治著中國百餘年的戰爭創傷，並蕩滌著幾百年遺留下來的社會積

弊，其中包括殯葬習俗的改革，向舊傳統發起了一場全面宣戰。

　　1949年以後的殯葬改革，大體上可分為兩個階段：倡導階段（1949-
1985年）及法制階段（1985年以後）。

一、殯葬改革的倡導階段

　　新中國成立，各級政府即抓緊了對社會的改造工作，殯葬改革也在其
列。各地民政部門首先接管了公墓，接收並改造了杠業；並在一些大城
市（如北京、上海）相應地設立了一些殯葬機構，如殯儀館、殯儀服務
公司、火葬場等，吸收舊杠業人員為職工，原有的棺材鋪等店鋪或取消
或成為當地殯葬事業單位的服務網點。同時，取締了迷信職業（如看風
水）、禁止封建迷信喪葬用品的生產與銷售，並積極地推行追悼會等新的
殯葬禮儀。這些初步的改革，收到了很好的社會效果。

　　1956年，全國廣大農村掀起了農業合作化運動高潮，內務部（民政部
的前身）提出「墓葬改革」的口號，其主要內容是：平毀和遷移墳墓，規
劃並建立公用墓地，有計畫地建立火葬場。各地農村結合農田水利基本建
設，剷平了大量的墳墓，擴大了耕地面積。山西等省的部分農村還以村為
單位，建立了集體公墓，克服了亂葬遺體的現象。北京、上海、天津等大
城市還增建或擴建了火葬場，積極地倡導火葬。

　　1956年4月27日在共產黨中央的一次工作會議上，毛澤東提議「所有
的人身後都火化，不留遺體，並且不建墳墓」，並帶頭在「自願死後遺體
火化」的「倡議書」上簽名，先後簽名的有高級幹部一百五十二人。它揭
開了中國大規模「以火葬為主要內容」的殯葬改革的序幕，此後中國加大
了推行火葬的力度。

　　1961年，根據墓葬改革的發展情況，內務部把殯葬改革作為一項重要
議題進行了研究，並向各地民政部門做了部署。具體要求是：一是先從大
城市，進而中小城市建立火葬場，推行火葬；二是利用荒山、瘠地建立公

墓，改革土葬；三是破除舊有喪葬習俗，節儉辦喪事；四是以行政區域為單位，對有關殯葬事宜實行統一管理。

1965年7月內務部頒發（14號）「關於殯葬改革工作的意見」，該文件分為四個部分：「一，大力推行火葬」，「二，改革土葬」，「三，改革舊的殯葬習俗」，「四，把殯葬事業統一管理起來」。這是中國在全國範圍內（首先是大、中城市）全面推行殯葬改革的開始，也是全面推行火葬的開始。當時各城市火葬場設施的情況，根據該文件的統計資料：「目前，全國一百萬以上人口的城市共十六個，全部建立了火葬場；五十萬至一百萬人口的城市三十一個，已建火葬場的二十三個，未建火葬場的八個；二十萬至五十萬人口的城市七十五個，已建火葬場的二十六個，未建火葬場的四十九個。」這裡有記載的火葬場至少有六十五個（有的大城市中可能還不止一個）。至於當時二十萬人口以下的城市是否也設有火葬場，資料顯示不詳。當時的重點是大、中城市。

經過十餘年的努力，中國以「推行火葬，改革土葬」為主要內容的殯葬改革有條不紊地開展起來。「文化大革命」使這一過程被打斷。

1981年12月，民政部召開了第一次「全國殯葬工作會議」。與會代表總結了過去三十年殯葬改革的經驗、教訓，確定了今後的殯葬改革政策和方向，同時也為爾後殯葬改革的法制化奠定了初步基礎。國務院副總理楊靜仁、民政部副部長張邦英參加了會議並在會上發言。此會已有論文集出版（第二次全國殯葬工作會議為1989年，第三次全國殯葬工作會議為1997年6月在北京）。

1982年2月，國務院批轉了「民政部進一步加強殯葬改革工作的報告」，1983年12月中共中央辦公廳轉發了民政部給中共中央「關於共產黨員應簡辦喪事、帶頭實行火葬的報告」，從黨內到黨外、從幹部到群眾，一層層做出表率，以推動全國的殯葬改革。它們的實施迅速扭轉了火化率下降、舊喪俗回潮的局面。

二、殯葬改革的法制階段

1985年2月，國務院發布了「關於殯葬管理的暫行規定」。這是全國性殯葬工作的第一個行政法規，標誌著中國殯葬改革由倡導階段初步進入法制階段。其主要內容如下：

1.**殯葬管理方針**：「積極地、有步驟地推行火葬，改革土葬，破除封建迷信的喪葬習俗，提倡節儉、文明辦喪事。」

2.**劃分火葬區和土葬區**：「凡人口稠密、耕地較少、交通方便的地區，應逐步推行火葬；其他地區允許土葬，但應進行改革。推行火葬或不推行火葬的地區，由省、自治區、直轄市人民政府劃定。」

3.**建立公墓和保護耕地**：土葬區「當地人民政府應本著有利於發展生產建設的原則，規劃土葬用地，可以鄉或自然村為單位，利用荒山瘠地建立公墓。提倡平地深埋、不留墳頭的葬法」。「禁止占用耕地（包括個人承包地和自留地）作為墓地。」

1990年3月民政部辦公廳下達「殯儀館等級標準」以及評定辦法，殯儀館被規定為三個等級。這使殯儀館的建設、評定和管理有了一個客觀標準。

這些行政法規的頒布和實施，使中國的殯葬管理、殯葬服務和殯葬改革工作向科學化、規範化和優質化發展有了一個依據。

三、殯葬改革的成就

經過四十多年的宣傳和推廣，尤其是1980年代以來的努力，中國的殯葬改革取得了相當的成就，並對本國的經濟建設、自然環境、社會生活以及人們的精神狀況起了很好的作用。它可從以下幾方面看：

(一)建立起一個分布於全國的殯葬服務網絡

迄1997年6月止，「共建殯儀館、火葬場、公墓等殯葬事業單位兩千三百多個，殯儀職工達三萬多人，形成了一個新興的特殊服務行業」。固定資產達十九億多元，比1990年增長了3.5倍（民政部部長多吉才讓1997年6月3日於全國第三次殯葬工作會議上的報告）。

現在，絕大部分縣都有了殯儀館及火葬場。

1996年底，已有一級殯儀館一個（南昌殯儀館），二級殯儀館四十八個，三級殯儀館八十個，其他殯儀館正向等級目標努力。現在，殯儀館及火化場不再是從前所見到的既陰森恐怖又髒兮兮黑乎乎的樣子了，而向規範化高標準化看齊，力求整潔美觀。如南昌殯儀館，採用中國古代宮殿式建築，裡面是大理石地面，新式電腦控制火化設備及除塵裝置，整個殯儀館區內綠樹成蔭。外來人員進去後，不告知，很難知道這裡是殯儀館。

(二)推行火化有相當的成效

從中國舊傳統的土葬方式，經過幾十年殯葬改革的宣傳推廣，火化率穩步上升（可參見各年的《中國民政統計年鑑》）。

1996年時，黑龍江、吉林、遼寧、山東、江蘇和北京、上海、天津等省直轄市的火化率已達95%至99%（因尊重回民等少數民族的喪葬習俗外），為全國殯葬改革實施得最好的省和直轄市。

民政部多吉才讓部長在全國第三次殯葬工作會議上，當談及今後一個時期殯葬工作的奮鬥目標和任務時提到：「火化率要爭取達40%」，「殯儀館達到一千五百個，其中1%的殯儀館建成國家一級館，10%建成二級館，20%建成三級館。」也就是十五個一級館，一百五十個二級館，三百個三級館。1995年底中國有火化設施的殯儀館有1,281個。

(三)初步建立了公墓區制度

各地初步建立起了公墓區。不管是火葬或土葬都需建立公墓，現在中

國已建有公墓十萬多個，大都由民政部門歸口管理，以防止亂葬遺體並侵占耕地。

(四)殯儀服務的水準正在提高

杠業歷來是一個為人所鄙視並視為晦氣的行業。現在，殯儀作為一個社會職業正為全社會所接受，殯儀服務的水準正朝向優質化發展，殯儀工人的素質、形象和社會地位也正在提高。同時，各地殯儀館還在推廣殯儀行業的禮儀及規範用語上下工夫。

(五)民間喪事操辦走向簡單化、標準化、科學化

舊式杠業、做白事道場、做七等迷信形式為傳統喪事的固定程序，經過幾十年的殯葬改革，現在，社會正接受比較簡單的「開追悼會」的喪禮形式。舊式繁瑣的喪事操辦形式正被人們遺忘。

1980年代末和1990年代上半期，民間的隆喪有相當的回潮。但從一百年的長過程看，喪事的操辦總的趨勢是走向簡單化、標準化和科學化。

此外，1995年秋季，民政部所屬的長沙民政學校和濟南民政學校，分別從中學生中招收了「現代殯儀管理」專業的第一屆學生。殯儀作為一門學科、一個專業，終於登上了大雅之堂，這是中國有殯葬行業以來的創舉。

第三節　中國殯葬改革的必要性

中國殯葬改革的必要性取決於特殊的國情。

一、人口分布極不均衡

中國有十二億人口，雖有960萬平方公里的面積，但人口分布極不均

衡：東部國土占全國面積的45%，人口占全國的95%；西部國土占55%，人口只占5%（《中國國情大辭典》1982年版）。也就是說，中國有11.4億人生活在不到全部國土一半的432萬平方公里土地上，每平方公里約264人。這樣，東部的人口就相當密集。大體上，從黑龍江省的漠河到雲南省的騰衝畫一條直線，以此區分東部和西部，線以東就是中國人口的密集地區。

造成這一懸殊的原因在於，西部海拔高，降雨量少，交通較落後，生存條件明顯不如東部，經濟發展水準也遠較東部落後。東部人口的密度有些地區更高，如江蘇省人口已逾七千萬，土地面積10萬平方公里，每平方公里為七百多人，為全國人口密度最大的一省。安徽省人口已逾六千萬，土地面積13萬平方公里，每平方公里近五百人。東部沿海省分每平方公里五百人以上的地區則不在少數。這些人口高密度地區，人均耕地多不到1畝。將中國與美國做一比較：美國人口2.3億，國土面積930萬平方公里，但其東、西部的自然條件無差別，得人口分布比較均勻之利，人口密度約每平方公里二十六人。故美國仍以土葬為主，每年的火葬率僅為5%。

按每年死亡率0.664%計算（參見《中國統計年鑑》1994年版，係1993年數字），每年死亡在796.8萬，即將近八百萬人。若全部土葬，按一具棺材1立方公尺木材計算，每年就有近800萬立方公尺的上等木材埋入地下；以每畝地埋四十具屍體計，每年將有20萬畝土地成為墳山（稱為「白色化浪潮」）。屍體在地下靠自然分解作用任其腐爛，需二十年以上方能被土地吸收，並不斷地釋放有害物質污染地下水源。清朝的一位婦女患炭疽病死亡，距今兩百多年了，在她的墓內還檢查出活的炭疽芽胞桿菌。人類生存在地球上，「非穀不食，非土不立」，土地是不可再生的資源，森林為保護水土流失之本，而這些資源每年大量地被死人無謂耗去，死人與活人爭地盤愈演愈烈，於心何忍？

現在人，還用磚、水泥、瓷磚、大理石等建築材料將墳墓修得堅實乃至富麗堂皇，幾十年內這些地方寸草不生。如果聽任土葬方式橫行，

一百年下來，我們將給子孫後代留下八億座墳堆！古代的人口遠少於現代（明末清初中國人口約五千萬），現代的防腐手段又較古代更完善，動用現代技術給子孫後代留下如此多的垃圾，又有何益？

二、現有生存資源的人均量極有限

現今中國的人均耕地面積僅1.2畝，只及世界人均面積的五分之一，而由於各種原因，每年還要減少600萬畝，而每年增加新人口在一千五百萬左右。中國以占世界七分之一的耕地養活著占世界22%的人口，中國的土地負荷太重了。此外，中國的森林覆蓋率極低，人均森林蓄積量僅9.1平方公尺，不足世界人均量的七分之一，而許多森林的實際品質又是相當成問題的。全國水土流失面積達360多萬平方公里，約占全國土地面積的38%以上。南方水土流失嚴重，而北方有一百多個城市缺水或嚴重缺水，中國的生存條件正在嚴重惡化中。比如，由於長江及其各支流地區的水土流失日趨嚴重，長江的含沙量正逐年升高。專家預測，如此下去，一百年以後，長江可能成為第二條黃河！我們究竟要給子孫後代留下一個什麼樣的生存環境呢？

三、社會經濟並不發達

土葬費用一般在一萬兩千元左右，如用火葬，少則五百元，多則三千至四千元便可全部辦完（包括安置骨灰）。以湖南省為例，每年死亡人口約四十二萬（1993年的死亡率0.713%，引自《中國統計年鑑》1994年版），若全部火葬，每次喪事節省八千元計算，每年便可節省約三十四億元人民幣。而該省還很難找出幾個擁有三十四億元固定資產的企業。迫於本地隆喪厚葬的輿論壓力，1996年農村有賣掉剛建好的房子而給母親辦喪事，喪後又重新陷於貧困的事情發生。中國經濟尚不發達，財富也不寬

裕，相當一些地方的生活還在貧困線上下浮動，人們盡可以用這些錢去發展生產，或父母在世時用心奉養，而不必死後隆喪厚葬。

中國的人口眾多，東部人口密度大，資源有限，仍屬開發中國家，人均擁有的財富量很低。因而，保護環境，愛護土地和木材資源，勤儉節約發展生產，這些就構成了推行火葬、實行殯葬改革以及節儉辦喪事的必要性。

 ## 第四節　目前殯葬領域中的問題

1980年代中期以後，一部分地方隆喪厚葬嚴重回潮。除喪事辦得紅紅火火，招來看客食客以示「孝心」外，還有一些事尤顯荒唐。

一、活人為自己建墳

1988年2月5日《中國青年報》報導的「昆明怪事：活人為自己建墳六十八座」：「這些墳墓多用石頭和水泥建成，占地最大的為18.5平方公尺，再加上周圍的空地，其規模就很可觀了。」「不少墳做工講究，花費多在一千五百元左右。有的還專門從外地拉來黑色大理石，有的在碑上刻了龍鳳戲珠，並塗上了金粉和銀粉。與此同時，職工中自備棺木達一百二十八個。據統計，建墳墓的黨員十二人，還有中層幹部、工程技術人員等，一般工人占多數。」並且，這一築墳墓的勢頭方興未艾，有的施工計畫已安排到該年的6月。該報導引起當時輿論界的大譁。

二、修墳成為一股熱潮

浙江一些市、縣（尤以溫州為盛）城鄉大修墳墓成風，人們手中有了錢，認為可以在祖墳上擺一點闊氣了，於是用水泥、大理石、水磨石、瓷

磚等建築材料將墳墓修得富麗堂皇，占地多在10餘平方公尺以上，同樣也有不少活人築「壽墳」事件。相當一些墳修在國道旁，竟成為當地的一大景觀；還有一些墳墓則直修到別人的窗戶邊來了，嚇得人們一到晚上便不敢出門。1996年春，浙江省政府大力在各地平毀墳地，強行推行火葬，統一規劃公墓建設。浙江省政府副省長劉錫榮在公墓建設上特別強調：「要下大力氣提高綠化率，達到墓前墓後有樹，墓區周圍有樹，道路兩旁有樹。」這樣恢復生態平衡，利在千秋。

　　中國民間對於隆喪厚葬仍有相當的興趣，只要政府一放鬆管理就會導致氾濫。而且，民眾通常只認知到「我有錢，修墳墓又不妨礙別人」。而沒想到，此類一舉一動在破壞著自然環境及生態平衡。在相當長時期內，中國殯葬改革領域中的行政干預及其行政壓力仍是必不可少的。

三、土葬有相當的回潮

　　以中南某省為例：每年死亡人口約在四十二萬，但這幾年的火化數卻總在兩萬具上下徘徊，每年有近四十萬具遺體土葬。即每年產生近四十萬個墳堆和近1萬畝墳地，近40萬立方公尺木材被埋入地下。十年後將是四百萬個墳堆。而該省會市（含一市四縣）的情況亦不佳，如1996年死亡人口35,842人，該市殯儀館共火化了6,872具；其中無名屍體、外來人口及嬰幼兒占1,279具。就是說，該市及四縣1996年實際上只火化了5,593具，有三萬具以上是土葬的。即1996年該市及四縣產生了三萬座墳堆、消耗木材3萬多立方公尺，產生墳地近千畝（本資料係該市殯葬事業管理處提供）。

四、宣傳教育不夠

　　「死亡」和「性」是中國人教育的兩個盲區，上輩人對下輩人採取忌諱態度，也不希望他人在自己面前提起。這樣，對於「死者和活人爭

地、爭生存條件」這一事實的嚴重程度就少有人知道了，猶如盲人騎瞎馬。殯葬改革的宣傳教育也僅僅是民政部門在喊喊叫叫而已，一旦事情非常嚴重了，便引得省、市等行政首長前來干預一番，如浙江省那樣。

五、殯儀服務中有短期行為

隨殯儀館轉型為獨立自主的經濟實體，將殯儀服務視為「壟斷性」財源的行為也隨之產生。例如，一個1.5至3平方公尺的骨灰墓地，用水泥、水磨石、大理石或其他高級建築材料建成，售價在五千至兩萬元，甚至更高，這已遠遠超過了豪華公寓的價格。地面則以水泥全封閉做成，整個墓區則給人一種陰森森的感覺。這些東西一百年也不會被腐蝕。中國每年死亡人數在八百萬左右，十年就是八千萬座永久性骨灰墳（以火化計）。這將是我們留給後人「不朽的」公墓建築遺物！同時，火葬如果費用昂貴，它就會失去優勢，人們會轉而尋求土葬。

利潤的吸引力，使其他一些部門也躍躍欲試，亟欲插足殯葬行業或已經插足，這些未經任何專業培訓又汲汲於厚利者的參與，將只會加劇混亂。

第五節　關於中國殯葬改革的設想

殯葬是死亡文化的操作形態和實物形態，又屬於社會民俗活動的一部分。歷史上，這種活動必須有利和適應人們的社會生活才會被允許，否則就必須改革。據上述討論可知，我們現在就處於這一時期，即大興隆喪厚葬和傳統土葬已嚴重妨礙生者的正常生活。

但是，中國傳統的殯葬文化又有很多有價值的東西，如「孝」、「敬」原則，如果不加審視地將傳統一刀斬斷，我們就會重蹈過去的錯

誤。因而，在殯葬改革的總原則上，應當是：既能寄託我們的哀思，不忘先人創業、哺育之艱難，又不破壞自然生態的平衡，給後人留下一個更美好的生存環境。殯葬操辦以不破壞自然生態平衡和正常的社會生活為前提，死後隆喪厚葬不如生前恭敬贍養。

中國殯葬改革的關鍵是認知問題，即轉變思想觀念。思想上通了，什麼都好辦。宋、明時代朝廷強迫人們放棄火葬，強制土葬，與現在正好相反，比較起來似乎有點滑稽。由於中國現有生存條件的限制，必須迫使人們改變觀念，接受火葬。所以，各地都應有計畫地加強有關殯葬改革的宣傳和教育，如運用廣播、電視和報紙等傳媒，在城市和鄉村建立宣傳海報，提高全民對殯葬改革重要意義的認知，以提高殯葬改革的自覺性，減少阻力。目前，這一類宣傳太少。其原因，一是中國人忌諱此事，二是宣傳此事無利潤可言，一些部門提不起興趣。以下幾點可作為殯葬改革的建議：

一、應大力推廣「以樹代墓」形式

以殯葬為槓桿多植樹，不管是火葬或土葬均可實行之。考慮到中國人口絕對數量之大，現代化的建築材料又具有漫長歲月不被腐壞的特點，即便興骨灰墓地，長此以往，多少年後，也將留下大量的永久性垃圾，社會仍然承受不起。因而可以將骨灰埋入地下，用或不用骨灰盒均可，上面植以松柏。這樣，該樹便成了先祖之靈的象徵。中國十大元帥之一的聶榮臻去世後，即於八寶山公墓內樹葬，上有其遺言，曰「喜松柏之氣概，念四化之早成」。在土葬改革區也可以這樣做，尤其是西北一帶植被少，國家及地方政府每年都要花相當的人、財、物力用於植樹，這些地方係「土葬區」，多窮鄉僻壤，何不規定：凡葬一死者，其喪主家都要植若干棵樹並包成活，由當地有關部門指定植樹的位置（主要圍繞墳墓附近，要限制墳的高度，最好不留墳堆）。清明節，人們可以面對著樹緬懷先人，既省力節約，又不占地、污染環境，而且多少年以後，荒山可盡得綠化，死者又

藉松柏而「不朽」,一舉數得,實在是一件大好事。

二、應建立「殯葬法律體系」,依法治理殯葬

受過去行政干預模式的影響,習慣於動輒行政首長掛帥,如東南某省的殯葬改革問題嚴重時,該省某縣縣長親自任「殯葬改革領導小組」的組長,縣委副書記、常務副縣長、組織部長、宣傳部長任副組長。這作為短期行為尚可,以體現重視,作為長期行為則不可能,縣長需要管的事情太多,他不能哪裡出問題就到哪裡去任「組長」。所以,從長遠看,必須立法,並完善殯葬法的實施體系。目前,我國的殯葬改革及管理仍為行政管理模式,如全國沿用的是1985年2月國務院發布的行政法規「關於殯葬管理的暫行規定」;1997年6月全國第三次殯葬工作會議討論了新的「殯葬管理條例」,不久可望由國務院發布執行。有的省、市、縣也頒布了自己的「殯葬管理條例」之類,如1996年10月14日四川省第八屆人民代表大會常務委員會第二十三次會議通過了「四川省殯葬管理條例」。這都是可喜的現象,隨著這些實踐,最終必將導致全國性「殯葬法」的產生。自然,必要的強制干預不可鬆懈。在自然等生存條件相當緊張的今天,我們必須依靠國家權威對殯葬領域中有害於社會的行為予以懲罰。歷史上,任何一類真正的社會性改革都必須伴隨一定政治權力的強制介入,否則就會成為空談。迄今中國的殯葬改革歷程也說明了這一點。

三、應制定適應現代社會規範的「喪禮」程序,重建「居喪」
制度

現在相當一些地方隆喪厚葬重新興起,而孝行則嚴重滑坡。父母生前不聞不問,或冷若冰霜,死後卻大辦喪事,為博得一個「孝子賢孫」虛名之事,屢見不鮮。因此,很有必要由某權威機構制定規範的「喪禮」程

序，並規定子女必須為亡父亡母服喪一個月，喪期內禁享受、從吉等，形諸禮法文書，昭示天下。也就是說，將「殯葬改革」和「孝文化」結合起來，推行「厚養薄葬」，「祭而豐，不如養之薄也」，以促進社會風俗向良性化方向發展。歷來，孝行是社會德行的基礎，所謂「子不孝，不知其可也」。十餘年來，海內盛倡「宏揚優秀的中國傳統文化」，此方面的文章著述頗多，作者以為，現在是由「提倡」、「研究」進入到「實際操作」的時候了。

四、應將競爭機制引入殯儀服務領域

比如，一個城市（含周圍縣）至少可建有兩個以上的殯儀館，形成競爭，改變地方上由於壟斷經營而形成的「衙門作風」，以提高服務品質。當然，它們不必都配備火化設施。作者到過一些殯儀館，那裡的服務品質太差，而且其領導人對如何提高服務品質大有不屑一顧的神色，對殯葬改革的宣傳工作更是無從談起，多為坐等喪主上門，人稱「姜太公釣魚」。當火化率下降而難以經營時，他們就抱怨地方行政領導「沒抓」殯葬云云。

五、塑造新時代殯葬行業的新形象

殯葬行業則面臨一個塑造自身形象的問題，即使殯葬行業成為社會普遍可以接受（如不避諱）的行業，使殯葬職工在世人面前成為一個有文化教養的、文質彬彬的第三產業就業成員。為此，各地殯儀館都應當有意識地對自己進行公關形象策劃，甚至可以重金聘請有關公共關係專家前來幫助策劃，如何塑造一個新時代殯葬行業的形象以及殯葬職工的形象。要爭得應有的社會地位，首先必須改造自己，而不應總是寄希望於政府部門施加對自己有利的行政干預。

六、破除喪葬迷信

關於殯葬「迷信」問題，1985年2月國務院「關於殯葬管理的暫行規定」第二條有：「破除迷信的喪葬習俗，提倡節儉、文明辦喪事。」因為，喪葬迷信不利於精神文明建設，又導致鋪張浪費。一次，有位愛管「閒事」的記者指責喪葬用品店生產和出售紙錢、紙馬等喪葬用品為宣揚「迷信」等，而店主則反唇相稽：我是辦了工商執照的，自然就是合法的。如此看來，對於「喪葬迷信」的認知各部門尚未取得共識，因而政出多門。作者以為，我們當然不提倡和鼓勵「迷信」，但也不宜與中國傳統心理嗜好全面作對，在倡導國人接受火化尚屬艱難之際，在「迷信」問題上可考慮「網開一面」，所謂「人情所好，聖人不禁」。事實上，中國社會到處都可以看到「迷信」，迷信和非迷信在現實生活中有時是很難把握、界定的。諸如，清明上墳，人們將幾元錢十幾元錢的彩紙紮成的（一串串形狀的）花插在墳上，燒上點紙錢，灑上幾杯酒，磕幾個頭，表示後人來此看望過先人。說它是「迷信」就像是迷信，說不是「迷信」又不像是迷信，要定性還真非常困難！此類並不奢侈的喪葬消費，喪主願意而又能承受，欲強行管制就會遇到麻煩。諸如此類的「迷信」對社會並不構成危害，還能強化兩代人之間的感情聯繫。還有一些「迷信」，如看風水等，隨著火葬及以樹代墓的推廣，自然而然就會消失。

人是自然界的一類物質，死後，以何種方式回歸自然都是一回事。「生得充實，死得安詳」乃是一個圓滿的人生。應讓每個人都知道自己有如下責任：給子孫後代留一片淨土。同時，人又是心存「永恆希望」的智慧動物，殯葬禮儀的改革仍應把握「超越死亡」、「生命永恆」這一死亡文化的本質，並給人們的此類心理需求留一扇方便之門。歷史上，任何改革都離不開對人性的認知，殯葬改革也是一樣。

總之，中國人應以理性的眼光來重新審視死亡文化。

第二十四章

國家對殯葬的干預及其意義

社會學認為，社會是一個有機的整體。這是用生物學觀點比喻社會的各個部分、環節之間相互不可分離地聯繫著，並以此作為一個整體而存在。社會由人構成，由於個人的自私和愚蠢，人們的自發活動往往無法維護社會需要及平衡，於是，全社會的利益需要就會上升到「國家意志」，由國家實施對社會的理性調控。因而，在現實性上，社會是透過國家上層建築的作用才成為一個現實整體的。

國家是社會自身所產生的一個「媒介物」，它總是由「統治集團」即「一部分人」所代表所掌握，因而它也就時刻存在著脫離社會而「獨立」的危險傾向，進而危害社會。這就是國家的「兩面性」。

殯葬是一種社會行為，死亡活動恆與生存活動相聯繫，並對後者產生不同程度的影響，因而國家對殯葬的干預並連同它的兩面性都是不可避免的。

第一節　國家干預殯葬的概述

對於國家，首先須做兩個說明：其一，既然國家是社會不可或缺的調控機構，那麼對國家的考察便可延伸到更為久遠的原始時期。其二，對歷代國家的合理性應持理性主義的眼光，而不宜採取盲目的敵視態度，諸如斥為「剝削」、「壓迫」人民的「反動機器」之類，它會妨礙我們正確地認識歷史及現實。

國家對殯葬的干預歷代都存在，從距今七千年前後仰韶文化那些排列得整齊有序的氏族墓葬，以及普遍流行的仰身直肢葬的葬姿中，我們便看到了「國家」對社會殯葬干預的影子。已如前述，進入文明時期，政治性國家的出現，殯葬愈來愈受到國家的直接干預。這一現象取決於社會這一變化：社會愈發展，財富愈豐富（它的分配必然是不平衡的），人口增長，地域擴大，參與社會運行的「因素」就愈多，社會成員之間也愈來愈

只能透過「間接」方式相聯繫，這給社會治理帶來了困難。或說，國家愈龐大愈發達就愈難治理，國家對社會的干預就愈深入而持久，因為社會相互銜接、相互關聯的因素太多了。殯葬干預就屬於國家干預社會的一部分，其意義在於透過民俗的「一致化」而促進社會的統一。

可以說，古代各民族的國家都不同程度地干預過殯葬，純自發的社會殯葬是不存在的。如古埃及的金字塔，猶太教、基督教和伊斯蘭教等宗教經典中，都有關於殯葬禮儀的規定。所謂習俗，也大都透過國家的調整和認可，或直接就是國家引導的結果。

中國干預殯葬最早有文獻記載的是西周。周禮的喪禮全面奠定了中國歷代國家干預殯葬之基礎，以「孝」、「忠」文化為核心，全面規範，用心良苦，後代殯葬禮儀家多讚譽並效法周禮，以此為源頭，它也深刻地影響並引導了中國民間的殯葬禮儀。

國家干預殯葬包括社會的生死觀、殯葬的操作內容和程序，以及殯葬實物使用的等級規定等。時代不同，干預的程度各有差別。干預的方法，一是透過自身做出表率，如推行簡喪薄葬，漢文帝、曹操等人就曾身體力行；反之，秦始皇、漢武帝就做出了隆喪厚葬的榜樣。當然，應注意不要用現在的眼光去理解古代帝王的簡喪薄葬或隆喪厚葬，一切都要以當時的「禮法」規定或該行為對當時社會的影響為依歸。二是頒布禮法，強制性地規定民間殯葬只能做什麼，如土葬、墳碑的高度等；不得做什麼，如禁喪事越禮、禁風水等。

第二節　中國古代國家對殯葬的價值導向

中國古代社會，經濟上「以農為本」，所謂「非土不立，非穀不食」；政治上「以官為本」，重等級，所謂官吏為「民之父母」、「為天下之表」，猶如萬民仰慕的「北斗」；社會治理上則「重孝道」、「重

宗法」。反映到殯葬上，就是歷代國家重喪禮的等級制度，給官吏以
「哀榮」，如崇其墳高和碑銘，重施撫恤、賻贈和賜祭等；鼓勵人們重祖
墳，倡土葬，以此建立庶民的人生追求目標，所謂「生當封侯，死當廟
享」。因而，中國古代的殯葬歷來是治理社會的一項工程。

如前所述，國家對社會包括殯葬的干預透過兩種方式進行：其一是道
德引導，即自身做出表率；其二是強力壓制，即「嚴加捉搦」。這兩種方
式之最高目的在於對社會做出「價值導向」，即將社會普遍行為引導到
「國家意志」所希望的軌道上來，所謂「習俗」在很大程度上即是這一導
向的結果。一般而言，國家（或統治階級）之所好，與社會風俗、社會殯
葬的追求之間有內在的聯繫，所謂「上有所好，下必甚焉」，「君子之德
風，小人之德草」。

中國歷代國家本著農業文化、儒家孝文化、官本位等級文化的精神，
對殯葬領域進行一脈相承的價值導向，它主要表現在以下幾個方面：

一、孝文化導向（明父母子女關係）

即喪事中的孝子賢孫本著「敬」、「哀」的原則辦理喪事，並居「三
年之喪」。孝為修養「人格」、塑造「君子」之本，是治理社會的人心根
本，歷代國家對此都傾注了很大的熱情。孝的延伸是忠，它體現在殯葬領
域就是忠文化導向。

二、忠文化導向（明國與家的關係）

它是孝的國家化，所謂「忠臣出於孝子之門」；忠是孝的最高目標，
所謂「以天下為己任」、「死於國」。中國五千年歷史，入世主義占主導
傾向，歷代國家鼓勵士人登仕途，進入國家統治階層行列，例如兩漢有
「舉薦」孝廉、賢良、方正，隋唐以後則有「科舉」入仕，與此同時歷代

還有軍功入仕、庇蔭授職等途徑。但一般而言，文武之臣的人格必須是「孝子」，即國家只提拔那些具有孝行的人才入仕，以維護統治集團的「優秀」和「純潔」。

這一孝、忠相銜接的社會理論體現在殯葬領域的諸多方面，如《漢書·高祖本紀》載的〈金布令〉中，有送戰死在外的軍人靈柩還鄉的規定，漢武帝時在北邊防守匈奴的軍士仍享受這一待遇。國家還給去世官員以賻贈，有助其辦喪事並補貼其家屬的含意。如兩漢時官吏死，朝廷有「法賻」或「例賻」。《漢書·羊續傳》：「二千石卒，官賻百萬錢。」既為助其家辦喪事，實有撫恤其家屬之意。西漢中後期，「天下殷富」，二千石死後，加上當時流行的喪事人情，總共可達千萬以上，「妻子通受之，以定產業。」唐代沿襲漢制。據杜佑《通典》載：文武官員一品死，賻物兩百段（綢緞），粟200石，以下依次遞減；若死於「王事」，則另外還有「敕賜」。

國家大力表彰那些為國捐軀者。歷代為國而死者，除受到賜諡、賜祭、追贈、立廟、賻贈優厚、提高喪事的等級規模等哀榮以外，子弟還可受到襲爵、賞賜等優待，所謂「澤及子孫」，以便為統治集團延攬人才、人心，鼓勵為國家效力的熱情。如三國時吳國大將周瑜死於箭傷，因其有大功於吳國，其長子周循被授騎都尉，早死；次子周胤授興業都尉，後封侯。南北朝時，北周（都長安）柱國大將軍庸國公王雄死於戰陣，朝議認為其父「殞身行陣，特加殊寵」，授其子王謙襲父為「柱國大將軍」及「庸國公」爵位。王雄以喪禮（三年）未終，不受。皇帝親寫詔令「奪情」迫其受封（《周書·王謙傳》）。1894年中日「甲午海戰」中殉難的鄧世昌，據有關資料載，當時朝廷的「撫銀」是三千兩。現在，國家則有革命軍人、烈士傷殘和犧牲等撫恤規定，均屬殯葬領域中的「忠文化」導向。

《明會典·卷一一〇·喪禮六·恩恤》：「國初，武臣亡歿，念其勳勞，賻恤之典，特從優厚。其後漸為限制，今並文臣恤典著於後。」後面

便是各品級官員戰死或病死於軍中的賻恤規定。

孝文化和忠文化導向是國家干預殯葬的主要方面，亦所謂周禮儒家的「親親」、「尊尊」原則。「親親之恩莫重於孝，尊尊之義莫重於忠」，即「親親」的最高體現在於「孝」，「尊尊」的最高體現在於「忠」。按照這條原則去做，「在位不驕以致孝道，制節謹度以翼天子，然後富貴不離於身，而（諸侯）社稷可保。」（《漢書·宣元六王傳》）這裡告訴人們：認真做到孝和忠對你們有好處，這樣富貴可以「不離於身」，封爵可以永「保」。可以說，中國的孝、忠文化是功利主義的。這一「功利性」既是針對人性而定的，同時也種下了在歷史上屢屢走向反面的種子。

三、宗法關係導向（明親疏關係）

至少從仰韶文化那些排列有序的氏族公共墓葬中，就可以看到塵世社會的血緣關係。進入文明社會，由於國家的組織結構直接從舊式血緣關係演進而來，並仍然相當地依賴這一血緣關係，因而各國古代都不同程度地利用血緣關係來聯繫社會，中國古代尤甚，此即著名的宗法制。如前所述，西周即「宗統」與「君統」合一的國家。秦漢後，宗統與君統合一的格局雖不存，但民間的宗法權力結構仍延續下來，成為一級「準國家」組織。國家發現它有利於社會治理，於是認可並在某種程度上鼓勵宗法權力的存在，與此結成同盟，所謂「官紳合治」。宗法關係體現在殯葬中有「五服」居喪制、族內有喪相幫（包括姻親之家）、祖墳、祖廟，以及祠堂中的族譜等，均為宗法關係的體現。五服宗法制是孝（父母）關係的擴大。

四、社會等級導向（明貴賤關係）

　　對更高等級的渴望乃是人性的追求，因而歷代國家以此鼓勵人們為國家效力。殯葬中的社會等級導向即國家規定不同等級者用不同級別的喪禮，並「著之於禮法」。從殷墟商代墓葬中，我們就可以看到那時森嚴的殯葬等級規定；《周禮》中「塚人」主管王室的墓地，「墓大夫」主管一般墓地，死者地位高，守墓人的地位也高。秦漢後，殯葬等級的規定歷代相沿，如前所述，諸如飯含、大小殮、銘旌、棺槨、喪禮規模、墓碑大小高矮、石像生、廟數、祭祀等等，幾乎都有數不清的等級規定。僅透過殯葬文化就可以說，中國歷代是一個重等級因而也等級森嚴的國家。社會等級導向是忠關係的擴大。

　　在討論古代的等級制時要注意到，古代人對等級制的承受力比現代人強，還要注意各朝代對等級制的規定有異。兩漢時，皇后娘家的兄弟子侄可以憑此一步登天，封侯拜相，為朝廷執政首腦，娘家人也可以因此而大得封賞。如西漢末王莽家族的興起就因其姑王政君是太后的緣故；東漢中後期竇憲家族、梁冀家族、何進家族的先後執政，均因本家出了一個太后，緣此門道而得拔擢。這些人一般少教養，一朝得勢便橫行霸道，又有太后撐腰，無人敢問。三國時，吸取兩漢教訓，開始防止後宮干政，如《三國志・魏書・文帝紀》：「詔曰：夫婦人與政，亂之本也。自今以後，群臣不得奏事太后，后族之家不得當輔政之任，又不得橫受茅土之爵。以此詔傳後世，若有背違，天下共誅之。」隋唐後，科舉興起，這一門道大體被杜絕（但仍有楊貴妃之兄楊國忠執掌朝政之事）；宋以後被徹底堵死。如《宋史・神宗本紀一》：「詔察富民與妃嬪家婚姻夤緣得官者。」夤緣，即攀援、攀附。富者走妃嬪后戚家門道而得官者要受到追究。皇帝子孫封王者不能擁有土地及人口，也不得結交朝官等。明、清亦規定后妃家不得干預朝政，如慈禧太后控制朝政長達半個世紀，在理論上是有違清朝「家法」的行為。這表明，隋唐以後中國人對於后戚家透過姻

緣關係，而執掌朝政並家族富貴升天的做法，愈來愈不能接受了。

五、維護自然環境的導向（明人和自然的關係）

即殯葬不得破壞社會賴以生存的自然環境，如西周時公共墓地就只能用貧瘠荒蕪之地，而不得占用農田，而公共墓地也在於防止亂葬遺體。亂葬遺體不僅與生者爭地，有礙居住區的美觀，而且可能引發疾疫流行。秦漢以後，歷代都有義塚（各朝名稱不一），並官府出面收葬無名屍體，亦有保護自然環境的意義。如東漢安帝元初2年（115年）2月「遣中謁者收葬京師客死無家屬及棺槨朽敗者，皆為設祭；其有家屬，尤貧無以葬者，賜錢人五千」（《後漢書‧安帝紀》）。此類義塚義葬，歷代史書均有記載。現在推行火葬，主要目的也在保護自然環境。

須注意，不可簡單地將歷史上的隆喪厚葬歸結為「歷代統治階級」的倡導（儘管歷代統治階級有責任），這是個必須具體分析的問題。

第三節　中國古代國家對殯葬禮儀的規範化

國家對殯葬禮儀的規範化，就是指國家規定喪事的操作內容、程序和等級等方面的事項，它是國家進行價值導向的具體體現和形式化。捨此，國家的作用即為空談。

中國對殯葬禮儀的規定，現有文獻記載最早為周禮中的「喪禮」，它從初終到殯期間的規定，再到葬後及三年守制，以及「忌日」的終身之喪。周禮中還對公墓及管理做了規定，如《周禮‧地官》：「塚人」主管王室的墓地，「墓大夫」主管一般墓地，「職喪」主管諸侯以及有爵位的卿、大夫、士的喪葬，「守祧」主管守衛先王先公的祖廟，「內宗」主管君王宗廟的祭祀事務，等等。這為後世家族墓地和祭祀的管理制度奠定

了基礎。這一整套殯葬禮儀規範為春秋戰國時期的儒家所記載並推崇，其中多少夾雜了當時儒家知識階層的想像，故可理解為「儒家周禮」的喪禮。兩漢奉行四百餘年，後世相沿不絕，為歷代國家所推崇的正宗喪禮。

兩漢將儒家學說推向極端，故導致了魏晉以後對儒學的反動。國家對隆喪厚葬的嚴厲禁止，則可視為國家為矯正風俗所做的努力，如曹操禁隆喪厚葬以及禁立墓碑令；北周武帝盡毀天下之墓碑，來了一次大掃除。

唐以後，承四百餘年天下大亂、禮制蕩然之弊，國家重新透過「禮制」來干預殯葬，以干預社會生活，喪禮成為整個社會禮制系統的一部分而載入國家大典。如《舊唐書·高宗本紀》載：「商賈富人，厚葬越禮，可嚴加捉搦，勿命使更然。」唐玄宗開元2年（714年）制：「自古帝王，皆以厚葬為戒。近代以來，共行奢靡，遞相仿效，浸成風俗。」並警告「州縣長官，不能舉察，並貶授遠官」（《舊唐書·玄宗本紀》）。這反映了當時國家與民間隆喪厚葬及喪葬越禮行為做鬥爭，並力圖引導民間的喪葬行為。此類制裁行為，史書多有記載。

宋以後，國家更加干預葬式和喪禮，如禁火葬、倡土葬，以及重倡儒家周禮的喪禮形式，力圖削弱佛教、道教對喪禮的影響。如宋太祖開寶3年（970年）詔令開封府：「禁喪葬之家不得用道、釋威儀及裝束異色人物前引。」它們屬於宋、明以降重建儒學權威的一部分，這一過程產生了宋明理學。此後中國四大禮制為：《大唐開元禮》、《宋政和禮》、《明孝慈錄》、《清通禮》，它們都是國家全面干預並規範社會生活的產物和表現。如前所述，殯葬是社會的一面鏡子，唐代以後國家干預殯葬的增加，表明國家對社會生活干預的程度加深了。

清代則嚴厲禁止民間的風水堪輿說。如前述雍正13年（1735年）10月24日上諭：「朕聞漢人多惑於堪輿之說，購求風水，以致累年停柩，漸至子孫貧乏，數世不得舉葬。愚悖之風，至此為極。嗣後守土之官，必多方勸導，俾得按期埋葬，以安幽靈，以盡子職。此厚人倫風俗之要務也。務

各宜凜遵無忽。欽此！」乾隆37年（1772年）10月又諭：「嗣後有喪之家
及現在久停未舉者，悉照定例，以一年為斷……倘有逾年停柩在家者，
按律治罪。」因尋風水寶地而形成長年停柩不葬之陋俗，冥頑不化，使
「子孫貧乏」，且有礙衛生，最後只得以「按律治罪」相威脅。

現在國家對殯葬干預的做法與歷代大體相沿，但更著重在推行葬式
（即火葬）、建造公墓等方面干預甚深甚力，為歷代所不及；其他方面如
推行孝文化、喪禮規範等則不及古代。

第四節　統治階級在殯葬上的不良作用

國家是社會一個政治性的調控機構，它處於全社會的最高位置，既是
最高的權力位置，又是最高的道德位置。而任何時候，國家總是由具體的
某一統治集團所執掌、所代表，正由於這一特殊地位，國家歷來也就是一
柄雙刃劍，干預殯葬領域時亦是如此。也就是說，一旦執政者不能正確地
制定社會所能接受的殯葬規範，或不遵守本集團已制定的殯葬等級規範即
自己「逾禮」時，就會對社會造成非常不良的引導作用。這時，起不良作
用的就不僅是統治集團，而是作為社會上層建築的整個國家了。

歷代國家在殯葬上的不良作用，最著者當推秦始皇、漢武帝。秦始皇
巍峨壯觀的帝陵為後世歷代追求奢侈的帝王所效法，漢武帝的茂陵及其奢
侈的生活方式，則幾乎引導了西漢中後期整個的社會風氣。貢禹是西漢中
後期人，他耳聞目睹了當時奢侈虛浮的社會風氣，有切膚之痛，深感最高
統治集團於其中起了不良作用，故云「過自上生」。漢昭帝（武帝子）死
後，昌邑王劉賀為嗣太子期間在皇宮內的胡作非為，最能反映當時皇室子
弟群體（所謂「龍子龍孫」）中普遍的放蕩奢侈之風。

西漢東平王劉宇在封邑內多次犯法並殺人，漢元帝竟以「至親」故而
不治罪；元帝崩（西元前33年），他「比至下（下棺時），（劉）宇凡

三哭，飲酒食肉，妻妾不離側」。劉宇係元帝同父異母弟，又有君臣之分，劉宇多次犯法而屢受庇恩，此時服喪而不哀，下棺時「三哭」裝裝樣子，照樣享受不誤（《漢書‧宣元六王傳》）。

東漢和帝時（西元1世紀），竇太后臨朝稱制，其兄竇憲為大將軍，執掌朝政，竇氏家族炙手可熱。竇太后幼子中山簡王劉焉死，竟加賻錢一億、驚動六州十八郡數千人為其運送上等棺槨木料至洛陽，為修王陵而平夷人家祖墳以千數，這對社會風俗無疑起了極不良的作用。

中國歷史上的隆喪厚葬首先就是那些皇室及皇親國戚、富商大賈和地方上的豪富紳士（其中包括退休官員）掀起來的，因為他們手中或有權或有錢，具有隆喪厚葬的政治和物質條件。如《紅樓夢》中的賈府，賈氏家族兼國戚和地方豪富的雙重身分，在殯葬上也是極盡奢侈豪華，蓄意要顯示本家族的特殊地位。其次是整個社會風俗變壞了，民眾若不羨慕並醉心於攀比奢華，隆喪厚葬行為就成不了社會氣候。因此，刻意追求外在形式的隆喪厚葬，反映了一個社會風氣和民族精神的頹廢，好像社會沒什麼事可做，便來玩玩這些無聊的把戲。

第五節　國家干預殯葬的意義

中國歷代國家對殯葬的干預是沿著這一思路進行的：將對父母的孝道貫穿到其死後，所謂「事死如事生」；民重死則重生，重生則易治，故歷代倡導民眾重視（或慎重）殯葬。這源於儒家的政治學說。但「重視殯葬」和「隆喪厚葬」由於在理解或愛好上的執拗而變得有些含混不清，因而往往在歷史上有意無意地要掀起隆喪厚葬之風。

國家干預殯葬的意義在於：貫徹國家的價值意圖以作為社會價值導向，使殯葬活動達於規範化，保護自然生存條件，在不妨礙社會正常運行的前提下（有限地）滿足人們在殯葬問題上對於超越死亡、生命永恆以及

世俗的諸心理需求，以促進社會治理。

國家干預殯葬最深厚的根源在於人性，即人性的貪婪、虛偽和愚蠢。人性總是企圖占有更多的額外利益，更多的光榮，壓倒所有的人，並為此而大動心思；又短視，眼睛盯著鼻子，重視眼前利益，通常看不到全局和長遠利益；同時，又由於理解力的缺乏，總喜好以瘋狂的熱情將事物推向極端。這是中國歷代一次次掀起隆喪厚葬最深厚的社會心理基礎，自然它們每一次都是在「孝道」的旗號下進行的。循著這一「競爭」的慣性展開，最終必然要徹底地瓦解人際關係和破壞自然資源，進而破壞社會全部的生存條件。

第二十五章

現代中國社會的喪禮程序

18世紀下半期「工業革命」以來，人口密集的大都市在各國迅速興起，各國之間的聯繫愈益緊密，各民族的禮儀（包括殯葬禮儀）也逐漸「接軌」。由於人文主義、啟蒙運動等反封建思潮的影響，民主、平等思想的傳播，世界各國所遵行的喪禮發生了很大的變化。從內容上，拋棄了過去宗教和迷信的喪禮程序（如念經超渡）而更具有「科學」精神；從形式上，則趨向從簡並逐步與世界一體化。即便像具有深厚的隆喪厚葬傳統的中國社會也是如此，一個國家仍想像從前舊式農業文明時代那樣完整地保持舊式喪禮，已變得不可能，當然也無此必要了。

第一節　國家的喪禮

一、唁電和唁函

唁電，指哀悼死者並慰問生者的電報。它在國際上使用較多，是指當一個國家或政府的首腦（或相當重要的人物）去世後，另一國專門發去電報表示哀悼並慰問喪主國。為此而發出的信函稱為唁函。

唁電和唁函的語氣和文字的多少視國家之間的親密程度而定，一般較簡短，特殊友好關係的國家則通常還要回顧一番「友情」，敘敘舊，就像私人之間的通信那樣。

唁電或唁函發出的同時，還要刊登在本國具有影響力的或官方的報紙上，讓人們都知道；喪主國收到後，也照此辦理，刊登在本國有影響力的或官方的報紙上，以示本國政府在國際上朋友頗多。倘若一國首腦人物死亡而國際上竟無一國問津，此國必定會非常尷尬，就像民間某家辦喪事時無人前來相幫一樣。

由於唁電或唁函係一種外交行為，故措詞、刊登在報紙上的什麼位置都非常講究，諸如措詞低調而客套，或極表悲痛之詞，追述傳統友誼之

類；如將對方的唁電或唁函刊登在報紙末幾版乃至版面的下方，則為故意低調處理，或蓄意藐視對方。有時可能將唁電或唁函退回去，以示與對方勢同水火，不共戴天，不接受其哀悼之情。特殊友好的國家，則還要派遣級別較高的官員赴對方國家參加葬禮。

二、降半旗誌哀

降半旗誌哀，指一國的國家或政府首腦（或其他重要人物）去世後，本國或友好的國家透過降國旗表達哀悼。國旗是整個國家的象徵，將國旗全部扯下來表示亡國，降半旗則表示舉國低頭誌哀。具體做法是：將國旗升至旗杆頂，然後降至離頂三分之一處。有時在正式舉行喪禮的那天，有時也在整個追悼期間，視情況而定。例如， 1969年法國總統戴高樂去世，中國於法國舉行葬禮那天降半旗誌哀；1976年中國幾個重要的領導人去世，均於悼念期間降半旗誌哀。

降半旗誌哀的禮儀據說源於英國。1612年英國商船「哈茲伊斯」號在探尋一條航路時，船長被北美洲海岸的愛斯基摩人殺害。在返航途中，該船以降半旗方式誌哀，後世引為國際慣例，沿用至今（參見耿天奇編著《追根溯源四百事》，陝西旅遊出版社，1991年11月版）。

三、國葬和公葬

(一)國葬

國葬，又稱國喪，是指國家最高領導人去世後所舉行的治喪活動，為一國最高規格之喪禮。古代稱大喪，係指皇帝、皇后和太上皇、皇太后等去世所舉行的治喪活動。

中國現在的國葬，其禮儀主要內容說明如後。

「治喪委員會」一般由中國共產黨中央委員會、中華人民共和國全國人民代表大會常務委員會、中華人民共和國國務院、中國人民政治協商會議全國委員會四家組成。由於迄今無「國葬法」條文可援引，故大體上只能憑經驗行事。

國家一級的報紙、電臺、電視臺播發悼念消息，並播放哀樂。

在重要場所（如人民大會堂）設立靈堂，供弔唁。

國葬期間，各國駐本國的使節前往靈堂弔唁。各有外交關係的國家領導人或官方機構一般致唁電，有的還派專人來弔唁，甚至參加追悼會（不過，按中國慣例，不邀請外國政府、政黨和友好人士派代表團或代表來華參加悼念活動）。

全國降半旗誌哀。

悼念期間或舉行追悼會時，諸如輪船、工廠等有汽笛之處均鳴汽笛表示哀悼。

國家駐外使、領館設立靈堂，供駐在國弔唁。一國派駐海外的大使館、領事館在法律上屬於該國的「領土」，因而也於其中設靈堂供人們弔唁。

顯然，上述禮儀非一般人可以享有。

辦理國葬的「治喪委員會」主任，習慣上就是國家最高領導的法定繼承人，也就是古代「宗子」或「嫡長子」為喪主之遺制。

(二)公葬

公葬一般指擔任公職或曾經擔任過公職的顯要名人，以及為國家社會做出犧牲的傑出公民去世後，由所在單位或政府或民眾團體出面組織治喪小組（即治喪委員會）所舉行的治喪活動。此時，殯葬的一切費用通常由主持單位負擔。治喪中關於死者的生平介紹、悼詞以及治喪期間的活動安排，亦由主持單位負責辦理，死者家屬可以提出治喪建議，並積極協助。

實行公葬，是對死者的一種褒揚、尊顯和肯定，並向全社會介紹和推

崇死者生前的事蹟和品德，客觀上起了教化民眾的作用，是低於國葬而又高於民間私家葬禮的一種喪禮規格。

公葬，古已有之，尤其是給為國捐軀者或朝廷重臣所辦的葬禮。屈原有楚辭〈國殤〉，「國殤」指死於國事者，此指楚國當時祭祀那些為國戰死沙場的戰士。透過它，我們可以想像出當時以政府出面舉行公葬的規模。

1916年民國元勳黃興病逝於上海，12月23日自上海發引歸葬湖南，即為公葬。次年1月5日運抵長沙，暫停於又一村教育會。4月5日上午九時出殯，長沙全城降半旗誌哀，萬餘人高唱輓歌送葬，詞曰：「一聲霹靂兮，震動萬方；噩耗傳來兮，雲暗三湘；亙古一人兮，繼起炎黃；推翻帝制兮，建民主新邦；功垂億世兮，史冊流芳；禮隆國葬兮，天下悲傷。」沿途表示哀悼及前來一睹盛況者達數十萬之眾，當時報紙載為「萬人空巷」。下午三時，靈柩到達嶽麓山墓地，先由湖南省總督譚延闓代表大總統致祭，朗讀祭文，繼由各界代表及外國來賓致祭，最後鳴砲下葬。1916年11月8日病逝的蔡鍔先生，也公葬於嶽麓山。

1936年魯迅先生病逝，當時，宋慶齡女士等一班文化民主人士組成了治喪委員會為之治喪，亦為公葬。

1944年9月5日，中央警衛團戰士張思德因燒炭時炭窯崩塌而犧牲。9月8日，中央警衛團和中共中央機關的代表共一千多人在延安為張思德舉行追悼會，毛澤東致悼詞，即後來著名的〈為人民服務〉一文。此亦為公葬。

現在，黨和政府或某部門的人員去世後，多由死者生前的單位或團體出面治喪，因而現代社會的公葬情況就特別多。

由上述單位舉行的祭祀則稱為「公祭」。如1937年邊區政府祭黃帝陵，毛澤東為此寫有四言詩〈祭黃帝文〉，其首曰：「赫赫始祖，吾華肇造；冑衍祀綿，嶽峨河浩。聰明睿智，光披遐荒；建此偉業，雄立東方……」

第二節　中國社會通行的治喪程序

中國社會通行的治喪程序，指國葬、公葬或民間私家治喪中大體相同的治喪過程。因為它們都產生並流行於同一民族文化圈，只是社會等級各異，而在規模或用物上略有差異。土葬或火葬，均適用這些程序。

一、組織治喪小組

當醫院出具死亡證明後，喪事辦理就正式開始了。

辦喪事，首先要有一個小組，以便分頭辦理，不致人多事雜而致紊亂。有時，民間還有因混亂而丟失財物的情況發生。不同時代其名稱各異，現在較正規的場合多稱「治喪委員會」。組織治喪小組古已有之，如孔子將死，其弟子便按諸侯的規格組織了一個治喪小組，總負責人為「臣」。孔子痊癒後認為「逾禮」而大光其火。可見，治喪小組通常是在死者尚未嚥氣時便已組成了。

國葬的治喪委員會主任已如上述，由政治上最高的繼承者擔任；公葬治喪委員會主任通常則由死者所在單位的（最高）行政領導擔任，或團體中最有名望者擔任，以便從直觀上提高喪事的等級。

在民間，一些地方俗稱治喪小組的頭頭為所謂的「總管」（或「提調」之類）。有時大總管下面還設幾個小總管，一個主內（指廚房、茶房等），一個主外（接待來賓、靈堂應酬等），另一人為「採買」不等。各總管下都有相當人手，由總管負責指派他們辦事，所謂「各司其職」。在各項事務中，最敏感者是與金錢打交道，故收禮金者（即接收賻贈）、採買者通常為最親密者（多為親戚），並且兩三人以上，以利於互相監督。這一切都與中國古代兵法及行政管理學暗合，如組織治喪小組相當於組成司令部，指派總管相當於「登壇拜將」，指派某人做某事是「因才而

用」，故項梁亡命時便曾暗中以兵法規劃辦理喪事，並觀察屬下各人的才幹。

由於喪事有一定的程序和禮儀規範，民間富家想將喪事辦得隆重體面，不致招人物議，通常要請地方上通曉喪事禮儀、善於奔走和交際、有相當口才並頗為地方上所敬重者來當總管，全盤規劃治喪事務。喪期，作為嫡長子的喪主須跪靈守孝，又由於慌亂或傷心而思緒不清，不能處理喪棚內外的諸多雜務，故各方人等有事不能直接找喪主，而是請示總管。通常，總管逢大事才請示喪主，小事則代為作主。

二、喪儀料理

在總管指揮下，各人分頭料理喪禮事務，諸如：

1.發訃告，通知參加追悼會的人員：訃告有以正式書面通知者，有以口頭通知者。其中要告知死者姓名，追悼會的日期、時間和地點。

2.布置靈堂：若喪禮在殯儀館舉行，則須派專人聯繫並提出靈堂布置的要求；若在自家舉行，則指定專人於自家門前布置靈堂，民間稱「搭靈棚」。靈棚被視為不吉利之物，故民間一經出殯，就立即撤靈棚，清掃場地，並以石灰或醋等物消毒，使一切都恢復到喪事前的狀況。這是殯葬活動中所謂「關閉通道」的文化含義。

3.準備黑臂紗和小白紙花：殯儀館有租，有的商店也有出售，民間有時也自製。有的農村還興孝子女披麻帶孝，即以一塊白布或一個麻袋從頭往下一罩，腰上以草繩結紮。

4.擬訂追悼會的各項程序：即追悼會準備進行哪些項目，由何人主持等，並擬訂悼詞。

5.聯繫安葬事宜：若火化，則要約定接遺體的時間，並辦理火化、骨灰墓地等事宜的手續；若土葬，則要指定專人挖墓穴。

上述諸項應分頭同時進行。

三、舉行追悼會

舊時，出殯前夜舉行「辭靈」儀式，現在統稱為「追悼會」，民間喪禮中亦多如此稱呼。其程序大體如下：

1.由主持人宣布「某某某的追悼會」正式開始。

2.由樂隊奏哀樂（或播放哀樂）。

3.向死者默哀致敬（一至三分鐘），哀畢。

4.致悼詞（由主持人或另安排他人）。

5.死者親屬講話，多為感謝來賓對喪事的襄助之言。

6.來賓講話（如死者單位代表、死者生前朋友及街坊等，此項安排視情況而定）。

7.來賓向死者行三鞠躬禮。

8.與死者遺體告別，並慰問親屬。

9.宣布追悼會結束，以下自由悼念。

在殯儀館舉行追悼會時須有專人負責來賓登記，又稱簽到，現在有些商店還有此類「簽到簿」出售；民間喪事期間則有二或三人專門收受禮金並登記來賓，事畢向喪主點交。喪禮完後，喪主還要向各參加單位或個人致謝，如張貼感謝信、贈送手巾襪子等小禮品之類；為喪事出力尤大者，有時還要另行宴請等。

民間喪事辭靈儀式中，主要是將上述第4、5、6項予以發揮，並根據各地風俗有所損益，如唱夜歌、念經超渡、燃放鞭炮等。

四、靈堂布置及人員站列次序

　　靈堂正前方最高處懸掛橫輓幅，上面大字書明「某某某先生（或女士、老大人、老孺人之類）追悼會」。緊挨下面的是死者遺像，通常用黑紗圍繞起來。靈堂多有一幅主輓聯，用以概括死者一生的功績或經歷，懸於橫輓幅的兩側，民間喪禮時多懸於靈棚的入口處。靈堂兩側亦有輓聯，多少不一；民間喪禮還將親朋贈送的祭幛懸於兩側，上書贈者單位和姓名。此類祭幛愈多就愈顯得熱鬧光彩，最能顯示死者及喪主的社會地位。

　　追悼會上，各人的站列次序（參見**圖25-1**）大體如下：

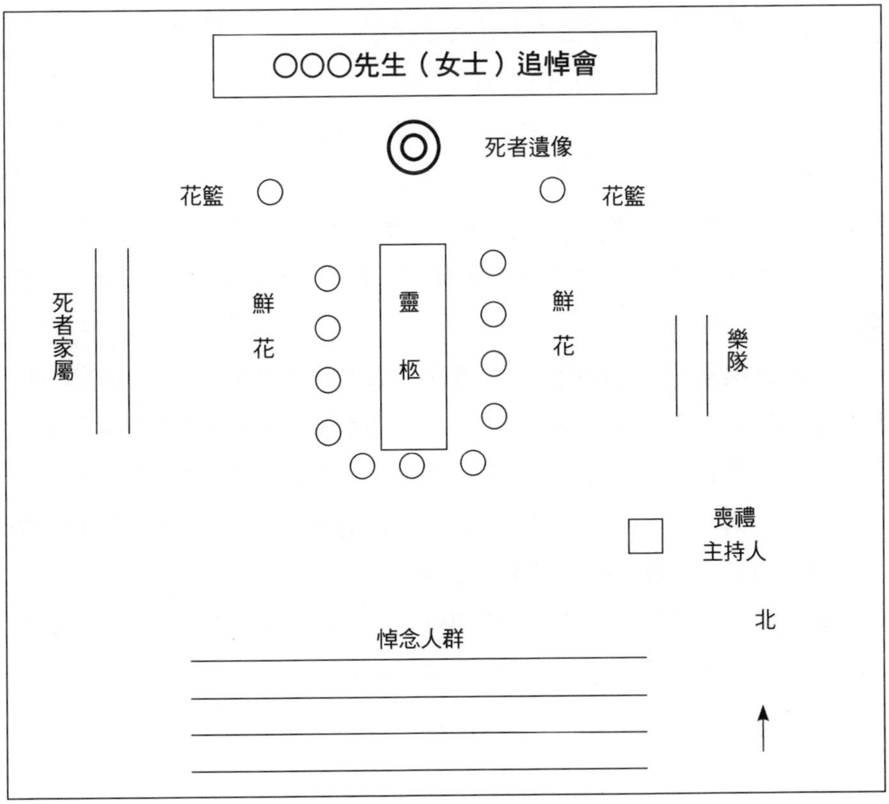

圖25-1　靈堂站列次序

這一擺設意在使死者處於「尊位」，體現了中國殯葬文化中「死者為大」的原則。

樂隊坐於靈堂右側，居於次尊地位，死者家屬立於左側的卑位以示尊敬樂隊。悼念人群處於最卑地位，北面悼念死者。因為樂隊是前來襄助喪事的「外人」，理應以尊禮對待之。同時，靈柩右側又可視為靈柩之上方，家屬子女不能居於亡父母之上方；悼念的最後一項將與死者遺體告別並慰問家屬，悼念人群將由靈柩右側（即上位）通過靈柩，分別慰問家屬。倘若家屬站在右側，那麼悼念人群就成了由下位通過靈柩，即為不恭。所以，民間喪事的辭靈儀式中，最後一項為親友「繞棺三周」，均為由右側進入然後從左側出來，即由上位進、下位出。

死者家屬的站列次序是：與死者血緣近的站上方，反之站下方；同一血緣的，長者站上方，反之站下方。所謂上下，即從北到南，從前一排到後一排。在民間，死者長子為喪主，即以他的名義辦喪事，長子長媳婦站最上方，以下排列是其次的子和媳，然後是女和女婿等。它體現了中國古代血緣宗法精神，所謂「吉事尚尊，喪事尚親」。尚者，上也，即誰為大。比死者輩分大者一般不作為家屬站入其中，即所謂「長不送幼」原則。

上述為國家提倡的喪禮（如國葬、公葬）站列次序，在殯儀館承辦的喪禮中均為此次序。但在民間喪禮中，死者家屬（即子女）是站在悼念人群的位置，即最卑位，所謂「北面而事之」。喪禮主持人為喪禮司儀，南方民間有時稱「師公仔」，由他唱祭文，並指揮樂隊隨他那抑揚頓挫的唱祭聲調而演奏，以及安排孝子孝女磕頭。

靈堂此一站列次序，乃以中國傳統的「方位文化」體現了喪禮文化中的「孝」、「敬」、「尊」、「卑」等一系列原則。

第三節　喪禮其他

　　19世紀以後西方文化的傳入，20世紀以來中國實行殯葬禮儀改革，一些更具「科學」、「文明」精神的西方喪禮也融入中國社會的喪禮之中；而純粹中國的喪禮儀式，即那些繁文縟節的喪禮「國粹」反而愈益少見了，它們更多地只見於此類古代民俗書籍之中，顯然，要全部「復活」它們沒有什麼積極意義。

一、哀樂

　　哀樂是專用於喪禮或追悼的一種悲哀樂曲，各國通行的哀樂不一，中國現行的哀樂係由陝北民歌改編而來。

　　據考證，它最初是由延安的音樂工作者安波、馬可、時樂蒙等人於1940年代初深入民間蒐集民歌時，在安塞地區蒐集到的一首民歌改編而成，由安波記譜。1942年，中共中央決定將劉志丹的靈柩移葬於他的故鄉保安縣（今陝西省志丹縣），在陝北人民公祭劉志丹的大會上，首次由安波以此曲填詞並唱奏了這支歌，由「魯藝」樂隊演奏，歌名為〈公祭劉志丹〉。1949年後，新中國第一任中國軍樂團團長兼指揮羅浪為了國家禮儀的需要，將此曲配置了和聲，這樣，這支哀樂就被沿用下來。故該曲的原創作是陝北民間音樂家，最先蒐集運用它的是音樂家安波。此曲節奏低沉緩慢，以此表現悲哀的氣氛（參見王建輝、易學金主編《中國文化知識精華》）。

　　哀樂取代了舊時輓歌的作用。不過，民間辭靈儀式中「唱夜歌」仍具有輓歌的性質。

二、輓幛、輓聯、花圈和悼詞

輓幛、輓聯、花圈均為靈堂中不可少之物，意在烘托氣氛。而追思死者的悼詞，則總結死者一生之功績與美德，為其畫下句點。

1.**輓幛**：即舊有「幛子」，指作為慶賀弔唁用的整幅布帛，題字或綴字於上以懸之，故分為賀幛和輓幛。輓幛即作為弔唁用的整幅布帛，上書哀悼文字。「幛」的含義更突出「整幅」布帛。

輓幛多橫掛，也有豎掛的，故又可分橫輓幛和豎輓幛。橫輓幛橫掛於靈堂正上方，上面多寫「德範千古」之類的讚美之辭，女逝者則多寫「懿德可範」之類，贈送者題名於其上。贈送者的社會地位或知名度愈高，死者就愈有「哀榮」，家屬面子上當然也有光彩。大小可視靈堂而定，做到醒目即可。豎掛時，單幛或雙幛，上書悼念文字。雙幛時，右邊為上幛，左邊為下幛；輓幛雙幅時，其意義即相當於輓聯。

2.**輓聯**：即哀輓死者的對聯，一般為上下兩聯，表示死者的生平、成績和美德，乃至他的死亡對後人的影響等。上下聯之間要求對仗工整。

輓聯由輓歌詞演化而來，並與對聯有相當關係，但其確切起源已不可考。據考證，中國現知最早的一副春聯被認為是唐末五代時後蜀國君孟昶所作，春節時他寫有「新年納餘慶，嘉節號長春」貼在宮門口，後世過春節時多效法，於是產生了喜慶春聯。唐詩中律詩（五律七律）尤講求對仗，人們只要將這些對仗手法用於喪禮就成了輓聯，因而大體上似可認定輓聯習俗起源於唐宋間。

輓聯構成中國古代文學創作中一個非常獨特的領域，歷代有不少精品，既有哀哀之作，亦有嬉笑怒罵。如一位老年女教師去世後，其靈堂正前方兩側掛著兩幅大型輓聯，上輓為「為女孝，為妻賢，做母慈祥典範常為桑梓頌」，下輓為「是師嚴，是友益，為人忠厚品德堪做後人師」。這裡歌頌了她在家是「孝女、賢妻和慈母」，處世是「嚴師、益友和忠厚人」，並點明其職業是人民教師，上下聯對得也很工整。

　　與輓聯相關的有花圈和祭幛上的小輓條。小輓條分上下兩條，右邊為上輓，寫「某某某千古」之類；左邊為下輓，寫贈送者的單位和姓名。輓條多只具有人情性質。

　　3.花圈：為圓形或橢圓形，多以竹條為筋，飾以白色和諸彩色紙，並點綴各色紙花，左右各一輓條，上輓寫死者「千古」之類，下輓寫贈送者的單位及個人姓名。花圈意在烘托氣氛，不過，由於上面裝飾有各色彩紙花，故不如說它起了沖淡悲哀氣氛的作用。現在，殯儀館都有花圈出租，這可以幫助喪主降低喪葬費用。

　　4.悼詞：是指在為死者舉行的追悼會上所做的講話（或文章），內容大體包括死者的姓名、籍貫、死亡原因及時間、享年、生平簡介、成就和品德等，一般由較有威望或地位者宣讀。國葬的悼詞，中國習慣上由繼位者宣讀。

　　悼詞由古代的祭文演變而來。但是，悼詞指追悼會上的文詞，而祭文的外延較寬，既可在追悼會上使用（當時祭死者），也可於很多年以後使用（追祭死者）。同時，古祭文用文言文，著名的如歐陽修〈祭石曼卿文〉、韓愈的〈祭十二郎文〉等。「五四」以後興白話文，祭文多由白話文寫成。

　　輓幛是點明喪禮的主題。輓聯和悼詞則重在突出死者生前的功績和美德，以激勵後人，屬儒家教化的一部分。悼詞尤如此，而且悼詞容量更大，也更多溢美之詞。近些年由於社會風氣不佳，悼詞中盡多褒美之言，故民間有「找好人，看悼詞」之謔語。

三、喪禮服飾

　　如前所述，原始人著喪服（中國古代曰「變服」）是為了偽裝自己不被鬼魂認出，或將鬼魂嚇跑，而各民族用何種固定的顏色作為喪服，取決於其對死亡文化的認同。中國古代喪服重白色，取樸素莊重之意。樸，本

指未經加工的木材；素，本指未染色的絲帛。未加工即物之本原，意指返歸自然，放棄雕琢華美之外飾，它對東亞及東南亞的影響很大，如日本、朝鮮、越南一帶的喪禮亦用白色。

歐洲許多早期民族喪事用黑色，若有人去世便以黑布將全身包裹起來，或塗上黑泥巴。基督教「罪文化」接受了這一喪服顏色，乃至其牧師和修女平時亦著黑服，大約起於皈依上帝始得光明之意。據說，西歐中世紀時，一個貴族死了，他的奴僕都要為他穿黑色的喪服誌哀。一次，英國某貴族死後，其奴僕買不起黑喪服，於是用一塊黑紗佩戴在左臂上表示誌哀。這種節儉易行的方式遂風行歐洲，並傳遍全世界，近世傳入中國並為國人所接受（參見倪樹春編著《百科知識探源》）。

中國人喪禮中佩黑臂紗遵行「男左女右」原則，即死者是男，悼念者將黑紗戴於左臂；死者是女，悼念者將黑紗戴於右臂。當從對面看時，就成了男右（尊位）女左（卑位），它體現了傳統的「男尊女卑」原則。按中國方式佩戴洋黑臂紗堪為中西合璧式的喪禮。

白紙花源於舊式首絰的裝束。它是將一長條白布從頭往下罩，垂於腦後至腰，並在額頭上紮一朵小白花（用紙或布）；手持一根用白紙包裹的「哭喪棒」，又云「打狗棒」。現在農村一些地方仍有孝子孝孫的額頭上戴白花的習俗，還有則在棺材的一端掛一朵大白花。《紅樓夢》第十四回載：秦可卿喪事中「只這四十九日，寧國府街上一條白漫漫人來人往，花簇簇官去官來」。這裡的「白漫漫」就不僅是白色的祭幛、白喪服之類，還有相當的白布或白紙紮成的花，故戴白紙花當屬中國喪禮的傳統。民國以後官方喪禮中廢首絰、腰絰喪服形式，不知何時興起了胸前戴小白紙花之習俗。此係作者臆測，有冒昧之嫌。現在，許多城市的一些專用商店都有小白花出售。

國葬和公葬使用黑臂紗、小白花，行脫帽誌哀禮，民間喪禮也已接受戴黑臂紗和小白花，但仍沿用磕頭禮。

第二十六章

臨終關懷、安樂死和遺囑

　　臨終關懷（或稱「安寧療護」）是1960年代興起的一整套醫護方案，指對死亡前的病人提供幫助，著重於病人疼痛的控制和情緒的支持，以及對病人家屬的心理輔導。目的是希望幫助末期病人瞭解並接受死亡，同時給家屬以精神支持。因而它也是一項新的社會保健事業。

　　安樂死則以「人為的」方法加速垂死者的死亡，它也是20世紀下半期以來的產物，迄今仍處於激烈爭論之中。

　　遺囑則是一件古老的事物，是臨死者對人生尚有未盡之「意」的表述。它們都屬臨終階段的事務。

第一節　臨終關懷

一、臨終關懷的起源

　　Hospice一詞原意為朝聖者或旅遊者中途休息以重新補充體力的地方，現譯為「臨終關懷」、「臨終關懷院」或「臨終關懷組織」，醫學上應用此詞多指對臨終病人關懷照顧的場所，也指一種對臨終病人的照護方式，亦指該種服務的組織機構。

　　現代較健全的臨終關懷組織始建於1967年7月英國倫敦的「聖克里斯多弗臨終關懷機構」（St. Christopher Hospice），其創始者是桑德斯博士（Dr. Dame Cicely Saunders）。她從前是一位護士和社會工作者，經常接觸危重病人，十分同情病人的痛苦，以後經過七年的醫學學習，於1958年在聖約瑟臨終關懷院（St. Joseph's Hospice）開始她的工作。她在1967年創辦了聖克里斯多弗臨終關懷院，成為所有臨終關懷組織參考的對象，它的影響是全面性和世界性的。它是一個慈善機構，靠各種捐贈維持，其工作受到全國健康服務組織協會的贊助和支持。

　　人們從理性上接受死亡是不可避免的，但由於對死亡前痛苦的恐懼、

對死亡過程的恐懼，以及對死亡後空無的恐懼等，使得死亡變得非常可怕。人生本是為了追求幸福，而人生的最後一站竟充滿著如此的痛苦，因而人到晚年變得愈來愈焦慮，生活品質愈益下降了。臨終關懷的意義，就在於以現代醫學、心理學和社會工作等一系列服務，使不可避免的死亡變得輕鬆，自然地、坦蕩安適地走向死亡；同時，它也給垂死者的家屬以安慰和幫助，因而它們構成提高生命品質的一部分。

二、臨終關懷的現狀

(一)世界各國的現狀

　　由於「聖克里斯多弗臨終關懷院」在研究、訓練及奉獻上的成功，大大地推動了世界各國臨終關懷服務的發展，如英國現在已發展到兩百七十三所臨終關懷機構，美國已有兩千餘所，世界上已建成或正在籌建的Hospice或類似組織的國家和地區已達四十多個，如加拿大、南非、瑞典、印度、挪威、以色列、瑞士等，以及香港和臺灣也建立起此類機構並提供服務。如今，臨終關懷工作已發展成國際性活動，世界各國每年都在英國開會，交流經驗，互相學習。英國是現代意義上臨終關懷的發源地。

　　臨終關懷應用醫學和心理學等方式為病人提供服務，如盡量減輕病人的痛苦及幫助他們獲得心理上的安寧，如工作人員還經常探視病人或坐下來同他們聊天，既瞭解他們的需要，也使他們感到自己受到了尊重。從事這一工作的人員有醫生、護士、心理學家、社會工作者、營養學家、志願人員以及牧師等。在這方面，英國的臨終關懷被認為是世界上的模範，「因此，在聖克里斯多弗很少聽到病人有受冷落、被離棄的抱怨聲。」（崔以泰、黃天中合著《臨終關懷學》）

　　在美國，1983年臨終關懷的理論與實施獲得了美國聯邦政府和美國國會專門法案的通過，即將「臨終關懷」列入醫療保險的項目中。此後，臨

終關懷組織如雨後春筍般增長，使美國成為世界上臨終關懷服務最發達的
國家。由於這一服務的重要性，故國外也有人將「臨終關懷學」改名為
「生命管理學」。

　　臨終關懷機構的形式，有獨立的、醫院附屬的、社區的、家庭的幾
種，即單獨的臨終關懷院，醫院附屬開設的臨終關懷院，社區開設的，或
臨終病人在家庭，由醫院或社區經過專門培訓的醫務人員或心理諮詢人員
定時上門提供的臨終關懷服務。

(二)中國的現狀

　　1988年，美籍華人黃天中博士在擔任美國奧克拉荷馬大學（學術）副
校長期間，曾來中國訪問，在他的幫助下，1988年7月天津醫學院成立了
中國第一所「臨終關懷研究中心」。1990年3月，臺北馬偕醫院建立了海
峽兩岸第一幢臨終關懷安寧病房，更早時香港地區已開展了善終服務，表
明海峽兩岸已初步躋身於世界臨終關懷的行列。

　　由天津醫學院臨終關懷研究中心倡導與籌備，首次全國臨終關懷研討
會暨講習班於1991年3月在天津召開。來自全國二十二個省市自治區各醫
學院、衛生管理機構和醫療單位的臨床、管理、教學及研究人員代表和列
席代表共一百二十人出席了會議。會議還邀請了美國「東西方死亡教育協
會」主席、德瑞克大學喬治·萊爾教授做了「美國臨終關懷現狀」的專題
報告；邀請香港「善終服務會」鍾淑子主任做了「香港臨終關懷的發展與
經驗」的專題報告，並準備在適當的時候成立中國臨終關懷研究會，創辦
有關刊物。

　　崔以泰、黃天中合著的《臨終關懷學——理論與實踐》（中國醫藥科
技出版社，1992年版）是目前該領域所能見到最具權威性的著作，本節所
引主要源於該書。該書蒐集了國外臨終關懷相當多的個案情況，非常感
人。黃天中先生在該書序言中講到自己父母的死亡對自己造成的精神打
擊，「瞭解到以自己學有專長，尚無法承受失落至親的痛苦，更何況那些

未受專業知識教育的人呢？他們又如何協助家中末期患者安詳地走完人生呢？」故呼籲中國社會「實施死亡教育」，並大力開展臨終關懷服務。

據資料載，天津、上海已進入實際操作的階段。如1994年上海市工會在政府支持下，又投資兩千萬元在各個社區建立臨終關懷醫院，以解決久病高齡老人的醫療和歸宿問題，受到普遍的歡迎。獨立的臨終關懷院，因其設備和服務要求較高，其服務費用也相對昂貴，而中國目前的醫療保障制度尚無配套措施，普遍開展有相當的困難，如一些單位無法承擔或不承認這種「醫療」費用。因此目前似乎仍多以發展社區式和家庭式的臨終關懷為主。

(三)國外的「死亡教育」

近年來，一些歐、美國家正悄悄興起「死亡哲學」的研究和教育，試圖從道德哲學的高度對「生」與「死」進行重新評價，並使更多的人懂得珍惜生命、正視死亡，使自己的一生不僅有個美好幸福的「生」，而且有個幸福安樂的「死」。他們認為，人們既已接受了「死亡是自然的」這一事實，那麼開展「死亡教育」也是應該的。美國人還認為，對於已確診為癌症，告知病人的時間應愈早愈好，如在第一次手術時未告知，而於再次手術時才告知患者真實情況，病人就會認為有被欺騙之感。

關於死亡教育的目標，大致有如下幾項：使臨終病人消除對死亡的恐懼感和失落感，從而安詳地走向死亡；對死者的親屬進行節哀教育，使之積極地、主動地面對現實；幫助人們更加認識生命，更完善地規劃自己的生活。

死亡教育在美國開展得較為廣泛，還創辦了「死亡哲學學會」及《死亡研究》雜誌，其內容是有關生與死的醫學、心理、社會、宗教、倫理、文化等方面的問題，並已將死亡教育列入學校教育之中。如美國一些州的中學已開始死亡教育，認為這樣可以更直觀地認識人生的「歸宿」，如賓夕法尼亞州的中學還帶學生參觀殯儀館，並鼓勵學生親手去觸

摸死者。在日本,則有人提出將死亡教育列入義務教育中。

在中國,「死亡」和「性」歷來是兩個最為忌諱的題目,前者被視為「晦氣」,後者被視為「不雅」,青少年大體是靠自己的摸索獨立完成其認知的。

三、臨終關懷的展望

臨終關懷服務是西方基督教「救世」精神、15世紀以來「人本主義」哲學和20世紀以來社會工作相結合的產物。它從1976年正式產生,至今僅二十多年的歷史,但發展相當迅速,在國內亦獲得了非常廣泛的認同。不過,由於中國情況特殊,臨終關懷目前尚處於宣傳和實驗階段。

臨終關懷以社會的一定發展水準和社會財富為前提,也構成現代所謂「福利社會」的一部分。比如在舊中國,內憂外患,戰亂頻仍,活人的生存都難以顧及,自然談不上關懷臨終者。因而,臨終關懷是社會走向文明的一個標誌。在中國社會,一個家庭一般只有一個孩子,而且各個家庭也不可能盡備各種醫療服務器械並懂得各種服務方法,若仍依賴舊式的家庭養老、送終方式,將無法解決這一類社會問題。所以在中國,臨終關懷尤其有現實意義。

 ## 第二節　安樂死

一、安樂死的內涵

安樂死,英文euthanaia,即以「人為的」方式無痛苦地終止絕症者生命的方式,又被稱為「無損尊嚴的死亡方式」。

人的死亡,一部分屬於意外事故的死亡,另一部分屬於所謂自然死

亡，自然死亡即機體的老化，出現新陳代謝的障礙而死亡。但即便是自然死亡，也只是機體的某一重要器官產生病變而並非全部器官，並且這一器官的病變（如腦溢血癱瘓、植物人、癌症等）常引起患者極度的痛苦，生不如死，並給其家屬乃至社會帶來極大的麻煩，現代醫學對此仍束手無策。此時，以醫學方法延長人的生命已變得「毫無意義」，它只會給垂死者和生者帶來更多的痛苦，故一些人提出應以「人為的」方式終止患者的生命，通常是注射致死藥物，即「安樂死」。但是，病人若拒絕治療而死亡則不屬於安樂死，因為病人有拒絕治療的「權利」。

從廣義上，安樂死亦屬於臨終關懷的範疇，有人稱之為「安樂臨終」，以減免死亡前的身心痛苦。這一派人認為，臨終關懷加上安樂死是「臨終生命品質」的全部內容。

安樂死的「理論」源頭可追溯到伊比鳩魯淡泊的死亡美學觀，伊氏認為以愉快地生存、安詳地死亡為圓滿的一生，死亡乃是人生最自然的歸宿，生命的品質不是以「多」而是以「好」來衡量的。因而，當人不能以自然的方式愉快地生存下去，就應當以愉快的方式，即「安樂」方式走向死亡。按照這一哲學，安樂死意味著平靜地走向死亡。主張安樂死者還認為，它也符合15世紀以來「人道主義」的道德原則，因為「生」和「死」都屬於人的「權利」。當然，安樂死和自殺是兩個不同的概念，並非想死就死。

1930年代以來，醫學界等一些民間人士和團體逐步展開了安樂死的研究和宣傳活動，並將它視為一類社會問題。1976年，在日本東京舉行了有數十個國家人士參加的「安樂死國際會議」，發表了「安樂死國際會議宣言」，倡導絕症病人安樂死。這些活動對推動世人接受安樂死以及安樂死立法起了積極的作用。

二、各國安樂死的現狀

荷蘭被認為是世界上最早通過安樂死法律的國家。

1990年1月，一位名叫斯特妮森的荷蘭婦女因車禍而昏迷十六年之後，最後在其丈夫的請求下，醫師中斷了她的管道飲食供應而死亡，此事引起了地方檢察院對該醫生進行刑事調查。雖然此案最終未能成立，但卻在全國引起了軒然大波，為此進行了長達兩年的全國辯論，並直接導致了下述法案的通過。1994年4月中旬，荷蘭議會終於通過了承認「安樂死」為合法的法案，從而成為世界上率先通過安樂死立法的國家。根據該法案，醫師在結束絕症病人生命之前須填寫一份「生命終止聲明」，其內容包括：病人確實無法忍受極度的痛苦，自願接受安樂死，而且醫師在實施安樂死之前已徵得了病人或其家屬的同意。事實上，荷蘭每年都有很多的醫師出於憐憫而結束病人生命的事件，並時常為此引起一些輿論或法律的糾紛，而這一法案的通過無疑可使這一行為處於醫學和法律的嚴格監督之下，更為規範化。據統計資料表明，80%的荷蘭人贊同「安樂死」的合法化（引自1994年5月8日《北京晚報》）。

自荷蘭為安樂死正式立法後，在每年死亡的十二萬八千人中有4%（5,120人）選擇了安樂死，還有十萬人生前立下了安樂死的遺囑（須說明，對於該數字各報導有出入，此處不論）。

1996年7月1日，澳大利亞北部地方法院關於「安樂死」的法律正式生效，其全稱為「北區不治之症權利法」（通過該法律是一年之前）。按照該法律，患絕症病人尋求安樂死之前必須由本人提出死亡要求，至少必須有三位醫學專家對此做出嚴格審定，其中一位是精神病學專家，經過七天「冷靜思考的時間」後，病人再簽署要求死亡的證書；具體實施過程則在醫師監督下進行。但接著它就遭到了醫學界和法律界、宗教界許多人士的強烈反對，同年11月，澳大利亞國家議會通過要求立即廢除這一法律的決議，澳大利亞國內為此辯論激烈。

美國1947年贊成安樂死的國民有37%，到1983年上升到63%，目前已有四十個州實施了給予晚期絕症病人死亡權利的法律——「預囑法」。有報導說，美國前總統尼克森係採安樂死。

日本稱安樂死為「尊嚴死」。1994年日本學術會議召開全體會議，批准了「死亡與醫療特別委員會」提出的「尊嚴死」的報告。它對尊嚴死的解釋是：無望救助的患者自然地迎接死亡；實施它必須是患者本人希望尊嚴死。這個報告提出了「終止延長生命醫療」的三個具體條件：第一，兩位以上的醫師一致做出「不可能恢復」的診斷；第二，患者表明希望「尊嚴死」的意願；第三，由主治醫師根據醫學的判斷付諸實施。但是否最後通過了安樂死的法律，尚不詳。

在中國，1995年全國人民代表大會第八屆第三次會議上，有一百七十位代表遞交了四份有關安樂死立法問題的議案，一時成為大會焦點話題之一。在1996年人大的第八屆第四次會議上，上海市人大代表團提交了一份呼籲國家允許在上海實施安樂死立法的議案，又引起了人大代表的激烈討論。上海黃浦區部分街道對六十歲以上老人進行調查，贊成安樂死的占89.4%，有94.5%的人希望立法。鄧穎超生前所立遺囑的第一條就是「在我患病急救時，萬勿採取搶救，以免延長病患的痛苦，以及增加黨組織、醫療人員和有關同志的負擔」。1994年時有報導，上海一位植物人八年間耗費醫藥費數十萬元，這引起了主張安樂死者的極大感慨，並以此為安樂死張本。但全國人民代表大會以「條件尚未成熟」否決了給安樂死立法的提案。

關於安樂死，國內迄今尚未見到專著，但報刊等宣傳媒體上的討論卻日益增多。上述資料係作者多年從報刊、電視及廣播中逐步蒐集的。但這些資料有時相互矛盾，如有的報刊載，澳大利亞北部頒布了世界上最早的安樂死法律。作者研究後仍認為荷蘭安樂死法律為世界最早的說法。

三、安樂死的展望

綜合而論，安樂死正為愈來愈多的人所接受，而且言之成理，對垂死者和生者都不失為一種最好的選擇。

但是，安樂死在世界上也遭到了強烈的反對。反對者的主要觀點是：它會給「謀殺」大開方便之門，一些不願對患者承擔救助責任或希望盡早繼承遺產的人，可能援引「安樂死」法律而過早地結束患者的生命，乃至迫使重症患者接受安樂死而逃避對患者的責任，最後滑向非自願的「安樂死」。有人稱這一可能性為「道德滑坡」。同時，絕症和非絕症是一個經常轉換的概念，如一些癌症現在可以治癒了，如果一遇上「絕症」便採取安樂死，那麼將可能阻礙醫學的發展。此外，我們很難確定病人是否因更多心理上的原因而厭棄生命，因而安樂死就可能會給自殺者大開方便之門。此風一長，勢將給社會生活蒙上一層陰影。醫學對於那些失去生活信心的人應當提供心理上的幫助，使之重建對於生活的信心，而不是拋棄他們。最後，醫學的責任是「救人」而不是「殺人」，即使確實無法治癒也要盡力而為，所謂「以盡天職」，而以「人為的」方式結束患者的生命與醫學的最高職責相違背。在中國傳統的「孝文化」社會中，安樂死的社會壓力尤其大，且醫學和法律上的管理機制多不健全，故離安樂死的立法還遠得很。

以此看來，安樂死儘管不斷完善其醫療和法律監督機制，但這一問題還會長期爭論下去。

 ## 第三節　遺囑

遺囑，又稱遺言，有廣義和狹義之分。廣義的遺囑泛指前人留給後世的言論，以此觀之，迄今的典章著述、詩詞遺稿等均為遺囑；狹義的遺囑

僅指人們臨終前所留下的言論，諸如皇帝的遺詔、臣下的遺疏、仁人志士的遺願遺書，以及人們口頭或書面的臨終囑咐等。一般人多從狹義上理解之。

遺囑是死者臨終前有人生未成之事、未盡之事，恨天不假年，不能親自完成，故囑咐後人，以表達自己臨終願望的產物。古今中外遺囑之豐富，以致可以形成一類專門的學科，姑且稱為「遺囑學」。以下主要以中國歷史為對象分類略述之。

一、交代國家大事的遺詔、遺疏或遺言

漢高祖劉邦平定天下後，英布反，親自攻討，為流箭所傷，歸途中發重病（以前與項羽交戰時也曾被箭射中胸口）。回長安未央宮後，呂后找來「良醫」給他看病，「醫入見，上問醫」，醫生回答他「可以治好」。劉邦輕蔑地大罵道：「吾以布衣提三尺劍取天下，此非天命乎？命乃在天，雖扁鵲何益！」於是，不再讓醫生給治病，並賜給那位「良醫」五十斤黃金。這位中國歷史上第一個布衣天子自知將死，坦然對之，無絲毫的兒女之態，並拒絕再給他看病。接著，他開始向呂后交代國家大事，「呂后問曰：『陛下百歲後，蕭相國既死，誰令代之？』上曰：『曹參可。』問其次，曰：『王陵可，然少戇（憨厚而剛直），陳平可以助之。陳平知（同智）有餘，然難獨任。周勃重厚少文，然安劉氏者必勃也，可令為太尉。』呂后復問其次，上曰：『此後亦非乃所知也。』」（《漢書·高帝紀下》）讀其言，英雄之氣呼之欲出，躍然紙上。

漢文帝臨終遺詔曰：「朕聞之，蓋天下萬物之萌生，靡不有死；死者天地之理，物之自然，奚可甚哀！當今之世，咸嘉生而惡死，厚葬以破業，重服以傷生，吾甚不取。且朕既不德，無以佐百姓；今崩，又使重服久臨（弔臨），以罹寒暑之數，哀人父子，傷長老之志，損其飲食，絕鬼

神之祭祀，以重吾不德，謂天下何！」接下來，就是做簡喪薄葬的具體安排（《漢書·文帝紀》）。漢文帝這一簡喪薄葬的遺詔對後世贊同簡喪薄葬的帝王影響很大。

劉備「白帝城託孤」為千古美談，《三國志·蜀書·諸葛亮傳》詳細記載了此事：章武3年（蜀漢年號，223年）春，劉備病重，「召亮於成都，屬以後事，謂亮曰：『君才十倍曹丕，必能安國，終定大事。若嗣子（指劉禪，民間俗稱阿斗）可輔，輔之；如其不才，君可自取（即取而代之）。』亮涕泣曰：『臣敢竭股肱之力，效忠貞之節，繼之以死！』先主又為詔敕後主曰：『汝與丞相從事，事之如父。』」《三國志·蜀書·先主傳》陳壽評曰：「先主之弘毅寬厚，知人待士，蓋有高祖（指劉邦）之風，英雄之器焉。及其舉國託孤於諸葛亮，而心神無貳，誠君臣之至公，古今之盛軌也。」陳壽先生將劉備、諸葛亮作為古今君臣關係之最高楷模。成都有諸葛武侯祠，歷代文人墨客多往瞻仰之，其門楹有杜甫詩句「三顧頻煩天下事，兩朝開濟老臣心」。「三顧」指劉備三次親登諸葛亮之門訪賢，請求諸葛亮出山襄助大事；「兩朝」指諸葛亮輔劉備開創基業、濟劉禪保守基業之事均忠心耿耿。一為君仁，一為臣義，皆赤心相待，肝膽相照，被認為均已達到了入世主義的人格最高境界。

諸葛亮深感人生短暫，力主北伐，收復中原，統一國家，故有著名的〈出師表〉，其中有如下千古傳誦之名句：「臣本布衣，躬耕於南陽，苟全性命於亂世，不求聞達於諸侯。先帝不以臣卑鄙，猥自枉屈，三顧臣於草廬之中，諮臣以當世之事，由是感激，遂許先帝以驅馳。後值傾覆，受任於敗軍之際，奉命於危難之間（指曹操南下至赤壁大戰之事），爾來二十有一年矣。先帝知臣謹慎，故臨崩寄臣以大事也。受命以來，夙夜憂嘆，恐託付不效，以傷先帝之明……此臣所以報先帝，而忠陛下之職分也。」六年後，諸葛亮病逝於漢中蜀魏交戰前線，時年六十三歲，故〈出師表〉亦可視為其遺疏。

這些歷史事蹟經羅貫中《三國演義》繪聲繪色的小說描述，劉備、諸

葛亮、關羽、張飛、趙雲、黃忠等人便成了後世君臣和諧、仁義禮智之最高楷模，對後世四、五百年間中國的士人文化產生了深遠的影響。

　　中國歷史悠久，此類遺囑非常豐富。

二、事業未成之遺恨

　　陸游，南宋著名的愛國大詩人，詩詞以婉約為主，兼有豪放之風。他力主抗金，並親自投身軍旅，為投降派所忌恨，屢遭貶斥，晚年退隱家鄉，孤憤難平，但收復中原之志終身未改。有〈訴衷情〉詞記述了這一段往事並述懷：「當年萬里覓封侯，匹馬戍梁州（今漢中）。關河夢斷何處，塵暗舊貂裘（隱指志向未實現）。胡未滅，鬢先秋，淚空流。此生誰料，心在天山，身老滄州。」言自己志向遠在邊疆（天山），欲為國建立功勳，收復山河，可誰想到卻老死在歸隱的山水之旁（滄州）。嘉定2年（1209年）除夕病逝，臨死之際仍念念不忘收復中原，統一山河，作〈示兒〉詩：「死去原知萬事空，但悲不見九州同。王師北定中原日，家祭勿忘告乃翁。」表達生前雖不見國家統一，死後，國家統一的那一天，子孫家祭時不要忘了告訴他，九泉之下也得瞑目矣。

　　左宗棠（西元1812-1885年），湖南湘陰人，舉人出身，洋務派主要人物之一。1860年率湘軍參與鎮壓太平軍；1866年開辦福州船政局，同年調陝甘總督，進攻捻軍，後又鎮壓西北回民起義；1875年以六十三歲高齡督辦新疆軍務，抬著棺材進軍新疆，挫敗了阿古柏企圖分裂中國的陰謀，阻遏了俄英對新疆的侵略。1881年任軍機大臣，旋調兩江總督，中法戰爭中督辦福建防務時病逝於福州。臨終口授遺囑，以自己有生之年未能挫敗法軍的侵略而深表遺憾：「迄未大伸撻伐，張我國威，遺恨平生，不能瞑目。」（《左文襄公實錄》）

　　趙一曼（西元1905-1936年），原名李坤泰，四川宜賓人。1926年加入中國共產黨，1927年考入武漢中央軍政學校，旋赴蘇聯學習，1928年祕

密回國,從事地下活動。1931年「九一八」後派赴東北進行武裝鬥爭,歷任滿洲省委婦女委員、省總工會組織部部長、東北抗日聯軍第三軍二團政委,1935年11月在戰鬥中負傷被俘,在哈爾濱獄中受盡酷刑,不屈。在醫院中,她把護士和看守爭取過來,一同逃出哈爾濱,但途中又被追回,遂於1936年8月2日被日寇殺害。她抱必死之決心,赴死途中寫有遺囑於其子:

> 寧兒:
>
> 　母親對於你沒有能盡到教育的責任,實在是遺憾的事情。
>
> 　母親因為堅決地做了反滿抗日的鬥爭,今天已經到了犧牲的前夕了。
>
> 　母親和你在生前是永久沒有再見的機會了。希望你,寧兒啊!趕快成人,來安慰你地下的母親!
>
> 　我最親愛的孩子啊!母親不用千言萬語來教育你,就用實行來教育你。在你長大成人後,希望不要忘記你的母親是為國而犧牲的!
>
> 1936年8月2日
你的母親趙一曼於車中

其子陳掖賢,1955年畢業於中國人民大學,分配到北京工業學校(後改為北京工業學院)任教;他經各種曲折並獲很多部門的協助,直到1955年才得知趙一曼就是自己日夜思念的母親,此時離趙一曼殉國已十九年了。陳掖賢於1982年病逝,終年五十五歲。1989年夏作者曾去哈爾濱參觀了東北抗日紀念館,又默默地佇立在趙一曼女士的雕塑前,望著她那威武不屈的英雄形象,心裡久久難以平靜,深深地為那一代人的犧牲精神所感動。

法國1789年大革命後,國王路易十六以「叛國罪」被革命群眾處死,臨上斷頭臺前,他留下了一句很有意思的遺言:我多麼想活下去,我想看

看這場亂子到底要鬧成什麼樣子（大意）。他看不懂法國歷史上這場史無前例的「亂子」是怎麼一回事，又要鬧到什麼時候，以什麼方式結束，因而很想看到結局。但是非常遺憾，憤怒的群眾已容不下他了，頃刻之間，國王便身首異處。

三、希望影響後人的遺訓

前人有豐富的社會生活經驗，有美德，有學識，有願望，他們認為這是一筆精神財富，總希望傳諸後人，影響後人，造福後人，因而到晚年總是對後人以諄諄教導，古稱「遺訓」。遺訓即前人留下或死者生前所說的有教育意義的話，它屬於「文化」的範疇。中國古代遺訓甚豐，下面略舉幾事說明之。

楊王孫深感西漢末社會風氣之奢侈，隆喪厚葬之靡財，而且厚葬導致「掘墓」，因而臨終囑其子，自己死後實行「裸葬」，這樣做的目的在於「將以矯世也」；「厚葬無益於死者」，又費錢財，妨礙生者的生活，實在沒有意義。並說，裹以布帛，口含珠玉，裝以棺槨，再予以密封，「千載之後，棺槨朽腐，乃得歸土，就其真宅（指自然）」；我現在實行裸葬，馬上就歸「真宅」，是一回事，而且來得更直接（《漢書·楊王孫傳》）。楊王孫先生是盛行隆喪厚葬的西漢社會提倡簡喪薄葬者中驚世駭俗的第一人，故其事蹟被載入了《漢書》。應該說，他的道家殯葬觀對於現在推行殯葬改革，尤其是火葬，是很有啟發意義的。

《後漢書·樊宏傳》載：「（樊）宏為人謙柔畏懼，不求苟進。常戒其子曰：『富貴盈溢，未有能終者，吾非不喜榮勢也，天道惡滿而好謙，前世貴戚皆明誡也。得身全己，豈不樂哉！』每當朝會，輒迎期先到，俯伏待事，時至乃起。」每次辦事都非常勤懇認真，朝會前都親自寫奏本，再謄正，毀掉草稿。由於他的謙讓和認真精神，「宗族染其化，未嘗犯法。帝（漢光武帝劉秀）甚重之。」皇帝見他年紀大了，

要他騎小馬晚一點參加朝會，他仍然是那麼認真。樊宏病重，劉秀親自去看望，留宿在他家，問他還有什麼要求？他說：我對國家沒有什麼貢獻卻享有高位（光祿大夫，封壽張侯），已經很滿足了，只是擔心我的子孫不能保全美德，使我在九泉之下感到慚愧。我死後，願歸葬故鄉。並遺囑「薄葬」，只要一副棺材就行了，其他「一無所用」，與「夫人同墳異葬」。建武27年（51年）樊宏卒。劉秀很受感動，將他的遺書給百官看，說：我如果不遵照他的遺囑辦，就不能彰顯他的美德，而且我死以後，也要像他這麼辦（「今不順壽張侯意，無以彰其德。且吾萬歲之後，欲以為式」），並且親自為樊宏送葬，為他的去世哀悼不已。這裡，樊宏對子孫的囑咐為中國傳統士大夫的「家教式遺囑」，告誡子孫不要貪「不義」之財，竊「苟進」之位，並且要勤勤懇懇地工作，以免「富貴盈溢」而「未有能（善）終」，傷身家性命云云。劉秀的處理方式顯然有褒揚忠厚、提倡簡喪薄葬節儉之風的用意。

北宋名臣包拯有著名的〈家訓〉碑：「後世子孫仕官有犯贓濫者，不得放歸本家；亡歿之後，不得葬於大塋之中。不從吾志，非吾子孫。仰工刊石，豎於堂屋東壁，以昭後世。」包拯希望自己子孫有做官者不可犯貪贓枉法罪，以免壞了我老包「為政清廉」之英名。此可視為「道德遺訓」。

聶榮臻的骨灰埋在八寶山，未留墳頭，上植一棵松柏，一塊木牌上寫有其遺言「喜松柏之氣概，念四化之早成」。這也可視為他希望以此影響中國殯葬改革的遺願之表現，古稱「身教」。

四、法律上處理遺產的遺囑

遺產，從廣義上指歷史上留下來的精神財富或物質財富，如文字、「四大發明」、兩漢散文、唐詩宋詞和萬里長城、領土等。從狹義上則指死者留下的財產，以現代社會觀點看，它除了金錢、房屋等可直觀的資產

外，還包括死者生前的發明專利、著作權等財產權利。有時，人們也將先人的美德等視為（精神的）遺產，此為引伸義，茲不論。

遺產是可以也需要繼承的，臨終者也希望將自己的遺產交給中意的人。由於人們對財富的渴望，歷史上便經常鬧出為爭奪遺產而發生的糾紛，文明社會一般對遺產的繼承都有規定（習俗的或法律的），以防止此類糾紛事件。按照中國古代父權制宗法制度的遺產原則，遺產傳男不傳女，但女子若未嫁，則必須給她留一筆嫁妝費用。不過，這一原則似未載入任一法典，多以「習俗」方式為人們所遵從。

對此，古代小說中多有反映，如明末凌濛初《二刻拍案驚奇》卷十：莫老翁死後，留有萬貫家財，地方上的無賴攛掇莫老翁的私生子前來分財，無賴們準備引起官司，然後從中漁利。莫老翁的大兒子採取主動（承認了私生子為自己的弟弟）化解了這一矛盾，使無賴們無從插手。周太守知道後，以無賴們「教唆詞訟詐害平人」的罪名予以重判，各人罰打了幾十大板，刺配邊遠地方流放，並獎莫家一個「孝義之門」的匾額。清代吳敬梓《儒林外史》第五、六回：嚴監生死後（其妻王氏已先死），留下相當的家財，緊接著嚴監生妾趙氏的小兒子又死，嚴監生的兄長嚴貢生是一個披著「儒生」外衣，口口聲聲「我們鄉紳人家」的無賴，居然強行將自己已婚的二兒子過繼給弟弟，並將嚴監生的正房騰出來給二兒子二媳婦住，而將趙氏趕到後面的偏房去住；並將全部田產、收支帳目全部交給自己的二兒子管理，其實質就是奪其家產。為此，趙氏跑到縣衙門去喊冤。

近代「婦女解放運動」以來，婦女的社會地位提高，女子也與男子一樣有同等的繼承權，各國大體都有「繼承法」，而女子對遺產的繼承權也相應寫入其中。

臨終、安樂死是人生最後時刻所發生的事情，它反映了一個社會一個時代如何看待、對待「人」，即「人的哲學」的認同狀況。遺囑是臨終者最後一次的意志表現，臨終者以此延續自己的生命意志，它表明了一個

人、一個民族乃至一個時代對於「人生」的追求傾向。比如,中國人臨終時「最關心的事」通常是感到自己「對於家人的責任沒有完成」,居所有關心的事情中的第一位❶。因而遺囑最能反映一個民族的生存文化。

透過人生的最後階段,我們可看到一個社會一個時代的風尚。

---

❶ 調查對象:承德市郊頤溝鄉兩百二十一名十五歲以上居民,其中「面臨死亡最關心的事」一項,回答如下:

1.不能再有任何經歷   34（16.11%）
2.害怕死後身體會變成什麼樣子   17（ 8.06%）
3.我無法確知如果死後的生命存在,我會發生什麼事情   19（ 9.00%）
4.對於家人的責任未完成   76（36.02%）
5.我的親友會哀傷   17（ 8.06%）
6.我的所有計畫都得結束   26（12.32%）
7.死亡過程可能很痛苦   17（ 8.06%）
8.其他   5（ 2.37%）

（崔以泰、黃天中合著《臨終關懷學》）
這裡,第4、5兩項是臨終者想到了別人,合起來占了42.08%,即差不多有一半的人臨終時想到了「別人」。

後　記

　　1993年春，本人撰寫有「在中國的院校開設殯葬教育的論證報告」，並於此前後在湖南、北京、上海、浙江等地的殯儀館和公墓進行調查，始知社會上還存在著「殯葬」這麼一個為人所鄙視而又必須存在的行業。此為本人進入殯葬行業之始。1995年秋季，第一屆「現代殯儀技術與管理」專業的學生進校，此則為本人從事殯葬職業教育之始，也是中國現代殯葬職業教育之始，迄今已歷十八年。

　　本拙著原為殯儀專業所撰寫的專業理論教材，初由中國社會出版社1998年2月出版，後又由湖南人民出版社於2007年2月再版，再版時修正了一些錯別字和個別表述方式。此次，承蒙台灣殯葬界同仁蘇家興先生的美意與努力，拙著得以在台灣由揚智文化事業股份有限公司出版繁體版，對此深表謝意。

　　在此，對台灣繁體版做兩點說明：一、拙著初版時分為上下兩卷，上卷「死亡文化概論」，下卷「死亡文化專論」，關於本書的框架亦表述在「自序」之中。此次合為一卷出版，沒有改動本書的框架，故「自序」仍只能保持原貌。二、時間已歷十八年，第二十三章的數據已經滯後，出版社建議做適度更新。但我考慮，由於本人對一些觀點的認識有了提升或改變，掌握的資料也較從前更為豐富，倘若修改之事一開，就很難免不手癢而四處改動，以至於近乎重新寫作了，因而還是保持原貌為好。況且，該章對本書的影響並不大，重寫實屬沒有必要。

　　是為記。

王夫子
2013年9月於長沙民政職業技術學院

生命事業管理叢書 6

殯葬文化學——死亡文化的全方位解讀

作　　者／王夫子
出 版 者／威仕曼文化事業股份有限公司
發 行 人／葉忠賢
總 編 輯／閻富萍
特約執編／詹宜蓁
地　　址／22204 新北市深坑區北深路三段 260 號 8 樓
電　　話／(02)8662-6826
傳　　真／(02)2664-7633
網　　址／http://www.ycrc.com.tw
　E-mail ／ service@ycrc.com.tw
　I S B N ／ 978-986-6035-15-9
初版一刷／2013 年 10 月
定　　價／新台幣 700 元

國家圖書館出版品預行編目（CIP）資料

殯葬文化學:死亡文化的全方位解讀 / 王夫
子著. -- 初版. -- 新北市 : 威仕曼文化,
2013.10
　　面 ;　　公分.--（生命事業管理叢書 ; 6）

ISBN 978-986-6035-15-9(平裝)

1.喪葬習俗　2.殯葬　3.中國

538.682　　　　　　　　　　　102020823